Zu Recht wieder Anwalt

Jüdische Rechtsanwälte aus Berlin nach 1945

Die Deutsche Nationalbibliothek
verzeichnet diese Publikation
in der Deutschen Nationalbibliografie;
detaillierte Daten sind im Internet über
https://portal.d-nb.de/ abrufbar.

Inh. Dr. Nora Pester
Wilhelmstraße 118, 10963 Berlin
info@hentrichhentrich.de
http://www.hentrichhentrich.de

Satz: Barbara Nicol
Druck: TZ-Verlag & Print GmbH, Roßdorf

1. Auflage 2012

Printed in Germany
ISBN 978-3-942271-73-8

Hans Bergemann
Rechtsanwaltskammer Berlin (Hg.)

Zu Recht wieder Anwalt

Jüdische Rechtsanwälte aus Berlin nach 1945

HENTRICH & HENTRICH

Inhalt

Zu Recht wieder Anwalt – Vom »Anwalt ohne Recht« zur Wiederzulassung

Ein Vorwort

Was wurde nach 1945 aus den jüdischen Rechtsanwältinnen und Rechtsanwälten aus Berlin, die den Holocaust überlebt hatten? Wie konnten sie nach ihrem Ausschluss aus der Anwaltschaft durch die Nazis wieder in ihrem Beruf Fuß fassen? Eine systematische Untersuchung über den Werdegang dieser Kolleginnen und Kollegen fehlte bislang. Hierfür Informationen zu sammeln, zu sichten und auszuwerten war Gegenstand unseres 2010 erteilten Rechercheauftrags an den Historiker Hans Bergemann, dessen Ergebnisse wir hiermit vorlegen.

Im Mittelpunkt stehen jene überlebenden Rechtsanwältinnen und Rechtsanwälte, die in der NS-Zeit aus der Anwaltschaft ausgeschlossen wurden und nach 1945 zu Recht wieder Anwalt in Berlin wurden. Soweit sie diese Wiederzulassung aus dem Exil betrieben haben und nicht nach Deutschland zurückgekehrt sind, wurden ihnen jahrelang bürokratische Hindernisse in den Weg gelegt. Die dafür bemühte und hier dokumentierte Argumentation muss beschämen.

Andere in der NS-Zeit verfolgte Rechtsanwälte nahmen nach 1945 eine Tätigkeit im Justizdienst, in der Justizverwaltung, bei Militärbehörden der Alliierten oder jüdischen Organisationen auf. Auch deren Schicksal dokumentiert dieser Band.

Über 130 jüdische Rechtsanwältinnen und Rechtsanwälte aus Berlin fanden in Palästina Zuflucht vor der Verfolgung des NS-Regimes. Die durch die Rechtsanwaltskammer Tel Aviv vermittelten Begegnungen mit Angehörigen solcher Rechtsanwälte in Israel veranlassten uns, weitere Informationen über die Lebenswege der aus Berlin nach Palästina geflüchteten Kolleginnen und Kollegen zu sammeln und die hieraus entstandenen Kurzbiographien in einem Anhang vorzustellen. Für die uns dabei aus Israel gewährte Unterstützung sei auch an dieser Stelle herzlich gedankt.

Gegenstand unserer Untersuchung war auch die Frage, was aus den Kanzleien der vertriebenen Kolleginnen und Kollegen geworden ist. Die Quellenlage erlaubt dazu in der Regel keine Einzeldarstellung. Aber ein gesondertes Kapitel berichtet über die Grundlagen der Rückerstattung und Entschädigung für die verfolgten jüdischen Rechtsanwältinnen und Rechtsanwälte.

Ermutigt haben uns bei den durchgeführten Recherchen insbesondere auch die vielen Zuschriften – insbesondere von Kindern und Enkeln der verfolgten Kolleginnen und Kollegen – die uns aus aller Welt auf die Veröffentlichung einer mehrseitigen Suchanfrage erreichten. Aus ihnen stammen viele Informationen in diesem Buch.

Dies bestärkt uns in der Hoffnung, mit diesem Band dazu beizutragen, dass das Schicksal unserer jüdischen Kolleginnen und Kollegen nicht vergessen wird und auch künftigen Generationen zugänglich bleibt.

»Zu Recht wieder Anwalt« ist zeitlich und thematisch die Fortsetzung von »Anwalt ohne Recht«, einer von der Rechtsanwaltskammer Berlin 1998 herausgegebenen Studie, die das Schicksal jüdischer Rechtsanwältinnen und Rechtsanwälte nach 1933 dokumentiert.

Die vielen ehemaligen Kolleginnen und Kollegen, denen nach 1945 nicht wieder zu ihrem Recht verholfen werden kann, bleiben in schmerzlicher Erinnerung. Nach einem von ihnen – Hans Litten – ist das Haus benannt, in dem die Rechtsanwaltskammer Berlin und die Bundesrechtsanwaltskammer dafür arbeiten, dass es nie wieder Anwälte ohne Recht geben wird.

Irene Schmid
Präsidentin der Rechtsanwaltskammer Berlin
September 2012

I. Gegenstand der Untersuchung und methodisches Vorgehen

Mehr als 1.800 Berliner Rechtsanwälte wurden in der NS-Zeit ausgegrenzt und verfolgt, weil sie Juden oder jüdischer Herkunft waren. Fast alle von ihnen sind namentlich bekannt, dank der umfassenden Studie „Anwalt ohne Recht" von Simone Ladwig-Winters[1], welche die Umstände der Berufsverbote und der beruflichen Ausgrenzung bis hin zum weiteren Schicksal der Verfolgten ausleuchtet. In dieser Studie finden sich auch zahlreiche Hinweise auf Anwälte, die die NS-Verfolgung überlebt hatten. Eine systematische Untersuchung des Werdegangs dieser Überlebenden nach 1945 fehlte aber bislang. Dies war Anlass und Ausgangspunkt eines Rechercheauftrags der Rechtsanwaltskammer Berlin, dessen Ergebnisse in dem vorliegenden Buch dargestellt werden.

Im Mittelpunkt des Rechercheauftrags standen jene Überlebenden, die vor 1933 als Anwälte in Berlin zugelassen waren und sich nach 1945 erneut als Anwälte in Berlin niederließen.

Hierbei lag es nahe, von den bereits aus der Studie „Anwalt ohne Recht" bekannten Personen auszugehen. Im Laufe der Recherchen ergab sich dann die Notwendigkeit, diesen Kreis zu erweitern: Um den historischen Gegebenheiten nach 1945 gerecht zu werden, konnte die Zulassung als Anwalt 1933 in Berlin nicht das einzige Auswahlkriterium sein. Maßgebliches Kriterium für die Aufnahme in die Recherchen sollte vielmehr die Zulassung als Anwalt in Berlin nach 1945 werden (einschließlich derjenigen, die ohne Residenzpflicht zugelassen wurden). Hinzu kamen daher:

- Anwälte jüdischer Herkunft, die 1933 außerhalb Berlins, aber nach 1945 in Berlin zugelassen waren,

sowie

- (angehende) Juristen jüdischer Herkunft, die 1933 als Richter, Staatsanwälte, Gerichtsassessoren, Referendare tätig waren oder noch im Studium standen, und die nach 1945 Anwälte in Berlin wurden.

Zur Ergänzung des Bildes wurden darüber hinaus frühere Berliner Anwälte jüdischer Herkunft einbezogen, die nach 1945 wieder in Berlin lebten, sich aber nicht wieder anwaltlich betätigten.

Ermittelt wurde auch die Gruppe jener überlebenden Berliner jüdischen Anwälte, die 1933 eine Zulassung in Berlin hatten, nach 1945 aber nicht nach Berlin zurückkehrten, sondern sich in Westdeutschland niederließen.

1 Simone Ladwig-Winters: Anwalt ohne Recht. Das Schicksal jüdischer Rechtsanwälte in Berlin nach 1933, hg. von der Rechtsanwaltskammer Berlin, 2. erg. und erw. Aufl. Berlin 2007. Im Folgenden abgekürzt: AoR.

Schließlich erstreckte sich die Untersuchung auch auf solche früheren Berliner Anwälte, die nach 1945 bei alliierten Militärbehörden, bei jüdischen Organisationen insbesondere zur Durchsetzung von Wiedergutmachungs- und Entschädigungsansprüchen oder in anderen Funktionen in Deutschland wirkten, ohne ihren Hauptwohnsitz dauerhaft hierher zu verlegen.

Bei den Recherchen wurden für den so umrissenen Personenkreis insgesamt 349 Juristen ermittelt.[2] Darunter sind 51 Juristen, die 1933 keine Anwaltszulassung in Berlin hatten.

Methodisches Vorgehen

Um die Namen der Juristen zu ermitteln, die dem definierten Personenkreis zuzurechnen sind, wurden folgende Recherchewege beschritten:

1. Auswertung des „Biographischen Verzeichnisses der Berliner Rechtsanwälte jüdischer Herkunft" in der Studie „Anwalt ohne Recht": Dabei wurden zunächst die Namen aller Personen aufgenommen, für die bereits Hinweise vorlagen, dass sie dem hier untersuchten Personenkreis faktisch oder potentiell zuzurechnen waren. Die so gewonnene Liste von Namen wurde systematisch mit dem Bestand der Personalakten der Rechtsanwaltskammer und des Stadtgerichts Berlin im Landesarchiv abgeglichen. Diese wurden anschließend, soweit vorhanden, ausgewertet.
2. Ergänzende Recherchen im Bestand der Rechtsanwaltskammer im Landesarchiv nach ausgewählten Stichwörtern.[3] So konnten etliche Personen ermittelt werden, die – wie oben schon umrissen – dem hier interessierenden Personenkreis zuzurechnen, aber nicht in „Anwalt ohne Recht" verzeichnet sind, weil sie 1933 in anderen Gerichtsbezirken als Anwalt zugelassen oder keine Anwälte waren. Bei dieser Recherche stellte sich heraus, dass der Aktenbestand im Landesarchiv nicht systematisch und seine Verschlagwortung nicht frei von Fehlern ist. Auf diesem Rechercheweg war also kein zuverlässiges Ergebnis zu erzielen.
3. Auswertung von Akten aus Entschädigungs- und Wiedergutmachungsverfahren. Hier waren insbesondere Hinweise auf Personen zu erwarten, die nach 1945 nicht mehr als Jurist tätig wurden.
4. Die Überprüfung von neuen Namen, die im Laufe der Recherche in den genannten Beständen zutage traten, einschließlich ggf. der Auswertung der entsprechenden Akten.

Insgesamt wurden mithin weit mehr als die 349 Personen überprüft, die schließlich Eingang in diese Untersuchung gefunden haben. So ergaben sich bei den Recherchen ergänzende Informationen zu 34 Anwälten, die in „Anwalt ohne Recht" verzeichnet sind, ohne dass sie dem hier betrachteten Personenkreis zuzu-

2 Stand der Recherche: Mai 2012.

3 Stichwörter: „rassisch verfolgt", „jüdischer Bürger", „Palästina", „Israel".

rechnen sind. Ebenso konnte nach Einsicht der Personalakten bei 19 Personen eine zunächst vermutete jüdische Herkunft ausgeschlossen werden.

Aufbau der Untersuchung

Die Untersuchung ist folgendermaßen aufgebaut:

Abschnitt II gibt einen zusammenfassenden Überblick über die früheren Berliner jüdischen Anwälte, die nach 1945 wieder nach Berlin kamen. Der Abschnitt unterteilt sich in drei Kapitel, die drei Untergruppen dieses Personenkreises gewidmet sind: Im ersten Kapitel geht es um frühere Berliner Anwälte, die nach 1945 ihren Wohnort in Berlin hatten und sich als Anwälte niederließen. Das zweite Kapitel betrifft frühere Berliner jüdische Anwälte in der Emigration, die nach 1945 eine Anwaltszulassung ohne Residenzpflicht in Berlin erhielten. Das dritte Kapitel befasst sich mit früheren Berliner jüdischen Anwälten, die nach 1945 ihren Wohnsitz nach Berlin verlegten, aber nicht mehr als niedergelassene Anwälte tätig wurden.

Abschnitt III berichtet von früheren Berliner jüdischen Anwälten, die nach 1945 in Westdeutschland lebten.

Im **Abschnitt IV** wird die Gruppe früherer Berliner Anwälte beleuchtet, die nach 1945 als Mitarbeiter bei alliierten Militärbehörden, jüdischen Organisationen und in sonstigen Funktionen vorübergehend in Berlin und Deutschland lebten.

Im **Abschnitt V** werden die Wiedergutmachungs- und Entschädigungsverfahren für die verfolgten Anwälte exemplarisch betrachtet.

Der **Abschnitt VI** gibt eine Zusammenfassung der Ergebnisse der Recherche unter quantitativen Gesichtspunkten.

Der **Abschnitt VII** enthält ein biografisches Verzeichnis mit Kurzbiographien der hier ermittelten Personen.

Im **Abschnitt VIII** findet sich das Quellen- und Literaturverzeichnis.

II. In der NS-Zeit verfolgte Anwälte jüdischer Herkunft in Berlin nach 1945

Von 1945 bis 1990 ließen sich 179 Anwälte jüdischer Herkunft zeitweise oder dauerhaft (wieder) in Berlin nieder, die 1933 bereits als Anwälte oder Beamte im höheren Justizdienst tätig gewesen waren oder sich zum Zeitpunkt der Machtübernahme der Nationalsozialisten in ihrer juristischen Ausbildung befunden hatten. Die Gruppe dieser Anwälte soll nachfolgend unter verschiedenen Aspekten näher betrachtet werden. Eine tabellarische Übersicht der Namen findet sich am Ende des Kapitels, ihre Kurzbiographien im Kapitel 8 des Berichts.

1. Anwälte mit Wohnsitz in Berlin

1.1 Der Verfolgung entronnen: Das Schicksal der Anwälte während der NS-Zeit

Vorangeschickt sei ein Blick auf die Schicksale und Verfolgungserfahrungen unter dem NS-Regime. Deren Bandbreite unter den 179 Anwälten war groß: Unter ihnen waren Emigranten, Überlebende der KZs, Menschen, die sich der drohenden Deportation durch „untertauchen" entzogen hatten, Partner aus so genannten Mischehen ebenso wie so genannte Mischlinge (die von der systematischen Judenverfolgung ab 1935 ausgenommen blieben). Die nachstehende Tabelle gibt hiervon eine Übersicht:

	Anzahl	**in Prozent**
Emigration	60	33,5
Untergetaucht	12	6,7
Im KZ befreit	6	3,4
„Mischehe"	38	21,2
„Mischling"	59	33,0
Besondere Umstände[1]	1	0,6
Unbekannte Umstände	3	1,7
Summe	**179**	**100,0**

Die nackten Zahlenangaben und die Kategorisierung wirken vor dem Hintergrund des Geschehenen verstörend, verbergen sich dahinter doch individuelle, oft schwere Schicksale. Angaben dazu finden sich für jeden Anwalt im biographischen Verzeichnis. Diese lassen auch die unterschiedlichen Dimensionen der Verfolgung deutlich werden.

Das Bild, das sich aus der oben stehenden Tabelle ergibt, ist dennoch aufschlussreich. Rund ein Drittel der Anwälte waren Rückkehrer aus der Emigration.

1 Gemeint ist Bruno Blau, der als Patient im Jüdischen Krankenhaus überlebte. Siehe dazu AoR, S. 125.

Einen hohen Anteil mit rund 21 Prozent machten auch diejenigen aus, die in einer „Mischehe" den Deportationen entgangen waren. Nur wenige Anwälte hatten die Deportation in die Ghettos und Konzentrationslager oder in der „Illegalität" überlebt (knapp 10 Prozent). Auffallend ist insbesondere der hohe Anteil der „Mischlinge" (33 Prozent). Dies gilt es zu bedenken, wenn von den Anwälten jüdischer Herkunft nach 1945 die Rede ist.

1.2 Rahmenbedingungen für die Neuzulassung zur Anwaltschaft nach 1945

Bereits kurz nach der Befreiung Berlins von der NS-Herrschaft nahmen ab Mitte Mai 1945 auch die Gerichte nach und nach wieder ihre Arbeit auf.[2] Damit stellte sich auch die Frage, wer als Anwalt vor diesen Gerichten auftreten konnte. Die Entwicklung der Rahmenbedingungen für die Zulassung zur Anwaltschaft soll im Folgenden skizziert werden.

Erst einmal galten alle Zulassungen zur Anwaltschaft als erloschen, ebenso die Bestellungen zum Notarsamt.[3] Die ersten Neuzulassungen erfolgten noch im Mai auf Bezirks- und Stadtteilebene durch Bezirkskommandanten der Roten Armee. Sie ließen einzelne Anwälte für die oftmals neu gebildeten örtlichen Gerichte zu. Die Zuständigkeit für die Zulassung ging Ende Mai auf das Stadtgericht über, das als neues Obergericht in einem nur noch zweistufigen Instanzenweg auf Befehl der sowjetischen Besatzungsmacht eingerichtet worden war.

Das Stadtgericht bestätigte die erteilten und sprach die Neuzulassungen aus. Von der Anwaltschaft ausgeschlossen waren Mitglieder der NSDAP oder einer ihrer Gliederungen. Bis Dezember 1945 wurden 653 Anwälte wieder zu den Gerichten zugelassen. Ihre Namen sind in einer Liste verzeichnet, die im Landesarchiv überliefert ist.[4]

Ende September 1945 revidierten die vier Alliierten die von der sowjetischen Besatzungsmacht geschaffene Gerichtsstruktur in Berlin. Auf Beschluss der Alliierten Kommandantur trat an die Stelle der zwei Instanzen mit Bezirks- und

---

2 Zur Justiz in Berlin nach 1945 siehe: Friedrich Scholz: Berlin und seine Justiz. Die Geschichte des Kammergerichtsbezirks 1945 bis 1980, Berlin 1982; Ernst Reuß: Berliner Justizgeschichte. Eine rechtstatsächliche Untersuchung zum strafrechtlichen Justizalltag in Berlin von 1945–1952, dargestellt anhand der Strafgerichtsbarkeit des Amtsgerichts Berlin-Mitte, Berlin 2000; Christian Dirks, Die Rechtsanwaltskammer Berlin in den Jahren 1945 bis 2004. In: Gerhard Jungfer/Stefan König/Rechtsanwaltskammer Berlin (Hgg.): 125 Jahre Rechtsanwaltskammer Berlin. Jubiläumsschrift, Berlin 2006, S. 293–363 (mit Dokumenten); Jürgen Kipp, Kammergerichtspräsident Dr. Georg Strucksberg. Vortrag gehalten am 27. Februar 2008 vor dem „Forum Recht und Kultur im Kammergericht", Berlin 2008. Ausgewählte Dokumente in: Berlin. Quellen und Dokumente 1945–1951. 1. Halbband, Berlin 1964, S. 311–343.

3 In dieser Frage erging 1958 auch ein Urteil des Oberverwaltungsgerichts in Berlin. Siehe: Sind die vor dem Zusammenbruch erteilten Zulassungen zur Rechtsanwaltschaft in Berlin erloschen? Mitgeteilt vom Präsidium der Rechtsanwaltskammer Berlin. In: Juristische Rundschau, 1959, S. 290ff.

4 Liste der vorläufig zugelassenen Rechtsanwälte und Notare in Berlin vom 10.12.1945. In: Landesarchiv Berlin, F Rep. 280, Nr. 5310. Die Anwälte sind von Nr. 1 bis Nr. 652 durchnummeriert und es gibt einen handschriftlichen Zusatz. Auf der Liste fehlen allerdings drei Namen, wie die Recherchen ergeben haben.

Stadtgerichten wieder der dreistufige Aufbau mit den Amtsgerichten, dem Land- und dem Kammergericht. Die Zuständigkeit für die Zulassung der Rechtsanwälte lag jetzt beim Kammergericht, vorbehaltlich der Zustimmung der Alliierten.

Eine gesonderte Anordnung über die Zulassung von Rechtsanwälten und Notaren erging seitens der Alliierten Kommandantur Ende Dezember 1945.[5] Die Anordnung legte fest:

„a) Alle zukünftigen Anträge auf Zulassungen von Rechtsanwälten und Notaren werden ausschließlich bei der Anwaltskammer zur Weiterleitung an das Kammergericht eingereicht. Zulassung wird nur nach vorheriger Zustimmung des Rechts-Komités der Alliierten Kommandantura erteilt.

b) Das Kammergericht wird einen seiner Vizepräsidenten ernennen, der für die Zulassung von Rechtsanwälten und Notaren verantwortlich sein wird.

...

d) Bereits erteilte Zulassungen in irgendeinem Sektor gelten noch weiter, mit Ausnahme einzelner Fälle, in denen die Ausübung des Berufes seitens dieser Kommandantura verboten wurde.

e) Alle zukünftigen Anwärter auf den Beruf eines Rechtsanwaltes oder eines Notares werden detaillierte Anträge und ausführliche Beschreibung des Lebenslaufes für die vier Besatzungsmächte einreichen ..."

Die Zuständigkeit verblieb damit beim Kammergericht unter Einbeziehung der Rechtsanwaltskammer. Friedrich Scholz vermerkt dazu: „Die Anordnung zu b) wurde übrigens – so vorsichtig war man im Umgang mit den Alliierten – wortwörtlich genommen. Deshalb firmierte als Zulassungsbehörde nicht etwa der „Kammergerichtspräsident", sondern „Der Vizepräsident des Kammergerichts", der als ausschließlich zuständig galt."[6]

Die Rechtsanwaltskammer, die Anfang 1946 neu gebildet wurde,[7] war damit an zentraler Stelle in die Zulassungsverfahren eingebunden.

Dabei wurden die Verfahren durch die Vorgaben zur Entnazifizierung ab Frühjahr 1946 noch aufwändiger. Die Antragsteller, aber auch alle bereits zugelassenen Anwälte mussten den umfangreichen Fragebogen zur Entnazifizierung ausfüllen, außerdem einen besonderen Fragebogen für Rechtsanwälte und Notare. Dies galt kurioserweise auch für die jüdischen Verfolgten, selbst wenn sie aus Nazi-Deutschland geflohen waren.[8]

Bis 1947 wurden alle Zulassungen als vorläufig betrachtet. Dann wurde ein erneutes Verfahren zur Erteilung der endgültigen Zulassung durchgeführt.

Ende 1947 erging zudem eine Anordnung, wonach die endgültige Zulassung zur Anwaltschaft daran gebunden wurde, dass die Rechtsanwälte einen Pflichtdienst

5 Als Faksimile abgedruckt bei Dirks, a.a.O., S. 309. Im Auszug zitiert bei Scholz, a.a.O., S. 174.
6 Scholz, a.a.O., S. 174.
7 Dazu Dirks, a.a.O., S. 295–299.
8 So musste beispielsweise Jakob Gross, der 1936 nach Palästina emigriert war und 1947 nach Berlin zurückkehrte, die Fragebögen ausfüllen. Siehe: Landesarchiv Berlin: B Rep. 068 (RAK Berlin) Nr. 972.

von einem Jahr als Richter oder Staatsanwalt an einem Berliner Gericht ableisten mussten.[9] Viele Anwälte wehrten sich gegen diese Verpflichtung. Die Kammer setzte sich gerade für die Verfolgten jüdischer Herkunft ein, um sie vor dem Pflichtdienst zu bewahren.[10] Dies gelang aber nicht in allen Fällen und mitunter konnte nur ein Aufschub erreicht werden. Das belegt das folgende Schreiben vom Präsidium der Anwaltskammer an 11 Kollegen vom 13. Oktober 1948:

„Wie Ihnen bekannt sein wird, haben wir bisher davon abgesehen, diejenigen Kollegen, die infolge der Unrechtsmaßnahmen des vergangenen Regimes ihren Beruf nicht mehr ausüben konnten, auf die Vorschlagsliste für den richterlichen oder staatsanwaltlichen Dienst zu setzen. Wir haben diesen Standpunkt von uns aus bis zum gegenwärtigen Zeitpunkt eingenommen. Wenn wir jetzt im begrenzten Umfange von diesem Standpunkt, den wir in den einschlägigen Bestimmungen festzulegen leider vergeblich beantragt hatten, abweichen müssen, so bedauern wir dies sehr, bitten jedoch davon überzeugt zu sein, dass es sich um eine ausgesprochene Zwangslage handelt. Der Stand ist augenblicklich so, dass in absehbarer Zeit die zweite Heranziehung der Kollegen zum Dienst in der Justizverwaltung akut wird.

Wir sind daher nunmehr genötigt gewesen, auch Sie dem Herrn Kammergerichtspräsidenten und dem Herrn Generalstaatsanwalt bei dem Kammergericht zu benennen.

Wir haben diese Benennung zunächst auf das 60. Lebensjahr begrenzt und haben auch der Justizverwaltung gegenüber besonders zum Ausdruck gebracht, dass wir sowohl hinsichtlich der Dauer der Tätigkeit wie auch hinsichtlich der von Ihnen besonders zu äußernden Wünsche für den Arbeitsbereich eine uns selbstverständlich erscheinende rücksichtsvolle Haltung erwarten und erbitten."[11]

Die Personalsituation an den West-Berliner Gerichten entspannte sich nach der Spaltung der Berliner Justiz.[12] Damit konnte der Pflichtdienst verkürzt werden oder blieb den Betroffenen gänzlich erspart.

Nach der Verabschiedung der West-Berliner Verfassung 1950 und dem nachfolgenden Aufbau der Senatsjustizverwaltung wechselte die Zuständigkeit für die Zulassung zur Anwaltschaft. Mit der Rechtsanwaltsordnung vom 6. Mai 1952 ging sie auf die Landesjustizverwaltung über, die den Vorstand der Rechtsanwaltskammer gutachtlich zu hören hatte. Diese Regelung wurde auch 1959 mit der Bundesrechtsanwaltsordnung übernommen.

9 Scholz, a.a.O., S. 69ff.
10 Entsprechende Dokumente finden sich in vielen Personalakten.
11 Landesarchiv Berlin, B Rep. 068 (RAK Berlin) Nr. 1775 (Fritz Lewy).
12 Scholz, a.a.O., S. 125ff.

1.3 Die Zulassungen zur Anwaltschaft 1945 bis 1990

1.3.1 Zeitliche Verteilung der Zulassungen

Die nachstehende Tabelle gibt eine Übersicht über die zeitliche Verteilung der Zulassungen der hier untersuchten Anwaltsgruppe von 1945 bis 1990:

Jahr	Anzahl	Jahr	Anzahl	Jahr	Anzahl	Jahr	Anzahl
1945	102	1953	6	1961	1	1970	0
1946	1	1954	9	1962	2	1971	1
1947	10	1955	2			1972	0
1948	7	1956	3	1965	1	1973	1
1949	2	1957	4	1966	0		
1950	4	1958	0	1967	2	1990	1
1951	2	1959	6	1968	0	unbekannt	1
1952	8	1960	3	1969	0	**Summe**	**179**

Aus der Übersicht ergibt sich ein klares Bild: 102 Zulassungen (57 Prozent) wurden bereits 1945 erteilt. Bis Ende der 1940er Jahre folgten weitere 20 Zulassungen (rund 11 Prozent). Insgesamt waren es von 1945 bis 1949 122 Zulassungen (rund 68 Prozent). In den 1950er Jahren wurden noch 44 Zulassungen (rund 25 Prozent) erteilt. Ab den 1960er Jahren ging die Anzahl deutlich zurück. Von 1960 bis 1969 waren es nur noch neun und in den 1970er Jahren lediglich zwei. Die letzte Zulassung ging 1990 an Anselm Glücksmann (1913-1999). Er hatte 1933 sein Jurastudium an der Berliner Universität abbrechen müssen und in Madrid und Basel fortgeführt. 1938 war er über die Schweiz nach Honduras geflohen und 1948 nach Ost-Berlin zurückgekehrt. In der DDR wurde er einer der Spezialisten für Urheber- und Verlagsrecht und leitete ab 1956 das Büro für Urheberrecht. Erst 1990 ließ er sich als Anwalt nieder.

Welche Besonderheiten lassen sich bei den Zulassungen für die verschiedenen Jahre und Zeiträume feststellen?

Anwälte, die 1945 ihre Zulassung erhielten, mussten den Umständen nach sich bereits in Berlin aufhalten oder das Recht haben, dorthin trotz der Zuzugssperre, die angesichts der katastrophalen Wohnsituation herrschte, zurückkehren zu können. Dies waren zum Beispiel im Juli 1945 Justizrat Ernst Busse, Alexander Coper und Felix Rosenthal, die im Mai 1945 im Ghetto/KZ Theresienstadt befreit worden waren. Aus der „Illegalität" in Berlin tauchten neun Anwälte wieder auf und erhielten ihre Wiederzulassung. Ebenso konnten über dreißig Männer, die im Schutz einer „Mischehe" gelebt hatten, 1945 wieder anwaltlich tätig werden. Viele von ihnen hatten noch bis April 1945 oftmals körperlich schwere Zwangsarbeit leisten müssen. Schließlich gehörte die große Gruppe der „Mischlinge" zu den ersten wieder zugelassenen Anwälten. Vor allem diejenigen unter ihnen, die als „Mischlinge 2. Grades" gegolten hatten, hatten in vielen Fällen bis zum Ende des NS-Regimes ihre Anwaltszulassung behalten können und waren auch bis dahin anwaltlich tätig geblieben. Wer als „Halbjude" oder „Mischling 1. Grades" eingestuft worden war, musste hingegen oftmals ab Oktober 1944 als „Dienstverpflichteter" Zwangsarbeit leisten.

Ab 1947 waren unter den Zulassungen, von einigen Ausnahmen abgesehen, nur Rückkehrer aus der Emigration. Die ersten Rückkehrer waren 1947 Paul Chone, Kurt Holdheim und Jakob Groß aus Palästina sowie Erich Hirschberg, Edmund Kochheim, Heinrich Leidert und Paul Schindler aus dem fernöstlichen Shanghai. Ebenfalls 1947 kehrte Hermann Eisner, der Ehemann der Schauspielerin Camilla Spira, aus Holland zurück. 1948 folgten die Zulassungen für Dagobert Pincus aus Frankreich und Erich Nelson aus Großbritannien. Jahr für Jahr bis Anfang der 1960er Jahre kehrten nun Emigranten nach Berlin zurück, die sich als Anwälte niederließen. Diese Entwicklung soll weiter unter noch näher betrachtet werden.

Ab 1947 tauchte schließlich eine weitere Gruppe auf: Verfolgte, die 1933 noch nicht die juristische Ausbildung abgeschlossen hatten und jetzt ihre erste Zulassung als Anwalt erhielten.

Dies betraf beispielsweise die Zwillingsbrüder Heinz und Rolf Elb. Sie waren 1933 nach dem ersten Staatsexamen als „Halbjuden" nicht mehr zum Referendariat zugelassen worden. Im August 1946 legten sie – beide am selben Tag – das zweite Staatsexamen ab, allerdings in Dresden, denn in Berlin konnten wegen der fehlenden Genehmigung durch die Alliierte Kommandantur noch keine Assessorprüfungen abgenommen werden. 1947 bzw. 1948 erhielten Heinz und Rolf Elb die Zulassung zur Anwaltschaft in Berlin.

Auch Friedrich Karl Kaul war 1933 der Abschluss seiner Ausbildung untersagt worden. Er hatte bereits die schriftliche Hausarbeit zum Assessorexamen angefertigt, wurde aber, da er ebenfalls als „Halbjude" galt, zu den anderen Prüfungen nicht zugelassen. Im Herbst 1945 kehrte er aus den USA nach Berlin zurück. Im November 1947 legte er das zweite Staatsexamen in Potsdam ab. Im Mai 1948 wurde ihm die Anwaltszulassung erteilt. In diese Gruppe gehören auch Ernst Schlesinger und Ulrich Biel. Ernst Schlesinger war 1933 vom ersten Staatsexamen ausgeschlossen worden. 1942 tauchte er wegen der drohenden Deportation unter. Noch im März 1945 wurde er entdeckt und nach Theresienstadt verschleppt. Nach einer informatorischen juristischen Ausbildung in Anknüpfung an sein früheres Jurastudium legte er 1948 das erste und nach dem Referendariat 1950 das zweite Staatsexamen ab. Im selben Jahr erhielt er die Zulassung zur Anwaltschaft in Berlin.

Auch Ulrich Biel hatte 1933 kurz vor Abschluss des Referendariats aus dem Justizdienst ausscheiden müssen. Er war 1945 mit den US-Truppen nach Deutschland zurückgekehrt und 1946 bis 1949 Leiter der politischen Abteilung des US-Militärregierung für die Stadt Berlin mit großem politischem Einfluss. 1952 erteilte ihm der Justizsenator eine Ausnahmegenehmigung, damit er sich zum zweiten Staatsexamen melden konnte. Im November 1952 legte er das Examen ab und im Februar 1953 wurde er als Anwalt zugelassen.

Besonders sei hier noch auf das Schicksal von Dr. Georg Cohn-Lempert hingewiesen. Er wurde erst 1959 wieder als Anwalt in Berlin zugelassen. 1944 war er von Berlin nach Steinseiffen bei Krummhübel im Riesengebirge geflohen, um einer drohenden Verhaftung zu entgehen. Dort erlebte er mit seiner nicht-jüdischen Frau die Befreiung 1945. Bis 1959 musste er in Steinseiffen verbleiben. Die Gründe dafür schilderte er in seinem Zulassungsantrag:

> „Kurze Zeit darauf kam das Gebiet unter polnische Verwaltung. Die Polen erließen ein Gesetz zum Schutz der Hitlerverfolgten, durch das unser Eigentum der Beschlagnahme entzogen wurde und wir nicht ausgewiesen wurden. Die Kehrseite davon war aber, dass wir das Land nicht verlassen durften, da seinerzeit nur die Ausgewiesenen in Sammeltransporten über die Grenze gelassen wurden und jedes Überschreiten streng untersagt war. Wir hatten nun zwar das Grundstück, waren aber sonst aller Mittel bar. Durch Musik- und Sprachunterricht allein konnte ich unseren Lebensunterhalt nicht bestreiten. So musste ich 1950 wiederum Fabrikarbeiter werden. Ich nahm eine Stellung als Arbeiter in der Bürstenfabrik in Buschvorberg an, das von Steinseiffen 5 km entfernt liegt, so dass ich täglich 10 km Fußweg zu bewältigen hatte, da eine Fahrverbindung zwischen meinem Wohnsitz und der Fabrik nicht bestand. Ich war damals schon über 70 Jahre alt."[13]

Mit 77 Jahren ließ sich Cohn-Lempert 1959 noch einmal als Anwalt nieder. Er praktizierte bis zu seinem Tod kurz vor Vollendung seines 86. Lebensjahres.

1.3.2 Die Anwälte nach Altersgruppen

Die hier betrachtete Gruppe von Anwälten umfasste vom Alter her fast drei Generationen. Die ältesten waren Justizrat Otto Feig (geb. 1864) und Justizrat Ernst Busse (geb. 1867), die jüngsten Anselm Glücksmann (geb. 1913) und Julius Kollenscher (geb. 1912). Die nachstehende Tabelle gibt einen Überblick der Altersstruktur:

Geburtsjahrgänge	**Anzahl**	**Geburtsjahrgänge**	**Anzahl**
1860–1864	1	1890–1894	23
1865–1869	1	1895–1899	24
1870–1874	3	1900–1904	29
1875–1879	14	1905–1909	13
1880–1884	36	1910–1914	5
1885–1889	30	**Summe**	**179**

Die Tabelle zeigt, nimmt man das Stichjahr 1945, dass der Altersdurchschnitt der Anwälte bereits recht hoch war. Rund 11 Prozent von ihnen waren bereits über 65 Jahre, rund 37 Prozent 55 bis 64 Jahre alt und jeweils 26 Prozent im Alter von 46 bis 55 Jahren oder 45 Jahre und jünger. Daraus ist ablesbar, dass schon ab den 1950er Jahren die Anzahl der Anwälte wegen Tod und Berufsaufgabe kontinuierlich zurückging.

---

13 Landesarchiv Berlin: B Rep. 068 (RAK Berlin), Nr. 494 (Georg Cohn-Lempert).

1.3.3 Juristischer Hintergrund 1933

Von den hier untersuchten 179 Anwälten jüdischer Herkunft in Berlin nach 1945 waren 142 bereits 1933 als Anwalt in der Stadt tätig. 37 der Anwälte (rund 20 Prozent) waren anderweitig als Juristen tätig oder befanden sich noch in der juristischen Ausbildung. Dies waren im Einzelnen:

- sieben angehende Juristen (Studenten, Referendare), die nicht mehr zum ersten oder zweiten Staatsexamen zugelassen wurden;[14]
- drei Referendare, die noch zum zweiten Staatsexamen zugelassen wurden;[15]
- sieben Gerichtsassessoren, die nach dem „Gesetz zur Wiederherstellung des Berufsbeamtentums" aus dem Justizdienst entlassen wurden;[16]
- 15 Anwälte mit Zulassung außerhalb Berlins;[17]
- drei Justizbeamte im höheren Justizdienst (Richter, Staatsanwalt);[18]
- ein Jurist im Preußischen Staatsministerium (im Februar 1933 in das Preußische Justizministerium versetzt)[19]

sowie

- ein Jurist, der 1933 im Verlagswesen arbeitete.[20]

1.3.4 Aufgabe der Zulassungen

45 der 179 Anwälte gaben ihre Zulassung auf Antrag wieder auf. Bei zwei Anwälten wurde sie von Amts wegen entzogen.[21]

Welche Gründe waren für die Aufgabe der Zulassung maßgeblich?

Drei Anwälte gingen kurz nach 1945 in die Emigration. Ihre konkreten Beweggründe können den Akten nicht entnommen werden. Es ist zu vermuten, dass die schlechten Lebensumstände im kriegszerstörten Berlin ebenso eine Rolle spielten wie das Bedürfnis, nicht länger unter den ehemaligen Verfolgern zu leben.

Hermann Salomon verließ 1946 mit seiner Familie Berlin. Die Familie war Anfang 1943 vor der drohenden Deportation „untergetaucht" und konnte mit der Unterstützung von vielen Helfern das NS-Regime überleben. Im August 1945 war

14 Ulrich Biel, Heinz Elb, Rolf Elb, Anselm Glücksmann, Friedrich Karl Kaul, Julius Kollenscher und Ernst Schlesinger.

15 1933 Hans-Günther Salomon und Fritz Wolff, noch 1937 Dieter Langheld.

16 Günther Adler, Oskar Kempner, Hellmuth Louis, Karl Rabe, Friedrich-Karl Fromm, Else Koffka und Erna Proskauer.

17 Georg Beer (Stettin), Curt Bergmann (Dresden), Hugo Danner (Stuttgart), James Hugo Ehrlich (Tilsit), Heinrich Fechner (Magdeburg), Egon Gold (Brünn), Saly Herschhorn (Danzig), Manfred Herzfeld (Celle), Carl Wilhelm Hünnebeck (Bochum), Georg Jaretzki (Breslau), Hans Ledien (Wittenberg), Nathan Moser (Czernowitz), Paul Schindler (Beuthen/Oberschlesien), Ludwig Steinthal (Alt-Landsberg bei Berlin), Heinz Weber (Gleiwitz).

18 Walter Bergmann, Ernst Lührse und Georg Schmidt.

19 Fritz Corsing.

20 Otto Scheuer beim Scherl Verlag Berlin, 1933 von dem Unternehmen entlassen.

21 Hugo Danner wurde 1947 wegen schlechter Amtsführung, Alfred Jankuhn 1965/66 wegen Veruntreuung von Geldern die Zulassung als Anwalt und Notar entzogen.

Salomon wieder zur Anwaltschaft zugelassen worden. Im April 1946 beantragte er die Beurlaubung für ein Jahr und reiste in die USA. Er entschied sich, dauerhaft dort zu leben. Im Februar 1947 beantragte er seine Löschung in den Anwaltslisten. Er starb 1957 in Los Angeles.

Fritz Corsing, der die NS-Verfolgung wie Hermann Salomon „untergetaucht" überlebt hatte, emigrierte ebenfalls 1947 in die USA. Er ließ sich in New York nieder. Dort hielt er im Oktober 1947 als erster Berliner Jude einen Vortrag über seine Erlebnisse während der NS-Zeit und die Umstände seines Überlebens. Er starb 1959 (nach anderer Angabe 1962) in New York.

In die USA emigrierte auch Bruno Blau. Er war durch glückliche Umstände als Patient im Jüdischen Krankenhaus der Deportation entgangen. Im September 1945 wurde er als Anwalt und Notar wieder zugelassen. Nach knapp einem Jahr beantragte er im Sommer 1946 die Löschung und ging mit seiner Ehefrau 1947 nach New York. Das Ehepaar kehrte im Frühjahr 1954 nach Deutschland zurück und ließ sich in Freiburg i. Br. nieder, wo Bruno Blau im selben Jahr starb.

Bei acht Anwälten erfolgte die Löschung in den Anwaltslisten nach der Einstellung in den Justizdienst oder dem Wechsel in andere Positionen. Max Lustig, Else Koffka und Hans-Günther Salomon wurden als Richter in Berlin eingestellt. Werner Kaufmann wurde als Senatsdirektor in die Berliner Justizverwaltung berufen. In die Westzonen bzw. die Bundesrepublik wechselten Günther Joel, Eduard Reimer und Gerhard Frentzel. Joel übernahm bereits 1946 eine leitende Tätigkeit in der Wirtschaftsverwaltung der britischen Besatzungszone und war später Ministerialdirektor im Bundesjustizministerium. Reimer wurde 1949 zum Leiter des Deutschen Patentamtes in München bestellt. Frentzel war ab 1949 der Hauptgeschäftsführer des Deutschen Industrie- und Handelstages.

Besonders erwähnt werden soll hier noch Jakob Blasse. Er hatte das NS-Regime in einer „Mischehe" überlebt. Im Juli 1945 war er wieder als Anwalt zugelassen worden. Im April 1946 wechselte er als Landgerichtsdirektor an das Landgericht Berlin und war dort ab April 1948 als Vizepräsident tätig. Die Auseinandersetzungen um seine Suspendierung Anfang 1949 führten unmittelbar zur Spaltung der Berliner Justiz. Auf die Details kann hier nicht näher eingegangen werden.[22] Mit Unterstützung der sowjetischen Militärbehörden blieb Blasse im Amt. Bis November 1952 war er Vizepräsident des Landgerichts in Ost-Berlin, dann bis zu seinem Tod Oberrichter am Ost-Berliner Stadtgericht. Er war damit einer der wenigen Juristen, die ohne SED-Mitgliedschaft eine gehobene Position an einem Ost-Berliner Gericht einnehmen konnten.

Ein weiterer Grund für die Löschung in den Anwaltslisten in Berlin war die anderweitige Zulassung bei einem Gericht. Acht Anwälte ließen sich in der Bundesrepublik nieder. Unter ihnen war Kurt Werthauer, Mitglied im Präsidium der Berliner Kammer. Er ging 1952 an den Bundesgerichtshof in Karlsruhe und betätigte sich auch dort im Vorstand der Rechtsanwaltskammer beim Bundesgerichtshof. Für sein Engagement wurde er mit dem Großen Bundesverdienstkreuz ausgezeichnet.

---

22 Siehe dazu: Scholz, a.a.O., S. 91ff., insbes. S. 112ff.; Reuß, a.a.O., S. 165ff.

Auffallend bei den Löschungen wegen anderweitiger Zulassung ist die zeitliche Häufung in den Jahren 1961 bis 1963 kurz nach dem Mauerbau. Sechs der Anwälte verließen in diesen Jahren die Stadt. Ob dies im Zusammenhang mit der isolierten Lage und der unsicheren politischen Situation stand, muss aber offen bleiben. In den Personalakten werden die Gründe nicht angegeben.

Erwähnt seien noch drei Anwälte, die wieder in ihre Emigrationsländer zurückkehrten. Juan (Hans) Semon ging 1966 nach Argentinien (kehrte aber später nach Deutschland zurück und ließ sich in Freiburg i. Br. nieder), Fritz Rosenbaum 1971 nach Israel und Harry Lynn (früher: Heinz Schlesinger) 1974 nach San Francisco.

Die große Mehrzahl der Löschungen erfolgte „auf Antrag" (23 Anwälte), vor allem ab Mitte der 1960er Jahre aus Gesundheits- und Altersgründen. Dies ist angesichts der Altersstruktur nicht verwunderlich. Bemerkenswert ist ein anderer Umstand: Viele der Anwälte behielten ihre Zulassung bis ins hohe Alter und führten vermutlich auch ihre Praxis fort.

1.4 Einzelaspekte

1.4.1 Das Schicksal von David Feilchenfeld als Opfer des NKWD

Nach der Befreiung vom NS-Regime ergriff die sowjetische Besatzungsmacht in der SBZ und auch in Berlin drastische Maßnahmen zur Entnazifizierung. Ab Mai 1945 richtete der sowjetische Geheimdienst zehn Speziallager ein, in denen Mitglieder der NSDAP und andere Funktionsträger des NS-Regimes festgehalten wurden. Die individuelle Schuld der Verhafteten wurde nicht geprüft. Unter ihnen befanden sich auch viele Unschuldige, die willkürlich oder nach Denunziationen festgenommen worden waren. Die Haftbedingungen in den Speziallagern des NKWD waren katastrophal. Viele Tausende starben an Hunger, Krankheiten und Erschöpfung.[23]

Eines dieser Opfer war der Rechtsanwalt David Feilchenfeld. Seinem Schicksal soll hier ein besonderes Gedenken gelten.[24]

David Feilchenfeld wurde 1877 im westpreußischen Thorn geboren, wo er bis zum Abitur 1896 das Gymnasium besuchte. Das Jurastudium absolvierte er anschließend an den Universitäten Berlin, München und Königsberg i. Pr. Im Frühjahr 1899 legte er das erste Staatsexamen ab. Das Referendariat durchlief er in seiner Heimat im Bezirk des Oberlandesgerichts Marienwerder. Kurz nach dem zweiten Staatsexamen ließ er sich 1905 als Rechtsanwalt in Berlin nieder, wo er später – zumindest zeitweise – mit seinem Bruder Max eine gemeinsame Kanzlei führte.

---

23 Siehe als Überblick: Jörg Morré: Speziallager des NKWD. Sowjetische Internierungslager in Brandenburg 1945–1950, hg. von der Brandenburgischen Landeszentrale für politische Bildung und der Stiftung Brandenburgische Gedenkstätten/Gedenkstätte und Museum Sachsenhausen. Potsdam 1997; http://www.politische-bildung-brandenburg.de/publikationen/pdf/nkwd.pdf.

24 Zu den nachstehenden Informationen siehe Landesarchiv Berlin: B Rep. 068 (RAK Berlin) Nr. 3437; C Rep. 301 (Stadtgericht Berlin) Nr. 1555; Entschädigungsamt Berlin Nr. 3.062 (Antrag der Witwe).

Im Ersten Weltkrieg kämpfte David Feilchenfeld von 1914 bis 1918 als Soldat an der Ost- und Westfront. Zuletzt bekleidete er den Rang eines Unteroffiziers. Für seinen Kampfeinsatz wurde er mit dem Eisernen Kreuz II. Klasse ausgezeichnet.

Nach der Rückkehr aus dem Krieg war David Feilchenfeld wieder als Anwalt in Berlin tätig, 1927 wurde er zum Notar bestellt. Bereits 1923 hatte David Feilchenfeld geheiratet. Seine Ehefrau war Hanna geb. Will.

Unter dem NS-Regime konnte Feilchenfeld als „Altanwalt" und „Frontkämpfer" vorerst weiter praktizieren. 1935 verlor er das Notariat. Ende 1938 wurde gegen ihn ein Berufsverbot als Anwalt verhängt. Ab 1939 war er dann als „jüdischer Konsulent" zugelassen. Nach den NS-Kriterien galt seine Ehe mit der nicht-jüdischen Hanna als „Mischehe". So blieb er von den Deportationen ausgenommen. Da die Ehe aber kinderlos geblieben war, musste er den Judenstern tragen und war vielen Beschränkungen unterworfen.

Anfang 1944 beschlagnahmte die Gestapo Teile seiner Wohnung und Praxis am Monbijouplatz im Berliner Zentrum. Anfang Oktober 1944 wurde er gemeinsam mit seiner Ehefrau von der Gestapo verhaftet, die ihnen vorhielt, trotz Schweigegebots die Tarnung der in ihrer Wohnung untergebrachten Dienststelle verraten zu haben. Außerdem besäßen sie sozialistische Schriften. Die Ehefrau habe zudem nach dem Attentat vom 20. Juli öffentlich geäußert, „wenn der Bluthund doch verreckt wäre". Nach sechs Wochen Haft kam das Ehepaar wieder frei „durch ein unerhörtes Glück und das energische Auftreten meines Bruders [und] die Hilfe mehrerer Hausgenossinnen" (so die Schilderung der Ehefrau). In die Wohnung am Monbijouplatz konnten sie nicht zurückkehren. Sie wurden in eine kleine Wohnung in der Schönhauser Allee eingewiesen und mit einem Bann für das Gebiet um den Alexanderplatz und die Friedrichstraße belegt. Anfang 1945 zog sich das Ehepaar nach Brück/Mark zurück, wo der Bruder der Ehefrau lebte. Dort blieben sie bis zum Ende des NS-Regimes.

Im Juli 1945 kehrten die Eheleute nach Berlin in ihre alte Wohnung am Monbijouplatz zurück. David Feilchenfeld beantragte die Wiederzulassung als Rechtsanwalt und Notar. Diese wurde ihm Mitte Juli vom Stadtgericht erteilt. Im selben Monat wurde er auch als „Opfer des Faschismus" anerkannt.

Am 1. August 1945 wurde David Feilchenfeld mit seiner Ehefrau Hanna vom NKWD verhaftet. Dem Ehepaar wurde vorgehalten, Gestapo-Leute, die die Wohnung genutzt hatten, zu decken. Ob die Verhaftung auf einer Denunziation beruhte, lässt sich anhand der Akten nicht feststellen. Die Eheleute wurden 5 ½ Wochen im NKWD-Gefängnis Groß-Glienicke festgehalten: 1952 erinnert sich Hanna Feilchenfeld: „Nie werde ich die Misshandlungen vergessen und klingen mir heute die Schreie noch in den Ohren."

Von Groß-Glienicke wurde das Ehepaar in das NKWD-Gefängnis in Hohenschönhausen und von dort in das Speziallager Sachsenhausen verschleppt. Dort kam David Feilchenfeld im April 1946 oder 1947 ums Leben. Er starb an einer Sepsis und an Unterernährung. Eine medizinische Behandlung war ihm bis drei Tage vor seinem Tod „wegen Geringfügigkeit" verweigert worden.

Seine Ehefrau musste noch 4 ½ Jahre in dem Lager verbringen. Von der langen Haftzeit trug sie bleibende schwere Gesundheitsschäden davon.

Das plötzliche Verschwinden von David Feilchenfeld blieb auch den Justizbehörden nicht verborgen. Im April 1946 begann das Kammergericht Nachforschungen über seinen Verbleib anzustellen. Dazu wandte es sich an das zuständige Polizeirevier und erfuhr, dass Feilchenfeld im Sommer 1945 von der „Russischen Kommandantur abgeholt worden und bisher nicht zurückgekehrt" sei. Das Kammergericht leitete daraufhin im Herbst 1946 ein Verfahren zur Löschung in den Anwaltslisten ein. Zur Begründung wurde angeführt, Feilchenfeld habe sich mehr als drei Monate nicht mehr am Ort der Residenz aufgehalten und müsse daher von Amts wegen gelöscht werden. Der Vizepräsident forderte hierzu die Stellungnahme der Rechtsanwaltskammer an. Diese gab dabei zu bedenken:

„Der Rechtsanwalt Feilchenfeld hält sich doch nicht freiwillig außerhalb Berlins auf. Die Bestimmung, dass er wegen mehr als dreimonatiger Abwesenheit gelöscht werden muss, dürfte daher nicht anzuwenden sein. Die Zurücknahme würde uns daher als eine unnötige Härte für den Fall erscheinen, dass der Rechtsanwalt Feilchenfeld eines Tages zurückkommt. Wir möchten daher vorschlagen, die Angelegenheit, die ja wohl nicht eilig ist, in der Schwebe zu lassen."

Der Vizepräsident des Kammergerichts verfügte dennoch am 29. Januar 1947 die Löschung von David Feilchenfeld als Rechtsanwalt und Notar. Weitere Nachfragen oder Untersuchungen zu seinem Verbleib unterblieben.

1.4.2 Entnazifizierung

Aufgrund ihrer jüdischen Herkunft fielen die hier untersuchten Anwälte eigentlich nicht unter die Personengruppen, die sich einem Entnazifizierungsverfahren unterziehen mussten.[25] Als Juden waren sie von der Mitgliedschaft in NS-Organisationen und anderen Vereinen und Verbänden ausgeschlossen. Dies galt nicht in jedem Fall für die „Mischlinge". Vor allem die „Mischlinge 2. Grades" konnten den großen NS-Massenorganisationen und Berufsverbänden beitreten. So ist bislang von fünf der Rechtsanwälte bekannt, dass sie dem NS-Rechtswahrerbund angehörten.[26] Diese wohl nur nominelle Mitgliedschaft in dem Verband hatte für die Anwälte in den Zulassungsverfahren allerdings keine Folgen.

Ein reguläres Entnazifizierungsverfahren durchlief hingegen Rudolf von Broecker.[27] Er gab 1946 bei der Überprüfung seiner vorläufigen Zulassung an,

25 Zu den Personengruppen siehe: Anordnung der Alliierten Kommandantur BK/O (46) 101a Entnazifizierung und Bestimmung Nr. 1 zur Anordnung der Alliierten Kommandantur über die Entnazifizierung, beide vom 26.2.1946. In: Verordnungsblatt der Stadt Berlin, 1946, Nr. 11, S. 71–78.

26 Dies waren: Rudolf von Broecker, Reinhard von Godin, Franz Hirschwald, Willi Koepke, Julius von Weltzien.

27 Dies galt auch für Kurt Talbot (AoR, S. 275), dessen Antrag auf Wiederzulassung wegen seiner NSDAP-Mitgliedschaft 1946 abgelehnt wurde. Seine Akte bei der Anwaltskammer bricht aber 1947 ab, ohne dass das Entnazifizierungsverfahren abgeschlossen worden war. Siehe Landesarchiv Berlin, B Rep. 068 (RAK Berlin), Nr. 2820. Nach dem aktuellen Kenntnisstand wurde er nicht wieder anwaltlich tätig.

1932/33 Anwärter auf eine Mitgliedschaft in der NSDAP gewesen zu sein. Wegen seiner jüdischen Herkunft sei er dann aber nicht in die Partei aufgenommen worden. Außerdem habe er sich schnell vom Nationalsozialismus wieder abgewandt. Dazu führte er im Mai 1946 aus:

„Die im Berufs-Beamten-Gesetz (1. Rasse-Gesetz, April 1933) erstmalig offenbarte destruktive Tendenz der NSDAP hat meine die Partei bis dahin aus allgemein nationalen Gründen unterstützende Haltung umgewandelt und meine völlige gesinnungsmäßige Abkehr von ihr entschieden."

Seine Darstellung weckte Zweifel, denn ein Anwärterstatus für eine Parteimitgliedschaft gab es bei der NSDAP nicht. Außerdem lagen Aussagen vor, wonach Broecker noch Ende der 1930er Jahre in der NSDAP gewesen sei. Der Vizepräsident lehnte seine endgültige Zulassung im Mai 1947 daher ab. Broecker blieb vorerst von der Anwaltschaft ausgeschlossen und musste sich einem Entnazifizierungsverfahren unterziehen. Im Juli 1948 erging das Urteil: Broecker wurde als nur nominelles Mitglied der NSDAP eingestuft und damit „entlastet". Im April 1949 erhielt er die erneute Zulassung als Anwalt.

1.4.3 Rückkehr aus der Emigration

Die zahlenmäßig größte Gruppe unter den hier betrachteten 179 Anwälten waren die Rückkehrer aus der Emigration.[28] Von 1945 bis 1971 kamen nach dem aktuellen Kenntnisstand 60 emigrierte Juristen nach Berlin und ließen sich hier als Anwalt nieder. 56 von ihnen kehrten damit in die Stadt zurück, in der sie vor der Emigration gelebt hatten. 48 waren hier bereits 1933 als Anwalt tätig gewesen. Fünf befanden sich 1933 als Student oder Referendar noch in der juristischen Ausbildung (darunter Friedrich Karl Kaul, der kurz vor Abschluss der Assessorprüfung, vor dem Termin der mündlichen Prüfungen aus dem Justizdienst entlassen wurde). Erna Proskauer erhielt 1933 als Gerichtsassessorin beim Kammergericht Berufsverbot. Zwei der Anwälte, Paul Schindler und Georg Beer, hatten erst nach 1933 den Wohnsitz in die Reichshauptstadt verlegt.

Zeitlich betrachtet, fällt die Rückkehr von einem Drittel der Emigranten in die Jahre 1945 bis 1949, mehr als die Hälfte (32 von 60) kamen in den 1950er Jahren, sechs in den 1960er Jahren. Der letzte Rückkehrer war Walter Loewe, der sich 1971 mit 68 Jahren nach 35 Jahren der Emigration wieder in seiner Geburtsstadt niederließ. Bei einem Anwalt ist das Jahr der Rückkehr nicht bekannt.

Auffallend ist die Verteilung der Rückkehrer nach Emigrationsländern. 26 der Anwälte (rund zwei Fünftel) kamen aus Israel (davon drei 1947 noch vor Gründung des

28 Allgemein als Überblick zur Remigration siehe die Artikel im Handbuch der deutschsprachigen Emigration 1933–1945. Unveränderte Neuauflage Darmstadt 2008 (zuerst 1998), S. 1157ff. sowie Marita Krauss: Heimkehr in ein fremdes Land. Geschichte der Remigration nach 1945. München 2001. Siehe auch: Cordula Lissner, „In der Justiz lebe ich wie im Exil". Zur Rückkehr jüdischer Juristen und Juristinnen. In: Anne Klein/Jürgen Wilhelm (Hgg.): NS-Unrecht vor Kölner Gerichten nach 1945. Köln 2003, S. 75–84.

jüdischen Staates), jeweils neun aus den USA und aus Lateinamerika, jeweils fünf aus Shanghai und Großbritannien und sechs aus weiteren europäischen Ländern.

Welche Gründe die Anwälte zu einer Rückkehr bewogen haben, ist den ausgewerteten Akten nur selten zu entnehmen. Einen Hinweis darauf gibt Erna Proskauer (der zugleich ein Schlaglicht auf die Motive der Rückkehrer aus Israel wirft). In ihren Erinnerungen „Wege und Umwege" stellt sie fest:

> „Gerade Juristen mit ihrem örtlich begrenzten beruflichen Anwendungsgebiet fanden nirgends im Exil, vor allem aber nicht in den engen Grenzen der israelischen Wirtschaft, eine Erwerbsmöglichkeit, geschweige denn eine angemessene."[29]

Inwiefern diese Verallgemeinerung persönlicher Erfahrungen und individueller Wahrnehmungen zutreffend ist, sei dahingestellt. Viele Lebenswege von emigrierten Juristen auch in Israel zeigen das Gegenteil. Dennoch wird eine subjektiv als bedrängend empfundene Lage (auch in materieller Hinsicht) oftmals verbunden mit dem Wunsch, wieder im Anwaltsberuf tätig werden zu können, den Ausschlag gegeben haben.

Hanns Günther Pechner fasst diese Motive, um die Anwaltszulassung in Berlin nachzusuchen, eindringlich zusammen:

> „Die Liebe zu meinem wirklichen Beruf, dem des Anwalts, die Notwendigkeit für die Existenz meiner Familie zu arbeiten, und die fast unüberwindlichen Schwierigkeiten, denen der emigrierte und mittellose Anwalt im Ausland bei jedem Versuch einer beruflichen Umstellung ausgesetzt ist, bilden die Veranlassung zu meinem heutigen Gesuch."[30]

Nur wenige Informationen gibt es zu der Frage, wie die Anwälte die Rückkehr nach Berlin erlebten. Mit Ausnahme der Erinnerungen von Erna Proskauer gibt es dazu fast keine Zeugnisse.[31]

1.4.4 Anwälte in Ost-Berlin und der DDR

Nach der Gründung der DDR 1949 waren nur einige wenige der hier betrachteten Anwälte in Ost-Berlin niedergelassen. Dies war nicht in erster Linie eine Folge der politischen Entwicklung. Bereits vor der Spaltung der Stadt hatten fast alle der Anwälte Wohn- und Kanzleisitz in den Westsektoren. Ebenso war der Sitz in Ost-Berlin nicht in jedem Fall ein Bekenntnis zur DDR. Denn die Spaltung der Stadt und auch der Justizbehörden hatte für die bereits zugelassenen Anwälte im Hinblick auf ihren Wirkungskreis erst einmal keine direkten Auswirkungen. Ihre Zulassungen galten unverändert für alle Berliner Gerichte.[32] Auch die Rechtsanwaltskammer bestand als einheitliche Institution für die ganze Stadt weiter. Die

29 Erna Proskauer: Wege und Umwege. Erinnerungen einer Rechtsanwältin. Berlin 1989, S. 112.

30 Landesarchiv Berlin, Rep. 068 (RAK Berlin) Nr. 3220.

31 Vgl. auch Walter Schwarz: Späte Frucht. Bericht aus unsteten Jahren. Hamburg 1981, S. 129ff.

32 Zahlenangaben bei: Scholz, a.a.O., S. 176.

Spaltung der Anwaltschaft erfolgte erst 1953 mit der Gründung des Kollegiums der Rechtsanwälte in Ost-Berlin und der Verabschiedung einer Rechtsanwaltsordnung für West-Berlin.[33]

Nach 1949 hatten sechs Anwälte ihren Wohn- und Kanzleisitz in Ost-Berlin: Bernhard Baruch, Heinrich Benda, Friedrich Karl Kaul, Karl Rabe, Erich Simoni und Hugo Tietz. Friedrich Karl Kaul und Heinrich Benda waren Mitglieder der SED und somit politische Anhänger des DDR-Systems. Bernhard Baruch lebte bis zu seinem Tod im Juli 1961 in Ost-Berlin. Über sein Leben in der DDR ist nichts Näheres bekannt. Er praktizierte bis Ende 1960 als Notar. Beigesetzt wurde er auf dem Jüdischen Friedhof Weißensee.

Die anderen drei Anwälte gingen hingegen in den Westen. Karl Rabe und Erich Simoni zogen 1953 nach West-Berlin. Hugo Tietz flüchtete im August 1961 kurz nach dem Mauerbau.

Über seine Flucht liegt in der Personalakte ein Vermerk vom 22. August 1961 vor, der auf Angaben seines Büroangestellten Horst Schindler basierte. Er soll hier als außergewöhnliches zeitgeschichtliches Dokument zitiert werden:

„Dieser [Horst Schindler] befand sich bis zum 20.8.61 im Urlaub. Am Freitag, dem 18.8.61 begab er sich zur Arbeitsstelle, um zu sehen, was dort los sei. Ihm wurde erklärt, dass viel Arbeit angefallen sei und er wurde gebeten, am Sonnabend auszuhelfen.

Gestern, am Montag fand er wieder die Praxis verschlossen. Er fuhr daraufhin auf das Laubengrundstück, welches Dr. Tietz innehatte. Als er ihn auch hier nicht vorfand, meldete er sich bei der VP [Volkspolizei], Revier Nr. 14, und gab den Vorfall bekannt.

Herr Schindler weiß, dass Dr. Tietz in Flensburg eine Cousine zu wohnen hat, in Hannover wohnen zwei Nichten.

Die Bürovorsteherin des Dr. Tietz, Frau Erika Sommer, ist mit ihrem Mann ebenfalls rfl. [=republikflüchtig]. Sie wohnt Bernauer Str. 5.

Herr Schindler glaubt, dass über dieses Haus, das mit dem Vordereingang zum demokratischen Berlin gehört, welches aber schon im Sperrgebiet liegt, die Rfl. erfolgte."[34]

Hugo Tietz wurde am 24. August 1961 bereits zwei Tage nach der Niederschrift des Vermerks in Ost-Berlin als Anwalt gelöscht. Er begab sich kurz nach der Flucht in die Bundesrepublik. Von dort aus beantragte er seine Löschung als Anwalt und Notar in West-Berlin, die im April 1962 erfolgte.

Zur Flucht aus der DDR sahen sich auch drei Juristen gezwungen, die dann als Anwälte in West-Berlin zugelassen wurden: Curt Bergmann, Hans Freund und

33 Zur Spaltung der Justiz siehe oben Fußnote 22 sowie Scholz, a.a.O., S. 175ff.; Dirks, a.a.O., S. 329ff.; Thomas Lorenz: Die Rechtsanwaltschaft in der DDR, Berlin 1998, S. 59f. und 137ff.; Annette Rosskopf: Friedrich Karl Kaul. Anwalt im geteilten Deutschland (1906–1981). Berlin 2002, S. 51ff.

34 Landesarchiv Berlin, C Rep. 301 (Stadtgericht Berlin) Nr. 2860.

Hans Ledien. Curt Bergmann war 1947 aus London in seine Heimatstadt Dresden zurückgekehrt, wo er bis zum Berufsverbot 1938 als Anwalt zugelassen war. Ab 1948 war er als Richter in einem Zivilsenat am Oberlandesgericht Dresden tätig. Im Frühjahr 1950 flüchtete er nach West-Berlin, um einer drohenden Verhaftung zu entgehen. Hier arbeitete er anfänglich als Richter in einer Wiedergutmachungskammer. Im Mai 1953 erhielt er die Zulassung zur Anwaltschaft in West-Berlin.

Hans Freund und Hans Ledien verließen die DDR Ende 1952/Anfang 1953 im Rahmen der großen Fluchtwelle von über 800 Juden aus dem Land, die sich wegen der judenfeindlichen Politik der SED in dieser Zeit zum Verlassen des Landes gezwungen sahen. Vor allem der stalinistische Schauprozess in Prag gegen den Generalsekretär der KP Rudolf Slánský und weitere dreizehn Angeklagte, von denen elf Juden waren, hatte antisemitische Züge. In der Folge war es auch in der DDR zu Verhaftungen gekommen. Ein Schauprozess wurde wohl nur durch Stalins Tod am 5. März 1953 verhindert.[35]

Hans Ledien war 1947 aus Shanghai in seine Heimatstadt Wittenberg zurückgekehrt. Nach der Flucht nach West-Berlin arbeitete er bei den französischen Besatzungsbehörden. Anfang 1959 ließ er sich als Rechtsanwalt nieder.

Hans Freund, selbst Mitglied der SED, hatte bis 1951 als Richter gearbeitet. Zuletzt war er nach der Spaltung der Justizbehörden von 1949 bis 1951 Präsident des Kammergerichts in Ost-Berlin. Zugleich war er 2. Vorsitzender der VVN, in der Repräsentantenversammlung der Jüdischen Gemeinde und 1949 Mitglied der provisorischen Volkskammer. 1951 reichte er seinen Rücktritt ein und arbeitete dann als Syndikus der Konsumgenossenschaft. Nach seiner Flucht wurde ihm wegen seiner Funktionen in Ost-Berlin und seiner früheren SED-Mitgliedschaft die Anerkennung als politischer Flüchtling und als „rassisch Verfolgter" verweigert. Auch die Entscheidung über seinen Zulassungsantrag zur Anwaltschaft, den er im Oktober 1955 stellte, zog sich über ein Jahr hin. Denn in der West-Berliner Rechtsanwaltsordnung war eine Ausschlussklausel für „Anhänger eines totalitären Systems" enthalten, die die Senatsjustizverwaltung bei ihm gegen das Votum der Anwaltskammer anfänglich zur Anwendung bringen wollte. Schließlich musste er auch um seinen Anspruch auf Entschädigung als Verfolgter des NS-Regimes kämpfen. Hans Freund starb 1959 in Berlin.

35 Ulrike Offenberg: „Seid vorsichtig gegen die Machthaber". Die jüdischen Gemeinden in der SBZ und der DDR 1945 bis 1990. Berlin 1998, S. 78ff. Georg Hermann Hodos: Schauprozesse. Stalinistische Säuberungen in Osteuropa 1948–1954. Berlin 1990, S. 136ff. und 176ff.

1.5 Tabellarische Übersicht: Anwälte mit Niederlassung in Berlin

Nr.	Name	geb.	gest.	Verfolgungs-schicksal	ggf. Rück-kehr	Zulas-sung	gelöscht	Bemerkung[1]
1.	Adler, Günther	1904	1970	„Mischling I“		1945 07		nicht AoR: 1933 Gerichtsassessor
2.	Adler, Waldemar Dr.	1894	1982	„Mischling I“		1945 06		
3.	Arndt, Adolf Dr.	1904	1974	„Mischling I“		1961	1971	1945–1949 Rechtsanwalt (RA) Marburg 1949–1961 RA Bonn
4.	Arndt, Ernst Moritz	1901	1980	„Mischling I“		1945 07	1952	
5.	Arnold, Fritz Dr.	1894	1980	Emigration Schweiz/USA	1967	1967 05	1969	1969: auf Antrag gelöscht aus gesundheitlichen Gründen
6.	Auerbach, Leonhard Dr. Prof.	1891	1961	„Mischehe“		1945 05		
7.	Badrian, Erich Dr.	1898	1955	Emigration Palästina	1953 06	1954 04		
8.	Bang, Ferdinand Dr.	1889	1959	„Mischling“		1945 07		
9.	Baruch, Bernhard	1885	1961	„Mischehe“		1945 06		
10.	Baum, Max Dr.	1884	k.A.	Emigration USA	1951	1952 08	1978 10	1978 auf Antrag gelöscht
11.	Beer, Georg Dr.	1892	1976	Emigration Palästina	1956	1957 01		nicht AoR: 1933 RA Stettin
12.	Benda, Heinrich Dr.	1895	1977	„Mischling I“? „Mischehe“?		1953 01		in Ost-Berlin
13.	Benfey, Hans Dr.	1888	1968	„Mischling II“		1945		
14.	Bergmann, Curt Dr.	1882	1962	Emigration GB	1947 12	1953 05		nicht AoR: 1933 RA Dresden 1948–1950 Richter in Dresden 1950–1952 Richter in West-Berlin
15.	Bergmann, Walter Dr.	1889	1967	Emigration Bolivien	1953	1954 04		nicht AoR: 1933 Richter in Berlin
16.	Bernhard, Walther	1877	1948	„Mischehe“		1945 08		
17.	Bernhardt, Walter	1879	1961	„Mischehe“		1945 08		
18.	Beutner, Joachim Dr.	1897	1963	„Mischling II“		1945 07		
19.	Biel, Ulrich Dr.	1907	1996	Emigration USA	1945	1953 02		nicht AoR: 1933 Referendar, nicht mehr zum zweiten Staatsexamen zugelassen 1942–1945 US-Armee 1946–1951 US Military Government
20.	Blasse, Jakob	1883	1955	„Mischehe“		1945 07	1946 10	1946–1955 Richter, ab 1948 an Ost-Berliner Gerichten
21.	Blau, Bernhard	1881	1950	„Mischehe“	1945 06			

1 nicht AoR = nicht in „Anwalt ohne Recht“ verzeichnet, d. h. 1933 ohne Anwaltszulassung in Berlin.

Nr.	Name	geb.	gest.	Verfolgungs-schicksal	ggf. Rück-kehr	Zulas-sung	gelöscht	Bemerkung
22.	Blau, Bruno Dr.	1881	1954	überlebt in Berlin		1945 09	1946	1947 Emigration USA 1954 Rückkehr nach Deutschland
23.	Brée, Hans	1890	k.A.	„Mischling I"		1945 07	1965	ab 1962 in Bad Homburg ansässig, von der Residenzpflicht befreit
24.	Brock, Walter Dr.	1901	1993	Emigration Palästina	1957	1959 07		Mitarbeiter United Restitution Organization (URO)
25.	Broecker, Rudolf von Dr.	1879	1950	„Mischling II"		1945 07 1949		1947–1948: bis zur Entnazifizierung ohne Zulassung 1949: erneut zugelassen
26.	Busse, Ernst JR	1867	1945	KZ befreit	1945	1945		
27.	Chodziesner, Fritz	1906	1990	Emigration Uruguay/Argentinien	1952	1953		
28.	Chone, Paul Dr.	1884	1950	Emigration Palästina	1947	1947		
29.	Cohn-Lempert, Georg Dr.	1882	1968	„Mischehe"	1959	1959 09		1944–1959 in Schlesien
30.	Coper, Alexander Dr.	1891	1958	KZ befreit	1945	1945 07		
31.	Corny, Dagobert Dr.	1885	1969	Emigration Chile	1954	1954 07		
32.	Corsing, Fritz Dr.	1888	1959? 1962?	untergetaucht		1946	1947	nicht AoR: 1933 im Ministerialdienst in Preußen 1945–1946: in der Deutschen Justizverwaltung der SBZ 1947: Emigration nach New York
33.	Danner, Hugo Dr.	1890	k.A.	„Mischling"?		1945	1947	nicht AoR: 1933 RA Stuttgart 1935 Berufsverbot 1947 wegen schlechter Amtsführung gelöscht
34.	Dittmann, Fritz	1885	1966	„Mischling I"		1945 07		
35.	Drucker, Erich Dr.	1902	1999	Emigration USA	1949 09	1960 10	1974	auf Antrag gelöscht
36.	Eckstein, Ludwig	1902	1967	Emigration Palästina	1949 11	1950 01		
37.	Ehrlich, James Hugo Dr.	1882	1958	„Mischehe"		1945 11		nicht AoR: 1933 RA Tilsit 1943–1945 bei der Reichsvereinigung der Juden in Deutschland
38.	Eisner, Anita	1900	1950	untergetaucht		1945		

Nr.	Name	geb.	gest.	Verfolgungs-schicksal	ggf. Rück-kehr	Zulas-sung	gelöscht	Bemerkung
39.	Eisner, Hermann Dr.	1897	1977	KZ befreit	1947 04	1947 05		
40.	Elb, Heinz Georg Dr.	1911	1964	„Mischling I“		1947 02		nicht AoR: 1933 Student, legt noch erstes Staatsexamen ab
41.	Elb, Rolf Dr.	1911	k.A.	„Mischling I“		1948 04	1961	nicht AoR: 1933 Student, legt noch erstes Staatsexamen ab ab 1961 Dez: RA Köln
42.	Engelbert, Sally Fritz Dr.	1886	1958	„Mischehe“		1945 07		
43.	Fabian, Walter	1886	1951	„Mischehe“		1945 08		
44.	Falkenberg, Josef	1881	1962	„Mischehe“		1945 07		
45.	Falkenstein, Eberhard Dr.	1881	1951	„Mischling II“		1945 10		
46.	Fechner, Heinrich Dr.	1882	1961	„Mischehe“?		1945 07		nicht AoR: 1933 RA Magdeburg
47.	Feig, Otto JR	1864	1947?	unbekannt		1945		
48.	Feilchenfeld, David	1877	1946	„Mischehe“		1945 07	1947 01	
49.	Fiegel, Herbert Dr. Dr.	1898	1974	Emigration Palästina	1961	1962 08		Mitarbeiter URO
50.	Fliess, Julius Dr.	1876	1955	Emigration Schweiz	1947	1947 06		
51.	Fragstein und Niemsdorff, Edgar von	1883	1951	„Mischling I“		1945 06		
52.	Franz, Günter Curt	1898	1962	„Mischling I“	1945	1947 01		
53.	Frentzel, Gerhard Dr.	1896	1976	„Mischling I“		1945 07	1949 10	1949–1959 Hauptgeschäftsführer beim DIHK
54.	Freund, Hans (Dr.?)	1901	1959	untergetaucht		1956 10		1945–1950 Richter, zuletzt Kammergerichtspräsident in Ost-Berlin
55.	Friedeberg, Hans Dr.	1890	1953	„Mischehe“		1945 08		
56.	Fromm, Friedrich Karl	1906	1969	„Mischling I“		1945 09		nicht AoR: 1933 Gerichtsassessor 1945 Mai–Sep RA Breslau
57.	Glücksmann, Anselm Dr.	1913	1999	Emigration Honduras/ USA/Frankreich	1948	1990 07		nicht AoR: 1933 Student
58.	Godin, Reinhard Freiherr von Dr. h.c.	1884	1964	„Mischling II“		1945	1949	1946: Zulassung RA München 1949: in Berlin gelöscht
59.	Goetzel, Walther Dr.	1888	1965	„Mischling I“		1945 07		
60.	Gold, Egon Dr.	1909	1997	KZ befreit	1964	1965 02		nicht AoR: bis 1938 RA Brünn 1949 Emigration Israel

Nr.	Name	geb.	gest.	Verfolgungs-schicksal	ggf. Rück-kehr	Zulas-sung	gelöscht	Bemerkung
61.	Goldschmidt, Fritz	1892	1970	Emigration Frankreich/GB/Palästina	1954		1957	
62.	Goldstein, Rudolf Dr.	1885	1974	„Mischling I"		1945 08 1953 10	1950	1950 auf Antrag gelöscht 1953 erneut zugelassen
63.	Graul, Georg	1887	1958	„Mischling"		1945 07		
64.	Groß, Jakob	1886	1959	Emigration Palästina	1947 09	1947		
65.	Grün, Alfred Dr.	1882	1946	„Mischehe", untergetaucht		1945		
66.	Gumpert, Hans Dr.	1890	1962	„Mischehe"		1945 06		
67.	Hartstein, Willy Dr.	1901	1950	Emigration Palästina	1949 04	1949 07		
68.	Henschel, Franz Dr.	1888	1960	„Mischehe"		1945 06		
69.	Herschhorn, Saly	1901	1974	Emigration Palästina	1955	1954 11 1955 11		nicht AoR: bis 1938 RA in Danzig 1954: ohne Residenzpflicht 1955: nach Rückkehr regulär zugelassen
70.	Herzfeld, Manfred Dr.	1887	1968	Emigration Palästina	1950 01	1960 07		nicht AoR: 1933 RA Celle seit 1950 Mitarbeiter Jewish Restitution Successor Organization (JRSO), später URO
71.	Hirschberg, Erich Dr.	1883	1961	Emigration Shanghai	1947 08	1948 04		
72.	Hirschwald, Franz Dr.	1882	1969	„Mischling I"		1945 09		
73.	Hoffmann, Bruno	1883	1973	„Mischehe"		1945 06	1970	1970: auf Antrag gelöscht; lebt dann in London bei der Tochter
74.	Holdheim, Kurt Julius Dr.	1888	1949	Emigration Palästina	1947	1947 08		
75.	Horowitz, Simon Dr.	1884	1951	Emigration Palästina	1950 10	1951 05		
76.	Hünnebeck, Carl Wilhelm Dr.	1897	k.A.	„Mischling I"		1945 08	1953	nicht AoR: 1933 RA und Notar Bochum 1953 auf Antrag gelöscht
77.	Israel, Georg	1897	1986	„Mischehe"		1945 06		
78.	Jackier, Alfred Dr.	1893	1966	Emigration Palästina	1954 03	1954 07		
79.	Jacob, Siegfried Kurt Dr.	1884	1954	untergetaucht		1945 06		
80.	Jaffé, Leo Dr.	1889	1966	Emigration Palästina	1956 06	1956 08	1958	1958: Umzug nach München, wieder als RA niedergelassen

Nr.	Name	geb.	gest.	Verfolgungs-schicksal	ggf. Rück-kehr	Zulas-sung	gelöscht	Bemerkung
81.	Jankuhn, Alfred	1906	1979	„Mischling I"		1945 06	1965	1965 von Amts wegen gelöscht wegen Veruntreuung
82.	Jaretzki, Georg Dr.	1892	1959	unbekannt		1945 07		nicht AoR: 1933 RA und Notar Breslau
83.	Joel, Günther Dr.	1899	1986	„Mischling"		1945 07	1948 09	1948: auf Antrag gelöscht ab 1949 im BMJ
84.	Joseph, Otto Hermann	1897	1970	Emigration zuletzt Peru	1949	1949 11		
85.	Kalischer, Fritz Dr.	1881	1964	„Mischehe", untergetaucht	1946	1945 10		
86.	Kantorowicz, Fritz	1885	1949	untergetaucht		1945 06		
87.	Karpen, Alfred Dr.	1890	1984?	untergetaucht		1945 07	1977	1977: auf Antrag gelöscht
88.	Kauffmann, Werner Dr.	1901	1970	„Mischling I"		1945 08	1952	ab 1952: beim Justizsenat
89.	Kaul, Friedrich Karl Prof. Dr.	1906	1981	Emigration Kolumbien/ Mittelamerika/USA	1945 09	1948 05		nicht AoR: 1933 Referendar, nicht mehr zum zweiten Staatsexamen zugelassen
90.	Kempner, Oskar Dr.	1899	1979	„Mischling I"		1945 08	1973	nicht AoR: 1933 Gerichtsassessor 1973 auf Antrag gelöscht aus Gesundheits- und Altersgründen
91.	Koch, Richard Dr.	1873	k.A.	„Mischling I"		1945 08	1952	1952 Umzug nach München 08
92.	Kochheim (Kocheim), Edmund Dr.	1884	1950	Emigration Shanghai	1947 08	1947		
93.	Koepke, Willi Dr.	1894	k.A.	„Mischling II"		1945 08		
94.	Koffka, Else Dr.	1901	1994	„Mischling II"		1945	1949	nicht AoR: 1933 Gerichtsassessorin seit 1949 Richterin seit 1952 Bundesrichterin
95.	Köhler, Alfred Dr.	1876	1970	„Mischehe"?		1945 07		
96.	Kollenscher, Julius	1912	1984	Emigration GB Palästina	1952	1960 10		nicht AoR: 1933 Student 1959–1960 RA Wiesbaden
97.	Kroll, Siegfried	1902	1973	Emigration Dänemark	1954	1954 04		
98.	Kuttner, Hermann	1886	1957	Emigration GB	1950	1951 06		
99.	Landsberger, Kurt Dr.	1890	1978	„Mischehe"		1945 07	1978	1978: auf Antrag gelöscht
100.	Langheld, Dieter	1911	k.A.	„Mischling II"		1945 08		nicht AoR: 1933 legt im Juli das erste Staatsexamen ab 1937: nach Assessorexamen nicht als Anwalt zugelassen

Nr.	Name	geb.	gest.	Verfolgungs-schicksal	ggf. Rück-kehr	Zulas-sung	gelöscht	Bemerkung
101.	Ledien, Hans	1887	1963	Emigration Shanghai	1947 08	1959		nicht AoR: 1933 RA Wittenberg 1947–1952 RA Wittenberg
102.	Leidert, Heinrich Dr.	1879	1950	Emigration Shanghai	1947 08	1947 12		
103.	Levot, Hans Dr.	1896	1965	„Mischling II“		1945 06		
104.	Lewy, Fritz Dr.	1898	1978	„Mischehe“		1945 07		
105.	Loewe, Walter	1903	k.A.	Emigration Chile	1971	1971 11	1978 05	auf Antrag gelöscht, aus gesundheitlichen Gründen
106.	Louis, Hellmuth Dr.	1902	k.A.	„Mischling I“		1945 08	1949	nicht AoR: 1933 Gerichtsassessor 1949–1960: RA Köln
107.	Lührse, Ernst Dr.	1893	1969	„Mischehe“		1952 03		nicht AoR: 1933 Richter in Berlin ab 1945 zugleich im Vorstand der Berlinischen Boden-Gesellschaft (später BAUBOAG)
108.	Lustig, Max Dr.	1881	1971	„Mischling I“		1945 08 1950	1947	1947: nach Übernahme in den Justizdienst auf Antrag gelöscht 1950: nach Versetzung in den Ruhestand (ohne Pension) neuer Zulassungsantrag als Anwalt
109.	Maas, Ernst	1887	1963	„Mischehe“		1945 06		
110.	Maretzki, Ernst Dr.	1884	1960	Emigration Brasilien	1957 04	1957		1957 Apr: ohne Residenzpflicht 1957 Herbst: Rückkehr nach Berlin ab 1957 Herbst: RA in Berlin
111.	Markson, Hans Dr.	1901	1968	Emigration Palästina	1955	1955 07		
112.	Meyer, Erich Dr.	1897	1972	untergetaucht		1945 08		
113.	Meyer, Manfred Dr.	1898	1958	Emigration GB	1950	1952 07		1950–1952 bei der Jewish Trust Corporation for Germany in Hannover
114.	Moral, Reinhard Dr.	1894	1958	„Mischling I“		1945 06		
115.	Moser, Nathan	1907	1986	unbekannt		1973 08		nicht AoR: 1935–1940 RA in Czernowitz 1945–1958 RA in Czernowitz und Bukarest 1959–1973 Mitarbeiter URO

Nr.	Name	geb.	gest.	Verfolgungs-schicksal	ggf. Rück-kehr	Zulas-sung	gelöscht	Bemerkung
116.	Münzer, Hans Dr.	1901	1967	untergetaucht		1945 07		
117.	Nelson, Erich Dr.	1881	1961	Emigration GB	1946 1951 01	1948 04	1948 10	1946–1950 bei den britischen Militärbehörden 1948 Apr–Okt Zulassung als RA ab 1951 erneut als RA zugelassen
118.	Oettinger, Ernst	1881	1953	„Mischehe“		1945 06		
119.	Pechner, Hanns Günther	1905	1988	Emigration Frankreich/ Schweiz	1954	1954 04		1954 März: als Mitarbeiter der URO Rückkehr nach Berlin
120.	Peisach, Lothar	1888	1974	Emigration USA	1952	1952 04		
121.	Peyser, Walther Dr.	1882	1953	„Mischehe“		1945 06?		
122.	Pincus, Dagobert Dr.	1886	1958	Emigration Frankreich	1948 10	1948 12		
123.	Pincus, Harry Dr.	1883	1950	„Mischehe“	1945			
124.	Pollack, Erich Dr.	1882	1956	„Mischehe“		1945 08		
125.	Posener, Paul Dr.	1875	1958	Emigration zuletzt GB	1953	1953 09		
126.	Prinz, Arthur	1886	1974	„Mischehe“		1945 06		
127.	Proskauer, Erna	1903	2001	Emigration Palästina	1953 02	1957		nicht AoR: 1933 Gerichtsassessorin
128.	Proskauer, Max. E. Dr.	1902	1968	Emigration Palästina	1952	1952 07		
129.	Rabe, Karl Dr.	1902	k.A.	„Mischling I“		1952 07	1966	nicht AoR: 1933 Gerichtsassessor 1945–1949 beim Magistrat 1949–1950 Leiter AG Mitte 1966 auf Antrag gelöscht
130.	Reimer, Eduard Dr.	1896	1957	„Mischling II“		1947 06	1949 10	1945–1946 Amtsrichter in Blankenburg/Harz 1949: Präsident des Deutschen Patentamts München
131.	Reimer, Ernst Dr.	1897	1984	„Mischling II“		1945 08		
132.	Reis, Theodor Dr.	1884	1950	„Mischehe“		1945		
133.	Richter, Hans Dr.	1876	1955	„Mischling I“		1945 06		
134.	Riegelhaupt, Manek Dr.	1899	1978	Emigration zuletzt USA	1950 04	1950 10		
135.	Ritter, Ernst Dr.	1903	1976	Emigration? Palästina?	unbekannt	unbekannt	1962	1962: Zulassung in München

Nr.	Name	geb.	gest.	Verfolgungs-schicksal	ggf. Rück-kehr	Zulas-sung	gelöscht	Bemerkung
136.	Rosenbaum, Fritz	1897	1973	Emigration Palästina	1957? 1958?	1952 06		1952–1958: ohne Residenzpflicht 1957 oder 1958: Rückkehr nach Berlin als Mitarbeiter der URO 1959–1971: RA in Berlin 1971: Rückkehr nach Israel, erneut ohne Residenzpflicht zugelassen
137.	Rosenthal, Felix	1879	1964	KZ befreit	1945	1945 08		
138.	Rosenthal, Fritz	1884	1968	untergetaucht		1945 06		
139.	Rosenthal, Hans Dr.	1887	1967	„Mischehe“		1945 06		
140.	Rosenthal, Harry Dr.	1882	1972	Emigration USA	1960	1957 11		1957–1960: ohne Residenzpflicht 1960 Sep: Rückkehr nach Berlin ab 1960 RA in Berlin
141.	Rothe, Friedrich Dr.	1873	1956	„Mischling“		1945 08		
142.	Ruge, Helmut Dr.	1905	k.A.	„Mischling“		1945 09	1980	1980: auf Antrag gelöscht
143.	Sachs, Ernst	1888	1970	„Mischling“		1945		
144.	Salomon, Hans-Günther	1905	k.A.	„Mischling I“		1945 10	1950	nicht AoR: 1933 zweites Staatsexamen seit 1950: Richter am Landgericht
145.	Salomon, Hermann	1881	1957	untergetaucht		1945 08	1947 02	1946: Abreise in die USA, Februar 1947 gelöscht
146.	Samter, Gottfried Dr.	1884	1959	Emigration Palästina	1954	1954 12		
147.	Scheer, Hermann Gustav	1886	1947	„Mischling II“		1945 07		
148.	Scherman, Georg Dr.	1881	1952	„Mischling I“		1945 08		
149.	Scheuer, Otto	1888	1951	untergetaucht		1945 09		nicht AoR: 1933 beim Scherl Verlag
150.	Schindler, Ernst Dr.	1875	1950	„Mischehe“		1945 06		
151.	Schindler, Paul	1887	1959	Emigration Shanghai	1947 08	1948 04		nicht AoR: bis 1937 RAuN in Beuthen (Oberschlesien)
152.	Schindler, Walter Dr.	1897	1953	untergetaucht		1945 08		
153.	Schlesinger, Ernst	1908	1981	KZ befreit	1945	1950 11		nicht AoR: 1933 Student 1948 erstes Staatsexamen 1950 zweites Staatsexamen
154.	Schlesinger, Heinz (später: Lynn, Harry)	1904	1983	Emigration Shanghai/USA	1959 06	1959 11	1974	1974 Rückkehr in die USA

Nr.	Name	geb.	gest.	Verfolgungs-schicksal	ggf. Rück-kehr	Zulas-sung	gelöscht	Bemerkung
155.	Schmidt, Georg Dr.	1901	k.A.	„Mischling I“		1948?	1972	nicht AoR: 1933 Staatsanwalt in Neisse (Oberschlesien) 1945–1948 Oberstaatsanwalt in Berlin 1972 Antrag auf Anwaltszulassung in Wiesbaden
156.	Schönberg, Curt	1894	1948	„Mischehe“		1945		
157.	Schwarz, Walter C. Dr.	1906	1988	Emigration Palästina	1950?	1952 09		1950-1952 Rechtsberater der Jewish Agency in München
158.	Schwerin, Hermann Dr.	1902	1970	„Mischling II“		1954		1945–1950 in der Filmwirtschaft 1951–1954 RA in Hamburg
159.	Semon, Hans (später: Juan) Dr.	1900	k.A.	Emigration Argentinien	1961	1955 06 1961	1957 06 1966	1955–1957: ohne Residenzpflicht 1961: Rückkehr nach Berlin 1961–1966: RA in Berlin 1966: Rückkehr nach Argentinien, später Rückkehr nach Deutschland, Freiburg i. Br.
160.	Simoni, Erich Dr.	1896	1976	„Mischling I“		1945 06		
161.	Stein, Arthur Dr.	1890	1972	Emigration Palästina	1953?	1953 07		
162.	Steinhagen, Erich Dr.	1902	1973	Emigration Frankreich/ Brasilien	1966 12	1967 02		
163.	Steinthal, Ludwig Dr.	1895	1948	„Mischling I“		1945 07		nicht AoR: 1933 RA in Alt-Landsberg bei Berlin
164.	Tasse, Julius	1872	1948	„Mischehe“		1945 08		
165.	Tietz, Hugo Dr.	1889	k.A.	„Mischling I“		1945 08	1961 1962	1961: nach Flucht aus Ost-Berlin dort als Anwalt gelöscht 1962: auf Antrag in West-Berlin dort als Anwalt gelöscht
166.	Tovote, Hans-Georg Dr.	1900	1971	„Mischling I“		1945 07		
167.	Waldeck, Hugo Dr.	1876	1959	Emigration Frankreich/ Schweiz	1946?	1950 03		

Nr	Name	geb.	gest.	Verfolgungs-schicksal	ggf. Rück-kehr	Zulas-sung	gelöscht	Bemerkung
168.	Weber, Heinz Dr.	1903	1979	„Mischling“		1945 08	1978	nicht AoR: 1933 RA in Gleiwitz 1978: auf Antrag gelöscht aus Gesundheitsgründen
169	Weiskam, Godehard Gerhard Dr.	1879	1965	„Mischling I“		1945		
170.	Weltzien, Julius von Dr.	1881	1955	„Mischling II“		1945 06		
171.	Werthauer, Kurt Dr.	1890	1965	„Mischehe“		1945 06		1952: gelöscht nach Zulassung beim BGH in Karlsruhe
172.	Wertheim,Bruno	1883	1947	„Mischling I“		1945		
173.	Windscheid, Werner Dr.	1903	1976	„Mischling“		1945 08		
175.	Wolff, Fritz	1896	1969	Emigration Palästina	1954	1962 08		nicht AoR: 1933 zweites Staatsexamen 1954–1961 als Jurist beim Senat und Bezirksamt Tiergarten
176.	Wolff, Werner	1905	2002	Emigration Palästina	1956	1959 08	1963	1963 Zulassung in Köln
177.	Wollmann, Ernst Dr.	1891	1967	„Mischling I“		1945 07		
178.	Zellner, Martin Dr.	1893	1951	„Mischehe“		1945 06		
179.	Zuckermann, Erich Dr.	1894	k.A.	Emigration Kolumbien/ Brasilien	1956	1959 02	1962	1962: Zulassung in Wuppertal

2. Anwälte in Berlin mit Zulassung ohne Residenzpflicht

Von Juni 1952 bis Mitte der 1970er Jahre wurden wenigstens **127** Anwälte, die ihren Wohnsitz im Ausland hatten, in Berlin als Anwälte ohne Residenzpflicht zugelassen.

Es handelte sich um Anwälte, die sich „in der Zeit vom 30. Januar 1933 bis zum 8. Mai 1945 aus rassischen, politischen oder religiösen Gründen in das Ausland begeben mussten"[1] – so die Formulierung in einem Zulassungsbescheid des Kammergerichtspräsidenten von 1954. Von nur wenigen Ausnahmen abgesehen waren sie als Juden oder wegen ihrer jüdischen Herkunft unter dem NS-Regime verfolgt und aus Deutschland vertrieben worden. Bislang ist von lediglich vier Anwälten ohne Residenzpflicht bekannt, dass sie nicht Juden oder jüdischer Herkunft waren.[2]

Die exakte Zahl und alle Namen dieser Gruppe von Anwälten konnten noch nicht ermittelt werden, denn die überlieferte Liste der Anwälte ohne Residenzpflicht, die bei der Senatsjustizverwaltung[3] und auch beim Kammergericht[4] geführt wurde, endet im September 1959 mit der Nummer 93. Die Liste wurde zwar, wie sich aus einzelnen Personalakten ergibt, auch über diesen Zeitpunkt hinaus weiter geführt. So wurde 1975 als höchste bislang bekannte Nummer die 127 vergeben.[5] Die Fortsetzung der Liste ist jedoch leider bislang unauffindbar.[6]

Im Rahmen des Rechercheauftrags wurden **117** Anwälte jüdischer Herkunft ohne Residenzpflicht namentlich ermittelt. Ihre Kurzbiographien finden sich im biographischen Verzeichnis im Anhang, eine tabellarische Übersicht am Ende dieses Abschnitts. Dies sind 89 Personen, die auf der oben erwähnten Liste aufgeführt sind. Weitere Namen konnten durch eine gezielte Stichwortsuche in der Datenbank des Landesarchivs Berlin im Bestand der Rechtsanwaltskammer gefunden werden. Da die Bestände jedoch nicht systematisch verschlagwortet sind, war auf diesem Rechercheweg keine Vollständigkeit zu erzielen. Daher wurden schließlich **alle** Namen von Personen aus der Studie „Anwalt ohne Recht", deren bislang bekanntes Schicksal vermuten lässt, dass sie als Anwälte ohne Residenzpflicht wieder in Berlin zugelassen worden sein könnten, mit dem RAK-Bestand im Landes-

1 Landesarchiv Berlin, B Rep. 068 (RAK Berlin) Nr. 1241 (Bruno Hütten), Bl. 22, Zulassungsbescheid vom 21.01.1954.

2 Es handelt sich um: Hans Ludwig Bender (1939 nach Gestapo-Verhör nach Großbritannien geflohen), Bruno Hütten (1935 in die USA emigriert), Eduard Wätjen (Anfang 1944 in die Schweiz emigriert wegen seiner Verbindung zum Widerstand (Kreisauer Kreis, Goerdeler, General Beck, Admiral Canaris) und Werner Wille (Ende 1938 Flucht nach Frankreich, später USA, Mitglied der verbotenen SPD).

3 Senatsverwaltung für Justizwesen, Nr. 3176/1 – I/B 1, Liste der von der Residenzpflicht befreiten Rechtsanwälte (handschriftliche Tabelle). Die Liste befindet sich in einem Umschlag, der innen auf der Rückseite des Aktendeckels befestigt ist.

4 Kammergericht Berlin, Verzeichnis der nach dem 5.2.1949 bis einschließlich 30.9.1959 zugelassenen Rechtsanwälte. Diese Liste führt 1500 in West-Berlin zugelassene Anwälte auf, beginnend mit der laufenden Nr. 770 (Eintrag vom 11.2.1949) bis Nr. 2270 (Eintrag vom 4.12.1959). Darunter befinden sich auch, in die laufende Nummerierung eingereiht, die Anwälte ohne Residenzpflicht.

5 Landesarchiv Berlin, B Rep. 068 (RAK Berlin) Nr. 3328 (Hans Bab).

6 So die Auskunft des Kammergerichts und der Senatsjustizverwaltung.

archiv abgeglichen. Dass auch so keine Vollständigkeit erzielt werden konnte, liegt an zwei Gründen: Zum einen wurden auch Personen, die nicht in „Anwalt ohne Recht" verzeichnet sind, nach 1952 als Anwälte ohne Residenzpflicht in Berlin zugelassen. Dabei handelt es sich um Anwälte, die 1933 in anderen Gerichtsbezirken zugelassen waren, und um diejenigen, die 1933 als Justizbeamte (Richter, Staatsanwalt, Gerichtsassessor) arbeiteten oder sich noch in Ausbildung befanden (Studenten, Referendare). Zum anderen sind die Personalakten der Rechtsanwaltskammer nicht lückenlos überliefert.[7]

Es bleibt also eine Diskrepanz zwischen der Anzahl der ermittelten Namen und der bekannten Anzahl der zugelassenen Anwälte ohne Residenzpflicht. Sämtliche Namen dieser Anwälte könnten wohl nur mit Hilfe der derzeit nicht auffindbaren Liste für den Zeitraum nach September 1959 gefunden werden.

2.1 Max Auerbachs Bemühungen um eine Zulassung (1947–1948)

Die Entwicklung bis zu den ersten Zulassungen der unter dem NS-Regime verfolgten Anwälte ohne Residenzpflicht kann anhand der ausgewerteten Akten in den Grundzügen nachgezeichnet werden. Die Zulassungen, die ab Juni 1952 erfolgten, standen am Ende eines längeren Prozesses und von langwierigen Auseinandersetzungen, die um die formalen Regeln der Wiederzulassung und den Anspruch auf Wiedergutmachung der verfolgten Anwälte kreisten.

Die erste in den Akten dokumentierte Anfrage eines im Ausland lebenden Anwalts über die Möglichkeit, unter Beibehaltung des Auslandwohnsitzes wieder in Berlin zur Anwaltschaft zugelassen zu werden, stammt vom Oktober 1947. Am 14. dieses Monats beantragte Max Auerbach, 1936 von Berlin nach Großbritannien emigriert und 1947 in London ansässig, beim Kammergerichtspräsidenten „die Wiedereintragung in die Liste der bei den Berliner Gerichten zugelassenen Rechtsanwälte"[8]. Der darauf folgende Briefwechsel mit dem Vizepräsidenten des Kammergerichts – nach der Order der Alliierten vom 21. Dezember 1945 die zuständige Zulassungsbehörde[9] – sowie zwischen ihm und der Rechtsanwaltskammer Berlin ist in der Personalakte überliefert. Da er einen sehr plastischen Eindruck von den Schwierigkeiten und Haltungen gibt, denen die um eine Wiederzulassung nachsuchenden Anwälte in der Emigration kurz nach dem Sturz des NS-Regimes begegneten, soll er ausführlich zitiert werden.

Der Vizepräsident des Kammergerichts, Richard Hartmann, antwortete am 23. Oktober 1947 lapidar:

---

7 Wenigstens für drei der zugelassenen Anwälte ist keine Personalakte der Rechtsanwaltskammer überliefert: Erwin Jacobi, Erwin Scheftelowitz und Heinrich Werthauer. Diejenige von Rudolf Graupner wurde nach anderweitiger Zulassung an die Rechtsanwaltskammer Frankfurt a. M. abgegeben.

8 Das Schreiben selbst ist nicht überliefert, Der Hinweis darauf findet sich in: Landesarchiv Berlin, B Rep. 068 (RAK Berlin), Nr. 139 (Max Auerbach). Dort auch die folgenden Informationen und Zitate.

9 S.o.

„Ich bestätige den Eingang Ihres Schreibens vom 14.10.1947, in welchem Sie die Wiedereintragung in die Liste der bei den Berliner Gerichten zugelassenen Rechtsanwälte beantragen. Diese formlose Wiedereintragung ist nicht möglich, wenn auch Ihre Löschung unter dem Hitler-Regime als wirkungslos zu betrachten ist, denn durch den Zusammenbruch im Mai 1945 sind sämtliche [Unterstreichung im Original] Zulassungen zur Rechtsanwaltschaft unwirksam geworden.

Sie müssen vielmehr entsprechend den Vorschriften der Rechtsanwaltsordnung von 1878 Ihre Neu-Zulassung beantragen. Die Zulassung wird nach den augenblicklichen Vorschriften durch mich ausgesprochen, jedoch bedarf ich hierzu der Genehmigung der Alliierten Kommandantur Berlin. Eine solche Genehmigung herbeizuführen, bin ich zur Zeit nicht in der Lage, weil Sie nicht die Absicht haben, Ihren Wohnsitz nach Berlin zu verlegen, und somit eine Zulassung gegen § 21 der Rechtsanwaltsordnung verstieße."

Damit ist die Rechtsposition umrissen, die der Vizepräsident des Kammergerichts als Zulassungsbehörde bis 1952 einnehmen wird: Eine Zulassung zur Anwaltschaft in Berlin könne nur bei einem Wohnsitz in der Stadt erfolgen. Ausnahmeregelungen, die der besonderen Situation der aus Deutschland vertriebenen Anwälte Rechnung tragen könnten, werden nicht in Betracht genommen.

Max Auerbach legte daraufhin in einem langen Schreiben am 15. November 1947 seine Position dar und gab seiner Enttäuschung über die Haltung des Vizepräsidenten, der nicht ein persönliches Wort gefunden hatte und mit keiner Silbe auf das Verfolgungsschicksal eingegangen war, deutlich Ausdruck:

„Auf den Bescheid vom 23. vorigen Monats erlaube ich mir folgendes zu erwidern:

Da aus den im Bescheid angegebenen Gründen eine formlose Wiedereintragung nicht möglich ist, bitte ich, meinen Antrag vom 14. Oktober 1947 als Antrag auf Zulassung zu behandeln.

Die Bestimmungen des Paragraphen 20 der Rechtsanwaltsordnung (Nicht Para 21, wie im Bescheid angegeben) über die Residenzpflicht sind mir bekannt. Von dieser Residenzpflicht sind Ausnahmen zulässig, und ich hatte angenommen, dass mein Antrag unter dem Gesichtspunkt einer zulässigen Ausnahme gewürdigt wird. Eine solche Ausnahme erscheint mir im vorliegenden Falle aus folgenden Erwägungen begründet:

1. Ich bin in Berlin geboren, habe dort die Schule und Universität besucht, habe dort das Referendar-Examen und das Assessor-Examen bestanden, das letztere mit dem Prädikat „gut", und ich habe in Würzburg das juristische Doktor-Examen magna cum laude bestanden. Ich war nach Erfüllung meiner Militärpflicht zunächst am Landgericht I Berlin und sodann am Kammergericht zugelassen und habe seit dem Jahre 1924 als Notar amtiert. Im September 1933 wurde ich auf Grund meiner jüdischen Abstammung als Rechtsanwalt und Notar gestrichen, wurde jedoch auf Grund meiner Eigenschaft als Frontkämpfer wieder als Rechtsanwalt zugelassen und als Notar bestellt.

2. Ich habe Deutschland nicht freiwillig verlassen. Ich war gezwungen, die Ausübung meines Berufs und eine angesehene Praxis aufzugeben, um den rechtswidrigen Verfolgungsmaßnahmen zu entgehen, die zu meiner völligen wirtschaftlichen und physischen Vernichtung geführt hätten.
3. Ich habe mir in England in mühevoller Arbeit eine neue Praxis aufgebaut, die sich vorwiegend mit deutschem Recht befasst. Es kann mir unter Berücksichtigung der Verhältnisse – ich bin 60 Jahre alt – nicht zugemutet werden, diese Praxis wiederum aufzugeben und in Berlin zum dritten Mal an den Aufbau einer neuen Praxis heranzugehen.
4. Für meine Zulassung besteht nicht nur ein rechtlicher Anspruch, da meine Löschung rechtswidrig war, sondern auch ein moralisches Recht im Rahmen der Wiedergutmachung. Diese moralische Recht wird allgemein anerkannt. Ich erlaube mir in diesem Zusammenhang auf ein Schreiben des Herrn Präsidenten des Zentraljustizamtes für die britische Zone vom 30. August 1947 zu verweisen, von dem ich Abschrift beifüge. [N.B.: nicht in der Akte überliefert] Das Schreiben ist an die „Vereinigung demokratischer Juristen aus Deutschland" gerichtet, der ich seit ihrer Gründung angehöre, und beschäftigt sich mit einem Gesetzentwurf, in dem u.a. die Bestimmung der Rechtsanwaltsordnung über Residenzpflicht im Rahmen der Wiedergutmachung für emigrierte Anwälte außer Kraft gesetzt ist, sodass diese unter die zuzulassenden Ausnahmen fallen.
5. Dem moralischen Recht der beteiligten Rechtsanwälte auf Wiederzulassung entspricht die moralische Pflicht zu ihrer Wiederzulassung, sodass, auch ohne den vorstehend erwähnten Gesetzesvorschlag, von der Möglichkeit der im Absatz 4 des Para. 20 vorgesehenen Zulässigkeit von Ausnahmen in diesem Falle Gebrauch gemacht werden sollte.
6. Die Befreiung von der Residenzpflicht gemäß Abs. 4 des Para. 20 liegt nicht nur in meinem persönlichen Interesse des Schutzes meines wohlerworbenen Rechtes, sondern auch im allgemeinen Interesse der deutschen Rechtspflege, die auf die Mitarbeit der in der guten Rechtstradition der Vorhitlerzeit aufgewachsenen Juristen nicht verzichten sollte. Sie liegt auch mit Rücksicht auf den zur Zeit bestehenden Raummangel und die gegenwärtigen Ernährungsschwierigkeiten innerhalb Deutschlands im allgemeinen wirtschaftlichen Interesse.
Ich bitte daher ergebenst, meinem Antrag auf Zulassung stattzugeben."

Auf dieses Schreiben antwortete der Vizepräsident des Kammergerichts, wiederum ohne ein persönliches Wort für Auerbachs Schicksal unter dem NS-Regime zu finden, am 24. November 1947:

„Ihre Ausführungen, mit denen Sie im Schreiben vom 15.11.1947 Ihre Zulassung bei den Berliner Gerichten unter Beibehaltung Ihres Wohnsitzes in London ohne Begründung eines Wohnsitzes in Berlin erstreben, vermögen mich nicht zu überzeugen.
Eine Wiedergutmachung kann Ihnen nur die alten Rechte oder einen gleichwertigen Ersatz dafür, aber nicht mehr Rechte verschaffen, als Sie vor Ihrer Verfolgung durch die nationalsozialistische Herrschaft in Ihrer Eigenschaft eines beim Kammergericht zugelassenen Rechtsanwalts und in dessen Bezirk bestellten

Notars innehatten und ohne eine Verfolgung behalten hätten. Es kann Ihnen also nicht mehr als die Rechtsstellung zurückgegeben werden, die Sie auf Grund der maßgeblichen RAO von 1878 unter Berücksichtigung der Novelle von 1923 zur Residenzpflicht beanspruchen dürfen. Es trifft zwar zu, dass entsprechend der angeführten Novelle von 1923 gemäß § 18 Abs. 5 RAO die Landesjustizverwaltung Ausnahmen von der Residenzpflicht gestatten kann. Diese beschränken sich naturgemäß auf das Gebiet der eigenen Justizhoheit; auf keine Fall darf die Justizverwaltung den Wohnsitz eines Rechtsanwalts auch nur ausnahmsweise außerhalb Deutschlands zulassen (vgl. auch Kom. Friedländer RAO 3. Aufl. S. 95). Selbst wenn Ihnen innerhalb Deutschlands ein Wohnsitz außerhalb Berlins erlaubt werden dürfte, wäre nach § 18 Abs. 5 RAO notwendig, dass Sie am Sitz des Gerichts, also innerhalb Berlins, Ihr Geschäftslokal unterhielten und einen Zustellungsbevollmächtigten bestellten. Auch für solche Ausnahme wäre eine notwendige Voraussetzung der nach pflichtgemäßem Ermessen zu erteilenden Genehmigung, dass eine regelmäßige Führung der Anwaltsgeschäfte in dem Geschäftslokal durch Sie als den dafür zugelassenen Rechtsanwalt gewährleistet wäre. Alle diese Voraussetzungen zu schaffen, haben Sie nach dem Inhalt Ihres neuen Gesuchs vom 15. November 1947 nicht die Absicht.

Im übrigen vermag ich auch aus dem mir mitgeteilten Schreiben des Zentralen Justizamts für die Britische Zone vom 30. August 1947 nicht zu entnehmen, dass Ihnen im Rahmen der Wiedergutmachung eine Zulassung ohne Residenzpflicht in weiterem als dem durch die RAO erlaubten Umfang gewährt werden soll; denn dieses Schreiben befasst sich im wesentlichen mit der bevorzugten Zulassung eines Rechtsanwalts in seiner Heimatstadt, notfalls auch bei einem anderen Gericht gleicher Ordnung.

Ich sehe mich daher zu meinem Bedauern außerstande, Ihrem Gesuch um Zulassung zur Rechtsanwaltschaft näherzutreten."

Selbst wenn man die Gepflogenheiten der Ausdrucksweise in (justiz-)bürokratischen Schriftwechseln in Rechnung stellt, so erschüttert an Hartmanns Schreiben der aus heutiger Perspektive bemerkenswert kalte Duktus und die völlige Ignoranz gegenüber dem Schicksal, das Auerbach unter der NS-Herrschaft widerfahren war.

Eine konträre Position zu dieser Haltung und Meinung nahm hingegen das Präsidium der Rechtsanwaltskammer Berlin ein, das zur Kenntnisnahme Abschriften der Schreiben des Vizepräsidenten erhalten hatte. Das Präsidium wandte sich am 16. Dezember 1947 persönlich an Max Auerbach in London. Dieser Brief, gezeichnet vom Präsidenten der Anwaltskammer Kurt Wergin, ist ein ungewöhnliches Zeugnis der persönlichen Anteilnahme und des Bemühens, auf die besondere Lage Auerbachs und von Kollegen in derselben Situation einzugehen:

„Sehr geehrter Herr Kollege!

Durch die Übersendung einer Abschrift des an Sie gerichteten Schreibens des Herrn Vizepräsidenten des Kammergerichts vom 24.11.1947 erhielten wir von dem schwebenden Vorgang Kenntnis.

Wir legen Wert darauf, Ihnen unsere Auffassung und unsere Tendenz bei der Behandlung Ihres Zulassungsantrages zur Kenntnis zu bringen. Es ist selbstverständlich, dass wir Ihre Wiederzulassung in Berlin besonders freudig begrüßen werden. Wir sind auch der Auffassung, dass es zur Wiedergutmachung des Unrechts, das Ihnen und den anderen Kollegen angetan worden ist, notwendig erscheint, Ihrem Wunsche soweit als irgend möglich zu entsprechen und dass es dabei auch möglich sein muss über formale Hindernisse hinwegzukommen. Wir sind weiter der Auffassung, dass es bei der Wiedergutmachung nicht nur darauf ankommt, alte Rechte oder einen gleichwertigen Ersatz hierfür zu restituieren, sondern dass es allein wesentlich ist, soweit als irgend möglich den Ihrerseits geäußerten Wünschen entgegenzukommen.
In diesem Sinne nehmen wir auch zu Ihrem Gesuch auf Wiederzulassung zur Rechtsanwaltschaft Stellung. Uns sind die Einzelheiten Ihres Antrags nicht bekannt. Zur Wahrung der sogenannten Residenzpflicht sollte ein doppelter Wohnsitz in jedem Falle genügen, sodass Sie die Möglichkeit hätten, sich nur einen Teil des Jahres hier aufzuhalten und durch Bestellung eines Generalsubstituten für die Aufrechterhaltung der Praxis (vielleicht in Sozietät oder Bürogemeinschaft mit einem Kollegen) zu sorgen. Außerdem müsste u. E. der Versuch gemacht werden, die Zustimmung des Rechtskomitees der Alliierten Kommandantur dahin zu erwirken, dass von der Residenzpflicht unter bestimmten Voraussetzungen Abstand genommen werden kann. Wir sind uns klar, dass die Erledigung dieser Frage infolge des Besatzungsrechts auf gewisse Schwierigkeiten stoßen kann, weil es sich insoweit um die Abänderung eines Reichsgesetzes handelt, für das der Alliierte Kontrollrat, nicht die Alliierte Kommandantur Berlin, zuständig ist.
Trotz der bestehenden Schwierigkeiten beabsichtigen wir die Erörterung dieser Frage aufzunehmen, schon um Wünschen, wie sie Ihrerseits geäußert werden, als dem Minimum einer Wiedergutmachung zu entsprechen. Nach unserer Auffassung liegt eine solche Entwicklung auch sehr im Interesse des Wiederaufbaues in Deutschland, weil hierdurch die Verbindung mit dem Ausland gefördert wird. Hiervon abgesehen bleibt aber in erster Linie der Wunsch entscheidend, einem Antrage des von Ihnen beabsichtigten Inhalts, grundsätzlich entsprechen zu wollen.
Wir haben uns gefreut, durch die Übersendung der Abschrift seitens des Herrn Vizepräsidenten des Kammergerichts von Ihnen zu hören und dadurch zu wissen, dass Sie die schwere vergangene Zeit überstanden haben.
In kollegialer Hochachtung ergebenst"

Max Auerbach zeigte sich von dem Schreiben der Anwaltskammer Berlin nach den Bescheiden des Vizepräsidenten bewegt und hocherfreut. Am 3. Januar 1948 antwortete er ausführlich an Kurt Wergin:

„Sehr geehrter Herr Kollege,
ich bestätige den Eingang Ihres Schreibens vom 16. v. Mts. und danke Ihnen außerordentlich für Ihre Mitteilungen.

Form und Inhalt Ihres Schreibens haben mir eine aufrichtige Freude bereitet und mir die Hoffnung gegeben, dass meinem Antrage trotz des kalten und abweisenden Schreibens des Herrn Vizepräsidenten des Kammergerichts vom 24. November stattgegeben werden wird.
Nachdem, was ich über Sie und andere Kollegen gehört habe, hatte ich keinen Zweifel, dass die meisten Kollegen die Angelegenheit mit Wohlwollen behandeln und sich der Berechtigung und Notwendigkeit nicht entziehen würden, um so unangenehmer überraschte mich Ton und Inhalt des vom Herrn Vizepräsidenten des Kammergerichts erhaltenen Bescheides.
Ich brauche Ihnen meine und meiner Kollegen Gefühle nicht zu schildern, wenn wir, die wir unter Verletzung aller materiellen und formellen Gesetzesbestimmungen und unter Missachtung der elementarsten Regeln der Menschlichkeit unseres Berufes, unserer Existenz und unserer Habe beraubt worden sind, ohne dass von maßgebender juristischer Seite dagegen Protest erhoben wurde, nunmehr auf eine für uns ungünstige Auslegung einer Formbestimmung verwiesen werden.
Dabei ist die Begründung des ablehnenden Bescheides auch in sachlicher Beziehung nicht einmal stichhaltig. Denn das Gesetz lässt ausdrücklich Ausnahmen von der Residenzpflicht zu, und es ist mit keinem Worte gesagt, dass die Möglichkeit von Ausnahmen sich nur auf einen Wohnsitz innerhalb Deutschlands beschränkt.
Die in dem ablehnenden Bescheid vertretene Auffassung wird auch von anderen Justizstellen nicht geteilt. Mir sind bereits zwei Fälle bekannt – und wahrscheinlich liegen bereits mehrere vor – in denen Kollegen in London ihre Wiederzulassung vor deutschen Gerichten unter Entbindung von der Residenzpflicht erhalten haben. In dem einen mir vorliegenden Bescheid aus Düsseldorf, in dem einem in London wohnhaften Kollegen die Zulassung bewilligt wird, heißt es wörtlich:
‚Gleichzeitig bewillige ich Ihnen Befreiung von der Pflicht, Ihren Wohnsitz in Düsseldorf zu nehmen und eine Kanzlei einzurichten.‘
Ich darf in diesem Zusammenhang darauf hinweisen, dass auch nach englischem Recht und nach englischer Rechtsübung Ausländer, die auch im Auslande wohnen, als Barrister bei englischen Gerichten zugelassen werden und vor den englischen Gerichten auftreten können. So ist mir z. B. ein Fall mitgeteilt worden, in dem vor dem Kriege ein deutscher Kollege, der als Anwalt in Hamburg praktizierte und dort sein Büro und seinen Wohnsitz hatte, gleichzeitig als Barrister tätig war und als solcher vor englischen Gerichten auftrat. Ich glaube, dass die von mir in meinem Antrag angeführten Tatsachen die Zulässigkeit einer Ausnahme von der Residenzpflicht nicht nur rechtfertigen, sondern auch geboten erscheinen lassen. Da Ihnen, wie Sie schreiben, die Einzelheiten meines Antrags nicht bekannt sind, füge ich Ihnen eine Abschrift meiner Eingabe vom 15. November 1947 bei.
Ich möchte auch noch auf einen Punkt meiner Eingabe hinweisen, der auch in Ihrem Schreiben berührt wird, nämlich dass es im Interesse der deutschen Rechtspflege liegt, den Kontakt mit den im Auslande befindlichen Kollegen

sobald wie möglich aufzunehmen. Ich möchte aber aus nahe liegenden Gründen auf diesen Punkt nicht weiter eingehen und habe ihn auch in meiner Eingabe nur flüchtig angedeutet.
Um den formellen Erfordernissen des Gesetzes zu genügen habe ich als meinen Zustellungsbevollmächtigten den Kollegen Dr. Hummel benannt, der sich liebenswürdigerweise dazu bereit erklärt hat. Wenn erforderlich, dürfte es auch möglich sein, durch Bürogemeinschaft mit einem Kollegen ein Büro im Gerichtsbezirk bereitzustellen. Jedenfalls besteht kein Zweifel, dass wie die bereits bestehenden praktischen Fälle zeigen, der Weg zur Wiedereinschaltung der ins Ausland vertriebenen Kollegen gegeben ist, wenn nur der gute Wille vorhanden ist.
Ich nehme an, dass das Präsidium der Rechtsanwaltskammer vor dem Erlass einer prinzipiellen Entscheidung in diesen Dingen gehört wird, und dass dabei Gelegenheit sein wird, auf das Präsidium des Kammergerichts in diesem Sinne Einfluss zu nehmen.
Zum Schluss möchte ich nochmals versichern, wie warm und wohltuend mich Ihr Schreiben berührt hat, und Ihnen und den anderen Kollegen für den darin zum Ausdruck kommenden Beweis einer kollegialen Gesinnung meinen herzlichsten Dank aussprechen.
Mit kollegialer Hochachtung ergebenst"

Die Offenheit und Unvoreingenommenheit mit der Max Auerbach den Kollegen in Berlin entgegentrat, ist bewegend. Es kann darüber spekuliert werden, ob er wusste, dass die Mitglieder des Kammervorstandes selbst zu dem Kreis der „rassisch Verfolgten" des NS-Regimes oder der politischen Gegner des Regimes gehörten. Jedenfalls spricht aus seinen Zeilen der Wunsch, nach den Schreckensjahren der NS-Diktatur eine Versöhnung anzubahnen.

Mit demselben Datum vom 3. Januar 1948 wandte sich Auerbach auch ein drittes Mal an den Vizepräsidenten des Kammergerichts. Noch einmal legte er diesem seine Auffassungen zu einer Wiederzulassung als Anwalt in Berlin dar:

„Auf das Schreiben vom 24. November 1947 erlaube ich mir, folgendes zu erwidern:
1. Eine Wiederzulassung als Rechtsanwalt bei den Berliner Gerichten kann ihrer Natur nach keinen gleichwertigen Ersatz für das darstellen, was ich durch meine gesetzwidrige Löschung verloren habe. Die Annahme, dass ich gegenüber meiner Stellung, die ich vor meiner Löschung innehatte, eine rechtliche Besserung erfahre und dadurch mehr erhalte, als mir nach den Grundsätzen der Wiedergutmachung zukommt, entbehrt jeder Grundlage und bedarf keiner weiteren Widerlegung.
2. Mein Antrag verlangt keine Abweichung von den Bestimmungen der geltenden Anwaltsordnung. Er verlangt lediglich eine Befreiung von der Residenzpflicht. Eine solche Befreiung ist im Gesetz ausdrücklich zugelassen. Davon, dass sich die Befreiung von der Residenzpflicht nur auf einen Wohnsitz innerhalb Deutschlands bezieht, ist in dem Gesetz mit keinem Wort die Rede.

3. Es ist daher lediglich zu prüfen, ob die von mir in meiner Eingabe vom 15. November 1947 vorgebrachten Tatsachen eine solche Ausnahme rechtfertigen. Auf diese Tatsachen geht der dortige Bescheid nicht ein. Ich glaube auch nicht, dass gegen die Schlüssigkeit dieser Tatsachen im Sinne der Zulässigkeit einer Ausnahme begründete Einwendungen vorgebracht werden können.
4. Die im dortigen Bescheid vertretene Auffassung wird auch von anderen Justizstellen nicht geteilt. Mir sind Fälle bekannt, in denen in London ansässige Anwälte bei den deutschen Gerichten unter Befreiung von der Residenzpflicht wieder zugelassen sind. In einem mir vorliegenden Bescheid heißt es:
‚Gleichzeitig bewillige ich Ihnen Befreiung von der Pflicht, Ihren Wohnsitz in Düsseldorf zu nehmen und eine Kanzlei einzurichten.'
5. Die von mir bewirkte Bestellung eines Zustellungsbevollmächtigten dürfte den formellen Erfordernissen des Gesetzes genügen. Notfalls bin ich bereit, eine Bürogemeinschaft mit einem dortigen Kollegen einzugehen.
Ich bitte, aus den in meinen Eingaben geschilderten Gründen meinem Antrag stattzugeben."

Doch auch diesmal lehnte der Vizepräsident des Kammergerichts den Antrag mit dem formalen Verweis auf die Bestimmungen der Rechtsanwaltsordnung ab. Am 17. Januar 1948 teilte er Auerbach mit:

„Auf Ihr Schreiben vom 3. Januar 1948 bedauere ich, von meinem ablehnenden Bescheid vom 24. November 1947 nicht abgehen zu können.
Maßgebend für die hiesige Praxis ist nicht die von den Nazis erlassene Reichs-Rechtsanwaltsordnung von 1936, sondern die alte Rechtsanwaltsordnung von 1878 nebst den vor der Machtergreifung der Nazis ergangenen Änderungsbestimmungen.
Nach § 18 Abs. 5 dieser alten RAO in der Fassung der Novelle vom 9. Juli 1923 kann die Landesjustizverwaltung allerdings Ausnahmen von der Residenzpflicht bewilligen. Dies ist jedoch dann nicht statthaft, wenn der Rechtsanwalt seinen Wohnsitz außerhalb Deutschlands hat und keinen Wohnsitz in Deutschland begründen will.
Die 3. Auflage des Kommentars von Friedländer zur RAO (1930) sagt hierzu auf Seite 95 zu § 18, Anm. 11:
‚Bezüglich der Auswahl des Wohnsitzes im Falle des § 18 Abs. 5 ist das freie Ermessen der Landesjustizverwaltung nur insofern beschränkt, als der Wohnsitz im Inlande, d. h. in Deutschland, liegen muss; dies ergibt sich aus § 29 RAO, wonach der Wohnsitz des Rechtsanwalts stets zum Bezirke eines (deutschen) Amtsgerichts gehören muss.'
Der von Friedländer zitierte § 29 der alten Rechtsanwaltsordnung entspricht übrigens wörtlich dem § 34 der von Ihnen herangezogenen Reichs-Rechtsanwaltsordnung von 1936.
Da Sie offenbar nicht die Absicht haben, Ihren Wohnsitz nach Deutschland zu verlegen, ist es mir somit leider nicht möglich, meinen Bescheid vom 24. November 1947 abzuändern."

Die Auseinandersetzungen um den ersten Zulassungsantrag Max Auerbachs gingen mit diesem ablehnenden Bescheid zu Ende. Die Korrespondenz zwischen Auerbach und der Anwaltskammer fand hingegen noch eine kurze Fortsetzung. Mit einem Schreiben vom 21. Januar 1948 versicherte Kurt Wergin namens des Präsidiums:

„Sehr geehrter Herr Kollege!

Für Ihre sehr freundlichen Zeilen vom 3. Januar 1948 danke ich Ihnen gleichzeitig im Namen des Präsidiums sehr. Meine Kollegen und ich sind mit Ihnen völlig der gleichen Auffassung und ich kann Ihnen nur nochmals wiederholen, dass das, was seitens der Anwaltschaft geschehen kann, um Ihren sehr berechtigten Wünschen zu entsprechen, auch geschehen wird. Dass die letzte Entscheidung über die Zulassung nicht bei uns, auch nicht beim Vizepräsidenten des Kammergerichts liegt, ergibt sich aus den einschlägigen Bestimmungen der Alliierten Kommandantur Berlin. Die Zulassung wird durch das Rechtskomitee der Alliierten Kommandantur ausgesprochen. Es ist nicht mit Sicherheit zu übersehen, wie die Entscheidung letzten Endes ausfallen wird. Wir für unseren Teil werden jedenfalls bestrebt sein, eine positive Entscheidung zu erwirken.

Ich habe gelegentlich einer Besprechung in der vergangenen Woche mit dem Herrn Vizepräsidenten des Kammergerichts in Aussicht genommen, die Sie, sehr geehrter Herr Kollege, und sicherlich eine Reihe von Kollegen in gleicher Weise interessierende Frage zum Gegenstand einer eingehenden Erörterung zu machen.

Der uns mitgeteilte Fall des Kollegen, der mit Wohnsitz in London seine Zulassung in Düsseldorf erhalten hat, ist von außerordentlichem Interesse. Die Dinge liegen allerdings bei diesem Kollegen insofern einfacher, als für eine Zulassung in Düsseldorf lediglich die Genehmigung der Britischen Militär-Regierung als der zuständigen Zonen-Militär-Regierung erforderlich ist, während in Berlin alle vier Besatzungsmächte zustimmen müssen.

Auf die liebenswürdigen Worte im letzten Absatz Ihres Schreibens darf ich bemerken, dass wir keinen Anlass für den uns übermittelten Dank sehen, dass uns unser Bemühen um den Erfolg Ihres Antrags vielmehr nur eine selbstverständliche und gern erfüllte Pflicht ist.

In kollegialer Hochachtung"

Auf dieses Schreiben antwortete Max Auerbach am 3. Februar 1948.

„Sehr geehrter Herr Kollege,

haben Sie vielen Dank für Ihr liebenswürdiges Schreiben vom 21. v. Mts.

Wie Sie zutreffend ausführen, liegt naturgemäß die letzte Entscheidung über die Zulassung bei dem Rechtskomitee der Alliierten Kommandantur. Diese Entscheidung dürfte aber durch die Stellungnahme des Präsidiums der Rechtsanwaltskammer und des Herrn Vizepräsidenten des Kammergerichts maßgebend beeinflusst werden. Wenn, wie aus der bisherigen Stellungnahme des Herrn Vizepräsidenten hervorgeht, dieser sich gegen eine Zulassung ausspricht, so ist mit einer günstigen Entscheidung der Alliierten Kommandantur kaum zu rech-

nen. Ich freue mich daher über das warme Interesse, das Sie und die dortige Kollegenschaft meinem Antrage entgegenbringen und hoffe, dass es Ihren Bemühungen gelingt, auch den Herrn Vizepräsidenten aus den mehrfach dargelegten Gründen allgemeiner Natur von der Berechtigung, um nicht zu sagen Notwendigkeit, der Zulassung zu überzeugen.
Ich wäre Ihnen außerordentlich verbunden, wenn Sie mich in dieser Angelegenheit auch weiterhin auf dem Laufenden halten könnten und bitte Sie, meinen Dank für Ihre Bemühungen entgegen zu nehmen und auch den Herren Kollegen, mit denen ich hoffentlich recht bald auch berufliche und persönliche Beziehungen aufnehmen kann, meine Grüße zu übermitteln.
Mit kollegialer Hochachtung"

Ob die Anwaltskammer dem Wunsch Auerbachs nachkam und ihn über die weiteren Entwicklungen auf dem Laufenden hielt, ist ungewiss. In seiner Personalakte sind keine diesbezüglichen Schreiben überliefert.

2.2 Die weitere Entwicklung bis zu den ersten Zulassungen im Juni 1952

Die Auseinandersetzung um den Antrag von Max Auerbach auf Zulassung zur Anwaltschaft in Berlin ohne Residenzpflicht zeigt den zentralen Konfliktpunkt in dieser Frage auf: Sollte eine formaljuristisch korrekte (wenn auch nicht unumstrittene) Auslegung der Zulassungsbestimmungen gelten, die eine Residenzpflicht am Ort des Zulassungsgerichts vorschrieb?

Oder war es geboten, für die ins Ausland vertriebenen jüdischen Anwälte großzügige Ausnahmeregelungen im Geiste einer Wiedergutmachung für das erlittene Unrecht zu finden?

Bis diese Frage für die Zulassung zur Anwaltschaft in Berlin geklärt war, sollten nach der Ablehnung des Antrags von Max Auerbach im Januar 1948 noch einmal mehr als vier Jahre vergehen. Erst im Juni 1952 wurden in Berlin die ersten Anwälte ohne Residenzpflicht zugelassen. Dabei gingen seit 1948 immer wieder einzelne Anfragen und Anträge bei der Anwaltskammer und dem Kammergericht ein.

So wandte sich bereits Ende 1947 Ernst Flatau aus New York an das Kammergericht und bat um Informationen zu den Zulassungsmodalitäten.[10] Zudem wollte er wissen, ob die US-Staatsbürgerschaft, die er zwischenzeitlich angenommen hatte, einen Hinderungsgrund für eine Zulassung darstellen könnte. Flatau begnügte sich wohl mit der ungefähren Antwort des zuständigen Vizepräsidenten, es gelte eine Residenzpflicht in Berlin und mutmaßlich sei auch die deutsche Staatsangehörigkeit erforderlich. Jedenfalls ist kein weiteres Schreiben Flataus an das Kammergericht überliefert. In seiner Akte findet sich dafür wieder ein Schreiben des Kammervorsitzenden Kurt Wergin namens des Präsidiums vom 17. März 1948, in dem er Flatau persönlich begrüßt, ihn über die Zulassungssituation in Berlin aus

10 Landesarchiv Berlin: B Rep. 068 (RAK Berlin) Nr. 719 (Ernst Flatau).

Sicht der Kammer informiert und ihm Unterstützung zusichert. Auch dieses Schreiben soll hier ausführlich zitiert werden, da es die Zulassungsproblematik aus Sicht der Kammer anschaulich beschreibt:

„Sehr geehrter Herr Kollege!

Der Herr Vizepräsident des Kammergerichts hat uns Abschrift seines Schreibens übermittelt, das er Ihnen auf eine Anfrage wegen der Zulassung zur Rechtsanwaltschaft in Berlin gesandt hat. Wir legen Wert darauf, Ihnen folgendes mitzuteilen:

Die erste mittelbare Nachricht von Ihnen hat uns besonders erfreut. Wir brauchen wohl kaum besonders zu sagen, dass wir Ihre Rückkehr in die Berliner Anwaltschaft freudig begrüßen würden.

Das Zulassungsverfahren bestimmt sich nach der Rechtsanwaltsordnung in der Fassung vor Januar 1933 und nach den besonderen, für das Zulassungsverfahren herausgegebenen Bestimmungen des Rechtskomitees der Alliierten Kommandantur. Danach ist zur Zulassung in Berlin die Zustimmung aller vier Besatzungsmächte, die das Rechtskomitee der Alliierten bilden, erforderlich. Der Herr Vizepräsident des Kammergerichts hat in seinem Schreiben an Sie die Frage der Residenzpflicht in den Vordergrund gestellt. Daran ist richtig, dass nach der geltenden Rechtsanwaltsordnung grundsätzlich die Residenzpflicht zu wahren ist. Wir sind allerdings von Seiten der Anwaltschaft der Auffassung, dass in Fällen wie dem Ihrigen ein Weg gefunden werden muss, um Ausnahmeregelungen durchzusetzen. Wir sind dieser Auffassung deswegen, weil wir auf jedem Wege versuchen möchten, die Wünsche der Kollegen, die unter dem nationalsozialistischen Regime so schwer gelitten und ihren Beruf verloren haben, in jedem nur möglichen Umfange zu erfüllen. Überdies wird die Verbindung der Berliner Anwaltschaft mit Kollegen, die vielleicht einen doppelten Wohnsitz haben, im Interesse der Wiederanknüpfung von Beziehungen zu den anderen Ländern nur von Vorteil sein können.

Wir sind uns darüber klar, dass der von Ihnen geäußerte Wunsch hinsichtlich der Zulassung nur erfüllt werden kann, wenn die Alliierte Kommandantur Berlin ihre Zustimmung gibt. Es ist nicht möglich, das Ergebnis dieser Erörterungen mit Bestimmtheit vorherzusagen. Jedenfalls werden wir seitens der Anwaltskammer bemüht sein, eine Entscheidung in dem von Ihnen gewünschten Sinne zu erzielen.

Die Zulassung zur Anwaltschaft erfolgt gegenwärtig in einem durch das Rechtskomitee der Alliierten Kommandantur im einzelnen geregelten Verfahren. Wir fügen zu Ihrer Information ein Exemplar des Rundschreibens an die Berliner Kammermitglieder bei, das den letzten Stand der Formalien des Zulassungsverfahrens wiedergibt. Da auf die Einhaltung der formellen Bestimmungen im Zulassungsverfahren durch die beteiligten Stellen sehr gesehen wird, würde wohl gegenwärtig auch die Ausfüllung der Fragebogen notwendig sein, so seltsam dies gerade bei einer Persönlichkeit wie Ihnen klingen mag. Die Einhaltung der Formalien ist auch bei den Kollegen, die inzwischen aus dem Ausland nach Berlin zurückgekehrt sind, verlangt worden.

Um die Frage einmal grundsätzlich bei der Kommandantur zum Austrag zu bringen, würde es sich empfehlen, einen offiziellen Antrag zu stellen, den wir alsdann mit unserer Stellungnahme dem Vizepräsidenten des Kammergerichts weiterleiten würden.
Vielleicht ist Ihnen zur Kenntnis gelangt, dass einem Kollegen in der Britisch besetzten Zone Deutschlands die Zulassung als Anwalt erteilt worden ist, obwohl er seinen Wohnsitz in England nicht aufgibt. Diese sehr erfreuliche Entscheidung lässt allerdings keinen unmittelbaren Rückschluss auf Berlin zu, weil hier die einschlägigen Fragen in der Handhabung nicht so einfach gelagert sind, wie dies in der nur von einer Macht besetzten Zone der Fall ist, zumal wenn in der betreffenden Zone die Kompetenzen bereits weitgehend auf Deutsche Verwaltungsorgane übertragen worden sind.
Trotz aller Schwierigkeiten, die, wie Sie aus diesem Schreiben ersehen wollen, nicht an uns liegen, hoffen wir, dass Sie recht bald wieder unserer Berliner Kammer angehören werden.
Mit den besten Wünschen für Sie und kollegialen Grüßen
Ihr sehr ergebener ..."

Ernst Flatau bedankte sich am 19. April 1948 sehr verbindlich für das kollegiale Schreiben aus Berlin und bat – unter Beifügung eines internationalen Antwortscheins – um die Zusendung der Fragebögen und weiterer Informationen. Eine Antwort der Anwaltskammer erhielt er nicht. Mehr als ein Jahr später, am 20. Mai 1949, fragte er bei der Kammer wegen der ausgebliebenen Antwort nach. Auch dieses Schreiben blieb der Personalakte zufolge unbeantwortet.

Dieses Verhalten wirft, auch wenn man die schwierigen und turbulenten Bedingungen in Berlin in diesen Jahren in Rechnung stellt, ein zwiespältiges Licht auf die Anwaltskammer. Wie im Falle von Max Auerbach hielt die Kammer nach ersten freundlichen Anschreiben die Verbindung zu dem Kollegen nicht aufrecht, trotz dessen Bitte um weitere Informationen oder Kontakte. Welche Gründe hierfür maßgeblich waren, kann den Akten nicht entnommen werden.

Nach Max Auerbach und Ernst Flatau holten in den folgenden zwei Jahren bis Ende 1950 (wenigstens) weitere acht in ihren Emigrationsländern lebende Anwälte Informationen über die Zulassungsbedingungen zur Anwaltschaft in Berlin ein oder beantragten diese ohne Erfolg. Der Vizepräsident des Kammergerichts als Zulassungsbehörde für Berlin verwies dabei immer wieder auf die angeblich unerlässliche Residenzpflicht. So bemühten sich noch 1948 Stefan Behr und Erich Frey, 1949 Rudolf Behr und Walter Schwabe und bis Ende 1950 Fritz E. Koch, Arthur Brandt, Hans Goldschmidt und Herbert Freundlich vergeblich um eine Zulassung oder verfolgten dieses Ziel nach der negativen Auskunft nicht weiter.[11]

11 Die Nummern der Personalakten finden sich jeweils beim Quellennachweis der Kurzbiographien. Es fällt auf, dass keiner dieser Anwälte von der Kammer mit einem persönlichen Schreiben – wie noch Auerbach und Flatau – begrüßt wurde.

Die Haltung der Anwaltskammer schwankte dabei, wie es scheint, zwischen prinzipieller Ablehnung und einer Zustimmung unter bestimmten Bedingungen. So habe die Rechtsanwaltskammer einem Vermerk der Senatsjustizverwaltung vom 1. März 1951 zufolge, „ihre bisher zustimmende Stellungnahme aus grundsätzlichen Erwägungen geändert und [sei] den Ausführungen des Kammergerichtspräsidenten zur Frage der Residenzpflicht beigetreten."[12] In einem Schreiben an die Senatsjustizverwaltung vom April 1951 erläutert die Rechtsanwaltskammer hingegen, dass sie einer Zulassung unter der Bedingung zustimme, dass der Antragsteller innerhalb von drei Monaten einen Zweitwohnsitz und eine Bürogemeinschaft in Berlin begründe, andernfalls würde die Zustimmung widerrufen.[13]

Offenkundig wurde in den mit der Zulassung befassten Stellen die Frage immer wieder erörtert. So hatte bereits das neu eingerichtete Justizressort beim West-Berliner Magistrat[14] im März 1950 die anderen Landesjustizverwaltungen um Auskunft gebeten, wie sie mit den Zulassungsanträgen von Anwälten mit Wohnsitz im Ausland umgingen.[15] Denn die Anwälte, die um eine Zulassung in Berlin nachsuchten, verwiesen immer wieder auf die entsprechende Praxis in anderen deutschen Ländern.

Antworten gingen aus Schleswig-Holstein, Hamburg, Württemberg-Baden, Württemberg-Hohenzollern, Bayern, Niedersachsen, Nordrhein-Westfalen und Hessen ein.[16] Die Landesjustizverwaltungen in Hamburg, Württemberg-Baden, Württemberg-Hohenzollern und Hessen hielten solche Zulassungen für unvereinbar mit den geltenden Anwaltsordnungen, Schleswig-Holstein, Niedersachsen und Nordrhein-Westfalen für zulässig. Dabei betonte der Justizminister in Nordrhein-Westfalen, dass die Befreiung von der Residenzpflicht zwar zeitlich befristet würde, aber „da es sich bei solchen Zulassungen um Akte einer Wiedergutmachung handelt, wird auch bei der Bemessung der Frist und ihrer evtl. Verlängerung großzügig verfahren."[17] Bemerkenswert in ihrer Verbindung von moralischer Verpflichtung und Interessenspolitik ist die Stellungnahme des Landesjustizministers in Schleswig-Holstein. Er antwortete am 30. März 1950:

> „Ich halte die Zulassungen solcher Art für Akte einer notwendigen Wiedergutmachung geschehenen Unrechts und es darüber hinaus für möglich, dass sie für die Wahrung deutscher Auslandsinteressen praktisch vorteilhaft werden kann."[18]

12 Senatsverwaltung für Justiz, Akte 3176/1 – I/B 1 Residenzpflicht der Anwälte.

13 Landesarchiv Berlin: B Rep. 068 (RAK Berlin) Nr. 1499 (Fritz E. Koch).

14 Abteilung Rechtswesen, eingerichtet Mitte 1949 nach Verabschiedung des „Kleinen Besatzungsstatuts", mit dem auch die Justizhoheit dem West-Berliner Magistrat übertragen wurde. Vorgängerinstitution der Senatsverwaltung für Justiz bis zum Inkrafttreten der Berliner Verfassung im September 1950.

15 Senatsverwaltung für Justiz, Akte 3176/1 – I/B 1: Residenzpflicht der Rechtsanwälte, Bl. 10ff.

16 Die nordrhein-westfälische Justizverwaltung machte keine konkreten Zahlenangaben.

17 Senatsverwaltung für Justiz, Akte 3176/1 – I/B 1: Residenzpflicht der Rechtsanwälte, Bl. 20.

18 Senatsverwaltung für Justiz, Akte 3176/1 – I/B 1: Residenzpflicht der Rechtsanwälte, Bl. 11.

In Zahlen ausgedrückt, waren bislang in Schleswig-Holstein und in Bayern zwei Anwälte mit ausländischem Wohnsitz zugelassen worden (in Bayern mit der Verpflichtung, am Sitz des Zulassungsgerichts eine Kanzlei einzurichten; dagegen klagte die Rechtsanwaltskammer München), in Hamburg ein Anwalt (in ausnahmsweiser Abweichung von der grundsätzlichen Ablehnung „aus ganz besonderen Gründen").

In Berlin führte die Umfrage zu keiner konkreten Entscheidung. Die Gründe hierfür sind aus dem Vorgang nicht ersichtlich. Möglicherweise ruhte der Entscheidungsprozess auch bei der Senatsjustizverwaltung, weil mit der baldigen Verabschiedung einer neuen Rechtsanwaltsordnung für die Bundesrepublik gerechnet wurde, die 1950 im Entwurf vorgelegt worden war.

Dabei ließ der erste Entwurf einer Bundesrechtsanwaltsordnung, wie es scheint, nichts Gutes für die Wiederzulassung der emigrierten Anwälte erwarten. Dort war die deutsche Staatsangehörigkeit als Voraussetzung für eine Zulassung zur Anwaltschaft benannt worden. Dagegen legte die Association of Democratic Lawyers from Germany in London, ein Zusammenschluss von emigrierten, zumeist jüdischen Anwälten, scharfen Protest beim Bundesjustizminister Thomas Dehler ein:

> „Es ist eine traurige Tatsache, dass die in Deutschland zurückgebliebenen Rechtsanwälte die Wiederzulassung ihrer zur Auswanderung gezwungenen Kollegen nach Kräften zu vereiteln versuchen. Die Beweggründe liegen auf der Hand. Man will die dank Hitler losgewordene Konkurrenz nicht wieder zurück haben. Wissend, dass die emigrierten Rechtsanwälte nicht mehr die deutsche Staatsangehörigkeit besitzen – soweit sie Juden sind, ist sie ihnen durch die 11. Ausführungsverordnung zum Reichsbürgergesetz in Bausch und Bogen entzogen worden – und zum erheblichen Teile andere Staatsangehörigkeiten erworben haben, wollen sie die deutsche Staatsangehörigkeit zur Voraussetzung für die Zulassung zur Rechtsanwaltschaft machen. Wir haben hiergegen Verwahrung eingelegt und auch andere Stellen veranlasst, es zu tun."[19]

Der Bundesjustizminister versicherte in seiner Antwort vom 8. Dezember 1950, dass sein Ministerium und die Landesjustizverwaltungen gegen diesen Punkt in dem Entwurf ihre ernsten Bedenken angemeldet hätten. Dieser sei daraufhin dahingehend geändert worden, dass die deutsche Staatsangehörigkeit nicht mehr die Voraussetzung für eine Zulassung sei. Die Diskussionen um eine Bundesrechtsanwaltsordnung, die eine besondere Regelung für die vom NS-Regime verfolgten emigrierten Anwälte enthalten sollte, dauerten dennoch fast zehn Jahre. Sie wurde erst 1959 verabschiedet und trat zum 1. Oktober 1959 in Kraft.[20]

19 Senatsverwaltung für Justiz, Akte 3176/1 – I/B 1: Residenzpflicht der Rechtsanwälte, Bl. 26.
20 Bundesgesetzblatt, Teil I, 1959, S. 565–609.

2.3 Die ersten Zulassungen ohne Residenzpflicht im Juni 1952

An der Situation der um eine Wiederzulassung nachsuchenden Anwälte änderte sich bis 1952 nichts. Bewegung kam in die Angelegenheit erst mit der Verabschiedung einer Rechtsanwaltsordnung für West-Berlin in der Anlage des „Gesetzes über vorläufige Maßnahmen auf dem Gebiete des Anwaltsrechts" vom 6. Mai 1952,[21] mit dem die Rechtsanwaltsordnung von 1878 für eine Übergangszeit bis zur Verabschiedung einer Bundesrechtsanwaltsordnung abgeändert wurde. Diese eigenständige Regelung für West-Berlin war als Übergangsbestimmung für notwendig erachtet worden, da die Bundesrechtsanwaltsordnung weiter auf sich warten ließ.

Die neue Rechtsanwaltsordnung traf keine explizite Regelung für die emigrierten Anwälte, schuf aber einen weiten Ermessensspielraum. Im Paragraph 18 wurde festgelegt:

> „Der Rechtsanwalt muss an dem Orte des Gerichts, bei welchem er zugelassen ist, seinen Wohnsitz nehmen. (...)
> Zur Vermeidung von Härten kann die Landesjustizverwaltung von den Vorschriften des Absatzes 1 Befreiung gewähren. Diese kann mit Auflagen verbunden werden. (...)"

Und der Paragraph 19 präzisierte:

> „Ist der Rechtsanwalt an dem Ort eines Gerichts, bei welchem er zugelassen ist, nicht wohnhaft, so muss er bei diesem Gericht einen an dem Orte desselben wohnhaften ständigen Zustellungsbevollmächtigten bestellen. (...)"

Bereits kurz nach Verkündigung des Gesetzes am 13. Mai 1952 ergriff die Senatsjustizverwaltung die Initiative, um eine Lösung für die emigrierten Anwälte zu finden. Am 4. Juni 1952 wurde die Sache dem Senator vorgetragen und eine grundsätzliche Entscheidung getroffen, von der der Kammergerichtspräsident und die Anwaltskammer umgehend informiert wurden.

> „Betrifft: Zulassung im Ausland wohnender emigrierter Berliner Rechtsanwälte
> Nach § 18 Abs. 5 der RanwO in der Fassung des Gesetzes vom 6.5.52 – GVBl. S. 311 –, kann die Landesjustizverwaltung zur Vermeidung von Härten einen Rechtsanwalt von der Pflicht des § 18 Abs. 1 befreien, an dem Zulassungsort seinen Wohnsitz zu nehmen. Von dieser Möglichkeit beabsichtige ich bei Zulassungsgesuchen früherer Berliner Rechtsanwälte, die auf Grund nazistischer Verfolgungsmaßnahmen ihre Zulassung verloren haben und ins Ausland emigriert sind, grundsätzlich Gebrauch zu machen. Ich bitte, mir derartige Zulassungsgesuche mit der dortigen Stellungnahme vorzulegen.
> Sobald ich die Befreiung von der Residenzpflicht ausgesprochen habe, bitte ich, falls im übrigen keine Bedenken bestehen, den Zulassungsgesuchen zu entsprechen. Die Zulassungen bitte ich jedoch ausdrücklich unter dem Vorbehalt einer abschließenden Regelung der artiger Zulassungsgesuche durch die künftige Bundes-Rechtsanwaltsordnung auszusprechen und mit der Auflage zu verbin-

21 Gesetz- und Verordnungsblatt für Berlin, 8. Jg., 1952, Nr. 34 (17.5.), S. 311ff.

> den, dass der Rechtsanwalt in Westberlin eine Anwaltskanzlei mindestens in Form einer Bürogemeinschaft mit einem in Westberlin zugelassenen und hier wohnhaften Rechtsanwalt begründet und einen solchen Rechtsanwalt zum Zustellungsbevollmächtigten bestellt. Von weiteren Auflagen ist abzusehen.
> Über die Zulassung im Ausland wohnhafter, von der Residenzpflicht befreiter Rechtsanwälte bitte ich eine Liste zu führen."

Noch am selben Tag verfügte der Senator für Justiz die Zulassung von acht Anwälten, die alle längere Zeit, zum Teil über drei Jahre, darauf gewartet hatten. Dies waren (in der Reihenfolge der Liste in der Senatsjustizverwaltung[22]): Max Auerbach in London, Rudolf Behr in Baltimore, Arthur Brandt in New York, Fritz E. Koch in London, Georg Lehmann in Buenos Aires und Fritz Rosenbaum in Haifa. Ebenfalls im Juni 1952 wurden noch zwei Anwälte ohne Residenzpflicht zugelassen, William Meinhardt in London und Erich Cohn in New York, und bis Ende 1952 folgte die Zulassung von weiteren zehn. Damit waren bis Ende des Jahres 20 emigrierte Anwälte wieder Mitglied der Berliner Anwaltschaft geworden. Die entsprechende Verfügung des Kammergerichtspräsidenten lautete:

> „Mit Ermächtigung des Herrn Senators für Justiz werden Sie zur Rechtsanwaltschaft beim Kammergericht, beim Landgericht Berlin und bei allen Amtsgerichten in Berlin zugelassen.
> Die Zulassung erfolgt unter dem Vorbehalt der in der künftigen Bundesrechtsanwaltsordnung zu erwartenden abschließenden Regelung der Zulassungsgesuche von früheren Rechtsanwälten, die sich in der Zeit vom 30. Januar 1933 bis zum 8. Mai 1945 aus rassischen, politischen oder religiösen Gründen in das Ausland begeben mussten und dort ansässig sind, sowie unter der Auflage, dass Sie in West-Berlin eine Anwaltskanzlei mindestens in Form einer Bürogemeinschaft mit einem in West-Berlin zugelassenen und hier wohnhaften Rechtsanwalt begründen und einen solchen Rechtsanwalt zum Zustellungsbevollmächtigten bestellen.
> Aus dieser Zulassung kann ein Anspruch auf Erteilung der Genehmigung des Zuzuges nach Berlin nicht hergeleitet werden."[23]

Von der Rechtsanwaltskammer sind in den Personalakten keine gesonderten Begrüßungsschreiben an die früheren, jetzt wieder zugelassenen Kollegen überliefert.

2.4 Die Zulassungen ohne Residenzpflicht 1952 bis 1975

Nach den ersten Wiederzulassungen von Anwälten ohne Residenzpflicht etablierte sich schnell eine Verfahrensroutine: Der Zulassungsantrag war an den Kammergerichtspräsidenten zu richten. Dieser leitete den Antrag zur gutachtlichen Stellungnahme an die Rechtsanwaltskammer weiter. Nach erfolgter positiver Stellungnahme der Rechtsanwaltskammer erteilte der Kammergerichtspräsident den Zulassungsbescheid. Bei einer negativen Stellungnahme trug er den Fall beim

22 Senatsverwaltung für Justizwesen, Akte 3176/1 – I/B 1.
23 Senatsverwaltung für Justizwesen, Akte 3176/1 – I/B 1.

Senator für Justiz vor, der eine besondere Ausnahmegenehmigung zur Zulassung erteilte. Das Verfahren wurde recht zügig abgewickelt und dauerte von der Antragstellung bis zur Zulassung oftmals nur zwei bis drei Monate.

Im Folgenden sollen die Zulassungen ohne Residenzpflicht nach ausgewählten Aspekten betrachtet werden. Welches Bild ergibt sich aus den bislang bekannten Informationen?

2.4.1 Zeitliche Verteilung der Zulassungen ohne Residenzpflicht

Die nachstehende Tabelle gibt einen Überblick über die zeitliche Verteilung der Zulassungen ohne Residenzpflicht von 1952 bis 1975:

Jahr	Anzahl *	Jahr	Anzahl *	Jahr	Anzahl *
1952	19	1960	7	1968	1
1953	21	1961	2		
1954	14 (16)	1962	2	1971	2
1955	10	1963	7	1972	1
1956	7 (8)	1964	3	1973	0
1957	8 (9)	1965	1	1974	0
1958	4	1966	1	1975	1
1959	5	1967	1	**Summe**	**117 (121)**

* In Klammern: Einschließlich der Anwälte nicht-jüdischer Herkunft.

Das Bild der zeitlichen Verteilung ist eindeutig: In den ersten zwei Jahren des Zeitraums von 1952 bis 1975 wurde rund ein Drittel der Zulassungen ohne Residenzpflicht erteilt, bis einschließlich 1955 war es rund die Hälfte. Dann gingen die Zahlen kontinuierlich zurück. Ab Anfang der 1960er Jahre waren es nur noch einzelne oder keine Zulassungen pro Jahr (mit Ausnahme des Jahres 1963 mit sieben Zulassungen). Derjenige Anwalt, der nach jetzigem Kenntnisstand als letzter die Zulassung ohne Residenzpflicht erhielt, war 1975 der in Chile lebende Juan (früher: Hans) Bab.

Betrachtet man die Zulassungszeiträume, so war die Zulassungsdichte Mitte der 1950er am höchsten: Zu diesem Zeitpunkt waren rund 60 Anwälte gleichzeitig als Anwälte ohne Residenzpflicht in Berlin zugelassen.

2.4.2 Anwälte ohne Residenzpflicht nach Altersgruppen

Der kontinuierliche Rückgang der Zulassungen ohne Residenzpflicht ist vor dem Hintergrund der Altersstruktur der hierfür in Frage kommenden Anwälte nicht verwunderlich. Die von den Geburtsjahrgängen her ältesten Anwälte waren William Meinhardt (geb. 1872), Martin Isaac und Max Kantorowicz (geb. 1876) sowie Oskar Wachsmann (geb. 1878). Der jüngste der ohne Residenzpflicht zugelassenen Anwälte war Werner Galleski (geb. 1909), der sich 1933 noch im Referendariat befand und nach dem zweiten Staatsexamen 1934 als Jude keine Zulassung zur Anwaltschaft erhielt. Nach Altersgruppen betrachtet, zeigt sich insgesamt folgendes Bild:

Geburtsjahrgänge	Anzahl	Geburtsjahrgänge	Anzahl
1870–1874	1	1895–1899	19
1875–1879	3	1900–1904	28
1880–1884	10	1905–1909	10
1885–1889	18	keine Angabe	2
1890–1894	26	**Summe**	**117**

Am stärksten sind mit insgesamt 45 Personen die Geburtsjahrgänge der 1890er Jahre vertreten, gefolgt von den 1910er Jahren mit 37 Personen. Auch dieser Befund ist nicht überraschend: Diese Personen waren in den 1950er bzw. 1960er Jahren in einem Alter, in dem sie noch beruflich tätig waren. Da viele von ihnen auch in ihren Emigrationsländern wieder als Rechtsanwälte, Rechtsvertreter oder -berater arbeiteten und sich mit Entschädigungs- und Wiedergutmachungsverfahren befassten, war die Zulassung in Berlin oftmals ein berufliches Erfordernis.

Bemerkenswert ist hingegen das in vielen Fällen hohe Alter der Antragsteller: William Meinhardt war zum Zeitpunkt der Zulassung 80 Jahre alt, Martin Isaac 80 Jahre, Erich Frey 78 Jahre, Oskar Wachsmann und Harry Rosenthal 75 Jahre. Auch diese Anwälte betätigten sich zumeist noch juristisch, was auch als ein Zeichen ihrer großen Leidenschaft für ihren Beruf gedeutet werden kann.

2.4.3 Geographische Verteilung der Zulassungen ohne Residenzpflicht

Die Anwälte ohne Residenzpflicht waren über die ganze Welt verteilt, wie die nachstehende Übersicht zeigt:

Land	Anzahl	Bemerkung
Argentinien	9	alle Buenos Aires
Australien	3	
Belgien	2	
Bolivien	1	
Brasilien	6	davon 4 in Sao Paulo
Chile	3	
Deutschland	2	
Ecuador	1	
Frankreich	1	
Großbritannien	19	davon 18 in oder nahe bei London
Israel	14	davon: Jerusalem 6, Haifa und Tel Aviv jeweils 4
Italien	1	
Kanada	2	

Land	Anzahl	Bemerkung
Niederlande	3	
Schweiz	1	
Spanien	1	
Südafrika	3	
Uruguay	2	
USA	43	davon 31 in New York
Summe	**117**	

Bei Betrachtung der geographischen Verteilung stechen drei Länder ins Auge: In den USA hatten 43 Anwälte ihren Wohnsitz, davon allein 31 in New York. Dies entspricht einem Anteil von rund 37 bzw. 26 Prozent der in Berlin zugelassenen Anwälte ohne Residenzpflicht. Einen hohen Anteil mit 19 Personen bzw. rund 16 Prozent weist auch Großbritannien auf. Dabei lebten von einer Ausnahme abgesehen alle diese Anwälte in oder nahe bei London. Den dritten Länderschwerpunkt bildete Israel mit 14 Personen bzw. rund 12 Prozent. Diese Anwälte waren fast gleichermaßen verteilt auf die Städte Jerusalem, Haifa und Tel Aviv. Ein regionaler Schwerpunkt war auch Südamerika mit insgesamt 22 zugelassenen Anwälten, davon neun in Buenos Aires und vier in Sao Paulo. Die kontinentaleuropäischen Länder als Wohnort waren mit acht zugelassenen Anwälten (rund sieben Prozent) nur wenig vertreten.

Die geographische Verteilung der zugelassenen Anwälte bildet dabei die Hauptwege der aus Deutschland vertriebenen Juden und Flüchtlinge jüdischer Herkunft ab. Die wichtigsten dauerhaften Emigrationsländer waren die USA, Palästina/Israel und Großbritannien, aber auch, zusammen genommen, die lateinamerikanischen Länder.[24] Die meisten kontinentaleuropäischen Länder hatten sich hingegen mit der kriegerischen Expansion Nazi-Deutschlands ab 1939 nur als vorübergehend sichere Fluchtorte erwiesen. Nach Beginn des Zweiten Weltkriegs setzte aus diesen Ländern eine neue Fluchtwelle ein, um den Verfolgern zu entrinnen. Viele gelangten nun nach Amerika oder Großbritannien, wo sie sich schließlich dauerhaft niederließen.

Zwei Aspekte bei Betrachtung der Wohnorte sollen hier abschließend kurz behandelt werden.

Bei einzelnen Anwälten war der für die Zulassung maßgebliche Wohnort nicht der tatsächliche Wohnort. So lebten Martin Exiner, Max Rosenzweig und Walther Fürth mehrere Jahre in Berlin, Otto Blumenthal (der das Berliner Büro der URO bis zu dessen Auflösung in den 1980er Jahren leitete) sogar über drei Jahrzehnte in der Stadt, ohne auch die Residenz hierher zu verlegen. Welche Gründe für sie maßgeblich waren, die Zulassung ohne Residenzpflicht aufrechtzuerhalten, ist nicht bekannt. Möglicherweise war dies nach den Erfahrungen der NS-Zeit Ausdruck für

24 Vgl. dazu die Länderbeiträge im Handbuch der deutschsprachigen Emigration, Darmstadt 1998.

ein großes Misstrauen gegenüber der deutschen Gesellschaft und ihren Institutionen, die sich so bereitwillig an der Ausgrenzung und Verfolgung beteiligt hatten. Die Beibehaltung des ausländischen Hauptwohnsitzes unterstrich dabei vielleicht das Provisorische des Lebens in der alten Heimat und gab das Gefühl, im schlimmsten Fall das Land schnell wieder verlassen zu können.

Fünf Anwälte, die anfänglich eine Zulassung ohne Residenzpflicht erhalten hatten, kehrten hingegen nach Deutschland zurück und ließen sich als Anwälte mit Residenz in Berlin bzw. Marburg nieder. Dies waren in Berlin Ernst Maretzki ab 1957, Harry Rosenthal ab 1960, Hans Semon in den Jahren 1961 bis 1966 (bis zur Rückkehr nach Buenos Aires) und Fritz Rosenbaum von 1959 bis 1971 (bis zur Rückkehr nach Israel) sowie in Marburg Ernst Pringsheim ab 1970.

2.4.4 Dauer der Zulassungen ohne Residenzpflicht

Die allermeisten Anwälte behielten ihre Zulassung ohne Residenzpflicht bis zu ihrem Tod. Dies war bei 97 von 117 Anwälten der Fall (rund 83 Prozent). Ihre Löschung in den Anwaltslisten erfolgte nach ihrem Ableben, mitunter erst mit größerer Verspätung, da die Rechtsanwaltskammer keine Kenntnis von dem Tod erhalten hatte.

Bei den 20 Anwälten, die auf eigenen Antrag ihre Zulassung in Berlin wieder aufgaben, waren unterschiedliche Gründe maßgeblich. Sechs wurden wegen der anderweitigen Zulassung bei einem deutschen Gericht in der Berliner Anwaltsliste gelöscht. Fünf gaben Gesundheits- und Altersgründe für die Aufgabe ihrer Zulassung an. Ebenfalls bei fünf Anwälten erfolgte die Löschung auf Antrag ohne Angabe von Gründen. Drei Anwälte führten an, dass sie nicht mehr anwaltlich tätig wären bzw. keine Fälle zur Vertretung mehr hätten. Ein Anwalt, Rudolf Blumenheim, gab seine Zulassung im Streit mit der Rechtsanwaltskammer zurück. Er hatte um Erlass der Beiträge gebeten, da es ihm nicht gelungen war, eine gewinnbringende Anwaltspraxis aufzubauen. Die Rechtsanwaltskammer lehnte den Erlass der Beiträge ab.

Rudolf Blumenheim antwortete empört:

> „Meine Wiederzulassung zur Rechtsanwaltschaft hatte ich zu seiner Zeit mit großer Genugtuung als Teil der Wiedergutmachung der erlittenen Verfolgungsschäden entgegen genommen. Ich hatte gehofft, mir damit noch einmal eine Existenz aufbauen zu können. Zu meinem Leidwesen hat sich diese Hoffnung nicht erfüllt; wie ich Ihnen dargelegt hatte, konnte ich hier eine Anwaltstätigkeit weder mittelbar noch unmittelbar gewinnbringend ausüben.
>
> Ich hatte Sie gebeten, dieser Sachlage Verständnis entgegen zu bringen, wozu Sie nach Ziffer 8 der Beitragsordnung ohne weiteres in der Lage gewesen wären. Stattdessen bestehen Sie für mein Privileg, mich Deutscher [groß im Original!] Rechtsanwalt nennen zu dürfen, auf meiner Beitragszahlung, was unter den obwaltenden Verhältnissen einer Besteuerung, der mir vom Deutschen Volk gezahlten Gesundheits- und Berufsschadensrente gleichkommt.
>
> Sie rühmen sich die Standesvertretung der Deutschen Rechtsanwaltschaft zu sein. Es scheint mir an der Zeit zu sein, dass Sie dem Geist und ethischen Gehalt

der Wiedergutmachungsgesetzgebung etwas mehr Achtung und Rechtsempfinden entgegen bringen."[25]

Ein Antwortschreiben der Rechtsanwaltskammer ist in der Personalakte nicht überliefert.

2.4.5 Juristischer Hintergrund des Jahres 1933 für die Anwälte ohne Residenzpflicht

Von den 117 Anwälten jüdischer Herkunft, die soweit bekannt nach 1952 ohne Residenzpflicht in Berlin zugelassen wurden, waren 101 bereits 1933 als Anwälte in Berlin tätig. Sie kehrten mit der Zulassung zumindest nominell an den Ort ihres früheren beruflichen Wirkens zurück. Der Status als Jurist der übrigen 16 war folgender: sieben waren als Rechtsanwälte an Gerichten außerhalb Berlins zugelassen (einer von ihnen im damals größeren Kammergerichtsbezirk in Frankfurt/ Oder); vier waren Referendare (die noch 1933 oder 1934 das zweite Staatsexamen ablegen konnten); zwei waren Gerichtsassessoren (einer im Kammergerichtsbezirk); bei drei Anwälten ist der Status (noch) nicht bekannt.

2.4.6 Gründe für die Anträge auf Zulassung ohne Residenzpflicht

In seinem Antrag auf Zulassung als Anwalt ohne Residenzpflicht umriss Dr. Georg Lehmann, der 1933 ein Berufsverbot erhalten hatte und 1939 nach Argentinien emigrieren musste, seine Motive für die Antragstellung folgendermaßen:

> „Eine Wiederzulassung als deutscher Anwalt würde aus zwei Gründen für mich von Bedeutung sein: Einmal würde ich bei den vielfachen wirtschaftlichen und rechtlichen Beziehungen zwischen Deutschland und Argentinien als zugelassener Anwalt meinen juristischen Wirkungskreis weiter erweitern können, zumal kaum erfahrene Juristen mit entsprechenden deutschen rechtlich wirtschaftlichen Kenntnissen hier zur Verfügung stehen, schließlich würde ich – ich stehe im 65. Lebensjahr – eine Wiedergutmachung des mir zugefügten Unrechts darin sehen, unter dem ich viele Jahre lang schwer gelitten habe."[26]

Diese Äußerung Georg Lehmanns benennt deutlich die beiden Aspekte, die für die Bemühungen um die Zulassung in Berlin maßgeblich gewesen sein werden: ein berufliches Interesse und das Bedürfnis nach Wiedergutmachung.

Das berufliche Interesse als zentrales Motiv wird offenkundig, betrachtet man den beruflichen Hintergrund der Antragsteller: 25 von ihnen hatten sich, nach erneutem Jurastudium, in ihren Emigrationsländern wieder als Rechtsanwälte niedergelassen. Fast alle anderen nannten Rechtsberatung (im weiteren Sinn) als aktuelle haupt- oder nebenberufliche Betätigung. Was dies in jedem Einzelfall bedeutete, muss allerdings offen bleiben. Die Spannbreite war groß: Hierunter fielen niedergelassene „law consultants" in Großbritannien und den USA mit eigener Kanzlei; juristische Mitarbeiter

25 Landesarchiv Berlin, B Rep. 068 (RAK Berlin) Nr. 311, Schreiben vom 10.12.1963.

26 Landesarchiv Berlin, B Rep. 068 (RAK Berlin) Nr. 1813, Schreiben vom August 1951.

der United Restitution Organization (URO) oder der Jewish Restitution Successor Organization (JRSO), die sich um die Durchsetzung von Wiedergutmachungs- und Entschädigungsansprüchen kümmerten; einfache Angestellte, die sich neben ihrer Erwerbsarbeit als Rechtsberater betätigten; ebenso wie Ruheständler, die sich nun wieder juristischen Problemen widmen wollten.

Im Mittelpunkt standen dabei bei den meisten Anwälten die Beratung und ggf. Vertretung in Wiedergutmachungs- und Entschädigungsfragen. Der Bedarf hierfür war nach der Verabschiedung der Wiedergutmachungs- und Entschädigungsgesetze groß.[27] In vielen Anträgen wird dieser Aspekt als Hauptgrund für die Bemühungen um eine Zulassung explizit genannt. Dabei dürfte die Hoffnung mitgespielt haben, durch die Honorare für diese Tätigkeit den Lebensunterhalt zumindest teilweise bestreiten zu können.

Ein zweiter Grund, der mutmaßlich eine wichtige Rolle spielte, war der Wunsch nach Wiedergutmachung für das erlittene Unrecht. Nur selten wird dieser Grund in den Anträgen allerdings ausdrücklich erwähnt, wie dies bei Georg Lehmann der Fall war. Dennoch legen die Umstände die Interpretation nahe, dass der Gedanke der Wiedergutmachung eine Bedeutung hatte. So spricht z. B. das oft schon fortgeschrittene Alter bei Antragstellung dafür, dass der Erwerbsaspekt nicht im Vordergrund gestanden haben dürfte. Auch das oben zitierte Schreiben von Rudolf Blumenheim belegt, dass die erneute Zulassung als Wiedergutmachung erwartet und aufgefasst wurde.

Offen muss generell bleiben, in welchem Umfang die Anwälte wieder an den Berliner Gerichten tätig wurden. Hierüber geben die Personalakten keine Auskunft.

2.5 Konflikte im Zulassungsverfahren

Mit der neuen Rechtsanwaltsordnung für West-Berlin vom Mai 1952 war der Weg für die Zulassungen ohne Residenzpflicht geebnet worden. Die Anzahl der Zulassungen in den folgenden Jahren war beachtlich. Das Verfahren lief zumeist routiniert und zügig ab. Dennoch kam es in einzelnen Fällen zu Konflikten, da die Voraussetzungen für eine Zulassung unterschiedlich interpretiert wurden.

Das Präsidium der Rechtsanwaltskammer verfolgte dabei in zwei Punkten eine restriktive Linie: erstens in der Frage, ob der derzeitige Beruf des Antragstellers mit der Unabhängigkeit des Anwalts vereinbar sei; zweitens hinsichtlich der Dauer der Befreiung von der Residenzpflicht. Die erste Frage wurde u. a. im Zusammenhang mit den Zulassungsanträgen von Fritz Gottlieb und Siegfried Fränkel im Mai 1953 aufgeworfen.

Siegfried Fränkel arbeitete als Repräsentant und wirtschaftlicher Berater deutscher Firmen in New York, Fritz Gottlieb als Direktor einer Firma in Wembley bei

27 Bundeswiedergutmachungsgesetz für die angestellten des öffentlichen Dienstes (1951), Bundesergänzungsgesetz (1953), Bundesentschädigungsgesetz (1956) und Bundesrückerstattungsgesetz (1957). Für Berlin außerdem: Rückerstattungsanordnung für (West-) Berlin (1949), Gesetz über die Entschädigung der Opfer des Nationalsozialismus (1951).

London. In beiden Fällen lehnte die Rechtsanwaltskammer in ihrer gutachtlichen Stellungnahme eine Zulassung wegen Unvereinbarkeit dieser Tätigkeiten mit dem Anwaltsberuf ab. Siegfried Fränkel wurde am 21.5.1953 beschieden:

> „Unsere Ermittlungen haben ergeben, dass wir Ihre Wiederzulassung zu unserem Bedauern zur Zeit nicht befürworten können, weil auch bei wohlwollender Beurteilung, die Sie bei uns voraussetzen dürfen, Ihre derzeitige Tätigkeit mit dem Beruf des Rechtsanwalts unvereinbar erscheint (§ 5 Ziff. 6 der Rechtsanwaltsordnung). Wir würden evtl. zu einer anderen Beurteilung gelangen, wenn Sie sich entschließen könnten, Ihre jetzige Tätigkeit nach erfolgter Wiederzulassung aufzugeben; eine Abwicklungszeit von längstens 6 Monaten könnte diesseits vielleicht toleriert werden. Ihrer Erklärung sehen wir entgegen."

Siegfried Fränkel erklärte daraufhin, dass er seine Tätigkeit nach der Wiederzulassung aufgeben werde. Obwohl die Rechtsanwaltskammer seinen Antrag nunmehr befürwortete, nahm Siegfried Fränkel dann seinerseits aus unbekannten Gründen Abstand von seinem Zulassungsgesuch.

Anders verlief der Konflikt im Fall von Fritz Gottlieb. Nach der ablehnenden Stellungnahme der Rechtsanwaltskammer hatte der Kammergerichtspräsident das Gesuch offiziell abgelehnt. Gottlieb legte dagegen umgehend Beschwerde ein. Dies nahm die Rechtsanwaltskammer zum Anlass, „die grundsätzlichen Fragen, die mit der Zulassung im Ausland lebender Juristen zusammenhängen", zu beraten und im Oktober 1953 Richtlinien zu verabschieden. Das Protokoll der Präsidiumssitzung vom 7.10.1953 vermerkt dazu:

> „3) Über die grundsätzlichen Fragen, die mit der Zulassung im Ausland lebender Juristen zusammenhängen, berichteten RA WEISE und RA KARPEN.
>
> Nach längerer Aussprache wurde beschlossen, folgende Richtlinien anzuwenden:
>
> a) die Vereinbarkeit der Anwaltschaft mit dem derzeitigen Beruf des Antragstellers soll von Fall zu Fall in großzügiger Weise geprüft werden. Die Entscheidung hierüber wird jeweils im Plenum besprochen werden.
>
> b) Die Zulassung wird nicht dadurch beeinträchtigt, dass der derzeitige Beruf den Bewerber zeitlich und arbeitsmäßig voll ausfüllt.
>
> c) Die Befreiung von der Residenzpflicht kann vorläufig unbefristet befürwortet werden, da eine gesetzliche Zeitschranke im Augenblick nicht besteht.
>
> d) Das Gesuch soll abgelehnt werden, wenn der Bewerber überhaupt niemals nach Deutschland zurückkehren will.
>
> e) Es ist zulässig, dass ein im Ausland lebender Berliner Rechtsanwalt seine Berufsbezeichnung und deutsche Anschrift auf seinen Briefbögen neben den ausländischen Berufsbezeichnungen und Anschriften führt, vorausgesetzt, dass er nicht einen anwaltsfremden Beruf ausübt."[28]

Damit war ein Konfliktpunkt zwischen Fritz Gottlieb und der Rechtsanwaltskammer ausgeräumt, die seine Zulassung aber weiterhin ablehnte. Am 14.11.1953 teilte sie ihm mit:

28 Landesarchiv Berlin, B Rep. 068 (RAK Berlin), Nr. 1778 (Alfred Lewin).

„Nachdem der eine der beiden Versagungsgründe ... gegenstandslos geworden ist, steht Ihrer Wiederzulassung lediglich noch der Umstand entgegen, dass Sie in Ihrem Zulassungsgesuch vom 30. Mai 1953 und dem weiteren vom gleichen Tage um Befreiung von der Residenzpflicht erklärt haben, Sie beabsichtigten auch für den Fall Ihrer Wiederzulassung nicht, Ihren Wohnsitz nach dem Orte Ihrer Zulassung zu verlegen.
Die Vorschrift des § 18 Abs. 1 RAO in der Fassung des Berliner Gesetzes vom 6. Mai 1952, ‚Der Rechtsanwalt muss an dem Orte des Gerichts, bei welchem er zugelassen ist, seinen Wohnsitz nehmen.', ist eine zwingende.
Von der darin statuierten Residenzpflicht kann die Landesjustizverwaltung gemäß Abs. 5 a.a.O. ‚zur Vermeidung von Härten' Befreiung gewähren. Wir sind im Einvernehmen mit dem Herrn Kammergerichtspräsidenten der Meinung, dass diese Härteklausel gegenüber früheren deutschen Rechtsanwälten großzügig zu handhaben ist, die ihre Zulassung in der Zeit der nationalsozialistischen Herrschaft aus politischen oder rassischen Gründen verloren haben.
Immerhin kann es sich nur um eine Befreiung auf Zeit handeln; derartiges sieht auch der Entwurf einer Bundesrechtsanwaltsordnung vor. – Dem wiederzugelassenen, außerhalb des Ortes des Zulassungsgerichts wohnhaften Rechtsanwalt soll eine Überlegungs- und Probezeit gegeben werden, innerhalb welcher er Klarheit darüber gewinnen kann, ob es ihm gelingen wird, als Anwalt festen Fuß zu fassen und eine Existenzgrundlage für sich und seine Familie zu finden, um sich dann zu entscheiden, ob er an dem Ort des Zulassungsgerichts Wohnsitz nehmen will oder nicht.
Diese Frist kann und soll geräumig sein, ihr Endtermin braucht auch nicht alsbald bestimmt zu werden.
Immerhin darf nach unserer Ansicht nicht von vorneherein feststehen, dass die Befreiung von der Residenzpflicht ein Dauerzustand sein wird, weil der betreffende Rechtsanwalt nicht mehr die Absicht hat, an den Ort seiner Zulassung zu übersiedeln.
Wir stellen anheim, unter Berücksichtigung dieses unseres Standpunktes Ihr Gesuch um Befreiung von der Verpflichtung des § 18 Abs. 1 RAO evtl. zu modifizieren."[29]

Fritz Gottlieb blieb es erspart, der Rechtsanwaltskammer gegenüber bekunden zu müssen, dass er durchaus gewillt sei, in naher oder fernerer Zukunft nach Berlin zurückzukehren. Denn der Kammergerichtspräsident brachte seinen Fall beim Senator für Justiz zum Vortrag. Dieser befreite Gottlieb unter Umgehung der ablehnenden Stellungnahme der Rechtsanwaltskammer ausdrücklich dauerhaft von der Residenzpflicht. Eine analoge Entscheidung traf er für Hans Holz[30] aus New York und Alfred Lewin[31] aus Los Angeles. Deren Anträge vom Juli bzw. September 1953

29 Landesarchiv Berlin, B Rep. 068 (RAK Berlin) Nr. 881 (Fritz Gottlieb): Schreiben des Präsidiums der RAK, Abteilung I, gez. Dr. Goetzel, an Fritz Gottlieb vom 14.11.1953.

30 Landesarchiv Berlin, B Rep. 068 (RAK Berlin) Nr. 1216 (Hans Holz).

31 Landesarchiv Berlin, B Rep. 068 (RAK Berlin) Nr. 1778 (Alfred Lewin).

hatte die Rechtsanwaltskammer ebenfalls mit der Begründung abgelehnt, dass sie dauerhaft der Residenzpflicht nicht genügen wollten.

Derselbe Fall wiederholte sich zwei Jahre später mit dem Zulassungsantrag von Alfred B. Michaelis[32] aus Südafrika. Die Rechtsanwaltskammer machte bei ihrer ablehnenden Stellungnahme wiederum geltend, dass Michaelis keinesfalls nach Berlin zurückzukehren gedenke. Auch Michaelis wurde schließlich ohne Befürwortung der Rechtsanwaltskammer die Zulassung erteilt.

Welche Gründe die Rechtsanwaltskammer bewogen, in diesem Punkt eine so rigide Haltung einzunehmen, muss vorerst noch offen bleiben. Die Personalakten enthalten dazu keine Informationen. Diese Haltung ist umso erstaunlicher, weil sie den emigrierten Anwälte ansonsten sehr kollegial begegnete. Und anders als der oben zitierte Brief befürchten lässt, drängte die Rechtsanwaltskammer, soweit bislang bekannt, nach erfolgter Zulassung ohne Residenzpflicht auch nach großzügig bemessenen Fristen in keinem Fall auf eine tatsächliche Rückkehr nach Berlin.

Abschließend soll ein letzter Konfliktpunkt angeschnitten werden. Im Juni 1952 stellte Ernst Hertzberg[33], der im November 1933 nach dem zweiten Staatsexamen aus dem Justizdienst entlassen worden war und seit 1939 in Ecuador Zuflucht gefunden hatte, einen Zulassungsantrag in Berlin. Sein Antrag wurde grundsätzlich befürwortet. Da dies aber die Erstzulassung von Hertzberg war, müsse nach geltendem Recht (Paragraph 17 RAO), so die gemeinsame Auffassung des Senators für Justiz[34] und der Rechtsanwaltskammer, eine Vereidigung in einer öffentlichen Sitzung des Zulassungsgerichts erfolgen. Bei Antragstellern, die bereits als Anwalt zugelassen gewesen waren, genüge hingegen die Berufung auf den früher geleisteten Eid. Diese Rechtsposition wurde bei Nachfragen im Bundesjustizministerium und anderen Landesjustizverwaltungen bestätigt. Ernst Hertzberg sah sich offenkundig nicht in der Lage, für die Vereidigung nach Berlin zu reisen. Er zog im August 1953 seinen Zulassungsantrag zurück.

Erst die Bundesrechtsanwaltsordnung von 1959 regelte neben der grundsätzlichen Befreiung der emigrierten Rechtsanwälte von der Residenzpflicht auch die Frage der Eidesleistung beim Wohnsitz im Ausland. Der entsprechende Paragraph legte fest:[35]

„§ 213 Befreiung von der Residenzpflicht

1. Rechtsanwälte oder Bewerber, die sich in der Zeit vom 30. Januar 1933 bis zum 8. Mai 1945 aus rassischen, politischen oder religiösen Gründen in das Ausland begeben mussten und dort noch ansässig sind, werden von den Pflichten des § 27 befreit.

2. Ist einem Bewerber in den Fällen des Absatzes 1 nicht zuzumuten, dass er nach der Zulassung zur Rechtsanwaltschaft alsbald zur Vereidigung vor dem Gericht erscheint, bei dem er zugelassen ist, so kann er den Eid (§ 26) auch vor

32 Landesarchiv Berlin, B Rep. 068 (RAK Berlin) Nr. 1929 (Alfred Michaelis, geb. 1903).
33 Landesarchiv Berlin, B Rep. 068 (RAK Berlin) Nr. 2760 (Ernst Hertzberg).
34 Senatsverwaltung für Justiz, Akte 3176/1 – I/B 1 Residenzpflicht der Anwälte, Bl. 45.
35 Bundesrechtsanwaltsordnung vom 1. August 1959. Bundesgesetzblatt, 1959, Teil I, S. 565–609, hier S. 604.

einem deutschen Konsul leisten, der zur Abnahme von Eiden befugt ist. Um die Vereidigung hat das Gericht den Konsul zu ersuchen. Im übrigen ist § 26 entsprechend anzuwenden."

2.6 Die Auswahl der Zustellungsbevollmächtigten

Wie weiter oben bereits ausgeführt,[36] mussten die Anwälte mit einer Zulassung ohne Residenzpflicht am Gerichtsort einen ständigen Zustellungsbevollmächtigten bestellen. War dieser nicht bereits im Zulassungsantrag benannt worden, wurde der Anwalt mit der Mitteilung der Zulassung aufgefordert, Name und Anschrift des Bevollmächtigten umgehend den Justizbehörden und der Anwaltskammer mitzuteilen.

Im Folgenden soll die Auswahl der Zustellungsbevollmächtigten näher betrachtet werden. Die Darstellung beruht auf der Auswertung von 111 Personalakten der Rechtsanwaltskammer.[37]

Als Zustellungsbevollmächtigte wurden über den hier untersuchten Zeitraum von rund 50 Jahren hinweg insgesamt 149 Personen benannt. Von wenigen Ausnahmen abgesehen, waren sie selbst als Rechtsanwälte in Berlin zugelassen. Dies trifft für 137 der 149 Personen zu. Lediglich zwölf Personen waren nicht anwaltlich tätig. Dabei musste nach der Gesetzeslage der Bevollmächtigte keineswegs ein Anwalt sein. Jeder und jede mit festem Wohnsitz in Berlin konnte diese Funktion übernehmen.

Im Hinblick auf die Gesamtzahl von 149 Zustellungsbevollmächtigten sind zwei Sachverhalte zu beachten:

Die Anwälte ohne Residenzpflicht benannten im Laufe ihrer Zulassung mitunter mehrere Zustellungsbevollmächtigte. So hatten 63 der Anwälte ohne Residenzpflicht nur einen Zustellungsbevollmächtigten, aber 30 der Anwälte zwei, 15 der Anwälte drei, ein Anwalt vier und zwei Anwälte fünf Bevollmächtigte.
Die Gründe für einen Wechsel lassen sich nur für einen Teil der Fälle rekonstruieren. Häufigster Grund war mit 34 Fällen der Tod des bisherigen Bevollmächtigten. In zwölf Fällen gaben bevollmächtigte Anwälte ihre Zulassung auf (und wollten wohl die Aufgabe unter ihrer Privatanschrift nicht fortführen). Zwei Bevollmächtigte ließen sich auf eigenen Antrag von der Funktion entbinden. In den übrigen Fällen ist der Anlass für einen Wechsel in den Personalakten nicht dokumentiert.

Die Zustellungsbevollmächtigten ihrerseits waren in einigen Fällen zeitgleich oder in zeitlicher Abfolge für mehrere Anwälte ohne Residenzpflicht tätig. So fungierten 18 als Zustellungsbevollmächtigte für zwei Anwälte, vier für drei Anwälte

---

36 Siehe oben Kapitel 2.3.

37 Die Differenz zu den 117 namentlich ermittelten Anwälten jüdischer Herkunft ohne Residenzpflicht ergibt sich folgendermaßen: Zwei Personalakten enthalten keine Angaben zu den Zustellungsbevollmächtigten, eine Personalakte war im Landesarchiv zur Zeit nicht verfügbar, für drei der Anwälte ist überhaupt keine Personalakte überliefert.

und fünf für vier Anwälte. Die große Mehrzahl von 122 Personen übernahm diese Aufgabe jedoch nur für einen einzelnen Anwalt.

Welche Gründe waren für die Auswahl einer bestimmten Person als Zustellungsbevollmächtigten maßgeblich?

Eine Beobachtung hierzu sei vorangestellt: Auffallend ist, dass 53 der Anwälte ohne Residenzpflicht als Zustellungsbevollmächtigten ausschließlich oder zumindest zeitweise einen Anwalt benannten, der selbst als Jude oder wegen seiner jüdischen Herkunft verfolgt worden war. Zugleich gehörten auch 40 Zustellungsbevollmächtigte selbst dieser Gruppe der Verfolgten an. Die Vermutung liegt daher nahe, dass auch das gemeinsame Verfolgungsschicksal für die Auswahl ausschlaggebend gewesen sein könnte, auch wenn sich dazu keine Aussagen in den Personalakten finden.

Generell finden sich nur in wenigen Personalakten konkrete Hinweise auf die Auswahlgründe für die Zustellungsbevollmächtigten. In den allermeisten Fällen muss daher offen bleiben, wie und auf welcher Basis die Verbindung von Anwalt und Zustellungsbevollmächtigtem zu Stande kam. Konkrete Aussagen gibt es für die folgenden Anwälte:

Bei Theodor Alexander, Oskar Wachsmann und Arthur Ludwig Jacobi waren frühere berufliche Verbindungen maßgeblich. Sie wählten als Zustellungsbevollmächtigte Anwälte, mit denen sie vor 1933 für einige Jahre in einer Sozietät oder Bürogemeinschaft verbunden waren. George Lowen (früher: Georg Löwenthal) benannte seinen früheren Bürovorsteher. Fritz Sternberg übertrug die Aufgabe seinem Schwager Rechtsanwalt Manfred Meyer, der aus der Emigration aus Großbritannien nach Berlin zurückgekehrt war. Ernst Flatau beauftragte zeitweise seinen Bekannten aus Jugendtagen Rechtsanwalt Max Baum. Martin Miodowski hingegen benannte seinen Anwalt aus seinem Entschädigungsverfahren.

Eine begründete Vermutung für den Auswahlgrund gibt es bei Oded Bental (früher: Otto Blumenthal), Leiter des Berliner Büros der URO. Sein erster Bevollmächtigter war Walter Schwarz, den er sicherlich aus der beruflichen Arbeit in vielen Entschädigungsangelegenheiten kannte (und vielleicht auch noch aus der Emigrationszeit in Palästina und später Israel). Auch die beiden auf Schwarz nachfolgenden Zustellungsbevollmächtigten kannte Bental aus der gemeinsamen Arbeit. Hans Semon und Fritz Rosenbaum waren beide zeitweise im Berliner URO-Büro tätig.[38]

Der Grund liegt auch im Falle von Erich Cohn nahe. Er benannte als seinen Bevollmächtigten Kurt Wergin, den langjährigen Präsidenten der Anwaltskammer nach 1945. Beide kannten sich aus der Zusammenarbeit im Kammervorstand bis 1933.

Schließlich übertrugen einige Anwälte ohne Residenzpflicht nach Ausscheiden eines Bevollmächtigten die Bevollmächtigung auf den Kanzleinachfolger. Diese Hypothese legen die gleich lautenden Anschriften der Bevollmächtigten nahe.

38 Oded Bental lebte faktisch in Berlin, hielt aber seine Zulassung als Anwalt ohne Residenzpflicht immer aufrecht.

Wie gestaltete sich die Verbindung zwischen den Anwälten ohne Residenzpflicht und den Zustellungsbevollmächtigten?

Es kann davon ausgegangen werden, dass diese Verbindung fast immer ohne Schwierigkeiten funktionierte. Denn aus den Personalakten ergeben sich so gut wie keine Hinweise auf Probleme in dem Verhältnis von Anwalt und Bevollmächtigten, bei denen dann ggf. die Anwaltskammer eingeschaltet worden wäre. Nur in einem Fall ist dokumentiert, dass ein Interessenkonflikt über die Erstattung von Auslagen und Gebühren zum Bruch zwischen den Partnern führte.

Allerdings lassen sich auch keine Aussagen treffen, ob über das Weiterschicken von Post hinaus überhaupt eine nähere Verbindung bestand. Ein Schlaglicht auf eine vielleicht oftmals nur formelle Verbindung wirft die folgende Episode. 1992 wandte sich ein Zustellungsbevollmächtigter an die Anwaltskammer, um mitzuteilen, dass er mit dem Anwalt „seit langem keinerlei Kontakt mehr habe, nicht über seine gegenwärtige Anschrift verfüge, ja nicht einmal weiß, ob er noch lebt."[39] Die Anwaltskammer stellte daraufhin Ermittlungen an. Sie ergaben, dass der Anwalt bereits 1985 gestorben war.

39 Landesarchiv Berlin: B Rep. 068 (RAK Berlin) Nr. 3327 (Kurt Braun).

2.7 Tabellarische Übersicht: Anwälte jüdischer Herkunft in Berlin ohne Residenzpflicht

Nr.	Name, Titel[1]	geb.	gest.	Wohnort	Zulassung	gelöscht	Bemerkungen[2]
1.	Alexander, Theodor Dr.	1887	1955	Großbritannien: London	1955 Feb		
2.	Altenberg, Bruno Dr.	1889	1971	Italien: Mailand	1955 Apr		
3.	Aschkenasi, Ludwig	1887	k.A.	Frankreich: Aix en Provence	1952 Sep	1954 Sep	1954: auf Antrag gelöscht
4.	Auerbach, Max Dr.	1887	1971	Großbritannien: London	1952 Jun		
5.	Auerbach, Richard Julius	1892	1980	USA: New York	1960 Dez		
6.	Bab, Hans (später: Juan) Dr.	1905	1989	Chile: Vina del Mar	1975 Mai		– mit Nr. 127 bislang letzter bekannter Eintrag in Liste
7.	Becher, Carl Herbert (später: Beecher, Charles H.) Dr.	1888	k.A.	USA: Denver, Colorado	1955 Jan	1957 Sep	1957: auf Antrag gelöscht aus Altersgründen
8.	Behr, Rudolf	1894	1970	USA: Baltimore, Maryland	1952 Jun	1958	1958: Zulassung in Karlsruhe
9.	Behrendt, Alfred Dr.	1900	1976	Südafrika: Kapstadt	1959 Sep		nicht AoR: 1933 RA in Hirschberg (Schlesien)
10.	Bergmann,. Arthur Dr.	1906	1979	Israel: Jerusalem	1963 Jan		
11.	Blumenheim, Rudolf Dr.	1900	1978	USA: Palm Beach, Florida	1962 Aug	1963 Dez	1963: auf Antrag gelöscht (Streit um RAK-Beiträge)
12.	Blumenthal, Otto (später: Bental, Oded) Dr.	1897	1988	Israel: Haifa	1952 Nov		lebt ab 1951 in Berlin
13.	Brandt, Arthur Dr.	1893	1989	USA: New York Schweiz: Lugano (seit ca. 1971)	1952 Jun		
14.	Brass, Alfons (später: Afonso) Dr.	1888	1960	Brasilien: Curritiba	1955 Okt	1957 Jun	1957: auf Antrag gelöscht (keine Fälle zur Vertretung)
15.	Braun, Kurt	1897	1985	USA: Alexandria, Virginia	1963 Mai		
16.	Casper, Paul H.	1903	k.A.	USA: New York	1952 Dez	1960 Okt	1960: auf Antrag gelöscht (ohne Angabe von Gründen)
17.	Cohn, Erich Dr.	1899	1967	USA: New York Schweiz: Zürich (seit 1962)	1952 Jun		
18.	Cohn, Heinz (später Henry M.) Dr.	1901	1975	USA: New York	1956 Jan		
19.	Czapski, Georg Dr.	1895	1980	Niederlande: Den Haag	1954 Jul		

1 Kursiv gesetzte Namen werden auch in anderen tabellarischen Übersichten aufgeführt: Fünf Anwälte kehrten auf Dauer oder zeitweise nach Berlin zurück und waren dort als Anwälte mit Residenz Berlin zugelassen (siehe Tabelle II. 1.5); ein Anwalt ließ sich später in Marburg nieder und erhielt dort die Anwaltszulassung (siehe Tabelle III.2).

2 „nicht AoR" – :siehe Hinweis oben S. 28, Kapitel 1.5

Nr.	Name, Titel	geb.	gest.	Wohnort	Zulassung	gelöscht	Bemerkungen
20.	Emanuel, Albert (später: Alberto) Dr.	1892	1958	Brasilien: Sao Paulo	1954 Mrz		
21.	Exiner, Martin	1885	1957	Israel: Jerusalem	1955 Feb		lebt seit Anfang der 1950er Jahre in Berlin
22.	Fabian, Hans-Erich Dr.	1902	1974	USA: New York	1972 Mai		nicht AoR: 1933 Gerichtsassessor
23.	Fabian, Heinz Kurt	1907	1985	USA: New York	1958 Jul		nicht AoR: 1933 Referendar, legt noch zweites Staatsexamen ab
24.	Faerber, Erich Dr.	1893	1971	USA: Cleveland, Ohio	1962 Aug		
25.	Feinberg, Dagobert Dr.	1905	1981.	Israel: Haifa	1954 Jun	1969 Jul	1969: auf Antrag gelöscht aus Gesundheitsgründen
26.	Flatau, Ernst Dr.	1885	1974	USA: New York	1952 Nov		
27.	Freundlich, Herbert Dr.	1893	1956	USA: New York	1952 Nov		
28.	Frey, Erich Dr. Dr.	1882	1964	Chile: Santiago de Chile	1960 Mai		
29.	Fürth, Walther Dr.	1894	1966	Großbritannien: London	1954 Jan		lebt zeitweise in Berlin
30.	Galewski, Walter Dr.	1897	k.A.	Großbritannien: London	1956 Mai	1962	nicht AoR: 1933 RA in Breslau lebt seit 1956 in Berlin 1962: auf Antrag gelöscht aus Gesundheitsgründen
31.	Galleski, Werner Dr.	1909	1995	USA: New York	1961 Aug		nicht AoR: 1933 Referendar, legt 1934 das zweite Staatsexamen ab
32.	Gans, Ernst (später: Ernest) Dr.	1892	1992	USA: Southfield, Michigan	1964 Jul		
33.	Glaser, Fritz (später: Fred) Dr.	1890	1974	Großbritannien: Leeds	1953 Sep		
34.	Glücksmann, Herbert Dr.	1904	1975	Israel: Tel Aviv	1966 Mai		
35.	Goldberg, Bruno Dr.	1892	1977	USA: New York	1960 Nov		
36.	Goldschmidt, Hans Dr.	1904	1990	USA: New York	1959 Jan		
37.	Gotthilf, Martin Dr.	1893	1975	Brasilien: Rio de Janeiro	1961 Aug		nicht AoR: 1933 RA in Breslau
38.	Gottlieb, Fritz Dr.	1903	1968	Großbritannien: London	1953 Nov		
39.	Grau (später: Graw), Richard O. Dr.	1899	1970	USA: San Francisco	1957 Nov		
40.	Graupner, Rudolf Dr. h.c.	1907	1999	Großbritannien: London	1956 Jul	1974	nicht AoR: 1933 Referendar, legt noch das zweite Staatsexamen ab 1974: Zulassung in Frankfurt a. M.
41.	Grossmann, Hans Sigismund Dr.	1902	1974	USA: New York	1953 Okt		
42.	Grünbaum, Hans Dr.	1903	1992	Deutschland: München	1955 Okt	1961	1961: Zulassung in München

Nr.	Name, Titel	geb.	gest.	Wohnort	Zulassung	gelöscht	Bemerkungen
43.	Haendel, Richard Dr.	1883	1961	Spanien: Barcelona	1954 Apr		
44.	Hamburger, Adolf Dr.	1887	1962	USA: New York	1958 Apr		1953–1956: Zulassung in Wiesbaden
45.	Heims, Eduard (später: Edward H.) Dr.	1884	1964	USA: San Francisco	1953 Mai		
46.	*Herschhorn, Saly*	*1901*	*1974*	*Israel: Tel Aviv*	*1954 Nov*		*nicht AoR: bis 1938 RA in Danzig seit 1955 in Berlin, mit regulärer Zulassung*
47.	Herzberg, Hans Dr.	1892	1969	Brasilien: Sao Paulo	1965 Sep		
48.	Heydemann, Walter Dr.	1896	1975	Australien: Sydney	1963 Jul		
49.	Hirschfeld, Maurice	1899	k.A.	Deutschland: Düsseldorf	1959 Feb	1959 Sep	1959 Sep: Zulassung in Düsseldorf
50.	Holz, Hans Dr.	1902	1970	USA: New York, Forrest Hills	1954 Jan		
51.	Isaac, Martin Dr.	1876	1957	Schweiz: Fribourg	1956 Sep		
52.	Jacobi, Arthur Ludwig	1900	1977	Großbritannien: London	1952 Dez		nicht AoR: 1933 RA in Frankfurt/ Oder
53.	Jacobi, Erwin	k.A.	k.A.	USA: New Jersey	1953 Mai		nicht AoR: 1933 keine Angabe
54.	Jessel, Herbert Dr.	1892	1965	Großbritannien: Woking, Surrey (bei London)	1953 Jun		
55.	Jonas, Max (später: Henry M.) Dr.	1903	1977	USA: San Francisco	1957 Okt		
56.	Kanter, Martin Dr.	1888	1969	USA: New York	1955 Okt		nicht AoR: 1933 RA in Limburg/ Lahn
57.	Kantorowicz, Max Dr.	1876	1959	Bolivien: Cochabamba	1953 Aug		
58.	Kaskel (später: Kaskell), Joseph	1892	1989	USA: New York	1960 Jun		
59.	Katschke, Walter	1893	1972	Israel: Haifa	1966 Dez		
60.	Katz, Hanna Dr.	1895	1982	USA: New York	1954 Dez		
61.	Katzenstein, Werner Adolf (später: Kellog, Walter Anthony) Dr.	1893	1959	USA: New York	1953 Jul		
62.	Kempner, Friedrich (später: Frederick) Dr.	1892	1981	USA: New York	1957 Dez		
63.	Kirsch, Leonhard	1896	1980	Großbritannien: London	1963 Feb		
64.	Koch, Fritz E. Dr.	1887	1966	Großbritannien: London	1952 Jun		
65.	Königsberger, Ludwig (später: King, Leslie Theodore George) Dr.	1898	1976	Großbritannien: London	1971 Okt		
66.	Kuttner, Erich (später: Erico) Dr.	1892	1955	Argentinien: Buenos Aires	1952 Sep		

Nr.	Name, Titel	geb.	gest.	Wohnort	Zulassung	gelöscht	Bemerkungen
67.	Landsberg, Hans Julius	1890	1973	Chile: Vina del Mar	1967 Sep		
68.	Leffmann, Ernst Dr.	1899	1972	Niederlande: Arnheim	1952 Sep		
69.	Lehmann, Georg Dr.	1887	1974	Argentinien: Buenos Aires	1952 Jun		
70.	Levy, Hans	1902	1968	Australien: Melbourne	1963 Mrz		
71.	Lewin, Alfred Dr.	1902	1993	USA: Los Angeles	1953 Nov	1954 Okt	1954: auf Antrag gelöscht (nicht anwaltlich tätig)
72.	Lewinski, Wilhelm Dr.	1903	1989	USA: Chicago	1956 Jul		nicht AoR: 1933 Referendar, legt noch das zweite Staatsexamen ab
73.	Lewinsky, Hans Dr.	1907	1981	USA: New York	1954 Sep		
74.	Löwenthal, Georg (später: Lowen, George) Dr.	1898	1969	Südafrika: Johannesburg	1963 Jul		
75.	Mann, Fritz (später: Frederick) Dr.	1900	1972	Großbritannien: London	1960 Jul		
76.	Marcuse, Paul Dr.	1881	1964	USA: New York	1953 Feb		
77.	*Maretzki, Ernst Dr.*	*1884*	*1964*	*Brasilien: Sao Paulo*	*1957 Apr*		*1957 Apr: Zulassung ohne Residenzpflicht* *1957 Herbst: Rückkehr nach Berlin* *ab 1957 Herbst: RA in Berlin*
78.	Markowitz, Ludwig Dr.	1907	1961	Belgien: Brüssel	1953 Nov		nicht AoR: 1933 Referendar, legt noch das zweite Staatsexamen ab
79.	Maschke, Kurt Dr.	1894	1975	Brasilien: Sao Paulo Schweiz: Lugano (seit 1969)	1954 Apr		
80.	Meinhardt, William Dr.	1872	1955	Großbritannien: London	1952 Jun		
81.	Meyer, Hermann	1901	1972	Israel: Jerusalem	1959 Apr		
82.	Meyer, Kurt Dr.	1894	k.A.	Argentinien: Buenos Aires	1953 Mai	1955 Jan	1955: auf Antrag gelöscht
83.	Meyer, Lyonel Julius Dr.	1901	1968	USA: New York	1960 Sep		
84.	Meyer, Michael Dr.	1881	1956	Israel: Jerusalem	1953 Aug		
85.	Michaelis, Alfred B. Dr.	1903	1978	Südafrika: Kapstadt	1956 Feb		
86.	Michaelis, Alfred Dr.	1898	1962	Uruguay: Montevideo	1957 Nov		
87.	Miodowski, Martin	1889	1962	Australien: Melbourne	1958 Feb		
88.	Moses, Wilhelm	1882	k.A.	Niederlande: Amsterdam	1953 Jun	1970 Jun	1970: auf Antrag gelöscht aus Gesundheits- und Altersgründen
89.	Müller, Siegbert (später: Muller, Bert S.) Dr.	1895	1975	USA: New York	1954 Mai		
90.	Nauenberg, Hans Dr.	1891	1962	Argentinien: Buenos Aires	1953 Nov		

Nr.	Name, Titel	geb.	gest.	Wohnort	Zulassung	gelöscht	Bemerkungen
91.	Oppenheimer, Fritz E. Dr.	1898	1968	USA: New York	1953 Mai		
92.	Pfeiffer, Julius Dr.	1907	1997	Kanada: Montreal	1964 Jun		nicht AoR: 1933 Gerichtsassessor im OLG-Bezirk Düsseldorf 1957–1963: Zulassung in Düsseldorf ohne Residenzpflicht
93.	Pindar, Kurt Fritz (später: Henry Frederick) Dr.	1885	k.A.	USA: New York	1952 Aug	1958 Jul	1958: auf Antrag gelöscht aus Gesundheits- und Altersgründen
94.	Pollak, Paul Dr.	1904	1985	Großbritannien: London	1971 Apr		nicht AoR: bis 1939 RA in Prag
95.	Preuss, Julius	1887	1983	Argentinien: Buenos Aires	1954 Feb		
96.	*Pringsheim, Ernst Dr.*	*1901*	*1987*	*Argentinien: Buenos Aires*	*1956 Feb*	*1970*	*1970 Mai: Rückkehr nach Deutschland* *ab 1970 Sep: RA in Marburg*
97.	*Rosenbaum, Fritz*	*1897*	*1973*	*Israel: Haifa*	*1952 Jun*		*1957 oder 1958: Rückkehr nach Berlin als Mitarbeiter der URO* *1958 April: Rückkehr nach Berlin* *1959–1971: RA in Berlin* *1971: Rückkehr nach Israel, erneut ohne Residenzpflicht zugelassen*
98.	*Rosenthal, Harry Dr.*	*1882*	*1972*	*USA: New York*	*1957 Dez*		*1960 Sep: Rückkehr nach Berlin* *ab 1960 RA in Berlin*
99.	Rosenzweig, Max Dr.	1888	1967	Israel: Tel Aviv	1954 Mai		lebt seit Anfang der 1960er Jahre in Berlin, behält jedoch die Zulassung ohne Residenzpflicht bei
100.	Sandelowsky, Selmar	1888	1968	Kanada: Beaconsfield, Québec	1963 Feb		
101.	Scheftelowitz, Erwin Dr.	k.A.	k.A.	Israel: Tel Aviv	1959 Sep		nicht AoR: 1933 keine Angabe
102.	Scholle, Sigurd	1893	1971	USA: New York	1965 Sep		
103.	Schwabe, Walter Dr.	1882	1962	Großbritannien: London	1952 Jun		
104.	Seligsohn, Franz Dr.	1880	1964	Großbritannien: London	1953 Jul		
105.	*Semon, Hans Martin (später: Juan) Dr.*	*1900*	*k.A.*	*Argentinien: Buenos Aires*	*1955 Jun*	*1957 Juni* *1966*	*1957: auf Antrag gelöscht* *1961: Rückkehr nach Berlin* *1961–1966: RA in Berlin* *1966: gelöscht, Rückkehr nach Argentinien, später Rückkehr nach Deutschland, Freiburg i. Br.*

Nr.	Name, Titel	geb.	gest.	Wohnort	Zulassung	gelöscht	Bemerkungen
106.	Spindel, Hermann	1902	1981	Israel: Jerusalem	1958 Feb		
107.	Sternberg, Fritz	1907	1981	Argentinien: Buenos Aires	1953 Feb		nicht AoR: 1933 Referendar, legt noch das zweite Staatsexamen ab
108.	Tiktin, Peter Paul Dr.	1902	k.A.	Uruguay: Montevideo	1954 Mai	1955 Feb	1955: auf Antrag gelöscht (keine Fälle zur Vertretung)
109.	Wachsmann, Oskar Dr.	1878	1965	Belgien: Brüssel	1953 Jul		
110.	Weigert, Julius B. Dr.	1885	1961	USA: New York	1952 Jun		
111.	Werthauer, Heinrich Dr.	1894	1983	Ecuador: Quito	1955 Sep	1976 Okt	1976: Zulassung in München
112.	Wilk, Gerhard Dr.	1902	1990	USA: New York	1968 Jun		
113.	Wolff, Hans Erich Dr.	1903	1996	USA: New York	1953 Nov	1954 Nov	1954: auf Antrag gelöscht
114.	Wolfsohn, Martin	1890	1970	Israel: Jerusalem	1954 Jul		
115.	Wronker, Werner Kurt Dr.	1893	k.A.	Großbritannien: London	1955 Jul		
116.	Zander, Walter Dr.	1898	1993	Großbritannien: London	1957 Jan		
117.	Ziffer, Konrad Dr.	1897	1972	Argentinien: Buenos Aires	1957 Jun		

3. Frühere Berliner Anwälte mit Wohnsitz Berlin ohne Wiederzulassung

17 Anwälte jüdischer Herkunft, die 1933 in Berlin zugelassen waren, lebten nach 1945 in Berlin, ohne sich wieder als Anwalt niederzulassen. Neun von ihnen betätigten sich in anderer Weise als Jurist, acht waren nicht mehr juristisch tätig oder gingen keiner Erwerbsarbeit mehr nach.[1]

3.1 Im Justizdienst und in der Justizverwaltung

Als Richter oder Staatsanwalt an den Berliner Gerichten wurden sechs der früheren Anwälte tätig. So wurde Justizrat Heinrich Brandt 1946 im Alter von 74 Jahren an das Landgericht berufen. Seine Berufung in diesem fortgeschrittenen Alter war Ausdruck des großen Mangels an qualifizierten, unbelasteten Juristen. Weiterhin wurden als Richter tätig: Siegfried Blumenthal beim Landgericht (zuletzt Landgerichtsdirektor), Hans Stein und Felix Bibro bei einer Wiedergutmachungskammer des Landgerichts sowie Moritz Lewinski am Amtsgericht Spandau. Kurt Messow arbeitete bis zu seiner Versetzung an das Kammergericht 1948 als Staatsanwalt, dann Oberstaatsanwalt am Amtsgericht Pankow. Im Frühjahr 1949 nach der Spaltung der Justiz flüchtete er nach West-Berlin, wo er zuletzt den Posten eines Senatspräsidenten am Kammergericht bekleidete.

Am Bundesdisziplinarhof, der 1953 seinen Sitz in West-Berlin nahm, übernahm Ludwig Mannheimer die Stelle eines Bundesrichters.

In der Justizverwaltung in Ost-Berlin arbeiteten zwei der früheren Anwälte. Hilde Neumann übernahm ab 1947 nach ihrer Rückkehr aus Mexiko wechselnde Aufgaben beim Aufbau des Justizwesens in der SBZ. 1949 bis 1950 leitete sie das Ost-Berliner Landgericht. 1950 bis 1953 war sie Magistratsdirektorin für Justiz, dann Chefredakteurin der Neuen Justiz und hauptamtliche Sekretärin der Vereinigung Demokratischer Juristen Deutschlands.

Fritz Löwenthal war nur wenige Wochen nach seiner Rückkehr aus der Sowjetunion im Frühjahr 1947 Abteilungsleiter in der Zentralverwaltung für Justiz der SBZ. Sehr schnell nahm er eine kritische Haltung zu der dortigen Justizentwicklung ein. Im Mai 1947 flüchtete er in die westlichen Besatzungszonen. Dort publizierte er den Bericht „Der neue Geist von Potsdam" über das Justizwesen der SBZ, der den Unrechtscharakter anhand vieler Gerichtsfälle belegte. Löwenthal ging in die Westzonen und saß für die SPD, nach dem Zerwürfnis mit der Partei als

1 Gesondert soll hier auf Kurt Landsberg (1900–1958) hingewiesen werden. Er arbeitete von 1922 bis 1933 als Volljurist bei dem Schallplattenkonzern Carl Lindström. 1933 wurde er entlassen und emigrierte über Holland nach Palästina. 1956 kam er als Mitarbeiter einer israelischen Anwaltskanzlei nach Berlin zurück. Nach dem aktuellen Kenntnisstand war er nie Anwalt in Berlin, weder vor 1933 oder nach 1945. In die Gesamtzählung wurde er daher nicht einbezogen. Sein Lebensweg ist dennoch im biographischen Verzeichnis dokumentiert.

Fraktionsloser im Parlamentarischen Rat. In den 1950er Jahren ließ er sich als Rechtsanwalt in Nordrhein-Westfalen nieder.

3.2 In nicht juristischen Tätigkeiten oder ohne Erwerbsarbeit

Außerhalb des Justizdienstes wurden drei der früheren Anwälte nach 1945 in Berlin beruflich tätig. Ernst Fraenkel kehrte 1953 aus den USA als Politikwissenschaftler nach Berlin zurück. Er übernahm Lehraufträge an der Deutschen Hochschule für Politik und schließlich eine ordentliche Professur an der Freien Universität Berlin. Maßgeblich war er am Aufbau des Otto-Suhr-Instituts für Politikwissenschaft und des John-F.-Kennedy-Instituts für Nordamerikastudien beteiligt.

Hans José Rehfisch, der vor 1933 als Bühnenautor große Erfolge gefeiert hatte, betätigte sich nach seiner Rückkehr ausschließlich als Autor. Er lebte nicht nur in Berlin, sondern auch in Hamburg und München. Er trat als Verfasser von Hörspielen, Drehbüchern, Romanen und zeitgenössischer Dramatik hervor und bemühte sich in der Eiszeit des Kalten Krieges auch um die deutsch-deutsche Verständigung. Nach seinem Tod 1960 wurde er auf dem Dorotheenstädtischen Friedhof in Ost-Berlin beigesetzt.

In der SBZ und dann in der DDR übernahm Hans Schaul hohe Funktionen. Vor der Rückkehr hielt er sich zuletzt von 1944 bis 1948 in der Sowjetunion auf. Von 1948 bis 1951 arbeitete er in der staatlichen Wirtschaftsverwaltung. Anschließend lehrte er bis 1956 als Professor an der Staatlichen Hochschule für Ökonomie. Von 1956 bis 1972 war er der Chefredakteur der Einheit, des theoretischen Organs der SED.

Fünf der Anwälte lebten nach 1945 (zeitweise) in Berlin, gingen aber keiner Erwerbsarbeit mehr nach. Hierfür war, so ist zu vermuten, das fortgeschrittene Alter der Grund.

Reinhold Quaatz war zum Zeitpunkt der Befreiung bereits 69 Jahre alt. Er engagierte sich ehrenamtlich in Gremien der Evangelischen Kirche und war am Wiederaufbau der Kirchlichen Hochschule in Berlin beteiligt.

Max Apt kehrte im hohen Alter von 85 Jahren aus der Emigration zurück. Ernst Feder war bei der Rückkehr 76 Jahre, Alfred Glücksmann 73 Jahre und Robert Jacobsohn 72 Jahre alt.

3.3 Tabellarische Übersicht: Frühere Anwälte in Berlin in anderen Tätigkeiten oder ohne Erwerbsarbeit

Nr.	Name	geb.	gest.	Verfolgungs-schicksal	ggf. Rück-kehr	Bemerkung
1.	Apt, Max Dr. Prof.	1869	1957	Emigration GB	1954	nach 1945 nicht juristisch tätig ab 1954 in Berlin und Baden-Baden
2.	Bibro, Felix	1903	1985	Emigration Palästina	1962	RA in Israel 1962–1968 Richter an einem Berliner Entschädigungs gericht; 1968 nach Pensionierung Rückkehr nach Israel
3.	Blumenthal, Siegfried Dr.	1898	1974	Emigration Palästina	1950	ab 1951 Richter in Berlin, zuletzt Landgerichtsdirektor
4.	Brandt, Heinrich JR	1872	1949	unbekannt		ab 1946 Richter in Berlin, zuletzt Landgerichtsrat
5.	Feder, Ernst Dr.	1881	1964	Emigration Frankreich/ Brasilien	1957	nach 1945 nicht juristisch tätig – noch gelegentlich publizistisch tätig
6.	Fraenkel, Ernst Dr. Prof.	1898	1975	Emigration USA	1951	nach 1945 nicht juristisch tätig ab 1951 Politikwissenschaftler Hochschule für Politik/FU
7.	Glücksmann, Alfred Dr.	1875	1960	Emigration Palästina	1948	nach 1945 nicht juristisch tätig 1948 Rückkehr nach Berlin, dann in Westdeutschland
8.	Jacobsohn, Robert (Roberto) Dr.	1900	1991	Emigration Brasilien	1972?	nach 1945 nicht juristisch tätig; keine weitere Angabe
9.	Lewinski, Moritz	1881	k.A.	unbekannt		1948 Richter am Arbeitsgericht Spandau
10.	Löwenthal, Fritz Dr.	1888	1956	Emigration UdSSR	1946	1947 Leiter der Justizaufsicht bei der Zentralverwaltung für Justiz in der SBZ; 1947 Flucht in die Westzonen – später RA, vermutlich in NRW
11.	Mannheimer, Ludwig Dr.	1887	k.A.	Emigration Belgien	1949 1953	1949–1952: beim Dienststrafhof des Vereinigten Wirtschaftsgebiets 1953–1956: Richter am Bundesdisziplinarhof in Berlin
12.	Messow, Kurt	1888	1955	untergetaucht		1945–1948: (Ober-)Staatsanwalt; ab 1948: Richter Kammergericht; 1949: Flucht nach West-Berlin
13.	Neumann, Hilde	1905	1959	Emigration zuletzt Mexiko	1947	ab 1947: im Justizwesen der SBZ/DDR
14.	Quaatz, Reinhold Georg Dr.	1876	1953	„Mischling"		nach 1945 nicht juristisch tätig
15.	Rehfisch, Hans-José Dr.	1891	1960	Emigration Österreich/GB	1950	nach 1945 nicht juristisch tätig, Schriftsteller – lebt in Hamburg, Berlin und München
16.	Schaul, Hans Dr.	1905	1988	Emigration Frankreich/UdSSR	1948	1948–1956 Wirtschaftsverwaltung SBZ/DDR, Professor Hochschule für Ökonomie 1956–1972 SED-Funktionär
17.	Stein, Hans Dr.	1895	1980	„Mischling I"		Richter bei der Wiedergutmachungskammer

III. Frühere Berliner Anwälte in den Westzonen und der Bundesrepublik

1. Rückkehr, Tätigkeiten und Niederlassungsorte

Nach 1945 lebten 29 der früheren Berliner Anwälte in den Westzonen bzw. der Bundesrepublik. Fast alle von ihnen – 25 der 29 – kamen aus der Emigration in die Westzonen bzw. die Bundesrepublik. Bei den übrigen vier Anwälten sind die Umstände unterschiedlich und nicht bei jedem bekannt.

Einen nur zeitweiligen Aufenthalt beabsichtigte wahrscheinlich Richard Treitel. Er wurde 1945 nach anderthalb Jahren Haft im Ghetto/KZ Theresienstadt befreit, kehrte aber nicht nach Berlin zurück. Mutmaßlich wollte er aus Deutschland auswandern, denn er hielt sich 1947 in einem Lager für Displaced Persons im niederbayerischen Deggendorf auf. Dort starb er im Februar 1947 im 68. Lebensjahr.

Hans Jacobsohn befand sich im Mai 1945 in Thüringen. Er ging von dort nach Hamburg, wo er sich noch 1945 als Rechtsanwalt niederließ. Von 1955 bis 1970 war er Vorstandsmitglied bei der Wintershall AG in Kassel, zuständig für Vertragsangelegenheiten und die Abteilungen Recht, Steuern und Versicherungen.

Bei Gerhart Rothe, nach 1945 in München ansässig, und bei Wilhelm Pleuss, 1951 mit Wohnsitz in Lüdenscheid, liegen über die Umstände, die sie nach Süd- und Westdeutschland führten, keine näheren Informationen vor. Gerhart Rothe wurde 1949 als Anwalt in München zugelassen und war dort Teilhaber einer renommierten Sozietät. Ob Wilhelm Pleuss wieder als Anwalt arbeitete, muss noch offen bleiben.

Bei den 25 Rückkehrern aus der Emigration ergibt sich folgendes Bild:

- neun ließen sich als Rechtsanwälte nieder, davon fünf in Frankfurt am Main und jeweils einer in Wiesbaden, Hildesheim, Dortmund und Marburg,
- sechs wurden als Richter oder Staatsanwalt in Mainz, Köln, Düsseldorf, Essen, Hamburg und Lüneburg tätig,
- zwei arbeiteten zuerst als Juristen in der Verwaltung und wechselten dann als Richter an das Bundesverfassungsgericht bzw. den Bundesgerichtshof,
- zwei übernahmen Professuren für Rechtswissenschaften an den Universitäten Bonn bzw. Freiburg,
- bei sechs der Rückkehrer finden sich keine Angabe zur beruflichen Tätigkeit. Sie lebten in Frankfurt am Main, in Freiburg i. Br., im Saarland und in Hessen, einer an einem bislang unbekannten Ort.

Welche Gründe die Emigranten vielleicht von einer Rückkehr nach Berlin abhielten, beleuchtet ein Schreiben von Ernest W. Broder. Er war 1965 gemeinsam mit seiner Frau nach Deutschland zurückgekehrt und ließ sich in Freiburg nieder, später in Lugano in der Schweiz. In einem Schreiben an das Entschädigungsamt Berlin begründet er sein Ortswahl: „Berlin als Wohnsitz zu wählen konnte ich mich nicht entschließen, weil diese einst von mir sehr geliebte Stadt, meine Geburtsstadt, zu schmerzliche Erinnerungen in mir weckt."[1]

Betrachtet man die Emigrationsländer der Rückkehrer in die Westzonen und die Bundesrepublik so zeigen sich deutliche Abweichungen zu den Rückkehrern nach Berlin. Knapp die Hälfte kam aus westeuropäischen Ländern (sechs aus Frankreich, vier aus Großbritannien), sechs aus Palästina, vier aus Lateinamerika und drei aus den USA. Bei zwei Anwälten gibt es keine Angaben zum Emigrationsland.

Hinsichtlich des Rückkehrjahres liegen für 19 der Emigranten präzise Angaben vor. Bemerkenswert ist die Rückkehr von Josef Loewe, der 1944 noch vor Ende des Zweiten Weltkrieges aus Frankreich nach Südwestdeutschland kam. Josef Loewe galt als „Mischling" und war mit einer nicht-jüdischen Frau verheiratet. 1937 war er nach Paris emigriert. Dort wurde die Ehefrau nach der Besetzung Frankreichs durch die deutsche Wehrmacht ab 1940 für die Arbeit in einer Heereswerkstatt dienstverpflichtet. Mit dem beginnenden Rückzug der Wehrmacht aus Frankreich im September 1944 gelangten die Eheleute nach Karlsruhe (wo sie ausgebombt wurden), schließlich nach Baden-Baden. Nach der Befreiung vom NS-Regime kehrte Loewe 1945 als Landgerichtsdirektor und Vizepräsident des Landgerichts Mainz in den Justizdienst zurück.

Bei den übrigen Anwälten verteilte sich die Rückkehr auf folgende Zeiträume:

Von 1945 bis 1949 ließen sich (wenigstens) sechs frühere Berliner Anwälte in den Westzonen bzw. der Bundesrepublik nieder, in den 1950er Jahren waren es acht, nach 1960 vier.

Hinzuweisen ist noch auf drei frühere Berliner Anwälte, von denen bekannt ist, dass sie ohne Residenzpflicht an bundesrepublikanischen Gerichten zugelassen wurden: Kurt Labischin in Hannover, Alfred Karger in Hamburg und Heinz Pinner in Düsseldorf.

1 Entschädigungsamt Berlin, Nr. 54.036.

2. Tabellarische Übersicht: Frühere Berliner Anwälte in den Westzonen und der Bundesrepublik

Nr.	Name	geb.	gest.	Verfolgungsschicksal	ggf. Rückkehr	Bemerkung
1.	Auerbach, Leo	1900	1968	Emigration Frankreich	vor 1950	RA und Notar in Frankfurt a. M.
2.	Barbasch, Ludwig Dr.	1892	1967	Emigration Palästina	1958	RA in Wiesbaden
3.	Baum, Siegfried (Dr.?)	1905	k.A.	Emigration	vor 1954	nach 1945 in Saarbrücken, später in Hessen
4.	Besser, Alexander Dr.	1899	1978	Emigration Palästina	1950	Mitarbeiter bei der JRSO, dann Rechtsanwalt und Notar in Frankfurt a. M.
5.	Broder, Ernst (später: Ernest) W.	1888	1975	Emigration Frankreich/ USA	1965	lebt mit seiner Ehefrau in Freiburg i. Br., später in Lugano, Schweiz nicht mehr juristisch tätig
6.	Cohn-Bendit, Erich	1902	1959	Emigration Frankreich	1952	RA in Frankfurt a. M.
7.	David, Leo	k.A.	k.A.	Emigration Palästina	unbekannt	nach 1945 in Hessen
8.	Dorn, Wilhelm Dr.	1890	1954	Emigration Italien/GB?	vor 1951	Landgerichtsrat in Lüneburg
9.	Fränkel, Heinz Julian Dr.	1901	k.A.	Emigration USA	unbekannt	nach 1945 Rückkehr nach Deutschland
10.	Friedländer, Heinrich Dr.	1885	1959	Emigration Kuba/USA	1952	RA in Frankfurt a. M.
11.	Haase, Ernst-Friedrich (später: Ernesto) Dr.	1904	1979	Emigration Chile	1970	1970–1977 RA in Hildesheim 1977 Rückkehr nach Chile
12.	Isay, Rudolf Dr.	1886	1956	Emigration Brasilien	1951	Honorarprofessor an der Universität Bonn
13.	Jacobsohn, Hans Dr.	1905	1972	„Mischling“		1945–1955 RA in Hamburg 1955–1970 Vorstandsmitglied der Wintershall AG in Kassel
14.	Laserstein, Botho Dr.	1901	1955	Emigration Frankreich	1951	1951–1953 Staatsanwalt in Düsseldorf 1953–1955 Amtsrichter in Essen
15.	Lehmann, Alfred Dr.	1898	1972	Emigration Palästina	1959	1959–1963 RA in Frankfurt a. M. 1963 Rückkehr nach Israel
16.	Levy, Felix Dr.	1886	1955	Emigration Ecuador	1947	ab 1947 Landgerichtsrat in Düsseldorf
17.	Loewe, Josef Dr.	1878	1956	„Mischling“ Emigration Frankreich	1944	1945–1949 Landgerichtsdirektor und stellvertretender LG-Präsident in Mainz
18.	Loewy, Käthe Dr.	1905	1994	Emigration Palästina	1949	ab 1953 Landsgerichtsrätin in Hamburg, ab 1962 Landgerichtsdirektorin
19.	Marcuse, Martin Dr.	k.A.	k.A.	Emigration Palästina	1948	ab 1948 RA in Dortmund
20.	Platz, Alfred Dr.	1890	1973	Emigration	1955?	1955 Zulassung als RA in Frankfurt a. M.; lebt später vor allem in Zürich

Nr.	Name	geb.	gest.	Verfolgungsschicksal	ggf. Rückkehr	Bemerkung
21.	Pleuss, Wilhelm Dr.	1905	k.A.	„Mischling“		lebt 1951 in Lüdenscheid
22.	Pringsheim, Ernst Dr.	1901	1987	Emigration Argentinien	1970	1956–1970 RA in Berlin ohne Residenzpflicht ab 1970 RA in Marburg
23.	Rathe, Kurt	1892	k.A.	Emigration Frankreich	unbekannt	nach 1945 in Frankfurt a. M.
24.	Rothe, Gerhart Dr.	1903	1995	„Mischling II“		1949–1995 Rechtsanwalt in München
25.	Selowsky, Karl Dr.	1889	k.A.	Emigration Frankreich	1945	1952 Regierungsdirektor in Karlsruhe – später Richter am Bundesgerichtshof (1957 pensioniert)
26.	Simson, Werner von Dr.	1908	1996	Emigration GB	1965?	ab 1968 ordentlicher Professor an der Universität Freiburg
27.	Treitel, Richard Dr.	1879	1947	KZ befreit		1945 im Ghetto/KZ Theresienstadt befreit 1947 im Lager Deggendorf für Displaced Persons in Bayern gestorben
28.	Wolff, Bernhard	1886	1966	Emigration GB	1946	ab 1946 als Jurist in verschiedenen Verwaltungs positionen 1951–1956 Bundesverfassungsrichter (im 2. Senat)
29.	Wolff, Ernst Dr.	1877	1959	Emigration GB	1947	ab 1947 Vizepräsident, ab 1949 Präsident des Obersten Gerichtshofes für die Britische Zone in Köln 1949–1951 Leiter der Deutschen Juristentage ab 1950 Honorarprofessor an der Universität Köln
1.	Karger, Alfred Dr.	1891	1968	Emigration Ecuador		RA in Hamburg ohne Residenzpflicht
2.	Labischin, Kurt (später: Kraft, Andrew Michael) Dr.	1900	1965	Emigration GB		RA in Hannover ohne Residenzpflicht
3.	Pinner, Heinz A. Dr.	1893	1986	Emigration Schweiz/USA		ab 1947 RA in Düsseldorf ohne Residenzpflicht

IV. Frühere Berliner Anwälte bei alliierten Militärbehörden, jüdischen Organisationen und in sonstigen Funktionen in Deutschland

1. Tätigkeiten und Niederlassungsorte

Abschließend sollen einige wenige frühere Berliner Anwälte betrachtet werden, die nach 1945 als Juristen bei alliierten Militärbehörden, bei jüdischen Organisationen insbesondere zur Durchsetzung von Wiedergutmachungs- und Entschädigungsansprüchen oder in anderen Funktionen in Deutschland wirkten, ohne ihren Hauptwohnsitz dauerhaft hierher zu verlegen. Dabei sind die Grenzen fließend, denn einige arbeiteten erst bei den Militärbehörden und später bei jüdischen Organisationen oder waren dann in anderen Funktionen tätig.

Als Mitarbeiter der Alliierten mit nur zeitweiligem Aufenthalt in Deutschland sind nach dem aktuellen Kenntnisstand fünf frühere Berliner Anwälte zu nennen. Vier von ihnen waren für die US-Armee tätig.[1]

Nur wenig bekannt ist dabei bislang über die Arbeit von Hans Werner Weigert. Er war ab 1947 Mitarbeiter der US-Militärregierung und ab 1949 beim Hohen Kommissar für Deutschland. Sein Aufenthalt endete 1951. In den USA war er später Professor an der Georgetown University in Washington D.C.

William Dickman (früher: Wilhelm Dickmann) kam bereits 1945 mit der US-Armee nach Deutschland. Er arbeitete in der Rechtsabteilung im Stab von General Clay in Berlin. Er war an der Durchführung der Nürnberger Kriegsverbrecherprozesse und am Aufbau des Justizwesens in der amerikanischen Besatzungszone beteiligt. 1947 verfasste er das Kontrollratsgesetz Nr. 46 zur Auflösung des Staates Preußen. Dickman kehrte 1948 in die USA zurück.

Bei den Nürnberger Prozessen kamen auch zwei weitere der einst in Berlin tätigen jüdischen Anwälte zum Einsatz: Randolph H. Newman (früher: Rudolf Neumann) trat dort von 1946 bis 1948 als Anklagevertreter auf. Er blieb einige Jahre über das Ende der Prozesse hinaus in Deutschland. 1950 bis 1952 leitete er das Büro zur Kontrolle der IG Farben. Zurück in New York arbeitete er wieder als Rechtsanwalt mit dem Schwerpunkt Wiedergutmachung.

Herbert S. Schoenfeld war in demselben Zeitraum von 1946 bis 1948 als juristischer Mitarbeiter des US-Anklägers in Nürnberg tätig. Er wechselte 1948 zur neu gegründeten Jewish Restitution Successor Organisation (JRSO), die sich für die

1 Dazu ist auch Fritz Oppenheimer zu rechnen, der in der Nacht vom 8. auf den 9. Mai 1945 in Berlin-Karlshorst als Mitglied der US-Delegation an der Zeremonie zur Unterzeichnung der Kapitulationsurkunde teilnahm. Er war noch bis 1948 für die US-Regierung tätig und nahm an allen wichtigen Nachkriegskonferenzen teil. Dann ließ er sich als Anwalt in New York nieder. 1953 erhielt er die Zulassung als Anwalt in Berlin ohne Residenzpflicht.

amerikanische Besatzungszone um die Rückgabe von herrenlosem jüdischem Eigentum bemühte, um das auf diesem Wege zurück gewonnene jüdische Vermögen an jüdische Einrichtungen in den USA oder Israel auszuzahlen. 1956 übernahm Schoenfeldt die Vertretung der Conference on Jewish Material Claims against Germany (Claims) in Bonn und war maßgeblich an der Beratung und Ausarbeitung des Bundesentschädigungsgesetzes beteiligt. Er starb überraschend, kurz nach Verabschiedung des Gesetzes 1956 in Bad Godesberg.

Für die britische Kontrollkommission für Deutschland war Reinhold Lachs von 1947 bis 1950 als Rechtsberater tätig. Er hatte schon zuvor von 1945 bis 1947 als Berater in der Deutschland-Abteilung des Foreign Office gearbeitet. Von 1950 bis 1956 leitete er als Hauptgeschäftsführer die Jewish Trust Corporation for Germany (JTC) in Hamburg, die sich, vergleichbar der JRSO, für die britische Zone um die Restitution des herrenlosen früheren jüdischen Eigentums bemühte. Er lebte nach der Rückkehr nach Großbritannien bis 1976 in London und siedelte dann, nach dem Tod der Ehefrau, zu der Tochter nach Kanada über.

Für jüdische Organisationen waren auch Gerhard Jacoby, Alexander Guttmann und Fritz Pick in Deutschland aktiv. Gerhard Jacoby vertrat 1950 bis 1951 den World Jewish Congress (WJC) in Deutschland. Er war beratend an der Gründung des Zentralrats der Juden in Deutschland beteiligt. Nach seiner Rückkehr nach New York arbeitete er in der Forschungsabteilung des WJC und war Mitherausgeber vieler Publikationen.

Alexander Guttmann und Fritz Pick arbeiteten für die United Restitution Organization (URO)[2] in Deutschland. Fritz Pick leitete seit 1954 das Büro der URO in München, Alexander Guttmann die Vertretung in Köln. Die URO mit Hauptsitz in London war eine gemeinnützige Rechtshilfeorganisation für die über die ganze Welt verstreut lebenden jüdischen Flüchtlinge, um deren Entschädigungs- und Rückerstattungsansprüche vor deutschen Gerichten und Behörden anwaltlich zu vertreten. Die Vertretung durch die URO war für die Flüchtlinge, die oftmals in schwierigen materiellen Verhältnissen lebten, ohne Kostenrisiko, denn ein Gebührenvorschuss musste nicht entrichtet werden. Nur im Erfolgsfall fiel eine geringe Prämienzahlung an. Zur Bewältigung der immensen Aufgabe richtete die URO Büros in Israel (Tel Aviv, Jerusalem, Haifa), den USA (New York, Los Angeles) und in Kanada, Australien, Brasilien, Chile, Argentinien, Südafrika und Uruguay ein. Dazu kamen die Büros in Deutschland, in Berlin, Frankfurt a. M., München, Köln und Hannover. Die URO vertrat über 300.000 Mandanten und hatte in der arbeitsintensivsten Zeit um 1960 weltweit rund 1.250 Voll- und Teilzeitbeschäftigte, darunter viele aus Deutschland vertriebene Rechtsanwälte und andere Juristen.

Neben Fritz Pick und Alexander Guttmann waren zahlreiche frühere Berliner Anwälte für die URO tätig. Elf von ihnen wurden nach dem derzeitigen Kennt-

2 Hans Günter Hockerts, Anwälte der Verfolgten. Die United Restitution Organization. In: Ludolf Herbst/Constantin Goschler (Hgg.): Wiedergutmachung in der Bundesrepublik Deutschland. München 1989, S. 249–271.

nisstand auch als Rechtsanwälte in Berlin mit oder ohne Residenzpflicht wieder zugelassen.[3] Dies galt auch für weitere Mitarbeiter der JRSO und JTC.[4]

Abschließend sollen hier noch Franz L. Neumann und Otto Kirchheimer genannt werden. Beide hatten Zuflucht in den USA gefunden und sich bereits während des Zweiten Weltkriegs für den Kampf gegen das NS-Regime dem US-Geheimdienst zur Verfügung gestellt. Beide wandten sich – wie ihr alter Freund aus den Berliner Jahren Ernst Fraenkel – dann der Politikwissenschaft zu. Als Professoren leisteten sie mit Gastvorträgen und -professuren Aufbauarbeit für diese Fachdisziplin in der Bundesrepublik.

3 Theodor Alexander, Otto Blumenthal (Leiter des Berliner Büros), Walter Brock, Herbert Fiegel, Walter Galewski (zuvor JRSO), Manfred Herzfeld (zuvor JRSO), Nathan Moser, Fritz Rosenbaum, Franz Seligsohn, Hans Semon, Werner Wolff.

4 JRSO: Alexander Besser, Walter Galewski (später URO), Manfred Herzfeld (später URO), Julius Kollenscher, Herbert Schoenfeldt (später Claims Conference). Werner Kurt Wronker. JTC: Manfred Meyer.

2. Tabellarische Übersicht: Frühere Berliner Anwälte bei alliierten Militärbehörden, jüdischen Organisationen und in sonstigen Funktionen

Nr.	Name	geb.	gest.	Verfolgungsschicksal	Bemerkung
1.	Dickmann, Wilhelm (später: Dickman, William) Dr.	1900	1987	Emigration USA	1945–1948 in der Rechtsabteilung bei der US-Armee in Berlin
2.	Guttmann, Alexander Dr.	1894	1962	Emigration GB	ab 1953 in Bonn, dann Leiter des URO-Büros in Köln
3.	Jacoby, Gerhard Dr. Dr.	1891	1960	Emigration Palästina/USA	1951–1952 Vertreter des WJC in Deutschland – an der Gründung des Zentralrats der Juden in Deutschland beteiligt
4.	Kirchheimer, Otto Dr.	1905	1965	Emigration USA	1943–1955 wissenschaftlicher Berater des State Departments – leistet durch Gastvorträge und -professuren Aufbauarbeit für die Politische Wissenschaft in Deutschland
5.	Lachs, Reinhold Dr.	1894	1990	Emigration GB	1945–1947 Rechtsberater der deutschen Abteilung im Foreign Office 1947–1950 Rechtsberater der britischen Kontrollkommission für Deutschland 1950–1956 Hauptgeschäftsführer der JTC in Hamburg
6.	Neumann, Franz L. Dr. Ph.D	1900	1954	Emigration USA	1942–1945 Mitarbeiters des OSS nach 1945 am Aufbau der Freien Universität Berlin und der Etablierung der Politischen Wissenschaft als eigenständiger Disziplin in Deutschland beteiligt
7.	Neumann, Rudolf (später: Newman, Randolph Henry)	1904	1975	Emigration USA	1946–1948 Ankläger für das US-Kriegsministerium beim Nürnberger Kriegsverbrecherprozess 1950–1953 beim US-Oberkommando in Deutschland, leitet das Kontrollbüro für die IG Farben
8.	Pick, Fritz	1887	k.A.	KZ befreit Emigration Palästina	April 1944 kann in einer einmaligen Austauschaktion mit über 200 anderen Gefangenen des KZ Bergen-Belsen nach Palästina ausreisen; ab 1954 Leiter des Büros der URO in München
9.	Schoenfeldt, Herbert Siegfried Dr.	1895	1956	Emigration Frankreich/USA	1946–1948 juristischer Mitarbeiter des US-Anklägers bei der Vorbereitung und Durchführung der Kriegsverbrecherprozesse 1948–1956 Rechtsberater der JRSO im Regionalbüro Stuttgart 1956 Deutschland-Direktor der Claims-Conference in Bonn
10.	Weigert, Hans Werner Dr.	1903	1983	Emigration USA	1947–1951 als „Legal Officer" bei der US-Militärregierung in Deutschland

V. Rückerstattung und Entschädigung für verfolgte jüdische Anwälte

Die Frage der Wiedergutmachung für die Verfolgten des NS-Regimes, insbesondere die jüdischen Verfolgten, stellte sich als elementare Aufgabe für die deutsche Gesellschaft nach 1945 und wichtiger Maßstab für einen Neuanfang dar. In der historischen Forschung sind die Auseinandersetzungen um die Wiedergutmachung mittlerweile in vielen Facetten beleuchtet worden.[1] Der Exkurs geht zwei Aspekten der Wiedergutmachung für die verfolgten jüdischen Anwälte nach:

Welche Entschädigung erhielten die Anwälte für den Verlust, die erzwungene Aufgabe oder den Zwangsverkauf ihrer Kanzleien?

Welche Entschädigung erhielten sie für die sonstigen Schäden im beruflichen und wirtschaftlichen Fortkommen?

Dabei können im Rahmen dieses Exkurses nur beispielhaft Ergebnisse anhand ausgewählter Entschädigungsverfahren vorgestellt werden.

1. Rechtliche Grundlagen

Erste Überlegungen für die Notwendigkeit und Ausgestaltung einer Wiedergutmachung wurden auf Seiten der Alliierten und von jüdischen Organisationen bereits während des Zweiten Weltkriegs angestellt. Im Rahmen der jüdischen Organisationen waren daran übrigens mit Siegfried Moses, Harry Knopf und Bruno Weil auch emigrierte Anwälte aus Berlin beteiligt.[2] Maßgebliche gesetzliche Regelungen für die einzelnen Besatzungszonen wurden jedoch erst ab Ende 1947 getroffen, nachdem eine Verständigung der Alliierten auf ein gemeinsames Gesetz gescheitert war. Die von der US-amerikanischen, britischen und französischen Militärregierung erlassenen Gesetze und Verordnungen mündeten nach Gründung der Bundesrepublik in entsprechende Regelungen der Bundesländer und schließlich in die Bundesentschädigungsgesetze. Neben besonderen Gesetzen zur Regelung der Wiedergutmachung für Angehörige des öffentlichen Dienstes[3] verabschiedete der Bundestag 1953 das Bundesergänzungsgesetz zur Entschädigung der

1 Siehe im Literaturverzeichnis insbesondere die Werke von Kurt R. Grossmann (1967), Constantin Goschler (1992 und 2005), Jürgen Lillteicher (2007) sowie das Sammelwerk: Die Wiedergutmachung nationalsozialistischen Unrechts durch die Bundesrepublik Deutschland. (1974–1987).

2 Constantin Goschler: Wiedergutmachung. Westdeutschland und die Verfolgten des Nationalsozialismus (1945–1954). München 1992, S. 38ff. Zu Siegfried Moses siehe die Kurzbiographie unten im Anhang, zu Harry Knopf und Bruno Weil siehe: AoR, S. 197 bzw. 279.

3 Gesetz zur Regelung der Wiedergutmachung nationalsozialistischen Unrechts für Angehörige des öffentlichen Dienstes (BWGöD) vom 11.5.1951 (Bundesgesetzblatt, Teil I, S. 291). Gesetz zur Regelung der Wiedergutmachung nationalsozialistischen Unrechts für die im Ausland lebenden Angehörigen des öffentlichen Dienstes (BWGöD-Ausland) vom 18.3.1952 (Bundesgesetzblatt, Teil I, S. 137).

Opfer nationalsozialistischer Verfolgung (BEG)[4]. Das BEG wurde 1956 durch ein drittes Änderungsgesetz maßgeblich erweitert und zugleich mit dem gebräuchlichen Kurznamen Bundesentschädigungsgesetz (BEG)[5] versehen, schließlich ab 1965 mit dem zweiten Änderungsgesetz als BEG-Schlussgesetz[6] fortgeführt.

In Berlin vollzog sich die Entwicklung folgendermaßen: Da sich die vier alliierten Mächte nicht auf eine gemeinsame Regelung verständigen konnten, wurde das erste Gesetz zur Wiedergutmachung erst 1949 verabschiedet. Im Juli 1949, nach der Spaltung der Stadt, verkündeten die Westalliierten eine erste umfassende Anordnung zur Rückerstattung geraubter Vermögensgegenstände.[7] Im Januar 1951 folgte ein Entschädigungsgesetz für (West-)Berlin.[8] Die Bundesgesetze erhielten für Berlin durch gesonderte Übernahmegesetze Gültigkeit. Für Ost-Berlin (wie für die DDR) wurden vergleichbare Regelungen hingegen nicht erlassen.[9]

2. Wiedergutmachungsverfahren nach der Rückerstattungsanordnung von 1949

Wie aus dem kurzen Überblick der rechtlichen Grundlagen ablesbar, konnten die verfolgten jüdischen Anwälte aus Berlin erst ab 1949 Wiedergutmachungsansprüche anmelden. Für die Anwälte, die in Berlin lebten, bestand allerdings zuvor die Möglichkeit, im Rahmen der allgemeinen Hilfe des Berliner Magistrats für die Verfolgten des NS-Regimes direkte materielle Hilfe und Unterstützung zu erhalten, zum Beispiel Geldzahlungen,die bevorzugte Zuweisung von Wohn- und Büroraum und Möbeln oder Sonderzuteilungen in der Versorgung mit Lebensmitteln, Kleidung und Brennstoffen.

Mit Verabschiedung der Rückerstattungsanordnung am 26.7.1949 gingen dann zahlreiche Anmeldungen auf Wiedergutmachung auch von verfolgten Anwälten ein. Die Order der Alliierten Kommandantur hatte die „Rückerstattung feststellbarer Vermögensgegenstände (Sachen und Rechte)" an NS-Verfolgte aus „Gründen der Rasse, Religion, Nationalität, der politischen Auffassung oder der politischen Gegnerschaft" zum Ziel.[10] Als einleitende Maßnahme zur Vorbereitung der Rück-

4 Bundesergänzungsgesetz zur Entschädigung der Opfer nationalsozialistischer Verfolgung (BEG) vom 21.9.1953 (Bundesgesetzblatt, Teil I, S. 1387).

5 Drittes Gesetz zur Änderung des Bundesergänzungsgesetzes zur Entschädigung der Opfer nationalsozialistischer Verfolgung (BEG) vom 29.6.1956 (Bundesgesetzblatt, Teil I, S. 559). Im Artikel 1 wurde als neuer Kurzname Bundesentschädigungsgesetz (BEG) festgelegt. Siehe auch: Georg Blessin/Hans-Georg Ehrig/Hans Wilden, Bundesentschädigungsgesetz. Kommentar. 3. vermehrte Aufl. München/Berlin 1960.

6 Zweites Gesetz zur Änderung des Bundesentschädigungsgesetzes (BEG-Schlussgesetz) vom 14.9.1965 (Bundesgesetzblatt, Teil I, S. 1315).

7 Anordnung BK/O (49) 180, Rückerstattung feststellbarer Vermögensgegenstände an Opfer der nationalsozialistischen Unterdrückungsmaßnahmen vom 26.7.1949 (zukünftig abgekürzt als REAO) (Verordnungsblatt für Groß-Berlin, Teil I, S. 221).

8 Gesetz über die Entschädigung der Opfer des Nationalsozialismus vom 10.1.1951 (Verordnungsblatt für Berlin, Teil I, S. 85).

9 Siehe dazu und zur weiteren Entwicklung in der DDR: Constantin Goschler: Schuld und Schulden. Die Politik der Wiedergutmachung für NS-Verfolgte seit 1945. Göttingen 2005, S. 361ff.

10 REAO vom 26.7.1949, Artikel 1 (Verordnungsblatt für Groß-Berlin, Teil I, S. 221).

erstattungen war bereits im Februar 1949 eine Anordnung ergangen, die Betroffene zur Anmeldung von Ansprüchen aufforderte.[11] Die Rückerstattungsanordnung sah dann eine Meldefrist bis zum 30.6.1950 vor.[12]

Welche Ansprüche meldeten die Anwälte bei dem dafür zuständigen Treuhänder an?

Die große Mehrzahl der Rückerstattungsforderungen bezog sich auf geraubte Immobilien, Wertgegenstände, Möbel, Bankguthaben und Wertpapiere sowie die entrichteten Zwangsabgaben für Juden.[13] Einige der Anwälte forderten auch Wiedergutmachung für Schäden, die ihnen aus der Einschränkung und dem Entzug der Anwalts- und Notariatstätigkeit und der erzwungenen Auflösung der Kanzleien entstanden waren. Diese Forderungen betrafen die erlittenen Einkommensverluste, den Zwangsverkauf oder Verlust von juristischen Bibliotheken oder der Büroausstattung und die „Konsulentenabgabe"[14].

So beantragten zum Beispiel Josef Falkenberg, Hans Gumpert, Siegfried Kurt Jacob, und Erich Kuttner Entschädigung für die Einkommensausfälle.[15] Diese Ansprüche wurden jedoch vom Wiedergutmachungsamt zurückgewiesen, da sie nicht unter die Regelung der Rückerstattungsanordnung fielen. Denn die Anordnung sah die Rückerstattung von entzogenen Vermögensgegenständen vor. In einem Urteil der Wiedergutmachungskammer beim Landgericht hieß es dazu, diese müssten „als feststellbarer Vermögensgegenstand aus dem Vermögen des Verfolgten in das Vermögen des Rückerstattungspflichtigen oder seines Rechtsvorgängers übergegangen" sein, „derart, dass dem Vermögensverlust auf Seiten des Verfolgten ein entsprechender Vermögenszuwachs auf Seiten des Pflichtigen gegenübersteht ... Der Pflichtige oder sein Rechtsvorgänger [müssten zudem] einmal den Besitz oder eine ähnliche Verfügungsgewalt über den Gegenstand gehabt haben."[16] Dies war bei den Einkommensverlusten nicht der Fall und die Antragsteller wurden daher auf die Entschädigungsgesetze verwiesen, mit denen diese Ansprüche geregelt werden sollten.

---

11 Anordnung BK/O (49) 26, Rückerstattung von Vermögen an Opfer der nationalsozialistischen Unterdrückung: Niederlegung von Ansprüchen vom 16.2.1949 (Verordnungsblatt für Groß-Berlin, Teil I, S. 73). Nach Absatz 4 und 5 dieser Anordnung – in die REAO als Artikel 48 übernommen – wurden zugleich Besitzer von rückerstattungspflichtigem Vermögen sowie Personen, die Kenntnis von rückerstattungspflichtigem Vermögen hatten, unter Androhung gerichtlicher Verfolgung zur Meldung dieser Vermögensgegenstände verpflichtet. In welchem Umfang sie dieser Meldepflicht nachkamen und ob Gerichtsverfahren wegen der Nichtbefolgung eingeleitet wurden, ist noch nicht näher untersucht worden.

12 REAO vom 26.7.1949, Artikel 50 (Verordnungsblatt für Groß-Berlin, Teil I, S. 227).

13 Dies ergab eine Auswertung der Datenbankeinträge zu den Wiedergutmachungsakten im Landesarchiv (B Rep. 025 Wiedergutmachungsämter von Berlin).

14 Zwangsabgabe an die Reichsrechtsanwaltskammer, die die wenigen jüdischen Anwälte entrichten mussten, die nach dem allgemeinen Berufsverbot zum Dezember 1938 noch als „Konsulenten" zugelassen wurden.

15 B Rep. 025-06 Nr. 2872-73 (Josef Falkenberg), B Rep. 025-02 Nr. 3885-86/50 (Hans Gumpert), B Rep. 025-05 Nr. 5098/50 (Siegfried Kurt Jacob), B Rep. 025-05 Nr. 6154/50 (Erich Kuttner).

16 Beschluss der Wiedergutmachungskammer beim Landgericht Berlin vom 20.2.1957. In: B Rep. 025-06 Nr. 2874/50 (Josef Falkenberg).

Mit Verweis auf die fehlende Zuständigkeit der Rückerstattungsanordnung wurden auch andere Ansprüche der Anwälte zurückgewiesen. So erging es Josef Falkenberg mit seinen gegen das Deutsche Reich gerichteten Forderungen, den Unterschiedsbetrag zwischen erzieltem Erlös und tatsächlichem Wert bei dem Verkauf seiner Büromöbel sowie den Verlust von zwei juristischen Bibliotheken erstattet zu bekommen.[17] Hans Gumperts Antrag auf Rückerstattung der Konsulentenabgabe wurde ebenfalls abgewiesen.[18] Auch diese drei Ansprüche sollten durch das Entschädigungsgesetz geregelt werden. Josef Falkenberg erhielt dann tatsächlich 1958 – über acht Jahre nach der ersten Anmeldung seiner Ansprüche – im Entschädigungsverfahren durch einen Teilvergleich eine Geldsumme für den Verlust der Büromöbel und der juristischen Bibliotheken zugesprochen.[19]

Erfolgreich mit ihren Forderungen im Rahmen der Rückerstattungsanordnung waren hingegen Ernst Flatau[20] und Alfred Karpen[21]. Beide verlangten die Rückerstattung von (juristischen) Bibliotheken. Anders als im Falle von Josef Falkenberg waren hier die Besitzer der Bibliotheken bekannt.

Alfred Karpens Bibliothek war bei einer Versteigerung auf Veranlassung des Oberfinanzpräsidenten Berlin-Brandenburg veräußert worden. Karpen war angesichts der drohenden Deportation im Oktober 1942 untergetaucht, seine gesamte Habe dann beschlagnahmt und „verwertet" worden. Seine Bibliothek wurde von dem Buchhändler Johannes Kapieske ersteigert. Dieser leugnete erst, in den Besitz der Bibliothek gelangt zu sein, und versuchte dann, sich in Ausflüchte zu retten. Einen Vergleichsvorschlag der Wiedergutmachungsamtes lehnte er ab. So zog sich das Verfahren über drei Jahre hin. Da er im Versteigerungsprotokoll namentlich vermerkt war, verurteilte ihn das Wiedergutmachungsamt schließlich zu Schadenersatz in Höhe von 1.000 DM.

Ernst Flatau verlangte die Rückerstattung seiner mehrere hundert Bände umfassenden Bibliothek durch Rechtsanwalt Erich Kussmann, die er diesem 1939 unentgeltlich hatte überlassen müssen. Kussmann bestätigte, noch im Besitz der Bibliothek zu sein, und behauptete, dass er einen durchaus angemessenen Preis gezahlt habe. Er bot an, die Bibliothek, die jetzt in Eberswalde auf einem Dachboden lagerte, zurückzugeben. Allerdings müsse Flatau (der in New York lebte) selbst für den Rücktransport sorgen. Das Verfahren, in dem zugleich nicht gezahlte Honorare von Kussmann an Flatau eine Rolle spielten, endete schließlich mit einem Vergleichsvorschlag der Wiedergutmachungskammer beim Landgerichts Berlin. Kussmann musste 350 DM an Flatau entrichten.

17 B Rep. 025-06 Nr. 2874/50 (juristische Bibliothek) und Nr. 2875/50 (Büromöbel).
18 B Rep. 025-02 Nr. 3884/50.
19 Entschädigungsamt Berlin Nr. 2.485.
20 B Rep. 025-06 Nr. 408/50.
21 B Rep. 025-05 Nr. 1852/51.

3. Wiedergutmachungsverfahren nach den Entschädigungsgesetzen

Wie oben dargelegt, konnten im Rahmen der Rückerstattungsanordnung von 1949 viele Wiedergutmachungsansprüche der verfolgen Anwälte nicht geregelt werden. Erst in den Entschädigungsgesetzen wurden Kategorien festgelegt, die es den Anwälten ermöglichten, ihre entsprechenden Ansprüche anzumelden, die über die Rückerstattung „feststellbarer Vermögensgegenstände" hinausgingen.[22] In Berlin war dies ab Januar 1951 mit Verabschiedung des Berliner Entschädigungsgesetzes der Fall.

Für Entschädigungsansprüche der Anwälte, die sich aus der Einschränkung und dem Verlust ihrer beruflichen Tätigkeit ergaben, waren zwei Schadenskategorien von Bedeutung: Schaden im beruflichen und wirtschaftlichen Fortkommen sowie Schaden an Eigentum und Vermögen.

1. Schaden im beruflichen Fortkommen[23]

Unter diese Schadenskategorie fielen insbesondere die Einkommensausfälle durch den Entzug der Zulassungen und die antisemitischen Boykottmaßnahmen. Zugleich wurde hier ausdrücklich geregelt, dass die verfolgten Anwälte und andere Angehörige von freien Berufen die Wiederaufnahme ihrer früheren Tätigkeit beanspruchen konnten. Die dafür erforderlichen Genehmigungen und Zulassungen mussten ihnen erteilt werden. Falls erforderlich, konnten sie auch zinsverbilligte Darlehen für die erneute Existenzgründung erhalten.

Als Entschädigung für die Einkommensverluste war eine Kapitalentschädigung oder Rente vorgesehen. Diese bemaß sich mit prozentualen Abschlägen an den Versorgungsbezügen, die einem vergleichbaren Bundesbeamten zustanden (unter Anrechnung des „durch anderweitige Verwertung der Arbeitskraft" erzielten Einkommens, das nach dem 1. Juli 1948 erzielt wurde). Die Kapitalentschädigung wurde bis zu dem Zeitpunkt geleistet, „in dem der Verfolgte eine Erwerbstätigkeit aufgenommen hat, die ihm eine ausreichende Lebensgrundlage bietet", längstens bis zur Vollendung des 70. Lebensjahres. Als ausreichend galt eine Lebensgrundlage, „die dem Verfolgten und seinen unterhaltsberechtigten Familienangehörigen nachhaltig eine solche Lebensführung einschließlich einer angemessenen Vorsorge für sein Alter und seine Hinterbliebenen ermöglicht, die Personen mit gleicher oder ähnlicher Berufsausbildung in der Regel haben." Hatte der Verfolgte keine in diesem

22 Zuerst in den Entschädigungsgesetzen der Länder der amerikanischen Zone festgelegt (1949), daran angelehnt im Entschädigungsgesetz für Berlin (1951) und in den Bundesentschädigungsgesetzen (1953, 1956).

23 Im Berliner Entschädigungsgesetz 1951: §§ 22, 33 (VBl. 1951, Teil I, S. 88 und 90). Im BEG 1953: §§ 26–33 (BGBl. 1953, Teil I, S. 1394ff.). Im BEG 1956: §§ 66–86 (BGBl. 1956, Teil I, 573ff.) mit § 123 (Höchstsumme). Unter diese Paragraphen fielen auch die Entschädigungsansprüche für das Notariat, da die preußischen Anwalt-Notare als Angehörige eines freien Berufes nicht unter die besonderen Regelungen für Angehörige des öffentlichen Dienstes fielen. Vgl. Blessin/Ehrig/Wilden, Kommentar, a.a.O., S. 699 und 1129.

Sinne ausreichende Lebensgrundlage durch Erwerbsarbeit erlangt oder war ihm die Aufnahme einer solchen Erwerbsarbeit nicht zuzumuten, konnte er an Stelle der Kapitalentschädigung eine lebenslange Rente wählen (die sich ebenfalls nach den Versorgungsbezügen von vergleichbaren Bundesbeamten bemaß). Im Falle seines Todes wurde ggf. auch der Witwe oder dem Witwer und hinterbliebenen Kindern eine Rente gewährt. Die Höchstsumme für Entschädigungen für Schaden im beruflichen Fortkommen betrug im Falle der Kapitalabfindung 40.000 DM.

2. Schaden an Eigentum und Vermögen[24]

Hierunter fielen u. a. die Entschädigungsansprüche der Anwälte für den Verlust von juristischen Bibliotheken, Büroausstattung und -möbeln, den Verlust des Geschäftswerts (Goodwill) der Kanzleien sowie für Zwangsabgaben wie die „Konsulentenabgabe".

Die Entschädigung von Sachen sollte sich an deren Wiederbeschaffungswert bemessen.[25] Eine Pauschalabgeltung bis höchstens 5.000 DM war möglich. Der Goodwill berechnete sich nach dem Jahreseinkommen der Kanzlei, das mit dem Faktor 2,5 multipliziert wurde.[26] Die Gesamtsumme der Entschädigung für Schaden an Eigentum und Schaden an Vermögen durfte für den einzelnen Verfolgten jeweils 75.000 DM nicht übersteigen.

4. Durchführung und Ergebnisse der Entschädigungsverfahren

Um einen Einblick in die Durchführung und Ergebnisse der Entschädigungsverfahren zu bekommen, werden exemplarisch die Verfahren von fünf Anwälten näher betrachtet.[27] Diese fünf Anwälte meldeten ihre Ansprüche nach dem Berliner Entschädigungsgesetz ab Frühjahr 1951 bis Sommer 1952 an. Die Meldungen wurden entsprechend der Schadenskategorien aufgeteilt. Der Schaden musste jeweils durch Beweismittel untermauert werden. Dies war für die Antragsteller oft sehr mühsam, da Unterlagen im Krieg oder bei der Emigration verloren gegangen waren. Für einzelne Ansprüche konnten auch einzelne Teilbescheide ergehen. Mit Verabschiedung des Bundesergänzungsgesetzes 1953 und des Bundesentschädigungsgesetzes 1956 wurden diese gesetzlichen Bestimmungen für die Weiterführung der Verfahren maßgeblich. Sie brachten in einigen Punkten durch geänderte Berechnungsgrundlagen auch Verbesserungen in den

24 Im Berliner Entschädigungsgesetz 1951: §§ 19–21 (VBl. 1951, Teil I, S. 88). Im BEG 1953: §§ 18–24 (BGBl. 1953, Teil I, S. 1393f.). Im BEG 1956 als zwei Kategorien: §§ 51–55 Schaden an Eigentum) und §§ 56–63 (Schaden an Vermögen) mit § 123 (BGBl. 1956, Teil I, 570ff.).

25 Bezugsgröße war der Wiederbeschaffungswert in Deutschland zum Zeitpunkt der Entscheidung über die Entschädigungsansprüche.

26 In der Regel wurde als Jahreseinkommen der Durchschnitt der Jahre 1930 bis 1932 herangezogen.

27 Entschädigungsamt Berlin: Nr. 2.485 (Josef Falkenberg), Nr. 67.836 (Alfred Karger), Nr. 15.762 (Kurt Landsberger), Nr. 13.137 (Max Lustig), Nr. 23.834 (Felix Rosenthal).

Entschädigungsleistungen mit sich. Dann konnten z. B. bereits abgeschlossene Vergleiche angefochten und eine Neufestsetzung der Entschädigungssumme beantragt werden.

Welche auf ihre Anwaltstätigkeit bezogenen Ansprüche meldeten die fünf Anwälte im Einzelnen an und welche Entschädigung wurde ihnen dafür zugesprochen?

1. Schaden im beruflichen Fortkommen

Entschädigung für die Einkommensausfälle machten alle fünf Anwälte geltend. Die zugesprochenen Kapitalentschädigungen lagen zwischen 8.000 und 15.000 DM. Drei der Anwälte nahmen anstelle der Kapitalentschädigung das Rentenwahlrecht in Anspruch. Dies ist ein Beleg dafür, dass sie keine ausreichende Lebensgrundlage im Sinne des Gesetzes mehr erlangt hatten, und ein Hinweis auf die oftmals anhaltende schwierige Einkommenssituation der verfolgten Anwälte.

Die Dauer der Verfahren in dieser Sache war sehr unterschiedlich. Die Verfahren von Felix Rosenthal und Max Lustig endeten im Sommer bzw. Ende 1952 mit einem Vergleich. Ihre Bereitschaft, das Verfahren durch einen Vergleich abzukürzen, wird angesichts des fortgeschrittenen Alters verständlich: Beide waren zu diesem Zeitpunkt bereits über 70 Jahre alt.

In den drei anderen Verfahren wurde zuerst ein Vorschuss auf die zu erwartenden Entschädigungszahlungen gezahlt. Das Verfahren von Josef Falkenberg wurde dann im September 1953 ebenfalls durch Vergleich beendet, Kurt Landsbergers Verfahren im Oktober 1956 und Alfred Kargers Verfahren im Mai 1957. Das längste Verfahren (Alfred Karger) zog sich also über fünf Jahre hin. Auch dies lässt sich mit seinem Alter erklären. Denn die Anträge wurden nach den Geburtsjahrgängen der Antragsteller abgearbeitet.

2. Schaden an Eigentum und Vermögen

Alle fünf hier herangezogenen Anwälte beantragten Entschädigung für den Goodwill ihrer Kanzleien. Die Entschädigungssummen dafür lagen zwischen 1.500 und 25.000 DM.[28] Für die Berechnung mussten die Anwälte das Einkommen aus den Kanzleien nachweisen. In der Regel wurde das Einkommen der Jahre 1930 bis 1932 zu Grunde gelegt. Aus anderen Entschädigungsverfahren ist bekannt, dass es nicht immer möglich war, Belege beizubringen. Einige der Anwälte wandten sich daher an die Anwaltskammer, um von dort eine Bescheinigung zu erhalten. Die Anwaltskammer versuchte in diesen Fällen zu helfen. Im Falle von Ernst Flatau schrieb sie zum Beispiel:

> „Herr Kollege Flatau ist den meisten Mitgliedern des Präsidiums aus früherer Zeit, d. h. der Zeit vor 1933 noch bekannt. – Wir können daher bestätigen, dass er eine beachtliche kammergerichtliche und konsultative Praxis und demzufolge bedeutende Einnahmen bis zum Jahre 1933 zweifellos gehabt hat. Wir sind der Überzeugung, dass diese Praxis einen nicht unerheblichen

Vermögenswert gehabt hat, zu dessen Bezifferung wir uns jedoch außer Stande sehen."[29]

Alfred Karger beantragte neben der Entschädigung für den Goodwill der Anwaltskanzlei auch Entschädigung für den Goodwill als juristischer Fachschriftsteller. Er war bis 1933 mit zahlreichen Veröffentlichungen, insbesondere zum Steuerrecht und zum Erbschaftssteuergesetz, hervorgetreten. Mit Verweis auf ein Urteil des Bundesgerichtshofs wurde sein Antrag in dieser Sache zurückgewiesen. Allerdings wurde ihm eine Entschädigung für die entgangenen Honorare als Herausgeber für die Neuauflagen seiner Bücher zugesprochen.

Ansprüche für den Verlust von Büromöbeln und der juristischen Bibliothek wurden ebenfalls von Alfred Karger, aber auch von Josef Falkenberg angemeldet. Da sich der genaue Wert nicht mehr ermitteln ließ, wurde in beiden Fällen die Entscheidung auf Basis von Schätzungen getroffen. Karger erhielt für diese Verluste insgesamt 5.000 DM, Falkenberg 2.000 DM.

Kurt Landsberger schließlich erhielt für die „Konsulentenabgabe" Entschädigung. Er hatte von 1938 bis 1945 rund 30.000 RM an die Reichsrechtsanwaltskammer abführen müssen. Dafür wurde ihm Entschädigung in voller Höhe zugesprochen. Nach der üblichen Umrechnung im Verhältnis 5:1 erhielt er rund 6.000 DM.

Welche Ergebnisse dieser kurzen Betrachtung sind zusammenfassend festzuhalten?

Ab 1949 gab es rechtliche Möglichkeiten, Wiedergutmachung für die durch die NS-Verfolgung erlittenen Schäden zu beantragen. Allerdings war es für die Anwälte nur in Ausnahmefällen möglich, im Rahmen der Rückerstattungsanordnung Wiedergutmachung für diejenigen Schäden zu erlangen, die sich aus der Einschränkung und dem Verlust der Anwaltstätigkeit und der Auflösung oder dem erzwungenen Verkauf der Kanzleien ergaben. Erst mit Verabschiedung der Entschädigungsgesetze, in Berlin Anfang 1951, wurden Kapitalentschädigungen und Rentenzahlungen für diese Verluste zugesprochen. Dabei mussten die Anwälte oftmals jahrelang warten, bis sie eine gewisse materielle Wiedergutmachung für das erlittene Unrecht erhielten.

28 Die hohe Summe von 25.000 DM wurde Alfred Karger zugesprochen. Er war bis zum Berufsverbot 1933 in einer Sozietät tätig, die u.a. auch viele Mandate für preußische Regierungsstellen übernahm.

29 B Rep. 068 (RAK Berlin) Nr. 719 (Ernst Flatau), Bl. 27. Siehe auch: B Rep. 068 (RAK Berlin) Nr. 2957 (Julius Weigert) und B Rep. 068 (RAK Berlin) Nr. 1270 (Martin Isaac).

VI. Zusammenfassung der Ergebnisse

Abschließend sollen zusammenfassend die Ergebnisse der Recherche unter quantitativen Gesichtspunkten dargestellt werden:

Im Rahmen des Rechercheauftrags wurden insgesamt **349** Juristen ermittelt.

291 dieser Juristen wurden nach 1945 kurz- oder längerfristig zur Anwaltschaft in Berlin zugelassen.

179 dieser Anwälte hatten ihren Wohnsitz in Berlin.

117 erhielten als emigrierte Anwälte eine Zulassung ohne Residenzpflicht (darunter fünf, die auf Dauer oder zeitweise nach Berlin zurückkehrten und dann als Anwälte mit Residenz Berlin zugelassen waren sowie ein Anwalt, der später in die Bundesrepublik zurückkehrte und eine Kanzlei in Marburg eröffnete).
51 der Anwälte hatten 1933 keine Anwaltszulassung in Berlin (Anwälte aus anderen Gerichtsbezirken, Richter, Staatsanwälte, Gerichtsassessoren, Referendare, Studenten).

17 der ermittelten Personen hatten 1933 eine Anwaltszulassung in Berlin und lebten nach 1945 wieder in der Stadt, ohne wieder anwaltlich tätig zu werden. **Neun** von ihnen betätigten sich in anderer Weise als Jurist, **acht** waren nicht mehr juristisch tätig oder gingen keiner Erwerbsarbeit mehr nach.

32 der ermittelten Personen lebten in der Bundesrepublik Deutschland oder waren dort als Anwälte ohne Residenzpflicht zugelassen. **14** waren zeitlich begrenzt oder auf Dauer als Rechtsanwälte tätig (darunter drei Anwälte ohne Residenzpflicht). **Acht** wurden als Richter oder Staatsanwalt tätig. **Zwei** übernahmen Professuren für Rechtswissenschaften. Ein Anwalt starb bereits 1947. Bei **sieben** der Personen ist die berufliche Tätigkeit nicht bekannt.

10 der ermittelten früheren Berliner Anwälte arbeiteten nach 1945 bei alliierten Militärbehörden und/oder jüdischen Organisationen oder waren in anderer Weise in Deutschland tätig, ohne hier ihren Wohnsitz zu nehmen.

Diese Zahlen stimmen in der Gesamtschau nachdenklich, gemessen an der großen Zahl der Anwälte jüdischer Herkunft in Berlin 1933. Sie bieten zugleich eine empirische Grundlage, um dem Beitrag von Anwälten jüdischer Herkunft zur Entwicklung des Justizwesens in Berlin und in Deutschland nach 1945 nachzugehen.

VII. Biographisches Verzeichnis

Hinweise zu den Kurzbiographien

1. Abkürzungsverzeichnis

AG =	Amtsgericht
AoR =	Anwalt ohne Recht (siehe Literaturverzeichnis unter Simone Ladwig-Winters)
BBG =	Berufsbeamtengesetz (Gesetz zur Wiederherstellung des Berufsbeamtentums)
BDM =	Bund Deutscher Mädel
BNotO =	Bundesnotarordnung
BWGöD =	Gesetz zur Regelung der Wiedergutmachung nationalsozialistischen Unrechts für Angehörige des öffentlichen Dienstes
BNSDJ =	Bund Nationalsozialistischer Deutscher Juristen
BRAO =	Bundesrechtsanwaltsordnung
CIA =	Central Intelligence Agency
ČSR =	Československá republika/Tschechoslowakische Republik
C.V. =	Central-Verein deutscher Staatsbürger jüdischen Glaubens
EK =	Eisernes Kreuz
DAF =	Deutsche Arbeitsfront
DM =	Deutsche Mark
DANAT-Bank =	Darmstädter und Nationalbank
DDP =	Deutsche Demokratische Partei
DDR =	Deutsche Demokratische Republik
DNVP =	Deutschnationale Volkspartei
FDJ =	Freie Deutsche Jugend
FDGB =	Freier Deutscher Gewerkschaftsbund
FDP =	Freie Demokratische Partei
Gestapo =	Geheime Staatspolizei
HJ =	Hitlerjugend
JR =	Justizrat
JRSO =	Jewish Restitution Successor Organization
JTC =	Jewish Trust Corporation for Germany
KG =	Kammergericht
KPD =	Kommunistische Partei Deutschlands
KZ =	Konzentrationslager
LDP =	Liberal-Demokratische Partei Deutschlands
LG =	Landsgericht
LL.B. =	Legum Baccalaureus/Bachelor of Laws
M =	Mark
NKWD =	Narodny kommissariat wnutrennich del (Innenministerium der UdSSR)
NSDAP =	Nationalsozialistische Deutsche Arbeiterpartei
NSV =	Nationalsozialistische Volkswohlfahrt
OdF =	Opfer des Faschismus
OLG =	Oberlandesgericht
OSS =	Office of Strategic Services
RAK =	Rechtsanwaltkammer
RAO =	Reichsabgabenordnung
RGBl. =	Reichsgesetzblatt
RM =	Reichsmark
SAP =	Sozialistische Arbeitspartei
SBZ =	Sowjetische Besatzungszone
SED =	Sozialistische Einheitspartei Deutschlands
SoSe =	Sommersemester
SPD =	Sozialdemokratische Partei Deutschlands
SS =	Schutzstaffel
UdSSR =	Union der Sozialistischen Sowjetrepubliken
UNESCO =	United Nations Educational, Scientific and Cultural Organization
URO =	United Restitution Organization
USPD =	Unabhängige Sozialdemokratische Partei Deutschlands
VdN =	Verfolgter des Naziregimes
VVN =	Vereinigung der Verfolgten des Naziregimes
WiSe =	Wintersemester

2. Der Verweis auf „AoR"

im Quellenteil der Kurzbiographien bedeutet, dass dort an der angegebenen Stelle nähere Informationen und weitere Quellennachweise zu der betreffenden Person zu finden sind.

Adler, Günther
24.04.1904 Berlin – 30.03.1970 (Berlin?)
Familienstand: keine Angaben
1906–1913 Vorschule des Falk-Realgymnasiums in Berlin
1913–1922 Wilhelms-Gymnasium in Berlin
Herbst 1922 Abitur
1922–1927 Studium in Berlin
Oktober 1927 erstes Staatsexamen beim KG
Oktober 1927 – Oktober 1930 Referendariat in Berlin
März 1931 zweites Staatsexamen
– bleibt als Gerichtsassessor im Justizdienst
– zugleich Justitiar bei der Deutschen Rentenkredit-Anstalt
1933 als „Nichtarier" aus dem Justizdienst entlassen; Adler gilt als „Halbjude"
Oktober 1933 als Justitiar bei der Deutschen Rentenkredit-Anstalt entlassen wegen analoger Anwendung des „Arier-Paragraphen"
November 1933 – Mai 1935 ohne feste Anstellung
Mai 1935 – Mai 1945 mit zum Teil mehrmonatiger Unterbrechung als Syndikus, Büroleiter, Sachbearbeiter und juristischer Mitarbeiter in verschiedenen Unternehmen und Kanzleien tätig, zuletzt ab Mai 1943 bei einem Rechtsanwalt, Notar und Wirtschaftsprüfer
ab Juli 1945 als Rechtsanwalt in Berlin vorläufig zugelassen
Februar 1947 endgültige Zulassung durch das Rechtskomitee der Alliierten Kommandantur
März 1947 endgültige Zulassung als Anwalt durch den KG-Präsidenten, zugleich zum Notar bestellt
August 1947 – Ende Juni 1948 zum Pflichtdienst als Richter beim AG Berlin-Mitte herangezogen
ab Juli 1948 wieder als Anwalt in Berlin tätig
Quellen:
LAB: B Rep. 068 Nr. 83.

Adler, Waldemar Dr.
24.07.1894 Komotau (Böhmen) – 28.04.1982 (Berlin?)
Familienstand: verheiratet seit 1922, keine Kinder
1901–1904 Besuch der 48. Volksschule in Berlin
1904–1913 Lessing-Gymnasium in Berlin
Herbst 1913 Abitur
1913–1914 Studium Jura und chinesische Sprache
Herbst 1914 – Frühjahr 1919 Kriegsdienst im Ersten Weltkrieg, Frontkämpfer
1917 Universitätsprüfung in chinesischer Sprache
1920–1921 Fortsetzung des Studiums; muss die Mittel dafür selbst verdienen
Mitte 1921 – Mitte 1922 juristischer Hilfsarbeiter beim Deutschen Transport-Versicherungsverband
1922 Promotion an der Universität Leipzig
Mitte 1922 – Mitte 1924 Abteilungsleiter und Syndikus beim Ritzau-Konzern (Versicherungsunternehmen) in München (bis zum Zusammenbruch der Firma)
1924 Rückkehr nach Berlin, arbeitet als freier

Schriftsteller und nimmt das Jurastudium wieder auf
1924–1925 Fortsetzung und Abschluss des Jurastudiums
November 1925 erstes Staatsexamen
April 1926 – Mitte 1932 Referendariat
– nebenher berufstätig als juristischer Dezernent beim Reichsverband der deutschen Volkswirte sowie als Syndikus und Redakteur der Medizinalpolitischen Rundschau
– zahlreiche Veröffentlichungen: Kommentar zum Versicherungssteuergesetz (1922); Handbuch der Arbeitswissenschaft, (Hg.) Dr. Giese (1926); Kommentar zum Gesetz zur Bekämpfung der Geschlechtskrankheiten (1929); zahlreiche juristische Aufsätze in Fachzeitschriften, insbesondere in der Transportversicherung, in der Medizinalpolitischen Rundschau und in den Volkswirtschaftlichen Blättern
Februar 1933 zweites Staatsexamen
März 1933 zur Anwaltschaft zugelassen
April 1933 Vertretungsverbot
Mai 1933 als „Frontkämpfer" wieder zur Anwaltschaft zugelassen
– gilt als „Mischling 1. Grades", da zwei seiner Großeltern jüdischer Herkunft sind; seine Ehefrau ist nicht-jüdisch
– arbeitet als Rechtsanwalt und behält seine Zulassung über das allgemeine Berufsverbot Ende 1938 hinaus, erzielt aber keine nennenswerten Einnahmen (muss bis 1939 keine Steuern zahlen)
– verdient zusätzlich Geld u.a. durch Adressenschreiben
– nach Beginn des Zweiten Weltkrieges bessere Auftragslage als Anwalt, weil viele Anwälte zum Kriegsdienst eingezogen werden
– sammelt Informationen über Kriegs- und Nazi-Verbrecher in Straf- und besonders in Militärstrafverfahren, unterstützt verfolgte Juden und stellt jüdisches Vermögen sicher
ab 1943 zum Arbeitseinsatz herangezogen

Herbst 1944 auf Anordnung der Gestapo im Rahmen der „Aktion Hase" für die Organisation Todt zwangsverpflichtet, in Wuppertal-Wichlingshausen und Holland eingesetzt
Ende Januar 1945 wegen einer medizinischen Behandlung nach Berlin geschickt, versteckt sich dann bis zur Befreiung
Juni 1945 als Rechtsanwalt vorläufig zugelassen, mit Kanzlei in Niederschönhausen
Juli 1945 Bestellung zum Notar
– als juristischer Berater und Vertreter für OdF tätig
1948 endgültige Zulassung erteilt unter der Voraussetzung, dass der Heranziehung zum Richterdienst Folge geleistet wird
1949 zum Richterdienst herangezogen, zuerst am AG Pankow, ab März 1949 am LG
August 1953 verlegt seine Praxis nach West-Berlin, Prinzenallee 24, in einer persönlichen Unterredung gibt die Ehefrau als Gründe an: fehlende Mandanten, eine unerwartete Steuernachforderung von 15.000 DM und nicht näher ausgeführte Schikanen des Hausvertrauensmannes
Ende September 1981 Rückgabe der Zulassung
Quellen:
LAB: B Rep. 068 Nr. 90 (mit zwei Fotos); C Rep. 301 Nr. 425; C Rep. 118-01 Nr. 35.557 (mit Foto). AoR, S. 105.

Alexander, Theodor Dr.
13.06.1887 Königsberg (Ostpreußen) – 11.09.1955 (London?)
Familienstand: verheiratet seit 1916, ein Sohn (geb. 1919)
– als Schüler evangelisch getauft
Ostern 1905 Abitur am Königlichen Friedrichskollegium in Königsberg
– Jurastudium in Freiburg i. Br., München und Königsberg
Juli 1908 erstes Staatsexamen am OLG Königsberg
1908–1912 Referendariat im OLG-Bezirk Königsberg und im KG-Bezirk

September 1911 Promotion an der Universität Rostock
Mai 1913 zweites Staatsexamen
ab November 1913 Rechtsanwalt in Berlin
April 1915 – Februar 1919 Kriegsdienst im Ersten Weltkrieg, als Artillerist im Fronteinsatz, ab 1917 Offizier, ausgezeichnet mit dem EK I und II
ab April 1924 Notar
– Syndikus der „Deutschen Eisenhandel AG"
– nach der Machtübernahme der Nationalsozialisten als „Frontkämpfer" wieder als Anwalt und Notar zugelassen
Ende 1935 Entzug des Notariats
Ende 1938 Berufsverbot als Anwalt
November 1938 nach der Pogromnacht in das KZ Sachsenhausen verschleppt; bis 23.12.1938 in Haft, unter der Bedingung entlassen, sofort auszuwandern
Februar 1939 Emigration aus Deutschland, über England nach Kuba; von dort sollte nach einer Wartezeit die Weiterreise in die USA folgen; in Kuba werden sämtliche Passagiere verhaftet, da nach einem Regierungswechsel die mit der HAPAG getroffene Vereinbarung, dass die Passagiere die Wartezeit auf Kuba verbringen können, nicht mehr gilt; drei Monate Haft im Lager;
Anfang August 1939 Entlassung aus der Haft mit Hilfe der Quäker, unter der Bedingung, sofort nach Großbritannien zurückzukehren; dort Ankunft kurz vor Beginn des Zweiten Weltkriegs
– als Ausländer zunächst ohne Arbeitserlaubnis
Juni 1940 für drei Monate als „feindlicher Ausländer" interniert
– die Ehefrau kann mittlerweile arbeiten und ist bei den Quäkern als Sachbearbeiterin tätig
ab Januar 1941 nach Erhalt der Arbeitserlaubnis als Straßen-, Fabrik- und Stationsarbeiter und Kellner tätig, dann Schalterbeamter bei der Britischen Eisenbahn
1952 mit Erreichen der Altersgrenze in den Ruhestand versetzt, ohne Pension, da einige Monate zur dafür erforderlichen 10-jährigen Beschäftigung fehlen; geht daher zunächst verschiedenen Aushilfstätigkeiten nach
ab Juni 1953 durch Vermittlung der Association of Democratic Lawyers from Germany als juristischer Berater bei der URO tätig
1953 hält sich zur Regelung seiner Entschädigungs- und Wiedergutmachungsforderungen in Berlin auf; hilft bei dieser Gelegenheit im Berliner Büro der URO, wo Volljuristen fehlen, aus und bleibt bis Ende 1954 in Berlin
Januar 1955 Antrag auf Wiederzulassung zur Rechtsanwaltschaft in Berlin unter Befreiung von der Residenzpflicht, Dauerwohnsitz London
Februar 1955 Zulassung mit Befreiung von der Residenzpflicht erteilt;
Zustellungsbevollmächtigter wird sein ehemaliger Sozius (bis 1929) Dr. Hans Thomas Achelis, Dahlem, Hüningerstr. 49

Quellen:
LAB: B Rep. 025 4 WGA 2638/50, 4 WGA 2639–2640/50, 1 WGA 4133/50, 11 WGA 2212/51, 23 WGA 2320/55; B Rep. 068 Nr. 3318 (mit Foto).
Senatsjustizverwaltung: Akte 3176/1 – I/B 1.
Jahresverzeichnis der an deutschen Universitäten erschienenen Schriften, 27/1911–1912.
AoR, S. 106 (mit Foto).

Altenberg, Bruno Dr.
04.09.1889 Berlin – 12.01.1971 (Mailand?)
Familienstand: verheiratet seit 1953, keine Kinder
1895–1907 Luisenstädtisches Realgymnasium in Berlin
Oktober 1907 Abitur
1907–1910 Studium in Berlin und München
März 1911 erstes Staatsexamen in Berlin
– Referendariat im KG-Bezirk
März 1912 Promotion an der Universität Würzburg
Mai 1915 zweites Staatsexamen
1915–1918 als Kriegsfreiwilliger Heeresdienst, zuletzt Beamtenstellvertreter im Preußischen Kriegsministerium
ab Februar 1919 Rechtsanwalt am KG
ab Juli 1929 Notar
Frühjahr 1933 Berufsverbot
1933 nach dem Berufsverbot Emigration nach Italien, Mailand
– arbeitet dort in der Kanzlei eines Anwalts (später sein Sozius)
November 1940 von der italienischen Polizei verhaftet
– drei Wochen im Gefängnis festgehalten, dann in das Lager Ferramonti/Tarsia (Prov. Cosenza, Kalabrien) verschleppt; dort bis Kriegsende festgehalten
September 1945 Rückkehr nach Mailand
– erneutes Jurastudium in Mailand, bei weitgehender Anerkennung der Vorbildung
Sommer 1946 legt die noch erforderlichen Examina ab
ab Dezember 1946 Vorstandsmitglied und Vertrauensanwalt der Deutsch-Italienischen Handelskammer in Mailand
November 1948 Promotion an der Universität Mailand
– dann als juristischer Mitarbeiter anwaltlich in Mailand tätig, ohne offizielle Zulassung (da ohne italienische Staatsangehörigkeit)
ab 1951 Rechtsberater des deutschen Generalkonsulats in Mailand
Februar 1955 Antrag auf Zulassung als Anwalt in Berlin ohne Residenzpflicht
April 1955 Zulassung erteilt
1955 stellt einen Antrag auf Erwerb der italienischen Staatsangehörigkeit
Quellen:
LAB: B Rep. 068 Nr. 101.
Senatsjustizverwaltung: Akte 3176/1 – I/B 1.
AoR, S. 107.

Apt, Max Prof. Dr.
16.06.1869 Groß Strehlitz (Schlesien) – 11.12.1957 Berlin
Familienstand: verheiratet
– Gymnasium und Abitur in Groß Strehlitz
1887–1891 Studium in Breslau, Leipzig, Berlin und Freiburg i. Br.
1888 Umzug nach Berlin
1891 Promotion in Freiburg
1895 zweites Staatsexamen
– dann Assistent des Direktors der Rechtsabteilung der Nationalbank für Deutschland (später DANAT-Bank) und Hauptgeschäftsführer des Ältesten-Kollegiums der Kaufmannschaft in Berlin
1896–1903 stellvertretender Syndikus, 1903–1920 Syndikus der Korporation der Kaufmannschaft von Berlin
1906 Mitbegründer, später Kurator und Ehrenprofessor der Handelshochschule Berlin
ab Ende der 1920er Jahre Rechtsanwalt in Berlin, zugleich Notar
– Gründer und Redakteur von Fachzeitschriften, u.a. der Deutschen Wirtschaftszeitung, und Herausgeber der Textsammlung „Deutsche Reichsgesetzgebung“
1893 Mitbegründer des C.V. in Berlin; 1900–1937 Vorstandsmitglied des Deutsch-Israelitischen Gemeindebunds in Berlin; Mitglied der DDP und von Bnai Brith; zionistischer Funktionär
Mai 1933 Berufsverbot als Anwalt und Notar
1938 Delegierter der Jüdischen Gemeinde zu Berlin bei der Konferenz von Evian
1939 Emigration nach Großbritannien
– dort auf Unterstützungszahlungen von Wohltätigkeitsvereinen angewiesen
– betätigt sich für die Association of Jewish Refugees in Great Britain (AJR)
– bemüht sich bereits kurz nach Kriegsende um die Rückkehr nach Deutschland, kann dies aber wegen fehlender Finanzmittel nicht umsetzen
– führt eine lange Auseinandersetzung um die ihm zustehenden Pensionszahlungen
1954 Rückkehr nach Deutschland, lebt in Berlin und Baden-Baden
Quellen:
LAB: B Rep. 025 2 WGA 3009/50, 2 WGA 3009/50, 2 WGA 3006–3008/50, 2 WGA 3005/50, 5 WGA 1667/50.
EAB: Nr. 50.872.
AoR, S. 108.

Arndt, Adolf Dr.
12.03.1904 Königsberg (Ostpreußen) – 13.02.1974 Kassel
Familienstand: verheiratet, zwei Kinder
– Sohn des Juraprofessors Gustav Adolf Arndt, Bruder von Ernst Moritz Arndt (AoR, S. 109)
– während der Kindheit Umzug der Familie nach Berlin
– Abitur am Kaiserin-Augusta-Gymnasium in Berlin

– Studium Jura, Volkswirtschaftslehre und Philosophie in Marburg und Berlin
September 1926 Promotion in Tübingen
Dezember 1929 zweites Staatsexamen
– arbeitet als Rechtsanwalt in der Kanzlei des bekannten Strafverteidigers Prof. Dr. Max Alsberg (AoR, S. 107)
ab Mai 1932 ständiger Hilfsarbeiter (Amts- und Landrichter) in Berlin
Frühjahr 1933 zwangsweise beurlaubt, scheidet aus dem Richteramt aus, um dem Berufsverbot zuvorzukommen
– gilt als „Mischling 1. Grades"
ab September 1933 überraschenderweise als Anwalt zugelassen (vermutlich durch Einflussnahme seines Schwiegervaters, der Ministerialdirigent war)
– Sozietät mit Fritz Schönbeck
– vertritt verschiedene große Firmen (u.a. Blum & Haas), als „entartet" geltende Künstler und verfolgte Persönlichkeiten (Wilhelm Leuschner, Theodor Leipart)
1938 bleibt als „Mischling" auch nach dem allgemeinen Berufsverbot zugelassen
Herbst 1943 als Rechnungsprüfer in den Askania-Werken zwangsverpflichtet
Juli 1944 als Zwangsarbeiter von der Organisation Todt u.a. in Paris und Saarbrücken eingesetzt
Januar 1945 flüchtet mit gefälschten Papieren nach Schlesien zu seiner Familie
Februar 1945 Flucht nach Westfalen, dort bis zur Befreiung
August 1945 Zulassung als Rechtsanwalt und Notar in Marburg
Oktober 1945 – Sommer 1949 zuerst Oberstaatsanwalt, dann Ministerialrat in der Hessischen Justizverwaltung
1949–1969 Abgeordneter für die SPD im Bundestag
1950–1961 zugleich Rechtsanwalt beim LG Bonn
1963–1964 unter dem Regierenden Bürgermeister Willy Brandt Senator für Kunst und Wissenschaft (in dieser Zeit ohne Bundestagsmandat)
1961–1971 Rechtsanwalt beim LG und beim KG Berlin
ab Februar 1971 Rechtsanwalt beim LG Kassel
1973 mit der Hans-Dahs-Plakette des Deutschen Anwaltvereins geehrt
Quellen:
LAB: Rep. 068 (RAK Berlin) Nr. 121.
Wikipedia: Adolf Arndt.
http://de.wikipedia.org/wiki/Adolf_Arndt, 07.07.2012.
Nachlass im Archiv der sozialen Demokratie der Friedrich-Ebert-Stiftung.
AoR, S. 109 (mit Foto).

Arndt, Ernst Moritz
06.04.1901 Königsberg (Ostpreußen) – 20.01.1980
Familienstand: keine Angaben
– Sohn des Juraprofessors Gustav Adolf Arndt, Bruder von Adolf Arndt (AoR, S. 109)
1910–1912 Friedrichskolleg in Königsberg
1912–1918 Augusta-Gymnasium in Berlin
1918 Abitur
Juni 1918 – Frühjahr 1919 Buchhalter bei der Deutschen Bank
1919–1922 Studium Jura und Nationalökonomie in Berlin und Marburg
Mai 1922 erstes Staatsexamen am OLG Kassel
Dezember 1925 zweites Staatsexamen
1926–1927 Richter am AG Berlin-Mitte
ab 1927 Rechtsanwalt in Berlin
– Mitglied in der Juristischen Gesellschaft Berlin und dem Deutschen Anwaltverein
– Veröffentlichungen: Kommentar zur Deutschen Reichsverfassung, zum Preußischen Berggesetz, zum Deutschen Beamtengesetz
Frühjahr 1933 Vertretungsverbot für drei Monate, erleidet dadurch massive Einbußen
– dann wieder zugelassen, obwohl er als „Mischling 1. Grades" galt und keine der Ausnahmeregelungen für sich beanspruchen konnte
– Ausschluss von allen Armen- und Pflegschaftssachen und von wissenschaftlichen Veröffentlichungen
1943–1945 Geschäftsführer der ADEBA Grundstücks GmbH (1945 liquidiert)
– kann sich der Zwangsverpflichtung bei der Organisation Todt mit Verweis auf eine Verletzung, die er bei einem Luftangriff erlitten hat, entziehen

Februar 1945 zum Volkssturm einberufen, nach acht Tagen wegen der jüdischen Herkunft entlassen
Juli 1945 vorläufige Zulassung als Rechtsanwalt und Notar
1947–1948 als Staatsanwalt zum Justizdienst herangezogen
April 1948 endgültige Zulassung als Rechtsanwalt und Notar
November 1952 auf eigenen Antrag als Rechtsanwalt gelöscht
1952 gemäß Paragraph 38 Abs. 1, Ziffer 6 Reichs-Notarordnung schwebt ein Verfahren wegen Amtsenthebung als Notar
– lebt dann an verschiedenen Orten, u.a. in Starnberg, Bad Homburg und Frankfurt a. M.
Quellen:
LAB: Rep. 068 Nr. 122 und 125; C Rep. 301 Nr. 1920.
AoR, S. 109.

Arnold, Fritz Werner Dr.
03.02.1894 Berlin-Charlottenburg – 21.12.1980 Lemgo
Familienstand: verheiratet, keine Kinder
– Sohn eines Rechtsanwalts (Sozius von Herrmann Staub)
Ostern 1912 Abitur am Schiller-Gymnasium in Berlin-Lichterfelde
1912–1916 Jurastudium in Berlin
Oktober 1912 – September 1913 Militärdienst als Einjährig-Freiwilliger
Oktober 1914 mit dem EK II ausgezeichnet, verwundet, mit dem Feldlazarett Reims in französischer Kriegsgefangenschaft und 1915 ausgetauscht
1916 erstes Staatsexamen beim OLG Jena
1916 Promotion an der Universität Jena (Dissertation erst nach 1918 gedruckt)
Mai 1916 Ernennung zum Referendar
1916–1917 zum Stellvertretenden Generalstab der Armee in Berlin kommandiert
1918 Hilfsreferent beim Landesdirektor der Provinz Brandenburg in Berlin
– beginnt das Referendariat
1919–1926 Referent, später Abteilungsleiter bei der Reichsgetreidestelle
1926 zweites Staatsexamen
bis Anfang 1927 als Hilfsrichter tätig
ab Februar 1927 Rechtsanwaltschaft in Berlin
ab Juli 1927 Notar
1933 als „Frontkämpfer" wieder zugelassen
1935 Entzug des Notariats
1938 Berufsverbot als Rechtsanwalt
– als „jüdischer Konsulent" zugelassen
1939–1940 im Beirat des Büros Pfarrer Grüber
30. September 1942 Flucht in die Schweiz nach Basel (im Rahmen des von Wilhelm Canaris, Chef der deutschen Abwehr, und Hans von Dohnanyi organisierten „Unternehmens Sieben" zur Rettung von verfolgten Juden)
1946 Emigration in die USA, New York
1947–1951 erneutes Jurastudium, Abschluss mit dem LL.B.
1952 Einbürgerung in die USA und Zulassung als Anwalt bei den Gerichten des Staates New York
1961 Zulassung auch beim Obersten Bundesgericht in Washington
1967 Rückkehr nach Deutschland
Mai 1967 als Rechtsanwalt in Berlin zugelassen
1969 gibt die Zulassung aus gesundheitlichen Gründen zurück
– lässt sich in Kirchheide im Kreis Lemgo nieder
Quellen:
LAB: B Rep. 068 Nr. 118.
AoR, S. 110.

Aschkenasi, Ludwig
07.03.1887 Warschau – keine Angaben (nach September 1954)
Familienstand: keine Angaben

– Rechtsanwalt an den Berliner LG und Notar
1933 Berufsverbot
Oktober 1933 Emigration nach Paris
– überlebt die Besatzungszeit versteckt in Aix-en-Provence
1952 lebt in Aix-en-Provence
August 1952 Antrag auf Zulassung als Anwalt in Berlin ohne Residenzpflicht
September 1952 Zulassung erteilt
September 1954 auf Antrag gelöscht
Quellen:
LAB: B Rep. 068 Nr. 135 (mit Foto).
Senatsjustizverwaltung: Akte 3176/1 – I/B 1.
AoR, S. 112.

Auerbach, Leo
24.03.1900 (Berlin?) – 31.05.1968 (Frankfurt a. M.?)
Familienstand: verheiratet
– Onkel von Marcel Reich-Ranicki
– wächst in Berlin auf
vor 1933 Rechtsanwalt an den Berliner LG

1933 Berufsverbot
1937 Emigration nach Frankreich
– soll später in der Fremdenlegion in Nordafrika oder in der französischen Armee gedient haben
1946 lebt in Paris
August 1946 Schreiben Auerbachs, z. Zt. Paris, an den Vorstand der Anwaltskammer Berlin, ohne Datum (Eingangsstempel RAK 23.9.1946):
„Durch Verfügung des Preußischen Justizministers vom 1. Juni 1933 … ist meine Zulassung zur Rechtsanwaltschaft bei den 3 Landgerichten in Berlin zurückgenommen worden, weil ich ‚nicht arischer Abstammung' bin. Ich habe nun den Herrn Kammergerichtspräsidenten mitgeteilt, dass ich die Absicht habe, nach Berlin, das ich 1937 wegen der Verfolgungen, denen ich als Israelit ausgesetzt war, verlassen habe und seitdem im Ausland lebe, zurückzukehren, um meine Tätigkeit als Anwalt bei den Landgerichten wiederaufzunehmen. Ich wäre Ihnen außerordentlich verpflichtet, wenn Sie mir mitteilen würden, welche Formalitäten zu erfüllen sind, wie Sie die Aussichten einschätzen, ob die Möglichkeiten eine Wohnung zu erhalten, vorhanden sind, ebenso, falls Schwierigkeiten auftauchen Büroräume zu mieten, die Aussicht vorhanden ist, mit einem zugelassenen Anwalt in Bürogemeinschaft oder Societät zu arbeiten.
Ich wäre Ihnen für alle Hinweise und Ratschläge sehr dankbar. Da ich zuletzt Berlin-Wilmersdorf, Kurfürstendamm 137 gewohnt habe, würde ich Sie bitten, sich wegen der Zurverfügungstellung von Wohnraum mit dem Wohnungsamt in Verbindung zu setzen. Ich bin nicht verheiratet, sodass ein Wohnraum nur für mich allein in Frage kommt. Andrerseits müsste es zunächst eine möblierte Wohnung sein, da ich keine Möbel besitze.
Ihr ergebener L. Auerbach"
(LAB B Rep. 068 Nr. 138)
Antwort der RAK vom 28.9.1946:
„Auf Ihr undatiertes Schreiben erwidern wir:
Wir würden uns sehr freuen, Sie wieder als Kollegen unter uns begrüßen zu können. Welche Formalitäten zu erledigen sind, wollen Sie aus dem anliegenden Rundschreiben entnehmen. Aber die Schwierigkeiten eine Wohnung und auch ein Büro zu erhalten, sind natürlich riesengroß. Ob Sie die Möglichkeit haben, mit einem zugelassenen Anwalt eine Bürogemeinschaft oder Sozietät einzugehen, vermögen wir nicht zu überblicken. Ob Ihnen der Zuzug nach Berlin ohne weiteres genehmigt würde, können wir auch nicht sagen. Sie müssten selbst schon bei dem Bezirksamt des Bezirkes, in dem Sie zuziehen wollen, einen schriftlichen Antrag stellen. Bei der Lage Ihres Falles würden von uns aus, und gewiss auch von Seiten des Herrn Kammergerichtspräsidenten aus, gegen Ihre Wiederzulassung nicht die geringsten Schwierigkeiten gemacht werden. Wir fühlen uns jedoch verpflichtet, Sie darauf hinzuweisen, dass die Alliierte Kommandantur bislang noch nicht eine einzige Zulassung ausgesprochen hat. Diejenigen Anwälte, die nicht ihre vorläufige Zulassung bekommen haben – die jetzt nicht mehr erteilt wird – sind daher in einer sehr üblen Lage, und zwar selbst diejenigen, die politisch und auch sonst vollkommen einwandfrei sind, zumal, da sie auch nicht einmal als Hilfsarbeiter bei einem Anwalt beschäftigt werden dürfen. Wir hoffen zwar, dass dieser Zustand bald beseitigt wird, können Ihnen aber irgend welche Zusicherungen in dieser Hinsicht nicht geben.
Eine Fühlungnahme mit dem Wohnungsamt Berlin–Wilmersdorf wäre daher verfrüht. Ganz abgesehen davon, geht aber die Beschaffung von Wohnungen für die Herren Kollegen weit über die Aufgaben hinaus, die dem Kammerpräsidium durch die Reichsrechtsanwaltsordnung gesetzt sind.
Wir möchten selbstverständlich gern allen Herren Kollegen nach Möglichkeit helfen. Bei der Überbelastung der Kammer, die aus dem Nichts heraus wieder aufgebaut werden musste, und auch jedes einzelnen Mitgliedes des Präsidiums sind wir aber dazu nur in beschränktem Umfang in der Lage."
(LAB B Rep. 068 Nr. 138)
1950 lebt in Frankfurt a. M. und ist wieder als Rechtsanwalt und Notar tätig
1950 in den Vorstand des Landesverbandes der Jüdischen Gemeinden in Hessen gewählt
1957 Vorsitzender des Landesverbandes der Jüdischen Gemeinden in Hessen
1958–1963 im Gemeinderat der Jüdischen Gemeinde Frankfurt a. M.
Quellen:
LAB: B Rep. 025 23 WGA 96/62; B Rep. 068 Nr. 138.
Interview mit Marcel Reich-Ranicki, in: Focus Magazin, 2008, Nr. 30. http://www.focus.de/kultur/medien/tid–12193/reich–ranicki–ich–habe–es–nie–bereut_aid_319066.html, 07.08.2012.
AJR Information. Hgg. von der Association of Jewish Refugees in Great Britain, Band 5, 12/1950, S. 6. http://www.ajr.org.uk/journalpdf/1950_december.pdf, 07.08.2012.
Auskunft Jüdisches Museum Frankfurt a. M.
AoR, S. 113.

Auerbach, Leonhard Prof. Dr.
23.10.1891 Berlin – 11.02.1961 Berlin
Familienstand: verheiratet seit 1929, ein Sohn
Ostern 1898 – Ostern 1910 Luisenstädtische Oberrealschule in Berlin
Ostern 1910 – Ende des WiSe 1913/14 Jurastudium in Berlin und Strassburg
Juli 1914 erstes Staatsexamen
Januar 1917 Promotion an der Universität Greifswald
1914 Kriegsfreiwilliger, ab Februar 1915 im Feld

mit einer Minenwerferabteilung, ausgezeichnet mit dem EK I und II
März 1917 zum Leutnant der Reserve befördert
November 1918 aus dem Heeresdienst entlassen
Juni 1919 – Februar 1920 freiwillig beim Grenzschutz im Raum Unruhstadt als Leiter einer Minenwerferkompanie
– nach der Rückkehr Referendariat
März 1922 zweites Staatsexamen, danach in richterlichen Stellungen an Berliner Gerichten
1922–1924 als Referent beim Reichsentschädigungsamt tätig
Ende 1924 Zulassung zur Anwaltschaft an den Berliner LG
Januar 1931 zum Notar ernannt
1933 als „Frontkämpfer" wieder als Anwalt und Notar zugelassen
1935 als Notar entlassen
1938 Berufsverbot als Anwalt
– gehört dem Reichsverband nichtarischer Christen an
– lebt in einer „Mischehe"
Januar 1939 Geschäftsführer des Verbands polnischer Juden e.V.
1939–1940 Rechtsberater und Generalbevollmächtigter der Bau- und Holzhandelsges.mbH
1939–1941 beratender Referent im Büro Pfarrer Grüber, für Rechtsfragen sowie Haft-, KZ-, Ausweisungs- und Auswanderungsangelegenheiten zuständig
1941–1942 Hilfskonsulent bei Dr. Kurt Machol (AoR, S. 219)
– beschafft Ausweispapiere für Illegale
1942 – Juni 1943 Hilfsarbeiter bei der Firma Kranol, Berlin
August 1943 festgenommen von der Gestapo und ins Arbeitslager Wuhlheide verschleppt
November 1943 – Februar 1944 aufgrund der schlechten sanitären Bedingungen im Lager schwer erkrankt
Februar 1944 – April 1945 Hilfsarbeiter in der Firma Günther Ruhland, Berlin
Mai 1945 als Rechtsanwalt und Notar durch den russischen Ortskommandanten in Schöneberg vorläufig zugelassen
Mai 1947 vorläufige Zulassung erneuert
November 1947 endgültige Zulassung als Rechtsanwalt und Notar
– wird vom Pflichtdienst bei Berliner Gerichten zurückgestellt
ab 1946 Lehraufträge an der Berliner Universität, ab Herbst 1948 an der Freien Universität, ab April 1949 dort Honorarprofessor
Quellen:
LAB: B Rep. 068 Nr. 140 (mit Foto); C Rep. 118-01 Nr. 31.292 (mit Foto); LAB C Rep. 301 Nr. 2552.
EAB: Nr. 202.004.
KG Berlin, Liste über zugelassene Rechtsanwälte.
AoR, S. 113.

Auerbach, Max Dr.
11.08.1887 Berlin – 23.06.1971 (London?)
Familienstand: keine Angaben
– besucht das Sophien-Gymnasium in Berlin
1907 Abitur
– Studium in Berlin
1914 Promotion an der Universität Würzburg
März 1915 zum Gerichtsassessor ernannt
– Kriegsteilnehmer im Ersten Weltkrieg, im Fronteinsatz
ab 1919 Anwalt in Berlin, später auch Notar
Ende 1933 nach monatelangen Auseinandersetzungen als „Frontkämpfer" wieder zur Anwaltschaft zugelassen
Ende 1935 Entzug des Notariats
Mai 1936 Emigration nach Großbritannien
– dort in eigener Kanzlei als Rechtsberater anwaltlich tätig
Ende 1947 erster Versuch der Wiederzulassung in Berlin; der Antrag wird abgelehnt, da von der Residenzpflicht nicht abgesehen werden könne
März 1950 zweiter Antrag auf Zulassung als Anwalt in Berlin ohne Residenzpflicht, gerichtet an die RAK
– bis Juli keine Reaktion in der Personalakte dokumentiert
– Erinnerungsschreiben von Auerbach
Ende August 1950 offizieller Zulassungsantrag, gerichtet an das KG
Oktober 1950 befürwortende Stellungnahme der RAK
– das Verfahren scheint auf der Stelle zu treten
2. März 1951 Anfrage des KG-Präsidenten: bei den gleichgelagerten Zulassungsanträgen von Dr. Walter Schwabe und Dr. William Meinhardt habe die RAK aus grundsätzlichen Erwägungen die Anträge nicht befürwortet, da die Bewerber ihren

ausländischen Wohnsitz beibehalten wollten; gilt diese Auffassung jetzt auch im Falle von Dr. Max Auerbach (und Dr. Fritz E. Koch und Dr. A. Brandt)?
5. April 1951 Antwort der RAK: Auerbach, Koch und Brandt haben ausdrücklich zugesagt, einen zweiten Wohnsitz in Berlin zu begründen; sollten sie diese Voraussetzung nicht innerhalb von drei Monaten erfüllen, wäre die Zulassung zu widerrufen
Juni 1952 Zulassung erteilt
– der Weg dorthin ist nicht dokumentiert
– fast keine weiteren Dokumente in der Akte, nur u.a. ein Vermerk mit Todesdatum
Quellen:
LAB: B Rep. 068 Nr. 139.
Senatsjustizverwaltung: Akte 3176/1 – I/B 1.
Jahresverzeichnis der an deutschen Universitäten und Technischen Hochschulen erschienenen Schriften, 30/1914.
AoR, S. 113.

Auerbach, Richard Julius
06.02.1892 Posen – 31.08.1980 New York
Familienstand: verheiratet seit 1925, zwei Kinder
– besucht Mittelschule und Gymnasium in Posen
Frühjahr 1911 Abitur am Friedrich-Wilhelms-Gymnasium in Posen

– Studium in Heidelberg, Berlin und Halle
August 1914 erstes Staatsexamen beim OLG Naumburg
1914–1918 Kriegsdienst als Freiwilliger, als Soldat im Fronteinsatz, ausgezeichnet mit dem EK II
1919–1921 Referendariat im OLG-Bezirk Breslau und im KG-Bezirk
Juli 1919 Promotion an der Universität Breslau
Oktober 1921 zweites Staatsexamen
ab 1923 Rechtsanwalt in Berlin
– Sozietät mit Dr. Max Raphael und seiner Ehefrau Ella Auerbach geb. Levi
ab Juli 1929 Notar
1933 als „Frontkämpfer" wieder zugelassen; die Ehefrau und Dr. Raphael erhalten Berufsverbot
Ende 1935 Entzug des Notariats
Ende 1938 Berufsverbot als Anwalt
– entgeht nur knapp der Verhaftung im Zuge der Pogromnacht und taucht zeitweise unter
Januar 1939 Emigration mit der Familie nach Großbritannien
September 1939 mit Kriegsbeginn für vier Monate auf der Isle of Man interniert
September 1940 Emigration mit der Familie nach New York
– studiert Wirtschaftswissenschaften, mit dem Ziel, Wirtschaftsprüfer zu werden
1945 Examen
1945–1949 als angestellter Wirtschaftsprüfer tätig
ab 1949 als selbstständiger Wirtschaftsprüfer tätig
– befasst sich auch mit Wiedergutmachungs- und Entschädigungsverfahren
Oktober 1960 Antrag auf Zulassung als Anwalt in Berlin ohne Residenzpflicht
Dezember 1960 Zulassung erteilt
Quellen:
LAB: B Rep. 068 Nr. 141 (mit Foto).
AoR, S. 113 (zweiter Vorname: Joseph; Sterbedatum: 01.09.1980).

Bab, Hans (später: Juan) Dr.
19.10.1905 Berlin – 11.02.1989 Vina del Mar (Chile)
Familienstand: verheiratet
– besucht das humanistische Gymnasium in Schneidemühl
– Studium in Hamburg, Freiburg, München, Berlin und Bonn
Juni 1928 erstes Staatsexamen beim OLG Köln
Februar 1932 zweites Staatsexamen
ab März 1932 Anwalt an den Berliner LG und am AG Berlin-Mitte
Mai 1932 Promotion an der Universität Bonn
– eröffnet auch ein Repetitorium

Juni 1933 Berufsverbot
bis Frühjahr 1935 mit einer geringen Schülerzahl kann Bab das Repetitorium noch fortführen; dann folgt durch den BNSDJ – unter Androhung von Ehrengerichtsverfahren – ein Besuchsverbot von Repetitorien unter Leitung oder Mitwirkung „nichtarischer" Dozenten
Februar 1936 Emigration nach Chile
Mai 1936 – Anfang 1945 zunächst als einfacher Angestellter in Santiago tätig
ab Februar 1945 Angestellter, später Geschäftsführer eines Bergbauunternehmens
– nimmt die chilenische Staatsbürgerschaft an
Dezember 1974 Antrag auf Zulassung als Anwalt in Berlin
Mai 1975 Zulassung erteilt ohne Residenzpflicht (Nr. 127 in der Liste der Anwälte ohne Residenzpflicht)
– will sich als juristischer Berater von deutschen und internationalen Unternehmen in Chile betätigen
Quellen:
LAB: B Rep. 068 Nr. 3328 (mit Foto).
AoR, S. 114.

Badrian, Erich Dr.
24.04.1898 Burg bei Magdeburg – 25.11.1955 (Israel?)
Familienstand: verheiratet seit Februar 1927, keine Kinder
1919–1921 Jurastudium
1921 erstes Staatsexamen beim OLG Köln
März 1922 Promotion an der Universität Würzburg
September 1925 zweites Staatsexamen
ab Oktober 1925 Rechtsanwalt in Berlin
– Bürogemeinschaft mit Rechtsanwalt und Notar Dr. Siegfried Aron
April 1933 Vertretungsverbot
Mai 1933 Emigration gemeinsam mit der Ehefrau nach Palästina
– Niederlassung in Haifa
Januar 1934 – 1939 zunächst Fahrer bei der Omnibus-Kooperative „Hever" in Haifa, ab 1936 Vorstandsmitglied
1940–1942 Studium der drei Landessprachen (Hebräisch, Englisch, Arabisch) als Voraussetzung für eine Tätigkeit bei der Mandatsverwaltung
1942–1947 Tätigkeit bei der Mandatsverwaltung, zunächst Lebensmittelkontrolleur in Haifa, dann Leiter der Rechtsabteilung, ab 1945 Leiter der Rationierungsabteilung
1948 – Juni 1953 Privatlehrer für Hebräisch-Unterricht
– israelischer Staatsbürger
Juni 1953 Rückkehr nach Berlin
Dezember 1953 Antrag auf Zulassung als Anwalt in Berlin
April 1954 Zulassung erteilt durch den KG-Präsidenten

Quellen:
LAB: B Rep. 068 Nr. 194.
Auskunft Joel Levi, Tel Aviv.
AoR, S. 114.

Bang, Ferdinand Dr.
13.02.1889 Marburg/Lahn – 12.05.1955 Berlin
Familienstand: verheiratet, mehrere Kinder
1899–1902 Neues Gymnasium in Würzburg
1920–1905 Falk-Realgymnasium in Berlin
1905–1907 Dorotheenstädtisches Realgymnasium in Berlin, dort Abitur

1907–1912 Jurastudium in München und Berlin
Januar 1913 erstes Staatsexamen
Juli 1915 Promotion an der Universität Heidelberg
– als Frontkämpfer im Ersten Weltkrieg, ausgezeichnet mit dem EK II
Januar 1921 zweites Staatsexamen
Februar – Dezember 1921 als Gerichtsassessor tätig
ab 1922 Rechtsanwalt in Berlin
– zumindest zeitweise mit Oskar Wachsmann (AoR, S. 278)
1923–1932 juristisches Vorstandsmitglied/Syndikus/Direktor bei der Minimax AG Berlin
ab Februar 1933 Notar
1933 als Anwalt wieder zugelassen
– bleibt als „Mischling" von dem Berufsverbot ausgenommen
– Einnahmen als Anwalt von 1933–1945: ca. 20.000 RM durchschnittlich, Hauptklient Havelländer Grundstücksverwaltungs und -verwertungs GmbH
1937–1945 Mitglied in der NSV, ohne Amt; die Kinder in HJ und BDM
1945 im Volkssturm
Mitte Mai 1945 – Anfang August 1945 Dezernent beim Magistrat Charlottenburg

Juli/August 1945 vorläufig als Rechtsanwalt und Notar zugelassen
Juli 1947 als Rechtsanwalt bei den Berliner Gerichten und als Notar endgültig zugelassen
– zugleich soll er zum Justizdienst als Staatsanwalt herangezogen werden; bemüht sich ohne Erfolg, dies wegen seiner angeschlagenen Gesundheit zu verhindern
ab Januar 1948 Staatsanwalt beim AG Mitte
Februar 1948 – März 1949 Richter am KG
Quellen:
LAB: B Rep. 068 Nr. 3347 (mit Foto); C Rep. 301 Nr. 1899–1900.
EAB: Nr. 400.087 (Datenschutz nicht abgelaufen).
KG Berlin, Liste über zugelassene Rechtsanwälte.
AoR, S. 115.

Barbasch, Ludwig Dr.
28.08.1892 Berlin – 11.07.1967 Wiesbaden
Familienstand: zweimal verheiratet, ein Sohn, eine Stieftochter
– Jurastudium in Berlin, Cambridge und Grenoble
– erstes Staatsexamen in Berlin
1914–1918 Kriegsfreiwilliger im Ersten Weltkrieg, im Fronteinsatz, zuletzt Unteroffizier
1918 Promotion an der Universität Rostock
1918–1919 Mitglied des Soldatenrates in Schwerin, dann als Justizminister in der Räteregierung in Mecklenburg
– nach der Niederschlagung der Revolution zum Tode verurteilt, später begnadigt
ab 1919 Referendariat im KG-Bezirk
– Mitglied der rätekommunistisch orientierten Kommunistischen Arbeiterpartei Deutschlands (KAPD), vermutlich zeitweise im Führungskreis der Partei, publiziert Beiträge in der Parteizeitung Der Proletarier
ab 1924 Rechtsanwalt in Berlin
1925 Tod der ersten Ehefrau bei der Geburt des Sohnes

– tritt als politischer Strafverteidiger hervor
ab 1928 Bürogemeinschaft mit Hans Litten (AoR, S. 213f.)
März 1933 verhaftet, zusammen mit Hans Litten und Alfred Apfel (AoR, S. 108)
1933 Berufsverbot
bis September 1933 u.a. im Zuchthaus Brandenburg-Görden inhaftiert; nach Angaben seiner späteren zweiten Ehefrau hat er „niemals auch nur ein Wort über diese Zeit gesprochen ... Sein Aussehen als er seinerzeit ... entlassen wurde, hat genügt, um alles Nähere über seinen Aufenthalt zu wissen." (Auskunft Edith Barbasch)
November 1933 Emigration über die Schweiz und Italien nach Palästina; Barbasch emigriert gemeinsam mit seinem Sohn, seiner späteren Ehefrau, seiner Mutter und mit der Familie seines Bruders; für die Emigration muss das gesamte Familienvermögen eingesetzt werden
– muss erhebliche Startschwierigkeiten überwinden, da er nicht in seinem Beruf arbeiten kann
1934 erneute Heirat
ab 1937 nach erneutem Jurastudium Niederlassung als Anwalt in Tel Aviv
1939 Einbürgerung in Palästina
1956 von der Bundesrepublik Deutschland wiedereingebürgert
1958 Rückkehr nach Deutschland, Wiesbaden
1958–1962 Rechtsanwalt in Wiesbaden, spezialisiert auf Wiedergutmachungssachen
Quellen:
EAB: Nr. 54.072 (Datenschutz nicht abgelaufen).
Nachruf in: AJR Information. Hgg. von der Association of Jewish Refugees in Great Britain, Band 22, 9/1967, S. 10. http://www.ajr.org.uk/journalpdf/1967_september.pdf, 07.08.2012.
Biographisches Handbuch der deutschsprachigen Emigration, Band 1. München 1980, S. 35.
Weber, Hermann/Herbst, Andreas: Deutsche Kommunisten. Biographisches Handbuch 1918 bis 1945. Berlin 2008. http://www.stiftung-aufarbeitung.de/wer-war-wer-in-der-ddr-%2363%3B-1424.html?ID=4026, 07.08.2012.
Auskunft Joel Levi, Tel Aviv; Eric Gerzon, Amsterdam; Edith Barbasch, Hamm.
AoR, S. 115f.

Baruch, Bernhard
04.07.1885 München – 26.07.1961 Berlin
Familienstand: verheiratet seit 1915, zwei Söhne
1892 Umzug nach Berlin
1892–1895 Gemeindeschule
1895–1904 Gymnasium zum Grauen Kloster
1904 Abitur
1904–1907 Jurastudium in Berlin
– Mitglied einer studentischen Verbindung und des Akademischen Vereins für jüdische Geschichte und Literatur
Juli 1907 erstes Staatsexamen
1908–1909 Militärdienst als Einjährig-Freiwilliger

– Referendariat im KG-Bezirk
April 1913 zweites Staatsexamen, Note „gut"
1913 als Anwalt am KG zugelassen
1914–1918 Soldat im Fronteinsatz (Meldereiter), Unteroffizier, ausgezeichnet mit dem EK II
1923 zum Notar ernannt
1933 als Anwalt und Notar wieder zugelassen
– Prozesszahl sinkt von ca. 40 im Jahr 1933 auf vier im Jahr 1938
1935 als Notar entlassen
1938 Berufsverbot als Anwalt
– Sohn Wolfgang war bei der Sozialistischen Arbeiterjugend und bei der KPD, 1934 wegen Vorbereitung zum Hochverrat zu drei Jahren Zuchthaus verurteilt, Haft in Brandenburg-Görden, im Juni 1938 als „Vorbestrafter" im KZ Buchenwald, nach 6 Wochen wegen einer Auswanderungsmöglichkeit entlassen
1939–1945 als juristischer Hilfsarbeiter bei der Jüdischen Gemeinde, später bei der Reichsvereinigung der Juden angestellt
– lebt in einer „Mischehe", muss aber den Judenstern tragen und ist allen übrigen Beschränkungen für Juden unterworfen
Juni 1945 als Rechtsanwalt vorläufig zugelassen
ab September 1945 auch Notar
bis Ende 1946 Leiter des Jüdischen Kinder- und Altenheims in Niederschönhausen
Mai 1947 nach Überprüfung endgültig im Amt bestätigt
1947 Übernahme der Anwaltskanzlei des verstorbenen Rechtsanwalt Otto Feig
ab 1947 Mitglied der VVN (bis zur erzwungenen Auflösung 1953)
Februar 1951 VdN-Rente in Höhe von 400 M monatlich bewilligt, rückwirkend zum 01. Januar 1950
– lebt bis zu seinem Tod weiter in Ost-Berlin
Ende 1960 Niederlegung des Notariats
– auf dem Jüdischen Friedhof Weißensee beigesetzt
Quellen:
LAB: B Rep. 068 Nr. 189; C Rep. 118-01 Nr. 30.249 (mit Foto); C Rep. 301 Nr. 1909–11 (Nr. 1910 mit Foto).
KG Berlin, Liste über zugelassene Rechtsanwälte.
AoR, S. 116.

Baum, Max Dr.
12.05.1884 Mengede (Westfalen) – keine Angaben (nach Oktober 1978)
Familienstand: dreimal verheiratet, zwei Söhne
– schulische Ausbildung in Dortmund, London und Hannover
– Abitur als Externer beim Realgymnasium in Osterode/Harz
1904–1906 Studium in Berlin, Bonn, Würzburg und Marburg
1909 Promotion an der Universität Marburg
1909 erstes Staatsexamen
– Referendariat im OLG–Bezirk Frankfurt a. M.
1913 zweites Staatsexamen
ab 1913 Rechtsanwalt in Frankfurt a. M.
1914–1918 Soldat im Ersten Weltkrieg, zweimal verwundet, ausgezeichnet mit dem EK II
1922 als Anwalt in Frankfurt a. M. gelöscht
1922–1925 Direktor der Allgemeinen Industrie- und Handels AG in Berlin
1912 Liquidierung des Unternehmens
ab 1925 Rechtsanwalt in Berlin
1933 als „Frontkämpfer" wieder zugelassen
Frühjahr 1937 unter dem Verdacht der „Rassenschande" verhaftet, beantragt daraufhin die Löschung als Anwalt, da er unter den gegebenen Umständen keine Möglichkeit hat, in dem Beruf zu verbleiben
Juli 1937 wegen „Rassenschande" zu einer Zuchthausstrafe von 18 Monaten verurteilt (ohne Anrechnung der Untersuchungshaft)
bis März 1939 Verbüßung der Strafe im Zuchthaus Brandenburg/Havel
Frühjahr 1939 nach Haftentlassung Emigration über Frankreich in die USA
– arbeitet anfänglich als Angestellter, später als selbstständiger Unternehmer im Hotelfach
1951 lebt in Minerva, New York
1951 Rückkehr nach Berlin, da sein Hotelbetrieb unrentabel geworden ist
Juni 1951 Antrag auf Zulassung als Anwalt in Berlin
Dezember 1951 befürwortende Stellungnahme der RAK (nach mehreren Rückfragen wegen widersprüchlicher Angaben)
August 1952 Zulassung erteilt (Gründe für Dauer des Verfahrens nicht ersichtlich; steht möglicherweise im Zusammenhang mit einer weiteren Verurteilung von 1938 (Devisenvergehen), von der Baum glaubhaft versichert, nichts gewusst zu haben)

ab Mai 1954 Notar
Juli 1974 aus Altersgründen als Notar entlassen
– praktiziert bis ins 95. Lebensjahr
Oktober 1978 auf Antrag aus Altersgründen als Anwalt gelöscht
Quellen:
LAB: B Rep. 068 Nr. 192.
Jahresverzeichnis der an deutschen Universitäten erschienenen Schriften, 24/1908–1909.
AoR, S. 116.

Baum, Siegfried Dr.
09.03.1905 Berlin – keine Angaben
Familienstand: keine Angaben
1928 erstes Staatsexamen
1932 zweites Staatsexamen
– Rechtsanwalt am LG I–III und am AG Berlin-Mitte
Frühjahr 1933 Berufsverbot
– Emigration (Jahr und Land nicht bekannt)
nach 1945 Rückkehr nach Deutschland
– wohnhaft in Hessen und in Saarbrücken
1954 bewirbt sich um eine Stelle im höheren Dienst der Arbeitsverwaltung Baden-Württemberg (Ausgang unbekannt)
November 1954 in Saarbrücken schwebt ein Verfahren wegen unbefugten Führens eines akademischen Titels (Ausgang unbekannt)
September 1958 Baum bittet in einem Schreiben an den Vorstand der RAK Berlin um eine Bescheinigung für das Entschädigungsamt, dass ihm eine anwaltliche Tätigkeit aufgrund fehlender Berufserfahrung und fehlender Verankerung in Deutschland nicht mehr zuzumuten sei
Quellen:
LAB: B Rep. 068 Nr. 205.
EAB: Nr. 50.062 (Datenschutz nicht abgelaufen).
AoR, S. 116.

Becher, Carl Herbert Dr. (später: Beecher, Charles H.)
18.04.1888 Berlin – keine Angaben (nach August 1960)
Familienstand: verheiratet seit 1925, eine Tochter
– bald nach der Geburt Umzug der Familie nach Schrimm (Provinz Posen)
– besucht dort Volksschule und Gymnasium
Ostern 1906 Abitur
– Studium in Heidelberg und Berlin
1909 erstes Staatsexamen
– Referendariat im KG-Bezirk
1910 Promotion an der Universität Heidelberg
August 1914 zweites Staatsexamen als „Notprüfung"
1914 – Ende 1916/Anfang 1917 Soldat im Ersten Weltkrieg, im Einsatz an der Ostfront
bis Ende 1917, nach Entlassung aus dem Heer Gerichtsassessor beim AG Berlin-Mitte
1918–1919 Leiter der Umsatzsteuerstelle beim Berliner Magistrat
ab Januar 1920 Anwalt in Berlin
ab 1927 (?) Notar
1933 Vertretungsverbot, dann wieder zugelassen
Ende 1935 Entzug des Notariats
Ende 1938 Berufsverbot als Anwalt
März 1939 Emigration nach Großbritannien
Mai 1940 Emigration in die USA
1941–1943 studiert an den Universitäten Seattle und Denver Buchführung, Bilanz und Steuerrecht
– arbeitet dann als Buchhalter
1946 US-Staatsbürgerschaft
1947 Niederlassung als Buchprüfer und Steuerberater in Denver
ab Juli 1949 Bestellung zum Notary Public für vier Jahre, dann um vier Jahre verlängert
Oktober 1954 Antrag auf Zulassung als Anwalt in Berlin ohne Residenzpflicht
Januar 1955 Zulassung erteilt
September 1957 aus Altersgründen auf Antrag gelöscht
August 1960 fragt bei der Bundesrechtsanwaltskammer an, ob die Löschung rückgängig gemacht werden könne
– ein Antwortschreiben ist nicht überliefert
– lebt zu diesem Zeitpunkt in Philadelphia
Quellen:
LAB: B Rep. 068 Nr. 239.
Senatsjustizverwaltung: Akte 3176/1 – I/B 1.
AoR, S. 117.

Beer, Georg Dr.
16.11.1892 Gollnow (Pommern) – 24.06.1976 (Berlin?)
Familienstand: zweimal verheiratet (1925, Scheidung 1927, 1938), ein Sohn aus erster Ehe
1898–1900 Privatunterricht
1901–1902 Mittelschule in Gollnow
1902–1910 Gymnasium in Stettin
1910 Abitur
1910–1913 Studium Nationalökonomie und Jura in München, Berlin und Halle

1914 erstes Staatsexamen beim OLG Naumburg
1915 Promotion an der Universität Greifswald
August 1914 – November 1918 als Kriegsfreiwilliger im Fronteinsatz im Ersten Weltkrieg
1921 zweites Staatsexamen
ab 1922 als Anwalt in Stettin zugelassen
ab 1932 Notar
1933 als Notar entlassen
ab 1933 als Anwalt anhaltenden Schikanen und Boykott ausgesetzt
1936 verlegt den Wohnsitz nach Berlin
1937 muss die Zulassung zur Anwaltschaft nach dem Umzug nach Berlin aufgeben
Anfang 1938 soll den Reisepass abgeben und flüchtet daher nach Holland
März 1938 Emigration nach Palästina
– lebt in Haifa, beteiligt sich an verschiedenen Unternehmen, kann wirtschaftlich gesehen aber nicht Fuß fassen
1956 Rückkehr nach Berlin
Januar 1957 als Anwalt in Berlin zugelassen
Quellen:
LAB: B Rep. 068 Nr. 233 (mit Foto).
Jahresverzeichnis der an deutschen Universitäten und Technischen Hochschulen erschienenen Schriften, 31/1915.
Auskunft Joel Levi, Tel Aviv.

Behr, Rudolf
09.05.1894 Breslau – Februar 1970
Familienstand: verheiratet seit 1937
1912 Abitur am Friedrich-Wilhelms-Gymnasium in Berlin
– Studium Jura und Nationalökonomie in Berlin
1914–1918 als Kriegsfreiwilliger im Ersten Weltkrieg, im Fronteinsatz
– nach Demobilisierung Fortsetzung des Studiums
Mai 1920 erstes Staatsexamen
November 1926 zweites Staatsexamen
ab Oktober 1927 Rechtsanwalt in Berlin, zugelassen beim KG
– Sozietät mit Dr. Martin Hirsch (AoR, S. 176)
1933 Vertretungsverbot, dann wieder zugelassen
1937 Emigration in die USA, da für ihn die Zustände beruflich und außerberuflich unhaltbar geworden sind
– lebt in Baltimore, Maryland
– in den USA als juristischer Berater (foreign law adviser) tätig, später Notar des Staates Maryland und als Rechtsvertreter beim Außenministerium zugelassen
– Mitglied der American Association of International Law
Mai 1949 Antrag auf Zulassung als Anwalt in Berlin ohne Residenzpflicht
– führt einen längeren Briefwechsel mit dem KG-Präsidenten, ob eine Zulassung ohne Residenzpflicht zulässig sei; der KG-Präsident verneint dies mit Verweis auf die Regelungen der RAO von 1878
Aus einem Schreiben von Rudolf Behr an das Präsidium der RAK vom 06.05.1949 (der KG-Präsident hatte Behr geraten, sich auch an die RAK zu wenden):
„Ich würde es mit meinem Rechtsempfinden für unvereinbar halten, wenn auf dem Umweg einer bedenklichen Auslegung der Residenzvorschrift und ihrer Ausnahme in der RAO versucht werden sollte, das den Naziopfern innerhalb der deutschen Anwaltschaft zugefügte Unrecht fortbestehen zulassen. Ich habe es als eine Ehre betrachtet, der Vorhitler-Anwaltschaft anzugehören und ich habe meinen Anwaltsberuf in Ehren ausgeübt. Mir ist diese Ehre in unehrenhafter Weise genommen worden. Ich lege entscheidenden Wert darauf, dass sie durch meine Zulassung wiederhergestellt wird. Ich bin der Überzeugung, dass die Rechtsanwaltskammer Berlin meinen Standpunkt teilt und mir ihre Unterstützung in vorliegender Angelegenheit nicht versagt."
(LAB B Rep. 068 Nr. 229)
– eine Antwort auf dieses und andere Schreiben ist in der Akte nicht überliefert
– das Verfahren zieht sich in die Länge, ohne dass ein abschließender Bescheid ergeht
Ablehnende Stellungnahme der RAK zur Kenntnis an Behr vom 10.10.1950:
„Wir können bei der gegebenen Sachlage zu unserem Bedauern die Zulassung nicht befürworten, beantragen vielmehr die Ablehnung des Gesuches lediglich deshalb, weil der Bewerber es abgelehnt hat, in Berlin seinen Wohnsitz zu nehmen."
(LAB B Rep. 068 Nr. 229)
Juni 1951 neuer Antrag auf Zulassung in Berlin
Juli 1951 befürwortende Stellungnahme der RAK
Juni 1952 Zulassung erteilt
Mai 1958 Aufgabe der Zulassung wegen anderweitiger Zulassung beim LG Karlsruhe
April 1958 – April 1967 Rechtsanwalt in Karlsruhe
Quellen:
LAB: B Rep. 068 Nr. 229.
Senatsjustizverwaltung: Akte 3176/1 – I/B 1.
Auskunft RAK Karlsruhe.
Social Security Death Index (zugänglich im Internet).
AoR, S. 117.

Behrendt, Alfred Dr.
06.12.1900 Hirschberg i. R. (Schlesien) – 20.05.1976 (Newlands, Cape, Südafrika?)
Familienstand: verheiratet, eine Tochter
– besucht die Oberrealschule in Hirschberg
Juni 1918 Abitur
– anschließend Heeresdienst beim 5. Jägerbataillon Hirschberg
Januar 1919 Entlassung aus dem Heer
– studiert zwei Semester Medizin in Würzburg, dann Jura in Würzburg, München, Berlin und Breslau
Dezember 1922 erstes Staatsexamen beim OLG Breslau
– Referendariat im OLG-Bezirk Breslau und in Berlin (Anwaltsstation)

April 1924 Promotion an der Universität Breslau
September 1926 zweites Staatsexamen
bis September 1927 als Assessor mit verschiedenen Kommissorien im OLG-Bezirk Breslau betraut
1927–1928 juristischer Hilfsarbeiter bei der Industrie- und Handelskammer Berlin
bis Oktober 1930 juristischer Hilfsarbeiter in verschiedenen Berliner Anwaltskanzleien, u.a. bei Dr. Fritz Oppenheimer (AoR, S. 234f.)
ab Oktober 1930 Anwalt in Berlin
ab April 1931 Anwalt in Hirschberg
1933 Berufsverbot als Anwalt
– danach in der Landwirtschaft und in der Textilbranche tätig
Anfang 1934 Emigration nach Spanien, betätigt sich als Gastwirt und Landwirt auf Ibiza
September 1936 nach Beginn des Bürgerkriegs in Spanien Rückkehr nach Deutschland
Anfang 1937 als Rückkehrer von einer Verhaftung bedroht, Flucht in die Tschechoslowakei
Anfang 1937 Emigration nach Kapstadt, Südafrika
– dort als Handelsvertreter für ausländische Firmen tätig
ab 1940 Inhaber einer eigenen Firma (Branche nicht bekannt)
– beschäftigt sich auch mit dem südafrikanischen Recht und legt Prüfungen ab (Roman-Dutch Law, Constitutional Law, Criminal Law, English Law)
April 1954 Antrag auf Zulassung als Anwalt in Berlin ohne Residenzpflicht
September 1959 Zulassung erteilt
Quellen:
LAB: B Rep. 068 Nr. 241 (mit Foto).
Senatsjustizverwaltung: Akte 3176/1 – I/B 1.

Benda, Heinrich Dr.
29.01.1895 Berlin – 15.12.1977 (Berlin?)
Familienstand: verheiratet seit 1933
– besucht nach Privatunterricht das Friedrichswerdersche Gymnasium in Berlin
1912–1914 Studium in Heidelberg und Berlin
1914–1918 als Kriegsfreiwilliger Soldat im Ersten Weltkrieg, schwer verwundet (Verlust eines Auges), zuletzt Unteroffizier
1918 erstes Staatsexamen
1919 Promotion an der Universität Greifswald
1922 zweites Staatsexamen
1922–1925 als Gerichtsassessor auftragsweise beschäftigt
ab 1926 aktives Mitglied der KPD
ab 1927 Rechtsanwalt in Berlin
1927–1932 mehrere Studienreisen durch Europa, Amerika, Asien und Afrika
1933 Berufsverbot wegen „kommunistischer Betätigung"; Benda hatte im März 1933 Handzettel mit der Aufschrift „Weg mit Hitler! Kämpft für die Diktatur des Proletariats!" verteilt und war verhaftet worden
1. April 1933 durchbricht den Boykott jüdischer Geschäfte und Kanzleien und wird dabei verhaftet
– gilt nach den NS-Kriterien als „Mischling 1. Grades" (Personalakte), nach anderen Angaben als „Sternträger" und mit dem Zwangsnamen „Israel" belegt (OdF-Akte)
1933–1939 ohne Erwerbsmöglichkeit, nur zeitweise im Straßenhandel mit Seife tätig
1939–1945 zur Zwangsarbeit herangezogen, als Bau-, Kohlen- und Reichsbahnarbeiter
– lebt mutmaßlich in einer „Mischehe"
Juni 1945 – 1948 Leiter der Rechtsabteilung im Bezirksamt Friedrichshain
– als OdF anerkannt
– hält nebenbei Kurse an der Volkshochschule ab
1949–1951 Leiter des Hauptamts Recht, später des Rechtsamts der Abteilung Wirtschaft beim (Ost-) Berliner Magistrat

1951–1952 juristischer Hilfsarbeiter bei Friedrich Karl Kaul
Ende 1952 Antrag auf Zulassung zur Anwaltschaft in Berlin
Januar 1953 befürwortende Stellungnahme der Anwaltskammer, Abteilung I
Ende Januar 1953 Zulassung beim KG Berlin, beim Stadtgericht Berlin und bei allen Stadtbezirksgerichten in Groß-Berlin durch den (Ost-) Berliner Magistrat, Abteilung Justiz erteilt
– weiterhin in der Kanzlei von Friedrich Karl Kaul tätig
ab 1955 erhält mit Vollendung des 60. Lebensjahres eine Altersrente als VdN
ab 1965 erhält anstelle der VdN-Rente die „Ehrenpension für Kämpfer gegen den Faschismus"
Quellen:
LAB: B Rep. 068 Nr. 246 (mit Foto); C Rep. 118-01 Nr. 32.903.
AoR, S. 118.

Benfey, Hans Dr.
23.01.1888 Emmerstedt bei Helmstedt (Braunschweig) – 09.01.1968 Berlin
Familienstand: verheiratet, mehrere Kinder
1893–1989 Volksschule in Inzersdorf bei Wien
1898–1900 Gymnasium in Göttingen
1901–1907 Realgymnasium in Köln
1907–1911 Studium in Bonn
August 1911 erstes Staatsexamen
1911–1919 Referendariat
1915–1918 im Ersten Weltkrieg bei der Zivilverwaltung in Polen, als Staatsanwalt und Verwaltungsbeamter
– nach der Rückkehr Fortsetzung des Referendariats
Oktober 1919 zweites Staatsexamen
1920 Promotion an der Universität Köln
ab 1920 Rechtsanwalt in Berlin
ab August 1930 Notar
1933 Entzug des Notariats, als Anwalt wieder zugelassen
– Hintergründe der Wiederzulassung unklar; nach bislang bekannten Informationen konnte Benfey keine der Ausnahmebestimmungen des Anwaltsgesetzes beanspruchen
– gilt als „Mischling 2. Grades"
– zeitweise Mitglied im „Stahlhelm", nach eigenen Angaben zu Tarnzwecken
1933–1945 weiter als Anwalt tätig
Juni – November 1945 Richter im Berliner Justizdienst (AG Zehlendorf, LG)
ab Ende 1945 vorläufig wieder als Anwalt und Notar zugelassen
Februar 1947 endgültige Zulassung durch das Rechtskomitee der Alliierten Kommandantur
März 1947 endgültige Zulassung durch den KG-Präsidenten
März 1948 – September 1948 Pflichtdienst als Richter im Berliner Justizdienst beim AG Schöneberg
Quellen:
LAB: B Rep. 068 Nr. 254.
AoR, S. 118.

Bergmann, Arthur Dr.
16.12.1906 Berlin – 26.10.1979 Jerusalem
Familienstand: verheiratet, keine Kinder
– Sohn eines Rabbiners
– Abitur am Mommsen-Gymnasium in Berlin-Charlottenburg

– Studium in Berlin
1928 erstes Staatsexamen
1928–1931 Referendariat im KG-Bezirk
1929 Promotion an der Universität Berlin, Prädikat „magna cum laude"
Juli 1932 zweites Staatsexamen
ab März 1932 Anwalt in Berlin
– Rechtsanwalt bei den Berliner LG und dem AG Berlin-Mitte
Juni 1933 Berufsverbot
– geht ins Saarland und wird dort 1935 nach der Rückgliederung in das Deutsche Reich wegen „Vorbereitung des Hochverrats" angeklagt und zeitweise inhaftiert
Mai 1936 Emigration nach Palästina
1936–1938 juristischer Sachbearbeiter, später Leiter der Bank The Palestine Corporation Ltd. in Jerusalem
1937 Zulassungsprüfung als Anwalt in Jerusalem (Foreign Advocates Examination)
1948–1962 im israelischen Staatsdienst (u.a. Direktor der Einkommenssteuerbehörde 1948–1950, Abteilungsleiter im Finanzministerium), zeitweise im Ausland tätig
ab März 1962 Leiter der staatlichen Maritime Bank of Israel (Schiffskreditbank)
Januar 1962 Antrag auf Zulassung als Anwalt in Berlin ohne Residenzpflicht
– da aus seinem Antrag nicht hervorgeht, in wel-

cher Weise er sich anwaltlich betätigen will, werden Nachfragen für erforderlich gehalten und das Verfahren zieht sich in die Länge
– Bergmann gibt an, dass er israelische Bürger insbesondere in sozialrechtlichen Fragen des deutschen Versicherungsrechts unentgeltlich beraten und gegebenenfalls vertreten will
September 1962 der RAK-Vorstand befürwortet den Zulassungsantrag
– aus unbekannten Gründen zieht sich das Verfahren weiter in die Länge
Januar 1963 Zulassung erteilt
Quellen:
LAB: B Rep. 068 Nr. 3359 (mit Foto).
Auskunft Joel Levi, Tel Aviv.
AoR, S. 121.

Bergmann, Curt Dr.
28.10.1886 Dresden – 28.11.1962 (Berlin?)
Familienstand: keine Angaben
1893–1897 Bürgerschule in Dresden
1897–1906 Kreuz-Gymnasium in Dresden
1906–1909 Studium Jura und Philosophie in München, Freiburg i. Br., Berlin und Leipzig
Juni 1909 erstes Staatsexamen
Januar 1914 zweites Staatsexamen
ab Juni 1914 als Anwalt am LG Dresden zugelassen
ab Juli 1928 Notar
1933 Entzug des Notariats
Ende 1938 Berufsverbot als Anwalt

– befindet sich zum Zeitpunkt der Pogromnacht in England, von wo er nicht nach Deutschland zurückkehrt
Juni 1940 – Juni 1941 auf der Isle of Man interniert
August 1941 – Dezember 1947 im Kriegshilfsdienst, später bei einer Eisenbahngesellschaft tätig
1943–1946 Jurastudium als Externer an der Universität London
Dezember 1947 Rückkehr nach Deutschland
ab Januar 1948 Richter (Zivilsenat) am OLG Dresden
ab März 1950 Vorsitzender des IV. Zivilsenats
April 1950 wegen drohender Verhaftung Flucht nach West-Berlin
Juli – November 1952 Richter beim Wiedergutmachungsamt Berlin
Dezember 1952 beantragt Zulassung als Anwalt in Berlin
Mai 1953 Zulassung erteilt
ab September 1954 Notar
Oktober 1961 Umzug nach Scherfede, Kr. Warburg (Westfalen)
Mai 1962 Rückkehr nach Berlin
Quellen:
LAB: B Rep. 068 Nr. 173 (mit Foto).

Bergmann, Walter Dr.
23.03.1889 Küstrin (Brandenburg) – 22.03.1967 (Berlin?)
– zweimal verheiratet, keine Kinder
– Schulbesuch in Küstrin und Landsberg/Warthe, dann nach Umzug der Familie in Berlin
Herbst 1908 Abitur am Friedrichs-Gymnasium in Berlin
Herbst 1908 – Juni 1912 Studium Jura und Volkswirtschaft in Freiburg i. Br., Genf, Berlin und Tübingen
August 1912 erstes Staatsexamen beim KG
Ende September 1912 Vereidigung als Referendar am AG Strausberg bei Berlin
Oktober 1912 – September 1913 Militärdienst als Einjährig-Freiwilliger
Oktober 1913 – August 1914 Referendariat im KG-Bezirk
August 1914 – Januar 1919 Soldat im Ersten Weltkrieg, im Fronteinsatz, zuletzt Offiziersstellvertreter, ausgezeichnet mit dem Eisernen Kreuz
1917 während eines Lazarettaufenthalts nach einer Kriegsverwundung mündliche Prüfung zur Promotion an der Universität Tübingen (Dr. rer. pol.)
1919–1921 Fortsetzung des Referendariats
1920 Abschluss der Promotion
März 1921 zweites Staatsexamen
1921–1922 als Gerichtsassessor mit Kommissorien an Berliner Gerichten betraut
ab 1922 ständiger Hilfsarbeiter (Amts- und Landrichter)
April 1927 Ernennung zum AG-Rat beim AG Berlin-Mitte
– arbeitet als Vorsitzender einer Schöffenabteilung und des erweiterten Schöffengerichts am Kriminalgericht in Berlin-Moabit
Mitte 1930 verurteilt Goebbels zu zwei Monaten Gefängnis
– aktiver Sportler und Sportfunktionär (Vorstand

des Sportclub Charlottenburg (SCC), leitende Funktionen in der Frauensportbewegung, auch in internationalen Verbänden)
April 1933 in eine Zivilabteilung versetzt und zwangsweise beurlaubt
– ein Antrag auf Versetzung in den Ruhestand, da er nicht als Richter im NS-Regime arbeiten will, wird abgelehnt
September 1933 beantragt aus gesundheitlichen Gründen die Versetzung in den Ruhestand, die zum 01. Januar 1934 gemäß Paragraph 6 BBG erfolgt (der Paragraph sieht die Versetzung in den Ruhestand „zur Vereinfachung der Verwaltung oder im Interesse des Dienstes" vor)
November 1933 wegen „rassischer Gegensätze" Scheidung der ersten Ehe
ab 1934 freiberuflich tätig, zuerst als Steuer- und Wirtschaftsberater, dann bei einem Grundstücksmakler
21. November 1938 Flucht nach Schweden vor einer drohenden Verhaftung
Februar 1939 Emigration nach Bolivien
Frühjahr 1939 – September 1953 Pächter eines Bauerngutes in Sucre, mit geringen Erträgen, die nur mit Mühe zum Lebensunterhalt ausreichen
1948 Annahme der bolivianischen Staatsbürgerschaft
1948 zweite Heirat
April 1953 erhält durch Wiedergutmachungsbescheid rückwirkend ab dem 01. April 1951 ein Ruhegehalt als Richter und für die Zeit vom 01. April 1950 bis zum 31. März 1951 eine Entschädigung in Höhe des Ruhegehalts
Ende 1953 Rückkehr nach Berlin
Januar 1954 Antrag auf Zulassung als Rechtsanwalt in Berlin
April 1954 Zulassung erfolgt
Quellen:
LAB: B Rep. 068 Nr. 170.
Bergemann, Hans/Ladwig-Winters, Simone: Richter und Staatsanwälte jüdischer Herkunft in Preußen und im Nationalsozialismus. Köln 2004, S. 139f.

Bernhard, Walther
09.04.1877 Berlin – 05.09.1948 Luzern (Schweiz)
Familienstand: verheiratet seit 1929
– erhält als erste schulische Ausbildung Privatunterricht
1888–1895 Wilhelms-Gymnasium in Berlin
1895 Abitur
1895–1899 Studium Jura und Volkswirtschaft in Berlin
November 1899 erstes Staatsexamen
1901–1902 Militärdienst als Einjährig-Freiwilliger
Mai 1906 zweites Staatsexamen
– Promotion an der Berliner Universität
ab 1907 Rechtsanwalt in Berlin
– zugleich Syndikus der Nationalbank für Deutschland (ab 1922 DANAT-Bank)

ab 1913 stellvertretender Direktor der Bank
1914 – Januar 1919 Kriegsdienst im Ersten Weltkrieg an der Ostfront, Hauptmann, ausgezeichnet mit dem EK I und II
1920 „Volldirektor" der Nationalbank für Deutschland (ab 1922 DANAT-Bank)
– in dieser Funktion bis zur 1932 erfolgten Fusion mit der Dresdner Bank
1932–1933 Direktor der Dresdner Bank
1933 wählt die DVP
– publiziert im Bankarchiv und in der Deutschen Allgemeinen Zeitung Aufsätze und Artikel zur Geschichte des italienischen Bankwesens im Mittelalter
1933 erzwungenes Ausscheiden aus dem Direktorium der Dresdner Bank
1933 auf Antrag als „Altanwalt" und „Frontkämpfer" wieder zugelassen
ab 1933 Justitiar bei den Bankhäusern S. Bleichröder und Gebr. Arnhold
1938 Berufsverbot als Rechtsanwalt
1939–1945 Liquidator der Bankhäuser S. Bleichröder und Gebr. Arnhold, außerdem Geschäftsführer der Arnhold'schen Vermögensverwaltung GmbH
– lebt in einer „Mischehe"; muss bis zum 15. März 1943 den Judenstern tragen; dann verfügt der Polizeipräsident Potsdam, dass er bis auf weiteres nicht als Jude zu behandeln sei (Angabe der Ehefrau)
August 1945 vorläufig wieder als Rechtsanwalt zugelassen
1948 endgültige Wiederzulassung als Rechtsanwalt
1948 stribt auf einer Erholungsreise in Luzern, Schweiz
Quellen:
LAB: C Rep. 301 Nr. 1433 (mit Foto).
EAB: Nr. 201.060 (Antrag der Witwe).
AoR, S. 121f.

Bernhardt, Walter
12.04.1879 Berlin – 14.08.1961 Berlin
Familienstand: verheiratet, keine Kinder
1885–1897 Friedrichwerdersches Gymnasium in Berlin

März 1897 Abitur
1897–1900 Jurastudium in Berlin und Freiburg i. Br.
Juni 1900 erstes Staatsexamen in Berlin
Mai 1906 zweites Staatsexamen
ab 1907 Rechtsanwalt in Berlin
Dezember 1916 – März 1919 Kriegsdienst in Rumänien
1918 mit dem Verwundetenabzeichen ausgezeichnet, zuletzt in rumänischer Kriegsgefangenschaft
1920–1924 auch Notar
1933 als „Altanwalt" wieder zugelassen, muss allerdings die Kanzlei verlegen
Oktober 1936 lässt sich als Rechtsanwalt löschen, da er fortwährend schikaniert wird
Oktober 1936 – März 1943 ohne Arbeit; lebt von Ersparnissen
– lebt in einer kinderlosen „nicht-privilegierten Mischehe"
Februar 1943 verhaftet und wohl in der Rosenstraße festgehalten
März 1943 – April 1945 zwangsverpflichtet, bei der Reichsbahn und den Firmen Jesse, Wiegel und Bolte
Schreiben vom 21.01.1947 an das Präsidium der RAK, Antrag auf Freistellung vom Pflichtdienst als Richter oder Staatsanwalt:
„Ich war als Jude und Nicht-Arier rassisch verfolgt. In kinderloser Mischehe lebend, war ich jahrelang sogenannter Sternträger, in den Lebensmittelkarten bis zur Hungersnot beschränkt, und zu einem schimpflichen Arbeitsdienst vom 30. März 1945 bis in den April 1945 hinein gezwungen. Erst war ich 1 Jahr lang Gepäckarbeiter auf dem Stettiner Bahnhof, dann 1 Jahr lang Fabrikarbeiter in verschiedenen Fabriken des Berliner Südostens. Ich war auch durch die ‚Gestapo' gezwungen meine Wohnung aufzugeben, und mein Hab und Gut zu Schleuderpreisen zu verkaufen."
(LAB B Rep. 068 Nr. 3346)
Ende August 1945 als Rechtsanwalt vorläufig wieder zugelassen
Februar 1948 endgültige Zulassung
Quellen:
LAB: B Rep. 068 Nr. 3346 (mit Foto); C Rep. 301 Nr. 1434–35.
EAB: Nr. 1.050.
KG Berlin, Liste über zugelassene Rechtsanwälte.
AoR, S. 122.

Besser, Alexander Dr.
27.10.1899 Forst (Lausitz) – 08.07.1978 Offenbach
Familienstand: verheiratet, keine Kinder
– Gymnasium in Forst (Lausitz)
ab Mai 1918 Studium in Breslau und Berlin
Januar 1927 zweites Staatsexamen
ab Januar 1927 für ca. sechs Monate als Richter am LG III tätig
1927 Promotion an der Universität Breslau
Mitte 1927 Niederlassung als Anwalt in Berlin
– unter seinen Klienten befinden sich viele bekannte Künstler und Schriftsteller, u.a. Paul Wegener, Kurt Tucholsky, Walter Hasenclever, Christa Winsloe, Hertha v. Gebhardt

Frühjahr 1933 Berufsverbot
– nach dem Berufsverbot ohne Erwerbsarbeit, macht viele und lange Auslandsreisen
– später im Palästina-Amt in Berlin tätig
August 1938 seine Mitarbeit dort wird von der Gestapo für unerwünscht erklärt
– versteckt sich daraufhin, bis die Papiere beisammen sind, und emigriert im Oktober 1938 nach Palästina

– dort ohne Anwaltsexamen für Palästina/Israel als freier Rechtsberater tätig
Februar 1949 – Juli 1950 Redakteur bei der Wochenzeitung Hakidmah in Tel Aviv
1950 Rückkehr nach Deutschland, Frankfurt a. M.
bis März 1952 dort im Legal Aid Department der JRSO tätig
– dann als Anwalt und Notar in Frankfurt niedergelassen
– zugleich weiterhin als Journalist tätig, u.a. für die Allgemeine Wochenzeitung der Juden in Deutschland und für die Hakidmah
ab 1960 umfangreiche Tätigkeit als Kommentator für Hörfunk und Fernsehen
– tritt u.a. im Internationalen Frühschoppen als journalistischer Vertrer Israels auf
1964 Heirat und Umzug nach Mörfelden-Walldorf bei Frankfurt
1967 der Schriftsteller Peter Härtling und seine Familie ziehen in das Nachbarhaus
8. Juli 1978 stirbt bei einem Verkehrsunfalll in Offenbach
1985 Peter Härtling veröffentlicht seinen Roman Felix Guttmann, dem der Lebensweg von Alexander Besser zugrunde liegt
– in Mörfelden-Walldorf ist eine Straße nach Alexander Besser benannt
Quellen:
EAB: Nr. 54.277.
Schneider, Christoph: Alexander Besser. Eine biografische Skizze. http://juedischesmuseum.de/fileadmin/user_upload/uploadsJM/PDF/Abteilungen/Besser_Bio.pdf, 07.08.2012.
Nachlass im Jüdischen Museum Frankfurt a. M.
AoR, S. 122.

Beutner, Joachim Dr.
07.10.1897 Jüterbog (Brandenburg) – 08.08.1963 Berlin
Familienstand: verheiratet, zwei Töchter
1906–1909 Augusta-Gymnasium Charlottenburg
1910–1914 Französisches Gymnasium
1914 Abitur
August 1915 – November 1918 Matrosenartillerie in Kiel und in Flandern
– aus dem Heer als Vizefeuerwerker d. R. entlassen
– Jurastudium
Juni 1921 erstes Staatsexamen in Berlin, Note „gut"
Juli 1924 zweites Staatsexamen
ab 1924 Rechtsanwalt in Berlin
ab 1930 Notar
– Mitglied im Anwaltsverein, im Notarverein und in der Deutschen Gesellschaft
– Veröffentlichung: Geldwert- und Indexzahlen, Heymanns, 1923
– gilt nach NS-Kriterien als „Mischling 2. Grades", die Ehefrau als „volljüdisch"
1933 Vertretungsverbot, als „Frontkämpfer" wieder zugelassen
– Tätigkeit als Rechtsanwalt und Notar ist wegen

der „nichtarischen Herkunft" eingeschränkt, beruflich diskriminiert
– Sozietät mit Wilhelm Beutner (vermutlich sein Bruder, AoR, S. 123)
– verzeichnet auch in der NS-Zeit hohe Einnahmen von bis zu 45.000 RM
1939 bei Kriegsausbruch zur Kriegsmarine eingezogen, nach zwei Monaten entlassen
1943 wird „als dem Beruf entbehrlich" (KG-Präsident) dem Arbeitsamt überwiesen, wird jedoch aus Gesundheitsgründen nicht zum Arbeitseinsatz herangezogen und auch nicht zur Organisation Todt zwangsverpflichtet
– lebt in ständiger Bedrohung wegen der jüdischen Herkunft seiner Ehefrau und in Sorge wegen seiner Töchter, die als „Mischlinge" gelten; versteckt sich zeitweise vor dem befürchteten Zugriff der Gestapo
Juli 1945 als Rechtsanwalt und Notar vorläufig zugelassen
1947 erneut vorläufig zugelassen
1948/49 endgültige Zulassung
– erhält Entschädigung wegen Schadens an Körper oder Gesundheit
Quellen:
LAB: B Rep. 068 Nr. 3356 (mit Foto); C Rep. 301 Nr. 1434–1435 (mit Foto).
EAB: Nr. 346.238.
KG Berlin, Liste über zugelassene Rechtsanwälte.
AoR, S. 123 (mit Foto).

Bibro, Felix
28.09.1903 Hohensalza (Posen) – 14.08.1985 Haifa (Israel)
Familienstand: keine Angaben
– wächst in Berlin auf
– absolviert das Jurastudium an der Berliner Universität
1926 erstes Staatsexamen

– engagiert sich in dem zionistisch orientierten Kartell jüdischer Verbindungen
– Rechtanwalt an den Berliner LG und am AG Berlin-Mitte
– arbeitet für die Vorläuferorganisation der Gesellschaft für musikalische Aufführungs- und mechanische Vervielfältigungsrechte
1933 Berufsverbot
November 1935 Emigration nach Palästina, Haifa
– arbeitet für die Zweigstelle der Vereinigten deutschen Einwanderer, später im Amt für Lebensmittelkontrolle der britischen Mandatsregierung; dort auch nach der Staatsgründung Israels
– schiebt aus familiären und wirtschaftlichen Gründen die Fortbildung zum israelischen Rechtsanwalt bis Anfang der 1950er Jahre auf
– nach Zulassung als israelischer Anwalt Rechtsberater der nationalen Sozialversicherung in Haifa
1962 Rückkehr nach Berlin
– arbeitet als Richter eines Entschädigungsgerichts
1968 nach Versetzung in den Ruhestand Rückkehr nach Israel
Quellen:
Auskunft Joel Levi, Tel Aviv.
AoR, S. 123.

Biel, Ulrich Dr.
17.05.1907 Berlin – 09.01.1996 (Berlin?)
Familienstand: verheiratet seit 1941, keine Kinder (Stand: 1953)
– Sohn des JR Dr. Richard Bielschowsky (gest. 1920) und seiner Ehefrau Tilly, geb. Simon (Opfer der Shoah)
– besucht das Bismarck-Gymnasium in Berlin
März 1926 Abitur, Prädikat „sehr gut"
1926–1929 Studium Rechts- und Staatswissenschaften in Genf, Berlin und Bonn
Dezember 1929 erstes Staatsexamen beim KG Berlin

ab 1930 Referendariat
Frühjahr 1933 während der letzten Ausbildungsstation in den Zwangsurlaub versetzt
August 1933 ohne zweites Staatsexamen zwangsweise entlassen
Frühjahr 1934 Promotion an der Universität Bonn, Note „gut"
1934 Emigration in die USA
1934–1942 im Investment- und Exportfinanzierungsgeschäft tätig
April 1940 US-Staatsbürgerschaft, damit Namenswechsel
1942–1946 Soldat in der US-Armee
Juli 1945 kehrt mit den US-Truppen nach Berlin zurück
1946–1952 im US-Staatsdienst, zunächst im Verteidigungsministerium, dann im Auswärtigen Dienst des State Department
1946–1949 Leiter der politischen Abteilung der US-Militärregierung für die Stadt Berlin; in dieser Funktion mit großem politisch Einfluss
1949–1951 „U.S. Landobserver" in Niedersachsen
November 1952 zweites Staatsexamen in Berlin
Januar 1953 Antrag auf Zulassung als Anwalt in Berlin
Februar 1953 Zulassung erteilt
„Den diplomatischen Dienst habe ich aus Liebe zur Juristerei verlassen. Am 19. Juni 1952 habe ich durch Eingabe an den Herrn Senator für Justiz darum gebeten, mir zu ermöglichen, die Voraussetzungen zu schaffen, unter denen ich zur Anwaltschaft in Berlin zugelassen werden kann. Im weiteren Verlauf erfolgte meine Zulassung zur großen juristischen Staatsprüfung, die ich am 21. November 1952 mit dem Prädikat ‚befriedigend' bestanden habe." (LAB B Rep. 068 Nr. 3369)
(vor Dezember) 1959 erwirbt die deutsche Staatsbürgerschaft
ab 1965 CDU-Mitglied

ab April 1967 Notar
1971–1979 Mitglied des Abgeordnetenhauses für die CDU, dabei u.a. 1974 Vorsitzender des Untersuchungsausschusses zum Steglitzer Kreisel, 1975–1979 Alterspräsident
1977 von der Stadt Berlin mit der Ernst-Reuter-Plakette geehrt
Quellen:
LAB: B Rep. 068 Nr. 3369.
Aus Anlass des 75. Geburtstages: Berliner Morgenpost, 16.05.1982, Rubrik „Menschlich gesehen": Ein Mann Berlins (mit Porträtzeichnung); Tagesspiegel, 16.05.1982: Ulrich Biel 75 Jahre (mit Foto).

Blasse, Jakob
14.07.1883 Koschmin (Posen) – 13.01.1955 Berlin
Familienstand: verheiratet seit 1927, keine Kinder
1889–1895 Volksschule und Höhere Knabenschule in Koschmin
1895–1899 Gymnasium in Posen
1899–1902 Gymnasium in Breslau
1902 Abitur
1902–1905 Studium in Breslau und Berlin

1905 erstes Staatsexamen beim KG
1907–1908 Militärdienst als Einjährig-Freiwilliger
1911 zweites Staatsexamen
ab 1912 Rechtsanwalt in Berlin
1914–1916 Militärdienst, auch im Fronteinsatz, zuletzt Unteroffizier, mit Kriegsauszeichnungen
1916–1918 Justitiar bei der Kontrollstelle für freigegebenes Leder
bis 1918 Mitglied der Freisinnigen Partei
1918–1921 Leiter der Reichslederstelle und Reichsschuhversorgung GmbH
1921–1933 Leiter des Reichsverbands der Deutschen Schuhindustrie
– Sachverständiger des Reichswirtschaftsrats
– Fachanwalt für Arbeitsrecht und ständiger Mitarbeiter der Juristischen Wochenschrift für arbeitsrechtliche Fragen
1933 als Anwalt und Notar wieder zugelassen, als Leiter des Reichsverbands entlassen
Ende 1935 Entzug des Notariats
Ende 1938 Berufsverbot als Anwalt
1938–1940 ohne berufliche Tätigkeit
1940–1945 mit der Abwicklung von Praxen „jüdischer Konsulenten" beauftragt
– lebt in einer „Mischehe" und bleibt daher von den Deportationen ausgenommen, muss aber den Judenstern tragen und ist den übrigen Beschränkungen unterworfen
– verliert viele Familienangehörige in der Shoah
Juni 1945 – März 1946 Justitiar und stellvertretender Leiter des Bergungsamtes beim Berliner Magistrat (das herrenloses Gut sicherstellen und ggf. freigeben soll)
ab Juli 1945 vorläufig als Anwalt zugelassen und zum Notar bestellt
1946 zugleich Syndikus des Bezirksamts Schöneberg
April 1946 – April 1948 LG-Direktor beim LG Berlin
Mai 1946 der KG-Präsident erbittet von der Anwaltskammer eine Stellungnahme, wie mit der Zulassung zur Anwaltschaft bei Personen, die ein öffentliches Amt bekleiden, verfahren werden soll
Juni 1946 Stellungnahme der Anwaltskammer: Zulassung als Anwalt ist mit dem Amt des Richters oder Staatsanwalts unvereinbar; Vereinbarkeit mit Stellen in der öffentlichen Verwaltung hängt von Art und Umfang der Tätigkeit ab
Oktober 1946 Rücknahme der vorläufigen Zulassung als Anwalt und Notar durch den Vizepräsidenten des KG wegen der Tätigkeit als LG-Direktor
1948 veröffentlicht die Synoptische Darstellung der Bestimmungen des Strafgesetzbuches seit dem 29. Januar 1933
April 1948 – November 1948 Vizepräsident des LG
8. November 1948 vom KG-Präsidenten vom Dienst suspendiert, ohne Konsultation des LG-Präsidenten und der Besatzungsmächte; Blasse wird vorgeworfen, sich 1945/46 als stellvertretender Leiter des Bergungsamts Bergungsgut durch die Ausstellung von Freigabebescheinigungen unrechtmäßig angeeignet zu haben (u.a. Gold und Schmucksachen); nach Einspruch der Alliierten wieder ins Amt gesetzt
Januar 1949 auf Befehl der West-Alliierten erneut vom Dienst suspendiert; Blasse, dessen Dienstsitz sich in West-Berlin befindet, begibt sich in den Ostsektor; der in Ost-Berlin residierende KG-Präsident weigert sich, dem Befehl des sowjetischen Gerichtsoffiziers Folge zu leisten und Blasse wieder ins Amt zu setzen; da dem KG-Präsidenten nun mit Verhaftung gedroht wird, begibt er sich seinerseits am 5.2. in den Westsektor; dies führt zur Spaltung der Berliner Justiz

Februar 1948 – November 1952 Vizepräsident des LG in Ost-Berlin
ab Dezember 1952 Oberrichter am Stadtgericht
1945 Mitglied der VVN (bis zu deren Auflösung 1953), der Deutsch-Sowjetischen Freundschaftsgesellschaft (ab 1949), des FDGB (ab 1949), der Vereinigung Demokratischer Juristen (ab 1949; Vorsitzender der Landesgruppe Groß-Berlin), des Kreisfriedensrats Prenzlauer Berg (ab 1952) (Stand: März 1953)
Quellen:
LAB: B Rep. 068 Nr. 301; C Rep. 301 Nr. 349 (mit Foto).
AoR, S. 125.

Blau, Bernhard
14.12.1881 Stolp (Pommern) – 02.11.1950 Berlin
Familienstand: verheiratet
1887–1892 humanistisches Gymnasium in Stolp
1892–1900 Wilhelm-Gymnasium Königsberg i. Pr.
März 1900 Abitur

1901–1903 Jurastudium in Königsberg und Berlin
September 1903 erstes Staatsexamen in Königsberg
Dezember 1908 zweites Staatsexamen
1909 Zulassung als Rechtsanwalt am KG
ab 1923 Notar
1923–1933 Mitglied im Ausschuss für Grundstücks- und Hypothekenwesen bei der IHK Berlin
– Veröffentlichungen: Erleichterte Kapitalherabsetzung bei Gesellschaften mit beschränkter Haftung, unter Berücksichtigung des Aktienrechtes, Köln: Otto Schmidt, 1932, zahlreiche Abhandlungen zum Bau- und Bodenrecht, als Mitverfasser Kommentar und systematische Darstellung zum Devisenrecht, Berlin: Spaeth und Linde, 1932–1936, als Mitverfasser Kommentar zum Steuerrecht und zum Bürgerlichen Gesetzbuch, Berlin: Heymanns, 1934
1933 als „Altanwalt" wieder zugelassen, aber als Notar entlassen
– tritt auch als Musiker auf; daher zwangsweise Mitglied in der Reichsmusikkammer
1938 Berufsverbot
1938–1945 „jüdischer Konsulent" in Berlin
– lebt in einer „Mischehe"
– eine Schwester wird nach Theresienstadt verschleppt und kommt dort ums Leben
Juni 1945 als Rechtsanwalt wieder zugelassen
Juli 1945 wieder zum Notar ernannt
WiSe 1947/48 (und früher) Lehrauftrag an der TU Berlin, Thema: Handelsrecht, Bau- und Bodenrecht
Quellen:
LAB: B Rep. 068 Nr. 354 (mit Foto); C Rep. 301 Nr. 2053.
EAB: Nr. 2.773 (Datenschutz nicht abgelaufen).
KG Berlin, Liste über zugelassene Rechtsanwälte.
AoR, S. 125.

Blau, Bruno Dr.
10.09.1881 Marienwerder (Westpreußen) – 21.08.1954 Freiburg i. Br.
Familienstand: verheiratet
1888–1900 Gymnasium in Marienwerder
Februar 1900 Abitur
1900–1903 Jurastudium in Berlin und Leipzig
Juni 1903 erstes Staatsexamen in Berlin
Juli 1903 Promotion in Freiburg i. Br.
Februar 1908 zweites Staatsexamen
ab 1908 Rechtsanwalt in Berlin
1915–1918 als Soldat im Ersten Weltkrieg, ausgezeichnet mit dem EK II
1914–1915 und 1920–1922 stellvertr. Vorsitzender bzw. Vorsitzender des Mieteinigungsamtes der Stadt Berlin
ab 1919 Notar
vor 1933 Mitglied im Berliner und Deutschen Anwaltverein und im Deutschen Notarverein
1922–1925 Mitglied der DVP
1933 wählt SPD
1929–1932 veröffentlicht Artikel zu juristischen Fragen im „Berliner Tageblatt"
Sommer 1933 erzwungene Verlegung der Kanzlei
– bei der Verlegung entstehen erhebliche Unkosten
Ende 1935 Entzug des Notariats
Februar 1936 lässt sich auf eigenen Antrag in den Anwaltslisten löschen, da er durch die NS-Maßnahmen in seiner Berufsausübung stark beinträchtigt ist
– Emigration nach Prag
bis 1942 als Schriftsteller tätig, veröffentlicht Beiträge zu jüdischen Themen in Zeitungen und Zeitschriften in der ČSR und Polen
1942 von der Gestapo verhaftet und nach Berlin überstellt
– erkrankt an Krebs und überlebt die NS-Zeit in Behandlung im Jüdischen Krankenhaus
September 1945 Wiederzulassung als Rechtsanwalt und Notar
30. Juli 1946 wegen bevorstehender Emigration Antrag auf Löschung als Rechtsanwalt

1947 Emigration in die USA, New York
1954 Rückkehr nach Deutschland
Zahlreiche Veröffentlichungen: Die Entwicklung der jüdischen Gemeinde Berlin, 1946 (in Der Weg); Die Juden im dritten Reich, Berlin 1946; Das Ausnahmerecht für die Juden in den europäischen Ländern 1933–1945, New York 1952; Das Ausnahmerecht für die Juden in Deutschland 1933–1945, 1., 2. u. 3. Aufl. Düsseldorf 1954 bzw. 1965; Die Kriminalität der deutschen Juden, Berlin 1906; The Jewish Population of Germany 1939–1945, o.J.; Zur Geschichte der Reichsvertretung, MS., 1937; Vierzehn Jahre Not und Schrecken, Memoiren, unveröffentl. MS., USA, o.J. (ca. 1952)
Quellen:
LAB: B Rep. 025 42 WGA 18416/59 (Juliane Blau für Dr. B. Blau); B Rep. 068 Nr. 304; C Rep. 301 Nr. 352.
EAB: Nr. 51.410.
AoR, S. 125f.

Blumenheim, Rudolf Dr.
25.12.1900 Berlin – Mai 1978 (Palm Beach, Florida?)
Familienstand: (zweimal) verheiratet (nach Tod der ersten Ehefrau), eine Tochter
– heißt ursprünglich Blumenhein, bei der Emigration 1939 wird sein Pass aber auf den Namen Blumenheim ausgestellt, den er beibehält
– besucht das Luisen-Gymnasium in Berlin
– Studium in Heidelberg und Berlin
Sommer 1923 erstes Staatsexamen beim KG
August 1922 – September 1925 Referendariat im KG-Bezirk
Dezember 1923 Promotion an der Universität Heidelberg
Februar 1926 zweites Staatsexamen
ab Mai 1926 Anwalt in Berlin

Juni 1933 Berufsverbot
– nach dem Berufsverbot kaufmännisch tätig
Februar 1939 Emigration in die USA
ab 1941 Teilhaber der Mode-Firma Blumenheim & Fürst
April 1962 Antrag auf Zulassung als Anwalt in Berlin ohne Residenzpflicht
August 1962 Zulassung erteilt
Dezember 1963 auf Antrag gelöscht, weil die RAK-Beiträge nicht erlassen werden; Blumenheim übt keine gewinnbringende Tätigkeit als Anwalt aus und hatte daher um Erlass der Beiträge gebeten
Aus seinem Schreiben an den Vorstand der RAK vom 10.12.1963:
„… Meine Wiederzulassung zur Rechtsanwaltschaft hatte ich zu seiner Zeit mit großer Genugtuung als Teil der Wiedergutmachung der erlittenen Verfolgungsschäden entgegen genommen. Ich hatte gehofft, mir damit noch einmal eine Existenz aufbauen zu können. Zu meinem Leidwesen hat sich diese Hoffnung nicht erfüllt; wie ich Ihnen dargelegt hatte, konnte ich hier eine Anwaltstätigkeit weder mittelbar noch unmittelbar gewinnbringend ausüben.
Ich hatte Sie gebeten, dieser Sachlage Verständnis entgegen zu bringen, wozu Sie nach Ziffer 8 der Beitragsordnung ohne Weiteres in der Lage gewesen wären. Stattdessen bestehen Sie für mein Privileg, mich Deutscher [Groß im Original!] Rechtsanwalt nennen zu dürfen, auf meiner Beitragszahlung, was unter den obwaltenden Verhältnissen einer Besteuerung, der mir vom Deutschen Volk gezahlten Gesundheits- und Berufsschadensrente gleichkommt.
Sie rühmen sich die Standesvertretung der Deutschen Rechtsanwaltschaft zu sein. Es scheint mir an der Zeit zu sein, dass Sie dem Geist und ethischen Gehalt der Wiedergutmachungsgesetzgebung etwas mehr Achtung und Rechtsempfinden entgegen bringen.“ (LAB B Rep. 068 Nr. 311)
– ein Antwortschreiben ist in der Personalakte nicht überliefert
– lebt zuletzt in Palm Beach, Florida
Quellen:
LAB: B Rep. 068 Nr. 311 (mit Foto).
AoR, S. 126.

Blumenthal, Otto (später: Bental, Oded) Dr.
18.01.1897 Berlin – 28.09.1988 Berlin
Familienstand: verheiratet seit 1922, ein Sohn (geb. 1929)
– besucht das Friedrichswerdersche und das Friedrichs-Gymnasium in Berlin
1914 Notabitur
1914–1918 als Kriegsfreiwilliger Soldat im Ersten Weltkrieg, im Fronteinsatz
1918–1921 Jurastudium in Berlin
1921 Promotion an der Universität Gießen
1921 erstes Staatsexamen

1924 zweites Staatsexamen
ab 1924 Rechtsanwalt in Berlin
– Sozietät mit Dr. Udo Rukser
– befasst sich u.a. mit Wiedergutmachungsansprüchen von Personen aus den abgetretenen Ostgebieten
ab 1931 Notar
1933 als „Frontkämpfer" wieder als Anwalt und Notar zugelassen
1935 gibt infolge des Drucks durch die antisemitischen Maßnahmen des NS-Regimes die Zulassung als Anwalt zurück und scheidet als Notar aus
1935–1939 lebt mit seiner Familie bei Freunden auf einem Gut in Südbaden
November 1938 in der Pogromnacht verhaftet und ins KZ Dachau verschleppt
Februar 1939 aus der KZ-Haft entlassen; die Erlebnisse im KZ prägen ihn nachhaltig, sodass er sich Zeit seines Lebens nicht mehr als Deutscher fühlt
März 1939 nach der Entlassung aus dem KZ Emigration nach Palästina, Haifa
– lebt dort mit seiner Familie anfänglich in sehr ärmlichen Verhältissen
ab 1940 Kassierer in einer Bank und Geldwechsler
– nimmt die palästinensische, später die israelische Staatsbürgerschaft an
– Änderung des Familiennamens in Bental
– übernimmt die Leitung des Büros für Wiedergutmachungsfragen in Haifa
ab September 1950 wieder in Deutschland, u.a. als Rechtsberater der Jewish Agency
ab Januar 1951 Rückkehr nach Berlin als Leiter des Büros der URO
Juli 1951 Antrag auf Wiederzulassung als Anwalt in Berlin
Februar 1952 als Anwalt an den Berliner Gerichten zugelassen
November 1952 von der Residenzpflicht befreit
– lebt bis zu seinem Tod in Berlin, wo er in den 1980er Jahren das Büro der URO auflöst
Quellen:
LAB: B Rep. 068 Nr. 3349.
Senatsjustizverwaltung: Akte 3176/1 – I/B 1.
Auskunft Joel Levi, Tel Aviv; Silke Schaeper, Oxford.
AoR, S. 127.

Blumenthal, Siegfried Dr.
31.08.1898 Deutsch-Krone (Westpreußen) – 21.03.1974 Berlin
Familienstand: zweimal verheiratet, zwei Söhne
– nach dem Abitur zum Militärdienst eingezogen und in einer Nachrichtenabteilung im Fronteinsatz
ab 1919 Jurastudium in Berlin, Rostock, Freiburg i. Br. und Breslau
1922 erstes Staatsexamen beim OLG Breslau
1922 Promotion an der Universität Breslau
1925 zweites Staatsexamen
ab 1925 Rechtsanwalt in Berlin
1933 nach Vertretungsverbot von April bis Juli als „Frontkämpfer" wieder zugelassen

Ende 1935 nach Emigration des bisherigen Sozius Dr. Salli Hirsch (AoR, S. 176) Eintritt in die Kanzlei von Dr. Siegfried Moses (AoR, S. 228f.)
1938 Berufsverbot
1938 nach der Pogromnacht vom 10. November bis zum 02. Dezember in das KZ Sachsenhausen verschleppt
– wird in körperlich schlechtem Zustand unter der Bedingung freigelassen, aus Deutschland zu emigrieren
März 1939 Emigration mit der Familie nach Palästina
– eröffnet mit seiner Frau in der Mietwohnung ein Restaurant, das nach zwei Jahren wieder schließen muss; dann als Hausierer und Zeitungsausträger tätig
– während des Zweiten Weltkriegs Militärpolizist
– Mutter und Schwester werden deportiert und ermordet
Oktober 1949 Tod der ersten Ehefrau in Israel
Oktober 1950 Rückkehr nach Berlin
– die Söhne bleiben in Israel
ab Anfang 1951 Richter (LG-Rat, später LG-Direktor) im Berliner Justizdienst, vorrangig mit Entschädigungssachen befasst
1955 zweite Heirat
1963 Pensionierung
– aktives Mitglied in der Jüdischen Gemeinde
Quellen:
EAB: Nr. 4.059.
In memoriam: Dr. Siegfried Blumenthal (mitgeteilt von Rechtsanwalt Joel Levi, Tel Aviv, nach Auskünften des Sohnes Jonathan). In: Berliner Anwaltsblatt, 1–2/2012, S. 28 (mit Foto).
AoR, S. 127.

Brandt, Arthur Dr.
21.06.1893 Züllichau (Brandenburg) – 24.01.1989 Lugano (Schweiz)
Familienstand: keine Angaben
– besucht das Luisenstädtische Realgymnasium in Berlin

1911 Abitur
1911–1914 Jurastudium in Berlin
1914 erstes Staatsexamen, Note „gut"
1914–1918 als Kriegsfreiwilliger Soldat im Ersten Weltkrieg, an Ost- und Westfront im Kampfeinsatz
1915 Promotion an der Universität Erlangen
1921 zweites Staatsexamen, Note „gut"
ab 1921 Rechtsanwalt in Berlin
ab 1927 Notar
ab ca. 1928 in der Referendarausbildung für Strafrecht und Strafprozessrecht tätig
– Sozietät mit Hans Fraustaedter (AoR, S. 154)
– einer der prominentesten Verteidiger in der Weimarer Republik, trat u.a. im Aufsehen erregenden „Tscheka-Prozess" (1925) auf; hat Verbindungen zur Roten Hilfe
– juristische Veröffentlichungen zum Straf-, Strafprozess- und Automobilrecht
März 1933 gibt die Anwaltspraxis wegen der politischen Entwicklung auf und emigriert nach London
1933–1938 betreibt in London ein Büro für internationales Recht und ist bei englischen Gerichten als Sachverständiger für deutsches Recht tätig
1938 Emigration in die USA
Anfang 1945 Annahme der US-Staatsbürgerschaft
ab 1947 nach erneutem Jurastudium wieder als Rechtsanwalt (Attorney at Law) zugelassen, u.a. beim Obersten Gerichtshof von Massachusetts, später auch beim Bundesappellationsgericht in New York
– auch als Universitätsdozent tätig, u.a. an der Universität Dartmouth, New Hampshire und der Universität Miami, Florida
März 1950 Antrag auf Zulassung als Anwalt in Berlin ohne Residenzpflicht
Juni 1952 Zulassung erteilt
ab ca. 1971 in Lugano ansässig, unter Befreiung von der Residenzpflicht weiterhin als Anwalt zugelassen
Quellen:
LAB: B Rep.068 Nr. 3360–62 (mit Foto in Nr. 3362).
EAB: Nr. 253.092 (Arthur und Willy Brandt für den Vater Berthold Brandt).
Senatsjustizverwaltung: Akte 3176/1 – I/B 1.
AoR, S. 128f.

Brandt, Heinrich JR
14.02.1872 Warschau – 13.08.1949 Berlin
Familienstand: verheiratet seit 1899
1880–1889 Gymnasium in Warschau
Juni 1889 Abitur
1889 – November 1892 Jurastudium in Berlin
Juni 1893 erstes Staatsexamen in Berlin
August 1893 – Oktober 1897 Referendariat
April 1898 zweites Staatsexamen
ab November 1898 Rechtsanwalt in Luckenwalde
ab Oktober 1901 auch Notar
1907–1915 unbesoldeter Stadtrat in Luckenwalde
1913–1933 in Freimaurer-Loge
1915 Umzug nach Berlin-Lichterfelde
ab 1915 Rechtsanwalt am AG Lichterfelde
1915–1918 in der deutschen Zivilverwaltung im Generalgouvernement als Bezirksrichter in Warschau tätig
April 1919 – Juli 1933 Syndikus des Metallarbeitgeber-Verbandes/des Gesamtverbandes Deutscher Metallindustrieller
1933 zunächst wieder als Rechtsanwalt zugelassen, im gleichen Jahr jedoch gelöscht
1933–1945 ohne Erwerbsarbeit
– die genauen Umstände des Überlebens sind nicht bekannt
Juni 1945 – Januar 1946 Sachbearbeiter in der Finanzverwaltung des Bezirksamts Wilmersdorf
ab Februar 1946 als Richter im Justizdienst tätig, zuerst AG-Rat am AG Weißensee
September 1946 – Mai 1947 am AG Schöneberg
ab Mai 1947 LG-Rat am LG in Zehlendorf
Quellen:
EAB: Nr. 547 (Antrag der Witwe).
AoR, S. 129.

Brass, Alfons (später: Afonso) Dr.
17.05.1888 Tirschtiegel (Posen) –1960 (Curritiba, Brasilien?)
Familienstand: keine Angaben
– besucht das Friedrichs-Realgymnasium in Berlin
Februar 1907 Abitur
– Studium in Berlin, Jena und Heidelberg
Juli 1912 erstes Staatsexamen
März 1913 Promotion an der Universität Jena
– Referendariat im KG-Bezirk
1915/16 juristischer Hilfsarbeiter in der Metall-Meldestelle im Kriegsministerium
Oktober 1919 zweites Staatsexamen
ab Dezember 1919 Rechtsanwalt in Berlin, zuerst beim LG, ab Oktober 1921 beim KG
ab Ende 1929/Anfang 1930 Notar
August 1931 – März 1933 in der Geschäftsführung des Vorstandes der RAK tätig
Juni 1933 Berufsverbot

– Emigration nach Italien, zuerst in Meran, dann in Saló ansässig
– baut dort ein philatelistisches Geschäft auf
August 1938 muss Italien wegen der neu erlassenen „Rassegesetze" des Mussolini-Regimes verlassen
– geht in die Schweiz, dort ohne Arbeitserlaubnis, bestreitet seinen Lebensunterhalt durch den Verkauf seiner Briefmarkensammlung
Anfang 1941 Emigration nach Brasilien, Curritiba (Bundesstaat Paraná)
– betreibt dort wieder ein philatelistisches Geschäft; besucht zugleich Kurse zum internationalen Recht an der dortigen Universität
ab Januar 1951 brasilianischer Staatsbürger
Mai 1955 Antrag auf Zulassung als Anwalt in Berlin ohne Residenzpflicht
Oktober 1955 Zulassung erteilt
Juni 1957 auf Antrag wieder gelöscht, da ohne juristische Fälle zur Vertretung
Quellen:
LAB: B Rep. 068 Nr. 382.
Senatsjustizverwaltung: Akte 3176/1 – I/B 1.
AoR, S. 129.

Braun, Kurt
13.09.1897 Berlin – 19.09.1985 Alexandria (Virginia, USA)
Familienstand: verheiratet, eine Tochter
– besucht das Wilhelms-Realgymnasium in Berlin
April 1916 Abitur
ab 1916 Studium in Berlin
1917–1919 Heeresdienst bei der Kriegsmarine
1920 erstes Staatsexamen
1922 Promotion an der Universität Breslau
Sommer 1923 zweites Staatsexamen
1923 Amtsrichter in Berlin-Lichterfelde und juristischer Hilfsarbeiter bei der Internationalen Glühlampenpreisvereinigung in Berlin
ab März 1924 Rechtsanwalt in Berlin
ab 1931 oder 1932 auch Notar

– spezialisiert auf Arbeitsrecht
1933 nach Vertretungsverbot als „Frontkämpfer" wieder zugelassen
Ende 1935 Entzug des Notariats
Ende 1938 Berufsverbot als Anwalt
Mai 1939 Emigration nach London; wartet dort auf das Einreisevisum für die USA
1940 Emigration in die USA
1940–1942 wissenschaftlicher Mitarbeiter für Volkswirtschaft an der Universität New Hampshire, Durham mit wirtschaftspolitischen Forschungsarbeiten
1941–1951 wissenschaftlicher Mitarbeiter an der sozialwissenschaftlichen Forschungseinrichtung Brookings Institution, Washington D. C.
ab 1943 nebenberuflich außerordentlicher Professor für Volkswirtschaft an der Howard University, Washington D. C.
1944–1945 auch Berater im US-Kriegsministerium
Mai 1945 Annahme der US-Staatsbürgerschaft
ab Juli 1951 in verschieden Eigenschaften arbeitswissenschaftlich für die US-Bundesregierung tätig, u.a. im US-Arbeitsministerium
– zugleich Gastprofessor an der Howard University, Washington D. C.
1960–1967 Leiter der Abteilung Westeuropa beim statistischen Amt des US-Arbeitsministeriums
Februar 1963 Antrag auf Zulassung als Anwalt in Berlin ohne Residenzpflicht
Mai 1963 Zulassung erteilt
Quellen:
LAB: B Rep. 068 Nr. 3327 (mit Foto).
AoR, S. 129.

Brée, Hans
30.04.1890 Stolp (Pommern) – keine Angaben (nach September 1965)
Familienstand: keine Angaben
1897–1907 Marienstiftsgymnasium in Stettin
1907–1909 Stadtgymnasium in Guben
1909 Abitur
1909–1912 Studium in Halle (Saale), Freiburg i. Br., Berlin und Göttingen
1913 erstes Staatsexamen beim OLG Celle
1915–1918 Militärdienst im Ersten Weltkrieg, an der Westfront, zuletzt Unteroffizier
1920 als Gerichtsassessor im OLG-Bezirk Stettin tätig
1920–1939 Syndikus der Bayerischen Stickstoffwerke AG
ab 1923 Rechtsanwalt in Berlin
– unter seiner Klientel befinden sich viele Juden
1933 wieder als Anwalt zugelassen
– gilt nach den NS-Kriterien als „Mischling 1. Grades"
– keine Bestellung in Pfleg- und Vormundschaften, als Pflichtverteidiger und als Armenanwalt
– die Ernennung zum Notar wird versagt
1938 als „Mischling" vom allgemeinen Berufsverbot gegen jüdische Anwälte ausgenommen

– praktiziert bis 1945 in Berlin, wegen seiner Kontakte zu Juden immer wieder durch staatliche Stellen drangsaliert
Juli 1945 vorläufig als Anwalt und Notar wieder zugelassen
April 1946 von der Amerikanischen Militärregierung zum Treuhänder der Astra Grundstücks AG bestellt
November 1949 endgültige Zulassung
ab 1962 lebt in Westdeutschland in Bad Homburg vor der Höhe, von der Residenzpflicht gemäß Paragraph 20 BRAO befreit
September 1965 auf Antrag gelöscht
Quellen:
LAB: B Rep. 068 Nr. 3344 (mit Foto).
AoR, S. 129.

Brock, Walter Dr.
14.12.1901 Ratibor (Schlesien) – Oktober 1993 (Berlin?)
Familienstand: verheiratet
1902 Umzug der Familie nach Berlin
– schulische Ausbildung am Leibniz-Gymnasium, dann am Hohenzollern-Gymnasium in Berlin-Schöneberg
Oktober 1923 erstes Staatsexamen
– Referendariat im KG-Bezirk
1924 Promotion an der Universität Halle
Mai 1927 zweites Staatsexamen
– arbeitet für kurze Zeit als Gerichtsassessor bei der Staatsanwaltschaft am Berliner LG III
ab Juli 1927 Anwalt in Berlin, beim LG I–III zugelassen, ab 1930 auch beim AG Berlin-Mitte
1933 Berufsverbot
Juli 1936 Emigration nach Palästina
– dort als Anwalt (Advokat), später auch als Notar tätig
Februar 1957 Rückkehr nach Berlin als juristischer Mitarbeiter der URO

Juni 1959 Antrag auf Zulassung als Anwalt in Berlin
Juli 1959 Zulassung erteilt
Quellen:
LAB: B Rep. 068 Nr. 3357 (mit Foto).
Auskunft Joel Levi, Tel Aviv.
Todesanzeige im Tagesspiegel vom 31.10.1993.
AoR, S. 130.

Broder, Ernst Willi Siegbert (später: Ernest William)
27.03.1888 Berlin – 06.12.1975 (Lugano, Schweiz?)
Familienstand: (zweimal) verheiratet
– als Richter und Staatsanwalt in Berlin und Neuruppin tätig
seit Anfang 1919 Rechtsanwalt in Berlin
– Sozietät mit Benno Wygodzinski (AoR, S. 288)
1922 wird von dem Kaufmann Benno Broder (seinem Onkel) und dessen Ehefrau adoptiert und ändert seinen Geburtsnamen Salomon
1933 Berufsverbot
– arbeitet nach dem Berufsverbot weiter in der Praxis mit: *„Die Praxis verlegten mein Sozius, der Kriegsteilnehmer war, und ich in seine Wohnung, Charlottenburg, Bismarckstr. 64, nachdem mein Sozius mir erklärt hatte, dass, soweit es an ihm läge, mir aus den unseligen Vorkommnissen der Entziehung kein Schaden erwachsen solle, sondern dass wir, wie in den vergangenen 14 Jahren, weiter die allerdings spärlicher gewordenen Erträgnisse der von uns beiden geschaffenen Praxis teilen wollten.*
So setzte ich denn bis zu meiner Auswanderung Februar 1934, ohne mehr persönlich aufzutreten, meine Mitarbeit fort, führte zusammen mit ihm meine Sachen zu Ende, legte meine Aufsichtsratsposten bei Stiller und der Gemeinnützigen Wohnungsbau-AG Eintracht, einen nach dem andern nieder und bearbeitete vom Schreibtisch aus streitige und nichtstreitige Angelegenheiten, besonders die, die früher in mein Dezernat gefallen wären."
(EAB Nr. 54.036)

Februar 1934 Emigration nach Paris
– gründet in Paris zusammen mit dem Sohn des Geschäftspartners seines Adoptivvaters eine Bekleidungsfirma, die 1938 in Konkurs geht
September 1939 – März 1941 nur mit kurzer Unterbrechung in verschiedenen Internierungslagern in Frankreich festgehalten
März 1941 Emigration nach New York
– anfänglich als Fabrikarbeiter tätig, dann Mitarbeiter in der kleinen Pelzwerkstatt seiner Ehefrau (Oktober 1943 Heirat), mit nur geringen Einnahmen
1949 US-Staatsbürgerschaft
Ende der 1950er/Anfang der 1960er Jahre wiederholte Aufenthalte in Berlin
1965 Rückkehr nach Deutschland, lässt sich mit seiner Ehefrau in Freiburg i. Br. nieder, dann in Lugano/Schweiz: *„Berlin als Wohnsitz zu wählen konnte ich mich nicht entschließen, weil diese einst von mir sehr geliebte Stadt, meine Geburtsstadt, zu schmerzliche Erinnerungen in mir weckt."* (Schreiben vom 27.10.1965) (EAB Nr. 54.036)
Quellen:
EAB: Nr. 54.036.
AoR, S. 130.

Broecker, Rudolf von Dr.
12.08.1879 Berlin – 10.03.1950 Berlin
Familienstand: verheiratet
1890–1898 Gymnasien in Freiburg i. Br., Berlin (Friedrichwerdersches Gymnasium) und Freienwalde a. d. Oder
1898 Abitur
– Studium in Freiburg i. Br. und Berlin
1902 erstes Staatsexamen beim KG
1902–1906 Referendariat im KG-Bezirk
1906 Promotion an der Universität Erlangen
Dezember 1907 zweites Staatsexamen

Dezember 1907 – März 1911 als Gerichtsassessor mit Kommissorien in Berlin und den Provinzen Brandenburg und Posen betraut
ab 1911 Rechtsanwalt in Berlin
1914–1918 Soldat im Ersten Weltkrieg, ausgezeichnet u.a. mit dem EK I und II
1916–1919 Kreishauptmann in der Militärverwaltung in Litauen
ab 1920 Notar
1922–1932 Mitglied des Stahlhelms
1933 als „Altanwalt" und „Frontkämpfer" wieder zugelassen
– gilt als „Mischling 2. Grades"
bis 1933 Sympathisant der NSDAP und Anwärter auf Mitgliedschaft (nach eigenen Angaben wegen jüdischer Herkunft nicht aufgenommen)
bis 1945 als Rechtsanwalt und Notar tätig, mit schwankenden Einnahmen (1933: 13.000 RM; 1936: 23.000 RM; 1938: 20.000 RM; 1939 und 1940: 14.000 RM; 1943: 10.000 RM)
1938–1945 Mitglied im NS-Rechtswahrerbund
– als „Blockwart" tätig
Juli 1945 vorläufig wieder als Rechtsanwalt und Notar zugelassen
ab Oktober 1946 im Entnazifizierungsverfahren werden Zweifel an seiner Darstellung erhoben, dass er nie reguläres Mitglied der NSDAP gewesen sei
Mai 1947 endgültige Zulassung wird durch den Vizepräsidenten des KG abgelehnt
Juli 1948 wird schließlich als nur nomineller Nazi eingestuft und damit „entnazifiziert"
Juli 1948 beantragt die Zulassung als Anwalt und Notar (die nunmehr von der RAK und vom KG-Vizepräsidenten befürwortet wird)
April 1949 erneute vorläufige Zulassung erteilt
September 1949 endgültige Zulassung
Quellen:
LAB: B Rep. 068 Nr. 3345 (mit Foto).
AoR, S. 130 (mit Foto).

Busse, Ernst JR
13.03.1867 Lobsens (Kr. Wirsitz, Posen) – 01.11.1945 Berlin
Familienstand: verheiratet
vor 1933 Rechtsanwalt und Notar
1933 als Notar entlassen, als Rechtsanwalt auf Antrag wieder zugelassen
1938 Berufsverbot
Juni 1943 Beschlagnahmung des gesamten Vermögens
30. Juni 1943 zusammen mit der Ehefrau nach Theresienstadt deportiert
1945 im KZ Theresienstadt befreit
Juli 1945 Rückkehr nach Berlin
– vorläufig wieder als Anwalt zugelassen (nach Aussage der Ehefrau)
Quellen:
EAB: Nr. 106 (Antrag der Witwe).
AoR, S. 132.

Casper, Paul H.
25.07.1903 Berlin – keine Angaben
Familienstand: unverheiratet (Stand: 1952)
– besucht das Mommsen-Gymnasium in Berlin-Charlottenburg
März 1921 Abitur
– Studium in Heidelberg, Tübingen und Berlin
Herbst 1924 erstes Staatsexamen beim KG Berlin
März 1928 zweites Staatsexamen, Note „gut"
ab Juni 1928 als Anwalt am KG zugelassen
– Schwerpunkt: Versicherungsrecht
– zuletzt in Sozietät mit Klaus Bonhoeffer; Kanzlei im Shell-Haus am Landwehrkanal (Königin-Augusta-Str. (heute: Reichpietschufer)/Ecke Bendlerstr.) (Bonhoeffer wird 1945 als Widerstandskämpfer ermordet)
Juni 1933 Berufsverbot
Juni 1933 nach dem Berufsverbot Emigration nach Frankreich, dann nach Großbritannien
– dort ohne berufliche Tätigkeit
November 1934 – Mai 1941 in Portugal, dort mit nur wenig Erfolg kaufmännisch tätig
Mai 1941 Emigration in die USA, lebt in New York
– dort als Geschäftsführer in einer Exportfirma für Kfz-Ersatzteile tätig
– befasst sich weiterhin mit juristischen Themen und erwirbt sich Kenntnisse im amerikanisch-englischen Recht
Oktober 1952 Antrag auf Zulassung als Anwalt in Berlin ohne Residenzpflicht
– da er als Geschäftsführer einer Firma tätig ist, verlangt die RAK von ihm eine Erklärung, dass er diese, nach RAK-Auffassung mit dem Beruf des Anwalts nicht zu vereinbarende Stellung nach Zulassung aufgeben werde
– Casper erklärt, dass er die Position als Geschäftsführer nach Zulassung aufgeben werde, um sich als Anwalt zu betätigen
Dezember 1952 Zulassung erteilt
Oktober 1960 auf Antrag als Anwalt gelöscht, ohne Angabe von Gründen
Quellen:
LAB: B Rep. 068 Nr. 486.
Senatsjustizverwaltung: Akte 3176/1 – I/B 1.
AoR, S. 133.

Chodziesner, Fritz
19.01.1906 Berlin – 29.07.1990 Berlin
Familienstand: verheiratet, (mindestens) ein Kind
– Sohn des Rechtsanwalts und Notars JR Max Chodziesner
ab 1931 Rechtsanwalt in Berlin
1933 Berufsverbot
– weiter als juristischer Mitarbeiter in der Kanzlei seines Vaters tätig
– zugleich bei verschiedenen jüdischen Organisationen, u.a. im Hilfsverein der Juden in Deutschland als Auswanderungsberater
– Emigration nach Montevideo, Uruguay, später Übersiedelung nach Buenos Aires
1952 Rückkehr nach Berlin
ab 1953 wieder als Anwalt in Berlin zugelassen
ab März 1957 Notar
– leidenschaftlicher Bridge-Spieler, mehrfacher deutscher Meister im Team und Teilnehmer an den Team-Olympiaden
– auf dem Jüdischen Friedhof Heerstr. beigesetzt
Quellen:
LAB: B Rep. 068 Nr. 3376–77.
EAB: Nr. 51.316 (Datenschutz nicht abgelaufen).
http://www.bridgeclub–grunewald.de/doku.php?id=geschichten:chodziesner_swiss, 07.08.2012.
AoR, S. 134.

Chone, Paul Dr.
27.11.1884 Punitz (Posen) – 09.10.1950 Berlin
Familienstand: verheiratet
1896–1904 Gymnasium in Lissa

1904–1907 Studium in Berlin
1907 erstes Staatsexamen
1907–1913 Referendariat im OLG-Bezirk Posen
1908–1909 Unterbrechung des Referendariats für den Militärdienst
1909 Promotion an der Universität Würzburg
1913 zweites Staatsexamen
ab 1913–1920 Anwalt beim LG, später OLG Posen
– als Frontkämpfer im Ersten Weltkrieg, ausgezeichnet mit dem EK II
ab 1920 Anwalt in Berlin, zugelassen beim LG, und Notar
– wählt vor 1933 SPD
– Mitglied u.a. in der Deutsch-Französischen Gesellschaft, im Jüdischen Kulturbund und in der Zionistischen Vereinigung für Deutschland
1933 als „Altanwalt" und „Frontkämpfer" wieder zugelassen
1935 Entzug des Notariats
Ende 1938 Berufsverbot als Anwalt
November 1938 in der Pogromnacht in das KZ Sachsenhausen verschleppt

März 1939 Emigration nach Palästina, Tel Aviv
1941–1947 Anwalt in Tel Aviv
Juni 1946 stellt von Tel Aviv aus einen Antrag auf Wiederzulassung als Anwalt in Berlin
Frühjahr 1947 Rückkehr nach Berlin
April 1947 als Rechtsanwalt und Notar wieder zugelassen
Quellen:
LAB: B Rep. 068 Nr. 483 (mit Foto); C Rep. 301 Nr. 1850.
AoR, S. 135.

Cohn, Erich Dr.
17.11.1899 Berlin-Charlottenburg – 27.05.1967 Zürich
Familienstand: verheiratet seit September 1927, keine Kinder
Juni 1917 Abitur am König-Wilhelms-Gymnasium in Magdeburg
Oktober 1917 – April 1919 Soldat im Ersten Weltkrieg, Einsatz an der Westfront in Frankreich
1919–1921 Jurastudium in Würzburg, Berlin und Kiel
Juni 1921 erstes Staatsexamen beim OLG Kiel
1921–1924 Referendariat im KG-Bezirk
November 1924 zweites Staatsexamen
ab 1925 Anwalt in Berlin
– Mitglied des Standesausschusses des Berliner Anwaltvereins und des Kammerausschusses der Anwaltskammer
– diverse Veröffentlichungen in juristischen Fachzeitschriften
1933 Vertretungsverbot, als „Frontkämpfer" wieder zugelassen
März 1937 als Anwalt auf eigenen Antrag gelöscht wegen der bevorstehenden Emigration
Juni 1937 Emigration in die USA
1937–1940 erneutes Jurastudium an der Columbia University in New York
Februar 1940 Abschlussexamen als Bachelor of Laws an der Columbia University
1940–1944 juristischer Hilfsarbeiter in einer Anwaltskanzlei in New York
1941–1950 Präsident des American Continental Club, der sich die Integration der Flüchtlinge aus Nazi-Deutschland zur Aufgabe macht
1942 juristisches Staatsexamen
ab 1944 Rechtsanwalt bei den Gerichten des Staates New York
ab 1945 Notary Public für den Staat New York
Dezember 1951 Antrag auf Zulassung als Anwalt in Berlin
Juni 1952 Zulassung erteilt
ab 1962 in Zürich wohnhaft
Quellen:
LAB: B Rep. 068 Nr. 491–92.
Senatsjustizverwaltung: Akte 3176/1 – I/B 1.
AoR, S. 135.

Cohn, Heinz (später: Henry M.) Dr.
06.06.1901 Potsdam – 01.01.1975 (New York?)
Familienstand: verheiratet, (mindestens) ein Kind
1910–1919 Viktoria-Gymnasium in Potsdam
1919 Abitur
– Studium Jura und Staatswissenschaften in Berlin und Freiburg i. Br.
Januar 1923 erstes Staatsexamen
1923 Promotion an der Universität Breslau
August 1926 zweites Staatsexamen, Note „gut"
1926–1927 als Gerichtsassessor am AG Crossen/Oder und am LG I Berlin tätig
ab 1927 Anwalt in Berlin, zugelassen beim LG, ab 1929 beim KG
– Sozietät mit Dr. Sally Jaffa (siehe AoR, S. 186)
1933 Berufsverbot als Anwalt
1933–1935 juristischer Hilfsarbeiter bei Rechtsanwalt Dr. Jaffa
1935–1938 Devisenberater für jüdische Emigranten
1938 Buchveröffentlichung Auswanderungsvorschriften für Juden
November 1938 in der Pogromnacht in das KZ Sachsenhausen verschleppt, bis zum 2. Dezember in Haft
Januar 1939 Ausreise nach Kuba
Ende 1940 Emigration in die USA, New York
1942–1944 Studium an der New York University Law School
Oktober 1944 Bar Examen
1946 US-Staatsbürgerschaft
ab Juni 1946 als Anwalt in New York zugelassen
Juni 1955 Antrag auf Zulassung als Anwalt in Berlin ohne Residenzpflicht
Januar 1956 Zulassung erteilt
Quellen:
LAB: B Rep. 068 Nr. 496.
Senatsjustizverwaltung: Akte 3176/1 – I/B 1.
AoR, S. 137.

Cohn-Bendit, Erich
26.11.1902 Berlin – 14.08.1959 Frankfurt a. M.
Familienstand: verheiratet, zwei Söhne (der jüngere: Daniel Cohn-Bendit, geb. 1945)
vor 1933 Rechtsanwalt in Berlin
– politisch links, engagiert sich als Anwalt für die Rote Hilfe
April 1933 Vertretungsverbot, dann Berufsverbot
– steht als Anhänger der Linksparteien auf den Verfolgungslisten
1933 Emigration nach Frankreich mit seiner späteren Frau
– dort nur Gelegenheitsarbeiten
– bewegt sich in Kreisen des politischen Exils, mit Hannah Arendt und Walter Benjamin befreundet
1939–1940 als feindliche Ausländer interniert
– Flucht aus dem Internierungslager, um der Auslieferung nach Deutschland zu entgehen
– lebt mit der Familie im unbesetzten Teil im Südwesten Frankreichs, nach der Besetzung durch die Deutschen unter falschem Namen

– Aufenthalt in Südfrankreich bis Kriegsende
– nach Kriegsende Umzug mit der Familie in die Normandie, Cailly-sur-Eure
bis 1948 dort Leitung eines Waisenhauses für jüdische Kinder
– dann in Paris ansässig
1952 Rückkehr nach Deutschland und Niederlassung als Anwalt in Frankfurt a. M.
– befasst sich v.a. mit Entschädigungs- und Wiedergutmachungsfragen
Quellen:
AoR, S. 138.

Cohn-Lempert, Georg Dr.
02.05.1882 Berlin – 15.04.1968 Berlin
Familienstand: verheiratet seit 1917, zwei Töchter
– besucht das Königstädtische Gymnasium in Berlin
1901 Abitur
– Studium in Berlin

Mai 1905 erstes Staatsexamen in Berlin
März 1908 Promotion an der Universität Heidelberg
Juni 1905 – Juli 1909 Referendariat
Mai 1910 zweites Staatsexamen
1910–1911 juristischer Mitarbeiter in Anwaltskanzleien
ab September 1911 Rechtsanwalt in Berlin
1915–1917 als Soldat im Ersten Weltkrieg
1917 Heirat, 1918 und 1919 Geburt der Töchter
1921 Namensänderung in Cohn-Lempert (Lempert ist der Geburtsname der Mutter)
ab April 1928 Notar
Mai 1933 als Notar entlassen
1938 Berufsverbot als Rechtsanwalt
– verdient etwas Geld mit Adressenschreiben und macht Übersetzungen ins Deutsche
1940 getauft (um seinen Töchtern das Leben zu erleichtern)
1942 – Ende 1944 zur Zwangsarbeit in einer Heeresausrüstungsfabrik herangezogen
– erkrankt schwer und wird arbeitsunfähig
1943–1945 die Reichsrechtsanwaltskammer unterstützt die Familie mit monatlich 100 RM (vermutlich hatte sich Frau Cohn-Lempert um diese Unterstützung bemüht [Erinnerung der Tochter])
1944 Flucht aus Berlin nach Warnung vor einer drohenden Verhaftung
1944–1945 in Steinseiffen bei Krummhübel im Riesengebirge, wo die Ehefrau 1935 ein Grundstück erworben hatte
1945–1959 muss mit seiner Ehefrau in Steinseiffen verbleiben:
„Kurze Zeit darauf kam das Gebiet unter polnische Verwaltung. Die Polen erließen ein Gesetz zum Schutz der Hitlerverfolgten, durch das unser Eigentum der Beschlagnahme entzogen wurde und wir nicht ausgewiesen wurden. Die Kehrseite davon war aber, dass wir das Land nicht verlassen durften, da seinerzeit nur die Ausgewiesenen in Sammeltransporten über die Grenze gelassen wurden und jedes Überschreiten streng untersagt war. Wir hatten nun zwar das Grundstück, waren aber sonst aller Mittel bar. Durch Musik- und Sprachunterricht allein konnte ich unseren Lebensunterhalt nicht bestreiten. So musste ich 1950 wiederum Fabrikarbeiter werden. Ich nahm eine Stellung als Arbeiter in der Bürstenfabrik in Buschvorberg an, das von Steinseiffen 5 km entfernt liegt, so dass ich täglich 10 km Fußweg zu bewältigen hatte, da eine Fahrverbindung zwischen meinem Wohnsitz und der Fabrik nicht bestand. Ich war damals schon über 70 Jahre alt.“
(LAB Nr. 54.036)
1950–1956 Fabrikarbeiter in einer Bürstenfabrik, dann arbeitsinvalide
„Unsere unablässigen Bemühungen, nach Deutschland zu kommen (z.B. mit dem so genannten Gerhard-Hauptmann-Transport) waren erfolglos ... Im Jahre 1956 wurde ich von einer Ärztekommission für invalide erklärt. Die Familienzusammenführungen, die damals einsetzten, kamen für uns nicht infrage, da nach amtsärztlichen Gutachten diese Sammeltransporte mit Zwangsaufenthalt in einem Lager für uns lebensgefährlich wären. Seit 1957 bemühten wir uns daher um ein Besuchsvisum, da Besuchsreisen direkt und ohne Lageraufenthalt möglich wären. Jetzt endlich, im Mai 1959, erhielten wir das Visum und konnten Deutschland erreichen, das ich, im 78. Lebensjahr stehend, nicht mehr verlassen möchte.“
(LAB B Rep. 068 N. 494)
1959 Rückkehr nach Berlin
September 1959 als Rechtsanwalt bei den Berliner Gerichten zugelassen
Quellen:
LAB: B Rep. 068 Nr. 494 (mit Foto).
AoR, S. 138.

Coper, Alexander Dr.
17.10.1891 Tuchel (Westpreußen) – 06.02.1958 Berlin
Familienstand: verheiratet, Kinder
1897–1905 Volksschule in Tuchel
1905–1911 Real- und Oberrealschule in Berlin
1911 Abitur

1911–1914 Jurastudium in Berlin
August 1914 erstes Staatsexamen in Berlin
1914 mit Beginn des Ersten Weltkriegs im Kriegsdienst, ausgezeichnet mit dem EK II, dem Verwundetenabzeichen und dem Frontkämpferkreuz für tapferes Verhalten
1916 schwer verwundet, der rechte Unterschenkel wird amputiert, daher aus dem Heer entlassen
1916–1919 Referendariat in Berlin
1917 Promotion an der Universität Greifswald
Mai 1919 zweites Staatsexamen
1919–1920 als Gerichtsassessor am AG Lichterfelde und LG Berlin tätig
ab 1920 Rechtsanwalt in Berlin
1920–1923 Reichsbevollmächtigter der Außenhandelsstelle der Lederwirtschaft („Außenhandelsregelung für die Leder-, Schuh- und Rauchwarenwirtschaft")
ab Dezember 1926 Notar
– Hauptklienten: Bata Schuhfabrik, Zlin; J. Meinl AG, Berlin/Wien; Thüringische Staatsbank, Weimar
– diverse Veröffentlichungen zu kartellrechtlichen Fragen
1933 als „Frontkämpfer" wieder als Anwalt und Notar zugelassen
1935 als Notar entlassen
1938 Berufsverbot als Rechtsanwalt
1938–1942 „jüdischer Konsulent", die Tätigkeit wird ihm nach einer Verhaftung durch die Gestapo untersagt
November 1943 – März 1944 vier Monate in Haft wegen der Hilfe für Juden
1944 Tod der Ehefrau und Verlust des Status einer „privilegierten Mischehe"
27. Oktober 1944 Verschleppung nach Theresienstadt
– die Kinder werden zu Zwangsarbeiten herangezogen
Juni 1945 Rückkehr nach Berlin
Juli 1945 vorläufige Zulassung als Rechtsanwalt und vorläufige Bestellung zum Notar
ab August 1946 erneutes Zulassungsverfahren (mit Auskunft aus dem Strafregister, Prüfung der beruflichen Voraussetzungen (Staatsexamina, bei Ernennung zum Notar mindestens 10 Jahre Anwaltstätigkeit) und abschließender Bestätigung durch das Rechtskomitee der Alliierten Kommandantur)
Juli 1947 endgültige Zulassung
ab Januar 1948 Geschäftsführer der Hermes-Verlag GmbH, die die Zeitschrift Die Gastronomie herausgibt
Ende 1948 soll als Richter dem KG zur Verfügung gestellt werden, ein endgültiger Beschluss darüber wird mehrfach vertagt, Ausgang offen
Quellen:
LAB: B Rep. 068 Nr. 504 (mit Foto); C Rep. 301 Nr. 1513 (mit Foto).
EAB: Nr. 2.683 (Datenschutz nicht abgelaufen).
KG Berlin, Liste über zugelassene Rechtsanwälte.
AoR, S. 139.

Corny, Dagobert Dr.
09.09.1885 Berlin – 07.04.1969 (Berlin?)
Familienstand: verheiratet
– besucht die Gemeindeschule, dann das Städtische Oberrealgymnasium in Berlin-Charlottenburg
1905 Abitur
– Jurastudium in Berlin
1911 erstes Staatsexamen, Note „gut"

Oktober 1915 – Oktober 1919 Heeresdienst im Ersten Weltkrieg als Luftschiffer
1916 währenddessen zweites Staatsexamen
1919–1923 als Gerichtsassessor mit Kommissorien beim AG Berlin-Lichtenberg, beim LG II in Berlin und beim AG Cottbus beauftragt
ab 1924 Anwalt in Berlin, zugelassen beim LG I–III, später auch beim AG Berlin-Schöneberg
– arbeitet zugleich als Syndikus für verschiedene Verbände
April 1933 flüchtet in die Schweiz, von dort nach Frankreich, da er als Verteidiger in politischen Prozessen heftigen Angriffen in der NS-Presse ausgesetzt war
Ende 1934 Rückkehr nach Deutschland
– lebt zuerst in Diedersdorf bei Großbeeren, ab 1936 in Berlin-Charlottenburg
Januar 1939 Emigration nach Chile, Santiago
1942–1954 Teilhaber eines Konfektionsbetriebes
Frühjahr 1954 Rückkehr nach Deutschland (Abreise in Chile am 18. April)
Juni 1954 Antrag auf Zulassung als Anwalt in Berlin
ab Juli 1954 als Anwalt in Berlin zugelassen
ab September 1958 auch Notar
Quellen:
LAB: B Rep. 068 Nr. 502 (mit Foto).
AoR, S. 139.

Corsing, Fritz Dr. (bis 1926: Cohn, Fritz)
03.01.1888 Berlin – 1959 (1962?) New York
Familienstand: verheiratet
– besucht das Askanische Gymnasium in Berlin
Ostern 1907 Abitur
– Studium in Berlin und München
1911 (1912?) erstes Staatsexamen
1912 Promotion an der Universität Würzburg
1915 zweites Staatsexamen
– Gerichtsassessor bei der Staatsanwaltschaft Berlin
1916/17 juristischer Beirat bei der Allgemeinen Elektricitäts-Gesellschaft (dafür vom Justizdienst beurlaubt)
1920 Regierungsrat und Referent im Preußischen Staatsministerium
1922 Ministerialrat
ab 1927 Kurator Deutscher Reichs- und Preußischer Staatsanzeiger
1932 Beisitzer des Dienststrafhofs
– Mitglied der SPD
– enger Mitarbeiter des Preußischen Ministerpräsidenten Otto Braun
Februar 1933 Versetzung ins Justizministerium
Juni 1933 Berufsverbot, als Beamter nach BBG mit Anspruch auf Ruhegehalt zwangsweise pensioniert
– keine Informationen über die folgenden Jahre nach 1939 zur Zwangsarbeit in Berlin herangezogen
– überlebt das NS-Regime untergetaucht
Sommer 1945 – 1946 Mitarbeiter der Deutschen Justizverwaltung der SBZ
Frühjahr 1946 vorläufige Zulassung als Rechtsanwalt und Notar
– verfasst eine Biographie über Jean Baptiste Bernadotte
1947 Emigration nach New York
Oktober 1947 hält als erster Berliner Jude in New York einen Vortrag über seine Erlebnisse während der NS-Zeit und die Umstände seines Überlebens
1949–1953 Direktor der Beratungsstelle für Wertpapierbereinigung in New York
Quellen:
LAB: B Rep. 068 Nr. 501 (keine Personalakte, nur wenige Blätter).
Justiz-Ministerialblatt für die preußische Gesetzgebung und Rechtspflege, 1933, S. 201 (30.06.).
Jahresverzeichnis der an deutschen Universitäten erschienenen Schriften, 28/1911–1912.
Berlin-Brandenburgische Akademie der Wissenschaften (Hg.): Die Protokolle des Preußischen Staatsministeriums 1817–1934/38. Bd. 12 / II, Hildesheim/Zürich/New York 2004, S. 543 (Personenregister mit biographischen Angaben, Sterbedatum 1959).
Bundesarchiv (Hg.): Online-Version der Edition »Akten der Reichskanzlei. Weimarer Republik«. Biographien. Eintrag zu Fritz Corsing (mit Sterbedatum 1959). http://www.bundesarchiv.de/aktenreichskanzlei/1919-1933/1000/adr/adrag/kap1_3/para2_74.html, 07.08.2012.
Aus der Nacht der Berliner Juden. Der Bericht Fritz Corsings. In: Aufbau (New York), 10.10.1947, S. 3 und 6.
AJR Information. Hgg. Association of Jewish Refugees in Great Britain, Band 2, 7/1947, S. 50 und Band 17, 2/1962, S. 8 (Sterbedatum1962). http://www.ajr.org.uk/journalpdf/1946_july.pdf und http://www.ajr.org.uk/journalpdf/1962_february.pdf, 07.08.2012.

Czapski, Georg Dr.
01.06.1895 Berlin – 29.11.1980 (Den Haag, Niederlande?)
Familienstand: verheiratet seit August 1938, eine Tochter
Herbst 1913 Abitur am Sophien-Gymnasium in Berlin
1913–1914 Studium in Berlin
Dezember 1914 – Ende 1918 als Kriegsfreiwilliger Soldat im Ersten Weltkrieg, im Fronteinsatz, zweimal verwundet
1919–1920 Fortsetzung des Studiums
April 1920 erstes Staatsexamen beim KG
Februar 1922 Promotion an der Universität Halle
März 1923 zweites Staatsexamen
– wird als Gerichtsassessor mit Kommissorien an Berliner Gerichten und beim AG Müncheberg beauftragt

ab Januar 1924 Anwalt in Berlin
ab 1929 Notar
1933 nach Vertretungsverbot wieder als Anwalt und Notar zugelassen
Ende 1935 Entzug des Notariats
Ende 1938 Berufsverbot als Anwalt
– Emigration in die Niederlande (ohne genaues Datum)
– lebt dort auch während der Besetzung durch die deutsche Wehrmacht, muss aber auf Befehl der deutschen Besatzungsbehörden seinen Wohnort Den Haag verlassen
– übersteht die Besatzungszeit in Ingen (Provinz Gelderland) und später in Zegveld (Provinz Utrecht)
– erwirbt sich Kenntnisse im englischen und amerikanischen Recht (die erforderlichen Bücher schickt ihm ein Bibliothekar in die Provinz)
– setzt nach der Befreiung der Niederlande die Rechtsstudien fort und belegt Kurse an der Académie de Droit Internationale in Den Haag
– betätigt sich juristisch, zugleich als vereidigter Übersetzer tätig
– veröffentlicht Aufsätze zum Wiedergutmachungsrecht (u.a. in der Zeitschrift Rechtsprechung zum Wiedergutmachungsrecht) und anderen Rechtsfragen
April 1954 Antrag auf Zulassung als Anwalt in Berlin ohne Residenzpflicht
Juli 1954 Zulassung erteilt
Quellen:
LAB: B Rep. 068 Nr. 509.
Senatsjustizverwaltung: Akte 3176/1 – I/B 1.
AoR, S. 139f.

Danner, Hugo Dr.
29.03.1890 Stuttgart – keine Angaben
Familienstand: keine Angaben
1897–1901 Volksschule in Tübingen
1901–1907 Gymnasium in Tübingen
1907–1914 Studium in Tübingen und Berlin
1914–1918 Militärdienst im Ersten Weltkrieg
1919 o. 1920 Promotion an der Universität Heidelberg
1921–1926 Referent beim Reichsausschuss für deutsche Binnenschiffahrt in Berlin
1928–1931 Referendariat
1931 zweites Staatsexamen in Stuttgart
ab 1931 als Rechtsanwalt beim LG Stuttgart zugelassen
1933 keine Informationen zur Überprüfung nach dem Anwaltsgesetz
1935 Berufsverbot als Anwalt, da er seine „arische Herkunft" nicht nachweisen kann und jetzt als „Mischling" gilt
1936–1940 erwerbslos
1940–1942 juristischer Mitarbeiter bei Rechtsanwalt Patschau in Berlin
1942–1945 juristischer Mitarbeiter bei Rechtsanwalt Dr. Hoffmann in Berlin
Mai – September 1945 AG-Rat am AG Berlin-Lichtenberg
– dann vorläufig als Anwalt und Notar zugelassen
– seine Anwalts- und Notarstätigkeit führt zu zahlreichen Beschwerden; beim Präsidium der RAK sind ca. 30 Beschwerden anhängig
Juli 1947 Zulassung wird wegen schlechter Amtsführung zurückgezogen
1950 Ermittlungsverfahren wegen Untreue, Amtsunterschlagung und Betrugs
Quellen:
LAB: B Rep. 068 Nr. 521.

David, Leo
keine Angaben
Familienstand: keine Angaben
vor 1933 Rechtsanwalt in Berlin
Frühjahr 1933 Berufsverbot
– Emigration nach Palästina
nach 1945 Rückkehr nach Deutschland, wohnhaft in Hessen
Quellen:
AoR, S. 141.

Dickmann, Wilhelm (später: Dickman, William) Dr.
13.10.1900 Hermsdorf bei Berlin – 28.10.1987 Alexandria (Virginia, USA)
Familienstand: verheiratet
– nimmt als 17-Jähriger am Ersten Weltkrieg teil
1923 Promotion an der Universität Marburg
– Rechtsanwalt bei den Berliner LG und beim AG Berlin-Mitte
1933 als „Frontkämpfer" wieder zugelassen
September 1938 nach einer anonymen Warnung

vor einer möglichen Verhaftung Flucht nach Kopenhagen (wo ein Bruder lebt)
November 1938 im Zuge des allgemeinen Berufsverbots gegen jüdische Anwälte gelöscht
Ende 1938 Emigration in die USA, New York
1939–1943 Jurastudium mit einem Stipendium
1943 juristisches Examen an der University of Pennsylvania in Philadelphia
1944 Annahme der US-Staatsbürgerschaft
– meldet sich zur US-Armee und dient beim OSS (Vorläufer der CIA)
– seine in Deutschland gebliebene Schwester und ihr Ehemann werden deportiert und ermordet
1945 Rückkehr nach Berlin mit der US-Armee im Stab von Lucius D. Clay, Mitarbeiter der Rechtsabteilung
1947 Verfasser des Kontrollratgesetzes Nr. 46 vom 25. Februar über die Auflösung Preußens
– an der Durchführung der Nürnberger Prozesse und am Aufbau des Justizwesens in der amerikanischen Besatzungszone beteiligt
1948 Rückkehr in die USA
– veröffentlicht gemeinsam mit seiner Ehefrau Lebenserinnerungen: The long, long trail with you (1984)

Quellen:

Ladwig-Winters, Simone: Wilhelm Dickmann (later: William Dickman) (1900-1987). Dissolving Prussia. In: Lawyers without Rights. Jewish Lawyers in Germany under the Third Reich. Exhibition presented by the German Federal Bar and the American Bar Association and its Section of International Law. o. J.
http://www.schildhaus.com/downloads/Brosch%C3%BCreLWR_USA.pdf, 07.08.2012 (S. E-17, mit Fotos).
AoR, S. 141 (Foto S. 96).

Dittmann, Friedrich (Fritz)
20.07.1885 Berlin – 03.03.1966 (Berlin?)
Familienstand: verheiratet seit 1913, drei Kinder (geb. 1915, 1916 und 1921) (ein Sohn fällt als Soldat im Zweiten Weltkrieg)
1891–1894 Vorschule des Wilhelms-Gymnasium in Berlin
1894–1903 Wilhelms-Gymnasium Berlin
Februar 1903 Abitur
1903–1906 Jurastudium in Berlin und München
Januar 1907 erstes Staatsexamen in Berlin
1907–1912 Referendariat im KG-Bezirk
1908–1909 Militärdienst
Juli 1912 zweites Staatsexamen
ab September 1912 Rechtsanwalt in Berlin
1915–1918 als Soldat im Ersten Weltkrieg in Russland, Belgien und Frankreich, ausgezeichnet mit dem EK II und dem Verwundetenabzeichen
September 1918 schwer verwundet, bis Februar 1920 in Lazarettbehandlung

ab August 1920 Notar
– Mitglied im Deutsch-Österreichischen Alpenverein, außerdem im Regimentsverein 63/205
– wählt zuletzt die DVP
1933 als „Altanwalt" und „Frontkämpfer" wieder zugelassen
– gilt als „Mischling 1. Grades", daher kein Berufsverbot als Anwalt und Notar
bis 1945 als Anwalt tätig
1943–1945 nachdem seine Kanzlei vom KG-Präsidenten als „nicht kriegswichtig" eingestuft wird, ist Dittmann auch als juristischer Sachbearbeiter in einem Privatunternehmen tätig
– wird von der Zwangsverpflichtung bei der Organisation Todt und beim Arbeitsamt aus Gesundheitsgründen zurückgestellt
Mai 1945 beteiligt sich an Aufräumarbeiten in der Stadt Potsdam
Juli 1945 Zulassung als Rechtsanwalt und Notar

Juni – Dezember 1945 Justitiar beim Magistrat von Groß-Berlin
ab Januar 1946 als Rechtsanwalt und Notar tätig
ab 1946 hält einmal pro Woche eine Sprechstunde in Trebbin (Kreis Teltow) zur Beratung und Erledigung von Notariatsaufgaben ab
– zugleich im Nebenamt ständiges Mitglied des Prüfungsausschusses der Rechtsabteilung des Magistrats
1948–1949 für ein Jahr als Richter für den Justizdienst verpflichtet
01. September 1962 zum 50-jährigen Anwaltsjubiläum Notiz mit Foto in der Berliner Morgenpost
Quellen:
LAB: B Rep. 068 Nr. 557 (mit Foto); C Rep. 301 Nr. 1323.
KG Berlin, Liste über zugelassene Rechtsanwälte.
AoR, S. 142.

Dorn, Wilhelm Dr.
18.07.1890 Ochelhermsdorf (Kr. Grünberg, Schlesien) – 25.10.1954 Lüneburg
Familienstand: keine Angaben
vor 1933 Rechtsanwalt und Notar in Berlin
– Sozietät mit Rechtsanwalt und Notar William Freiherr von Nordenflycht und Dr. Justus Koch
1933 wieder zugelassen, mutmaßlich als „Frontkämpfer“
Ende 1933 Auflösung der Sozietät im Einvernehmen mit den Partnern
1935 Entzug des Notariats
März 1937 Emigration nach Italien
– zahlt eine Reichsfluchtsteuer in Höhe von 7.250 RM und muss zudem illustrierte Bücher aus dem 18. Jahrhundert an das Kupferstichkabinett Berlin verkaufen
bis Ende 1938 erhält eine Kriegsbeschädigtenrente in Höhe von 50 RM
– keine Informationen über die Umstände des Überlebens
Januar 1947 in London
Februar 1951 als LG-Rat in Lüneburg ansässig
Quellen:
EAB: Nr. 52.118 (Antrag für die Mutter Rosa Dorn).
AoR, S. 142.

Drucker, Erich (später: Eric) Dr.
02.09.1902 Bartin (Pommern) – 23.04.1999 (Sun City West, Arizona, USA?)
Familienstand: verheiratet seit 1942, ein Sohn
– besucht Gymnasien in Schlawe und in Kolberg in Pommern
1922 Abitur in Kolberg
– Studium in Freiburg i. Br., Berlin, Heidelberg und Breslau
1925 erstes Staatsexamen beim OLG Breslau
– Referendariat im OLG–Bezirk Stettin und im KG-Bezirk
Februar 1927 Promotion an der Universität Breslau

Dezember 1929 zweites Staatsexamen
ab August 1930 Rechtsanwalt in Berlin
Juni 1933 Berufsverbot
Mitte 1933 Emigration über Frankreich in die USA, New York
– zeitweise ohne Erwerbstätigkeit, vorwiegend als Angestellter in kaufmännischen Betrieben tätig
November 1945 Annahme der US-Staatsbürgerschaft
Juni 1960 Rückkehr nach Berlin
August 1960 Antrag auf Wiederzulassung zur Rechtsanwaltschaft
Oktober 1960 Zulassung für das LG, das KG und das AG Schöneberg erteilt
März 1974 auf Antrag gelöscht
– Rückkehr in die USA; lebt zuletzt in Sun City West, Arizona
Quellen:
LAB: B Rep. 068 Nr. 582 (mit Foto).
Social Security Death Index.
AoR, S. 142.

Eckstein, Ludwig
16.09.1902 Hannover – 02.01.1967 (Berlin?)
Familienstand: unverheiratet (Stand: 1949)
1909–1912 Vorschule an der Humboldt-Schule in Köln
1912–1913 am Friedrich-Wilhelm-Realgymnasium in Düsseldorf
1914–1921 Realgymnasium an der Klosterstr., Düsseldorf?
Februar 1921 Abitur

1921/22 Studium an der Philosophischen Fakultät in Bonn
1924/25–1928 Jurastudium in Bonn und Berlin
September 1928 erstes Staatsexamen
Juli 1932 zweites Staatsexamen
September 1932 als Rechtsanwalt am KG zugelassen
– Sozietät (Bürogemeinschaft?) mit Dr. Oscar Hirschberg (AoR, S. 177) und Dr. Alexander Schlesinger (AoR, S. 258)
vor 1933 SPD-Mitglied und im Reichsbanner Schwarz-Rot-Gold
April 1933 Emigration nach Palästina, Haifa
– dort ohne festen Beruf, verrichtet Gelegenheitsarbeiten (Straßenbauer, Landarbeiter, Nachtwächter, Büroangestellter, Lagerverwalter, Verkäufer)
April 1947 wendet sich an den Vorstand der RAK und bittet um Abschriften der Dokumente über die Prüfungen und die frühere Zulassung; kann nicht erfolgen, da die Unterlagen durch Kriegseinwirkung verloren sind
November 1949 Rückkehr nach Berlin und Antrag auf Zulassung zur Anwaltschaft in Berlin
– möglicherweise zuvor in Hamburg als Anwalt zugelassen, denn er teilt mit, dass er das Zentraljustizamt in Hamburg gebeten habe, seine Akten der RAK nach Berlin zu senden
Januar 1950 Zulassung erteilt
ab März 1950 auch bei den amerikanischen Militärgerichten zugelassen
Januar 1953 zum Notar ernannt

Quellen:
LAB: B Rep. 068 Nr. 607 (mit Foto), 3286.
EAB: Berlin Nr. 1.436.
AoR, S. 143.

Ehrlich, James Hugo Dr.
14.12.1882 Riga – 06.12.1958 (Berlin?)
Familienstand: verheiratet, keine Kinder
1891–1895 Stadtgymnasium in Riga
1895–1900 Gymnasium in Tilsit
1900 Abitur
1900–1905 Studium Maschinenbau an der Technischen Hochschule Berlin
1905–1908 Jurastudium in Königsberg
– unterbrochen durch den Militärdienst
April 1908 erstes Staatsexamen beim OLG Königsberg

Mai 1908 – Frühjahr 1912 Referendariat
Juli 1912 Promotion an der Universität Erlangen
Dezember 1912 zweites Staatsexamen
ab Dezember 1912 als Rechtsanwalt in Tilsit zugelassen
1914–1918 als Frontkämpfer im Ersten Weltkrieg, Kampfeinsatz an der Ost- und Westfront, mehrfach ausgezeichnet
ab 1920 Notar
1930–1933 Vorsitzender der Jüdischen Gemeinde Tilsit
– Mitglied im C.V., im Kriegerverein Tilsit, im Reichsbund jüdischer Frontsoldaten, in der Bnai Brith-Loge, im Männerturnverein und im Ruder- und Segelclub Tilsit
1933 als „Altanwalt" und „Frontkämpfer" weiter zugelassen
April 1933 als führendes Mitglied der Bnai Brith-Loge für einige Tage in Polizeihaft genommen
1935 Entzug des Notariats
Mai 1938 Aufgabe der Praxis als Anwalt wegen drastischer Umsatzeinbussen und Umzug nach Berlin

Juni 1938 – Juli 1941 Auswandererberater beim Hilfsverein der Juden in Deutschland
Juli 1941 – März 1943 bei den „arisierten" Fromms-Werken in Köpenick zur Zwangsarbeit herangezogen
1943 in der „Fabrikaktion" verhaftet, im Sammellager Große Hamburger Straße, dann in der Rosenstraße festgehalten
– lebt in einer „Mischehe", bleibt daher von den Deportationen ausgenommen, muss aber den Judenstern tragen und unterliegt allen anderen Beschränkungen für Juden
März 1943 – Mai 1945 Verwaltungsmitarbeiter/Sachbearbeiter, dann Dezernent bei der Reichsvereinigung der Juden in Deutschland
November 1943 verliert fast das ganze Hab und Gut, da seine Wohnung in der Prinzregentenstraße 6 nach einem Luftangriff ausbrennt
– vier seiner Schwestern werden Opfer der Shoah
Mai – Ende Oktober 1945 nach der Befreiung Dezernent bei der Jüdischen Gemeinde Berlin
November 1945 vorläufig als Rechtsanwalt und Notar in Berlin zugelassen
Mai 1947 vorläufige Zulassung erneuert
November 1947 endgültige Zulassung als Rechtsanwalt und Notar
Quellen:
LAB: B Rep. 068 Nr. 629 (mit Foto); C Rep. 301 Nr. 2086 (mit dem roten Ausweis zur endgültigen Zulassung vom November 1947, mit Foto).

Eisner, Anita
25.07.1900 Berlin – 12.04.1950 Berlin
Familienstand: unverheiratet
1906–1916 Gross'sche Höhere Mädchenschule in Berlin
1916–1919 private Vorbereitung auf das Abitur
März 1919 Abitur an der Augusta Viktoria-Schule in Berlin-Charlottenburg
1919–1923 Studium in Berlin
Juli 1923 erstes Staatsexamen
1923–1927 Referendariat in Berlin
Mai 1927 zweites Staatsexamen
1933 Berufsverbot
1933–1943 bestreitet den Lebensunterhalt mit Vermögens- und Hausverwaltungen, v.a. für emigrierte Juden
– wird wegen dieser Tätigkeit häufig von der Gestapo vorgeladen
1943–1945 untergetaucht
– die Mutter und die Schwester werden deportiert und ermordet
ab 1945 vorläufig wieder als Anwältin zugelassen
ab November 1947 Notarin
Quellen:
LAB: B Rep. 068 Nr. 628 (mit Foto).
AoR, S. 145.

Eisner, Hermann Dr.
16.10.1897 Gleiwitz (Schlesien) – 29.10.1977 Berlin
Familienstand: verheiratet (mit der Schauspielerin Camilla Spira), keine Kinder
1904–1915 Friedrichs-Gymnasium in Berlin
Juni 1915 Abitur
1919–1921 Studium in Berlin und Breslau
1920 oder 1921 erstes Staatsexamen in Berlin
1921 Promotion an der Universität Breslau
1926 zweites Staatsexamen
ab 1926 Rechtsanwalt in Berlin
– Vorstandsmitglied des Engelhardt-Konzerns
1933 wieder als Rechtsanwalt und Notar zugelassen
1934 erzwungene Aufgabe des Vorstandspostens
1935 Entzug des Notariats
1938 Berufsverbot als Rechtsanwalt
Ende 1938 Emigration in die Niederlande
1943 Verschleppung in das KZ Westerbork
1947 in Amsterdam
– betreibt von Holland aus die erneute Zulassung als Rechtsanwalt

April 1947 Rückkehr nach Berlin
Mai 1947 wieder als Rechtsanwalt und Notar in Berlin zugelassen
1973 auf eigenen Antrag aus dem Amt als Notar entlassen
Quellen:
LAB: B Rep. 068 Nr. 1621 (mit Foto); C Rep. 301 Nr. 1053.
EAB: Nr. 4.668 (Antrag für die verstorbene Mutter).
KG Berlin, Liste über zugelassene Rechtsanwälte.
AoR, S. 145.

Elb, Heinz Georg Dr.
06.09.1911 Dresden – 15.12.1964 (Berlin?)
Familienstand: keine Angaben
– Sohn des Rechtsanwalts Dr. Paul Elb (AoR, S. 145)
– Zwillingsbruder von Rolf Elb
1918–1921 Bürgerschule in Dresden
1921–1925 Vitzthum-Gymnasium in Dresden
1925–1928 Gymnasium Steglitz in Berlin
1928–1930 Schiller-Gymnasium in Berlin-Lichterfelde
1930 Abitur
– Studium in Berlin, München, Rostock und Erlangen

Herbst 1933 erstes Staatsexamen beim KG
– gilt nach den Nazi-Kriterien als „Mischling 1. Grades"
– wegen der jüdischen Herkunft nicht zum Referendariat zugelassen
April 1934 Promotion an der Universität Erlangen
1934–1946 Syndikus bei der Anhaltischen Kohlenwerke AG, Lietzenburger Str. 36, W 15; dort ist auch sein Vater beschäftigt
1944 zur Zwangsarbeit bei der Organisation Todt eingeteilt, dann zurückgestellt
ab Juni 1946 Abteilungsdirektor bei der Märkischen Elektrizitätswerk AG, Keithstr. 30, W 30
August 1946 zweites Staatsexamen in Dresden
September 1946 Antrag auf Zulassung als Rechtsanwalt
Februar 1947 Zulassung erteilt
ab 1952 Notar
Quellen:
LAB: B Rep. 068 Nr. 633 (mit Foto); C Rep. 301 Nr. 1054.

Elb, Rolf Dr.
06.09.1911 Dresden – keine Angaben (nach April 1967)
Familienstand: keine Angaben
– Sohn des Rechtsanwalts Dr. Paul Elb (AoR, S. 145)
– Zwillingsbruder von Heinz Georg Elb
1918–1921 Bürgerschule in Dresden

1921–1925 Vitzthum-Gymnasium in Dresden
1925–1928 Gymnasium Steglitz in Berlin
1928–1930 Schiller-Gymnasium in Berlin-Lichterfelde
1930 Abitur
– Studium in Berlin, München, Rostock und Erlangen
November 1933 erstes Staatsexamen beim KG
– gilt nach den Nazi–Kriterien als „Mischling 1. Grades"
– wegen der jüdischen Herkunft nicht zum Referendariat zugelassen
April 1934 Promotion an der Universität Erlangen
bis November 1934 juristischer Mitarbeiter in der Kanzlei seines Vaters
November 1934 – Juni 1937 Mitinhaber und Leiter einer Firma für Autobereifung
Juli 1937 – Juni 1939 Geschäftsführer bei der Gesellschaft für elektrische Raumheizung in Berlin
Juli 1939 – April 1946 Abteilungsleiter mit juristischen und kaufmännischen Tätigkeiten bei der Thüringischen Kohlen- und Brikettverkaufs GmbH in Berlin und Leipzig

Oktober 1944 auf Veranlassung der Gestapo in das KZ Osterode im Harz verschleppt, dort von alliierten Truppen befreit
ab Mai 1946 Geschäftsführer der Kobri Kohlen- und Briketthandlungsgesellschaft der Provinz Sachsen in Halle/Saale
August 1946 zweites Staatsexamen in Dresden
September 1946 Antrag auf Zulassung als Rechtsanwalt
– die Zulassung wird bis nach Ableistung des Pflichtdienstes an Berliner Gerichten aufgeschoben
September 1947 – Juni 1948 Pflichtdienst bei der Staatsanwaltschaft beim LG in Moabit
April 1948 in die Anwaltsliste bei den Berliner Gerichten eingetragen
Dezember 1961 als Anwalt beim AG und beim LG Köln zugelassen
1967 lebt in Straubing
Quellen:
LAB: B Rep. 068 Nr. 622 (mit Foto); C Rep. 301 Nr. 1052.
Auskunft RAK Köln (keine Anwaltszulassung in Köln bekannt).

Emanuel, Albert (später: Alberto) Dr.
17.04.1892 Hannover – 28.04.1958 (São Paulo, Brasilien?)
Familienstand: verheiratet seit 1924, keine Kinder
– besucht das Gymnasium in Berlin
1911 Abitur
– Studium in Berlin, Freiburg i. Br. und München
– Heeresdienst im Ersten Weltkrieg, im Fronteinsatz, unterbricht hierfür das Referendariat
1920 Promotion an der Universität Würzburg
November 1921 zweites Staatsexamen
– als Gerichtsassessor an verschiedenen Gerichten tätig, dann für eine Stellung in der Industrie beurlaubt
ab Ende 1924 Anwalt in Berlin
ab 1932 Notar
1933 nach Vertretungsverbot wieder als Anwalt und Notar zugelassen
Ende 1935 Entzug des Notariats
Ende 1938 Berufsverbot als Anwalt
– danach als „jüdischer Konsulent" zugelassen
Mitte Dezember 1939 Emigration nach Brasilien, São Paulo (seine Ehefrau ist Chemikerin und besitzt ein „Technikervisum" für Brasilien)
1940–1942 ohne reguläre Tätigkeit, erlernt die portugiesische Sprache
ab April 1942 Verwaltungssekretär der Sociedade por Organização, Reconstrução e Trabalho (ORT), eine philanthropische Gesellschaft
Juli 1942 – März 1953 zugleich Leiter einer Berufsschule für Mechaniker, die die ORT betreibt
– befasst sich mit dem brasilianischen Recht und der Rechtsentwicklung in Deutschland
Januar 1954 Antrag auf Zulassung als Anwalt in Berlin ohne Residenzpflicht
März 1954 Zulassung erteilt
Quellen:
LAB: B Rep. 068 Nr. 617.
Senatsjustizverwaltung: Akte 3176/1 – I/B 1.
Jahresverzeichnis der an deutschen Universitäten und Technischen Hochschulen erschienenen Schriften, 36/1920.
AoR, S. 146.

Engelbert, Sally Fritz Dr.
04.04.1886 Gudensberg (Hessen Nassau) – 22.03.1958 Berlin
Familienstand: verheiratet seit 1917, zwei Kinder
1892–1897 Volksschule in Gudensberg
1898–1906 Wilhelms-Gymnasium in Kassel
1906 Abitur
1906–1909 Studium in Freiburg i. Br., München und Marburg
1909 erstes Staatsexamen beim OLG Kassel
1909–1913 Referendariat im OLG-Bezirk Kassel
1910–1911 Militärdienst in Kassel
1913 Promotion an der Universität Marburg
1914 zweites Staatsexamen
1914–1918 Soldat im Ersten Weltkrieg, „Frontkämpfer", ausgezeichnet mit dem EK I und II
ab 1919 als Anwalt in Berlin zugelassen
ab 1924 Notar
vor 1933 im Studentenverband Kartell-Convent jüdischer Korporationen (KC) und im Rechtsanwalts- und Notarverein
1933 als „Frontkämpfer" wieder als Anwalt und Notar zugelassen
1935 Entzug des Notariats
1938 Berufsverbot als Anwalt
1939–1941 als „jüdischer Konsulent" zugelassen
– lebt in einer „privilegierten Mischehe"
1941 wegen Unterstützung eines politischen Häftlings (Versorgung mit Lebensmitteln) als „Konsulent" entlassen

– dann Geschäftsführer der Palästina-Treuhandstelle in Berlin
Dezember 1942 von der Gestapo verhaftet
– im KZ-Arbeitslager Wuhlheide festgehalten und zur Zwangsarbeit herangezogen
– erkrankt schwer und wird ins Jüdische Krankenhaus verlegt; auch nach einer Operation bleiben drei Finger steif
– nach Entlassung unter Polizeiaufsicht
Februar 1945 Flucht zu einem Kollegen nach Ketzin, wo er bis zur Befreiung untertaucht
Juli 1945 vorläufige Zulassung als Anwalt
– Mitglied der LDP, später FDP
April 1947 erneute Zulassung als Anwalt und Notar
1948 und 1949 in der ersten und zweiten Wahlperiode als Nachrücker für die LDP Mitglied der Berliner Stadtverordnetenversammlung
1951 Mitglied des Richterwahlausschusses
1954 in der ersten Wahlperiode als Nachrücker für die FDP im Abgeordnetenhaus
Quellen:
LAB: B Rep. 068 Nr. 3396 (mit Foto); C Rep. 118-01 Nr. 38.507; C Rep. 301 Nr. 1019 (mit Foto).
KG Berlin, Liste über zugelassene Rechtsanwälte.
Breunig, Werner/Herbst, Andreas: Biografisches Handbuch der Berliner Stadtverordneten und Abgeordneten 1946–1963. Berlin 2011, S. 92 (mit Foto).
AoR, S. 146.

Exiner, Martin
21.12.1885 Militsch (Schlesien) – 19.08.1957 Berlin
Familienstand: verheiratet, verwitwet, verheiratet, geschieden, zwei Töchter aus erster Ehe
– Volksschule in Militsch
– Gymnasium in Krotoschin und Wilhelms-Gymnasium in Berlin

1903 Abitur am Wilhelms-Gymnasium in Berlin
– aktiver Rudersportler
– Jurastudium in Berlin
1907 erstes Staatsexamen beim KG Berlin
1908–1913 Referendariat
1908 Mitglied der deutschen Rudermannschaft bei den Olympischen Spielen
1909–1910 Militärdienst
Mai 1913 zweites Staatsexamen
ab Juni 1913 als Anwalt in Berlin zugelassen
1914–1918 Soldat im Ersten Weltkrieg, ausgezeichnet mit dem Eisernern Kreuz, 1917/18 nach Verwundung als Kriegsgerichtsrat eingesetzt
ab Ende 1918 wieder als Anwalt tätig
ab April 1924 Notar
1933 nach Vertretungsverbot als „Altanwalt" und „Frontkämpfer" wieder zugelassen
Ende 1935 Entzug des Notariats
September 1938 Emigration nach Palästina
Oktober 1938 als Anwalt gelöscht
– lebt in Palästina von Ersparnissen und seltenen, vorübergehenden Einnahmen aus einfachen Beschäftigungsverhältnissen
– engagiert sich weiterhin für den Rudersport und bringt ca. 40 Ruderboote nach Palästina
ab Ende 1950 befasst sich im Auftrag des Jüdischen National-Fonds (Keren Kajemeth Leisrael) mit Wiedergutmachungs- und Entschädigungsangelegenheiten; kehrt in dieser Funktion nach Berlin zurück
Januar 1955 Antrag auf Zulassung als Anwalt in Berlin ohne Residenzpflicht
– lebt zu diesem Zeitpunkt in Berlin, will die Anwaltstätigkeit aber vor allem von Israel aus betreiben
Februar 1955 Zulassung ohne Residenzpflicht erteilt
– benennt einen Zustellungsbevollmächtigten, lebt jedoch weiterhin in Berlin
1957 ein Assessor wird zeitweise zu seinem Vertreter in Anwaltsgeschäften bestellt; dies spricht dafür, dass Exiner mittlerweile ohne Aufhebung der Residenzpflicht in Berlin zugelassen war
Quellen:
LAB: B Rep. 068 Nr. 666.
Senatsjustizverwaltung: Akte 3176/1 – I/B 1.
Auskunft Joel Levi, Tel Aviv.
AJR Information. Hgg. von der Association of Jewish Refugees in Great Britain, Band 12, 1957/11, S. 10 (dort: „died in Berlin recently").
http://www.ajr.org.uk/journalpdf/1957_november.pdf, 07.08.2012.
AoR, S. 147.

Fabian, Hans-Erich Dr.
22.09.1902 Bromberg (Posen) – 25.12.1974 New York
Familienstand: verheiratet seit 1937, drei Kinder
Ostern 1909 – Ostern 1920 Friedrichs-Gymnasium in Bromberg, dort Abitur
April 1920 – Februar 1921 Lehre in einem Einzelhandelsgeschäft in Bromberg
– Übersiedelung nach Berlin

1921–1924 Studium in Berlin und Heidelberg
Juli 1925 erstes Staatsexamen beim KG Berlin
1926 Promotion an der Universität Breslau
1929 zweites Staatsexamen
– dann als Gerichtsassessor am AG Berlin-Schöneberg und zugleich als juristischer Hilfsarbeiter bei Rechtsanwalt Paul Pinner (siehe AoR, S. 239) und bei einem Arbeitgeberverband tätig
1933 Gerichtsassessor im KG-Bezirk
ab April 1933 Zwangsurlaub, ab Oktober 1933 Berufsverbot
– arbeitet dann als Angestellter in der Schuhfabrik Juwel
Oktober 1938 bis Mai 1939 Sekretär der Hochschule für die Wissenschaft des Judentums
Mai 1939 – Juni 1943 Sachbearbeiter bei der Reichsvereinigung der Juden in Deutschland
10. Juni 1943 von der Gestapo verhaftet, in Einzelhaft
10. September 1943 mit der Familie nach Theresienstadt verschleppt
Oktober 1943 – Dezember 1944 in Berlin in Haft, auf Anforderung der Reichsvereinigung der Juden in Deutschland bei deren Abwicklung tätig
Dezember 1944 – Mai 1945 erneut im KZ Theresienstadt, dort befreit
bis 10. August 1945 in Theresienstadt
Mitte August 1945 Rückkehr mit der Familie nach Berlin
August 1945 – Februar 1946 beim Bezirksamt Charlottenburg in der Abteilung für NS-Verfolgte tätig
November 1945 Antrag auf Zulassung zur Anwaltschaft
Februar/März 1946 Syndikus bei der Preussag
– soll vor Zulassung zur Anwaltschaft den einjährigen Pflichtdienst an Berliner Gerichten absolvieren
Anfang Mai 1946 Eintritt in den Justizdienst als Hilfsrichter am LG
ab August 1946 LG-Rat
ab Januar 1947 Hilfsrichter am KG
Januar 1947 Zulassung als Anwalt durch die Alliierte Kommandantur erteilt; Fabian verbleibt als Richter im Justizdienst
ab April 1948 KG-Rat
ab November 1945 Vorsitzender des Vorstandes der Jüdischen Gemeinde Berlin
ab 1946 Herausgeber der Wochenzeitschrift Der Weg
– „Consultant for Jewish Questions" bei der Finance Division des Office of Military Government for Germany (US-Militärbehörden)
Anfang Mai 1949 Emigration nach New York
ab Januar 1950 Sachbearbeiter bei der URO
1955 Annahme der US-Staatsbürgerschaft
ab Mai 1972 in Berlin als Anwalt ohne Residenzpflicht zugelassen
Quellen:
LAB: B Rep. 068 Nr. 763 (mit Foto); C Rep. 301 Nr. 755–56 (mit Foto).

Fabian, Heinz Kurt
23.05.1907 Bromberg (Posen) – 26.06.1985 New York
Familienstand: keine Angaben
– besucht das Friedrichs-Gymnasium in Bromberg, nach Abtretung der Provinz Posen an Polen ein deutsches Privatgymnasium, dann ab 1921 in Berlin das Friedrichswerdersche Gymnasium
März 1925 Abitur

– Studium in Berlin und Freiburg i. Br.
April 1929 erstes Staatsexamen in Berlin
März 1933 zweites Staatsexamen
– als Jude aus dem Justizdienst entlassen; ein Antrag auf Zulassung als Rechtsanwalt wird abgelehnt
– leitet die Auskunftsstelle der mit Zustimmung des Reichsjustizministeriums eingerichteten „Zentralstelle der nicht-arischen Rechtsanwälte in Deutschland"
November 1938 in der Pogromnacht in das KZ Sachsenhausen verschleppt
1939 Emigration nach La Paz, Bolivien
– anfänglich erwerbslos, dann Leiter eines Restaurants, dann Angestellter eines Bergbauunternehmens (zunächst in der Einkaufsabteilung, dann im Archiv)
1952 scheidet nach Verstaatlichung der Firma aus dem Unternehmen aus, arbeitet dann als Buchprüfer
1956 Emigration nach New York (dort lebt sein Bruder Hans-Erich Fabian)
– arbeitet als juristische Hilfskraft in der Kanzlei des früheren Berliner Rechtsanwalts Adolf Hamburger (siehe AoR, S. 169f.), Schwerpunkt: deutsches Recht, insbesondere Entschädigungsangelegenheiten
ab Juli 1958 als Anwalt ohne Residenzpflicht in Berlin zugelassen
Quellen:
LAB: B Rep. 068 Nr. 3434 (mit Foto).
Senatsjustizverwaltung: Akte 3176/1 – I/B 1.

Fabian, Walter
03.10.1886 Tuchel (Westpreußen) – 20.08.1951 Berlin
Familienstand: verheiratet
1892–1898 Vorschule in Tuchel
1898–1905 Gymnasium in Bromberg, dort Abitur

1905–1909 Jurastudium in Berlin, München und Königsberg
Mai 1909 erstes Staatsexamen in Königsberg, Note „ausreichend"
Februar 1914 zweites Staatsexamen, Note „ausreichend", dann als Anwaltsvertreter tätig
– im Ersten Weltkrieg als körperlich untauglich für den Militärdienst ausgemustert
September 1914 – 1925 juristischer Dezernent in der Stadtgemeinde bzw. im Bezirksamt Neukölln
ab 10. August 1914 Rechtsanwalt in Berlin
ab ca. 1924 Notar
– hält Kurse über Zivilrecht für städtische Beamtenanwärter
– führt Sprechstunden in der städtischen Rechtsauskunftsstelle durch
1933 Berufsverbot
Juni 1933 – 1945 ohne Erwerbstätigkeit, private Beschäftigung auf historischem und juristischem Gebiet, lebt von Ersparnissen
– lebt in einer „nicht-privilegierten Mischehe"; muss den Judenstern tragen
– gehört dem „Reichsverband der nichtarischen Christen" an
Juli 1941 wegen Nichttragens des Zwangsnamens Israel zu Gefängnis verurteilt, umgewandelt in eine Geldstrafe
1941 aus der Wohnung ausgewiesen und in eine Kellerwohnung einquartiert
August 1945 wieder als Rechtsanwalt und Notar zugelassen
April 1948 endgültige Zulassung
Quellen:
LAB: B Rep. 068 Nr. 749 (mit Foto).
EAB: Nr. 3689 (Antrag der Witwe).
KG Berlin, Liste über zugelassene Rechtsanwälte.
AoR, S. 147f.

Faerber, Erich Dr.
06.03.1893 Berlin – 24.01.1971 (Cleveland, Ohio, USA?)
Familienstand: verheiratet seit September 1954, keine Kinder
1899–1911 Königstädtisches Gymnasium in Berlin
März 1911 Abitur
1911–1914 Studium in Freiburg i. Br. und Berlin
August 1914 erstes Staatsexamen als „Notprüfung"
August 1914 – Dezember 1918 als Kriegsfreiwilliger Soldat im Ersten Weltkrieg, im Fronteinsatz (Artillerie und Flugabwehr), zuletzt Vizewachtmeister und Offiziersaspirant
Januar 1919 – Juli 1921 Referendariat
Januar 1920 Promotion an der Universität Greifswald
Herbst 1921 zweites Staatsexamen
ab Februar 1922 Rechtsanwalt in Berlin
ab April 1928 Notar
– neben der Arbeit als Anwalt auch schriftstellerisch und journalistisch tätig, publiziert in der Vossischen Zeitung, in der Deutschen Allgemeinen

Zeitung, in der Deutschen Juristenzeitung und in der Juristischen Wochenschrift
1933 als „Frontkämpfer" wieder als Anwalt und Notar zugelassen
Ende 1935 Entzug des Notariats
ab Januar 1936 erhält gemäß Paragraph 2 der Zweiten Verordnung zum Reichsbürgergesetz vom 21. Dezember 1935 (RGBl. I, S. 1524) einen jederzeit widerruflichen Unterhaltszuschuss des Reichsministers der Justiz
Ende 1938 Berufsverbot als Anwalt
April 1939 Emigration nach Shanghai
1939–1942 Mitarbeiter eines Internationalen Komitees für soziale Fürsorgetätigkeit
1942 nach Beginn des Zweiten Weltkriegs im Pazifischen Raum wird dieses Komitee aufgelöst
– arbeitet in geringem Umfang bei einem Fürsorgekomitee der japanischen Militärverwaltung und als Anwalt und Rechtsberater für Flüchtlinge aus Europa (die er vor chinesischen Gerichten und dem Schiedsgericht der Jüdischen Gemeinde in Shanghai vertritt)
Mai 1948 Emigration in die USA
– lebt dort zunächst in San Francisco, später in Cleveland
Herbst 1948 – Ende 1956 kaufmännischer Angestellter
ab 1953 nebenbei als Rechtsberater für deutsche Rechtsfragen tätig
ab 1955 zum Notar bestellt
ab Ende 1956 wegen des gewachsenen Umfangs der Vertretungen ausschließlich als Rechtsberater tätig (insbesondere für Entschädigungsangelegenheiten)
– Vertrauensanwalt der Auslandsvertretungen der Bundesrepublik Deutschland
Juni 1962 Antrag auf Zulassung als Anwalt in Berlin ohne Residenzpflicht
August 1962 Zulassung erteilt

Quellen:
LAB: B Rep. 068 Nr. 754 (mit Foto).
AoR, S. 148.

Falkenberg, Josef
30.10.1881 Berlin – 15.12.1962 (Berlin?)
Familienstand: verheiratet (seit 1922), keine Kinder
1888–1905 105. Gemeindeschule in Berlin
1892–1901 Sophiengymnasium in Berlin
März 1901 Abitur
1901–1905 Studium in Berlin
Dezember 1905 erstes Staatsexamen in Berlin
1906–1911 Referendariat im KG-Bezirk
1907– 1908 Militärdienst als Einjährig-Freiwilliger in Berlin
Juli 1911 zweites Staatsexamen
ab September 1911 Anwalt in Berlin
ab 1924 Notar
– Bürogemeinschaft mit Dr. Oskar Fischer (AoR, S. 150)

– verfasst Romane: Johnnys Wandlung (1931), Hallo Taxe (1934)
– Mitglied im Schutzverband deutscher Schriftsteller
– verfasst zahlreiche Beiträge in der Zeitschrift für Waren- und Kaufhäuser sowie vereinzelt in anderen Zeitschriften des Konfektionsgewerbes
vor 1933 zuletzt SPD-Wähler
1933 als „Altanwalt" wieder zugelassen, aber Entzug des Notariats
1935 aus dem Schutzverband deutscher Schriftsteller ausgeschlossen, Publikationsverbot, ausgenommen sind rein wissenschaftliche Texte
Ende 1938 Berufsverbot als Rechtsanwalt
ab August 1939 „jüdischer Konsulent" für die LG-Bezirke Frankfurt/Oder, Guben, Landsberg/Warthe, Cottbus, Meseritz, später auch Neuruppin
– mit einer nicht-jüdischen Frau verheiratet, daher vor den Deportationen geschützt

– unterhält als „Konsulent" zunächst ein Büro in Frankfurt/Oder; muss dies auf Geheiß der Gestapo aufgeben und sich stattdessen in einer Ecke des Betsaales einrichten
– behält seinen Wohnsitz in Berlin, da aus Sicherheitsgründen ein Umzug nach Frankfurt/Oder nicht möglich ist; muss daher fast täglich nach Frankfurt/Oder oder in andere Städte des Bezirks reisen
– muss als „Konsulent" an die Ausgleichskasse der Berliner Anwaltskammer monatlich Beiträge abführen, von September 1939 bis Anfang 1945 insgesamt 8733,84 RM; abzuführen sind: für Beträge bis 300 RM 10 Prozent, von 300 bis 500 RM 30 Prozent, von 500 bis 1.000 RM 50 Prozent, über 1.000 RM 70 Prozent; sämtliche Abrechnungen sind in der Akte enthalten, die letzte datiert vom 01. April 1945 (!), Konto wird bei der Deutschen Bank geführt
1940 von der Gestapo in Schneidemühl festgehalten; kann sich der Festnahme entziehen
– wird mehrmals denunziert, u.a. wegen „Sternverdeckens" und Aufenthalts im Luftschutzkeller
1944 erkrankt schwer
Januar 1945 stellt seine Tätigkeit als „Konsulent" stillschweigend ein
Mai 1945 beantragt die Zulassung als Anwalt
Juli 1945 vorläufige Zulassung als Anwalt und Ernennung zum Notar
ab 1946 Mitglied im Präsidium der RAK
ab Oktober 1946 Syndikus beim Schutzverband deutscher Autoren
Mai 1947 erneute vorläufige Zulassung
Januar 1950 endgültige Zulassung (Gründe für die Dauer des Verfahren sind aus den Akten nicht ersichtlich)
1958 in einem Vergleich mit dem Entschädigungsamt erhält Falkenberg für „Schäden im Beruf" die Summe von insgesamt 3.500 DM [im Formular kurioserweise RM!] (Büromöbel: 1.000 DM, Goodwill der Anwaltspraxis: 1.500 RM, Verlust von zwei juristischen Bibliotheken: 1.000 DM [Schaden beziffert auf 10.000 RM])
– Mitbegründer, Justitiar und Ehrenpräsident der Vereinigung der Deutschen Schriftsteller-Verbände
– hinterlässt sein Vermögen in Andenken an seine Ehefrau testamentarisch einer Stiftung: der Maria Falkenberg-Weimann-Stiftung, die unverschuldet in Not geratene, bedürftige Berliner Rechtsanwälten und bedürftige Witwen Berliner Rechtsanwälte unterstützt

Quellen:
LAB: B Rep. 068 Nr. 3405 (mit Foto); C Rep. 301 Nr. 1408.
EAB: Nr. 2.485.
Tagesspiegel vom 29.10.1961: Josef Falkenberg 80 Jahre alt.
Dirks, Christian: Die Rechtsanwaltskammer Berlin in den Jahren 1945 bis 2004. In: Jungfer, Gerhard/König, Stefan /Rechtsanwaltskammer Berlin (Hg.): 125 Jahre Rechtsanwaltskammer Berlin. Jubiläumsschrift. Stuttgart u.a. 2006, S. 293–363, hier: Dokumente S. 304 und 307.
AoR, S. 148 (mit Foto).

Falkenstein, Eberhard Dr.
31.05.1881 Berlin – 06.11.1951 Berlin
Familienstand: verheiratet, ein Kind
1889–1899 Schiller-Gymnasium in Berlin-Lichterfelde
März 1899 Abitur

1899–1902 Studium in Göttingen, Berlin, Tübingen und Leipzig
Dezember 1902 erstes Staatsexamen in Berlin
Dezember 1902 Promotion an der Universität Rostock, Note „gut"
1902–1906 Referendariat im KG-Bezirk
Mai 1907 zweites Staatsexamen, Note „gut"
ab September 1907 Rechtsanwalt bei den Berliner LG
1918 tritt in den Vorstand der Optischen Anstalt C.P. Goerz AG in Berlin ein
1926–1930 bleibt auch nach Fusion der Optischen Anstalt C.P. Goerz AG mit vier anderen Firmen der optisch-photographischen Branche zur Zeiss Ikon AG mit Sitz in Dresden im Vorstand
ab Mai 1930 Notar
1933 als „Altanwalt" wieder zugelassen, aber Entzug des Notariats
– gilt als „Mischling" (hat ein jüdisches Großelternteil)
– muss zahlreiche Ehrenämter aufgeben (u.a. Ehrengericht der Berliner Börse, Beisitzer des Finanzgerichts Groß-Berlin)
1933–1945 als Anwalt tätig
1943 seine Praxis wird als nicht kriegswichtig eingestuft, Falkenstein dem Arbeitsamt überwiesen und von der Zeiss Ikon AG angefordert
1943–1945 Angestellter (Rechtsberatung) der Zeiss Ikon AG, Werk Berlin

Mai 1945 – Ende 1945 vom Oberbürgermeister der Stadt Dresden zu einem der drei kommissarischen Leiter der Zeiss Ikon AG bestellt
Oktober 1945 vorläufige Zulassung als Rechtsanwalt und Notar in Berlin
– erhält erst im April 1946 die Einreisegenehmigung nach Berlin
– dann wieder als Rechtsanwalt und Notar tätig
November 1947 endgültige Zulassung als Rechtsanwalt und Notar
Juli 1948 als Richter am LG Berlin-Moabit verpflichtet
Februar 1949 aus dem Richterdienst entlassen
Quellen:
LAB: B Rep. 068 Nr. 761 (mit Foto); C Rep. 301 Nr. 1407.
EAB: Nr. 6.271, 53.993 (Datenschutz nicht abgelaufen).
KG Berlin, Liste über zugelassene Rechtsanwälte.
AoR, S. 148.

Fechner, Heinrich Dr.
22.07.1882 Hindenburg (Oberschlesien) – 30.11.1961 (Berlin?)
Familienstand: verheiratet
1888–1890 Vorschule in Hindenburg
1890–1892 Volksschule in Gleiwitz
1892–1901 Gymnasium in Gleiwitz
1901 Abitur
1901–1904 Studium in Berlin
1904 erstes Staatsexamen beim KG Berlin
– Referendariat im OLG-Bezirk Breslau
1906 Promotion an der Universität Erlangen
1909 zweites Staatsexamen
ab 1910 als Rechtsanwalt beim AG und LG Magdeburg zugelassen
ab 1924 Notar
– Mitglied der DDP, später Deutsche Staatspartei (1930–1933 die rechtsliberale Nachfolgepartei der DDP)

1933 als „Altanwalt" wieder zugelassen, aber als Notar entlassen
April 1936 gibt seine Anwaltstätigkeit wegen dauernder Schikanen und Angriffen von Nationalsozialisten auf
Frühjahr 1936 Umzug nach Berlin
1936–1943 erwerbslos, bestreitet den Lebensunterhalt aus Ersparnissen (die durch Zwangsabgaben drastisch gemindert werden)
– lebt mutmaßlich in einer „Mischehe" und bleibt daher von den Deportationen ausgenommen
April 1943 – April 1945 zur Zwangsarbeit bei der Reichsbahn herangezogen
– verliert durch zwei Luftangriffe am 15. Februar 1944 und am 30. April 1945 große Teile seines Hab und Guts
2. Juni 1945 beantragt die Zulassung als Anwalt und Notar
30. Juli 1945 vorläufige Zulassung erteilt
April 1947 endgültige Zulassung als Anwalt und Notar
Ende 1956 legt das Amt als Notar nieder
Quellen:
LAB: B Rep. 068 Nr. 768 (mit Foto); C Rep. 301 Nr. 1596.

Feder, Ernst Dr.
18.03.1881 Berlin – 29.03.1964 Berlin
Familienstand: verheiratet seit 1911
– besucht das Sophien-Gymnasium in Berlin
– Studium der Rechts- und Staatswissenschaften in Berlin und München
1902 erhält die Goldene Medaille der Universität Berlin für die Preisschrift Verantwortlichkeit für fremdes Verschulden (1903 zugleich als Dissertation an der Universität Rostock angenommen)
1902 erstes Staatsexamen
1903 Promotion an der Universität Rostock (mit der oben genannten Preisschrift)
1907 Zulassung als Rechtsanwalt, später auch Notar
– zugleich als freier Schriftsteller tätig, publiziert Bücher und Zeitschriftenartikel
– im Ersten Weltkrieg als Kriegsgerichtsrat am Kriegsgericht in Berlin tätig, kurzzeitig zum Heeresdienst eingezogen, nach schwerer Erkrankung als felddienstuntauglich entlassen
Dezember 1919 – 1931 leitender politischer Redakteur beim Berliner Tageblatt
– daneben weiter als Rechtsanwalt und Notar tätig
– Mitglied in der DDP und im Republikanischen Richterbund
1931 zum Richter am Internationalen Ehrengerichtshof der Presse in Den Haag gewählt
Juli 1933 aktiver Gegner der Nazis, Emigration
– lässt sich in Paris nieder, betätigt sich weiter publizistisch
– kann Teile seiner kostbaren Bibliothek nach Paris verbringen lassen

1935 offizielle Löschung der Zulassung
1938 Aberkennung der deutschen Staatsbürgerschaft (zusammen mit der Ehefrau)
August 1939 verlässt Paris angesichts der Kriegsgefahr
– nach der Besetzung von Paris werden seine Bibliothek und der gesamte Hausrat beschlagnahmt
Juli 1941 Emigration nach Brasilien
– gewinnt dort als Journalist großes Ansehen und publiziert in über 40 brasilianischen Zeitungen und Zeitschriften
1953 auf Einladung der Bundesregierung Reise nach Deutschland, Verleihung des Bundesverdienstkreuzes; zugleich Lesereise mit seinem Buch Begegnungen (Untertitel: Die Großen der Welt im Zwiegespräch)
1957 Rückkehr nach West-Berlin
Quellen:
EAB: Nr. 56.987.
Wikipedia: Ernst Feder.
http://de.wikipedia.org/wiki/Ernst_Feder, 07.08.2012.
Ernst Feder: Heute sprach ich mit... Tagebücher eines Berliner Publizisten 1926–1932. Hg. von Cécile Lowenthal-Hensel und Arnold Paucker. Stuttgart 1971 (mit Foto, Bibliographie Ernst Feders und Einleitung mit biographischen Informationen).
Dr. Ernst Feder (1881–1964). Ein Journalistenleben zwischen Weimarer Republik, Exil und Goethe. Kabinettausstellung im Stadtmuseum Weimar 13. Mai – 10. Juli 2011.
http://stadtmuseum.weimar.de/index.php?id=114, 07.08.2012.
Eckl, Marlen: „Das Paradies ist überall verloren": das Brasilienbild von Flüchtlingen des Nationalsozialismus. Frankfurt a. M. 2010.
Nachlass im Leo Baeck Institute New York.
Auskunft Sylk Schneider, Weimar.
AoR, S. 149.

Feig, Otto JR
18.02.1864 Tarnowitz (Schlesien) – 1946 oder 1947 Berlin
Familienstand: verheiratet
vor 1933 Rechtsanwalt in Berlin
1933 Wiederzulassung als Rechtsanwalt nach Antrag
1938 Berufsverbot
nach 1945 wohnhaft in Pankow
– mutmaßlich wieder als Rechtsanwalt zugelassen
1947 Rechtsanwalt Bernhard Baruch übernimmt die Kanzlei des verstorbenen JR Otto Feig in der Wollankstraße in Berlin-Pankow
Quellen:
LAB: B Rep. 068 Nr. 189 (Bernhard Baruch); C Rep. 301 Nr. 1909–11 (Bernhard Baruch).
AoR, S. 149.

Feilchenfeld, David
28.08.1877 Thorn (Westpreußen) – 24.04.1946 Speziallager Sachsenhausen
Familienstand: verheiratet seit 1923, keine Kinder
1886–1896 Gymasium in Thorn

– Studium in Berlin, München und Königsberg
Frühjahr 1899 erstes Staatsexamen
– Referendariat im OLG-Bezirk Marienwerder
1901–1902 Militärdienst als Einjährig-Freiwilliger in Berlin-Spandau beim 3. Brandenburger Train-Bataillon, zuletzt Unteroffizier
Frühjahr 1905 zweites Staatsexamen, Note „gut"
ab 1905 Rechtsanwalt in Berlin
1914–1918 Soldat im Ersten Weltkrieg, im Kampfeinsatz an Ost- und Westfront, Unteroffizier, ausgezeichnet mit dem EK II

ab 1927 Notar
– Sozietät mit dem Bruder Max Feilchenfeld (AoR, S. 149)
– zugleich Syndikus des Verbandes Berliner Rauchwarenfirmen
1933 als „Altanwalt" und „Frontkämpfer" wieder zugelassen
1935 Entzug des Notariats
1938 Berufsverbot als Anwalt
1939 als „jüdischer Konsulent" für den LG-Bezirk Berlin zugelassen, später auch für den OLG-Bezirk Naumburg
– lebt in einer „Mischehe", muss aber den Judenstern tragen
Anfang 1944 die Gestapo beschlagnahmt für ihre Zwecke zwei Zimmer der Praxis am Monbijouplatz 4, wenig später noch deren zwei weitere
09. Oktober 1944 zusammen mit der Ehefrau verhaftet und im Lager Große Hamburger Str. bzw. Schulstr. festgehalten; beim ersten Verhör nach dreieinhalb Wochen wird ihnen vorgehalten, sie hätten trotz Schweigegebots die Tarnung der in ihrer Wohnung untergebrachten Gestapo-Dienststelle verraten, sie besäßen sozialistische Schriften von Lassalle und die Frau habe öffentlich ihr Bedauern über das Scheitern des Attentats vom 20. Juli 1944 geäußert
– nach sechs Wochen Haft entlassen und in eine Eineinhalb-Zimmer-Wohnung an der Schönhauser Allee eingewiesen
Anfang Januar 1945 – Mai 1945 das Ehepaar lebt untergetaucht in Brück/Mark, wo der Bruder der Ehefrau lebt
Anfang Juli 1945 Rückkehr nach Berlin in die alte, große Wohnung am Monbijouplatz
am 12. Juli 1945 als Rechtsanwalt und Notar wieder zugelassen
Juli 1945 als OdF anerkannt
am 01. August August 1945 vom NKWD verhaftet, das dem Ehepaar vorwirft, Gestapo-Leute zu schützen
– fünfeinhalb Wochen im NKWD-Keller in Groß-Glienicke festgehalten, dort auch schwer misshandelt
– von Groß-Glienicke nach Hohenschönhausen und von dort in das Speziallager Sachsenhausen verschleppt
am 24. April 1946 stirbt David Feilchenfeld an Unterernährung und wegen völlig unzureichender medizinischer Versorgung an einer Blutvergiftung; die Aufnahme ins Krankenrevier wird bis drei Tage vor dem Tod verweigert
– die Ehefrau bleibt ohne Urteil für viereinhalb Jahre in Lagerhaft, von der sie schwere Gesundheitsschäden davon trägt
April 1946 Nachforschungen seitens des KG nach dem Aufenthaltsort von Feilchenfeld beginnen und ergeben, dass er im Sommer 1945 von russischen Stellen verhaftet worden und nicht zurückgekehrt sei
September 1946 die Löschung als Anwalt und Notar wird seitens des KG in die Wege geleitet, da sich Feilchenfeld länger als drei Monate nicht am Ort der Zulassung als Anwalt aufgehalten habe
Stellungnahme der RAK dazu:
„Der Rechtsanwalt Feilchenfeld hält sich doch nicht freiwillig außerhalb Berlins auf. Die Bestimmung, dass er wegen mehr als dreimonatiger Abwesenheit gelöscht werden muss, dürfte daher nicht anzuwenden sein. Die Zurücknahme würde uns daher als eine unnötige Härte für den Fall erscheinen, dass der Rechtsanwalt Feilchenfeld eines Tages zurückkommt. Wir möchten daher vorschlagen, die Angelegenheit, die ja wohl nicht eilig ist, in der Schwebe zu lassen." (LAB B Rep. 068 Nr. 3437)
Januar 1947 vom Vizepräsidenten des KG als Rechtsanwalt und Notar gelöscht; die Sicherstellung der Notarunterlagen war nicht möglich, da Feilchenfelds Wohnung nach dessen Verhaftung vollständig geräumt worden war
Quellen:
LAB: B Rep. 068 Nr. 3437; C Rep. 301 Nr. 1555–56 (Nr. 1555 mit Foto).
EAB: Nr. 3.062 (Antrag der Witwe).
Auskunft Alexander Heinert, Gedenkstätte Sachsenhausen/Sowjetisches Speziallager.
AoR, S. 149.

Feinberg, Dagobert Dr.
10.04.1905 Luisenhof bei Memel (Ostpreußen) – 23.06.1981 Scheveningen (Holland)
Familienstand: zweimal verheiratet, zwei Töchter
1907/08 Umzug der Familie nach Königsberg i. Pr.
1914 nach Beginn des Ersten Weltkriegs Umzug der Familie nach Berlin
– besucht das Sophiengymnasium (Weinmeisterstraße)
Frühjahr 1923 Abitur
– Studium in Berlin
Juli 1926 erstes Staatsexamen
1929 Promotion an der Universität Breslau
Juni 1930 zweites Staatsexamen
– dann juristischer Hilfsarbeiter in einer Anwaltskanzlei
ab Januar 1931 Rechtsanwalt in Berlin
– Sozietät mit Dr. Dr. Herbert Fiegel (AoR, S. 150)
1933 Berufsverbot
Oktober 1933 Emigration nach Palästina
– bereitet sich auf die Prüfung für ausländische Advokaten vor
1938 Prüfung abgelegt
ab Oktober 1939 Rechtsanwalt in Haifa
April 1954 Antrag auf Zulassung als Anwalt in Berlin ohne Residenzpflicht
Juni 1954 Zulassung erteilt
– wohnt in Haifa, hält sich aber oft in Deutschland (vor allem in Köln) auf
– befasst sich vorrangig mit Wiedergutmachungs- und Entschädigungsverfahren

Juli 1969 Rückgabe der Zulassung in Berlin aus gesundheitlichen Gründen (persönliches Schreiben vom 13.07.1969)
– Umzug nach Holland, Scheveningen
1981 nach seinem Tod in in Haifa beigesetzt
Quellen:
LAB: B Rep. 068 Nr. 766.
Senatsjustizverwaltung: Akte 3176/1 – I/B 1.
Auskunft Joel Levi, Tel Aviv; RAK Köln (keine Anwaltszulassung in Köln bekannt).
AoR, S. 149.

Fiegel, Herbert Dr. Dr.
14.07.1898 Berlin – 27.03.1974 Berlin
Familienstand: verheiratet seit 1929, zwei Töchter
– besucht das Prinz-Heinrichs-Gymnasium in Berlin-Schöneberg
Herbst 1916 Abitur

1916–1918 (?) Soldat im Ersten Weltkrieg, im Kampfeinsatz an der West- und Ostfront, schwer verwundet, ausgezeichnet mit dem EK II
– Studium in Berlin (Aufnahme des Studiums noch während der Rekonvaleszenz nach der Kriegsverwundung)
Oktober 1921 erstes Staatsexamen beim KG
April 1923 Promotion an der Universität Breslau zum Dr. jur.
– besucht weiter Vorlesungen an der Berliner Universität und der Handelshochschule
März 1924 Promotion an der Universität Berlin zum Dr. rer. pol.
Januar 1925 zweites Staatsexamen
– für einige Monate als Gerichtsassessor zum Anwaltsvertreter bestellt und an verschiedenen Gerichten tätig
ab Januar 1926 Rechtsanwalt in Berlin
– Sozietät mit Dr. Dagobert Feinberg (AoR, S. 149) (ab 1931)
1933 als „Frontkämpfer" wieder zur Anwaltschaft zugelassen
April 1934 wegen der bevorstehenden Emigration auf Antrag gelöscht
Mai 1934 Emigration mit der Familie nach Palästina
– die Familie lebt viele Jahre in materieller Not; das Ehepaar muss alle möglichen Arbeiten annehmen
– sein Wunsch, wieder als Anwalt zu arbeiten, scheitert an den erforderlichen Geldmitteln für ein erneutes Studium; zudem steht er dem britisch-osmanischen Rechtssystem kritisch gegenüber
1937 erkrankt schwer, lange Genesungszeit
– schließlich Inhaber einer kleinen Buchhandlung und Leihbibliothek und ab 1942 eines Zeitungsvertriebs in Kiryat Bialik bei Haifa
ca. 1942 Annahme der palästinensischen Staatsbürgerschaft
1948 israelischer Staatsbürger
ab Ende der 1950er Jahre bezieht eine Entschädigungsrente
ab 1959 Mitarbeiter der URO in Israel
1961 Rückkehr nach Berlin
– dort als juristischer Sachbearbeiter bei der URO tätig
Juni 1962 Antrag auf Zulassung zur Anwaltschaft in Berlin
August 1962 Zulassung erteilt
– beigesetzt in Kiriat Bialik, Israel
Quellen:
LAB: B Rep. 068 Nr. 705 (mit Foto).
Auskunft Joel Levi, Tel Aviv; Tochter Miriam Blumenreich, Israel.
AoR, S. 150.

Flatau, Ernst Dr.
31.10.1885 Berlin – 14.07.1974 (New York?)
Familienstand: verheiratet, drei Kinder
– besucht das Wilhelms-Gymnasium in Berlin
1903 Abitur
1903–1906 Studium in Freiburg i. Br. und Berlin
Juli 1906 erstes Staatsexamen beim KG
– Referendariat im KG-Bezirk
1909 Promotion an der Universität Berlin
Juni 1911 zweites Staatsexamen
ab September 1911 Anwalt in Berlin, zugelassen am KG
1914–1918 im Ersten Weltkrieg zuerst Militärhilfsrichter, später Kriegsgerichtsrat, nimmt an den Feldzügen in Polen und im Westen teil
Ende November 1918 Rückkehr nach Berlin, Wiederaufbau der Praxis
ab 1923 oder 1924 Notar
1919–1928 Syndikus der Universum-Film AG (UFA)
– Mitglied der Aufsichtsräte verschiedener Industrie- und Grundstücksgesellschaften und Syndikus verschiedener Handelsunternehmen
– Berater vieler großer amerikanischer Filmunternehmen
– Spezialist in Film- und Urheberrechtssachen

1933 Entzug des Notariats, als Anwalt wieder zugelassen
Ende 1938 Berufsverbot als Anwalt
November 1938 in der Pogromnacht in das KZ Sachsenhausen verschleppt, bis zum 15. Dezember in Haft
Mai 1939 Emigration mit der Familie über Prag nach Italien, Provinz Belluno in Venetien
Juni 1940 interniert
September 1943 nach dem Waffenstillstand der italienischen Streitkräfte Flucht nach Rom
– lebt dort bis zur Befreiung Roms im Juni 1944 mit seiner Familie unter falschem Namen und in Klöstern verborgen
August 1944 Emigration in die USA
August 1944 – Januar 1946 im Flüchtlingslager Fort Ontario bei Oswego, New York
– dort als Dolmetscher und Übersetzer bei der Lagerverwaltung beschäftigt
Januar 1946 Übersiedlung nach New York
– dort in einem großen Übersetzerbüro tätig, insbesondere für juristische Urkunden
November 1947 wendet sich erstmals wegen der Modalitäten einer Wiederzulassung zur Anwaltschaft in Berlin an den KG-Präsidenten; dieser antwortet, dass insbesondere der Wohnsitz in Berlin und mutmaßlich auch die deutsche Staatsbürgerschaft Voraussetzungen für eine Zulassung seien
März 1948 Schreiben der Anwaltskammer, in dem sie die mögliche Rückkehr Flataus in die Berliner Anwaltschaft begrüßt, über die Modalitäten der Zulassung informiert und die Position der RAK darlegt: diese unterstützte die Wiederzulassung soweit wie möglich, auch bei Beibehaltung des Wohnsitzes im Ausland
19. April 1948 Dankschreiben von Flatau mit der Bitte um Zusendung der Fragebögen sowie der einschlägigen Anordnung Nr. 101a der Alliierten Kommandantur (unter Beifügung eines internationalen Postscheins für die Antwort)
– das Schreiben bleibt unbeantwortet
20. Mai 1949 Erinnerungsschreiben von Flatau
– auch dieses Schreiben bleibt unbeantwortet
1951 Annahme der US-Staatsbürgerschaft
Oktober 1952 Antrag auf Zulassung als Anwalt in Berlin ohne Residenzpflicht
November 1952 Zulassung erteilt
1967 gehört dem Vorstand der American Association of Former European Jurists an
Quellen:
LAB: B Rep. 068 Nr. 719.
Senatsjustizverwaltung: Akte 3176/1 – I/B 1.
AoR, S. 150.

Fliess, Julius Dr.
18.10.1876 Bernau (Kr. Niederbarnim, Brandenburg) – 02.03.1955 Berlin
Familienstand: verheiratet, zwei Kinder
1888–1894 Friedrichs-Gymnasium Berlin
September 1894 Abitur

1894–1897 Studium in Berlin
Januar 1898 erstes Staatsexamen in Berlin
Februar 1898 – März 1903 Referendariat
Sommer 1898 Promotion an der Universität Erlangen
Juni 1903 zweites Staatsexamen
ab September 1903 Rechtsanwalt beim KG
– im Ersten Weltkrieg dreimal schwer verwundet, 60 Prozent schwerkriegsbeschädigt, mehrfach ausgezeichnet
ab 1909 Sozietät mit Arthur Cohn (AoR, S. 135)
ab August 1919 Notar
1926–1933 im Vorstand der RAK und Mitglied des Ehrengerichts
1933 als „Altanwalt“ und „Frontkämpfer“ wieder zugelassen
1935 Entlassung als Notar
1938 Berufsverbot als Rechtsanwalt
bis 1942 als „jüdischer Konsulent“ tätig
30. September 1942 Flucht in die Schweiz, nach Basel (im Rahmen des von Wilhelm Canaris, Chef der deutschen Abwehr, und Hans von Dohnanyi organisierten „Unternehmens Sieben“ zur Rettung verfolgter Juden)
Februar 1947 hält sich in Berlin auf und beantragt die Zulassung zur Rechtsanwaltschaft
Februar 1947 durch die Alliierte Kommandantur als Rechtsanwalt bestätigt
Juni 1947 Rückkehr aus Basel nach Berlin
Juni 1947 als Rechtsanwalt und Notar wieder zugelassen
– die RAK setzt sich nach dessen Rückkehr nachdrücklich für Fliess ein und bittet die amerikanische Militärregierung um Unterstützung bei der Beschaffung von Wohnraum; Fließ wird eine unter Beschlagnahme stehende Wohnung eines früheren Nazi-Aktivisten in Dahlem zugewiesen
Quellen:
LAB: B Rep. 068 Nr. 680 (mit Foto); C Rep. 301 Nr. 1670.
KG Berlin, Liste über zugelassene Rechtsanwälte.
AoR, S. 151.

Fraenkel, Ernst Prof. Dr.
26.12.1898 Köln – 28.03.1975 Berlin
Familienstand: verheiratet, keine Kinder
– Schulbesuch in Köln und Frankfurt a. M.
1916 Notabitur in Frankfurt a. M.
1916–1918 als Kriegsfreiwilliger Soldat im Ersten Weltkrieg, schwer verwundet
1919–1921 Studium in Frankfurt a. M. und Heidelberg

1921 erstes Staatsexamen beim OLG Frankfurt a. M., Note „gut"
– Assistent bei Hugo Sinzheimer
– Dozent an der „Akademie der Arbeit" und bei Gewerkschaftsseminaren
ab 1921 Mitglied der SPD
1922 Promotion bei Hugo Sinzheimer an der Universität Frankfurt a. M.
1923 zweites Staatsexamen
1925–1926 Assessor in einer Anwaltskanzlei, Rechtsberater des Deutschen Metallarbeiterverbandes und Lehrer an der Gewerkschaftsschule Bad Dürrenberg
ab 1927 Rechtsanwalt in Berlin
– Sozietät mit Franz L. Neumann (AoR, S. 231), im Haus des Deutschen Metallarbeiterverbandes
– Syndikus beim Deutschen Metallarbeiterverband
– zahlreiche Veröffentlichungen, u.a. Zur Soziologie der Klassenjustiz (1926)
1933 als „Frontkämpfer" wieder zugelassen
1933–1938 verteidigt zahlreiche politische Gefangene und arbeitet selbst im politischen Widerstand
September 1938 Emigration über Großbritannien in die USA, Chicago
1938 mit dem allgemeinen Berufsverbot gegen jüdische Anwälte gelöscht
1939–1941 Jurastudium an der Law School der Universität Chicago
1941 Promtion zum iuris doctor (J.D.) an der Universität Chicago
1941 in den USA erscheint seine noch in NS-Deutschland entstandene Studie The Dual State (Der Doppelstaat), die das politische Wesen des NS-Regimes analysiert
1941–1942 in einem Anwaltsbüro tätig
1942–1943 Tätigkeit für die Flüchtlingsorganisation „American Federation of Jews" in New York, Forschungsarbeiten und Lehraufträge
ab 1944 juristischer und militärischer Berater der US-Regierung im Amt für Auswärtige Wirtschaftsbeziehungen, im Außen- und Heeresministerium
1944 Annahme der US-Staatsbürgerschaft
1946–1950 in wechselnden Positionen für die US-Regierung in Korea tätig, nach Ausbruch des Korea-Krieges evakuiert
1951 Rückkehr nach Berlin
– hält Lehrveranstaltungen an der Deutschen Hochschule für Politik und der Freien Universität Berlin
1953–1964 ordentlicher Professor an der Freien Universität Berlin, Fachbereich Politische Wissenschaft
1963 Mitbegründer und erster Geschäftsführender Direktor des John-F.-Kennedy-Instituts für Nordamerikastudien an der Freien Universität Berlin
1964 Hauptreferat auf dem 45. Deutschen Juristentag
1964 emeritiert
– mehrfach ausgezeichnet, u.a. mit dem Großen Bundesverdienstkreuz und der Ernst-Reuter-Medaille
Veröffentlichungen: Gesammelte Schriften, Bd. 1–6, Baden-Baden 1999–2011
Quellen:
Wikipedia: Ernst Fraenkel. http://de.wikipedia.org/wiki/Ernst_Fraenkel_%28Politikwissenschaftler%29, 07.08.2012.
Ladwig-Winters, Simone: Ernst Fraenkel, Ein politisches Leben. Frankfurt a. M. 2009.
AoR, S. 152 (mit Foto).

Fränkel, Heinz Julian Dr.
18.08.1901 – keine Angaben
Familienstand: keine Angaben
vor 1933 Rechtsanwalt
Frühjahr 1933 Berufsverbot
– Emigration über Paris in die USA, New York
nach 1945 Rückkehr nach Deutschland
Quellen:
AoR, S. 153.

Fragstein und Niemsdorff, Edgar von
06.03.1883 Rosenberg (Westpreußen) – 04.05.1951 Berlin
Familienstand: verheiratet seit 1911, eine Tochter
1893–1900 Gymnasium in Insterburg
1900–1902 Gymnasium in Berlin
März 1902 Abitur
1902–1905 Studium in Berlin
Juli 1905 erstes Staatsexamen
1905–1910 Referendariat

März 1910 zweites Staatsexamen, dann unentgeltliche Beschäftigungsaufträge als Gerichtsassessor
ab Mai 1911 Rechtsanwalt in Berlin
1917–1918 Kriegsdienst, nicht im Fronteinsatz
ab 1924 Notar
1933 als „Altanwalt" wieder zugelassen, aber Entzug des Notariats
– gilt als „Mischling 1. Grades"
ab Mai 1936 im Aufsichtsrat der Zigarettenfabrik Muratti AG in Berlin
1938–1945 Mitglied der DAF und NSV
– praktiziert bis im Mai 1945, hat ein Jahreseinkommen von rund 40.000 RM
Juni 1945 vorläufige Zulassung als Anwalt und Notar
Juli 1947 endgültige Zulassung
Quellen:
LAB: B Rep. 068 Nr. 737 (mit Foto); C Rep. 301 Nr. 2088 (mit Foto).
AoR, S. 153.

Franz, Günter Curt
22.04.1898 Berlin-Charlottenburg – 20.04.1962 Berlin
Familienstand: verheiratet, eine Tochter
1904–1915 Hohenzollern-Reform-Gymnasium in Berlin
1916–1918 im Ersten Weltkrieg Sanitätssoldat an der Front, zuletzt Sanitätsunteroffizier, ausgezeichnet mit dem EK II
1919–1923 Studium in Berlin, Heidelberg und München
1923 erstes Staatsexamen in Berlin
1923–1926 Referendariat in Berlin
Februar 1927 zweites Staatsexamen
ab Oktober 1927 als Anwalt zugelassen
1933 als „Frontkämpfer" anerkannt und als Anwalt wieder zugelassen
– gilt als „Mischling 1. Grades"
– bleibt bis Kriegsende zugelassen, in der Ausübung seiner Arbeit durch Schikanen der Nazis behindert
1943 die Wohnung wird bei Luftangriffen völlig zerstört
am 29. November 1944 durch Urteil der Dienststrafkammer beim KG aus der Anwaltschaft ausgeschlossen, die Berufung dagegen schwebt bis zum Ende des NS-Regimes; ihm wird vorgeworfen, ohne Genehmigung eine Frau, die als „Mischling 1. Grades" galt, anwaltlich vertreten zu haben
August 1944 – Ende März 1945 zur Organisation Todt zwangsverpflichtet
– gerät in der Marburger Gegend in US-amerikanische Gefangenschaft; kommt in Kriegsgefangenenlager bei Cherbourg
Dezember 1945 kehrt nach Berlin zurück und beantragt die Zulassung als Anwalt
– die Bearbeitung des Antrags zieht sich wegen des Ehrengerichtsverfahrens und aufgrund erzwungener Spenden an den Freundeskreis der SS, was er in den Formularen ohne weiteres angibt, in die Länge
Januar 1947 Zulassung als Rechtsanwalt und Notar erteilt
Februar 1948 – Februar 1949 zum Pflichtdienst als

Richter an Berliner Gerichten einberufen, eingesetzt an den AG Tiergarten und Berlin-Mitte
Quellen:
LAB: B Rep. 068 Nr. 3436; C Rep. 301 Nr. 2093–95 (Nr. 2093 mit Foto).
EAB: Nr. 4.431 (Datenschutz nicht abgelaufen).
KG Berlin, Liste über zugelassene Rechtsanwälte.
AoR, S. 154.

Frentzel, Gerhard Dr.
15.03.1896 Berlin – 1976
Familienstand: keine Angaben
– Mutter ist britische Staatsbürgerin
1902–1914 Mommsen-Gymnasium in Berlin-Charlottenburg
März 1914 Abitur
1914 Studium in Cambridge

1914–1918 als Soldat im Ersten Weltkrieg, im Fronteinsatz in Belgien, Frankreich, Russland und Serbien
1918–1921 Studium in Berlin und Freiburg i. Br.
1921 erstes Staatsexamen, Note „gut"
1921–1924 Referendariat
1922 Promotion an der Universität Göttingen, Note „gut"
1924 zweites Staatsexamen, Note „gut"
1924–(1945?) juristischer Hilfsarbeiter bei der Industrie- und Handelskammer in Berlin
1925–1935 Referent beim Deutschen Industrie- und Handelstag in Berlin
1928 Zulassung als Rechtsanwalt in Berlin
1933 als „Frontkämpfer" wieder als Anwalt zugelassen
1935 der Deutsche Industrie- und Handelstag wird in die Arbeitsgemeinschaft der Industrie- und Handelskammern in der Reichswirtschaftskammer umgebildet
1935–1938 dort Referatsleiter
1938 aus „rassischen" Gründen fristlos entlassen – gilt als „Mischling 1. Grades"
bis 1945 als Anwalt und Steuerberater tätig
Juli 1945 als Anwalt und Notar vorläufig zugelassen
November 1947 endgültig zugelassen
November 1947 tritt zunächst probeweise in den Dienst der Wirtschaftsverwaltung des Vereinigten Wirtschaftsgebiets in Frankfurt a. M.
– behält Zulassung als Rechtsanwalt und Notar aufrecht und den Hauptwohnsitz in Berlin
1948–1949 Hauptgeschäftsführer der Vereinigung der Industrie- und Handelskammern im Vereinigten Wirtschaftsgebiet
Oktober 1949 auf Antrag als Anwalt in Berlin gelöscht (zuvor war die Löschung wegen Aufgabe des Wohnsitzes in Berlin von Amts wegen in die Wege geleitet worden)
1949–1959 Hauptgeschäftsführer des Deutschen Industrie- und Handelskammertages
Quellen:
LAB: B Rep. 068 Nr. 3413; C Rep. 301 Nr. 2096.
KG Berlin, Liste über zugelassene Rechtsanwälte.
http://www.munzinger.de/search/portrait/Gerhard+Frentzel/0/7164.html, 07.08.2012 (kostenpflichtig).
AoR, S.154.

Freund, Hans (Dr.?)
26.12.1901 Kattowitz (Schlesien) – 29.05.1959 (Berlin?)
Familienstand: verheiratet, keine Kinder
1902 Umzug der Familie nach Gleiwitz
1908–1920 Vorschule und Oberrealschule in Gleiwitz
1920–1924 Studium Jura und Volkswirtschaft in Berlin und München
– Promotion an der Universität Breslau (nach eigener Angabe, ohne Jahr, in den Personalunterlagen ohne Doktortitel)

– Mitglied des Sozialistischen Studentenbunds und aktiv in der Studentenvertretung tätig
August 1924 erstes Staatsexamen in Berlin
– Referendariat bei der Staatsanwaltschaft Gleiwitz und in Berlin
Mai 1928 zweites Staatsexamen in Berlin
– dann kurzzeitig als Gerichtsassessor beschäftigt
ab Ende 1928 Rechtsanwalt in Berlin, zuerst am LG, dann am KG
– Mitglied in der USPD, später SAP, in der Liga für Menschenrechte und im Bund der Kriegsdienstgegner
1933 Berufsverbot
1933 Reise nach Frankreich, um die Bedingungen für eine Auswanderung zur erkunden
– arbeitet als Buchhalter, dann als Auswanderungsberater
1935 und 1937 Besuch von Geschwistern in Palästina
Mai 1942 für zwei Wochen im Gefängnis in Tegel, entgeht durch falsche Angaben der Einweisung ins KZ
1942–1945 lebt gemeinsam mit seiner Ehefrau unter sehr schwierigen Verhältnissen und oft ohne festes Obdach in der „Illegalität"
ab Mai 1945 AG-Rat am AG Pankow (Zivil- und Strafprozessabteilung)
ab Februar 1947 AG-Rat am AG Berlin-Mitte
ab April 1947 dort AG-Direktor
ab Februar 1949 nach Spaltung der Berliner Justiz KG-Präsident in Ost-Berlin
Ende Oktober 1950 als KG-Präsident ausgeschieden, nach Angaben in der Personalakte beim Stadtgericht auf eigenen Wunsch wegen Übernahme einer anderen Funktion, nach späteren Angaben wegen politischer Differenzen und aus Protest gegen die repressive Justizpolitik der SED
ab November 1950 Syndikus der Ost-Berliner Konsumgenossenschaft
– Mitglied der Repräsentantenversammlung der Jüdischen Gemeinde (Ost-) Berlin
– Mitglied in der SED, in der VVN (als 2. Vorsitzender), in der Deutsch-Sowjetischen Freundschaftsgesellschaft und im FDGB

Januar 1953 wegen antijüdischer Kampagnen im Ostblock Flucht nach West-Berlin
– langer Aufenthalt im Jüdischen Krankenhaus
– Notaufnahme als politischer Flüchtling wird verweigert, dagegen klagt Freund mit teilweisem Erfolg
März 1955 der Beschwerdeausschuss zum Notaufnahmeverfahren erteilt im Wege des Ermessens eine Aufenthaltserlaubnis und die Notaufnahme, Anerkennung als politischer Flüchtling bleibt versagt
September 1955 Antrag auf Zulassung als Anwalt
– wegen der SED-Mitgliedschaft und seiner Funktionen in Ost-Berlin erhält Freund keine Anerkennung als „rassisch" Verfolgter; eine Klage dagegen wird 1956 vom Verwaltungsgericht abgewiesen; dazu wird u.a. angeführt, Freund habe als KG-Präsident in der Revisionsinstanz ein Urteil gegen zwei Jugendliche (Mitglieder der Falken) wegen des Verteilens von Flugblättern zu zweieinhalb bzw. eineinviertel Jahren Gefängnis bestätigt
– in West-Berlin Mitglied in der Liga für Menschenrechte, im Bund der Verfolgten des nationalsozialistischen Regimes und in der Repräsentantenversammlung der Jüdischen Gemeinde
Oktober 1956 Zulassung als Rechtsanwalt erteilt
Januar 1958 Antrag auf Zulassung als Notar, befürwortet von der RAK, aber ohne abschließenden Bescheid von der Senatsjustizverwaltung und vom KG (wegen der Ausschlussklauseln für (ehemalige) Kommunisten in der RAO)
ab Dezember 1958 lässt einen Vertreter bestellen
Quellen:
LAB: B Rep. 068 Nr. 730 (mit Foto); C Rep. 118-01 Nr. 30.657; C Rep. 301 Nr. 356.
EAB: Nr. 201.369.
AoR, S. 154.

Freundlich, Herbert Dr.
23.08.1893 Posen – 03.01.1956 (New York?)
Familienstand: verheiratet seit 1922, zwei Töchter
– besucht das Friedrich-Wilhelms-Gymnasium in Posen
Ostern 1912 Abitur
– Studium Rechts- und Staatswissenschaften in Heidelberg und Breslau
Anfang 1915 erstes Staatsexamen
Frühjahr 1915 Promotion an der Universität Breslau
Juni 1915 zum Referendar ernannt
Sommer 1915 – Mai 1917 als Kriegsfreiwilliger Soldat im Ersten Weltkrieg, im Fronteinsatz, nach Gasvergiftung aus dem Heeresdienst entlassen
1917–1921 Referendariat im KG-Bezirk
Februar 1921 zweites Staatsexamen
ab Mai 1921 Rechtsanwalt in Berlin
ab 1927 Notar
1933 als „Frontkämpfer" wieder als Anwalt und Notar zugelassen
1935 Entzug des Notariats
Ende 1938 Berufsverbot als Anwalt
November 1938 in der Pogromnacht in das KZ Sachsenhausen verschleppt
Ende 1938 – März 1939 als „jüdischer Konsulent" zugelassen
Frühjahr 1939 Emigration nach New York
– absolviert ein Studium in Wirtschafts- und Steuerrecht
ab 1942 nach erfolgreichem Studienabschluss als Wirtschaftsprüfer tätig
1946 Annahme der US-Staatsbürgerschaft
November 1950 Antrag auf Zulassung als Anwalt in Berlin ohne Residenzpflicht
Antwort der RAK Berlin, Abteilung I vom 21. Dezember 1950:
„Ihr Gesuch um Wiederzulassung vom 24. November 1950 liegt uns vor.
Wir schicken voraus, dass wir in Fällen, wie dem Ihrigen, stets bestrebt sind, ehemaligen Kollegen zur Wiederzulassung zu verhelfen, die, persönlich untadlig, durch Maßnahmen des Hitlerregimes ihre Zulassung verloren haben.
Nichts desto weniger würde Ihr Gesuch in der jetzt vorliegenden Form unsererseits aus zwingenden gesetzlichen Gründen nicht befürwortet werden können, weil die Rechtsanwaltsordnung von 1878 grundsätzlich von der Residenzpflicht des Anwalts am Sitze des Gerichtes seiner Zulassung ausgeht, während Ihr Gesuch besagt, Sie wollten New York als Wohnsitz beibehalten.
Die Sachlage würde anders zu beurteilen sein, wenn Sie hier wenigstens, was ja gesetzlich zulässig ist, einen zweiten Wohnsitz begründen wollten. Vor den Wiedergutmachungskammern besteht übrigens kein Anwaltszwang.
Danach bitten wir zunächst um Mitteilung, ob Sie trotz obiger Hinweise auf Weiterreichung Ihres Gesuches in der vorliegenden Form an den Herrn Kammergerichtspräsidenten, mit unserem Votum bestehen, ob Sie es zurückziehen oder in veränderter Form wiederholen wollen, oder welches sonst Ihre Entschließung ist.
Eine Abschrift der einschlägigen §§ 18, Absatz 1–3, 21, Abs. I Ziff 1 und 2 der Rechtsanwaltsordnung liegt Ihrer Unterrichtung an." (LAB B Rep. 068 Nr. 735)
– Schreiben vom 26. Mai 1951 an die RAK Berlin: Freundlich erklärt sich bereit, einen Wohnsitz in Berlin zu begründen (im Haus seiner langjährigen Büroangestellten), sieht sich aber nicht in der Lage, zur Vereidigung nach Berlin zu kommen und bittet daher um die Vereidigung auf dem Wege des Rechtsersuchens durch das Generalkonsulat in New York
– Schreiben der RAK Berlin vom 13. Juni 1951: Freundlich soll einen Antrag an den KG-Präsidenten richten (mit Lebenslauf und ausgefülltem Personalfragebogen); die Frage der Vereidigung soll dann zu gegebener Zeit durch den KG-Präsidenten entschieden werden

Mai 1952 Freundlich richtet einen Zulassungsantrag an den KG-Präsidenten
November 1952 Zulassung erteilt
Quellen:
LAB: B Rep. 068 Nr. 735.
Senatsjustizverwaltung: Akte 3176/1 – I/B 1.
AoR, S. 155.

Frey, Erich Dr. jur. Dr. phil.
16.10.1882 Breslau – 30.03.1964 Santiago de Chile
Familienstand: verheiratet seit 1914, keine Kinder
1883 Umzug der Familie nach Berlin

Ostern 1889 – Ostern 1901 Luisenstädtisches Gymnasium in Berlin
Ostern 1901 Abitur
1901 – ca. 1907 Studium in Lausanne, München und Berlin
Januar 1906 juristische Promotion an der Universität Heidelberg
1907 Promotion zum Dr. phil. an der Universität Heidelberg
– erstes Staatsexamen nach Wiederholung mit Note „gut"
1911 zweites Saatsexamen
ab Dezember 1911 Rechtsanwalt in Berlin
1915–1919 Heeresdienst als Freiwilliger beim II. Ersatz-Seebataillon Nr. 1 in Wilhelmshaven
– wird in der Weimarer Republik einer der bekanntesten Strafverteidiger Berlins
November 1932 von der chinesischen Regierung zum ordentlichen Professor der Rechtswissenschaft an der Soochow University Shanghai ernannt
1933 keine Angaben zur Wiederzulassung, die als „Altanwalt" hätte erfolgen können; die RAK benennt ihn als Anwalt, der sich „kommunistisch betätigt" (AoR, S. 155) habe
Oktober 1933 Flucht vor drohender Verhaftung nach Paris
Anfang 1934 als Anwalt in Berlin gelöscht
Dezember 1938 in Paris anlässlich eines Besuchs des NS-Außenministers von Ribbentrop verhaftet
Januar 1939 in Paris wegen Überschreitung der Aufenthaltserlaubnis zu sechs Monaten Gefängnis verurteilt
1939 Emigration nach Chile, lebt in Santiago de Chile
ab 1933 betätigt sich literarisch und journalistisch
August 1948 Anfrage beim LG-Präsidenten zu den Modalitäten der Anwaltszulassung
September 1948 Antwort des zuständigen KG-Präsidenten: da die RAO von 1878 gelte, müsse jeder in Berlin zugelassene Anwalt seinen Wohnsitz in Berlin haben
November 1958 Antrag auf Zulassung als Anwalt in Berlin ohne Residenzpflicht; Frey werden die Fragebögen zugesandt
Oktober 1959 sendet die Fragebögen zurück und bittet wegen einer langwierigen Erkrankung um Entschuldigung für die Verzögerung
Mai 1960 Zulassung erteilt (Gründe für die lange Dauer des Verfahrens sind nicht ersichtlich)
Quellen:
LAB: B Rep. 068 Nr. 742 (mit Foto) (die Personalakte enthält auch die Todesanzeige der Witwe und drei Nachrufe, u.a. Tagesspiegel und Kurier vom 02.04.1964, beide mit Foto).
AoR, S. 155 (mit Foto).

Friedeberg, Hans Dr.
18.01.1890 Posen – 11.05.1953 (Berlin?)
Familienstand: verheiratet, zwei Töchter
1896–1906 Friedrich-Wilhelms-Gymnasium in Posen
März 1909 Abitur
1909–1912 Studium in Heidelberg, Berlin und Greifswald
Oktober 1913 erstes Staatsexamen in Stettin
Ende 1913–1915 Referendariat im KG-Bezirk, unterbrochen für den Kriegsdienst im Ersten Weltkrieg

Dezember 1914 Promotion an der Universität Greifswald
1915–1918 Soldat im Ersten Weltkrieg, zuletzt Gefreiter
1919–1920 Fortsetzung des Referendariats
Januar 1921 zweites Staatsexamen
ab März 1921 als Rechtsanwalt zugelassen
1921–1924 zugleich juristischer Dezernent beim Bezirksamt Schöneberg
ab August 1929 Notar
1933 als „Frontkämpfer" wieder als Anwalt und Notar zugelassen
1935 Entzug des Notariats
1938 Berufsverbot als Rechtsanwalt
– nach dem Novemberpogrom im KZ Sachsenhausen
1939 nach dem Berufsverbot ohne Erwerbsarbeit
1940–1945 als „jüdischer Konsulent" im KG-Bezirk sowie in den OLG-Bezirken Stettin und Naumburg zugelassen
– lebt in einer „Mischehe" und bleibt daher von den Deportationen ausgenommen
– durchschnittliches Einkommen bis 1933 zwischen 18.000 und 22.000 RM, sinkt bis 1939 auf 2.100 RM und steigt bis 1944 wieder auf 12.000 RM
Mai 1945 Antrag auf Zulassung als Rechtsanwalt und Notar
Mai 1945 – Oktober 1945 Abteilungsleiter beim Bezirksamt Wilmersdorf
August 1945 Zulassung als Rechtsanwalt und Bestellung als Notar durch das Stadtgericht
Mai 1947 erneute vorläufige Zulassung
Januar 1948 endgültige Zulassung als Rechtsanwalt und Notar
November 1948 Beschluss zur Heranziehung zum staatsanwaltlichen Dienst
Januar 1949 Überweisung an die medizinische Kommission
– wird mutmaßlich aus gesundheitlichen Gründen vom Pflichtdienst bei Berliner Gerichten befreit
Quellen:
LAB: B Rep. 068 Nr. 3412 (mit Foto); C Rep. 301 Nr. 1117 (mit Foto).
EAB: Nr. 7.688 (Datenschutz nicht abgelaufen).
AoR, S. 156.

Friedländer, Heinrich Dr.
13.07.1885 Brieg (Schlesien) – 27.10.1959 Frankfurt a. M.
Familienstand: keine Angaben
– besucht das Gymnasium in Brieg
1904 Abitur
– Jurastudium in Freiburg i. Br., München und Jena
November 1907 erstes Staatsexamen, Note „mit Auszeichnung"
Juli 1913 zweites Staatsexamen, Note „gut"
– dann Hilfskraft in der Sozietät der Rechtsanwälte Dr. Hermann Veit Simon, Ernst Heinitz und Bruno Hülsen in Berlin
1914–1919 Soldat im Ersten Weltkrieg, Oberleutnant und Batterieführer, ausgezeichnet mit dem EK I und II und dem Ritterkreuz des Hausordens von Hohenzollern
ab April 1920 Rechtsanwalt in Berlin, später auch Notar
– Sozietät mit Dr. Hermann Fischer, später auch mit Erich Koch-Weser
1933 als „Frontkämpfer" wieder als Rechtsanwalt zugelassen
1935 Entzug des Notariats
1938 Berufsverbot als Rechtsanwalt
November 1938 Emigration in die USA, zuerst in Cambridge, Massachusetts ansässig
– Lehraufträge in Havanna, Kuba, später an mehreren Universitäten in den USA, zuletzt Professor of Economics an der State University of New York, Endicott
Ende August 1952 Rückkehr nach Deutschland, Frankfurt a. M.
November 1953 als Rechtsanwalt beim OLG Frankfurt a. M. zugelassen
Quellen:
EAB: Nr. 250.011.
AoR, S. 157.

Fromm, Friedrich Karl
10.07.1906 Laurahütte (Oberschlesien) – 05.03.1969 (Berlin?)
Familienstand: keine Angaben

1912–1915 Volksschule in Laurahütte (Oberschlesien)
1915–1919 Gehobene Schule in Steinau a. O.
1912–1924 Gymnasium in Waldenburg (Schlesien)
März 1924 Abitur
1924–1928 Studium in Breslau, Berlin und München
Oktober 1928 erstes Staatsexamen beim OLG Breslau

1928–1931 Referendariat im OLG-Bezirk Breslau
Dezember 1928 Promotion an der Universität Breslau
August 1932 zweites Staatsexamen
– dann als Gerichtsassessor am AG und LG Breslau tätig
1933 Berufsverbot als „Halbjude"
1933–1936 juristischer Hilfsarbeiter bei Rechtsanwalt Heymann in Breslau
1936 – Mai 1944 Justitiar der Carlshütte G.m.b.H. in Waldenburg (Schlesien)
Mai 1944 – Frühjahr 1945 im Zuge der „Aktion Hase" zur Zwangsarbeit bei der Organisation Todt herangezogen
Mai – September 1945 als Anwalt in Breslau zugelassen
September 1945 geht nach Ausweisung der deutschen Bevölkerung aus Breslau nach Berlin
ab September 1945 als Anwalt in Berlin zugelassen
– zugleich als Theaterschriftsteller tätig
Anfang 1948 – Anfang 1949 als Staatsanwalt zum Pflichtdienst an Berliner Gerichten herangezogen
ab Oktober 1949 bei US-Militärgerichten zugelassen
ab Juli 1963 Sozietät mit Dr. Wilhelm Nordemann
Quellen:
LAB: B Rep. 068 Nr. 698 (mit Foto).

Fürth, Walter Dr.
08.08.1894 Wurzing (Steiermark, Österreich) – 27.03.1966 (London?)
Familienstand: verheiratet seit September 1937, ein Stiefsohn
– mit österreichischer Staatsangehörigkeit geboren
1903–1919 Volksschule, Gymnasium und Jurastudium in Wien
– unterbrochen durch Kriegsdienst als Reserve-Offizier bei der österreichisch-ungarischen Armee
April 1919 Promotion an der Universität Wien
1919–1923 Leiter einer Motorrad-Verkaufsabteilung bei der Süddeutschen Bremsen AG bzw. BMW in München
1923–1932 Syndikus des Bankhauses Jacquier & Securius in Berlin
1926–1928 zugleich Jurastudium in Berlin
Sommer 1928 Erwerb der preußischen Staatsangehörigkeit durch Einbürgerung
Dezember 1928 erstes Staatsexamen beim KG
1929–1932 Referendariat im KG-Bezirk
Januar 1932 zweites Staatsexamen
ab Januar 1932 Rechtsanwalt in Berlin
– spezialisiert sich auf Steuer- und Devisenangelegenheiten
1933 als „Frontkämpfer" wieder zugelassen
Ende 1938 Berufsverbot als Anwalt
April 1939 Emigration nach Großbritannien, London
1940 Teilnahme an einem einjährigen theoretischen juristischen Ausbildungskurs der Law Society in London
Juni 1941 – Juni 1945 praktische Ausbildung in einer Londoner Anwaltskanzlei
– Ablegung der Examina, firmiert später als LL.B. und Solicitor
Juli 1945 – 1946 juristischer Angestellter in Londoner Anwaltskanzleien, in gehobener Position mit Zeichnungsbefugnis („Managing Clerk")
1947 „Legal Editorial Assistant" bei Butterworth & Co. in London
Januar 1948 – Ende 1953 Beamter der Britischen Kontrollkommission für Deutschland, „Legal Assistant" bei der Britischen Militärregierung in Berlin
Juli 1953 Antrag auf Zulassung als Anwalt in Berlin ohne Residenzpflicht
– die Zulassung kann der Rechtslage nach erst nach Ausscheiden aus dem Beamtendienst bei der Britischen Militärregierung erfolgen
Januar 1954 Zulassung erteilt
Juli 1963 stellt beim Ost-Berliner Magistrat einen Antrag auf Zulassung als Anwalt bei den Ost-Berliner Gerichten
September 1963 zuständigkeitshalber antwortet das Justizministerium der DDR, es bestehe hierfür kein Bedürfnis
1965 lebt wieder in Großbritannien, London
Quellen:
LAB: B Rep. 068, Nr. 696.
Senatsjustizverwaltung: Akte 3176/1 – I/B 1.
AoR, S. 158.

Galewski, Walter Dr.
21.07.1897 Berlin-Charlottenburg – keine Angaben
Familienstand: verheiratet seit Juli 1925, zwei Töchter
1903 – April 1915 Bismarck-Gymnasium in Berlin-Wilmersdorf
April 1915 tritt als Kriegsfreiwilliger in das Heer ein
Juni 1915 Abitur
1915 – Januar 1919 Soldat im Ersten Weltkrieg
1919–1922 Studium
März 1922 erstes Staatsexamen
1924 – Ende 1925 muss nach dem Tode des Vaters aus wirtschaftlichen Gründen das Referendariat unterbrechen und arbeitet als Bankbeamter
1926–1928 Fortsetzung des Referendariats
Dezember 1928 zweites Staatsexamen, Note „gut"
– kurzzeitig als Prozessrichter tätig
ab Mai 1929 Rechtsanwalt in Breslau
– in Sozietät mit Rechtsanwalt und Notar Dr. Erich Lion-Lewy
1933 nach Vertretungsverbot wieder als Anwalt zugelassen
Ende 1938 Berufsverbot als Anwalt
November 1938 in der Pogromnacht in das KZ Buchenwald verschleppt, bis Dezember in Haft
März 1939 Emigration nach London
Juli 1940 – Januar 1941 als „feindlicher Ausländer" auf der Isle of Man interniert
August 1941 erhält eine Arbeitserlaubnis
bis Oktober 1944 Metallarbeiter in verschiedenen Fabriken
Oktober 1944 – April 1947 Buchhalter bei einem Buchprüfer
April 1947 – April 1949 Dolmetscher bei den Nürnberger Kriegsverbrecherprozessen, angestellt beim Kriegsministerium der USA
1948 Emigration in die USA, Chicago
Mai 1949 – Januar 1956 bei der JRSO, bis Ende 1950 Leiter des Büros in Mannheim, dann bis Januar 1953 Leiter des Büros in München, Februar 1953 – Januar 1956 im Berliner Büro
1956 wird nach Abschluss des Globalvergleiches der JRSO mit dem Land Berlin von der URO übernommen
1956 lebt in Berlin, hat als Zivilangestellter der US-Besatzungsmacht aber keinen Wohnsitz in der Stadt, der Wohnsitz ist London
Februar 1956 Antrag auf Zulassung als Anwalt in Berlin ohne Residenzpflicht
Mai 1956 Zulassung erteilt
Juni 1962 Aufgabe der Zulassung aus Gesundheitsgründen
– lebt zu diesem Zeitpunkt noch in Berlin-Zehlendorf
Quellen:
LAB: B Rep. 068 Nr. 794.
Senatsjustizverwaltung: Akte 3176/1 – I/B 1.

Galleski, Werner Dr. (früher: Gallewski)
07.06.1909 Berlin-Charlottenburg – 06.04.1995 New York
Familienstand: verheiratet seit 1938, zwei Kinder
1927 Abitur an der Kaiser-Friedrich-Schule in Charlottenburg
– Studium in Berlin und Freiburg i. Br.
Februar 1931 erstes Staatsexamen beim KG, Note „gut"
Juni 1932 Promotion an der Universität Freiburg i. Br.
November 1934 zweites Staatsexamen

Anfang 1935 sein Antrag auf Zulassung als Rechtsanwalt in Berlin wird abgelehnt; G. hatte gehofft, eine Ausnahmeregelung des Anwaltsgesetzes in Anspruch nehmen zu können, da sein Vater im Ersten Weltkrieg gefallen war
1935–1938 Rechts- und Devisenberater in Berlin
10. November 1938 Emigration über Holland nach Großbritannien, London
– dort in einfacher Stellung in einem Reisebüro tätig
Juli 1940 als deutscher Staatsangehöriger interniert
September 1940 Emigration mit der Familie nach New York
– dort wieder Angestellter in einem Reisebüro
1942–1944 erneutes Jurastudium in Abendkursen an der St. John's University in Brooklyn
Oktober 1944 Abschlussdiplom
November 1946 Annahme der US-Staatsbürgerschaft, dabei Namensänderung
ab März 1947 als Rechtsanwalt in New York zugelassen
– wiederholt zum Notar in New York bestellt (zuletzt für die Jahre 1960–1962)
1954 im Entschädigungsverfahren rückwirkend zum LG-Rat a. D. ernannt
März 1961 Antrag auf Zulassung als Rechtsanwalt in Berlin ohne Residenzpflicht
August 1961 Zulassung erteilt (Nr. 100 in Liste)

Quellen:
LAB: B Rep. 068 Nr. 3440 (mit Foto).

Gans, Ernst (später: Ernest) Dr.
08.06.1892 Dortmund-Hörde – 09.09.1992 (Southfield, Michigan?)
Familienstand: verheiratet, eine Tochter

1914 erstes Staatsexamen beim OLG Hamm, zum Referendar ernannt
1914–1918 Soldat im Ersten Weltkrieg, im Fronteinsatz, ausgezeichnet mit dem EK I und II
– nach Entlassung aus dem Heeresdienst Referendariat im OLG-Bezirk Hamm
1921 zweites Staatsexamen
1922 Promotion an der Universität Erlangen
– als Gerichtsassessor in Olpe und Dortmund tätig
ab Juni 1922 Rechtsanwalt in Berlin
ab August 1928 Notar
– in Sozietät mit Dr. Bruno Weil (AoR, S. 279) und Dr. Wilhelm Dickmann (AoR, S. 141)
1933 als „Frontkämpfer" wieder zur Anwaltschaft und als Notar zugelassen
1935 Entzug des Notariats (?)
September 1938 Emigration mit der Familie in die USA
– das Ehepaar bestreitet den Lebensunterhalt anfänglich mit Hilfsarbeiten
ab 1940 in der Verkaufsabteilung einer Kartonagefabrik
– eignet sich in Abendkursen die technischen Kenntnisse des Produktionsprozesses an
1944–1963 Leiter der Abteilung für Produktionsverfahren und Produktions- und Bestandskontrolle bei der National Artcrafts Inc. in Detroit, die vor allem „Greeting Cards" herstellt
– dann als Berater und Vertreter in Wiedergutmachungs- und Entschädigungsverfahren tätig
Mai 1964 Antrag auf Zulassung als Anwalt in Berlin ohne Residenzpflicht
– lebt zu diesem Zeitpunkt in Pleasant Rich, Michigan
Juli 1964 Zulassung erteilt (Nr. 111 in der Liste)
ab 1991 in Southfield, Michigan wohnhaft
Quellen:
LAB: B Rep. 068 Nr. 3441 (mit Foto).
AoR, S. 159.

Glaser, Fritz (später: Fred) Dr.
09.10.1890 Krotoschin (Posen) – 12.04.1974 (London?)
Familienstand: zweimal verheiratet, drei Kinder
– vermutlich ein Bruder von Ludwig und Martin Glaser (siehe AoR, S. 160)
– besucht das Friedrichs-Wilhelm-Gymnasium in Posen
1909 Abitur
– Studium in Freiburg i. Br., München, Berlin und Breslau
November 1912 erstes Staatsexamen beim OLG Breslau
Ende 1912 als Referendar vereidigt
Oktober 1913 beginnt seinen Militärdienst als Einjährig-Freiwilliger beim Infanterie-Regiment Nr. 51 Breslau, mit dem er nach Beginn des Ersten Weltkriegs ins Feld zieht
August 1914 – Dezember 1918 Soldat im Ersten Weltkrieg, mehrfach ausgezeichnet, u.a. mit dem EK II, nach Erkrankung an Kriegsgerichten tätig
1920 Promotion an der Universität Breslau
September 1920 zweites Staatsexamen
bis Februar 1921 als Gerichtsassessor im Justizdienst tätig
ab Februar 1921 als Anwalt in Berlin zugelassen
ab September 1927 Notar
1933 nach Vertretungsverbot als „Frontkämpfer" wieder als Anwalt und Notar zugelassen
Ende 1935 Entzug des Notariats
Ende 1938 Berufsverbot als Anwalt
August 1939 Emigration nach Großbritannien, Wohnsitz in Leeds, später London
Mai 1940 – Juni 1941 als „feindlicher Ausländer" auf der Isle of Man interniert
– arbeitet als Angestellter bei einem Bücherrevisor
ab 1945 als Geschäftsführer in eigener Firma kaufmännisch tätig
Dezember 1952 Antrag auf Zulassung als Anwalt ohne Residenzpflicht in Berlin; das Zulassungsverfahren zieht sich in die Länge, da der Status von Glaser als Geschäftsführer geklärt werden muss
ab September 1953 als Anwalt in Berlin ohne Residenzpflicht zugelassen
Quellen:
LAB: B Rep. 068 Nr. 832.
Senatsjustizverwaltung: Akte 3176/1 – I/B 1.
Jahresverzeichnis der an deutschen Universitäten und Technischen Hochschulen erschienenen Schriften, 36/1920.
AoR, S. 160.

Glücksmann, Alfred Dr.
24.09.1875 Mühlsdorf (Oberschlesien) – 04.04.1960 Wilhelmsfeld bei Heidelberg
Familienstand: zweimal verheiratet, vier Kinder
– in erster Ehe mit Frieda geb. Haber (1881–1946) verheiratet, Schwester des Nobelpreisträgers Fritz Haber
– Vater von Dr. Anselm Glücksmann (1913–1999)
1884–1893 Gymnasium in Pless
1893 Abitur

1893–1896 Jurastudium in Heidelberg, Bonn, Berlin und Breslau
1896 erstes Staatsexamen
– Referendariat im OLG-Bezirk Breslau
1897 Promotion an der Universität Breslau
1901 zweites Staatsexamen
1901–1902 Gerichtsassessor
1902–1905 Magistratsassessor beim Magistrat Breslau
1906–1911 Stadtrat und Syndikus in Berlin-Rixdorf (Neukölln)
1912–1924 Oberbürgermeister in Guben (Brandenburg)
1924 Umzug nach Berlin
– Rechtsanwalt am KG
– mit einer Kreditvermittlung für kommunale und private Bauprojekte vor allem unternehmerisch tätig
– Mitglied der Deutschen Staatspartei (1930–1933 die rechtsliberale Nachfolgepartei der DDP)
– Veröffentlichungen zur kommunalen Sozialpolitik
1933 Zulassung gelöscht
– betreibt in Berlin weiterhin eine Kreditvermittlung (formell von einem Freund, Dr. Wilhelm Külz, geleitet)
1938 nach der Pogromnacht vom 10. November bis ca. zum 20. Dezember im KZ Sachsenhausen
Anfang 1939 Emigration nach Palästina (wo eine der Töchter lebt)
– dort gelegentlich als Rechtsgutachter und Immobilienmakler tätig
1946 Tod der ersten Ehefrau in Jerusalem
Anfang 1947 Rückkehr nach Europa, Mailand (wo einer der Söhne lebt)
Anfang 1948 Rückkehr nach Deutschland, Berlin
– bemüht sich ohne Erfolg um eine Anstellung bei Gerichten oder bei der Stadtverwaltung
ab Mai 1948 in Büderich bei Düsseldorf ansässig (bei einem Neffen)
– erreicht die Wiederaufnahme der Pensionszahlungen
ab 1949 in Heidelberg ansässig, später im nahegelegenen Wilhelmsfeld
1949 zweite Heirat
Quellen:
EAB: Nr. 2.270.
Alfred Glücksmann, Lebenserinnerungen (unveröffentlichtes Manuskript in Privatbesitz, durch Vermittlung von Joel Levi, Tel Aviv).
Jakob Fränkel Family Genealogy, http://freepages.genealogy.rootsweb.ancestry.com/~prohel/names/pinkus/frankel1.html, 07.08.2012.
Peter, Andreas: Juden in Guben. Ein Überblick. In: Ernst, Rainer (Hg.): „Gestern sind wir gut hier angekommen". Beiträge zur jüdischen Geschichte in der Niederlausitz. Zittau/Görlitz 2005, S. 10–39.
AoR, S. 160.

Glücksmann, Heinrich Anselm Gerd Dr.
31.07.1913 Guben (Brandenburg) – 08.09.1999 Berlin
Familienstand: dreimal verheiratet, mehrere Kinder
– Sohn von Rechtsanwalt Dr. Alfred Glücksmann
1918–1924 Besuch der Vorschule und des humanistischen Gymnasiums in Guben
1924 Umzug der Familie nach Berlin
1924–1931 Realgymnasium in Berlin-Lichterfelde
1931 Abitur
ab 1931 Jurastudium in Berlin
ab Herbst 1933 Studium in Madrid, u.a. bei Hermann Heller (Staatsrechtler, aus Deutschland ver-

trieben, ab September in Madrid mit einer Gastprofessur tätig)
1934–1935 nach dem Tod Hellers (am 05. November 1933 in Madrid) Jurastudium in Basel
1935 Promotion an der Universität Basel und Äquivalenzprüfung zum deutschen ersten Staatsexamen
– anschließend Rückkehr nach Deutschland, Eintritt in die Kredit- und Vermögensberatungsgesellschaft seines Vaters
– illegale politische Betätigung in Deutschland (keine näheren Angaben)
Oktober 1938 Flucht in die Schweiz
1939 Emigration mit der Ehefrau nach Honduras, Tegucigalpa
– arbeitet dort als Rechnungsprüfer und Buchhalter bei einer Fluggesellschaft
1941 Mitgründer des „Ausschusses deutschsprachiger Hitlergegner in Honduras"
ab 1943 Vizepräsident des „Lateinamerikanischen Komitees der Freien Deutschen"
1943 als Angestellter bei der Fluggesellschat entlassen
1944–1945 in Panama, Puerto Armuelles bei der United Fruit Company tätig
1945 mit Unterstützung der Fluggesellschaft Trans World Airlines (TWA) Emigration in die USA, New York (aufgund früherer Kontakte aus der Zeit bei der honduranischen Fluggesellschaft)
– arbeitet als Angestellter bei der TWA
ab Ende 1946 Hauptbuchhalter in der europäischen Firmenzentrale der TWA in Paris
Mai 1948 Rückkehr nach Deutschland, Berlin
– Eintritt in die SED
1948–1949 Referent bei der Deutschen Verwaltung für Volksbildung der SBZ
1949–1950 Leitung des Büros des „Förderungsausschusses für die deutsche Intelligenz" beim Ministerrat der DDR
1950–1951 wissenschaftlicher Oberassistent für Urheber- und Verlagsrecht an der Humboldt-Universität in Berlin; im Zuge der Kampagne gegen West-Emigranten entlassen und bis 1956 aus der SED ausgeschlossen
ab 1951 Mitarbeit beim Aufbau der Anstalt zur Wahrung der Aufführungs- und Vervielfältigungsrechte; ab 1953 erster Geschäftsführer
1956 Direktor des neu gegründeten Büros für Urheberrechte
ab 1959 Lehrbeauftragter für Urheber-, Verlags- und Presserecht an der Sektion Journalistik der Karl-Marx-Universität in Leipzig
– Justitiar bei verschiedenen Verlagen und Verbänden
– Mitarbeit am neuen Urheberrechtsgesetz der DDR von 1965
September 1970 erhält als Äquivalent zum zweiten Staatsaexamen die Facultas docendi an der Universität Leipzig für Urheber-, Verlags- und Presserecht
Juni 1990 Zulassung als Rechtsanwalt in Berlin
– berät und vertritt als Anwalt die Veranstalter der Love-Parade
Quellen:
RAK Berlin: Personalakte (mit Foto).
Hamacher, Gottfried: Gegen Hitler. Deutsche in der Résistance, in den Streitkräften der Antihitlerkoalition und der Bewegung „Freies Deutschland". Kurzbiografien. Berlin 2005.
Berliner Zeitung vom 24.08.1999.

Glücksmann, Herbert Dr.
06.03.1904 Bielitz (Österreichisch-Schlesien) – 20.10.1975 (Tel Aviv?)
Familienstand: verheiratet seit Februar 1953, ein Kind
1909 Auswanderung der Familie nach Deutschland, Niederlassung in Wiesbaden
1914 Umzug der Familie nach Berlin
– besucht das Leibniz-Gymnasium in Berlin
Ostern 1923 Abitur
bis Ostern 1924 Lehrling in einer Bank- und Getreidefirma [sic!]

1924–1928 Jurastudium in Berlin, München und Breslau
August 1928 erstes Staatsexamen beim KG
September 1928 – Oktober 1931 Referendariat
April 1930 Promotion an der Universität Breslau
Juli 1932 zweites Staatsexamen
ab August 1932 Rechtsanwalt in Berlin
Juni 1933 Berufsverbot
April 1935 Emigration nach Palästina
– übt verschiedene kaufmännische Tätigkeiten aus
– erneutes Jurastudium
– nennt sich mit Vornamen Zvi
1948 Examen für Foreign Advocates
ab Februar 1949 als Anwalt in Tel Aviv zugelassen, Büro: Allenby Road 108, gemeinsame Praxis mit S. F. Haas, Zvi Jacoby und Eliahu Mazza
Januar 1966 Antrag auf Zulassung als Anwalt in Berlin ohne Residenzpflicht
Mai 1966 Zulassung erteilt (in Liste Nr. 117)

Quellen:
LAB: B Rep. 068 Nr. 822 (mit Foto).
Jahresverzeichnis der an deutschen Universitäten und Hochschulen erschienenen Schriften, 46/1930.
Auskunft Joel Levi, Tel Aviv.
AoR, S. 160.

Godin, Reinhard von Dr. h.c.
05.10.1884 München – 03.08.1964 München
Familienstand: verheiratet, acht Kinder
1892–1893 Volksschule im Rosenthal, München
1893–1902 Luitpold-Gymnasium in München
1902 Abitur

1902–1906 Studium in München
1906 erstes Staatsexamen
1909 zweites Staatsexamen
ab 1912 Chefjurist einer Großbank
ab 1924 Rechtsanwalt in Berlin, später auch Notar
1933 noch nicht als „nicht-arisch" erfasst
– Mitglied im NS-Rechtswahrerbund
– gilt später als „Mischling 2. Grades"
26. April 1944 nach Kritik an einem Todesurteil des Volksgerichtshofs wegen „Wehrkraftzersetzung" zum Tode verurteilt
1945 im Gefängnis befreit
nach Mai 1945 als Anwalt und Notar vorläufig zugelassen
ab August 1946 beim OLG München als Anwalt zugelassen
Juni 1947 endgültige Zulassung in Berlin
Juli 1947 hält sich in München auf
September 1949 als Anwalt in Berlin gelöscht
1954 Ehrendoktor der Universität Kiel
– zahlreiche Veröffentlichungen, vor allem zum Gesellschaftsrecht und zum gewerblichen Rechtschutz, u.a. Kommentare zum Aktiengesetz (zusammen mit Hans Wilhelmi, 1937, 2. Aufl. 1950), zum Ehegesetz (zusammen mit Sohn Hans, 1946) und zum Rückerstattungsrecht (1948, 2. Aufl. 1950)
– Mitherausgeber der Juristischen Rundschau
Quellen:
LAB: B Rep. 068 Nr. 839 und Nr. 880 (Akte des Sohnes Hans Wilhelm von Godin), C Rep. 118-01 Karteikarte (ohne Nummer) (mit Foto).
http://www.koeblergerhard.de/juristen/alle/allegSeite264.html, 07.08.2012.
Würdigung zum 70. Geburtstag: Juristische Rundschau, Bd. 8 (1954), S. 370–73.
Nachruf: Juristenzeitung, Bd. 20 (1965), S. 109f.
AoR, S. 161.

Goetzel, Walther Dr.
18.02.1888 Berlin – 26.10.1965 (Berlin?)
Familienstand: verheiratet seit 1914, keine Kinder
1894–1906 Leibniz-Gymnasium in Berlin
1906 Abitur
1906–1909 Jurastudium in Berlin, zugleich Hörer für Französisch und Englisch
September 1909 erstes Staatsexamen in Berlin, Note „gut"
1909–1914 Referendariat im KG-Bezirk
1910 Promotion an der Universität Erlangen
April 1914 zweites Staatsexamen, Note „fast gut"
ab April 1914 Rechtsanwalt in Berlin
April 1915–1918 Militärdienst im Ersten Weltkrieg, beim Landsturm
ab 1924 Notar
ab 1924 Défenseur des Konsistoriums der Französischen Kirche zu Berlin
– verfasst Kommentare zum Reichsmietengesetz und zum Mieterschutzgesetz
1933 als „Altanwalt" wieder zugelassen, aber Entzug des Notariats
– gilt als „Mischling 1. Grades"
– praktiziert bis 1945

1938 von der Nazi-Mehrheit des Konsistoriums aus dem Amt des Défenseur entfernt
1943 bei Luftangriffen werden die Praxisräume in der Charlottenstr. 56 völlig zerstört
– entgeht der Zwangsverpflichtung zur Organisation Todt, da er eine Stelle in der Ernährungswirtschaft hat
Ende April 1945 Privatwohnung in der Bismarckstr. 74–75, seit 1943 auch Sitz der Kanzlei, wird völlig zerstört
Ende Mai/Anfang Juni 1945 Antrag auf Zulassung als Rechtsanwalt und Notar
Juli 1945 vorläufige Zulassung als Rechtsanwalt und Notar
– wieder Mitglied im Konsistorium der Französischen Kirche und im Kreissynodalvorstand der französisch-reformierten Gemeinde in Berlin und Brandenburg
1946–1947 Vorsitzender der Entnazifizierungskommission für Juristen
ab 1947 im Vorstand der RAK
Mai 1947 erneute vorläufige Zulassung
Juni 1947 endgültige Zulassung
ab 1955 Vizepräsident der RAK
ab 1961 Präsident der Notarkammer
– außerdem Beiratsmitglied der Juristischen Gesellschaft Berlins und erster Sprecher des Deutschen Liberalen Clubs
Quellen:
LAB: B Rep. 068 Nr. 3446 (mit Foto); C Rep. 301 Nr. 2629.
EAB: Nr. 2.915 (Datenschutz nicht abgelaufen).
KG Berlin, Liste über zugelassene Rechtsanwälte.
Berliner Morgenpost vom 17.02.1963 (mit Foto): Dr. Goetzel 75 Jahre.
Tagesspiegel vom 17.02.1963 (mit Foto): Jurist mit vielen Ehrenämtern.
AoR, S. 161.

Gold, Egon Dr.
05.09.1909 Lundenburg (Mähren) – 26.03.1997 (Berlin?)
Familienstand: verheiratet seit 1941, keine Kinder
– stammt aus einer deutsch-jüdischen Kaufmannsfamilie
1915–1918 Volksschule in Lundenburg
1919–1927 Gymnasium in Lundenburg
1927–1931 Studium an der Universität Brünn
Januar 1929 erste Staatsprüfung (rechtshistorisch) in Brünn, Note „gut"
Juni 1931 zweite Staatsprüfung (judiziell) in Brünn, Note „gut"
November 1931 dritte Staatsprüfung (staatswissenschaftlich) in Brünn, Note „gut"
Dezember 1931 Promotion an der Universität Brünn
1931–1937 Rechtsanwaltsanwärter in verschiedenen Kanzleien in Mähren; in den Städten Lundenburg, Zwittau, Seelowitz, Znaim und Brünn

März 1937 mündliche und schriftliche Advokatenprüfung
Juni 1938 Zulassung zur Advokatenkammer in Brünn
Herbst 1938 nach Besetzung des Sudetenlandes Berufsverbot
– sucht Zuflucht in Bulgarien, dann in der Slowakei
1940–1944 in der Slowakei zur Zwangsarbeit herangezogen
1944–1945 im KZ Sachsenhausen
April 1945 auf dem „Todesmarsch" bei Schwerin befreit
1945–1948 bemüht sich um die Auswanderung aus der Tschechoslowakei, was wegen des schlechten Gesundheitszustandes nicht gelingt (auch der Gesundheitszustand der Ehefrau, Überlebende der KZ Ravensbrück und Bergen-Belsen, ist schlecht)
März 1949 Emigration nach Israel, dort anfänglich völlig mittellos
1954 Eröffnung einer Anwaltskanzlei in Israel, Schwerpunkt Steuer- und Grundbuchangelegenheiten, Entschädigungsfragen
März 1964 Übersiedelung nach Deutschland, Niederlassung in Berlin
September 1964 Antrag auf Zulassung als Anwalt in Berlin
Februar 1965 Zulassung als Anwalt in Berlin
Quellen:
LAB: B Rep. 068 Nr. 3457 (mit Foto).
Auskunft Joel Levi, Tel Aviv.

Goldberg, Bruno Dr.
08.11.1892 Berlin – 07.11.1977 New York
Familienstand: geschieden, ein Sohn
– besucht das Sophiengymnasium in Berlin
Oktober 1911 Abitur
– Studium in Berlin
August 1914 erstes Staatsexamen als „Notprüfung" beim KG
1914 – Juni 1917 als Kriegsfreiwilliger Soldat im Ersten Weltkrieg, im Fronteinsatz, nach Verletzung entlassen

Juni 1917 – Juni 1920 Referendariat
Juni 1920 Promotion an der Universität Erlangen
September 1920 zweites Staatsexamen
ab März 1921 Rechtsanwalt in Berlin
ab April 1929 Notar
1933 nach Vertretungsverbot wieder als Anwalt und Notar zugelassen
Juni 1934 Flucht vor einer drohenden Verhaftung ins Ausland
Dezember 1934 von Amts wegen wird die Zulassung wegen Aufgabe des Wohnsitzes gelöscht
September 1938 vom Deutschen Reich ausgebürgert
August 1939 Emigration in die USA, New York
– betätigt sich kaufmännisch, verfolgt aber weiterhin seine juristischen Interessen
– Mitglied in der Association of European Jurists of New York
März 1945 Annahme der US-Staatsbürgerschaft
Juli 1960 Antrag auf Zulassung als Anwalt in Berlin ohne Residenzpflicht
November 1960 Zulassung erteilt
Quellen:
LAB: B Rep. 068 Nr. 863 (mit Foto).
AoR, S. 161.

Goldschmidt, Fritz
07.07.1892 Berlin – 31.10.1970 Berlin
Familienstand: verheiratet seit Juli 1938, keine Kinder
– besucht das Königstädtische Gymnasium in Berlin
1910 Abitur
1910–1913 Studium in Freiburg i. Br. und Berlin
Juli 1914 erstes Staatsexamen in Berlin
– aus Gesundheitsgründen kein Heeresdienst im Ersten Weltkrieg
Januar 1920 zweites Staatsexamen
ab 1920 Rechtsanwalt
ab 1930 zugleich Notar
– zeitweise Bürogemeinschaft mit Dr. Siegbert Stein (AoR, S. 271)
1933 Berufsverbot
Mitte Juli 1933 Flucht aus Deutschland nach der Verhaftung des Schwagers
bis Juni 1934 in Paris
bis Februar 1935 in London
März 1935 – 1954 Emigration nach Palästina
– in all den Jahren wegen schwerer Erkrankungen ohne Erwerbsarbeit
ab 1954 wieder in Berlin, mit Entschädigungsangelegenheiten befasst
1956 beantragt im November die Zulassung als Rechtsanwalt und die Ernennung zum Notar
Januar 1957 Zulassung als Rechtsanwalt
Februar 1957 Ernennung zum Notar
Ende 1969 auf eigenen Antrag aus dem Amt des Notars entlassen
– auf dem Jüdischen Friedhof Heerstr. beigesetzt

Quellen:
LAB: B Rep. 068 Nr. 856 (mit Foto).
EAB: Nr. 51.035.
Auskunft Joel Levi, Tel Aviv.
AoR, S. 163.

Goldschmidt, Hans Dr.
08.06.1904 Krefeld – 01.03.1990 New York
Familienstand: verheiratet seit Juni 1944, keine Kinder (Stand: 1958)
1906 Umzug der Familie nach Berlin
1921 Abitur am Hohenzollern-Gymnasium
– Studium in Berlin und Freiburg i. Br.
November 1924 erstes Staatsexamen
Februar 1925 Promotion an der Universität Freiburg i. Br.
Juli 1928 zweites Staatsexamen, Note „gut“
ab September 1928 Rechtsanwalt am KG
– Bürogemeinschaft mit Dr. Karl Hirschland (AoR, S. 177) und Dr. Max Bonnem (AoR, S. 128)
1933 Berufsverbot
1933–1936 Rechts- und Wirtschaftsberater in Berlin, u.a. für die Vereinigten Kugellagerfabriken, Schweinfurt, und als Nachlassverwalter des Fürsten Christian Kraft zu Hohenlohe-Öhringen

1936 Emigration nach Holland
1936–1939 Angestellter und Rechts- und Wirtschaftsberater in Den Haag
Februar 1939 Emigration in die USA, New York
– dort ebenfalls als „Consultant" tätig und Aufnahme eines Jurastudiums
1942 Bachelor of Law an der Fordham University New York
September 1944 Annahme der US-Staatsbürgerschaft
– betreibt eine Kanzlei in New York, mit Schwerpunkt Entschädigungs- und Wiedergutmachungsverfahren
Juni 1950 lässt über einen Vertrauten bei der RAK anfragen, ob eine Wiederzulassung als Anwalt in Berlin unter Beibehaltung des Wohnsitzes in New York möglich sei; die RAK teilt mit Verweis auf die Residenzpflicht mit, dass eine Zulassung nicht möglich sei
Oktober 1958 Antrag auf Zulassung als Anwalt in Berlin ohne Residenzpflicht
Januar 1959 Zulassung erteilt
Quellen:
LAB: B Rep. 068 Nr. 3439 (mit Foto).
Senatsjustizverwaltung: Akte 3176/1 – I/B 1.
AoR, S. 163 (hier Sterbedatum: 28.02.1990).

Goldstein, Rudolf Dr.
01.08.1885 Stargard (Pommern) – 12.01.1974 Berlin
Familienstand: verheiratet seit 1910, drei Kinder
1892–1904 Köllnisches Gymnasium in Berlin
Ostern 1904 Abitur
1904–1907 Studium Volkswirtschaftslehre und Jura in München und Berlin
November 1907 erstes Staatsexamen in Berlin
1907–1913 Referendariat im KG-Bezirk
Herbst 1908 – Herbst 1909 Militärdienst als Einjährig-Freiwilliger, zuletzt als Unteroffizier
September 1913 zweites Staatsexamen
1913 Zulassung als Rechtsanwalt in Berlin
– Sozietät mit dem Vater Rechtsanwalt und Notar JR Arnold Goldstein (bis zu dessen Tod 1922)
1914 Promotion an der Universität Würzburg, Prädikat „cum laude"
1914–1918 als Kriegsfreiwilliger Soldat im Ersten Weltkrieg, Einsatz an der Westfront in Frankreich und in Polen, zuletzt Leutnant der Reserve, ausgezeichnet mit dem EK II und dem Verwundetenabzeichen
ab 1924 Notar
1933 Wiederzulassung als „Altanwalt" und „Frontkämpfer"
– in der NS-Zeit gelten er selbst, die Ehefrau und die drei Kinder als „Mischlinge 1. Grades"
bis 1945 als Anwalt zugelassen
ab 1940 Mitglied im Reichsluftschutzbund und in der NSV
1943 Kanzlei durch Luftangriffe zerstört
Juni 1944 nimmt eine Stelle in Schlesien an, um nicht für die Organisation Todt zwangsverpflichtet zu werden
August 1944 – Februar 1945 in Schlesien zu Schanzarbeiten eingezogen
August 1945 als Rechtsanwalt und Notar zugelassen

Oktober 1945 Zulassung durch die britischen Militärbehörden bestätigt
Mai 1947 vorläufige Zulassung erneuert (gemäß Kommandanturanordnung vom 16. April 1947)
Februar 1948 endgültige Zulassung als Rechtsanwalt und Bestellung als Notar
März 1948 – März 1950 auf Antrag zur Erholung und Wiederherstellung der Gesundheit beurlaubt, hält sich bei der Tochter in der Schweiz auf
Mai 1950 auf Antrag gelöscht, nachdem ein erneuter Antrag auf Verlängerung des Urlaubs von der RAK befürwortet, vom KG-Präsidenten aber abgelehnt wird

September 1953 erneuter Antrag auf Zulassung als Rechtsanwalt und Ernennung zum Notar
Oktober 1953 Zulassung als Rechtsanwalt erteilt
Januar 1954 Ernennung zum Notar
Quellen:
LAB: B Rep. 068 Nr. 3455 (mit Foto).
EAB: Nr. 355.609 (Datenschutz nicht abgelaufen).
KG Berlin, Liste über zugelassene Rechtsanwälte.
AoR, S.164.

Gotthilf, Martin Dr.
28.12.1893 Krojanke (Westpreußen) – 12.09.1975 (Rio de Janeiro, Brasilien?)
Familienstand: Heirat 1925, verwitwet seit 1937
– besucht die Simultan-Volksschule in Krojanke, dann das Königliche Comenius-Gymnasium in Lissa (Pommern)
1914 Abitur

1914–1917 Studium Jura und Nationalökonomie in Breslau
1917 erstes Staatsexamen in Breslau
– Referendariat im OLG-Bezirk Breslau
April 1918 Promotion an der Universität Breslau
1919–1920 Unterbrechung des Referendariats für die Tätigkeit als stellvertretender Staatskommissar für Oberschlesien, Sitz Kattowitz, dann in derselben Funktion für Schlesien und Westposen tätig
Januar 1922 zweites Staatsexamen
ab März 1922 als Anwalt in Breslau zugelassen
Frühjahr 1933 Vertretungsverbot und Berufsverbot als Anwalt
1933 Flucht aus Deutschland; lebt in Paris, Wien und Buenos Aires
1937 Emigration nach Brasilien
– verdient seinen Lebensunterhalt mit verschiedenen Erwerbsarbeiten und als Journalist
ab 1952 Verwaltungsdirektor der deutsch-jüdischen Gemeinde in Rio de Janeiro
– erhält im Entschädigungsverfahren eine Pension
ab August 1961 als Anwalt in Berlin ohne Residenzpflicht zugelassen
Ende 1961 scheidet aus seiner Stelle bei der deutsch-jüdischen Gemeinde in Rio de Janeiro aus
Quellen:
LAB: B Rep. 068 Nr. 882 (mit Foto).

Gottlieb, Fritz Dr.
01.04.1903 Breslau – 03.04.1968 (London?)
Familienstand: zweimal verheiratet, ein Sohn
1905 Umzug der Familie nach Berlin
Ostern 1909 – März 1921 Kaiser-Friedrich-Schule in Berlin-Charlottenburg
März 1921 Abitur

– Studium in Berlin und Wien
November 1921 Annahme der deutschen Staatsbürgerschaft (Gottlieb war durch seinen Vater bei der Geburt österreichischer Staatsbürger)
August 1924 erstes Staatsexamen beim KG
Juli 1928 zweites Staatsexamen
ab Februar 1929 Rechtsanwalt in Berlin
– Sozietät mit Rechtsanwalt und Notar Dr. Erwin Reiche (AoR, S. 144)
Juni 1933 Berufsverbot
– arbeitet nach dem Berufsverbot in verschiedenen Bereichen, u.a. als Prokurist beim Jüdischen Verlag
November 1933 Widerruf der Einbürgerung
Januar 1939 Aufenthaltsverbot für das Deutsche Reich wird verhängt; muss binnen acht Wochen ausreisen
März 1939 Emigration nach Großbritannien, London
– verdient seinen Lebensunterhalt als Rechtsberater und durch kaufmännische Tätigkeiten (zuletzt Direktor einer Firma in Wembley, Middlesex)
1947 Annahme der britischen Staatsbürgerschaft

1953 lebt in London
Mai 1953 Antrag auf Zulassung als Anwalt in Berlin ohne Residenzpflicht
– die RAK lehnt das Gesuch ab, da Gottliebs hauptberufliche Tätigkeit als Geschäftsführer mit der Anwaltstätigkeit nicht vereinbar sei und er dauerhaft im Ausland verbleiben wolle
September 1953 der KG-Präsident lehnt nach dem Votum der RAK das Zulassungsgesuch ab
September 1953 Gottlieb legt dagegen umgehend Beschwerde ein
November 1953 Schreiben der RAK an Gottlieb mit der Mitteilung, dass einer der Ablehnungsgründe mit einem Präsidiumsbeschluss der RAK vom Oktober ausgeräumt sei; demnach solle eine andere hauptberufliche Tätigkeit in der Regel einer Zulassung nicht im Wege stehen, als Hinderungsgrund bleibe aber ein dauerhafter Wohnsitz im Ausland
November 1953 auch ohne befürwortende Stellungnahme der RAK Zulassung durch den KG-Präsidenten erteilt
Quellen:
LAB: B Rep. 068 Nr. 881 (mit Foto).
Senatsjustizverwaltung: Akte 3176/1 – I/B 1.
AoR, S. 164.

Grau (später: Graw), Richard Dr.
29.07.1899 Berlin – 23.10.1970 (Berkeley, Kalifornien?)
Familienstand: verheiratet seit 1934, ein Sohn
– besucht die Kraftsche Privatvorschule, dann das Friedrichwerdersche Gymnasium in Berlin
Herbst 1916 Notabitur
November 1916–1919 Kriegsdienst im Ersten Weltkrieg, im Fronteinsatz
1919–1921 Jurastudium
1921 erstes Staatsexamen, Note „gut"
– Referendariat im KG-Bezirk in Berlin

1922 Promotion an der Universität Berlin
1924 zweites Staatsexamen, Note „gut"
ab Herbst 1924 Anwalt in Berlin, zugelassen beim KG
1924 Referent auf dem Heidelberger Juristentag zur Frage der Ausgestaltung des in Artikel 48 der Weimarer Verfassung angekündigten Ausführungsgesetzes zur Diktaturgewalt
– zeitweise im Vorstand der RAK
– veröffentlicht zahlreiche Beiträge u.a. in der Juristischen Wochenschrift, in der Deutschen Juristenzeitung und im Archiv für Öffentliches Recht
1932 Berater der Preußischen Regierung gegen Reichskanzler von Papen, nachdem dieser die (geschäftsführende) Preußische Regierung unter Otto Braun (SPD) abgesetzt hatte („Preußenschlag")
1933 als „Frontkämpfer" wieder zur Anwaltschaft zugelassen
Oktober 1938 Emigration in die USA
bis Juni 1941 erneutes Jurastudium an der Universität Chicago und in Berkeley (Kalifornien) mit Examen
September 1941 – März 1944 Hilfsarbeiter in einer Anwaltskanzlei in San Francisco
1944 Annahme der US-Staatsbürgerschaft
bis Sommer 1948 juristischer Sekretär beim Obersten Gerichtshof Kaliforniens
– legt das Anwaltsexamen ab und wird zur Anwaltschaft in Kalifornien zugelassen
ab Sommer 1948 als Anwalt tätig
– wird Vertrauensanwalt des Deutschen Generalkonsulats in San Francisco
– spezialisiert sich auf Entschädigungs- und Wiedergutmachungsrecht
ab November 1957 als Anwalt in Berlin ohne Residenzpflicht zugelassen
Quellen:
LAB: B Rep. 068 Nr. 936 (mit Foto).
Senatsjustizverwaltung: Akte 3176/1 – I/B 1.
AoR, S. 165.

Graul, Georg
26.01.1887 Berlin – 26.11.1958 Berlin
Familienstand: verheiratet, ein Sohn
1893–1907 Falk-Realgymnasium in Berlin
Frühjahr 1907 Abitur
1907–1913 Studium in Grenoble, Breslau und Berlin
1914–1918 Soldat im Ersten Weltkrieg, ausgezeichnet mit dem EK I und II, dem Flugzeugbeobachter- und dem k. u. k. Feldpilotenabzeichen, dem Bayerischen Militärverdienstkreuz und dem Flugzeugführerabzeichen
Frühjahr 1913 erstes Staatsexamen in Berlin
April 1913–1919 Referendariat im KG-Bezirk (unterbrochen durch den Kriegsdienst)
Frühjahr 1920 zweites Staatsexamen

Ende 1920 aus dem Justizdienst entlassen, arbeitet dann beim Reichskommissar für die Überwachung der Ein- und Ausfuhr
ab Ende 1922 leitender Angestellter in der Industrie
Frühjahr 1925 Zulassung als Rechtsanwalt
April 1930 Notar
vor 1933 Mitglied im Stahlhelm und in der DNVP, im Verein der Offiziere des Beurlaubtenstandes Berlin und im Offizier Reit- und Fechtverein
– Freimaurer
1933 als „Frontkämpfer" wieder zugelassen
– Mitglied in der Deutschen Jägerschaft (zwangsweise Aufnahme als Inhaber eines Jagdscheins) und im Reichsluftschutzbund
– gilt als „Mischling", daher vom allgemeinen Berufsverbot 1938 ausgenommen
Oktober 1944 Verhaftung durch die Gestapo
November 1944 – Januar 1945 bei der Organisation Todt zwangsverpflichtet, im Sonderbaulager Flugplatz Zerbst
Januar 1945 erreicht durch ärztlichen Befund eine Freistellung und taucht bis Kriegsende unter
Juli 1945 als Rechtsanwalt und Notar zugelassen
Mai 1947 erneute vorläufige Zulassung
November 1948 – April 1949 Pflichtdienst bei Berliner Gerichten beim AG Neukölln
Februar 1950 endgültige Zulassung
Quellen:
LAB: B Rep. 068 Nr. 3447; C Rep. 301 Nr. 1542 (mit Foto).
EAB: Nr. 376.017 (Antrag der Witwe).
KG Berlin, Liste über zugelassene Rechtsanwälte.
AoR, S. 165f.

Graupner, Rudolf Dr. h. c.
16.01.1907 Beuthen (Oberschlesien) – 1999 (Wembley Park, Middlesex, Großbritannien?)
Familienstand: verheiratet, eine Tochter
1925–1929 Studium in München, Heidelberg und Berlin
1929 erstes Staatsexamen
– Mitglied der SPD
1933 zweites Staatsexamen
– als Rechtsberater für Auswanderer tätig
Ende 1938 Emigration nach Großbritannien, London
1939–1942 erneutes Jurastudium an der London School of Economics
1939/1940 als deutscher Emigrant interniert (genaue Daten nicht bekannt)
1942 LL.B.
Oktober 1947 Annahme der britischen Staatsbürgerschaft
1948 Zulassung als Solicitor in London
1948–1977 Partner in der Anwaltsfirma Buckeridge & Braune
ab 1955 Berater der deutschen Botschaft in London
Ende Juli 1956 zugelassen als Anwalt in Berlin ohne Residenzpflicht
Ende 1974 wegen anderweitiger Zulassung in Frankfurt a. M. als Anwalt in Berlin gelöscht
1977–1998 Partner in der Anwaltsfirma Pritchard, Englefield and Tobin
1988 Ehrendoktor der Universität Würzburg
– zahlreiche Veröffentlichungen in deutschen und britischen Fachzeitschriften
– ausgezeichnet mit dem Großen Bundesverdienstkreuz und durch den Deutschen Anwaltverein
Juli 1997 auf Antrag aus Altersgründen als Anwalt gelöscht
Quellen:
LAB: B Rep. 068 Nr. 939.
Senatsjustizverwaltung: Akte 3176/1 – I/B 1.
Auskunft RAK Frankfurt a. M.
Beaton, Jack/Zimmermann, Reinhard (Hg.): Jurists Uprooted. German-speaking Émigré Lawyers in Twentiheth-century Britain. Oxford: Oxford University Press, 2004, S. 778f.

Groß, Jacob
18.07.1886 Graudenz (Westpreußen) – 23.08.1959 (Berlin?)
Familienstand: keine Angaben
1892–1895 Privatschule Koenen in Graudenz
1895–1905 Gymnasium in Graudenz
1905 Abitur
1905–1908 Studium Jura und Staatswissenschaften in Berlin und Königsberg
Mai 1908 erstes Staatsexamen beim OLG Königsberg
1908–1909 Militärdienst in Graudenz
– Referendariat am AG Mewe (Westpreußen), ansonsten in Berlin
Dezember 1913 zweites Staatsexamen
1914–1918 als Soldat im Ersten Weltkrieg, Frontkämpfer
ab 1920 Anwalt in Berlin, zugelassen bei den LG I–III

ab 1924 Notar
1933 als „Frontkämpfer" wieder zugelassen
nach 1933 große Einbußen bei den Einnahmen, da der Hauptkunde Hermann Tietz (Warenhaus) wegfällt
1935 Entzug des Notariats
September 1936 Emigration nach Palästina, Haifa
März 1937 legt das Examen für ausländische Anwälte (Foreign Advocates Examination) ab
ab 1938 als Anwalt zugelassen, betätigt sich wegen sprachlicher Schwierigkeiten aber nur selten als Anwalt; bereitet andere auf das Foreign Advocates Examination vor; sein Einkommen bleibt unzureichend, er muss von Ersparnissen leben
September 1947 Rückkehr nach Berlin, auf Anfrage der Legal Division im Main Head Quarter der Control Commission for Germany
1947 Zulassung als Anwalt und Notar
Quellen:
LAB: B Rep. 068 Nr. 972 (mit Foto).
AoR, S. 166.

Grossmann, Hans Sigismund Dr.
26.08.1902 Berlin – 13.11.1974 New York
Familienstand: keine Angaben
– besucht das Werner-von-Siemens-Realgymnasium
Februar 1920 Abitur
– Studium in Freiburg i. Br., Heidelberg und Berlin
Juli 1923 erstes Staatsexamen
Juni 1924 Promotion
Januar 1927 zweites Staatsexamen
ab März 1927 Anwalt in Berlin, zugelassen zuerst beim KG, ab 1929 bei den Berliner LG
Juli 1933 Berufsverbot
1933–1936 Devisenberater in Berlin
1936–1941 Auslandsvertreter für diverse Firmen in Teheran, Iran
Mai 1941 verlässt den Iran, um in die USA zu emigrieren
– wird im Transit in Indien von britischen Behörden festgehalten und interniert
bis Dezember 1946 in verschiedenen Lagern für Zivilinternierte festgehalten
– nach Entlassung aus dem Internierungslager Emigration in die USA, New York
1950–1952 erneutes Jurastudium an der Brooklyn Law School
1952 Annahme der US-Staatsbürgerschaft
Oktober 1952 LL.B.
November 1952 Bar Examen
März 1953 Zulassung als Anwalt im Staat New York
April 1953 Antrag auf Zulassung als Anwalt in Berlin ohne Residenzpflicht
Oktober 1953 Zulassung erteilt
Quellen:
LAB: B Rep. 068 Nr. 968 (mit Foto).
Senatsjustizverwaltung: Akte 3176/1 – I/B 1.
AoR, S. 166.

Grün, Alfred Dr.
20.11.1882 Stettin – 29.04.1946 Berlin
Familienstand: verheiratet
vor 1933 Rechtsanwalt und Notar
1933 als Rechtsanwalt wieder zugelassen
1935 Entzug des Notariats
1938 mit dem Berufsverbot als Rechtsanwalt und zugleich als Syndikus einer Versicherungsgesellschaft entlassen
– lebt in einer „Mischehe", muss aber den Judenstern tragen
ab 1941 zur Zwangsarbeit herangezogen (Abrissarbeiten, Spedition, Schuhmachergewerbe)
– das Ehepaar taucht mehrmals unter, wenn Verhaftungswellen drohen (1938, 1943, danach noch öfter); in der Akte sind Namen von Helfern enthalten, die das Ehepaar versteckten
1945 wieder als Rechtsanwalt und Notar zugelassen

1946 stirbt an den Folgen der Verfolgungen: an *„körperlicher und seelischer Erschöpfung"* (EAB Nr. 2.198)
Quellen:
LAB: F Rep. 280, Nr. 5310.
EAB: Nr. 2.198 (Antrag der Witwe).
AoR, S. 166.

Grünbaum, Hans Dr.
16.03.1903 Berlin – 08.01.1992 Israel
Familienstand: verheiratet seit 1935, zwei Töchter
bis 1921 an der Kaiser-Friedrich-Schule (Gymnasium) in Berlin-Charlottenburg
1921–1924 Studium in Berlin

1926 Promotion an der Universität Breslau
Januar 1929 zweites Staatsexamen
– als juristischer Hilfsarbeiter in der Kanzlei von Dr. (Georg?) Schatzki (Schatzky?, siehe AoR, S. 255) und bei der Dresdner Bank tätig
ab September 1930 als Anwalt am KG zugelassen
– Sozietät mit Dr. Martin Hammas
Juni 1933 Berufsverbot als Anwalt
– nach dem Berufsverbot ohne feste Beschäftigung
Herbst 1934 Emigration nach Palästina, Moshav Bezaron
– dort als Landwirt tätig, später Angestellter (Buchhalter) in einer landwirtschaftlichen Genossenschaft
1943–1946 Zivilangestellter in der britischen Armee
1954 geht als Jurist für die URO nach München, später nach London
Oktober 1955 als Anwalt in Berlin ohne Residenzpflicht zugelassen
Anfang 1961 nach Zulassung als Anwalt in München aus der Anwaltsliste in Berlin gelöscht
1970 Rückkehr nach Israel, dort als Direktor der URO in Tel Aviv tätig
Quellen:
LAB: B Rep. 068 Nr. 957.
Senatsjustizverwaltung: Akte 3176/1 – I/B 1.
Soreq, Ilona: The Grünbaum Family. In: Justice. Hgg. von der International Association of Jewish Lawyers and Jurists, Nr. 22, Winter 1999, S. 27–28.
Auskunft Joel Levi, Tel Aviv.
AoR, S. 166f. (mit Foto).

Gumpert, Hans Dr.
10.07.1890 Berlin – 02.07.1962 Berlin
Familienstand: zweimal verheiratet (1928 geschieden, 1932 zweite Ehe), eine Tochter (aus zweiter Ehe)
1896–1899 Kraft's Privatschule in Berlin

1899–1909 Kaiserin-Augusta-Gymnasium in Berlin-Charlottenburg
1909 Abitur
1909–1912 Studium in Lausanne, München und Berlin
Dezember 1912 erstes Staatsexamen
1913 und 1919–1921 Referendariat im KG-Bezirk
ab Oktober 1913 Militärdienst als Einjährig-Freiwilliger beim Feldartillerie-Regiment Nr. 18 in Frankfurt/Oder, zieht mit diesem Regiment bei Beginn des Ersten Weltkriegs ins Feld
1914–1918 Frontkämpfer im Ersten Weltkrieg, ausgezeichnet mit dem EK I und II, an der Front in Frankreich, Italien und Galizien, zuletzt Leutnant
Mai 1920 Promotion an der Universität Giessen
März 1921 zweites Staatsexamen
März – September 1921 als Gerichtsassessor bei der Staatsanwaltschaft Berlin
ab Oktober 1921 als Rechtsanwalt zugelassen
1921–1932 zugleich bei der Textilverwaltung AG, Berlin, Vossstr. 1 (Blumenstein-Konzern) tätig, zuletzt Vorstandsmitglied
1923–1927 Syndikus der Algemeene Industrieen Bank Vereeniging Amsterdam (Blumenstein-Konzern), wohnt in dieser Zeit in Amsterdam
ab Juli 1932 Notar

1933 als „Frontkämpfer" wieder als Rechtsanwalt und Notar zugelassen
1935 Entzug des Notariats
1938 Berufsverbot als Rechtsanwalt
1938–1945 als „jüdischer Konsulent" tätig
– plant die Emigration in die USA, diese scheitert jedoch, da die Gestapo den Pass einzieht
– lebt in einer „privilegierten Mischehe"
Herbst 1944 Ehefrau wird zur Zwangsarbeit herangezogen
– zwei Brüder und die Mutter werden deportiert und ermordet
Juni 1945 wieder als Rechtsanwalt und Notar zugelassen
– als OdF nicht anerkannt, da kein „Sternträger"
Mai 1947 erneute vorläufige Zulassung
November 1947 endgültige Zulassung
Januar/Februar 1949 zum Richterdienst am AG Charlottenburg herangezogen
– erhält für die geleistete „Konsulentenabgabe" (knapp 48.000 RM) und für die Zwangsabgabe an die Golddiskont-Bank (500 RM) eine Entschädigung von rund 9.700 DM
Quellen:
LAB: B Rep. 068 896–98 (mit Foto Nr. 896); C Rep. 301 Nr. 511.
EAB: Nr. 5.497.
KG Berlin, Liste über zugelassene Rechtsanwälte.
AoR, S. 168.

Guttmann, Alexander Dr.
19.12.1894 Mannheim – 16.11.1962 Köln
Familienstand: zweimal verheiratet, zwei Kinder aus erster Ehe
1897 (1898?) Umzug der Familie nach Berlin
Frühjahr 1901 – Herbst 1907 Besuch des Luisen-Gymnasiums in Berlin
Herbst 1907 – Frühjahr 1913 Besuch des Luisen-Gymnasiums in Berlin-Charlottenburg
Frühjahr 1913 Abitur
SoSe 1913 – SoSe 1914 Studium der Rechts- und Staatswissenschaften in Berlin
August 1914 – Dezember 1918 als Freiwilliger Soldat im Ersten Weltkrieg, ab März 1918 Leutnant der Reserve
1919 – Sommer 1920 Fortsetzung des Studiums
Herbst 1920 erstes Staatsexamen beim KG, Note „gut"
1921 Promotion an der Universität Königsberg, Note „sehr gut"
Oktober 1923 zweites Staatsexamen, mit Auszeichnung
ab Ende 1923 Rechtsanwalt am KG
– (zeitweise) Sozietät mit Dr. Bruno Saenger und Dr. Siegfried Goldstrom
ab 1929 Notar
1933 wieder zugelassen
1935 Entzug des Notariats
– Guttmann wird mit einem Verfahren wegen „Rassenschande" überzogen
Ende 1938 Berufsverbot als Anwalt
Januar 1939 Emigration nach Großbritannien, London
bis Herbst 1941 ohne Erwerbsarbeit, dann Angestellter in einer Buchhaltungsfirma, später Verlagsdirektor in einem Buchverlag
August 1948 Annahme der britischen Staatsbürgerschaft
ab 1953 in Bonn, dann in Köln als Leiter des URO-Büros
Quellen:
EAB: Nr. 52.544.
Lebenslauf zur Dissertation. [Dem Exemplar im Besitz der Staatsbibliothek Berlin beigefügt].
AoR, S. 168.

Haase, Ernst-Friedrich (später: Ernesto) Dr.
27.10.1904 Rybnik (Schlesien) – 18.07.1979 Santiago de Chile
Familienstand: keine Angaben
– Schulbesuch Gymnasien in Rybnik, Leipzig, Berlin-Lichterfelde und Lübeck
– Jurastudium in Hamburg, Freiburg und Berlin
1927 erstes Staatsexamen beim KG
März 1927 Promotion an der Universität Freiburg
1930 zweites Staatsexamen
Oktober 1930 Zulassung als Rechtsanwalt
– Bürogemeinschaft mit Hermann Fischer, Dr. Heinrich Friedländer (AoR, S. 157) und Hans Helmuth Preuss (AoR, S. 241)
– arbeitet dort als juristischer Hilfsarbeiter gegen festes Gehalt und zugleich selbstständig als Rechtsanwalt
1933 wird als „Oberschlesienkämpfer" weiter zugelassen
– muss die Arbeit als juristischer Hilfsarbeiter aufgeben
bis April 1936 Bürogemeinschaft mit Dr. Leopold Samolewitz (AoR, S. 254)
– als Rechtsanwalt tätig, aber das Einkommen geht ständig zurück und er verliert viele Mandanten
1936 Emigration nach Chile
– lebt in Puerto Mont, später in Santiago
bis 1939 als einfacher Angestellter mit kleinem Einkommen tätig, dann als Vertreter, langsame Besserung der ökonomischen Situation
– nimmt die chilenische Staatsbürgerschaft an
September 1970 Rückkehr nach Deutschland, Hildesheim und Beantragung der Zulassung zur Anwaltschaft
1970–1977 Rechtsanwalt in Hildesheim, OLG-Bezirk Celle
– lebt dann wieder in Chile
Quellen:
EAB: Nr. 68.857.
AoR, S. 169.

Haendel, Richard Dr.
11.09.1883 Landsberg/Warthe – 21.12.1961 (Barcelona?)
Familienstand: verheiratet seit März 1917, ein Sohn
Ostern 1902 Abitur am Gymnasium in Landsberg/Warthe
– Studium in Berlin
Juni 1905 erstes Staatsexamen beim KG
– Referendariat im KG-Bezirk
1906 Promotion an der Universität Leipzig
Januar 1910 zweites Staatsexamen
ab März 1910 Rechtsanwalt in Berlin
ab April 1924 Notar
1933 Entzug des Notariats, als Anwalt wieder zugelassen
Ende August 1933 Emigration nach Spanien
– zunächst Besitzer einer Hühnerfarm, dann als Sprachlehrer, Übersetzer und juristischer Berater tätig
– studiert spanisches und internationales Recht
1954 lebt in Barcelona
Januar 1954 Antrag auf Zulassung als Anwalt in Berlin ohne Residenzpflicht
April 1954 Zulassung erteilt
Quellen:
LAB: B Rep. 068 Nr. 990.
AoR, S. 169.
N.B.: Nicht verzeichnet in:
Senatsjustizverwaltung: Akte 3176/1 – I/B 1.

Hamburger, Adolf Dr.
18.09.1887 Schmograu (Schlesien) – 17.10.1962 (New York?)
Familienstand: zweimal verheiratet, eine Tochter
– zuerst Studium der Pharmazie mit Approbation
August 1914 meldet sich als Kriegsfreiwilliger und dient in einem badischen Regiment in Straßburg

– studiert in Straßburg sechs Semester Rechtswissenschaften
September 1918 erstes Staatsexamen
Frühjahr 1920 Promotion an der Universität Greifswald
Juli 1923 zweites Staatsexamen
ab September 1923 Anwalt in Berlin
ab Oktober 1929 Notar
– Spezialist auf dem Gebiet des Apothekenrechts
– Syndikus des Deutschen Apothekerverbandes sowie Justitiar des Kreditvereins Deutscher Apotheker
1933 Berufsverbot
April 1934 Emigration nach New York
– dort erneutes Jurastudium von sechs Semestern an der St. John's University mit Abschluss LL.B.
Sommer 1938 juristische Staatsprüfung
ab Juni 1939 als Anwalt in New York zugelassen
ab Juli 1950 Vertrauensanwalt des deutschen Generalkonsulates in New York
ab 1952 Anwalt und Vorstandsmitglied der deutsch-amerikanischen Handelskammer in New York

1953 – Anfang 1956 als Anwalt beim LG in Wiesbaden zugelassen (mutmaßlich ohne Residenzpflicht)
Januar 1958 Antrag auf Zulassung als Anwalt in Berlin ohne Residenzpflicht
April 1958 Zulassung erteilt
Anfang Oktober 1959 zum deutschen Honorarkonsul für New Jersey ernannt (dazu Artikel im Aufbau, ohne Datum, mit Foto)
Quellen:
LAB: B Rep. 068 Nr. 1011 (mit Foto).
Senatsjustizverwaltung: Akte 3176/1 – I/B 1.
AoR, S. 169f.

Hartstein, Willy Dr.
17.01.1901 Berlin – 08.03.1950 Berlin
Familienstand: verheiratet seit 1931, zwei Kinder
– besucht zuerst eine Gemeindeschule
1909–1920 Andreas-Realgymnasium in Berlin
1920 Abitur

1921–1924 Studium in Freiburg i. Br., Göttingen und Berlin, zuerst drei Semester VWL, dann Jura
1924 erstes Staatsexamen in Berlin
1924–1928 Referendariat im KG-Bezirk
Februar 1926 Promotion an der Universität Göttingen
1928 zweites Staatsexamen
ab Juli 1928 als Rechtsanwalt bei den Berliner LG zugelassen
– Sozietät mit JR Julius Guttmann (AoR, S. 168) und Dr. Heinrich Elkeles (AoR, S. 145, mit anderer Kanzleianschrift)
1933 Berufsverbot
1933–1939 verdient seinen Lebensunterhalt als Rechts- und Wirtschaftsberater
– gilt als „Mischling 1. Grades", seine Ehefrau als „Volljüdin"
November 1938 nach der Pogromnacht in das KZ Sachsenhausen verschleppt
Januar 1939 Emigration mit der Familie nach Palästina
– betreibt von dort die Emigration in die USA, die zu Kriegsbeginn scheitert
– arbeitet als Küchenhilfe, dann als Angestellter bei den Britischen Militärbehörden
Juni 1946 beantragt in Palästina die Rückwanderung nach Berlin
September 1947 Antrag auf Zulassung als Rechtsanwalt in Berlin
Mai 1948 lebt noch in Tel Aviv
April 1949 Rückkehr nach Berlin
Juli 1949 Zulassung als Rechtsanwalt an den Berliner Gerichten
Oktober 1951 Emigration der Witwe und der Kinder in die USA, Los Angeles
Quellen:
LAB: B Rep. 068 Nr. 1054 (mit Foto); C Rep. 301 Nr. 1999.
EAB: Nr. 11.723.
AoR, S. 171.

Heims, Eduard (später: Edward H.) Dr.
28.11.1884 Berlin – 06.09.1964 (Inverness, Kalifornien?)
Familienstand: verheiratet seit März 1933, fünf Kinder
– Studium in Tübingen, Halle und Berlin
1905 erstes Staatsexamen beim KG Berlin
1910 mit Stipendium viermonatiger Studienaufenthalt in den USA zur Vorbereitung der Doktorarbeit zur Gefängnisforschung
Februar 1912 zweites Staatsexamen, Note „gut"
1912–1913 wiederholt als Anwaltsvertreter bestellt
Juni 1914 Promotion an der Universität Berlin, Prädikat „summa cum laude"
1914–1918 Assessor im Auswärtigen Amt
1917 Änderung des Geburtsnamens Heymann in Heims
1919–1920 persönlicher Mitarbeiter von Dr. Walter Simons, Geschäftsführer des Reichsverbands der Deutschen Industrie, später Reichsgerichtspräsident

1921–1923 Regierungsrat in der Reichsfinanzverwaltung, auf eigenen Wunsch entlassen
ab Mai 1923 Anwalt in Berlin
1923–1926 zugleich Syndikus und Direktor beim Bankhaus Hardy & Co.
1926–1936 zugleich Manager der International Mortgage and Investment Corporation (eine Gründung der Bank Hardy & Co. zusammen mit New Yorker Großbanken)
Mai 1933 Vertretungsverbot
Juli 1933 Berufsverbot als Anwalt
August 1933 Emigration aus Deutschland
bis 1936 Leitung der International Mortgage and Investment Corporation von Amsterdam und London aus, dann unter dem Druck der deutschen Vertreter im Aufsichtsgremium entlassen
1937 Emigration nach Kalifornien, lebt zunächst in Los Angeles, dann in San Francisco
August 1939 kauft ein Landgut in der Nähe von San Francisco und baut eine moderne Milchfarm auf
1941 vom Deutschen Reich gemeinsam mit der Ehefrau ausgebürgert
– Mitglied im Commenwealth Club in San Francisco
April 1953 Antrag auf Zulassung als Anwalt in Berlin ohne Residenzpflicht
Mai 1953 Zulassung erteilt
Quellen:
LAB: B Rep. 068 Nr. 1084 (mit Foto).
Senatsjustizverwaltung: Akte 3176/1 – I/B 1.
AoR, S. 172.

Henschel, Franz Dr.
01.06.1888 Berlin – 15.06.1960 Berlin
Familienstand: verheiratet seit 1909, ein Sohn
– Sohn des Rechtsanwalts und Notars JR Martin Henschel
– Bruder von Richard Henschel, geb. 06.09.1889, bis zum Berufsverbot 1933 Rechtsanwalt in Berlin
1894–1907 Friedrichwerdersches Gymnasium Berlin
Ostern 1907 Abitur
1907–1909 Studium in Berlin und München
Herbst 1909 – Herbst 1913 Redakteur bei der Schleswig-Holsteinischen Volks-Zeitung in Kiel (SPD-Zeitung)
1913–1916 Studium in Würzburg (die Fortsetzung des Studiums an preußischen Universitäten ist ihm wegen seiner politischen Betätigung für die SPD verwehrt)
Februar 1915 – Januar 1919 Soldat im Ersten Weltkrieg, Frontkämpfer
Mai 1916 erstes Staatsexamen in Würzburg (während eines Erholungsurlaubs von der Front)
Ende 1920 zweites Staatsexamen in Würzburg
September 1920 Promotion an der Universität Erlangen
ab Mai 1921 Rechtsanwalt
ab Juni 1929 Notar

– Mitglied der SPD und im Reichsbanner Schwarz-Rot-Gold
1933 als „Frontkämpfer" wieder zugelassen
1935 Entzug des Notariats
1938 Berufsverbot als Rechtsanwalt
bis April 1943 erwerbslos
– lebt in einer „Mischehe" und entgeht so den Deportationen
April 1943 – April 1945 zur Zwangsarbeit herangezogen, als Kanal-, Hilfs- und Bauhilfsarbeiter eingesetzt
Ende Juni 1945 vorläufige Zulassung als Rechtsanwalt und Notar
– nach der Befreiung vom NS-Regime wieder in der SPD
Mai 1947 erneute vorläufige Zulassung
Ende Juni 1947 endgültige Zulassung
Quellen:
LAB: B Rep. 068 Nr. 1068 (mit Foto); C Rep. 301 Nr. 2724 (mit Foto [Passfoto auf gelbem Ausweis zur vorläufigen Zulassung vom 23.05.1947]).
KG Berlin, Liste über zugelassene Rechtsanwälte.
AoR, S. 173.

Herschhorn, Saly
02.06.1901 Danzig – 29.04.1974 (Berlin?)
Familienstand: verheiratet seit 1933, eine Tochter (geb. 1950)
1907–1919 Vorschule und Gymnasium in Danzig
– Studium in Berlin, Frankfurt a. M. und Königsberg i. Pr.
November 1927 erstes Staatsexamen in Königsberg, Note „genügend/vollbefriedigend"
September 1931 zweites Staatsexamen, Note „befriedigend, etwas über den Durchschnitt"
Dezember 1931 – Ende 1938 als Rechtsanwalt in Danzig zugelassen
Anfang 1939 Emigration nach Palästina
– dort erneutes Jurastudium
1941 Examen für auswärtige Anwälte

– dann als Repetitor in Vorbereitungskursen für auswärtige Anwälte tätig
ab November 1949 auch als Anwalt in Tel Aviv zugelassen
Mai 1954 beantragt die Zulassung zur Anwaltschaft in Berlin und kündigt seine Übersiedelung nach Berlin an
November 1954 als Anwalt in Berlin ohne Residenzpflicht zugelassen
September 1955 erhält die deutsche Staatsbürgerschaft und bereitet den Umzug nach Berlin vor
ab November 1955 in Berlin ansässig, mit regulärer Zulassung als Anwalt
– Sozietät mit Ludwig Eckstein, später auch mit Peter Lorenz und Ulrich Schmidt (kein Hinweis auf Dauer der Sozietät)
ab November 1959 Notar
Dezember 1964 auf Antrag aus dem Notarsamt entlassen
Quellen:
LAB: B Rep. 068 Nr. 1126.

Herzberg, Hans Dr.
22.06.1892 Essen – 29.12.1969 São Paulo
Familienstand: zweimal verheiratet, zwei Kinder
– besucht die Vorschule des Realgymnasiums und dann das humanistische Burggymnasium in Essen
1911 Abitur
1911–1914 Studium in Genf, München, Berlin und Bonn
Juli 1914 erstes Staatsexamen beim OLG Köln

1914–1918 als Kriegsfreiwilliger Soldat im Ersten Weltkrieg, im Fronteinsatz
1918–1921 Referendariat im OLG-Bezirk Hamm und im KG-Bezirk
April 1921 Promotion an der Universität Erlangen
Februar 1922 zweites Staatsexamen
ab April 1922 Rechtsanwalt in Berlin
ab September 1931 Notar
1933 als „Frontkämpfer" wieder als Anwalt und Notar zugelassen
Ende 1935 Entzug des Notariats
Ende 1938 Berufsverbot als Anwalt
Februar 1939 Emigration mit der Familie nach Brasilien
bis 1942 „illegaler" Status, da das Visum keinen Daueraufenthalt erlaubt; daher keine Arbeitserlaubnis
ab 1942 vorläufige Arbeitserlaubnis, Niederlassung mit einem Büro für Steuerangelegenheiten und Buchführung
ab 1946 dauerhafte Aufenthaltserlaubnis
März 1963 gibt im 70. Lebensjahr die Tätigkeit in seinem Büro auf
– befasst sich mit Entschädigungsangelegenheiten
November 1964 Antrag auf Zulassung als Anwalt in Berlin ohne Residenzpflicht
– das Verfahren zieht sich ohne einen aus der Akte ersichtlichen Grund in die Länge
September 1965 Zulassung erteilt
Quellen:
LAB: B Rep. 068 Nr. 1158 (mit Foto).
AoR, S. 174.

Herzfeld, Manfred Dr.
08.12.1887 Hannover – 11.07.1968 (Berlin?)
Familienstand: verheiratet seit 1916, eine Tochter
– besucht das Ratsgymnasium in Hannover
Ostern 1906 Abitur
– Studium in München, Berlin und Göttingen
Juni 1909 erstes Staatsexamen, Note „gut"
– Referendariat im OLG-Bezirk Celle
November 1910 Promotion an der Universität Göttingen
Oktober 1911 – September 1912 Militärdienst als Einjährig-Freiwilliger
August 1914 zweites Staatsexamen als „Notexamen"
1914–1918 als Kriegsfreiwilliger Soldat im Ersten Weltkrieg, im Kampfeinsatz an der Ostfront in Ostpreußen und Litauen, zuletzt in der Militärverwaltung eingesetzt
Juni 1918 – Mai 1921 als Rechtsanwalt beim AG und beim LG in Hannover tätig
ab Mai 1921 Rechtsanwalt beim OLG und beim AG in Celle
ab Mai 1929 Notar
– Sozietät mit Dr. Julius von der Wall (als Jude mit seiner Familie von den Nazis deportiert und ermordet)
– publiziert zahlreiche Beiträge in Fachzeitschriften
1933 als „Frontkämpfer" wieder zugelassen
August 1935 Flucht aus Deutschland über Dalmatien nach Palästina
1936 – Ende 1947 Kassierer der Versicherungsgesellschaft „Migdal" in Jerusalem
Januar 1950 – Mai 1950 von der Jewish Agency nach Deutschland entsandt, im juristischen Stab der JRSO im Hauptbüro in Nürnberg tätig

Mai 1950 – Ende 1951 Leiter des Regionalbüros Stuttgart der JRSO
1952 Leiter der Prozessabteilung der JRSO für Württemberg-Baden in Mannheim
Januar 1953 – Mai 1958 Mitglied des juristischen Stabes der JRSO in Berlin; als solcher Zivilangestellter der US-amerikanischen Militärregierung
ab Mai 1958 freier juristischer Mitarbeiter der URO in Berlin
– Spezialist im Wiedergutmachungs- und Entschädigungsrecht mit zahlreichen Veröffentlichungen
April 1960 Antrag auf Zulassung zur Anwaltschaft in Berlin (KG und AG Schöneberg)
Juli 1960 Zulassung erteilt
Quellen:
LAB: B Rep. 068 Nr. 1157 (mit Foto).

Heydemann, Walter Dr.
03.06.1896 Berlin – 25.02.1975 (Matraville-Sydney, Australien?)
Familienstand: zweimal verheiratet, zwei Kinder aus erster Ehe, eine Tochter aus zweiter Ehe
Dezember 1914 Abitur als „Notprüfung"
Februar 1915 – Dezember 1918 als Kriegsfreiwilliger Soldat im Ersten Weltkrieg, im Fronteinsatz, mehrfach ausgezeichnet, u.a. mit dem EK I, zuletzt stellvertretender Batterieführer
SoSe 1915 Jurastudium in Berlin
1919–1921 Fortsetzung des Studiums
Oktober 1919 – April 1920 zugleich Zeitfreiwilliger bei der Reichswehr, bei der Bekämpfung revolutionärer Revolten im Einsatz
September 1921 erstes Staatsexamen (nach Wiederholung)
Oktober 1921 – Mai 1924 Referendariat im KG-Bezirk
Juni 1923 Promotion an der Universität Breslau
Oktober 1924 zweites Staatsexamen
ab November 1924 Rechtsanwalt in Berlin

ab Dezember 1930 Notar
1933 als „Frontkämpfer" wieder als Anwalt und Notar zugelassen
Ende 1935 Entzug des Notariats
1936 Scheidung der ersten Ehe aus „rassischen" Gründen
1937 zweite Heirat
Ende 1938 Berufsverbot als Anwalt
1939 Emigration nach Australien, „völlig mittellos"
– lebt zuerst in Melbourne
– lange Zeit ohne Erwerbstätigkeit; die Ehefrau verdient etwas Geld
– später ungelernter Arbeiter und Kellner
ab 1955 in Sydney ansässig
April 1963 Antrag auf Zulassung als Anwalt in Berlin ohne Residenzpflicht
– zu diesem Zeitpunkt nicht mehr berufstätig, aber als Rechtsberater in Entschädigungsangelegenheiten und familienrechtlichen Fragen für Einwanderer aus Deutschland tätig
Juli 1963 Zulassung erteilt
Quellen:
LAB: B Rep. 068 Nr. 1142 (mit Foto).
AoR, S. 175.

Hirschberg, Erich Dr.
05.03.1883 Roggenau (Posen) – 18.05.1961 (Berlin?)
Familienstand: zweimal verheiratet, zwei Töchter aus erster Ehe, ein Sohn aus zweiter Ehe
1889–1892 Privatschule in Roggenau
1892–1899 Gymnasium in Gnesen
1899–1900 Friedrichwerdersches Gymnasium in Berlin
1900–1903 Sophiengymnasium in Berlin
1903 Abitur
1903–1906 Studium in Berlin und München
1906 erstes Staatsexamen in Berlin

1906–1911 Referendariat im OLG-Bezirk Posen und im KG-Bezirk
1907 Promotion an der Universität Heidelberg
1911 zweites Staatsexamen
ab Oktober 1911 als Rechtsanwalt zugelassen
ab April 1924 Notar
1924–1932 Bürogemeinschaft mit Bruder Dr. Oscar Hirschberg
bis 1933 durchschnittliche Einnahmen von 30.000 RM pro Jahr
1933 als „Altanwalt" wieder zugelassen, aber Entzug des Notariats
bis 1938 die Einnahmen reduzieren sich auf 6.000 RM pro Jahr
1938 Berufsverbot als Anwalt
Spätsommer 1939 Flucht nach Shanghai
– dort als juristischer Berater von Emigranten und deren Vertreter vor dem Emigrantenschiedsgericht tätig
August 1947 Rückkehr nach Berlin
Vermerk der RAK vom 8. Oktober 1947 zum Zulassungsantrag an den Vizepräsidenten des KG: *„Wir bitten, das Gesuch des Bewerbers mit besonderer Beschleunigung zu behandeln, da er seinerzeit aus rassischen Gründen aus der Anwaltschaft und dem Notariat entfernt worden ist, notgedrungen nach Shanghai auswandern musste und jetzt von dort zurückgkehrt ist, um seinen alten Beruf wieder aufzunehmen.. – Er steht bereits im 65. Lebensjahr und befindet sich in keiner günstigen Vermögenslage."* (LAB B Rep. 068 Nr. 3517)
April 1948 vorläufige Zulassung als Rechtsanwalt und Notar
April 1950 endgültige Zulassung
Quellen:
LAB: B Rep. 068 Nr. 3517 (mit Foto); C Rep. 301 Nr. 892–94.
KG Berlin, Liste über zugelassene Rechtsanwälte.
AoR, S. 176.

Hirschfeld, Maurice
31.12.1899 Berlin – keine Angaben
Familienstand: keine Angaben
1933 Berufsverbot als Anwalt
Januar 1939 Emigration nach Palästina, Jerusalem
Februar 1959 als Anwalt in Berlin ohne Residenzpflicht zugelassen
September 1959 wegen anderweitiger Zulassung beim AG und beim LG Düsseldorf gelöscht
Quellen:
LAB: B Rep. 068 Nr. 1172 (enthält nur Abgabeverfügung an die RAK Düsseldorf).
Senatsjustizverwaltung: Akte 3176/1 – I/B 1.
Auskunft Joel Levi, Tel Aviv.
AoR, S. 177.

Hirschwald, Franz Dr.
16.02.1882 Berlin – 20.09.1969 (Berlin?)
Familienstand: zweimal verheiratet (geschieden 1932, zweite Heirat 1946), eine Tochter (verstorben)
1891–1900 Joachimsthal'sches Gymnasium in Berlin
Februar 1900 Abitur
1900–1905 Studium in Genf, Marburg, München und Berlin
1905 erstes Staatsexamen
1906–1908 Referendariat
1906 Promotion an der Universität Leipzig
1910 zweites Staatsexamen

1911–1912 als Gerichtsassessor mit Kommissorien an Berliner Gerichten tätig
ab 1912 Rechtsanwalt in Berlin
1914–1918 Soldat im Ersten Weltkrieg, Frontkämpfer, EK II, Verwundetenabzeichen, Finnisches Freiheitskreuz III. Klasse
– gerät in russische Kriegsgefangenschaft
ab 1919 Notar

– veröffentlicht zahlreiche Aufsätze zum Steuer-, Handels- und Erbrecht
1933 als „Frontkämpfer" wieder zugelassen
– gilt als „Mischling 1. Grades"
1933–1942 weiter als Anwalt und Notar tätig, aber wegen der jüdischen Herkunft diskriminiert
– Mitglied im NS-Rechtswahrerbund, in der NSV und im Reichsluftschutzbund
1936–1938 förderndes Mitglied der SS; begründet die passive Mitgliedschaft in den Organisationen damit, dass er unter massiven Druck gesetzt worden sei und ihm ansonsten erhebliche Schwierigkeiten wegen seiner jüdischen Herkunft gedroht hätten
April 1943–1945 gezwungenermaßen, da nicht in einer kriegswichtigen Stellung, als Referent in der Rechtsabteilung der Deutschen Umsiedlungs-Treuhand GmbH
1943 seine Wohnung wird völlig ausgebombt
September 1945 vorläufige Zulassung als Rechtsanwalt und Notar
November 1945 tritt in die CDU ein
Mai 1947 erneute vorläufige Zulassung
Juli 1948 – mutmaßlich Juni 1949 zum Richterdienst am AG Schöneberg herangezogen
März 1950 endgültige Zulassung
März 1969 Aufgabe des Notariats
Quellen:
LAB: B Rep. 068 Nr. 1171 (mit Foto); C Rep. 301 Nr. 830–31.
KG Berlin, Liste über zugelassene Rechtsanwälte.
AoR, S. 178.

Hoffmann, Bruno
22.11.1883 Lyck (Ostpreußen) – 17.12.1973 (London?)
Familienstand: verheiratet seit 1916, eine Tochter
1889 Umzug der Familie nach Berlin
1890–1902 Friedrichwerdersches Gymnasium in Berlin
September 1902 Abitur
1902–1906 Studium in Berlin
Juli 1906 erstes Staatsexamen in Berlin
Oktober 1906 – September 1907 Militärdienst als Einjährig-Freiwilliger in München
Juli 1906–1912 Referendariat im KG-Bezirk
Juni 1912 zweites Staatsexamen
ab September 1912 Rechtsanwalt in Berlin
1914–1918 Soldat im Ersten Weltkrieg, Frontkämpfer
ab Juni 1924 Notar
1933 als „Altanwalt" und „Frontkämpfer" wieder zugelassen
1935 Entzug des Notariats
1938 Berufsverbot als Anwalt
Dezember 1938 – Oktober 1941 u. a. als Testamentsvollstrecker und Generalbevollmächtigter tätig
– lebt in einer „privilegierten Mischehe"
Oktober 1941 – Ende April 1945 Zwangsarbeit als Fabrikarbeiter, dann bei der Deutschen Reichsbahn als Gepäckarbeiter auf dem Potsdamer Bahnhof

Dezember 1942 von der Gestapo aus seiner Wohnung am Hohenzollerndamm 47a, Grunewald vertrieben
1943 verliert durch Luftangriffe zweimal seine Wohnung, dann in eine Pension in Zehlendorf eingewiesen
16. April 1945 Tod der Ehefrau
Ende Juni 1945 als Rechtsanwalt und Notar wieder zugelassen
Mai 1947 vorläufige Zulassung erneuert
Juni 1947 endgültige Zulassung
Dezember 1970 auf Antrag als Rechtsanwalt und Notar gelöscht
– lebt dann in London, Kensington, bei der Tochter
Quellen:
LAB: B Rep. 068 Nr. 1207 (mit Foto); C Rep. 301 Nr. 1349 (mit Foto; enthält außerdem: gelber Ausweis (vorläufige Zulassung Mai 1947) mit Foto).
KG Berlin, Liste über zugelassene Rechtsanwälte.
AoR, S. 178.

Holdheim, Kurt Julius Dr.
09.08.1888 Berlin – 29.01.1949 Berlin
Familienstand: verheiratet
1894–1906 Französisches Gymnasium in Berlin
1906–1909 Studium in München und Berlin
– gehört während des Studiums einer schlagenden Verbindung an
Januar 1910 erstes Staatsexamen
Februar 1910 Promotion an der Universität München
1910–1914 Referendariat im KG-Bezirk

Juli 1914 zweites Staatsexamen
August 1914 – März 1915 als Gerichtsassessor beim AG Berlin-Lichtenberg und als Anwaltsvertreter tätig
1915–1918 als Frontsoldat im Ersten Weltkrieg in Frankreich, Rumänien und Serbien
ab März 1919 Rechtsanwalt in Berlin
ab April 1925 Notar
– spezialisiert auf Miet- und Wohnrecht
1933 als „Frontkämpfer" wieder zugelassen
1935 Entzug des Notariats
1938 Berufsverbot als Anwalt
November 1938 nach der Pogromnacht für ca. einen Monat ins KZ Sachsenhausen verschleppt
Ende 1938 – März 1939 als „jüdischer Konsulent" zugelassen
1939 Emigration nach Palästina, Tel Aviv
– keine Informationen zum Leben in Palästina
1946 bemüht sich um die Rückkehr nach Berlin und um die Wiederzulassung als Anwalt
Februar 1947 vorläufige Zulassung durch das Rechtskomitee der Alliierten Kommandantur erteilt
– Holdheim wohnt zu diesem Zeitpunkt noch in Tel Aviv
Mai 1947 formeller Antrag auf Zulassung
Sommer 1947 Rückkehr nach Berlin
August 1947 Zulassung als Rechtsanwalt und Notar
Vermerk der RAK vom 20. August 1947 an den Vizepräsidenten des KG zum Zulassungsantrag:
„Mit Rücksicht auf die Eigenart der Situation des Bewerbers, der seinerzeit vom Naziregime aus seinem Beruf herausgerissen und anlässlich seiner Auswanderung weitgehend ausgeplündert wurde, bitten wir, den Bewerber zunächst für ein Jahr von der Einberufung zum Richterdienst zurückstellen zu wollen. Dies wird auch deshalb geboten sein, weil der Bewerber sich die von jedem Richter zu fordernde Kenntnis der heutigen Lebensverhältnisse in Berlin erst in einer gewissen Übergangszeit erwerben muss."
(LAB B Rep. Nr. 3516)
Quellen:
LAB: B Rep. 068 Nr. 3516; C Rep. 301 Nr. 481.
EAB: Nr. 12.440.
KG Berlin, Liste über zugelassene Rechtsanwälte.
AoR, S. 179.

Holz, Hans Dr.
27.03.1902 Bärwalde (Pommern) – 24.10.1970 (New York?)
Familienstand: verheiratet seit 1932, eine Tochter
– besucht die Volksschule in Bärwalde und das Gymnasium in Kolberg
– Studium in Freiburg i. Br., Berlin, Heidelberg und Breslau
ca. 1927 erstes Staatsexamen beim OLG–Breslau
1927 (?) Promotion an der Universität Breslau
– Referendariat in Stettin und in Berlin
ab 1930 Anwalt in Berlin
1933 Berufsverbot
1933–1936 lebt weiterhin in Berlin und bereitet die Emigration vor
1936 Emigration
ab April 1937 in den USA ansässig
– betreibt anfänglich eine Kanzlei für internationale Rechtsfälle, ist dann – nach Ausbildung und erfolgreicher Prüfung – als Versicherungsmakler tätig
ab 1942 Mitinhaber des Versicherungsgeschäfts Strauss & Holz Co. (sein Kompagnon ist ein emigrierter Anwalt aus Frankfurt a. M.)
April 1944 Annahme der US-Staatsbürgerschaft
Juli 1953 Antrag auf Zulassung als Anwalt in Berlin ohne Residenzpflicht
– beschäftig sich neben der Tätigkeit als Versicherungsmakler mit Wiedergutmachungsfragen
– die RAK steht dem Gesuch ablehnend gegenüber, da Holz betont, keinesfalls nach Berlin übersiedeln zu wollen und daher der Residenzpflicht nicht Genüge tun kann
– nach Vortrag des KG-Präsidenten beim Senator für Justiz befreit dieser Holz ausdrücklich von der Verpflichtung, nach der Zulassung seinen Wohnsitz in Berlin zu nehmen
Januar 1954 Zulassung durch den KG-Präsidenten erteilt
– lebt zuletzt in Forrest Hills, New York
Quellen:
LAB: B Rep. 068 Nr. 1216.
Senatsjustizverwaltung: Akte 3176/1 – I/B 1.
AoR, S. 180.

Horowitz, Simon Dr.
16.01.1884 Thorn (Westpreußen) – 13.11.1951 Berlin
Familienstand: verheiratet seit Dezember 1938, eine Tochter
1893–1902 humanistisches Gymnasium in Thorn
Ostern 1902 Abitur
1902–1905 Studium in München, Berlin, Jena und Königsberg
Dezember 1905 erstes Staatsexamen beim OLG Königsberg, Note „gut"
1906–1909 Referendariat in OLG-Bezirk Marienwerder und im KG-Bezirk
August 1910 zweites Staatsexamen, Note „gut"
Februar 1911 Promotion an der Universität Erlangen
ab September 1911 Rechtsanwalt in Berlin
ab April 1924 Notar
vor 1933 Mitglied der SPD
1933 als „Altanwalt" wieder zugelassen, aber Entzug des Notariats
1937 Informationsreise nach Palästina
Ende 1938 Berufsverbot als Anwalt
April 1939 Emigration nach Palästina, Tel Aviv
– lebt von transferiertem Vermögen unter materiell zunehmend schlechter werdenden Bedingungen

April 1948 reicht über die Association of Democratic Lawyers from Germany mit Sitz in London beim KG-Präsidenten einen Antrag auf Zulassung zur Anwaltschaft in Berlin ein
– Horowitz werden von der Anwaltskammer die für die Zulassung in Berlin erforderlichen Fragebögen und Informationen zum Zulassungsverfahren zugeschickt; die Sendung erreicht ihn nach vier Monaten
September 1948 H. reicht die Fragebögen und die übrigen Unterlagen ein:
„Es ist mein aufrichtiger Wunsch, für den Rest meines Lebens meine alte Berufstätigkeit, an der ich immer mit großer Treue gehangen habe, wieder aufzunehmen." (Schlusssatz des Lebenslaufs vom 15.09.1948) (LAB B Rep. 068 Nr. 1213)
1949 lebt noch in Tel Aviv und bemüht sich weiterhin um die Rückkehr nach Berlin
Oktober 1950 Rückkehr nach Berlin
– ist von den Kriegszerstörungen der Stadt und dem Verschwinden seines alten sozialen Milieus schwer erschüttert
April 1951 erneuter Antrag auf Zulassung als Anwalt und Bestellung zum Notar
Mai 1951 Zulassung als Anwalt erteilt
Juli 1951 Ernennung zum Notar
Quellen:
LAB: B Rep. 068 Nr. 1213 (mit Foto).
Auskunft Joel Levi, Tel Aviv.
AoR, S. 180.

Hünnebeck, Carl Wilhelm Dr.
31.10.1897 Bochum – keine Angaben
Familienstand: verheiratet seit 1945
1904–1915 private Vorschule, dann humanistisches Gymnasium
November 1915 Abitur
Ende 1915–1918 Soldat im Ersten Weltkrieg
1919–1921 Studium in Münster und Tübingen
Dezember 1921 erstes Staatsexamen beim OLG Hamm
Oktober 1922 Promotion an der Universität Göttingen
Dezember 1924 zweites Staatsexamen
ab Mai 1925 als Anwalt beim AG und LG Bochum zugelassen
ab Juni 1932 Notar
1933 Vertretungsverbot, dann als „Frontkämpfer" wieder zugelassen
– gilt als „Halbjude"
1933 wegen der jüdischen Herkunft als Schützenkönig aus dem Bochumer Bürgerschützenverein ausgeschlossen

1935 wegen der jüdischen Herkunft aus dem Corps Borussia Tübingen ausgeschlossen
Oktober 1940 nach Denunziation in einem Strafverfahren wegen Vergehens gemäß Paragraph 175 StGB zu fünf Monaten Gefängnis verurteilt, zuvor fünf Monate in Untersuchungshaft
bis 1942 erwerbslos
1942–1946 Leiter der Rechtsabteilung der Ostelbischen Braunkohlesyndikat G.m.b.H. mit Sitz in Berlin
Juni 1945 Heirat (die Eheschließung war unter dem NS-Regime wegen der rassistischen Gesetze nicht möglich)
ab August 1945 als Anwalt und Notar in Berlin-Charlottenburg zugelassen
1953 auf eigenen Antrag als Anwalt gelöscht
1956 in einem Strafverfahren wegen Vergehens gemäß den Paragraphen 175 und 266 StGB zu neun Monaten Gefängnis und einer Geldstrafe von 500 DM verurteilt
– lebt später in Hamburg
Quellen:
LAB: B Rep. 068 Nr. 1248 (mit Foto).
AoR, S. 87f. (mit Foto).

Isaac, Martin Dr.
13.11.1876 Berlin – 14.03.1957 (Fribourg, Schweiz?)
Familienstand: verheiratet seit 1903, zwei Töchter
1894 Abitur am Luisenstädtischen Gymnasium in Berlin

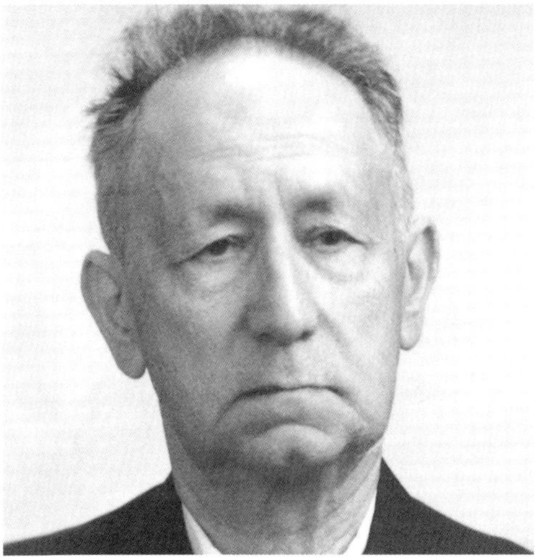

– Studium in Freiburg i. Br. und Berlin
Juli 1897 erstes Staatsexamen beim KG
Juni 1902 zweites Staatsexamen
ab 1902 Anwalt in Berlin
– spezialisiert auf Verkehrsrecht, dazu etliche Veröffentlichungen
ab 1905 Rechtsberater der Vereinigten Berliner Spediteure
– im Ersten Weltkrieg ordentliches Mitglied der Reichsentschädigungskommission, mit dem Verdienstkreuz für Kriegshilfe ausgezeichnet
ab 1923 Rechtsberater der italienischen Handelskammer, des italienischen Generalkonsulats und der italienischen Botschaft in Berlin
1928 Referat auf dem Juristentag in Salzburg zur Haftpflicht bei Luftfahrzeugen, Eisenbahnen und Kraftfahrzeugen
– Mitglied im Verkehrsausschuss des Deutschen Anwaltvereins
1933 als „Altanwalt" wieder zugelassen, jedoch Entzug des Notariats
Ende 1938 Berufsverbot als Anwalt
Januar 1939 Emigration nach Palästina
– arbeitet in verschiedenen Stellungen bei der Mandatsregierung
November 1953 – Juli 1954 Leiter des URO-Büros in Jerusalem
April 1954 Übersiedelung nach Fribourg in der Schweiz (dort lebt eine Tochter mit ihrer Familie)
Juni 1956 Antrag auf Zulassung als Anwalt in Berlin ohne Residenzpflicht
September 1956 Zulassung erteilt
Quellen:
LAB: B Rep. 068 Nr. 1270 (mit Foto).
Senatsjustizverwaltung: Akte 3176/1 – I/B 1.
AoR, S. 181.

Isay, Rudolf Dr.
01.01.1886 Trier – 14.04.1956 Bonn
Familienstand: verheiratet seit 1918, Stief- und Adoptivkinder
– Bruder von Dr. Hermann Isay (AoR, S. 182)
– besucht das Friedrich-Wilhelm-Gymnasium in Trier
Ostern 1904 Abitur
– Jurastudium in Heidelberg, Sraßburg, Berlin und Bonn
1907 erstes Staatsexamen
1908 Promotion an der Universität Bonn
1908–1911 Referendariat im OLG-Bezirk Frankfurt a. M.
1911 zweites Staatsexamen
ab 1911 Rechtsanwalt in Berlin, später auch Notar
– tritt in die Kanzlei seines Bruders ein
August – November 1914 als Kriegsfreiwilliger beim Heer, nach einem Reitunfall ausgeschieden
Ende 1914 – 1918 Hilfskraft in der Kriegsrohstoffabteilung im Kriegsministerium
1919 Mitglied der Sozialisierungskommission des Bergbaus
– Sozietät mit seinem Bruder Dr. Hermann Isay (ab 1911) und mit Dr. Eduard Reimer (ab 1928)
– spezialisiert auf Patent-, Berg-, Kartell- und Wettbewerbsrecht
– zahlreiche juristische Veröffentlichungen
1933 als „Altanwalt" wieder zugelassen, aber Entzug des Notariats
– gehört dem „Reichsverband nichtarischer Christen" an
September 1935 nach dem Nürnberger Parteitag, auf dem die Nürnberger Gesetze verabschiedet werden, Entschluss zur Emigration
Oktober 1935 Emigration mit der Familie nach Brasilien, nahe Rolândia im Bundesstaat Paraná (westlich von São Paulo gelegen)
– baut dort einen Farmbetrieb und eine Kaffeeplantage auf
– erfindet eine elektromagnetische Kaffeereinigungsmaschine, die er auch in Serie produzieren lässt
Oktober 1944 lehnt die Aufforderung aus den USA ab, mit dem absehbaren Kriegsende nach Deutschland zurückzukehren und in den Dienst der Militärregierung zu treten
1951 Rückkehr mit der Ehefrau nach Deutschland
– Honorarprofessor an der Universität Bonn, Lehrbeauftragter für Bergrecht
– Niederlassung in Krälingen in der Eifel, dort begraben
Quellen:
Isay, Rudolf: Aus meinem Leben. Weinheim/Bergstrasse 1960 (posthum veröffentlicht).
Gaul, Felix: Der Jurist Rudolf Isay (1886–1956). Frankfurt a. M.: Peter Lang, 2005.

Wikipedia: Rudolf Isay.
http://de.wikipedia.org/wiki/Rudolf_Isay,
07.08.2012.
AoR, S. 182.

Israel, Georg R. Albrecht
13.07.1897 Berlin – 02.01.1986 Chertsey, England
Familienstand: verheiratet, zwei Töchter, ein Sohn
1903–1916 Friedrichwerdersches Gymnasium in Berlin
1916 Abitur

1916–1921 Studium in Berlin
Juli 1921 erstes Staatsexamen in Berlin
1921–1924 Referendariat im KG-Bezirk
Januar 1925 zweites Staatsexamen
ab Februar 1925 als Rechtsanwalt zugelassen
– zugleich Syndikus beim Bankier Julio Metal in Wien, später in New York
– Veröffentlichungen im „Grundeigentum", im Reichs-Verwaltungsblatt und im Preußischen Verwaltungsblatt
1933 Berufsverbot
– arbeitet dann als Rechts- und Devisenberater und Haus- und Vermögensverwalter, insbesondere als Leiter der Metal'schen Vermögensverwaltungen und als Vorstand aller Metal'schen Grundstücksgesellschaften
– lebt in einer „Mischehe"
02. November 1943 Israel wird von der Gestapo verhaftet, weil er einem Freund des Sohnes bei der Flucht in die Schweiz geholfen haben soll; bis zum 15. November wird er im Sammellager Große Hamburger Straße festgehalten und durch die Gestapo in der Burgstr. vernommen
15. November 1943 – 05. Mai 1944 Polizeigefängnis Alexanderplatz
– wird bei den Vernehmungen schwer misshandelt und blutig geschlagen
05. Mai 1944 – 21. April 1945 Sammellager Schulstraße
– der Sohn stirbt in einem Zwangsarbeiterlager
Juni 1945 als Rechtsanwalt und Notar zugelassen
– arbeitet später auch für die US-Militärbehörden als Treuhänder in der Grundstücksverwaltung und wird für die Dauer dieser Tätigkeit von der Verpflichtung zum Richterdienst befreit
Mai 1947 erneute vorläufige Zulassung
Februar 1948 endgültige Zulassung als Rechtsanwalt und Notar
– eine Entscheidung über die Heranziehung zum Pflichtdienst an den Berliner Gerichten wird Ende 1948 für sechs Monate vertagt und unterbleibt dann
ab Juli 1957 in die Liste der Fachanwälte für Steuerrecht eingetragen
– erhält für Schaden im beruflichen Fortkommen (auf einen im April 1951 gestellten Antrag hin) eine Entschädigung in Höhe von 15.000 DM
1986 stirbt bei einem Familienbesuch in England
Quellen:
LAB: B Rep. 068 Nr. 3551 (mit Foto); C Rep. 301 Nr. 1682–83.
EAB: Nr. 15.400.
KG Berlin, Liste über zugelassene Rechtsanwälte.
AoR, S. 182.

Jackier, Alfred Dr.
09.10.1893 Berlin – 11.06.1966 Berlin
Familienstand: verheiratet seit 1927, zwei Söhne
Ostern 1900 – Frühjahr 1903 Privatschule von E. B. Kraft in Berlin
ab Ostern 1903 Friedrichswerdersches Gymnasium in Berlin, dort Abitur
– Studium Jura und Nationalökonomie in Berlin und Freiburg i. Br.

1914 – Januar 1919 Soldat im Ersten Weltkrieg, zuletzt Reserveoffizieraspirant, EK II
Januar – April 1919 in der Artillerieabteilung der Charlottenburger Bürgerwehr
– dann Fortsetzung des Studiums
1921 (?) erstes Staatsexamen
1922 Promotion an der Universität Breslau
1924 zweites Staatsexamen
ab 1924 Rechtsanwalt in Berlin
ab 1930 zugleich Notar
1933 als „Frontkämpfer" wieder zugelassen
April 1934 als Anwalt gelöscht
Mai 1934 Emigration nach Palästina
– dort u.a. als Kaufmann im Zigarettenhandel und als Lehrer und Manager in einem Bridge-Club tätig
März 1954 Rückkehr nach Berlin
April 1954 Antrag auf Zulassung als Rechtsanwalt
Juli 1954 Zulassung als Rechtsanwalt erteilt
November 1954 Ernennung zum Notar
– Bürogemeinschaft mit Dr. Ludwig Eckstein
Quellen:
LAB: B Rep. 068 Nr. 1288 (mit Foto).
EAB: Nr. 67.760, Nr. 211.567 (Antrag nach der ermordeten Mutter).
Auskunft Joel Levi, Tel Aviv.

Jacob, Siegfried Kurt Dr.
12.02.1884 Tremessen (Posen) – 20.06.1954 Berlin
Familienstand: verheiratet, ein Sohn
1890–1899 Volksschule und Progymnasium in Tremessen
1899–1903 Gymnasium in Gnesen
1903 Abitur
1903–1906 Studium in München, Berlin, Heidelberg und Breslau
1906 erstes Staatsexamen in Breslau
1906–1910 Referendariat
1906–1907 Militärdienst als Einjährig-Freiwilliger in Posen
Mai 1910 Promotion an der Universität Breslau
Mitte 1912 zweites Staatsexamen
ab 1912 als Rechtsanwalt zugelassen
1914–1917 Soldat im Ersten Weltkrieg bei der schweren Artillerie, zuletzt Batterieführer, Frontkämpfer, ausgezeichnet mit dem EK I und II, dem türkischer Eisernen Halbmond und dem Bulgarischer Tapferkeitsorden
ab 1919 Notar
– Mitglied im Reichsbund jüdischer Frontsoldaten und in der Loge Bne Bris

1933 als „Frontkämpfer" wieder zugelassen
1935 Entzug des Notariats
1938 Berufsverbot als Anwalt
– schickt die Ehefrau und den Sohn nach Großbritannien
August 1938 plötzlich in Haft genommen
Juni 1939 wegen angeblicher Vermögenshinterziehung zu einem Jahr Gefängnis verurteilt (unter Anrechnung von elf Monaten Untersuchungshaft)
01. September 1939 Entlassung aus der Haft im Gefängnis Lichtenberg
– betätigt sich in der Folgezeit gegen das NS-Regime, indem er versucht, in Gesprächen über den verbrecherischen Charakter des NS-Regimes aufzuklären
Anfang 1942 erfährt, dass er bei der Polizei durch eine Verwechslung als verstorben gilt und leistet von da an den Vorladungen der Gestapo keine Folge mehr

ab August 1942 untergetaucht
– nennt sich als Untergetauchter Kurt Koch
Januar 1943 Beschlagnahme des Vermögens (Wohnungseinrichtung, Grundstück, Bankkonto)
– wird mehrfach in seinen Verstecken ausgebombt
am 01. April 1945 nach Denunziation eines Gestapo-Spitzels festgenommen und in das Gestapo-Lager Schulstraße gebracht, am 22. April aus der Haft entlassen
ab Juni 1945 wieder als Rechtsanwalt und Notar zugelassen
Mai 1947 erneute vorläufige Zulassung
– endgültige Zulassung nicht in den Akten enthalten
April 1948 das Ehrengericht der Jüdischen Gemeinde Berlin äußert starke Bedenken daran, dass Jacob die Verteidigung eines Nazis in einem Rechtsstreit gegen eine jüdische Verfolgte des NS-Regimes übernommen hatte; Jacob zeigt sich eher uneinsichtig
Quellen:
LAB: B Rep. 068 Nr. 3539 (mit Foto); C Rep. 118-01 Nr. 38.152; C Rep. 301 Nr. 2378 (mit Foto).
EAB: Nr. 15.411 (noch nicht eingesehen).
KG Berlin, Liste über zugelassene Rechtsanwälte.
AoR, S. 183.

Jacobi, Arthur Ludwig
06.01.1900 Frankfurt/Oder – 13.07.1977 (Rickmansworth, Hertfordshire, England?)
Familienstand: verheiratet seit März 1945, ein Sohn
– Sohn des Rechtsanwalts und Notars JR Hermann Jacobi
– Abitur am Königlichen Friedrichs Gymnasium in Frankfurt/Oder
Juni – Dezember 1918 Soldat im Ersten Weltkrieg beim Feldartillerie-Regiment Nr. 18
– Studium Rechts- und Staatswissenschaften in Würzburg, Berlin und Königsberg i. Pr.
1920/21 zugleich Praktika in Handels- und Bankgeschäften
Juni 1923 erstes Staatsexamen in Königsberg i. Pr.
1923–1928 Referendariat
1923–1924 zugleich Nebenbeschäftigung als Abteilungsleiter bei der Lebuser Kreisbank in Frankfurt/Oder
Februar 1928 zweites Staatsexamen
ab März 1928 Anwalt in Frankfurt/Oder, in Sozietät mit dem Vater
1933 muss aus der Anwaltschaft ausscheiden, da sein Anspruch auf Wiederzulassung als Frontkämpfer erst geklärt werden muss
1933–1934 Mitarbeiter beim C.V. und beim Zentralausschuss der deutschen Juden für Hilfe und Aufbau
1934–1935 Leiter der Verkaufsabteilung eines Bekleidungsherstellers
1936 Wiederzulassung als Anwalt in Frankfurt/Oder
1938 Berufsverbot als Anwalt
November 1938 nach der Pogromnacht für vier Wochen in das KZ Sachsenhausen verschleppt
März 1939 Emigration nach England
1940–1945 bei der britischen Armee
ab 1945 juristischer Hilfsarbeiter in einer englischen Anwaltsfirma in London
Oktober 1952 Antrag auf Zulassung als Anwalt in Berlin ohne Residenzpflicht
Dezember 1952 Zulassung erteilt
Quellen:
LAB: B Rep. 068 Nr. 1267.
Senatsjustizverwaltung: Akte 3176/1 – I/B 1.

Jacobi, Erwin
keine Angaben
– keine Informationen über den juristischen und sonstigen Werdegang
1953 lebt in New Jersey, USA
ab Mai 1953 als Anwalt in Berlin ohne Residenzpflicht zugelassen (Nr. 23 in der Liste)
Quellen:
Senatsjustizverwaltung: Akte 3176/1 – I/B 1.
N.B.: Es ist keine Personalakte der RAK überliefert.

Jacobsohn, Hans Dr.
12.02.1905 Goldap (Ostpreußen) – 31.03.1972 Göttingen
Familienstand: verheiratet, zwei Töchter
– Jurastudium in Berlin und Freiburg i. Br.
1928 Promotion an der Universität Freiburg
ab 1930 Rechtsanwalt am KG
1933 Vertretungsverbot, dann als Anwalt wieder zugelassen
– keine Informationen zu den Hintergründen der Wiederzulassung
ab 1933 freier Rechtsberater der NITAG (Treibstoffe), die später in die Hände der Wintershall kommt
1938 als „Mischling“ vom Berufsverbot ausgenommen
ab 1944 durch Zuweisung des Arbeitsamtes juristischer Mitarbeiter (Justitiar) der Wintershall AG, Bereich Ölwirtschaft
Mai 1945 befindet sich bei Kriegsende in Thüringen, kann nicht nach Berlin zurückkehren und geht daher nach Hamburg
1945–1955 Rechtsanwalt in Hamburg, dabei weiterhin als Rechtsberater der NITAG und der Wintershall tätig
Mai 1946 Antrag auf Zulassung als Rechtsanwalt und Notar in Berlin
– die Rückkehr nach Berlin ist nach Schließung der Zonengrenzen für Flüchtlingsaustausche ab dem 30. Juni 1946 erschwert
– Jacobsohn bleibt in Hamburg, sein Antrag auf Zulassung in Berlin bleibt unbearbeitet
1955–1970 Mitglied des Vorstandes der Wintershall AG in Kassel
– daneben Vorsitzender des Rechtsausschusses im

Bundesverband Deutscher Industrieller, Aufsichtsratsvorsitzender der Erdgas Münster und Aufsichtsratsmitglied der Gerling Konzern-Lebensversicherungs AG
– nach Eintritt in den Ruhestand
Beratungsverhältnis mit der Wintershall AG
Quellen:
LAB: B Rep. 068 Nr. 1261
Nickel, Karl-Heinz u.a.: Kurzbiographien. In: Wannagat, Georg (Hg.), Kassel als Stadt der Juristen (Juristinnen) und der Gerichte in ihrer tausendjährigen Geschichte. Köln u.a. 1990, S. 367–537, hier S. 438. http://kobra.bibliothek.uni-kassel.de/bitstream/urn:nbn:de:hebis:34-2010042132604/1/TennstedtKurzbiographien.pdf, 07.08.2012.
AoR, S. 184.

Jacobsohn, Robert (später: Roberto) Dr.
25.02.1900 Berlin – 30.01.1991 (Berlin?)
Familienstand: verheiratet seit 1935
vor 1933 Rechtsanwalt
1933 Berufsverbot
– nach dem Berufsverbot bis zur Emigration ohne Einkommen; lebt von Ersparnissen und wird von den Eltern unterstützt
August 1936 Emigration mit der Ehefrau nach Brasilien, Rio de Janeiro
bis 1939 ohne Einkünfte; das Ehepaar lebt vom Arbeitsverdienst der Ehefrau
– dann als Vertreter für ausländische Firmen tätig, mit sehr geringem Einkommen (erzielt erst 1949 steuerpflichtiges Einkommen)
1954 Besuch in West-Berlin
spätestens ab 1972 wohnhaft in Berlin
Quellen:
LAB: B Rep. 025–05 Nr. 1044/57.
EAB: Nr. 63.690.
AoR, S. 184.

Jacoby, Gerhard Dr. jur. et rer. pol.
30.07.1891 Berlin – 19.08.1960 New York
Familienstand: verheiratet, ein Sohn
1912 erstes Staatsexamen
1913 Promotion zum Dr. jur. an der Universität Berlin
1914–1918 Soldat im Ersten Weltkrieg, ausgezeichnet mit dem EK II
1921 Promotion zum Dr. rer. pol. an der Universität Würzburg
ab 1921 Rechtsanwalt in Berlin, später auch Notar
– Sozietät mit Wenzel Goldbaum (AoR, S. 161)
– spezialisiert auf Urheber- und Theaterrecht; u.a. für den S. Fischer Verlag, die UFA und viele Schauspieler und Schriftsteller tätig
– u.a. Mitglied in der Gesellschaft der Bibliophilen und im Deutschen Schriftstellerverband
1933 als „Frontkämpfer" wieder zugelassen
1935 Entzug des Notariats
1935 Emigration über Frankreich nach Palästina, Jerusalem
– dort Rechts- und Wirtschaftsberater
1937 mit Touristenvisum in die USA
– Zwischenaufenthalt in Kanada, Rückkehr in die USA, New York, mit regulärem Einreisevisum
ab 1939 beim World Jewish Congress (WJC) tätig
1941–1960 Forschungsmitarbeiter und Mitherausgeber des Institute of Jewish Affairs des WJC
ab 1949 WJC-Vertreter bei der UNESCO
1951–1952 zugleich WJC-Vertreter in Deutschland
– an der Gründung des Zentralrats der Juden in Deutschland beteiligt
– Mitglied der International Lawyers Association
Quellen:
Biographisches Handbuch der deutschsprachigen Emigration, Band 1. München 1980, S. 326.
AoR, S. 185.

Jaffé, Leo Dr.
13.08.1889 Zduny (Posen) – September 1966 (München?)
Familienstand: geschieden, eine Tochter
– Studium in Straßburg, Berlin und Greifswald
August 1914 erstes Staatsexamen beim OLG Stettin

Oktober 1921 zweites Staatsexamen
bis April 1924 als Gerichtsassessor mit Beschäftigungsauftrag am LG II in Berlin
ab April 1924 Anwalt in Berlin
ab April 1930 Notar
August 1933 Emigration nach Palästina, Haifa
bis 1935 landwirtschaftlich tätig
ab 1935 Versicherungsvertreter für Lebensversicherungen
Juni 1956 Rückkehr nach Berlin
ab August 1956 als Anwalt in Berlin zugelassen, ab September 1956 Notar
April 1958 auf Antrag wegen Umzugs nach München gelöscht; lässt sich dort als Anwalt nieder

Quellen:
LAB: B Rep. 068 Nr. 3538 (mit Foto).
Auskunft Joel Levi, Tel Aviv.
AoR, S. 186.

Jankuhn, Alfred
07.03.1906 Berlin – 26.09.1979 Berlin
Familienstand: verheiratet, nach Scheidung wieder verheiratet, zwei Kinder
1912–1924 Hohenzollern-Gymnasium in Berlin
März 1924 Abitur

1924–1928 Studium in Berlin
Januar 1928 erstes Staatsexamen
1928–1931 Referendariat im KG-Bezirk
September 1931 zweites Staatsexamen
ab Februar 1932 als Rechtsanwalt zugelassen
– arbeitet in der Praxis seines Vetters Dr. Paul Casper (AoR, S. 133) und soll perspektivisch dessen gleichberechtigter Sozius werden
1933 als Rechtsanwalt wieder zugelassen, obwohl weder „Altanwalt" nach „Frontkämpfer", möglicherweise, weil sein Vater im Ersten Weltkrieg gefallen war
– gilt als „Mischling 1. Grades"
– führt die stark reduzierte Praxis seines Vetters nach dem allgemeinen Berufsverbot von 1938 weiter, hat wegen seiner jüdischen Abstammung jedoch große Schwierigkeiten
1938 wird im AG Charlottenburg von einem Nazi niedergeschlagen und erheblich verletzt
Anfang 1943 Schließung der Praxis durch den KG-Präsidenten
– arbeitet dann als juristischer Berater bei einer Privatfirma
1944 soll zur Zwangsarbeit bei der Organisation Todt herangezogen werden, kann sich dem aber entziehen, indem er ständig umherzieht und sich nie länger als zwei bis drei Tage an einem Ort aufhält
Juni 1945 vorläufig wieder als Rechtsanwalt und Notar zugelassen
1947–1948 als Staatsanwalt zum Pflichtdienst an Berliner Gerichten herangezogen
April 1948 endgültige Zulassung
ab April 1963 Fachanwalt für Steuerrecht
– leidet an schweren Depressionen und Spielsucht
September 1964 aus dem Amt des Notars entlassen (gemäß Paragraph 48 BNotO)
Ende 1965 nach Veruntreuung von Mandanten- und Mündelgeldern von Amts wegen in den Anwaltslisten gelöscht
am 09. März 1967 von der Ersten Großen Strafkammer zu drei Jahren und drei Monaten Gefängnis und einer Geldstrafe von 450 DM verurteilt (unter Anerkennung einer geminderten Schuldfähigkeit)
Quellen:
LAB: B Rep. 068 Nr. 1286–87 (mit Foto Nr. 1286).
EAB: Nr. 15.660.
KG Berlin, Liste über zugelassene Rechtsanwälte.
AoR, S. 187.

Jaretzki, Georg Dr.
01.01.1892 Gnesen (Posen) – 12.10.1959 (Berlin?)
Familienstand: verwitwet (Stand: Juli 1945), keine Kinder
1898–1902 Mittelschule in Gnesen
1902–1912 humanistisches Gymnasium in Gnesen

1912–1914 und 1920 Studium in Berlin, München und Breslau
1914–1918 als Soldat im Ersten Weltkrieg, Frontkämpfer, verwundet
bis 1920 Krankenhausaufenthalt
Juli 1921 erstes Staatsexamen beim OLG Breslau
August 1921 Promotion an der Universität Breslau
1921–1924 Referendariat im OLG-Bezirk Breslau

August 1924 zweites Staatsexamen
September 1924 – September 1925 als Gerichtsassessor tätig
ab Oktober 1925 als Anwalt beim AG und beim KG Breslau zugelassen
ab Mai 1927 Notar
1933 als „Frontkämpfer" wieder zugelassen
1935 Entzug des Notariats
Ende 1938 Berufsverbot als Anwalt
ab September 1944 Zwangsarbeit im Lager Trachtenberg (Schlesien)
Februar 1945 schlägt sich nach Auflösung seiner Arbeitskompanie nach Berlin durch; wird dort von der Gestapo verhaftet
Ende Juli 1945 vorläufig als Anwalt und Notar in Berlin zugelassen
Mai 1947 erneute vorläufige Zulassung
Juli 1947 endgültige Zulassung
Quellen:
LAB: B Rep. 068 Nr. 1315 (mit Foto); C Rep. 301 Nr. 2395–97 (Nr. 2395 mit Foto).

Jessel, Herbert Dr.
20.05.1892 Breslau – 01.10.1965 (Woking, Surrey, England?)
Familienstand: verheiratet seit 1929, eine Tochter
– besucht das Johannes-Gymnasium in Breslau und das Mommsen-Gymnasium in Berlin-Charlottenburg
1909 Abitur

– Studium in Lausanne, Leipzig, Heidelberg und Berlin
Mai 1914 erstes Staatsexamen beim KG, Note „gut"
Sommer 1914 Beginn des Referendariats
1914–1920 als Kriegsfreiwilliger Soldat im Ersten Weltkrieg, 1917–1920 in französischer Kriegsgefangenschaft
– nach Rückkehr aus der Kriegsgefangenschaft Fortsetzung des Referendariats
Mai 1924 zweites Staatsexamen
– als Anwalt beim KG zugelassen, aber hauptsächlich als Syndikus eines Kohlen-Großhandelsunternehmens und als Generalbevollmächtigter für den Nachlass des Industriellen Fritz von Friedländer-Fuld tätig
1933 als „Frontkämpfer" wieder zugelassen
Ende 1938 Berufsverbot als Anwalt
November 1938 in der Pogromnacht in das KZ Sachsenhausen verschleppt
August 1939 Emigration nach Großbritannien
Juli – Dezember 1940 als deutscher Staatsbürger auf der Isle of Man interniert
1941–1948 kaufmännischer Direktor in einer kleinen Fabrik
1947 Annahme der britischen Staatsbürgerschaft
– bestreitet dann seinen Lebensunterhalt aus Mieterträgen, mit kaufmännischen Tätigkeiten und weiterhin als Nachlassverwalter des Industriellen-Nachlasses (Haupterbin ist Baronin M. A. von Goldschmidt-Rothschild)
Februar 1953 Antrag auf Zulassung als Anwalt in Berlin ohne Residenzpflicht
Juni 1953 Zulassung erteilt
Quellen:
LAB: B Rep. 068 Nr. 1312 (mit Foto).
Senatsjustizverwaltung: Akte 3176/1 – I/B 1.
AoR, S. 187.

Joël, Günther Dr.
26.10.1899 Hannover – 31.05.1986
Familienstand: verheiratet seit 1946
– Sohn von Dr. Curt Joel, Staatssekretär im Reichsjustizministerium (1919–1931) und Reichsjustizminister im Kabinett Brüning (1931–1932)
1906–1908 Bürgerschule in Leipzig
1908–1917 Fichte-Gymnasium in Berlin
Herbst 1917 Abitur

November 1917 – Herbst 1918 als Soldat im Fronteinsatz, zuletzt Gefreiter, ausgezeichnet mit dem EK II
September 1918 – Herbst 1919 in englischer Kriegsgefangenschaft
ab WiSe 1919/20 Jurastudium in Berlin und Heidelberg
April 1923 erstes Staatsexamen, Note „gut"
– Referendariat im KG-Bezirk und in Hamburg
1925 Promotion an der Universität Breslau
August 1927 zweites Staatsexamen, Note „gut"
bis Anfang 1928 als Gerichtsassessor kommissarisch als Richter am Berliner LG I tätig
ab Anfang 1928 Volontär bei der DANAT-Bank
ab Herbst 1928 Syndikus in der Rechtsabteilung der DANAT-Bank
ab Anfang 1929 zugleich Rechtsanwalt am LG
ab April 1932 nach Fusion von DANAT-Bank und Dresdner Bank dort Syndikus
1933 als „Frontkämpfer" wieder zugelassen
– gilt als „Mischling" und bleibt daher auch nach dem allgemeinen Berufsverbot von 1938 zugelassen
1933–1945 zugleich Syndikus bei der Dresdner Bank (in dieser Stellung bis zum 31. Oktober 1945)
Juli 1945 als Rechtsanwalt vorläufig wieder zugelassen und vorläufig zum Notar bestellt
Mai 1946 beantragt einen 6-monatigen Urlaub, um beim Deutschen Wirtschaftsrat in Minden (Zentralamt für Wirtschaft in der Britischen Zone, Rechtsabteilung) zu arbeiten
1946–1949 im Zentralamt für Wirtschaft in der britischen Besatzungszone, dann in der Verwaltung für Wirtschaft des Vereinigten Wirtschaftsgebietes tätig
September 1948 auf eigenen Antrag in Berlin gelöscht
ab 1949 im Bundesjustizministerium
Quellen:
LAB: B Rep. 068 Nr. 1273; C Rep. 301 Nr. 1681.
Wikipedia: Günther Joel (Ministerialbeamter) (mit Foto).
http://de.wikipedia.org/wiki/G%C3%BCnther_Jo%C3%ABl_%28Ministerialbeamter%29, 07.08.2012.
AoR, S. 187.

Jonas, Max (später: Henry M.) Dr.
19.06.1903 Fränkisch-Crumbach (Odenwald) – 14.07.1977 (San Francisco?)
Familienstand: nicht verheiratet (Stand: 1957)
Januar 1925 erstes Staatsexamen beim OLG Frankfurt a. M.
März 1929 zweites Staatsexamen
ab Oktober 1929 Rechtsanwalt in Berlin
– Syndikus des Reichsverbands der Wassergrundstücksbesitzer
1933 Berufsverbot
1933–1937 erneutes Studium in England, zugleich als Rechtsberater für kontinentales Recht tätig
1937 Emigration in die USA, San Francisco
1938–1939 Angestellter bei Rosenberg Bros. & Co. in San Francisco
1940–1947 Angestellter bei der Columbia Finance Co. in San Francisco
ab 1947 Anwalt in San Francisco
Mai 1957 Antrag auf Zulassung als Anwalt in Berlin ohne Residenzpflicht
Oktober 1957 Zulassung erteilt
Quellen:
LAB: B Rep. 068 Nr. 1310.
Senatsjustizverwaltung: Akte 3176/1 – I/B 1.
AoR, S. 188.

Joseph, Otto Hermann
31.01.1897 Berlin – 28. oder 31.08.1970 Berlin
Familienstand: verheiratet seit 1933, keine Kinder
– besucht das Französische Gymnasium
August 1914 Notabitur
1914–1916 als Kriegsfreiwilliger Soldat im Ersten Weltkrieg, im Fronteinsatz, nach schwerer Verwundung mit Amputation des rechten Armes aus dem Heer entlassen
– Jurastudium in Berlin
1924 zweites Staatsexamen
ab 1924 Rechtsanwalt in Berlin
ab 1927 Notar
– spezialisiert auf Film-, Theater- und Urheberrecht; viele Mandate aus der Film- und der Theaterbranche
– Sozietät mit Hanns Günter Pechner (AoR, S. 236) und Dr. Walter Abelsdorff
März 1933 Emigration nach Paris
– dort als „Avocat international" tätig
1938 oder 1939 Emigration nach New York, später Übersiedelung nach Lima
– auch dort als Rechtsberater tätig
1949 Rückkehr nach Deutschland, zuerst in München, dann in Berlin
November 1949 Antrag auf Wiederzulassung als Anwalt und Notar
November 1949 Zulassung als Anwalt erteilt (Bestellung zum Notar unterbleibt aus unbekannten Gründen, die RAK hatte sich dafür ausgesprochen)
– wieder vorrangig für Film- und Theaterkünstler tätig, auch international
ab Mai 1956 Notar
Januar 1962 – Ende 1966 von der Residenzpflicht in Berlin aus gesundheitlichen Gründen befreit, lebt in München
Ende 1966 Rückkehr nach Berlin
Quellen:
LAB: B Rep. 068 Nr. 1308 (dort zwei Angaben zum Sterbedatum).
AoR, S. 188.

Kalischer, Fritz Dr.
14.12.1881 Berlin – 06.08.1964 Tessin
Familienstand: verheiratet, mehrere Kinder
1888–1900 Friedrich-Gymnasium in Berlin
Herbst 1900 Abitur

Herbst 1900 – Frühjahr 1906 Studium in Berlin und Heidelberg
August 1906 Promotion an der Universität Heidelberg
Mai 1907 erstes Staatsexamen in Berlin
1908–1912 Referendariat im KG-Bezirk
Februar 1912 zweites Staatsexamen
ab März 1912 als Rechtsanwalt zugelassen, zuletzt beim KG
1915–1918 Soldat im Ersten Weltkrieg, im Fronteinsatz
– Bürogemeinschaft mit Dr. Hans Kaufmann (AoR, S. 194)
– Mitglied im Demokratischen Club Berlin
1933 als „Altanwalt" und „Frontkämpfer" wieder zugelassen
1936–1937 wegen eines angeblichen Devisenvergehens für ca. ein halbes Jahr in „Schutzhaft"; die Staatsanwaltschaft lehnt die Anklageerhebung ab
– nach Freilassung wieder als Anwalt tätig
1938 Berufsverbot
1939–1942 Vermögensberater
– lebt in einer „privilegierten Mischehe"
1942 verlässt Berlin und geht mit der Familie nach Bad Schwarzbach im Isergebirge, Niederschlesien
1943 – Mai 1945 lebt in Bad Schwarzbach in einem Ferienhaus der Familie
Mai – Dezember 1945 Bürgermeister in Bad Schwarzbach
– betreibt die Rückkehr nach Berlin und die Zulassung als Anwalt
ab Ende Oktober 1945 wieder als Rechtsanwalt und Notar zugelassen
spätestens im September 1946 Rückkehr nach Berlin
April 1948 endgültige Zulassung
Quellen:
LAB: B Rep. 068 Nr. 1358 (mit Foto); C Rep. 118-01 Nr. 1645; C Rep. 301 Nr. 1358.
AoR, S. 189f.

Kanter, Martin Dr.
10.07.1888 Breslau – 19.06.1969 (New York?)
Familienstand: verheiratet in zweiter Ehe seit Juni 1950, eine Tochter aus erster Ehe
1911 erstes Staatsexamen beim KG Berlin
1914 zweites Staatsexamen
ab 1914 Rechtsanwalt in Limburg/Lahn, zugelassen beim dortigen AG und beim LG
– als Soldat im Ersten Weltkrieg an der Ostfront in Russland
nach 1918 zum Notar ernannt
1933 Entzug des Notariats
1935 als Anwalt gelöscht (Gründe unklar)
Herbst 1935 Emigration zuerst nach Palästina, nach zwei Monaten nach Mailand
– dort unentgeltlich in einer Anwaltskanzlei und als Berater von deutschen Emigranten tätig
– beginnt ein Studium des italienischen Rechts
1939 muss nach Erlass der rassistischen Dekrete des Mussolini-Regimes den Wohnsitz in Mailand aufgeben, lebt als „Tourist" an wechselnden Orten in Italien, zuletzt in Rapallo
Sommer 1940 wird in Rapallo verhaftet und in süditalienische KZ deportiert, zuerst nach Campagna bei Eboli, dann nach Ferramonti bei Cosenza
Dezember 1940 erhält ein Einreisevisum für die USA
Anfang 1941 Ankunft in den USA
– verdient den Lebensunterhalt für die Familie als ungelernter Arbeiter in einer Kleiderfabrik in Red Bank, New Jersey
– beginnt an der Universität in Newark in Abendkursen ein Studium zum Buchprüfer, kann das Abschlussexamen aus Geldmangel aber nicht ablegen
1945 Umzug nach Vineland, New Jersey; eröffnet dort ein kleines Büro als Buchprüfer und Steuerberater und betätigt sich als Hühnerzüchter
1946 Annahme der US-Staatsbürgerschaft
1948 nach dem Tod der ersten Ehefrau Umzug nach New York
– dort weiterhin als Steuerberater, später auch in wachsendem Maße als Berater und Vertreter in Rückerstattungs- und Entschädigungsangelegenheiten tätig
Juli 1955 Antrag auf Zulassung als Anwalt in Berlin ohne Residenzpflicht
Oktober 1955 Zulassung erteilt
Quellen:
LAB: B Rep. 068 Nr. 1337.
Senatsjustizverwaltung: Akte 3176/1 – I/B 1.

Kantorowicz, Fritz
19.11.1885 Posen – 21.03.1949 (Berlin?)
Familienstand: verheiratet seit 1925, geschieden 1936, erneute Heirat mit der geschiedenen Ehefrau im Juni 1945
1891–1904 am humanistischen Friedrich-Wilhelm-Gymnasium in Posen
1904 Abitur
1904–1909 Studium in Berlin
1909 erstes Staatsexamen
1913 zweites Staatsexamen
ab 1913 Anwalt in Berlin

– während des Ersten Weltkriegs aus gesundheitlichen Gründen nicht zum Kriegsdienst eingezogen; dienstverpflichtet für eine Tätigkeit bei der Post
ab ca. 1925 Notar
ab 1925 mit einer Christin verheiratet
1933 Entzug des Notariats
1936 Scheidung
Ende 1938 Berufsverbot als Anwalt
November 1938 entgeht bei dem Pogrom der Verhaftung durch die Gestapo, da er tagelang nicht nach Hause zurückkehrt
Januar 1942 entgeht der Deportation, weil er mit einer Herzerkrankung für zwei Monate im Jüdischen Krankenhaus liegt; taucht dann unmittelbar vor der Abholung durch die Gestapo zur Deportation mit Hilfe der geschiedenen Frau unter; versteckt sich bei Bekannten der Ehefrau, dann in deren Wohnung, ab Mai 1943 in einem Wochenendhäuschen in Tiefwerder (an der Havel südlich von Spandau gelegen); bleibt hier bis zur Befreiung 1945; das Häuschen mit der gesamten Habe brennt in den letzten Kriegstagen ab; er und seine Ex-Frau können nur das nackte Leben retten
Juni 1945 erneute Heirat mit der geschiedenen Ehefrau
Juni 1945 vorläufige Zulassung als Anwalt und Notar
März 1947 endgültige Zulassung
Quellen:
LAB: B Rep. 068 Nr. 1352; C Rep. 301 Nr. 2403 (mit Foto).
AoR, S. 191.

Kantorowicz, Max Dr.
06.09.1876 Posen – 02.11.1959 Cochabamba (Bolivien)
Familienstand: verheiratet seit 1910, ein Sohn
– besucht das Friedrich-Wilhelms-Gymnasium in Posen
1891 Umzug der Familie nach Berlin
– besucht das Königstädtische Gymnasium
Herbst 1896 Abitur
– Studium in Genf und Berlin
März 1900 erstes Staatsexamen
Dezember 1900 Promotion
Dezember 1904 zweites Staatsexamen
ab Januar 1905 Anwalt in Berlin
ab 1922 Notar
1933 als „Altanwalt" wieder zur Anwaltschaft zugelassen, aber Entzug des Notariats
– der Sohn legt im Dezember 1933 noch das erste Staatsexamen ab
1933–1938 Sozietät mit Dr. Fritz Lewy (AoR, S. 210)
Ende 1938 Berufsverbot als Anwalt
Juni 1939 Emigration nach Bolivien, Sucre
– arbeitet bis 1947 als Angestellter
1947 Umzug nach Cochabamba
– arbeitet als Firmenvertreter und juristischer Berater
ab 1953 ausschließlich als juristischer Berater tätig, u.a. in Entschädigungsangelegenheiten
– Vertrauensanwalt der deutschen Botschaft in La Paz
– ausgezeichnet mit dem Bundesverdienstkreuz 1. Klasse
Juni 1953 Antrag auf Zulassung als Anwalt in Berlin ohne Residenzpflicht
August 1953 Zulassung erteilt
Quellen:
LAB: B Rep. 068 Nr. 1329 (darin: Todesanzeige aus dem Tagesspiegel vom 08.11.1953).
Senatsjustizverwaltung: Akte 3176/1 – I/B 1.
AoR, S. 191.

Karger, Alfred Joseph Dr.
26.05.1891 Magdeburg – 01.06.1968 Quito (Ecuador)
Familienstand: verheiratet, mehrere Kinder
ab 1921 Rechtsanwalt
ab 1923 in Sozietät mit Wolfgang Heine (früherer preußischer Innenminister, Richter am Staatsgerichtshof)
– die Kanzlei vertritt u.a. Reichspräsident Ebert, Ministerpräsident Otto Braun und Innenminister Severing
ab 1928 Notar
– rechtswissenschaftlich und publizistisch tätig

(siehe Kürschners Gelehrtenkalender 1928ff.), u.a. zum Erbschaftssteuerrecht (Mein Vermögen und das Erbschaftssteuergesetz, 5. Aufl. bis 1935)
– Herausgeber des Steuerkalenders; gibt in Zeitschriften Rechtsauskünfte
1933 Berufsverbot
1935 aus der Reichsschriftumskammer ausgeschlossen
Oktober 1941 Emigration nach Ecuador, Quito
– studiert nach der Emigration ecuadorianisches Recht
nach 1945 lebt weiterhin in Ecuador, Quito
– handelt mit Silberwaren und Holzschnitzereien
– zugleich Rechtsberater, v.a. in Entschädigungsangelegenheiten, und publizistisch tätig
– als Rechtsanwalt in Hamburg ohne Residenzpflicht zugelassen
– aktives Mitglied der Jüdischen Gemeinde und bei Bnai Brith
Quellen:
Leo Baeck Institute New York, Center for Jewish History, Alfred Karger Collection, Biographical Note. http://findingaids.cjh.org/?pID=475366, 07.08.2012.
EAB: Nr. 67.836.
AoR, S. 191.

Karpen, Alfred Dr.
28.06.1890 Berlin – 1984 oder 1985 Berlin
Familienstand: verheiratet
1896–1909 Sophiengymnasium in Berlin
1909 Abitur

1909–1914 Studium in Berlin, Würzburg, München und Kiel
1910–1911 Militärdienst
Juni 1914 Promotion an der Universität Würzburg, Note „sehr gut"
August 1914 erstes Staatsexamen in Berlin
1914–1919 als Soldat im Ersten Weltkrieg, Fronteinsatz in Frankreich, Belgien und Russland, ausgezeichnet mit dem EK, zu 20% kriegsbeschädigt
November 1918 – Sommer 1921 Referendariat im KG-Bezirk
1921 zweites Staatsexamen
ab Herbst 1921 Rechtsanwalt in Berlin
ab 1927 Notar
– Sozietät mit Dr. Fritz Knoche (AoR, S. 197) und Dr. Herbert Lorch (AoR, S. 217)
– als Anwalt u.a. für die Reinhardt-Bühnen tätig
1933 als „Frontkämpfer" wieder zugelassen
1935 Entzug des Notariats
1938 Berufsverbot als Rechtsanwalt
1939 – Oktober 1942 als „jüdischer Konsulent" zugelassen
Oktober 1942 – Mai 1945 untergetaucht
Aus dem selbstverfassten Lebenslauf zum Antrag auf erneute Zulassung als Rechtsanwalt vom 28. Mai 1945:
„Seit dem Jahre 1935 war ich als Jude aufgrund der ‚Nürnberger Gesetze' an der Ausübung des Notariates, seit 1938 auch derjenigen des Anwaltsberufs gehindert, bis Herbst 1942 war ich dann noch als ‚jüdischer Konsulent' tätig. Zu diesem Zeitpunkt musste ich flüchten, weil ich von der Gestapo nach Polen verschleppt werden sollte. Ich hielt mich seitdem mit Hilfe furchtloser Freunde – von den Nazibehörden restlos ausgeplündert – über 2 1/2 Jahre verborgen; die Eroberung Berlins durch die russische Armee hat mich jetzt wieder zum freien Menschen gemacht." (LAB B Rep. 068 Nr. 1334)
Juli 1945 vorläufig wieder als Rechtsanwalt und Notar zugelassen
1946 – Ende 1950er Jahre Mitglied im Präsidium der RAK
Mai 1947 erneute vorläufige Zulassung
Juni 1947 endgültige Zulassung
Ende 1950er Jahre Präsident des Ehrengerichtshofs der Anwaltschaft in West-Berlin
Juni 1977 auf Antrag gelöscht
Quellen:
LAB: B Rep. 068 Nr. 1334 (mit Foto), 2996, 3571; C Rep. 301 Nr. 1602 (mit Foto).
KG Berlin, Liste über zugelassene Rechtsanwälte.
Nachruf: Hummel, Fritz: Dr. Alfred Karpen verstorben. In: Berliner Anwaltsblatt, 1985, H. 1, S. 19ff.
Dirks, Christian: Die Rechtsanwaltskammer Berlin in den Jahren 1945 bis 2004. In: Jungfer, Gerhard/König, Stefan/Rechtsanwaltskammer Berlin (Hg.): 125 Jahre Rechtsanwaltskammer Berlin. Jubiläumsschrift. Stuttgart u.a. 2006, S. 293–363, hier: S. 297 und Dokumente S. 304ff., 312f.
AoR, S. 191 (mit Foto).

Kaskel, Joseph (später: Kaskell, Joseph)
13.03.1892 Posen – 05.09.1989 North Conway (New York, USA)
Familienstand: verheiratet, zwei Kinder
1901–1910 Friedrich-Wilhelms-Gymnasium in Posen

1910 Abitur
1910–1914 Studium in Heidelberg, Berlin, Leipzig und Halle
August 1914 erstes Staatsexamen beim OLG Naumburg

Oktober 1914 – November 1918 als Kriegsfreiwilliger Soldat im Ersten Weltkrieg, zuletzt Vizewachtmeister und Offiziersaspirant, ausgezeichnet mit dem EK
1918–1921 Referendariat im OLG-Bezirk Naumburg und im KG-Bezirk
Oktober 1921 zweites Staatsexamen
ab Januar 1922 Rechtsanwalt in Berlin, zugelassen beim KG
ab April 1927 Notar
1933 als „Frontkämpfer" wieder als Anwalt und Notar zugelassen
Ende 1935 Entzug des Notariats (in AoR: am 28. Januar 1936 als Notar entlassen)
Juli 1938 Emigration in die USA, New York
Ende 1938 mit dem allgemeinen Berufsverbot in den Anwaltslisten gelöscht
– erneutes Jurastudium an der Columbia University in New York
1942 Abschluss als Bachelor of Laws
– baut sich eine Anwaltskanzlei auf
1945 Annahme der US-Staatsbürgerschaft
ab Juni 1945 als Rechtsanwalt bei den Gerichten des Staates New York zugelassen, später auch bei den Bundesgerichten des Staates New York
– assoziiert mit Rechtsanwalt Rudolf B. Schlesinger (zugleich Lehrstuhlinhaber an der Cornell University)
– Mitarbeit an dem deutschen Kommentar von Müller-Henneberg und Schwarz zum Kartellgesetz
Januar 1960 Antrag auf Zulassung als Anwalt in Berlin ohne Residenzpflicht
Juni 1960 Zulassung erteilt
Quellen:
LAB: B Rep. 068 Nr. 3572 (mit Foto).
Nachruf im Berliner Anwaltsblatt, H. 1–2/1992, S. 47.
AoR, S. 192 (hier: Kaskel) (mit Foto).

Katschke, Walter
20.08.1893 Berlin – 29.03.1972 (Haifa, Israel?)
Familienstand: verheiratet seit 1946, keine Kinder
– besucht das Sophien-Realgymnasium in Berlin
Herbst 1911 Abitur
– Studium in Lausanne, München und Berlin
August 1914 erstes Staatsexamen als „Notprüfung"
August 1914 – Oktober 1917 als Kriegsfreiwilliger Soldat im Ersten Weltkrieg, an Ost- und Westfront im Kampfeinsatz, zweimal schwer verwundet (1915 in Galizien, 1917 an der Westfront)
Oktober 1917 – Oktober 1920 Referendariat im KG-Bezirk
Februar 1921 zweites Staatsexamen, Note „fast gut"
ab Mai 1921 Rechtsanwalt in Berlin
ab April 1929 Notar

– fachwissenschaftliche Publikationen, u.a. Das Recht des Wachgewerbes
1933 als „Frontkämpfer" wieder als Anwalt und Notar zugelassen
Ende 1935 Entzug des Notariats
Ende 1938 Berufsverbot als Anwalt
Ende November 1938 Emigration nach Großbritannien
Oktober 1939 – Januar 1940 sowie Juni/Juli 1940 in England interniert
Juli 1940 – August 1941 in Australien interniert
Oktober 1941 Emigration nach Palästina
bis 1950 dort in einem Wirtschaftsprüfer-Büro beschäftigt
1950–1965 „Company-Secretary" in der Farbenfabrik Tambour
ab September 1965 im Ruhestand
September 1966 Antrag auf Zulassung als Anwalt in Berlin ohne Residenzpflicht
Dezember 1966 befürwortende Stellungnahme der RAK (die Verfügung der Zulassung durch den KG-Präsidenten fehlt in der Akte)

Quellen:
LAB: B Rep. 068 Nr. 1360 (mit Foto).
AoR, S. 192.

Katz, Hanna Dr.
23.10.1895 Berlin – 28.07.1982 New York
Familienstand: nicht verheiratet
– Tochter des Rechtsanwalts und Notars Geheimer JR Dr. Edwin Katz (gest. 1927)
– Schulausbildung und Studium in Berlin

– wird als erste Frau an der juristischen Fakultät der Berliner Universität promoviert
– nach dem zweiten Staatsexamen als Gerichtsassessorin am AG Berlin-Schöneberg und am LG III eingesetzt
1926–1952 Schriftführerin des Trade Mark Committee der International Law Association
1927–1938 Schriftführerin der Gesellschaft für Weltmarkenrecht
ab September 1930 Anwältin in Berlin, spezialisiert auf den Gebieten des Warenzeichenrechts und des unlauteren Wettbewerbs
ab 1932 gerichtlich beeidigte Dolmetscherin
1933 obwohl Katz die Voraussetzungen des Anwaltsgesetzes nicht erfüllt, behält sie nach vielen Bemühungen und durch Ausnahmeregelung des preußischen Justizministers ihre Zulassung als einzige jüdische Anwältin in Berlin; ausschlaggebend hierfür war ihre Funktion als Schriftführerin des Trade Mark Committee der International Law Association, die an die Zulassung als Anwältin gebunden war; bei ihrem Ausscheiden hätte ein nicht-deutscher Vertreter diese Funktion übernommen; für die Aufrechterhaltung der Zulassung aus übergeordnetem Interesse setzten sich daher u.a. die Rechtsabteilung des Auswärtigen Amtes und die Industrie- und Handelskammer Berlin ein
Oktober 1938 als gerichtlich beeidigte Dolmetscherin gestrichen, dann durch Sondergenehmigung wieder zugelassen
Ende 1938 Berufsverbot als Anwältin
Dezember 1938 vorläufige Zulassung als „jüdische Konsulentin"
Juni 1939 endgültige Zulassung als „jüdische Konsulentin"
Juni 1941 Emigration in die USA
1941–1944 erneutes Jura-Studium an der Columbia University, dann an der St. John's University
1944 LL.B.
September 1946 Annahme der US-Staatsbürgerschaft
Ende 1946 juristische Staatsprüfung (Bar examen)
ab Dezember 1946 als Anwältin in New York zugelassen
– arbeitet als angestellte Anwältin in verschiedenen Kanzleien, vor allem in Warenzeichen- und Wettbewerbsangelegenheiten
– erteilt auch Sprachunterricht für Studenten in Deutsch und Französisch
ab 1950 „Visiting Scholar" der Columbia University
ab 1952 Vertreterin der USA im Trade Mark Committee
Ende 1953 hält erstmals in Deutschland Gastvorträge zum amerikanischen und zum internationalen Warenzeichenrecht, u.a. an den Universitäten Hamburg, Bonn, Tübingen und Heidelberg und an der Freien Universität Berlin
August 1954 Antrag auf Zulassung als Anwältin in Berlin ohne Residenzpflicht
Dezember 1954 Zulassung erteilt
Quellen:
LAB: B Rep. 068 Nr. 1367 (mit Foto).
Senatsjustizverwaltung: Akte 3176/1 – I/B 1.
AoR, S. 192f. (mit Foto).

Katzenstein, Werner Dr. (später: Kellog, Walter A.)
04.03.1893 Berlin – 02.03.1959 (New York?)
Familienstand: verheiratet seit Dezember 1928, keine Kinder

Kempner, Friedrich (später: Frederick) Dr.
20.07.1892 Berlin – 09.07.1981 (New York?)
Familienstand: verheiratet seit 1924
– Besuch des Joachimsthalschen Gymnasiums in Berlin
1911 Abitur
– Studium in Bonn, Oxford und Berlin
August 1914 erstes Staatsexamen
September 1914 als Referendar vereidigt

1914–1919 als Soldat im Ersten Weltkrieg, im Fronteinsatz
1919 Promotion an der Universität Greifswald
1921 zweites Staatsexamen
ab Dezember 1921 Rechtsanwalt in Berlin
ab Januar 1927 Notar
1933 als „Frontkämpfer" wieder als Anwalt und Notar zugelassen
1935 Entzug des Notariats
1938 Berufsverbot als Anwalt
Herbst 1938 Emigration in die USA
1939–1941 Studium des amerikanischen Rechts an der New York University Law School
1941 LL.B. und Bar Examen des Staates New York
1941–1944 mit eigenem Büro als juristischer Berater tätig
Herbst 1943 – Frühjahr 1945 Forschungsarbeiten für die US-Regierung
1944 Zulassung als Anwalt, ab 1945 als solcher tätig
ab 1949 Mitglied einer New Yorker Anwaltssozietät, die auch ein Büro in Paris unterhält
ab 1950 Haupttätigkeit als amerikanischer Anwalt in Europa, Wohnsitz Paris
November 1957 Antrag auf Zulassung als Anwalt in Berlin ohne Residenzpflicht
Dezember 1957 Zulassung erteilt
lebt 1969 noch in Paris

Quellen:
LAB: B Rep. 068 Nr. 1408 (mit Foto).
Senatsjustizverwaltung: Akte 3176/1 – I/B 1.
AoR, S. 195.

Kempner, Oskar Dr.
24.03.1899 Berlin-Charlottenburg – 07.06.1979 Berlin
Familienstand: verheiratet seit 1928, keine Kinder
1905–1917 Königstädtisches Gymnasium
1917 Abitur
1917–1919 als Frontkämpfer im Ersten Weltkrieg an der Westfront in Belgien und Frankreich
1919–1923 Studium der Rechts- und Staatswissenschaften in Berlin
1923 erstes Staatsexamen, Note „befriedigend"
1923 Promotion
1923–1927 Referendariat in Berlin
1927 zweites Staatsexamen, Note „befriedigend"
1927–1933 Gerichtsassessor (Hilfsrichter) bei AG Berlin-Mitte in Zivil- und Strafsachen
April 1933 zwangsweise beurlaubt, dann Berufsverbot

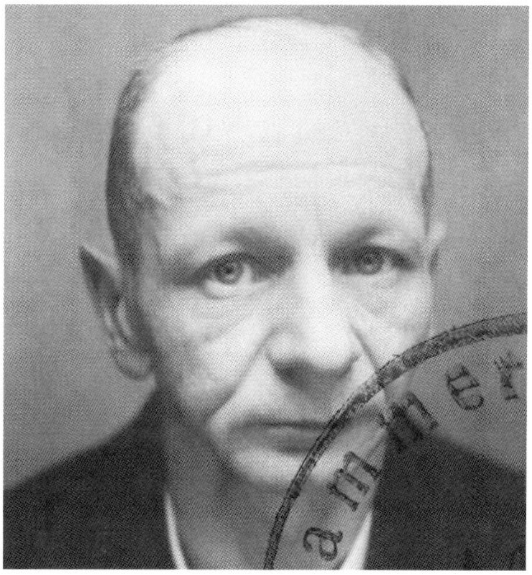

– entstammt einer „Mischehe", Vater jüdisch, Mutter evangelisch
– der Vater war bis 1934 Rechtsanwalt und musste dann als Jude seinen Beruf aufgeben
1933–1936 Syndikus bei der Wirtschaftsstelle der Deutschen Rundfunkindustrie; muss wegen seiner jüdischen Herkunft („Mischling 1. Grades") dort ausscheiden
1934–1943 Mitglied der DAF
Juli 1936 – August 1937 erwerbslos
1937–1938 juristischer Geschäftsführer in einer Radiogroßhandlung, als solcher für die Verhandlungen mit Lieferanten und Abnehmern zuständig
1938–1945 Syndikus bei der Zentrale zur Bekämpfung unlauteren Wettbewerbs in Berlin

ab 1943 zugleich Justitiar bei der Fachgruppe Maschinen (Großhandel)
August 1945 vorläufige Zulassung als Rechtsanwalt und Notar
Juni 1947 endgültige Zulassung als Rechtsanwalt und Notar
– wird vom Pflichtdienst an Berliner Gerichten befreit
Juni 1973 auf Antrag aus gesundheitlichen und Altersgründen als Anwalt gelöscht
Quellen:
LAB: B Rep. 068 Nr. 1407; C Rep. 301 Nr. 1015–16 (Nr. 1016 mit gelbem Ausweis über die vorläufige Zulassung mit Foto).

Kirchheimer, Otto Dr.
11.11.1905 Heilbronn – 22.11.1965 New York
Familienstand: zweimal verheiratet, eine Tochter aus erster, ein Sohn aus zweiter Ehe
1912–1924 Schulbesuch in Heilbronn, Heidelberg und Ettenheim

– Studium Philosophie, Jura und Soziologie in Münster, Köln, Berlin und Bonn
1928 Promotion bei Carl Schmitt an der Universität Bonn
1930–1933 Dozent für Politikwissenschaft an der Handelshochschule in Berlin
ab 1932 Rechtsanwalt in Berlin
– Mitglied der SPD, auf dem linken Flügel
– mit Ernst Fraenkel und Franz L. Neumann befreundet
– Mitarbeiter der SPD-Zeitschrift Die Gesellschaft (hg. von Rudolf Hilferding)
– Heirat mit Hilde Neumann geb. Rosenfeld (AoR, S. 195); Scheidung 1941
1933 Berufsverbot
1933 Emigration nach Paris
1933–1937 Mitarbeiter des Internationalen Instituts für Sozialforschung in Paris
1937 Emigration in die USA
1937–1942 weiterhin Mitarbeiter des Internationalen Instituts für Sozialforschung, zugleich Dozent an der Columbia University
1943 Annahme der US-Staatsbürgerschaft
ab 1943 als „Research Analyst" Mitarbeiter des OSS (Vorläufer der CIA)
1945–1955 Berater im State Department
1951–1955 zugleich Dozent an der American University und an der Howard University
1955–1961 Professor für Politische Wissenschaft an der New School for Social Research
1961–1965 Professor für Politische Wissenschaft an der Columbia University
1961–1962 Fulbright-Professor an der Universität Freiburg
– leistet durch Gastvorträge und -professuren Aufbauarbeit für die Politische Wissenschaft in Deutschland
1965 auf eigenen Wunsch in seiner Geburtsstadt Heilbronn beigesetzt
Quellen:
Wikipedia: Otto Kirchheimer. http://de.wikipedia.org/wiki/Otto_Kirchheimer, 07.08.2012.
Schale, Frank: Zwischen Engagement und Skepsis. Eine Studie zu den Schriften von Otto Kirchheimer. Baden-Baden 2006.
van Ooyen, Robert Chr./Schale, Frank (Hg.): Kritische Verfassungspolitologie. Das Staatsverständnis von Otto Kirchheimer. Baden-Baden 2011.
Nachlass in der State University of New York, Albany/New York.
AoR, S. 195f. (mit Foto).

Kirsch, Leonhard
01.12.1896 Obornik (Posen) – 19.05.1980 (London?)
Familienstand: verheiratet seit 1930, drei Kinder
– besucht das Friedrichswerdersche und das Askanische Gymnasium in Berlin

1915 Abitur
1915 – Sommer 1916 als Kriegsfreiwilliger Soldat im Ersten Weltkrieg, an der Westfront im Kampfeinsatz
– nach schwerer Verwundung Rückkehr nach Berlin
– Aufnahme eines Jurastudiums in Berlin
Februar 1918 – September 1918 nochmals eingezogen, zu einer Fahnenjunkerschule in Belgien
– wegen schwerer Erkrankung des Vaters aus dem Heer entlassen
– Rückkehr nach Berlin und Fortsetzung des Studiums
September 1919 erstes Staatsexamen beim OLG Celle
– Referendariat in Hamburg und im KG-Bezirk
Mai 1920 Promotion an der Universität Würzburg
Januar 1923 zweites Staatsexamen
bis November 1923 als Gerichtsassessor mit Kommissorien betraut
ab November 1923 Rechtsanwalt in Berlin
1933 nach Vertretungsverbot als „Frontkämpfer" wieder als Anwalt und Notar zugelassen
Ende März 1933 Emigration mit der Familie, keine Angabe zu Land und Ort
Dezember 1933 wegen Aufgabe des Wohnsitzes in den Anwaltslisten gelöscht
– lebt 1962 in London
– betreibt als „International Advocate" eine größere Kanzlei und befasst sich seit längerem mit Entschädigungsverfahren
November 1962 Antrag auf Zulassung als Anwalt in Berlin ohne Residenzpflicht
Februar 1963 Zulassung erteilt
Quellen:
LAB: B Rep. 068 Nr. 1390 (mit Foto).
AoR, S. 196.

Koch, Fritz E. Dr.
11.02.1887 Berlin – 08.01.1966 (London?)
Familienstand: verheiratet seit 1912, vier Kinder
1908 erstes Staatsexamen
Januar 1914 zweites Staatsexamen, Note „gut"
ab April 1919 Rechtsanwalt in Berlin
– Rechtsanwalt am KG und Notar
1933 als Anwalt und Notar wieder zugelassen
Ende 1935 Entzug des Notariats
Januar 1936 auf Antrag gelöscht wegen Emigration nach Großbritannien, London
– dort als Berater für deutsches und internationales Recht tätig
– Spezialist im Steuer- und Kartellrecht, zugleich in Entschädigungsverfahren tätig
– zahlreiche Publikationen zum Steuerrecht
– legt auch die Prüfung als Wirtschaftsprüfer und Betriebskostenfachmann ab
März 1950 Antrag auf Zulassung als Anwalt in Berlin ohne Residenzpflicht
Schreiben der Anwaltskammer, Abteilung I, vom 24.05.1950:
„Zu Ihrer Bewerbung vom 15. März 1950 um Zulassung zur Rechtsanwaltschaft muss zunächst darauf hingewiesen werden, dass eine generelle Befreiung von der gesetzlich vorgeschriebenen Residenzpflicht nicht möglich ist. Allenfalls könnten Sie nach erfolgter bedingungsloser Zulassung zur Rechtsanwaltschaft eine zeitweilige Befreiung von der Residenzpflicht beantragen. Ob die Landesjustizverwaltung, welche zur Entscheidung hierüber allein zuständig ist, einem solchen Antrag stattgeben würde, kann das Präsidium der Kammer nicht beurteilen. Sie wollen daher zunächst mitteilen, ob Sie das Zulassungsgesuch ohne Antrag auf Befreiung von der Residenzpflicht aufrecht erhalten wollen." (LAB B Rep. 068 Nr. 1499)
Juni 1950 Koch erhält das Gesuch aufrecht (Schreiben vom 02.06.1950), daraufhin befürwortende Stellungnahme der RAK (Mitteilung vom 09.06.1950 an den KG-Präsidenten)
– eine weitere Entscheidung über den Zulassungsantrag erfolgt nicht
– das Zulassungsverfahren zieht sich bis August 1952 hin, da die Frage der Residenzpflicht (noch) nicht geklärt ist; ob etwas und was ggf. geschieht, ist der Akte nicht zu entnehmen
April 1951 die RAK erläutert gegenüber dem KG-Präsidenten ihre grundsätzliche Haltung bei der Zulassung von Anwälten mit Wohnsitz im Ausland: diese müssen sich – wie Koch – bereit erklären, einen Zweitwohnsitz und eine Bürogemeinschaft in Berlin zu begründen und diese Voraussetzung innerhalb von drei Monaten zu erfüllen; ansonsten würde die Genehmigung widerrufen
Januar 1952 Nachfrage über den Stand des Zulassungsverfahren durch Rechtsanwalt Dr. Helmut Ruge, der darauf hinweist, dass Koch die Voraussetzungen erfülle (ausdrückliche Bereitschaft, einen zweiten Wohnsitz und eine Bürogemeinschaft zu begründen)
Juni 1952 Zulassung durch den Senator für Justiz erteilt
26. August 1952 Schreiben des KG-Präsidenten an Koch über die erfolgte Zulassung
Quellen:
LAB: B Rep. 068 Nr. 1499.
Senatsjustizverwaltung: Akte 3176/1 – I/B 1.
AoR, S. 197.

Koch, Richard Dr.
22.07.1873 Berlin – keine Angaben (nach Juni 1956)
Familienstand: verheiratet seit 1902, zwei Töchter
1879–1891 Königstädtisches Gymnasium in Berlin
September 1891 Abitur
1891–1894 Studium in Berlin
November 1894 erstes Staatsexamen in Berlin
Januar 1895 – Januar 1899 Referendariat im KG-Bezirk

Februar 1895 Promotion an der Universität Göttingen
Juli 1899 zweites Staatsexamen, Note „gut"
Juli 1899 – Februar 1900 als Gerichtsassessor am AG Berlin–Spandau
ab Februar 1900 als Rechtsanwalt zugelassen
ab Mai 1912 Notar
– im Ersten Weltkrieg in der Heeresverwaltung tätig
1933 nicht überprüft, da seine jüdische Herkunft nicht bekannt ist
1935 jüdische Herkunft („Mischling 1. Grades") wird bekannt; bleibt als Anwalt zugelassen
– Mitglied in der NSV und im Reichsluftschutzbund
bis 1945 praktiziert als Anwalt und Notar mit Jahreseinkommen von 26.000 bis 36.000 RM
ab August 1945 wieder als Rechtsanwalt und Notar zugelassen
Mai 1947 erneute vorläufige Zulassung
– wird vom Richterdienst an Berliner Gerichten aus Altersgründen freigestellt
Anfang 1951 lässt sich beurlauben, um einen längeren Kuraufenthalt anzutreten
1952 Umzug nach München
Juni 1952 auf Antrag gelöscht
Quellen:
LAB: C Rep. 301 Nr. 2207.
KG Berlin, Liste über zugelassene Rechtsanwälte.
AoR, S. 197.

Kochheim (Kocheim), Edmund Dr.
04.11.1884 Posen – 17.01.1950 Berlin
Familienstand: verheiratet
1891–1904 Berger- und Auguste-Viktoria-Gymnasium in Posen
Ostern 1904 Abitur
1904–1907 Studium in Berlin, Freiburg i. Br. und Breslau
Juli 1907 erstes Staatsexamen, Breslau
August 1907 – September 1911 Referendariat
1911 oder 1912 Promotion an der Universität Breslau
ab August 1912 Rechtsanwalt in Posen
ab April 1920 Rechtsanwalt in Berlin
ab Oktober 1920 Notar
1935 Entzug des Notariats
1938 Berufsverbot
Ende 1938 bis zur Emigration 1940 erwerbslos
April 1940 bis Juli 1947 in Shanghai
– lebt in Shanghai von Unterstützungszahlungen durch Wohltätigkeitsorganisationen (u.a. Joint), gelegentlich als juristischer Berater/Anwalt tätig
August 1947 Rückkehr nach Berlin
ab Ende 1947 als Rechtsanwalt und Notar zugelassen
Quellen:
LAB: B Rep. 068 Nr. 3577.
EAB: Nr. 16.650.
KG Berlin, Liste über zugelassene Rechtsanwälte.
AoR, S. 198.

Köhler, Alfred Dr.
26.01.1876 Berlin – 27.10.1970 (Berlin?)
Familienstand: keine Angaben (mutmaßlich verheiratet)
1885–1895 Friedrich-Wilhelms-Gymnasium Berlin
1895–1896 Victoria-Gymnasium in Burg b. Magdeburg
März 1896 Abitur

1896–1900 Studium in Heidelberg, Berlin, München und Greifswald
März 1902 – April 1907 Referendariat im KG-Bezirk
August 1902 Promotion an der Universität Heidelberg
November 1909 zweites Staatsexamen
November 1909 – Juli 1911 als Gerichtsassessor am AG Berlin-Weißensee tätig
ab Dezember 1911 als Rechtsanwalt zugelassen
August – Oktober 1914 an der Westfront in Frankreich
November 1914 – April 1916 an der Ostfront in Litauen und Kurland
ab Februar 1927 Notar
1933 wieder als Rechtsanwalt zugelassen
1935 Entzug des Notariats
Juni 1938 im Zuge einer „Juden-Razzia" auf der Straße verhaftet und im Polizeigefängnis am Alexanderplatz festgehalten
Ende 1938 Berufsverbot als Anwalt
– lebt mutmaßlich in einer „Mischehe"
1942 verhaftet und ins Sammellager gebracht, kommt aber wieder frei
– seine gleichzeitig verhafteten Schwestern werden deportiert und ermordet
Juli 1945 vorläufig wieder als Rechtsanwalt und Notar zugelassen
Januar 1947 endgültige Zulassung
– wird aus gesundheitlichen und Altersgründen vom Richterdienst befreit

Quellen:
LAB: B Rep. 068 3575 (mit Foto).
AoR, S. 199.

Königsberger, Ludwig Dr. (später: King, Leslie Theodore George)
17.12.1898 Berlin – 11.06.1976 (London?)
Familienstand: verheiratet seit 1925, ein Sohn
Ostern 1917 Abitur am Köllnischen Gymnasium in Berlin
Juni 1917 – Dezember 1918 Heeresdienst beim 2. Garde-Regiment zu Fuß in Berlin
SoSe 1917 – WiSe 1919/20 Studium in Berlin
Oktober 1920 erstes Staatsexamen in Berlin, Note „gut"

1920–1924 Referendariat im KG-Bezirk
März 1921 Promotion an der Universität Breslau
März 1924 zweites Staatsexamen, Note „vollbefriedigend"
ab April 1924 als Rechtsanwalt in Berlin zugelassen
1933 Berufsverbot
Mai – August 1933 nach dem Berufsverbot Auswandererberater im Hilfsverein der deutschen Juden
Oktober 1933 Emigration nach London
– arbeitet dort als „Provisionsvertreter"
September 1940 – Sommer 1945 Soldat in der britischen Armee
nach 1945 im Exportgeschäft tätig
ab 1952 nebenberuflich, ab 1954 hauptberuflich als „Berater in deutschen Rechtsangelegenheiten", v.a. in Entschädigungs-, Wiedergutmachungs- und Sozialversicherungssachen tätig
– zugleich vereidigter Dolmetscher
Juni 1968 beantragt die Zulassung als Anwalt beim KG in Berlin ohne Residenzpflicht
Oktober 1968 Zulassung erteilt
August 1971 beantragt die gleichzeitige Zulassung beim LG Berlin
Oktober 1971 Zulassung erteilt

Quellen:
LAB: B Rep. 068 Nr. 1423 (mit Foto).
AoR, S. 199.

Koepke, Willi Dr.
03.08.1894 Rittergut Kuhtz, Krs. Schlawe (Pommern) – keine Angaben
Familienstand: verheiratet, ein Sohn
Ostern 1901 – 1902 Dorfschule in Alt-Carwitz (Pommern)
Ostern 1902 – Herbst 1906 Progymnasium in Schlawe (Pommern)
Herbst 1906 – Ostern 1914 Friedrich-Wilhelm-Realgymnasium in Stettin
Ostern 1914 Abitur
SoSe 1914 Jurastudium in Jena
Oktober 1914 – Mitte Juli 1915 Soldat im Ersten Weltkrieg, Fronteinsatz in Frankreich, Belgien, Ungarn und Russland, zuletzt Leutnant, ausgezeichnet mit dem EK II, schwerkriegsbeschädigt (50 Prozent)
SoSe 1919 – Winter 1920 Fortsetzung des Jurastudiums in Jena und Greifswald
Dezember 1920 Promotion Universität Greifswald, Note „gut"
April 1921 – Oktober 1922 Referent beim Zentralverband des deutschen Großhandels
Oktober 1922 – April 1925 Syndikus beim Hamburger Fremdenblatt
April 1925 – Ende 1930 Syndikus beim Mittelstandsblock, Hamburg
ab Januar 1931 Referendariat im KG-Bezirk
1933 keine Hinweise auf eine Überprüfung wegen der jüdischen Herkunft
März 1935 zweites Staatsexamen
ab März 1935 Rechtsanwalt in Berlin
ab März 1935 im NS-Rechtswahrerbund
1936 auf der „Liste der Mischlinge" verzeichnet
– gilt nach NS-Kriterien als „Vierteljude"
– daher vom Notariat ausgeschlossen und keine Zulassung als Fachanwalt für Steuerrecht (Steuerberater)
bis Mai 1945 als Anwalt zugelassen
August 1945 als Rechtsanwalt vorläufig wieder zugelassen
September 1945 vorläufig zum Notar ernannt
– keine weiteren Informationen (Akte bricht Ende 1948 ab)
Quellen:
LAB: C Rep. 301 Nr. 572–74.
AoR, S. 198.

Koffka, Else Dr.
22.06. 1901 Wronke (Posen) – 18.02.1994 Hannover
Familienstand: unverheiratet
– besucht eine Privatschule, dann das Städtische Dorotheenlyzeum
ab 1914 Städtische Studienanstalt (realgymnasiale Richtung)

Februar 1920 Abitur
1920/21–1923 Jurastudium in Berlin und Tübingen
Februar 1924 erstes Staatsexamen
ab März 1924 Referendariat im KG-Bezirk
1925 Promotion an der Berliner Universität
1925–1928 neben der Referendarsausbildung Fakultätsassistentin bei den Professoren Kohlrausch, Goldschmidt und Klee an der Berliner Universität

ab 1926 Beiträge und Literaturberichte in der Zeitschrift für Strafrechtswissenschaft
Mai 1928 zweites Staatsexamen, Note „gut"
Juni 1928 – Juni 1929 Lehrauftrag für Strafrecht an der Universität Rostock (ohne Habilitation)
ab Juni 1929 als Gerichtsassessorin mit verschiedenen Beschäftigungsaufträgen als Hilfsrichterin betraut
– die dienstlichen Beurteilungen weisen sie als überdurchschnittlich befähigte Juristin aus
1931–1932 befristeter Lehrauftrag für eine Strafrechtsübung an der Berliner Universität (SoSe 1931, WiSe 1931/32)
– Mitglied in verschiedenen Verbänden (u.a. Deutscher Akademischer Frauenbund, 1921 bis zur Auflösung 1936; Deutscher Juristinnen-Verein, bis zur Auflösung 1933)
1933 weiter als Gerichtsassessorin tätig, zuletzt bis Herbst 1934 an der 6. Zivilkammer des Berliner LG
– scheidet zum 31. März 1935 aus dem Justizdienst aus, vorgeblich aus gesundheitlichen Gründen; eigentlicher Grund ist ihre jüdische Abstammung (ein Großvater war Jude; gilt als „Mischling 2. Grades"), die nach einer Denunziation beim „Rasseamt" festgestellt worden war
– arbeitet dann als juristische Hilfsarbeiterin in der Kanzlei ihres Bruders
September 1939 zur Rechtsanwaltsvertreterin für ihren Bruder zugelassen (dieser ist zum Kriegsdienst eingezogen worden), ohne die Zulassung zur Anwaltschaft zu erhalten
ab 1941 zusätzlich als Geschäftsführerin in der Sulfit-Spiritus GmbH tätig, ohne geschäftspolitische Mitspracherechte (die allein beim Vorstand liegen)
1945 nach Kriegsende vorläufig zur Anwaltschaft zugelassen
November 1946 – Juli 1947 hauptamtliche Referentin in der Ausbildungsabteilung der Deutschen Justizverwaltung für die SBZ; verfasst u.a. Unterrichtsbriefe für die Ausbildung von Referendaren und Volksrichtern
– daneben Lehrbeauftragte für Bürgerliches Recht und Zivilprozessrecht an der Humboldt-Universität
Juni 1947 Bestallung zur Notarin und endgültige Zulassung als Rechtsanwältin
– entscheidet sich nach längerer Krankheit angesichts der ungewissen wirtschaftlichen Aussichten im Anwaltsberuf für eine Laufbahn im Justizdienst
November 1949 Ernennung zur LG-Rätin in Berlin
Januar 1952 Ernennung zur Bundesrichterin in Berlin
– daneben Vortragstätigkeit und aktive Mitarbeit in verschiedenen Frauenverbänden
– erhält für ihr vielfältiges Engagement das Bundesverdienstkreuz
Quellen:
LAB: B Rep. 068 Nr. 1490 (mit Foto).
Röwekamp, Marion: Juristinnen. Lexikon zu Leben und Werk, Hg. vom Deutschen Juristinnenbund. Baden–Baden 2005, S. 187–189 (mit weiteren Hinweisen).
Auskunft Simone Ladwig-Winters, Berlin.

Kollenscher, Julius Jehuda
19.12.1912 Posen – 24.06.1984 (Berlin?)
Familienstand: unverheiratet (Stand: 1957)
– Sohn des Rechtsanwalts Dr. Max Kollenscher (siehe AoR, S. 199)

1920 Übersiedelung der Familie nach Berlin
ab SoSe 1931 Jurastudium in Heidelberg, Berlin und Freiburg i. Br.
1933 gibt wegen der beginnenden Judenverfolgung das Studium in Deutschland auf und emigriert nach London
– legt das englische Abitur ab und beginnt ein erneutes Jurastudium
Sommer 1936 Abschluss des Jurastudiums mit dem LL.B., zugleich Zulassung durch die Londoner Anwaltskammer zur Vorbereitung auf englischen Anwaltsberuf (Barrister-at-Law)
1937 Abschlussexamen als Anwalt und Zulassung als Barrister
1938 Emigration nach Palästina
– durchläuft dort eine Referendarausbildung entsprechend der palästinensischen Vorschriften im Büro der Rechtsanwälte Smoira (später Präsident des Obersten Gerichtshofs in Jerusalem) und Rosenblüth (später Justizminister von Israel)
1939 Zulassungsprüfung zur palästinensischen Anwaltschaft und Niederlassung als Anwalt in Tel Aviv
1940 aufgrund der englischen Abschlüsse zum Notar (Notary Public) ernannt
1942 Berufung durch die englische Mandatsregierung in das neu gegründete Kriegswirtschaftsamt (War Supply Board), dort später kommissarischer Leiter
1948 nach der Gründung Israels in das Außenministerium übernommen
1951 Besuch in Berlin für mehrere Monate
Oktober 1952 Rückkehr nach Berlin als juristischer Mitarbeiter der JRSO
ab 1953 Leiter von zwei Abteilungen der JRSO in Berlin
1954 Eröffnung einer eigenen Praxis als Rechtsbeistand für Entschädigungs- und Wiedergutmachungsangelegenheiten in Berlin
– betreibt ab 1958 die Zulassung als Anwalt in Hessen aufgrund des Paragrafen 118 der Hessischen Rechtsanwaltsordnung vom 18.10.1948 und ist daher u.a. für sechs Monate als Anwaltsassessor bei einem Wiesbadener Anwalt und Notar tätig
Mai 1959 Zulassung als Anwalt in Wiesbaden, behält aber wohl seinen Wohnsitz in Berlin
Juni 1960 Antrag auf Zulassung als Anwalt in Berlin
Oktober 1960 Zulassung für das LG Berlin und das AG Charlottenburg, erteilt durch den KG-Präsidenten
November 1960 als Anwalt in Wiesbaden gelöscht
März 1979 Bestellung zum Notar
Quellen:
LAB: B Rep. 068 Nr. 3573–74 (Nr. 3574 mit Foto).

Kroll, Siegfried
13.10.1902 Dirschau (Westpreußen) – 20.08.1973 (Berlin?)
Familienstand: verheiratet seit 1935, zwei Töchter
1904 Umzug der Familie nach Berlin
1921 Abitur an der Leibniz-Oberrealschule in Berlin-Charlottenburg

– Jurastudium in Berlin
Juli 1927 erstes Staatsexamen
August 1927 – Januar 1931 Referendariat
September 1931 zweites Staatsexamen
ab Ende September 1931 als Anwalt in Berlin zugelassen
April 1933 Vertretungsverbot als Anwalt
Mai 1933 Flucht nach Kopenhagen wegen drohender Verfolgung
Juni 1933 Berufsverbot als Anwalt
– in Kopenhagen mit kaufmännischen Gelegenheitsarbeiten, als Angestellter und Großhändler tätig
Oktober 1943 Flucht vor der drohenden Deportation der Juden in Dänemark nach Malmö, Schweden
– lebt bis Mai 1945 in Schweden, dort ebenfalls kaufmännisch tätig
Mai 1945 Rückkehr nach Kopenhagen, betreibt ein Import- und Großhandelsgeschäft, verliert aber seine Ersparnisse durch Fehlinvestitionen
Anfang 1954 fragt bei der RAK in Berlin an, welche Möglichkeiten einer Wiederzulassung bestehen; beabsichtigt bei Bewilligung eines entsprechenden Darlehens nach dem Bundesentschädigungsgesetz die Rückkehr und Niederlassung in Berlin
März 1954 Antrag auf Zulassung als Anwalt in Berlin
April 1954 Zulassung erfolgt
Januar 1958 Ernennung zum Notar
Quellen:
LAB: B Rep. 068 Nr. 1523 (mit Foto).
AoR, S. 200.
Auskunft Simone Ladwig-Winters, Berlin.

Kuttner, Erich (später: Erico) Dr.
16.12.1892 Forst (Lausitz) – 01.12.1955 (Vincente Lopez, Prov. Buenos Aires, Argentinien?)
Familienstand: verheiratet, eine Tochter
– Sohn eines AG-Rates, der später als LG-Rat nach Berlin versetzt wurde
– besucht das Bismarck-Gymnasium in Berlin-Wilmersdorf
Ostern 1911 Abitur
– Studium in Lausanne, München, Freiburg i. Br. und Berlin
1914 erstes Staatsexamen, Note „gut"
September 1914 zum Referendar ernannt, tritt zugleich als Kriegsfreiwilliger in den Heeresdienst ein
1914–1918 Soldat im Ersten Weltkrieg, im Fronteinsatz
1919–1921 Referendariat
Juli 1921 zweites Staatsexamen, Note „gut"
ab 1921 als Rechtsanwalt zugelassen, zuerst an den LG I–III, dann beim KG
ab Juli 1928 Notar
1933 als „Frontkämpfer" wieder zugelassen
1935 Entzug des Notariats
1938 Berufsverbot als Anwalt
1939 Emigration nach Argentinien, Buenos Aires
– die Ehefrau kauft 1941 ein Geschäft, in dem Kuttner als Angestellter mitarbeitet
ab 1945 als Angestellter im Innendienst einer Firma der Metallbranche tätig
Oktober 1951 Besuch in Berlin; stellt bei dieser Gelegenheit den Antrag auf Zulassung als Anwalt in Berlin ohne Residenzpflicht
September 1952 Zulassung erteilt
Quellen:
LAB: B Rep. 068 Nr. 3576.
EAB: Nr. 61.295.
Senatsjustizverwaltung: Akte 3176/1 – I/B 1.
AoR, S. 201f. (mit Foto).

Kuttner, Hermann
22.07.1886 Berlin – 15.10.1957 auf Reise in Dubrovnik (Jugoslawien)
Familienstand: verheiratet seit 1923, keine Kinder
Herbst 1904 Abitur am Luisenstädtischen Realgymnasium in Berlin
1904–1908 Studium in Lausanne und Berlin
November 1908 erstes Staatsexamen
Oktober 1913 zweites Staatsexamen
ab Oktober 1913 Anwalt in Berlin, zugelassen beim LG
März 1915 – November 1917 als Kriegsfreiwilliger beim Artillerie-Regiment Nr. 9 in Itzehoe, als „dauernd kriegsunbrauchbar" aus dem Heer entlassen
ab April 1924 Notar
1933 als „Altanwalt" wieder zugelassen
– keine Angaben zum Entzug des Notariats
Ende 1938 Berufsverbot als Anwalt
August 1939 Flucht nach Großbritannien

– lebt zuerst auf dem Lande in Sussex, dann in London, ab Oktober 1940 in Cambridge
ab 1942 mit Arbeitserlaubnis (nach Ablegung des Proficiency Examens in Englisch); arbeitet als privater Sprachlehrer für Französisch und Deutsch, dann an verschiedenen Colleges in Cambridge
1950 Rückkehr nach Berlin
Ende 1950 Antrag auf Zulassung als Anwalt
Juni 1951 Zulassung erteilt
Quellen:
LAB: B Rep. 068 Nr. 1627 (mit Foto).
AoR, S. 202.

Labischin, Kurt Dr. (später: Kraft, Andrew Michael)
24.08.1900 Posen – 02.01.1965 (New Barnet, Hertfordshire, Großbritannien?)
Familienstand: keine Angaben
– Rechtsanwalt beim LG I–III und AG Berlin-Mitte
1933 Berufsverbot
– Emigration in die Schweiz
ab 1937 in Großbritannien; dort erneutes Jurastudium, Abschluss LL.B
– dient während des Zweiten Weltkriegs in der britischen Armee
1945–1952 arbeitet als Sollicitor in einer Anwaltskanzlei
lebt 1951 in New Barnet, Hertfordshire
1952 Niederlassung als Anwalt mit einer eigenen Kanzlei, spezialisiert auf Wiedergutmachungsangelegenheiten
– stellt einen Antrag auf Zulassung als Rechtsanwalt ohne Residenzpflicht in Hannover
Quellen:
LAB: B Rep. 068 Nr. 1640.
Nachruf in: AJR Information. Hgg. von der Association of German Refugees in Great Britain, Band 20, 2/1965, S. 14.
http://www.ajr.org.uk/journalpdf/1965_february.pdf, 07.08.2012.
AoR, S. 202.

Lachotzki, Werner Dr.
22.11.1904 Beeskow (Brandenburg) – (nach Mai 1974)
Familienstand: keine Angaben
– Gymnasium in Breslau und Frankfurt/Oder
1924 Abitur
– Studium in Breslau und Freiburg i. Br.
November 1927 erstes Staatsexamen
Februar 1928 Promotion
August 1931 zweites Staatsexamen
ab Ende 1931 als Anwalt in Berlin zugelassen
Juni 1933 Berufsverbot
1934 – November 1938 bestreitet seinen Lebensunterhalt als juristischer Hilfsarbeiter bei Anwälten
1939 juristischer Mitarbeiter in einer Baufirma
Ende Juni 1939 Emigration nach London
– wegen fehlender Arbeitserlaubnis ohne Erwerbsarbeit
Juli 1940 – Juli 1944 als deutscher Staatsangehöriger interniert
– arbeitet dann als kaufmännischer Angestellter in Glasgow und London
– lebt nach 1945 in London
ab Dezember 1947 Anwalt beim LG und beim AG Düsseldorf, vorläufig von der Residenzpflicht befreit, Wohnsitz weiterhin London
Juli 1974 praktiziert noch in Düsseldorf, weiterhin mit Wohnsitz in London
Quellen:
EAB: Nr. 61.145.
AoR, S. 202.

Lachs, Reinhold Dr.
20.10.1894 Berlin – 16.08.1990 (Toronto, Kanada?)
Familienstand: zweimal verheiratet, eine Tochter
1912–1916 Jurastudium in Berlin und Freiburg i. Br.
1915–1916 Kriegsteilnehmer
1918 Promotion an der Universität Heidelberg
1922–1921 Gerichtsassessor in Berlin
1922–1925 Sachbearbeiter beim Reichsausgleichsamt für die Prozesse vor dem Deutsch-Englischen Gemischten Schiedsgericht in London
ab 1925 Rechtsanwalt in Berlin, zuletzt am LG I–III
ab 1926 ständiger Rechtsberater des gastronomischen Konzerns Voss & Co und der Admiralspalast AG
ab 1930 Fachanwalt für englisches und amerikanisches Recht
ab 1931 als Bereitschaftsanwalt schwerpunktmäßig für die Dresdner Bank tätig
1933 Berufsverbot
Juli 1933 Emigration nach Großbritannien, London
1934 Zulassung zum Jurastudium bei der Honourable Society of the Middle Temple in London
1936 Schlussexamen für Anwälte
1937 Zulassung zur Anwaltschaft beim Obersten Gericht in London; Aufbau einer konsultativen Praxis auf dem Gebiet des internationalen Privatrechts
nimmt 1938 nach der Pogromnacht die Eltern und Schwiegereltern in seinem Haus auf und muss auch für sie den Lebensunterhalt bestreiten
1939 nach Kriegsausbruch Stilllegung der Praxis wegen Zusammenbruchs der internationalen Handelsbeziehungen
1939–1945 Assistant to Counsel in Chambers
1940 kurzzeitig interniert
1945 Tätigkeit bei der BBC
1945–1947 Berater für deutsches Recht bei der Deutschen Abteilung des Foreign Office
1947–1950 Rechtsberater der britischen Kontrollkommission für Deutschland
1950–1956 Hauptgeschäftsführer der Jewish Trust Corporation for Germany (JTC) in Hamburg:
„It was in this period that Dr. Lachs, who had a profound and intimate knowledge of the workings of the German administrative process, contributed enormously to recovering heirless and unclaimed Jewish property. The proceeds were to be used for institutions built up for Nazi victims. It was from these assets that, among other projects, the Old Age Homes in this country could be established."
(AJR Information, 12/1984, S. 4)
– Rückkehr nach London
bis Ende 1958 als Rechtsberater bei der Jewish Trust Corporation in London tätig; außerdem Geschäftsführer eines Sonderfonds zur Verteilung

an bedürftige Rückerstattungsberechtigte, die die Anmeldefrist versäumt hatten
1976 nach dem Tod der Ehefrau Umzug nach Kanada, Toronto (wo die Tochter mit Familie lebt)
Quellen:
EAB: Nr. 15.587.
AJR Information. Hgg. von der Association of German Refugees in Great Britain, Band 39, 12/1984, S. 4. http://www.ajr.org.uk/journalpdf/1984_december.pdf, 07.08.2012.
AoR, S. 202.

Landsberg, Hans Julius
04.05.1890 Berlin – Oktober 1973 (Vina del Mar, Chile?)
Familienstand: unverheiratet
– besucht das Königstädtische Gymnasium in Berlin

– Studium in Freiburg i. Br. und Berlin
Mai 1912 erstes Staatsexamen in Berlin
Juni 1912 – Juni 1919 Referendariat
Oktober 1914 – April 1915 als Kriegsvertreter eines Rechtsanwalts und Notars bestellt
April 1915 – Mai 1916 zum Militärdienst eingezogen
September 1916 – November 1918 Dienst in der freien Krankenpflege, anschließend beurlaubt
ab März 1919 Fortsetzung des Referendariats
Dezember 1919, zweites Staatsexamen, Note „ausreichend"
ab 1922 Anwalt in Berlin
ab Januar 1933 Notar
– Sozietät mit seinem Bruder Dr. Ernst Landsberg
1933 Berufsverbot
1939 plant die Emigration nach Holland zu seiner Verlobten und schickt sein Gepäck dorthin
– kann nach Beginn des Zweiten Weltkriegs nicht mehr nach Holland gelangen und emigriert daher nach Chile (nur mit Handgepäck)
– Versuche, die Verlobte nach Chile zu holen, scheitern mit dem Überfall der Wehrmacht auf Holland im Mai 1940
– die Verlobte wird später nach Bergen-Belsen deportiert, überlebt das Lager und emigriert nach New York (wo sie einen anderen Mann heiratet)
– lebt in Chile anfänglich in Valparaiso, später in Vina del Mar
– dort als Rechtsberater für Emigranten tätig
ab ca. 1958 als Anwalt in Entschädigungs-, Rückerstattungs- und Lastenausgleichssachen tätig
1967 Antrag auf Zulassung als Anwalt in Berlin ohne Residenzpflicht
September 1967 Zulassung erteilt
Quellen:
LAB: B Rep. 068 Nr. 3599 (mit Foto).
EAB: Nr. 62.622.
AoR, S. 203f.

Landsberg, Kurt Dr.
12.04.1900 Berlin – November 1958 Berlin
Familienstand: verheiratet, ein Sohn
1922 (?) Promotion an der Universität Breslau
ab 1922 arbeitet als Jurist in dem großen Schallplattenkonzern Carl Lindström
1931 (?) Heirat

1933 fristlos entlassen
Sommer 1933 Emigration gemeinsam mit der Ehefrau nach Holland, Den Haag
– die beabsichtigte Emigration nach Palästina scheitert vorerst, da die nötigen Geldmittel in Höhe von 1000 Pfund für ein „Kapitalistenvisum" fehlen
1934 Geburt des Sohnes
November 1935 Emigration nach Palästina, Tel Aviv
– eröffnet zuerst mit Geschäftspartnern ein Kino, nach dem Bankrott des Unternehmens ein Lebensmittelgeschäft; trotz schwerer Arbeit bleiben die Einnahmen gering
1938 erkrankt schwer

– arbeitet dann beim Jewish National Committee; den Hauptteil des Familieneinkommens bestreitet die Ehefrau, die als (leitende) Angestellte in einem Textilunternehmen arbeitet; das Einkommen reicht dennoch nur für einen bescheidenen Lebensunterhalt
nach 1950 die materiellen Verhältnisse bessern sich mit den Entschädigungszahlungen
– findet das erste Mal seit 1933 eine Anstellung als Jurist in einer israelischen Kanzlei, die auf Entschädigungsfragen spezialisiert ist
Mai 1956 Reise des Ehepaares nach Berlin (ohne die Absicht dauerhaft zurückzukehren)
– arbeitet dort als Rechtsberater in einer Filiale der israelischen Kanzlei
– das Ehepaar beschließt, den Wohnsitz nach Berlin zu verlegen
Quelle:
The Story of Michael Shiloh-Landsberg. In his own words, July 2009. In: Friedländer, Ruth/Guter, Werner: Out of Berlin. The Friedländer and Guter Families. Amsterdam 2010, S. 153–157.
Auskunft Joel Levi, Tel Aviv (nach Angaben des Sohnes).

Landsberger, Kurt Dr.
20.02.1890 Berlin – 27.10.1978 (Berlin?)
Familienstand: zweimal verheiratet, zwei Stiefkinder
1896–1910 Friedrichwerdersches Gymnasium in Berlin
1910 Abitur
1910–1914 Studium in Berlin und München
Juli 1914 erstes Staatsexamen in Berlin
1914–1915 Beginn des Referendariats
1915–1918 Soldat im Ersten Weltkrieg, im Fronteinsatz
1919–1921 Fortsetzung des Referendariats
Juli 1920 Promotion an der Universität Rostock
Juli 1921 zweites Staatsexamen

ab August 1921 Rechtsanwalt in Berlin, zuerst beim LG, ab 1925 beim KG
ab September 1927 Notar
– in einer Sozietät mit Leopold Landsberger (AoR, S. 205)
1933 als „Frontkämpfer" wieder zugelassen
1935 Entzug des Notariats
Ende 1938 Berufsverbot als Anwalt
November 1938 nach der Pogromnacht vom 10. November bis 2. Dezember in das KZ Sachsenhausen verschleppt
1938–1945 als „jüdischer Konsulent" zugelassen
– muss insgesamt eine „Konsulentenabgabe" in Höhe von 29.614,59 RM abführen
– lebt in einer „Mischehe"
– muss den „Judenstern" tragen
ab Anfang Juli 1945 vorläufig wieder als Rechtsanwalt und Notar zugelassen
1946–1963 im Präsidium der RAK, Vorsitzender der Abteilung I
1947 auf Einladung der US-Militärregierung Besuch der Nürnberger Kriegverbrecherprozesse
Mai 1947 vorläufige Zulassung erneuert
Juni 1947 endgültige Zulassung
– erhält im Entschädigungsverfahren für die entrichtete „Konsulentenabgabe" in Höhe von 29.614,59 RM und als Goodwill für Verluste im Geschäftswert der Anwaltskanzlei in Höhe von 45.000 RM (entspricht dem zweieinhalbfachen des durchschnittlichen Jahreseinkommens) eine Entschädigung in Höhe von 14.922,92 DM (= 20 Prozent der Gesamtsumme in Reichsmark), außerdem für Schaden im beruflichen Fortkommen auf dem Vergleichsweg 15.000 DM
– Mitglied des Ehrengerichts der RAK
Januar 1978 auf Antrag gelöscht
Quellen:
LAB: B Rep. 068 1623 (mit Foto); C Rep. 301 Nr. 757 (mit Foto).
EAB: Nr. 15.762.
KG Berlin, Liste über zugelassene Rechtsanwälte.
Nachruf: Bock, Ludwig: Zum Tode von Dr. Kurt Landsberger. In: Berliner Anwaltsblatt, 1978, H. 5/6, S. 1f.
Dirks, Christian: Die Rechtsanwaltskammer Berlin in den Jahren 1945 bis 2004. In: Jungfer, Gerhard/König, Stefan /Rechtsanwaltskammer Berlin (Hg.): 125 Jahre Rechtsanwaltskammer Berlin. Jubiläumsschrift. Stuttgart u.a. 2006, S. 293–363, hier: S. 297 und Dokumente S. 304ff., 312f., 327.
AoR, S. 204f.

Langheld, Dieter
02.05.1911 Darmstadt – keine Angaben
Familienstand: verheiratet, zwei Kinder
1916 nach Tod des Vaters Umzug der Familie nach Berlin
1920–1929 Schiller-Gymnasium in Berlin-Lichterfelde

– Studium in Wien, Berlin, Freiburg i. Br. und Marburg
Juli 1933 erstes Staatsexamen beim OLG Kassel
Januar 1937 zweites Staatsexamen
1937 wegen der jüdischen Herkunft nicht zur Anwaltschaft zugelassen
– gilt nach den Kriterien der Nazis als „Mischling 2. Grades" (ein Großvater mütterlicherseits war Jude, Mitbegründer der Fa. Bote & Bock)
Juni 1937–1940 juristischer Mitarbeiter bei Schering
Juni 1940–1942 Soldat bei der Wehrmacht, aus Gesundheitsgründen entlassen
1942 – Mai 1945 dienstverpflichtet im Ministerium von Albert Speer, in der Registratur
Mai – September 1945 ohne Anstellung
August 1945 vorläufig als Rechtsanwalt zugelassen
Mai 1947 erneute Zulassung erteilt
September 1947 – September 1948 auf ausdrückliche Anordnung der Alliierten Kommandantur zum Pflichtdienst an Berliner Gerichten als Staatsanwalt herangezogen
Alliierte Kommandantur Berlin, Rechtskomitee, Leg/I (47) 161, 27.08.1947, gez. Arthur Birnkrant, US Member:
„Besonders wird auf Rechtsanwalt LANGHELD aufmerksam gemacht. Es wird hiermit angeordnet, dass er unbedingt seinen Posten voll ausfüllt. Er hat versucht, seiner Berufung für den öffentlichen Dienst viele Hindernisse in den Weg zu legen und eine sorgfältige Überwachung seiner Arbeit ist erforderlich. Sie haben diesem Komitee umgehend alle Einzelheiten zu berichten, im Falle dass Rechtsanwalt LANGHELD die ihm übertragenen Pflichten nicht zur Zufriedenheit erfüllt." (LAB C Rep. 301 Nr. 1753)
ab Mai 1950 Notar
Quellen:
LAB: C Rep. 301 Nr. 1753.

Laserstein, Botho Dr.
31.07.1901 Chemnitz – 09.03.1955 (Suizid)
Familienstand: verheiratet, eine Tochter
ab 1928 Rechtsanwalt in Berlin
– arbeitet in der der Kanzlei von JR Max Chodziesner (AoR, S. 134)
– veröffentlicht politische Essays (u.a. in der Weltbühne) und Filmkritiken
Juni 1933 Berufsverbot
1933 Emigration nach Frankreich
1936–1940 Übersetzer im französischen Postministerium
1940–1951 Gymnasiallehrer für Englisch und Deutsch
Dezember 1943 Frau und Tochter werden aus Frankreich nach Auschwitz deportiert und ermordet
– auch die Eltern und der Bruder werden deportiert und ermordet
1951 Rückkehr nach Deutschland
ab 1951 „probeweise und jederzeit widerruflich" Staatsanwalt in Düsseldorf
– zugleich publizistisch tätig; spricht sich gegen die Wiederbewaffnung und die immer wieder diskutierte Wiedereinführung der Todesstrafe aus; engagiert sich auch für die Rechte von Homosexuellen, die durch den weiterhin gültigen Paragraphen 175 in der verschärften Fassung von 1935 immer noch von massiver strafrechtlicher Verfolgung bedroht sind
Mitte 1953 strafversetzt als Amtsrichter nach Essen wegen seines Engagements, das Kritik an der Justizbürokratie einschloss
Anfang 1955 nach längeren Voruntersuchungen aus dem Staatsdienst entlassen, weil er als unangepasst gilt
– Laserstein droht der wirtschaftliche Ruin, auch weil sein Entschädigungsverfahren nicht vorankommt
– begeht nach der Entlassung aus dem Justizdienst einen ersten Suizidversuch
– bemüht sich vergeblich um Aufnahme als Bruder in die Benediktiner-Abtei Maria Laach
9. März 1955 Suizid
Quellen:
Hoven, Herbert (Hg.): Der unaufhaltsame Selbstmord des Botho Laserstein. Ein deutscher Lebenslauf. Frankfurt a. M. 1990.
AoR, S. 205.

Ledien, Hans
20.10.1887 Wittenberg (Lutherstadt) – 07.03.1963 Berlin
Familienstand: verheiratet, eine Tochter
– besucht das Melanchthon-Gymnasium in Wittenberg
März 1906 Abitur
– Studium in Grenoble, Leipzig, Berlin und Halle
Juli 1909 erstes Staatsexamen beim OLG Naumburg
Oktober 1909 – September 1910 Militärdienst bei der Reitenden Abteilung des Feldartillerie-Regiments Nr. 12
November 1914 zweites Staatsexamen (Kriegsnotexamen)
Ende 1914 – Dezember 1918 Soldat im Ersten Weltkrieg, zuletzt Leutnant
ab 1919 als Anwalt in Wittenberg zugelassen
ab 1920 Notar
1933 als „Frontkämpfer" wieder als Anwalt zugelassen
1935 Entzug des Notariats
Ende 1938 Berufsverbot als Anwalt
November 1938 in der Pogromnacht in das KZ Buchenwald verschleppt
Ende Mai 1939 Emigration nach Shanghai
– dort als „Attorney at Law" tätig
Ende August 1947 Rückkehr nach Deutschland, in seine Heimatstadt Wittenberg

September 1947 als Anwalt in Wittenberg zugelassen
Ende 1952 Flucht nach West-Berlin
Januar 1953 – September 1956 juristischer Referent im Besatzungskostenamt für den französischen Sektor und Rapporteur der französischen Entschädigungskommission
Oktober 1956 – März 1958 Angestellter der französischen Verwaltung in West-Berlin
ab Anfang 1959 als Anwalt in Berlin zugelassen
Quellen:
LAB: B Rep. 068 Nr. 1772.

Leffmann, Ernst Dr.
23.04.1899 Köln – 22.03.1972 Arnheim, Niederlande
Familienstand: verheiratet seit 1933, zwei Kinder
– besucht die Vorschule und das Realgymnasium in der Kreuzgasse in Köln
1917 Notabitur

1917–1919 beim Hilfsdienst, dann beim Militärdienst
1919–1922 Studium in Bonn und Köln
1922 erstes Staatsexamen beim OLG Köln
1922 Promotion an der Universität Köln
November 1924 zweites Staatsexamen
1924–1926 juristischer Angestellter in verschiedenen Unternehmen
ab 1926 Anwalt in Berlin
– zugleich Syndikus des Aschinger-Konzerns und der Berliner Hotelgesellschaft
– u.a. Verfasser des Handbuchs des Kraftfahrers (Berlin 1930) und des Handkommentars zum Milchgesetz (München 1932)
1933 wird nach einem Vortrag beim Gewerkschaftsbund am 08. März, der von SA-Leuten gestürmt wird, in der SA-Kaserne in der Friedrichstr. festgehalten und schwer misshandelt
– flüchtet mit seiner Familie nach Arnheim, Holland
– dort Leiter einer chemischen Fabrik
1940 muss nach der Besetzung Hollands durch die deutsche Wehrmacht die Stellung als Fabrikleiter aufgeben
Dezember 1942 – Oktober 1943 mit Ehefrau und Pflegetochter untergetaucht, bei einer Hausdurchsuchung durch die Gestapo entdeckt, bei der Verhaftung misshandelt, ins Gefängnis und von dort nach Westerbork verschleppt
Februar 1944 mit der Familie in das KZ Bergen-Belsen verschleppt
April 1945 die Familie soll mit Tausenden anderen Häftlingen nach Theresienstadt deportiert werden; der Zug irrt tagelang durch Deutschland und bleibt schließlich in Tröbitz im südlichen Brandenburg wegen einer zerstörten Eisenbahnbrücke liegen; mehr als 2.500 Menschen werden dort am 23. April von der Roten Armee befreit
Mai 1945 Rückkehr nach Arnheim, monatelang bettlägerig
1947–1948 Leiter einer Kunststofffabrik
ab 1948 wieder Direktor der chemischen Fabrik, deren Leitung er 1940 abgeben musste
Juli 1952 Antrag auf Zulassung als Anwalt in Berlin ohne Residenzpflicht
September 1952 Zulassung erteilt
1960 Lehrauftrag für Bankrecht an der Universität Köln
– Mitarbeiter an der 9. Auflage (1969) des Kommentars zum Gesetz gegen unlauteren Wettbewerb von Alfred Rosenthal
Quellen:
LAB: B Rep. 068 Nr. 1816 (mit Foto).
EAB: Nr. 61.798.
Senatsjustizverwaltung: Akte 3176/1 – I/B 1.
AoR, S. 206 (mit Foto).

Lehmann, Georg Dr.
29.04.1887 Berlin – 06.12.1974 (Buenos Aires?)
Familienstand: verheiratet seit Dezember 1922, zwei Kinder
– besucht das Sophien-Gymnasium in Berlin und das Städtische Gymnasium in Stettin
– studiert zuerst zwei Jahre Chemie an der Technischen Hochschule Berlin, dann Rechtswissenschaften in Berlin
1909 erstes Staatsexamen
März 1916 zweites Staatsexamen
ab Mai 1916 Anwalt in Berlin
ab Dezember 1927 Notar
– führt eine gut gehende, angesehene Kanzlei mit Einnahmen von ca. 25.000–30.000 RM im Jahr
1933 Berufsverbot als Anwalt und Notar
– muss zugleich verschiede Ehrenämter niederlegen (u.a. Vorstand und Mitglied des Ehrengerichts des Deutschen Tennis Bundes, Delegierter zum Deutschen Reichsausschuss für Leibesübungen, Olympisches Komitee)
März 1939 Emigration aus Deutschland
1940 Niederlassung in Argentinien, Buenos Aires

1942–1945 Mitinhaber eines kaufmännischen Betriebs
ab 1945 als Anwalt für internationales Recht, juristischer Berater von Privatpersonen und (deutschen) Firmen, Nachlassverwalter und Testamentsvollstrecker tätig
ab 1951 nach deren Wiedererrichtung für die Botschaft der Bundesrepublik Deutschland in Argentinien tätig, insbesondere in Wiedergutmachungsangelegenheiten
August 1951 Antrag auf Wiederzulassung als Anwalt:
„Eine Wiederzulassung als deutscher Anwalt würde aus zwei Gründen für mich von Bedeutung sein: Einmal würde ich bei den vielfachen wirtschaftlichen und rechtlichen Beziehungen zwischen Deutschland und Argentinien als zugelassener Anwalt meinen juristischen Wirkungskreis weiter erweitern können, zumal kaum erfahrene Juristen mit entsprechenden deutschen rechtlich wirtschaftlichen Kenntnissen hier zur Verfügung stehen, schließlich würde ich – ich stehe im 65. Lebensjahr – eine Wiedergutmachung des mir zugefügten Unrechts darin sehen, unter dem ich viele Jahre lang schwer gelitten habe." (LAB B Rep. 068 Nr. 1813)
Juni 1952 Zulassung erteilt
1966 durch den Botschafter der Bundesrepublik in Argentinien mit dem Großen Bundesverdienstkreuz ausgezeichnet für sein großes Engagement in Wiedergutmachungsangelegenheiten (dazu in der Akte: Artikel im deutschsprachigen Argentinischen Tagesblatt vom 03.02.1966 mit Foto)
Quellen:
LAB: B Rep. 068 Nr. 1813.
Senatsjustizverwaltung: Akte 3176/1 – I/B 1.
AoR, S. 206 (dort ohne Geburtsdatum, angeblich Suizid im April 1933).

Lehmann, Alfred Dr.
07.01.1898 Berlin – 31.07.1972 Tel Aviv
Familienstand: verheiratet
– besucht das Friedrichswerdersche Gymnasium in Berlin
Herbst 1916 Abitur
November 1916 – November 1918 Soldat im Ersten Weltkrieg, im Fronteinsatz
1918–1921 Jurastudium
1921–1924 Referendariat
1924 zweites Staatsexamen
ab 1924 Rechtsanwalt in Berlin (am LG, dann am KG)
ab 1932 zugleich Notar
– zeitweise Bürogemeinschaft mit Dr. Dagobert Pincus (der ihn ab 1954 im Entschädigungsverfahren vertritt)
1933 als „Frontkämpfer" wieder zugelassen als Rechtsanwalt und Notar
1935 Entzug des Notariats
1938 Berufsverbot als Rechtsanwalt
Mai 1938 – Ende 1939 juristischer Sachbearbeiter, dann Leiter der Siedlungsabteilung beim Palästina-Amt in Berlin
Ende Dezember 1939 Emigration mit der Ehefrau nach Palästina
– zunächst ohne feste Erwerbstätigkeit
ab Juni 1943 einfacher Bankangestellter mit geringem Einkommen
1959 Rückkehr nach Deutschland, Frankfurt a. M.
– lässt sich dort als Rechtsanwalt nieder
1963 Rückkehr nach Israel, Ramat Gan, später Tel Aviv
Quellen:
EAB: Nr. 62.865, Nr. 403.281 (Geschädigter: Louis Lehmann; Antragsteller: u.a. Dr. Alfred Lehmann, Tel Aviv).
AoR, S. 206.

Leidert, Heinrich Dr.
26.08.1879 Deutsch-Nettkow (Brandenburg) – 28.12.1950 (Berlin?)
Familienstand: verheiratet seit 1919, keine Kinder
1886–1895 Vorschule und Gymnasium in Guben (Niederlausitz)
1895–1998 Sophiengymnasium in Berlin
1898 Abitur

1898–1903 Studium in Berlin, München und Greifswald
1904 erstes Staatsexamen beim OLG Stettin
1904–1907 Referendariat im KG-Bezirk
1908 zweites Staatsexamen
ab 1908 Rechtsanwalt in Berlin
1914–1918 Heeresdienst (unklar ob Frontkämpfer)
ab 1924 Notar
1933 als „Altanwalt" wieder zugelassen
1935 Entzug des Notariats
1938 Berufsverbot als Rechtsanwalt
1939 Emigration nach Shanghai
1940–1947 dort als Rechtsberater tätig
ab 1941 stellvertretender Vorsitzender der

„Association of Central-European Attorneys-at-law" in Shanghai
– der einzige Bruder wird in Theresienstadt ermordet
August 1947 Rückkehr nach Berlin
ab Dezember 1947 als Rechtsanwalt und Notar wieder zugelassen
– wird vom Pflichtdienst an Berliner Gerichten befreit
Quellen:
LAB: B Rep. 068 Nr. 1808 (mit Foto); C Rep. 118-01 Nr. 34.240; C Rep. 301 Nr. 388.
KG Berlin, Liste über zugelassene Rechtsanwälte.
AoR, S. 206.

Levot, Hans Dr.
03.04.1896 Köln – 20.09.1965 (Berlin?)
Familienstand: verheiratet, drei Söhne
– Sohn eines Rechtsanwalts
1902–1914 Vorschule und Städtisches Realgymnasium in Köln
Februar 1914 Abitur

1914 Studium in Edinburgh
1914–1918 Soldat im Ersten Weltkrieg, Angehöriger einer technischen Nachrichtentruppe (Telegrafenbataillon), im Fronteinsatz in Frankreich und Russland, ausgezeichnet mit dem EK II
1919–1920 Studium in Bonn, Freiburg i. Br. und Köln
1920 erstes Staatsexamen in Köln
1920–1924 Referendariat zuerst im OLG-Bezirk Köln, ab 1923 im KG-Bezirk
1921 Promotion an der Universität Köln
1924 zweites Staatsexamen
1925 als Gerichtsassessor bei verschiedenen Berliner Anwälten tätig
ab 1926 Rechtsanwalt in Berlin
Januar 1933 beantragt die Ernennung zum Notar
1933 als „Frontkämpfer" wieder zugelassen
1933 Antrag auf Ernennung zum Notar wird abgelehnt, da er nach Aufforderung vom 03. März [!] keinen „Ariernachweis" erbringen kann
– gilt als „Mischling 2. Grades"
bis 1945 als Anwalt tätig
– in der Amtsausübung als Rechtsanwalt behindert, da ihm z. B. Vormundschaften und Pflegschaften vorenthalten werden
– Mitglied in der NSV (ab 1938) und im Reichsluftschutzbund
ab Ende Juni 1945 vorläufig als Rechtsanwalt und Notar zugelassen
Mai 1947 vorläufige Zulassung erneuert
September 1947 – Mai 1948 Pflichtdienst als Staatsanwalt bei der Staatsanwaltschaft Neukölln
März 1948 endgültige Zulassung als Rechtsanwalt und Notar
– bemüht sich in den 1950er Jahren nach der Spaltung der Stadt um die Zulassung an Ost-Berliner Gerichten; sein Gesuch wird abschlägig beschieden
Quellen:
LAB: B Rep. 068 Nr. 1780 (mit Foto); C Rep. 301 Nr. 1506–07.
EAB: Nr. 17.337.
KG Berlin, Liste über zugelassene Rechtsanwälte.
AoR, S. 208.

Levy, Felix Dr.
10.10.1886 Königsberg (Ostpreußen) – 20.01.1955 Düsseldorf
Familienstand: verheiratet, zwei Kinder
– Rechtsanwalt und Notar in Berlin
1933 Wiederzulassung als Rechtsanwalt
1935 Entzug des Notariats
Ende 1938 Reise nach Italien, um die Emigration vorzubereiten
– kehrt angesichts der Novemberpogrome und einer drohenden Verhaftung nicht mehr nach Deutschland zurück
Ende 1939 über Frankreich nach Ecuador
– wird in Frankreich kurzzeitig im Lager Les Milles bei Aix-en-Provence interniert
Anfang 1940 Ankunft in Ecuador, Quito
bis 1947 ohne festes Einkommen, nur notdürftig ernährt
1946 verlässt Ecuador, um nach Deutschland zurückzukehren
– bewirbt sich um eine Richterstelle in Düsseldorf
Januar 1947 in London
Mai 1947 Rückkehr nach Deutschland, Düsseldorf
ab Juni 1947 LG-Rat in Düsseldorf
Quellen:
EAB: Nr. 11.157 (mit Reisepass vom Oktober 1938, mit Passfoto).
AoR, S. 208 (mit Foto).

Levy, Hans
18.12.1902 Berlin – 18.01.1968 (Melbourne, Australien?)
Familienstand: verheiratet seit Juli 1939, zwei Kinder

– besucht das Dorotheenstädtische Realgymnasium in Berlin
1921 Abitur

– Studium in Freiburg i. Br. und Berlin
1925 erstes Staatsexamen beim KG
– Referendariat im KG-Bezirk
April 1929 zweites Staatsexamen
ab August 1929 Anwalt in Berlin
1933 Berufsverbot
1933 nach dem Berufsverbot Emigration nach Italien
– dort kaufmännisch in einer Darmhandlung tätig
1938 Emigration über Lugano nach Paris
1939 Emigration nach Melbourne, Australien
– in verschiedenen Berufen tätig
ab 1950 im Staatsdienst
scheidet 1960 aus gesundheitlichen Gründen aus dem Staatsdienst aus
– betätigt sich dann als Rechtsberater, v.a. in Entschädigungsangelegenheiten
Dezember 1962 Antrag auf Zulassung als Anwalt in Berlin ohne Residenzpflicht
März 1963 Zulassung erteilt
Quellen:
LAB: B Rep. 068 Nr. 1779 (mit Foto).
AoR, S. 209.

Lewin, Alfred Dr.
18.05.1902 Lautenburg (Westpreußen) – 30.01.1993 (Los Angeles?)
Familienstand: verheiratet seit 1931, ein Sohn
1923 erstes Staatsexamen
Februar 1927 zweites Staatsexamen
ab April 1927 Rechtsanwalt beim KG
– Bürogemeinschaft anfänglich mit Max Jaffé (AoR, S. 186) und Georg Loewenberg (AoR, S. 215), dann alleine mit Loewenberg
1933 Berufsverbot
Juni 1933 Emigration nach Prag
– arbeitet zunächst als Versicherungsvertreter, kann aber wirtschaftlich nicht Fuß fassen
Januar 1935 Rückkehr nach Berlin
– arbeitet im Holzgeschäft seines Vaters und wird Mitgesellschafter des Unternehmens; das Geschäft wird durch die antisemitischen Maßnahmen des Regimes in den Ruin getrieben
November 1938 entgeht der Verhaftung in der Pogromnacht, da er sich einige Wochen versteckt hält
Anfang Januar 1939 Emigration in die USA, über New York nach Kalifornien, Los Angeles
ab 1939 Angestellter bei verschiedenen Filmproduktionsfirmen
1944 Annahme der US-Staatsbürgerschaft
September 1953 Antrag auf Zulassung als Anwalt in Berlin ohne Residenzpflicht
– nach den im Oktober 1953 aufgestellten Richtlinien der RAK über die Zulassung von im Ausland lebenden Anwälten wird der Antrag abgelehnt, da Lewin nicht die Absicht hat, jemals dauerhaft nach Deutschland zurückzukehren
November 1953 nach Vortrag beim Senator für Justiz befreit dieser Lewin dauerhaft von der Verpflichtung, seinen Wohnsitz in Berlin zu nehmen; daraufhin erteilt der KG-Präsident die Zulassung
Oktober 1954 auf eigenen Antrag gelöscht, da er sich bis auf weiteres nicht als Anwalt betätigt
Quellen:
LAB: B Rep. 068 Nr. 1778.
Senatsjustizverwaltung: Akte 3176/1 – I/B 1.
AoR, S. 209.

Lewinski, Moritz
06.10.1881 – keine Angaben (nach Mai 1948)
Familienstand: keine Angaben
– Rechtsanwalt beim LG I–III und AG Berlin-Mitte und Notar
1933 wieder zugelassen, Entzug des Notariats
1938 Berufsverbot
1945 überlebte das NS–Regime und wohnte nach 1945 in Spandau
1948 AG-Rat am AG Spandau
Quellen:
LAB: B Rep. 036-01 Nr. 4 39-1 2.
AoR, S. 210.

Lewinski, Wilhelm Dr.
28.12.1903 Berlin-Heinersdorf – 01.12.1989 (Glen Ellyn, Illinois?)
Familienstand: verheiratet seit 1935, drei Kinder
1922 Abitur am Realgymnasium in Berlin-Weißensee
– Aufnahme eines Jurastudiums mit kleinem Stipendium
ab Herbst 1922 zur Finanzierung des Lebensunterhalts zugleich in Lehre bei einer Exportfirma; führt für drei Semester das Studium am Abendkolleg fort, was dann durch die Hyperinflation unmöglich wird

– beendet die Lehre
bis Herbst 1927 weiter bei der Exportfirma tätig, zuletzt in leitender Stellung
– studiert nebenbei an der Deutschen Hochschule für Politik, mit Abschluss 1925 oder 1926
Herbst 1927 Fortsetzung des Jurastudiums; finanziert durch Darlehen, Studienbeihilfen und eine Tätigkeit als Dozent bei Gewerkschaften, SPD und sozialistischer Jugendbewegung
1929 Promotion an der Universität Leipzig
März 1930 erstes Staatsexamen beim KG
– Referendariat im KG-Bezirk
April 1933 mit Beendigung des Referendariats suspendiert
Oktober 1933 auf Antrag Zulassung zum zweiten Staatsexamen, Note „befriedigend"
– sein Antrag auf Zulassung als Rechtsanwalt als Sohn eines „Frontkämpfers" und Schwerkriegsbeschädigten wird abgelehnt
– bei der Jüdischen Gemeinde in der Jugendarbeit tätig (Leiter von Ferienlagern, Betreuer in Kinderhorten)
ab Herbst 1936 Leiter der jüdischen Privatschule Waldschule Kaliski in Berlin-Dahlem
Januar 1938 Emigration nach Kolumbien
– Versuche, eine selbständige wirtschaftliche Existenz aufzubauen, scheitern (Gründung einer Schule für deutsch-jüdische Kinder von Emigranten, Gründung einer Ausflugsgaststätte), dann als Angestellter in der Filmwirtschaft tätig
1948 Emigration in die USA, Chicago
– arbeitet zuerst als Hilfsarbeiter oder einfacher Angestellter
ab ca. 1952 in einer qualifizierten Stellte in einer pharmazeutischen Firma
– studiert in Abendvorlesungen nebenher Philosophie und Politische Wissenschaft
April 1955 Antrag auf Zulassung als Anwalt in Berlin ohne Residenzpflicht
Juli 1956 Zulassung erteilt
– Gründe für die lange Dauer des Verfahrens sind aus der Akte nicht ersichtlich
Quellen:
LAB: B Rep. 068 Nr. 3177.
Senatsjustizverwaltung: Akte 3176/1 – I/B 1.

Lewinsky, Hans Dr.
12.10.1907 Berlin – 07.10.1981 (New York?)
Famiienstand: unverheiratet (Stand: 1954)
– Sohn des Rechtsanwalts und Notars JR Adolf Lewinsky (gest. 1927)
1913–1925 Askanisches Gymnasium (mit Vorschule)
– Studium in Berlin und Genf
1929 erstes Staatsexamen, Note „gut/vollbefriedigend"
Januar 1933 zweites Staatsexamen, Note „gut"
März 1933 Zulassung als Anwalt beim LG II in Berlin
April 1933 Vertretungsverbot
Mai 1933 Berufsverbot als Anwalt
– keine Angaben über die folgenden Jahre
November 1938 in der Pogromnacht in das KZ Sachsenhausen verschleppt
Ende Dezember 1938 Emigration in die USA
– dort erneutes Jurastudium mit Bar Examen; nach Einbürgerung als Anwalt zugelassen; führt eine Kanzlei in New York und Paris
Juni 1954 Antrag auf Zulassung als Anwalt in Berlin ohne Residenzpflicht
September 1954 Zulassung erteilt
Quellen:
LAB: B Rep. 068 Nr. 1777.
Senatsjustizverwaltung: Akte 3176/1 – I/B 1.
AoR, S. 210.

Lewy, Fritz Dr.
23.08.1898 Insterburg (Ostpreußen) – 23.07.1978 (Berlin?)
Familienstand: verheiratet seit 1931, eine Tochter
1904–1908 Volksschule in Berlinchen (Neumark)
1908–1911 Fichte-Gymnasium in Berlin
1911–1916 Köllnisches Gymnasium in Berlin
Ostern 1916 Abitur

1916 und 1919–1920 Studium in Berlin
1917 – November 1918 als Soldat im Ersten Weltkrieg, Frontkämpfer, an der Front in Rumänien
1920 erstes Staatsexamen
– Referendariat im KG-Bezirk
1921 Promotion an der Universität Breslau
1923 zweites Staatsexamen
bis Sommer 1924 in einer Berliner Getreidegroßhandlung tätig, um Erfahrung in der freien Wirtschaft zu sammeln
ab 1924 Rechtsanwalt in Berlin
– Sozietät mit Jean Lachmann (AoR, S. 202), JR Broh (AoR, S. 131) und Dr. Max Kantorowicz (AoR, S. 191)
1933 als „Frontkämpfer" wieder zugelassen
Ende 1938 Berufsverbot

– dann als Vermögensverwalter für emigrierte deutsche Juden tätig
– lebt in einer „privilegierten Mischehe"
ab Anfang 1943 zur Zwangsarbeit herangezogen, u.a. bei den Fromms-Gummiwerken und der Deutschen Reichsbahn
ab Juli 1945 vorläufig als Rechtsanwalt und Notar wieder zugelassen
April 1948 endgültige Zulassung
ab Januar 1949 zum Justizdienst herangezogen
– erhält eine Entschädigung in Höhe von 2.250 DM (150 DM für jeden vollen Monat) für die „Zwangsarbeit mit Sterntragen" von 15 Monaten und 7 Tagen sowie 15.000 DM für „Berufsschaden"
1977 übergibt seine Praxis an einen Nachfolger (Wilhelm Meyer), behält aber die Zulassung
Quellen:
LAB: B Rep. 068 Nr. 1775 (mit Foto); C Rep. 301 Nr. 1502–03.
EAB: Nr. 211.159.
KG Berlin, Liste über zugelassene Rechtsanwälte.
AoR, S. 210.

Loewe, Josef Dr.
20.09.1878 Berlin – 26.09.1956 Mainz-Gonsenheim
Familienstand: verheiratet
vor 1933 Rechtsanwalt und Notar
– in Sozietät mit Dr. Martin Loewe (AoR, S. 215)
1933 Entzug des Notariats
– gilt als „Halbjude"
– wird wiederholt von der Gestapo verhört (wegen der angeblichen Verbreitung von „Hetzschriften") und bei einem der Verhöre schwer misshandelt (Verlust des Gehörs auf einem Ohr, gebrochener Arm)
Mitte 1937 emigriert nach Paris; ohne Ausreiseerlaubnis der Gestapo; die Ehefrau bleibt noch ein halbes Jahr in Berlin, um die Flucht zu decken und, wenn möglich, den Transfer von Eigentum zu organisieren (was scheitert), reist dann aber überstürzt nach Paris ab, da ihr Ehemann schwer erkrankt ist; das Hab und Gut werden beschlagnahmt
– das Ehepaar lebt von der Unterstützung durch Verwandte aus England
1938 Berufsverbot als Rechtsanwalt
1939 nach Kriegsbeginn als „feindliche Ausländer" interniert
Oktober 1940 die Ehefrau wird dienstverpflichtet für eine deutsche Heereswerkstatt
September 1944 zurück nach Deutschland verbracht
– das Ehepaar lebt unangemeldet in Karlsruhe, dort ausgebombt, dann in Baden-Baden
Dezember 1945 – 1949 als LG-Direktor und stellvertretender LG-Präsident in Mainz
– die Witwe beantragt Wiedergutmachung, u.a. für eine Versicherung bei der Deutschen Anwalt- und Notar-Versicherung (DAVN) (1959 Sonderabteilung der Hamburg-Mannheimer Versicherungs-AG, Sitz in Hamburg)
– Nachweis über Art und Höhe der Versicherung kann nach Auskunft der DAVN nicht erbracht werden, da alle Unterlagen an dem alten Firmensitz in Halle/Saale beschlagnahmt wurden
– dazu ergeht auch ein Urteil der 145. Zivilkammer (Wiedergutmachungskammer) des LG Berlin: Antrag der Witwe auf Ansetzung einer mittleren Versicherungssumme wird abgelehnt, da die Ansprüche nicht substantiiert werden konnten und somit offen bleiben muss, ob sie unter die Rückerstattungsanordnung fallen
Quellen:
LAB: B Rep. 025 81 WGA 1268–1271/57.
AoR, S. 215 (mit Foto).

Loewe, Walter
01.10.1903 Berlin – keine Angaben (nach Mai 1978)
Familienstand: verheiratet seit 1934, eine Tochter
– besucht das Luisengymnasium in Berlin
Frühjahr 1921 Abitur

1921–1924 Studium in Berlin und Freiburg i. Br.
Februar 1925 erstes Staatsexamen beim KG
März 1925 – Juni 1928 Referendariat im KG-Bezirk
Februar 1929 zweites Staatsexamen
ab März 1929 Rechtsanwalt in Berlin
– Sozietät mit Dr. Martin Domke (AoR, S. 142)
Mai 1933 Berufsverbot
1933–1938 als Vermögensverwalter in Berlin tätig
Juli 1935 Emigration nach Chile
bis Oktober 1970 in Chile ansässig
kehrt 1971 nach Berlin zurück
September 1971 Antrag auf Zulassung als Anwalt in Berlin
November 1971 als Anwalt beim LG Berlin zugelassen

Januar 1973 Simultanzulassung beim KG erteilt
April 1973 Bestellung zum Notar
Mai 1978 Verzicht auf die Zulassung aus gesundheitlichen Gründen
Quellen:
LAB: B Rep. 068 Nr. 1705 (mit Foto).
AoR, S. 215.

Löwenthal, Fritz Dr.
15.09.1888 München – 28.08.1956 Valdorf, Westfalen
Familienstand: verheiratet

– Studium der Psychologie und Musiktheorie, dann Nationalökonomie und Rechtswissenschaft in Berlin und München
1911 erstes Staatsexamen
1913–1923 Mitglied der SPD
1914 Promotion an der Universität München
1914 zweites Staatsexamen
1915–1918 einberufen zum Heeresdienst, zuletzt 1917 als Unteroffizier beim Bekleidungsinstandsetzungsamt in Augsburg
ab 1919 Rechtsanwalt in Nürnberg
1922 Syndikus in Stuttgart
ab 1927 Rechtsanwalt in Berlin
1927 Eintritt in die KPD
ab 1929 Vorsitzender der KP-nahen Internationalen Juristischen Vereinigung
1930–1931 Redakteur der Zeitschrift Revue der Internationalen Juristischen Vereinigung
– zeitweise Mitglied des Zentralkomitees der Roten Hilfe
1930–1932 Reichstagsabgeordneter für die KPD
Februar 1933 entgeht nach dem Reichstagsbrand nur knapp der Verhaftung
März 1933 Flucht nach Frankreich, dann in die Niederlande
1933 vom Deutschen Reich ausgebürgert
– beteiligt sich am Abstimmungskampf im Saargebiet und dem Widerstand im französischen Exil
April 1935 Emigration in die UdSSR
– arbeitet als Sprachlehrer, Redakteur und Übersetzer in Moskau
Oktober 1941 aus Moskau evakuiert
ab 1943 Politinstrukteur in Kriegsgefangenenlagern, u.a. an der Antifa-Schule in Taliza
1946 Rückkehr nach Deutschland, Ost-Berlin
1947 Leiter der Abteilung Justizaufsicht in der Zentralverwaltung für die Justiz der SBZ
– nimmt eine kritische Haltung zur Justizentwicklung in der SBZ ein
Mai 1947 Flucht in die Westzonen
– wechselnde Wohnsitze in Hannover, Nürnberg und Dortmund
– Eintritt in die SPD
1948–1949 Mitglied des Parlamentarischen Rates für die SPD
1949 greift den SPD-Vorsitzenden Kurt Schumacher wegen dessen Taktik bei den Grundgesetzberatungen öffentlich an und tritt aus Partei und Fraktion aus, um dem drohenden Ausschluss zuvorzukommen
– bleibt als Fraktionsloser im Parlamentarischen Rat und votiert für Annahme des Grundgesetzes
– wieder als Rechtsanwalt zugelassen
– betätigt sich dann vor allem im Ruhrgebiet publizistisch und in öffentlichen Auftritten gegen den Kommunismus
Quellen:
LAB: C Rep. 118-01 Nr. 12079.
Wikipedia: Fritz Löwenthal. http://de.wikipedia.org/wiki/Fritz_L%C3%B6wenthal, 07.08.2012.
Bundeszentrale für politische Bildung, Kurzbiographie (mit Foto). http://www.bpb.de/popup/popup_druckversion.html?guid=12ADMK, 07.08.2012.
AoR, S. 216.

Löwenthal, Georg Dr. (später: Lowen, George)
22.04.1898 Brandenburg an der Havel – 09.07.1969 (Johannesburg, Südafrika?)
Familienstand: verheiratet seit 1941, ein Sohn
– besucht das Gymnasium in Brandenburg a. H.
1916 Abitur
1916 Beginn des Jurastudiums in Berlin
Ende 1916 – Ende 1917 Heeresdienst
1918–1920 Fortsetzung des Studiums in Berlin
Juli 1920 erstes Staatsexamen beim KG
1920–1923 Referendariat
1921 Promotion an der Universität Breslau
Januar 1924 zweites Staatsexamen
ab Februar 1924 Rechtsanwalt in Berlin
1933 Gesuch zur Bestellung als Notar
April 1933 lehnt die Abgabe einer Loyalitätserklärung ab, da er die Zustände nach den Zwangsmaßnahmen der Nationalsozialisten nicht als rechtsverbindlich betrachtet
Mai 1933 Berufsverbot
Mai 1933 Emigration nach Paris

1934 Niederlassung in Holland
Januar 1935 Emigration nach Südafrika, da er in Holland beruflich nicht Fuß fassen kann
ab März 1935 in Johannesburg ansässig
– Studium des südafrikanischen und englischen Rechts
1938 Universitätsexamen
ab Ende 1938 als Anwalt in Johannesburg tätig, zugelassen u.a. beim Hohen und Höchsten Gericht in Südafrika
– nimmt die südafrikanische Staatsbürgerschaft an und ändert den Namen in George Lowen
ab 1956 Queen's Counsel
April 1963 Antrag auf Zulassung als Anwalt in Berlin ohne Residenzpflicht
Juli 1963 Zulassung beim LG und beim KG erteilt (Nr. 109 in Liste)
– benennt als Zustellungsbevollmächtigten seinen früheren Bürovorsteher
Quellen:
LAB: B Rep. 068 Nr. 1704 (mit Foto).
AoR, S. 217.

Loewy (später: Manasse), Käthe Dr.
07.02.1905 Berlin – 02.07.1994 Hamburg
Familienstand: verheiratet
– besucht die Kaulsche Höhere Töchterschule, dann des Königstädtische Lyzeum, ab der Untertertia die Städtische Studienanstalt Berlin (ein modernes Realgymnasium)
Februar 1924 Abitur
– Studium Nationalökonomie (nur ein Semester) und Jura in Freiburg i. Br., Berlin und Bonn
1928 erstes Staatsexamen in Berlin, Note „vollbefriedigend"
1931 Promotion an der Universität Bonn (Dissertation erscheint in der Reihe: Bonner rechtswissenschaftliche Abhandlungen)
Juli 1932 zweites Staatsexamen
– als Gerichtsassessorin kommissarisch am AG Berlin-Schöneberg eingesetzt
Februar 1933 beantragt die Zulassung zur Anwaltschaft
Ende März 1933 Zulassung als Rechtsanwältin
Ende Juni 1933 Berufsverbot
– danach nur gelegentlich erwerbsstätig in Aushilfejobs und für einen Monat bei der „Women's International Zionist Organization"
März 1938 Emigration gemeinsam mit ihren vier Geschwistern nach Palästina
– Heirat mit dem Rechtsanwalt Fritz Manasse
– das Ehepaar verdient den Lebensunterhalt mit wechselnden Tätigkeiten; sie gibt u.a. Sprachunterricht, arbeitet als Typistin, als Angestellte der Wizo und leitet das Solidaritätswerk der Vereinigung von Einwanderern aus Deutschland, „Hitachdut Olej Germania" (HOG); der Ehemann arbeitet u.a. in einer Wäscherei, als Buchhalter und Buchprüfer
1944 und 1946 erkrankt schwer, mit bleibenden Folgen für das weitere Leben

– die Mutter wird 1942 nach Theresienstadt deportiert und ermordet
November 1949 Rückkehr nach Deutschland, Hamburg
– wird in Hamburg zuerst beim Amt für Wiedergutmachung angestellt
ab 1953 Richterin am LG Hamburg
1962 Beförderung zur LG-Direktorin
– engagiert sich ehrenamtlich in der jüdischen Gemeinde und in der Gesellschaft für Christlich-Jüdische Zusammenarbeit
Februar 1973 Ruhestand
Quellen:
Röwekamp, Marion: Juristinnen. Lexikon zu Leben und Werk. Hg. vom Deutschen Juristin-

nenbund. Baden-Baden 2005, S. 236–238 (mit Foto).
Auskunft Joel Levi, Tel Aviv; Simone Ladwig-Winters, Berlin.
AoR, S. 217 (mit Foto).

Louis, Hellmuth Dr.
22.04.1902 Berlin – keine Angaben
Familienstand: verheiratet seit 1934, vier Kinder
– besucht die Hohenzollernschule in Berlin-Schöneberg und die Treitschke-Schule in Berlin-Wilmersdorf

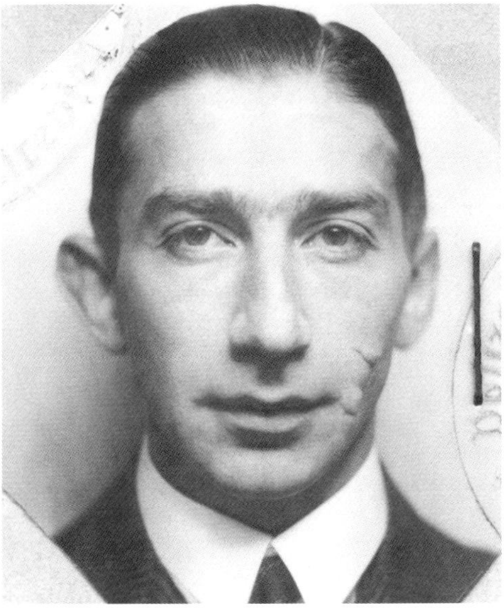

1921–1926 Jurastudium in Berlin und Jena
März 1926 erstes Staatsexamen in Jena
Juli 1926 Promotion an der Universität Köln
– Referendariat im KG-Bezirk
Anfang 1931 zweites Staatsexamen
– arbeitet dann als juristischer Hilfsarbeiter in der Kanzlei von Rechtsanwalt und Notar Dr. Kurt Pindar (siehe AoR, S. 238), mit Aussicht auf spätere Sozietät
1933 Antrag auf Zulassung als Anwalt wird wegen jüdischer Herkunft („Mischling 1. Grades") abgelehnt
November 1934 als Gerichtsassessor aus dem Justizdienst entlassen
– arbeitet dann als Syndikus in einem mittelständischen Industrieunternehmen
– Mitglied in der DAF
– kann sich der Dienstverpflichtung bei der Organisation Todt entziehen, indem er Berlin verlässt
August 1945 vorläufige Zulassung als Anwalt
Mai 1947 erneute vorläufige Zulassung
Juli 1947 endgültige Zulassung als Anwalt
– leistet den Pflichtdienst im Berliner Justizwesen als Staatsanwalt
(spätestens) ab 1948 auch Notar
– Rechtsberater eines Versicherungsunternehmens mit Sitz in Berlin und Köln, beantragt daher die Zulassung als Anwalt in Köln
Mai 1949 als Rechtsanwalt in Köln zugelassen (Eintragung in Liste erfolgt erst nach Löschung in Berlin)
Oktober 1949 in Berlin als Anwalt gelöscht
1949 – Ende 1960 Rechtsanwalt in Köln
– dann Antrag auf Zulassung als Anwalt beim AG und beim LG Frankfurt a. M.
Quellen:
LAB: C Rep. 301 Nr. 2866 (mit Foto) (mit gelbem Ausweis über die vorläufige Zulassung und rotem Ausweis über die endgültige Zulassung und die Originalurkunden der Zulassungen).
Auskunft RAK Köln.

Lührse, Ernst Dr.
08.04.1893 Stettin – 09.11.1969 Berlin
Familienstand: verheiratet seit 1928, zwei Kinder
– Schulausbildung und Abitur am humanistischen Marienstift-Gymnasium in Stettin
1911–1914 Studium in Tübingen, Halle, Leipzig und Greifswald
Juni 1914 erstes Staatsexamen beim OLG Stettin
Juni 1914 als Referendar beim OLG Stettin vereidigt
August 1914 – Dezember 1918 Kriegsdienst im Ersten Weltkrieg, im Fronteinsatz
1919–1921 Fortsetzung des Referendariats
Juli 1920 Promotion an der Universität Rostock
Juli 1921 zweites Staatsexamen
August 1921 – Juli 1925 als Gerichtsassessor mit Kommissorien im OLG-Bezirk Stettin betraut
August 1925 Ernennung zum AG- und LG-Rat in Stettin
ab April 1929 AG-Rat am AG Berlin-Neukölln
ab Januar 1932 zugleich AG-Rat am AG Berlin-Schöneberg
1918–1933 aktives Mitglied der DDP, später Deutsche Staatspartei (ab 1930 die rechtsliberale Nachfolgepartei der DDP)
1930–1933 als Jugendrichter mit vielen Verfahren wegen der „Straßenkämpfe" befasst; nimmt Stellung gegen den SA-Terror und gerät daher in Konflikte mit NS-Anhängern (u.a. mit Rechtsanwalt Deutschmann, der 1933 als Funktionär der RAK das Berufsverbot gegen Lührse vorantreibt)
April 1933 als Richter zwangsweise beurlaubt
Sommer 1933 in den Dienst zurückberufen; fällt als „Frontkämpfer" unter die Ausnahmeregelungen des Gesetzes zur Wiederherstellung des Berufsbeamtentums (BBG)
Oktober 1933 erneut zwangsweise beurlaubt
November 1933 aus dem Justizdienst entlassen gemäß Paragraph 4 BBG wegen „nationaler Unzuverlässigkeit" mit reduziertem Ruhegehalt
– danach ohne Arbeits- und Beschäftigungsmöglichkeit
1938 nach der Pogromnacht vom 10. November

bis zum 22. Dezember in das KZ Sachsenhausen verschleppt
– lebt in einer „Mischehe“ und bleibt daher von den Deportationen ausgenommen
September 1942 – März 1943 erneut in Haft, im Polizeigefängnis Berlin und im „Arbeitserziehungslager“ der Gestapo in Berlin-Wuhlheide
– aus gesundheitlichen Gründen entlassen, dennoch zum Zwangsarbeitseinsatz herangezogen
April 1943 – Frühjahr 1944 Bauhilfsarbeiter bei Enttrümmerungen
Frühjahr 1944 – April 1945 Hilfsarbeiter und Aushilfsbuchhalter in der Fa. Helmuth Korth, Kesselstr., Berlin
ab Juli 1945 im Vorstand der Berlinischen Boden-Gesellschaft, später Bau- und Boden AG (BAUBO-AG)
Februar 1952 Antrag auf Zulassung als Rechtsanwalt in Berlin
März 1952 Zulassung erfolgt
– bleibt weiterhin im Vorstand der Berlinischen Boden-Gesellschaft tätig, die er auch als Anwalt vertritt
Quellen:
LAB: B Rep. 068 Nr. 1714.
Bergemann, Hans/Ladwig-Winters, Simone: Richter und Staatsanwälte jüdischer Herkunft in Preußen im Nationalsozialismus. Köln 2004, S. 252.

Lustig, Max Dr.
31.07.1881 Berlin – 11.03.1971 Berlin
Familienstand: verheiratet, ein Sohn
1890–1893 Victoriagymnasium in Potsdam
1893–1900 Sophiengymnasium in Berlin
1900–1903 Studium in Berlin
April 1903 erstes Staatsexamen in Berlin
März 1909 zweites Staatsexamen
März 1909 Promotion an der Universität Jena

ab Oktober 1909 als Rechtsanwalt zugelassen
1914–1918 Frontkämpfer im Ersten Weltkrieg, in Frankreich und Palästina, ausgezeichnet mit dem EK II und dem Türkischen Halbmond
ab Juli 1919 Notar
1933 als „Frontkämpfer“ wieder zugelassen
– galt als „Mischling 1. Grades“
Ende 1935 nach einem Urteil des Ehrengerichts der Anwaltskammer vom 12. April 1935, in zweiter Instanz bestätigt, als Rechtsanwalt und Notar gelöscht; das Urteil ist durch die rassistische NS-Ideologie beeinflusst
bis September 1944 als Syndikus tätig
November 1944 – Januar 1945 im Rahmen der „Aktion Mitte“ zur Zwangsarbeit als Tiefbauarbeiter in einem Arbeitslager in Jena herangezogen
August 1945 vorläufig als Rechtsanwalt und Notar zugelassen
ab Ende 1946 zum Justizdienst als Richter am LG Berlin berufen
Juli 1947 nach Übernahme als Berufsrichter in den Justizdienst auf Antrag als Rechtsanwalt gelöscht
Ende März 1950 mit Erreichung der Altersgrenze in den Ruhestand versetzt, ohne Ruhegehalt, da die 10-jährige Wartezeit nicht erfüllt ist; beantragt daher die erneute Zulassung als Rechtsanwalt
Juli 1950 Zulassung als Rechtsanwalt erteilt
September 1950 zum Notar ernannt
Oktober 1969 auf Antrag aus dem Amt des Notars entlassen
– erhält in seinem Entschädigungsverfahren als Goodwill auf dem Vergleichsweg 4.000 DM, für Schaden im beruflichen Fortkommen 8.000 DM (später umgewandelt in eine monatliche Rente von 600 DM)
Quellen:
LAB: B Rep. 068 Nr. 3594 (mit Foto).
EAB: Nr. 13.137.
AoR, S. 218 (mit Foto).

Maas, Ernst
23.01.1887 Stettin – 10.11.1963 Berlin
Familienstand: verheiratet seit 1924, ein Sohn (nach anderen Angaben keine Kinder)
1893–1906 Vorschule und Stadtgymnasium in Stettin
Herbst 1906 Abitur

1906–1909 Studium in Berlin, Freiburg i. Br., Leipzig und Greifswald
Oktober oder November 1909 erstes Staatsexamen in Stettin
Dezember 1909 – Anfang 1914 Referendariat
August 1914 zweites Staatsexamen
1914–1918 Kriegsfreiwilliger beim Ulanen-Regiment 9 in Demmin (Pommern), Frontkämpfer, zuletzt Unteroffizier, ausgezeichnet mit dem EK II
1916 zugleich Hilfsrichter beim Kriegsgericht
ab März 1919 als Rechtanwalt zugelassen
ab 1928 Notar
1933 als „Frontkämpfer" wieder zugelassen
1935 Entzug des Notariats
Ende 1938 Berufsverbot als Anwalt
– lebt in einer „Mischehe"
1942 verhaftet und der Spionage verdächtigt, da er sich ein Visum für die Schweiz beschaffen wollte
März 1943 – April 1945 zur Zwangsarbeit herangezogen (als Abrissarbeiter und Arbeiter zur Säuberung von Feldflaschen und Stahlhelmen, ab September 1944 in der Bürstenfabrik von Otto Weidt)
1943 verhaftet und in der Großen Hamburger Str. für einige Tage im „Judengewahrsam"
Juni 1945 als Rechtsanwalt und Notar vorläufig zugelassen
Mai 1947 vorläufige Zulassung erneuert
April 1948 endgültige Zulassung
– bis zu seinem Tod als Anwalt zugelassen
– auf dem Waldfriedhof in Zehlendorf beigesetzt
Quellen:
LAB: B Rep. 068 Nr. 3624 (mit Foto); C Rep. 301 Nr. 999–1000 (Nr. 1000 mit Foto).
KG Berlin, Liste über zugelassene Rechtsanwälte.
AoR, S. 219.

Mann, Fritz (später: Frederick) Dr.
20.01.1900 Rothenburg ob der Tauber – 06.06.1972 (London?)
Familienstand: verheiratet seit 1947, keine Kinder
1906–1916 Volks- und Realschule in Rothenburg ob der Tauber
1916–1919 Oberrealschule in Würzburg, mit Abitur

Juni – November 1918 Militärdienst
1919–1923 Jurastudium in Würzburg, München und Berlin
Juli 1923 erstes Staatsexamen Universität Würzburg
Juli 1923 Promotion an der Universität Würzburg
Juli 1923 Unterbrechung der weiteren juristischen Ausbildung infolge der Währungsinflation
August 1923 – Dezember 1924 Angestellter, zuletzt Prokurist der Bremer Privatbank AG in Berlin
Januar 1924 – Mitte 1930 leitende Tätigkeit im Treuhandwesen in Berlin, zuletzt Vorstandsmitglied der Treuhänder AG
1927–1930 neben der Berufstätigkeit Referendariat in Berlin und München
April 1930 zweites Staatsexamen in München
ab Juli 1930 Rechtsanwalt in Berlin
Juni 1933 Berufsverbot
1933 Emigration nach Frankreich
Anfang 1936 Emigration nach England, London
– dort in der Wirtschaft tätig
1947 Annahme der britischen Staatsbürgerschaft
März 1960 Antrag auf Zulassung als Anwalt in Berlin ohne Residenzpflicht
– zu diesem Zeitpunkt „Board Member" (Vorstands- bzw. Aufsichtsratmitglied) verschiedener britischer Unternehmen und Mitglied des „Executive Committees" der Anglo-German Section der London Chamber of Commerce

– beantragt die Zulassung beim LG und wegen der Verfolgung unter dem NS-Regime unter Verkürzung der fünfjährigen Frist die Simultanzulassung beim KG
Juli 1960 Zulassung beim LG und beim KG erteilt (Nr. 95 in Liste)
Quellen:
LAB: B Rep. 068 Nr. 1736 (mit Foto).
AoR, S. 220 (dort mit abweichenden Angaben zu Biographie und Sterbedatum).

Mannheimer, Ludwig Dr.
27.08.1887 Oranienburg (bei Berlin) – (nach 1977)
Familienstand: verheiratet, Kinder
1913–1914 Anwaltsvertreter in Berlin
1915–1918 Soldat im Ersten Weltkrieg, im Fronteinsatz
1918–1922 Rechtsanwalt in Stettin
1922–1924 Syndikus bei einem Industrieunternehmen
ab 1925 Rechtsanwalt in Berlin, später auch Notar
– Sozietät mit Kurt Maschke (AoR, S. 222)
– Verteidiger der Roten Hilfe
1933 als „Frontkämpfer" wieder zugelassen
1935 Entzug des Notariats
1938 Berufsverbot als Anwalt
Ende 1938/Anfang 1939 Emigration mit der Familie nach Belgien, Brüssel
Mai 1940 – August 1941 zuerst in Belgien (10.–17. Mai 1940), dann in Frankreich (bis Oktober 1940 in St. Cyprien, dann in Gurs) in Internierungslagern gefangen gehalten
August 1941 Flucht aus dem Lager Gurs (ein erster Fluchtversuch war im Juni 1941 gescheitert); schlägt sich nach Brüssel durch, wo sich die Ehefrau und die Tochter aufhalten
– kann mit Hilfe der städtischen Behörden in Brüssel zunächst untertauchen und wird später von den deutschen Besatzungsbehörden geduldet, da er in einer „Mischehe" lebt
– kann den Lebensunterhalt nur mühselig und mit vielen Entbehrungen durch Gelegenheitsarbeiten bestreiten
Mai 1944 Teile des Hausrats werden durch die deutschen Besatzungsbehörden beschlagnahmt
1945–1949 Angestellter im Eisenbahnamt bei der Britischen Militärverwaltung in Brüssel
1949–1952 Senatsrat beim Dienststrafhof des Vereinigten Wirtschaftsgebiets in Frankfurt a. M.
Mai – August 1952 Referent im Bundesministerium des Innern in Bonn, Referat für die Wiedergutmachung nationalsozialistischen Unrechts für Angehörige des öffentlichen Dienstes
1953–1956 Bundesrichter am Bundesdisziplinarhof in West-Berlin
Januar 1957 Ruhestand
1966 lebt in Wiesbaden
1977 veröffentlicht in der Juristischen Rundschau einen Beitrag zum Thema Luftpiraterie
Quellen:
EAB: Nr. 12.259; Nr. 700.007 (Antrag nach der verstorbenen Tochter Irene).
Edition: Die Kabinettsprotokolle der Bundesregierung online. Biographien. http://www.bundesarchiv.de/cocoon/barch/0000/z/z1961z/kap1_1/para2_26.html, 07.08.2012.
AoR, S. 220.

Marcuse, Martin Dr.
keine Angaben zu den Lebensdaten
Familienstand: verheiratet, zwei Töchter
– Rechtsanwalt und Notar in Berlin
Mai 1933 Emigration nach Palästina
Juli 1933 Entzug des Notariats, später als Anwalt gelöscht
– keine Information über die Jahre der Emigration
– verlässt mit seiner Familie Israel kurz nach der Staatsgründung
Juni 1948 Rückkehr nach Deutschland und Niederlassung als Anwalt in Dortmund
Quellen:
Auskunft Joel Levi, Tel Aviv.
Staats- und Universitätsbibliothek Hamburg, Nachlass Axel Eggebrecht: Brief von Martin Marcuse an Axel Eggebrecht vom 04.10.1948.
AoR, S. 221.

Marcuse, Paul Dr.
14.06.1881 Berlin – 22.10.1964 (New York?)
Familienstand: keine Angaben
– besucht das Französische Gymnasium in Berlin
Oktober 1899 Abitur
– Studium Jura und Nationalökonomie in Berlin und Freiburg i. Br.
März 1903 erstes Staatsexamen
– Referendariat im KG-Bezirk in Luckenwalde und Berlin
Oktober 1904 – September 1905 Militärdienst
Herbst 1905 mehrmonatige Studienreise in die USA, auch zum Erwerb von Kenntnissen im englisch-amerikanischen Recht
Februar 1909 zweites Staatsexamen
Frühjahr 1909 erneut mehrmonatige Studienreise in die USA
ab November 1909 als Anwalt in Berlin beim LG zugelassen
ab 1911 vereidigter Dolmetscher der englischen Sprache
ab November 1922 Notar
– Spezialist im Steuerrecht (Fachanwalt für Steuerrecht)
– vertritt verschiedene amerikanische und englische Firmen und steht auf der Liste der von den Botschaften und Generalkonsulaten empfohlenen Anwälte
– Mitglied und Rechtsberater der amerikanischen Handelskammer in Berlin
1924–1933 Vorstandsmitglied und Schatzmeister des Berliner Anwaltvereins, Abgeordneter des

Deutschen Anwaltvereins, Mitglied und stellvertretender Vorsitzender von dessen Steuergruppe
1926 oder 1927–1933 Mitglied des Finanzgerichts beim Landesfinanzamt Berlin
1929–1933 auch im Vorstand der RAK Berlin und in deren Ehrengericht
1930–1933 Mitglied der Prüfungskommission für Wirtschaftsprüfer
– zahlreiche Veröffentlichungen über Steuerrecht, Finanzwissenschaften und Handelsgesellschaftsrecht
Juni 1933 Entzug des Notariats
Frühjahr 1936 Emigration in die USA, New York
– dort als juristischer Berater (Foreign Law Advisor), insbesondere in deutschen Rechtssachen sowie in steuerrechtlichen und finanzwissenschaftlichen Fragen tätig
– 1940 Annahme der US-Staatsbürgerschaft
Dezember 1952 Antrag auf Zulassung als Anwalt in Berlin
Februar 1953 Zulassung erteilt
Quellen:
LAB: B Rep. 068 Nr. 1860.
Senatsjustizverwaltung: Akte 3176/1 – I/B 1.
AoR, S. 221.

Maretzki, Ernst Dr.
21.08.1884 Berlin – 13.07.1960 (Berlin?)
Familienstand: verheiratet, zwei Töchter
– besucht das Köllnische Gymnasium in Berlin
ab 1902 Jurastudium in Grenoble, Freiburg i. Br. und Berlin

Februar 1906 erstes Staatsexamen, Note „gut"
– Referendariat im KG-Bezirk
November 1910 zweites Staatsexamen, Note „gut"
ab Februar 1911 Anwalt in Berlin, zugelassen beim KG
August 1914 – Anfang 1919 als Kriegsfreiwilliger Soldat im Ersten Weltkrieg
ab 1922 Notar
1933 als „Frontkämpfer" wieder als Anwalt und Notar zugelassen
1935 Entzug des Notariats
September 1936 auf Antrag als Anwalt gelöscht
– Emigration nach Brasilien; lässt sich im Bundesstaat São Paulo nieder
bis 1940 ohne nennenswerten Erfolg als Landwirt tätig
– betreibt dann bis 1944 eine Bar mit Hotelbetrieb
1944–1947 Fabrikarbeiter in São Paulo, dann Verwalter einer Kaffeefarm im Bundesstaat Parana
ab 1948 Angestellter in einer Anwaltskanzlei in São Paulo
Anfang 1957 Antrag auf Zulassung als Anwalt in Berlin ohne Residenzpflicht
April 1957 Zulassung erteilt
Sommer oder Herbst 1957 Rückkehr nach Berlin, Halensee
– die Zulassung ohne Residenzpflicht wird umgewandelt
ab Januar 1958 Notar
Quellen:
LAB: B Rep. 068 Nr. 1857 (mit Foto).
AoR, S. 221.

Markowitz, Ludwig Dr.
08.06.1907 Berlin – 04.12.1961 (Brüssel?)
Familienstand: unverheiratet (Stand: 1953)
– Studium in Berlin
Dezember 1929 erstes Staatsexamen
August 1931 Promotion an der Universität Münster
Anfang 1933 noch Referendar
November 1933 zweites Staatsexamen
– verdient seinen Lebensunterhalt mit Schreibarbeiten und als Grundstücksmakler
September 1939 Flucht nach Brüssel
Mai 1940 interniert und nach Südfrankreich verbracht (Lager St. Cyprien)
– flieht aus dem Lager zurück nach Brüssel
– überlebt die deutsche Besetzung untergetaucht in Brüssel
– betreibt ein Schreibbüro für deutsch-französische Korrespondenz
– befasst sich zugleich mit Entschädigungs- und Wiedergutmachungsverfahren
August 1953 Antrag auf Zulassung als Anwalt in Berlin ohne Residenzpflicht
November 1953 Zulassung erteilt
Quellen:
LAB: B Rep. 068 Nr. 1855.
Senatsjustizverwaltung: Akte 3176/1 – I/B 1.

Markson, Hans Dr.
27.08.1901 Gera – 16.12.1968 (Berlin?)
Familienstand: verheiratet seit 1934, keine Kinder
– besucht das Realgymnasium in Gera
Ostern 1919 Abitur
1919–1922 Jurastudium in Leipzig und Breslau

1922 nach Tod des Vaters Studium unterbrochen, bis 1924 Bankangestellter in Berlin
Herbst 1924 Wiederaufnahme des Studiums
1925 erstes Staatsexamen in Leipzig
– Referendariat im KG-Bezirk
– Promotion an der Universität Leipzig
April 1929 zweites Staatsexamen
bis März 1931 als Gerichtsassessor beim AG Berlin-Schöneberg, als juristischer Hilfsarbeiter in Anwaltskanzleien und als Anwalts- und Notarvertreter tätig
ab April 1931 Rechtsanwalt in Berlin
1933 Berufsverbot
Januar 1936 Emigration mit der Ehefrau nach Palästina, Jerusalem
– zunächst kaufmännisch tätig
– bildet sich zum Wirtschaftsprüfer fort und arbeitet als Angestellter in Wirtschaftsprüfungsbüros
1955 Rückkehr nach Berlin
Ende April 1955 Antrag auf Zulassung als Anwalt in Berlin
Anfang Juli 1955 Zulassung erteilt
Quellen:
LAB: B Rep. 068 Nr. 1854 (mit Foto).
Auskunft Joel Levi, Tel Aviv.
AoR, S. 221.

Maschke, Kurt Dr.
05.01.1894 Konitz (Westpreußen) – 20.07.1975 (Lugano, Schweiz?)
Familienstand: zweimal verheiratet, ein Kind
– Sohn des Rechtsanwalts und Notars JR Georg Maschke
– Gymnasium und Abitur in Konitz
– Studium in München, Berlin und Königsberg i. Pr.
1914–1918 als Kriegsfreiwilliger im Einsatz an der Ost- und Westfront
– nach der Entlassung aus dem Heer Fortsetzung des Studiums
Juni 1919 erstes Staatsexamen in Königsberg i. Pr., Note „gut“
1922 Promotion an der Universität Königsberg i. Pr.
Mai 1922 zweites Staatsexamen
ab November 1922 Anwalt in Berlin
ab Dezember 1928 Notar
– in Sozietät mit Dr. Ludwig Mannheimer (AoR, S. 220)
– Spezialist für Urheber- und Filmrecht
1933 als „Frontkämpfer“ wieder zur Anwaltschaft und als Notar zugelassen
Ende 1935 Entzug des Notariats
Juni 1938 Emigration nach Brasilien
November 1938 Ankunft in São Paulo
– da er nicht die brasilianische Staatsbürgerschaft besitzt, kann er nicht als Anwalt zugelassen werden und verzichtet daher auf ein erneutes Studium und Ablegung der erforderlichen Examina
1940–1946 Angestellter bei Metro Goldwyn Mayer in Brasilien, zuletzt Filialleiter
1946 gründet einen eigenen Filmverleih
1951 Verkauf der Firma
bis 1952 bei einer Handelsfirma tätig
ab 1953 Aufbau eines Filmverleihs für deutsche Filme in Brasilien
Juni 1953 Antrag auf Zulassung als Anwalt in Berlin ohne Residenzpflicht
April 1954 Zulassung erteilt
ab 1969 lebt in Lugano-Paradiso in der Schweiz
Quellen:
LAB: B Rep. 068 Nr. 1859.
Senatsjustizverwaltung: Akte 3176/1 – I/B 1.
AoR, S. 222.

Meinhardt, William Dr.
28.08.1872 Schwedt/Oder (Brandenburg) – 31.05.1955 London
Familienstand: verheiratet, zwei Kinder (ein Sohn ist der Rechtsanwalt Dr. Peter Meinhardt, AoR, S. 223)

– besucht das Gymnasium in Schwedt/Oder
Ostern 1890 Abitur
– Studium in Freiburg i. Br. und Berlin
März 1895 erstes Staatsexamen
– Referendariat im KG-Bezirk
September 1899 zweites Staatsexamen
– Zulassung als Rechtsanwalt in Berlin, zugleich Wirtschaftsführer, mit leitenden Funktionen insbesondere in der Glühlampenindustrie
1914–1919 Vorstandsmitglied der Deutschen Gasglühlicht AG
1919–1933 Vorstandsvorsitzender der Osram G.m.b.H. KG
ab ca. 1919 Notar
– Mitglied im Aufsichtrat der DANAT-Bank
– Vorstandsmitglied im Reichsverband der Deutschen Industrie
– Mitglied der internationalen Handelskammer
– zugleich als Anwalt und Notar tätig, Spezialgebiet: Patentrecht
1933 Entzug des Notariats
Ende 1938 Berufsverbot als Anwalt
November 1938 befindet sich auf Geschäftsreise in London und kehrt nicht mehr nach Deutschland zurück
1950 als Rechtsberater für internationales Recht (Consultant in International Law) tätig
Dezember 1950 Antrag auf Zulassung als Anwalt in Berlin ohne Residenzpflicht
Januar 1951 Stellungnahme der RAK, die eine Zulassung wegen des Wohnsitzes im Ausland ablehnt
Juni 1951 nach nochmaliger Beratung befürwortet die RAK nunmehr den Antrag
– das Verfahren zieht sich wegen der ungeklärten Frage der Residenzpflicht weiter in die Länge
Juni 1952 Zulassung erteilt
Quellen:
LAB: B Rep. 068 Nr. 1894.
Senatsjustizverwaltung: Akte 3176/1 – I/B 1.
AoR, S. 223.

Messow, Kurt
09.12.1888 Berlin – 28.11.1955 (Berlin?)
Familienstand: zweimal verheiratet (1938 Scheidung)
– besucht das Berlinische Gymnasium zum Grauen Kloster
– Studium Rechts- und Staatswissenschaften, Philosophie und Kunstgeschichte in Berlin und München
1910 erstes Staatsexamen
1911–1912 Militärdienst beim 1. Reiterregiment in Nürnberg
1914–1918 Soldat im Ersten Weltkrieg, bis 1917 als Zug- bzw. Kompanieführer, dann nach schwerer Verwundung als Ordonnanz- und Gerichtsoffizier bei der Deutschen Militärmission in der Türkei; mehrfach ausgezeichnet, u.a. mit dem EK I und II und dem Türkischen Eisernen Halbmond

1920 zweites Staatsexamen
1920–1925 juristischer Hilfsarbeiter bei den Staatsanwaltschaften der LG Frankfurt/Oder und Berlin I
ab 1925 Rechtsanwalt in Berlin, später auch Notar
1933 als „Frontkämpfer“ wieder zugelassen
1935 Entlassung als Notar
1938 Berufsverbot als Anwalt
– als „jüdischer Konsulent“ zugelassen
1941 muss nach Konflikten mit der Gestapo als „Konsulent“ ausscheiden
September 1941 – Februar 1943 Zwangsarbeit bei den Fromms Gummiwerken in Berlin-Köpenick
27. Februar 1943 entzieht sich mit Hilfe des Vorarbeiters Robert Stiller der Verhaftung durch die Gestapo im Rahmen der „Fabrikaktion“ auf dem Firmengelände
– versteckt sich in den ersten drei Wochen der „Illegalität“ im Vorratskeller des ihm bekannten Polizeibeamten Hermann Matthes (1945 von der russischen Besatzungsmacht erschossen)
– erhält von dem Polizeibeamten Papiere („Protektoratsausweis“) auf den Namen Josef Müller, von denen er später mehrfach Gebrauch gegenüber Landgendarmerie, Wehrmacht, SS und Gestapo machen muss
am 23. August 1943 in Melchow (Niederbarnim) im Versteck auf dem Lande entdeckt, kann der Haft wieder mit Hilfe eines Polizeibeamten (Hilfsgendarm Arndt aus Melchow) entrinnen
– die 80-jährige Mutter wird deportiert und ermordet
02. Mai 1945 Ende des Lebens in der „Illegalität“
ab 01. Juli 1945 Staatsanwalt, ab 15. Oktober Oberstaatsanwalt am AG Pankow
bis April 1948 als Oberstaatsanwalt tätig, dann an das KG versetzt
März 1949 Flucht in die Westsektoren Berlins
– als politischer Flüchtling anerkannt
1951 Senatspräsident am KG

zum 01. April 1952 in den Ruhestand versetzt (andere Angabe: bis 31. Dezember 1953 Senatspräsident)
Quellen:
LAB: C Rep. 118-01 Nr. 38.116–17 (mit Foto).
EAB: Nr. 10.555.
AoR, S. 224.

Meyer, Erich Dr.
14.08.1897 Berlin – 25.01.1972 Berlin
Familienstand: verheiratet seit September 1945, zwei Kinder
Oktober 1903 – März 1916 Königstädtisches Realgymnasium in Berlin
März 1916 Abitur

Oktober 1916–1918 als Kriegsfreiwilliger im Ersten Weltkrieg, Frontkämpfer an der Westfront (Frankreich, Belgien), ausgezeichnet u.a. mit dem EK II
1919–1921 Studium in Marburg und Berlin
Januar 1922 Promotion an der Universität Gießen
1922 erstes Staatsexamen
1922–1925 Referendariat im KG-Bezirk
1925 zweites Staatsexamen
ab Juli 1925 als Rechtsanwalt zugelassen
Januar 1933 beantragt Ernennung zum Notar, die im März 1933 wegen seiner jüdischen Herkunft abgelehnt wird
1933 als „Frontkämpfer" wieder zugelassen
– die Einnahmen in der Rechtsanwaltpraxis gehen in Folge des Boykotts stark zurück, führt daher das Kaufhaus seiner Eltern (Albert Meyer, Frankfurter Allee 112, O112) mit gutem Erfolg weiter, *„bis auch dieses Geschäft infolge der durch den Nationalsozialismus hervorgerufenen Schwierigkeiten zurückging"* (EAB Nr. 11.186)
Dezember 1936 wegen „Rassenschande" verhaftet, nach einigen Tagen mangels Beweises entlassen
Februar 1938 wegen „Beleidigung des Führers" verhaftet, nach Amnestie entlassen
November 1938 die Scheiben des Kaufhauses werden in der Pogromnacht zertrümmert
1939 wird gezwungen, sein Haus in der Frankfurter Allee 68, O 112, und seinen Miteigentumsanteil an dem Haus in der Prinzregentenstr. 4, Wilmersdorf, zu verkaufen
1940–1941 juristischer Hilfsarbeiter bei dem „jüdischen Konsulenten" Dr. Kurt Jacobsohn (AoR, S. 184)
1941 nach Denunziation Geldstrafe in Höhe von 50 RM wegen Nichttragens des Judensterns
August 1941 Tätigkeit als „Hilfsarbeiter" bei dem „Konsulenten" Dr. Jacobsohn wird untersagt
August 1941 – Ende 1942 zur Zwangsarbeit herangezogen, unter haftähnlichen Bedingungen als Transportarbeiter bei der Fa. F. R. Weber & Co., Kiefholzstr. 2, Treptow
Erklärung von Dr. E. Meyer vom 07.01.1971 im Entschädigungsverfahren:
„... konnte zwar nach der Arbeit nach Hause gehen, war aber während der Arbeit völlig von den anderen Arbeitern getrennt. Es waren Trupps gebildet worden, in denen sich nur Juden befanden, die völlig getrennt von den anderen Arbeitern tätig waren. Von diesen Trupps mussten auch die besonders schweren und gefährlichen Arbeiten ausgeführt werden. Die Aufenthaltsräume für die jüdischen Arbeiter waren getrennt von den anderen. Jeder direkte Kontakt mit anderen Arbeitern war, soweit überhaupt möglich, verboten.
Die Arbeitszeit begann um 6 Uhr morgens und endete meistens um 6 Uhr abends. Manchmal wurde auch länger gearbeitet. Auch sonntags musste gearbeitet werden.
Der Unterzeichnete beförderte meistens Minen auf Transportwagen. Als Beispiel für die Gefährlichkeit dieser Arbeit kann dienen, dass der Unterzeichnete einen Tag lang krank war und dass an diesem Tage ein anderer jüdischer Arbeiter den Wagen, den der Unterzeichnete sonst fuhr, bedienen musste. Der Wagen explodierte und der betreffende Arbeiter wurde getötet.
Der Lohn, den die jüdischen Arbeiter erhielten, war niedriger als der der anderen Arbeiter ... Die jüdischen Arbeiter standen unter ständiger Bewachung und konnten die Fabrikräume während der Arbeitszeit nicht verlassen, während andere Arbeiter dies insbesondere in den Pausen tun konnten. Alle diese Umstände ergeben, dass die Arbeit unter haftähnlichen Bedingungen erfolgt ist."
(EAB: Nr. 11.186)
Ende Februar 1943 erfährt von der „Fabrikaktion" und taucht daher unter
bis November 1943 in Berlin, nach „Ausbombung" in der Yorckstr. dann vor allem in Alt-Töplitz, später in Leest bei Potsdam
ab August 1945 als Rechtsanwalt und Notar vorläufig zugelassen
Mai 1947 vorläufige Zulassung erneuert
Juni 1947 endgültige Zulassung

Quellen:
LAB: B Rep. 068 Nr. 3619 (mit Foto); C Rep. 301 Nr. 580.
EAB: Nr. 11.186.
KG Berlin, Liste über zugelassene Rechtsanwälte.
AoR, S. 225 (mit Foto).

Meyer, Hermann
01.02.1901 Berlin – 17.02.1972 Jerusalem
Familienstand: verheiratet seit April 1933, zwei Töchter
September 1922 Abitur am Köllnischen Gymnasium (nach anderen Angaben: Gymnasium zum Grauen Kloster) in Berlin
– besitzt eine große Sprachbegabung und beherrscht am Ende der Schulzeit sieben Sprachen (darunter Latein und Griechisch)
– Mitglied der zionistischen Jugendbewegung
– Studium in Berlin

Ende 1927 erstes Staatsexamen
Oktober 1932 zweites Staatsexamen
ab November 1932 Anwalt an den Berliner LG
1924–1937 Gründer und Direktor der Soncino-Gesellschaft der Freunde des jüdischen Buches
1925–1937 Herausgeber der Soncino Blaetter. Beitraege zur Kunde des juedischen Buches
– Mitglied im Reichsbanner (SPD-nahe Organisation zur Verteidigung der Republik)
Juni 1933 Berufsverbot
1934 Emigration nach Holland; wartet dort auf das Einreisevisum für Palästina
November 1935 oder 1937 Emigration nach Palästina, Jerusalem
– gründet dort eine Buchhandlung mit Antiquariat, die zu den führenden des Landes zählt, und einen Verlag
– zugleich Schriftsteller mit Publikationen zu historischen Themen (u.a. Biographie von Moses Mendelssohn)
– außerdem als Gutachter und Berater in deutschen Rechtsfragen tätig
1948 dient im israelischen Unabhängigkeitskrieg in einer Aufklärungseinheit und erstellt v.a. Landkarten
– erstellt und vertreibt dann mit großem Erfolg Landkarten von Jerusalem und ganz Israel
Februar 1958 (1959?) Antrag auf Zulassung als Anwalt in Berlin ohne Residenzpflicht
April 1959 Zulassung erteilt
– Vorsitzender eines Freimaurer-Ordens und des Rotary Clubs in Jerusalem
Quellen:
LAB: B Rep. 068 Nr. 1941 (mit Foto).
Senatsjustizverwaltung: Akte 3176/1 – I/B 1.
Auskunft Joel Levi, Tel Aviv.
AoR, S. 225f.

Meyer, Kurt Dr.
04.09.1894 Stargard (Pommern) – (nach Januar 1959)
Familienstand: verheiratet seit Mai 1931, keine Kinder
– Sohn des Rechtsanwalts und Notars JR Samuel Meyer
1913–1914 Studium Rechts- und Staatswissenschaften in Heidelberg und München
1914–1918 als Kriegsfreiwilliger Soldat im Ersten Weltkrieg, ausgezeichnet mit dem EK I, zuletzt stellvertretender Batterieführer
1919 Fortsetzung des Studiums in Berlin
April 1920 erstes Staatsexamen beim KG
Juni 1921 Promotion an der Universität Halle (Saale)
April 1923 zweites Staatsexamen
Mai – Dezember 1923 Ausbildung in der Zentralverwaltung der Siemens Schuckert Werke AG in Berlin-Siemensstadt
Januar 1924 – März 1925 Syndikus des Schutzvereins für Handel und Gewerbe im Saargebiet (womöglich mit Sitz in Berlin)
ab April 1925 Anwalt in Berlin
ab August 1930 Notar
1933 als „Frontkämpfer" als Anwalt und Notar wieder zugelassen
Ende 1935 Entzug des Notariats
Juni 1937 Emigration nach Großbritannien, London
1938–1940 kaufmännischer Leiter einer chemischen Fabrik
April 1940 nach Verlust der Arbeitsmöglichkeit in England Emigration nach Argentinien
1941–1944 Verwalter einer Farm für Schafzucht
ab 1945 Geschäftsführer eines Importunternehmens und einer Treuhandgesellschaft in Buenos Aires
Dezember 1952 Antrag auf Zulassung als Anwalt in Berlin ohne Residenzpflicht
Mai 1953 Zulassung erteilt
Januar 1955 auf Antrag gelöscht; hält sich zu diesem Zeitpunkt in Köln auf

Quellen:
LAB: B Rep. 068 Nr. 1940.
Senatsjustizverwaltung: Akte 3176/1 – I/B 1.
AoR, S. 226.

Meyer, Lyonel Julius Dr.
12.07.1901 Rathsdamnitz (Pommern) – 15.07.1968 (New York?)
Familienstand: verheiratet seit 1940, zwei Kinder
– wächst in Berlin auf
– Abitur an der Königstädtischen Oberrealschule

– Studium in Berlin, Freiburg und Leipzig
Dezember 1924 Promotion an der Universität Leipzig
Juni 1926 erstes Staatsexamen
1926–1929 Referendariat im KG-Bezirk
Juni 1930 zweites Staatsexamen
ab Sommer/Herbst 1930 als Anwalt bei den Berliner LG I–III zugelassen
1933 Berufsverbot
– Emigration nach Großbritannien; erhält die Sondererlaubnis, sich als „Internationaler Anwalt" zu betätigen; zugleich korrespondierender Professor am Istituto di Studi Legislativi in Rom
Herbst 1935 – Frühjahr (1939?) Aufenthalt in Rom
März 1939 Emigration in die USA
bis 1952 arbeitet in verschiedenen Bereichen, u.a. im internationalen Speditionsgeschäft
– befasst sich zugleich als Mitarbeiter eines Anwalts mit Wiedergutmachungsrecht
ab 1952 erneutes Jurastudium an der Brooklyn Law School, mit Examen
– Zulassung als Anwalt beim Supreme Court des Staates New York
besucht 1959 und 1960 Deutschland und Berlin
ab September 1960 als Anwalt in Berlin ohne Residenzpflicht zugelassen
Quellen:
LAB: B Rep. 068 Nr. 1938 (mit Foto).
AoR, S. 226 (hier Vornamen: Julius Lyonel).

Meyer, Manfred Dr.
29.11.1898 Berlin – 06.01.1958 (Berlin?)
Familienstand: verheiratet seit 1940, keine Kinder
– Sohn des Rechtsanwalts und Notars JR Max Meyer (AoR, S. 226), Schwager von Rechtsanwalt Fritz Sternberg (s.u.)
1906–1917 Französisches Gymnasium in Berlin
1917–1921 Studium Medizin, dann Rechts- und Staatswissenschaften
Sommer 1921 erstes Staatsexamen am KG
Februar 1924 Promotion an der Universität Königsberg, Note „gut"
Dezember 1924 zweites Staatsexamen
ab 1925 Anwalt in Berlin, zugelassen beim LG I–III
1933 Berufsverbot als Anwalt
1933–1935 Syndikus des Jüdischen Kreditvereins für Handel und Gewerbe sowie des Jüdischen Handwerkervereins in Berlin
Oktober 1935 – April 1939 Leiter der Steuerabteilung der Jüdischen Winterhilfe und Schlichter bei der Jüdischen Gemeinde Berlin
11. November 1938 nach der Pogromnacht bis zum 20. Dezember in das KZ Sachsenhausen verschleppt
April 1939 Emigration nach Großbritannien
bis Dezember 1939 „Clerk" in einem Flüchtlingscamp in Sandwich, Kent
Dezember 1939 – März 1942 beim Royal Pioneer Corps tätig
– nimmt die britische Staatsbürgerschaft an
Februar 1942 – Februar 1946 angestellt bei der Firma J Lyons & Co Ltd., London
1945 und 1946 Prüfungen in Buchführung
Februar 1946 – Januar 1950 Buchhalter bei der Firma Cyclo Chemicals, London
ab August 1950 „Lawyer" und Regionalleiter bei der Jewish Trust Corporation for Germany in Hannover
März 1952 Antrag auf Zulassung als Anwalt in Berlin
Juli 1952 Zulassung erteilt
ab Juli 1957 Rechtsberater des Britischen Generalkonsulats in Berlin
Quellen:
LAB: B Rep. 068 Nr. 1932.
AoR, S. 226.

Meyer, Michael Dr.
31.07.1881 Blankenburg (Harz) – 08.05.1956 Berlin
Familienstand: verheiratet seit 1921, ein Sohn
– besucht die Bürgerschule und das Gymnasium in Blankenburg
Frühjahr 1900 Abitur
– Studium in Berlin, München und Halle a. S.
Juli 1903 erstes Staatsexamen beim OLG Naumburg
– Referendariat im OLG-Bezirk Naumburg und Berlin

Juni 1908 zweites Staatsexamen
November 1908 Umzug nach Berlin
ab Dezember 1908 Anwalt in Berlin
Juli 1915 – November 1916 Soldat im Ersten Weltkrieg im Fronteinsatz, aus Gesundheitsgründen entlassen
– nach Entlassung aus dem Heer wieder als Anwalt tätig, bis Frühjahr 1919 zugleich juristischer Hilfsarbeiter beim Berliner Magistrat
– spezialisiert auf Handels-, Grundstücks- und Mietrecht
– Anhänger der zionistischen Bewegung
1933 wieder zur Anwaltschaft zugelassen, aber Entzug des Notariats
Ende 1938 Berufsverbot als Anwalt
1939–1940 ehrenamtlich beim Palästina-Amt in Berlin tätig
August 1940 Emigration nach Palästina, an Bord der „Patria", die auf Geheiß der Engländer nach Mauritius verbracht und daher durch einen Bombenanschlag fahruntüchtig gemacht werden soll; an Bord befindet sich auch Munition und daher sinkt das Schiff bei dem Bombenanschlag innerhalb kürzester Zeit; mehr als 250 Emigranten kommen ums Leben; Meyer rettet sich an Land und wird dort wie alle Überlebenden der Katastrophe für längere Zeit in einem Lager bei Haifa interniert
– nach der Freilassung Niederlassung in Jerusalem
– verfasst für die Jewish Agency einen Report über die Ausraubung der Juden in Deutschland
1943–1947 Angestellter der britischen Mandatsregierung
ab 1948 Rechtsberater und Spezialist in Wiedergutmachungs- und Entschädigungsangelegenheiten, dazu zahlreiche Veröffentlichungen
Juli 1953 Antrag auf Zulassung als Anwalt in Berlin ohne Residenzpflicht
August 1953 Zulassung erteilt
8. Mai 1956 stirbt auf einer Dienstreise in Berlin und wird in Israel beigesetzt
Quellen:
LAB: B Rep. 068 Nr. 1934.
Senatsjustizverwaltung: Akte 3176/1 – I/B 1.
AoR, S. 226.

Michaelis, Alfred Dr.
23.11.1898 Neustettin (Pommern) – 15.07.1962 (Montevideo, Uruguay?)
Familienstand: verheiratet, eine Tochter
– besucht die Volksschule und das Fürstin-Hedwig-Gymnasium in Neustettin
1917 Notabitur
1917–1918 als Kriegsfreiwilliger Soldat im Ersten Weltkrieg, im Fronteinsatz in Belgien, Frankreich und Norditalien
1919–1921 Studium in Berlin, Greifswald und Breslau
Juni 1921 erstes Staatsexamen beim OLG Stettin
– Referendariat im OLG-Bezirk Stettin und Breslau
Februar 1925 zweites Staatsexamen

ab Juni 1925 Anwalt in Berlin
1933 nach Vertretungsverbot als „Frontkämpfer" wieder zur Anwaltschaft zugelassen
1938 Berufsverbot als Anwalt
September 1938 Emigration mit Frau und Tochter nach Uruguay, Montevideo
ab 1939 betreibt ein kleines Lebensmittelgeschäft
ab Mai 1956 verpachtet das Lebensmittelgeschäft, da er den körperlichen Anstrengungen der Arbeit nicht mehr gewachsen ist
– beschäftigt sich mit Wiedergutmachungs- und Entschädigungsrecht und betätigt sich als juristischer Berater beim Jüdischen Nationalfonds in Montevideo
Mai 1957 Antrag auf Zulassung als Anwalt in Berlin ohne Residenzpflicht
November 1957 Zulassung erteilt
Quellen:
LAB: B Rep. 068 Nr. 1928 (mit Foto).
Senatsjustizverwaltung: Akte 3176/1 – I/B 1.
AoR, S. 227.

Michaelis, Alfred B. Dr.
15.01.1903 Berlin – 20.03.1978 (Kapstadt, Südafrika?)
Familienstand: verheiratet seit September 1933, keine Kinder
– besucht die Leibniz-Oberrealschule in Berlin
– Studium in Berlin, Freiburg i. Br. und Leipzig
1925 erstes Staatsexamen
1925 Promotion
Januar 1929 zweites Staatsexamen
ab März 1929 Anwalt in Berlin
– Sozietät mit JR Dr. Strassmann, Dr. Schachnow und Dr. Alfred Michaelis II
Juni 1933 Berufsverbot
Dezember 1934 Emigration nach Südafrika
1935–1938 in verschiedenen Bereichen tätig (Versandabteilung, Buchhaltung, Lagerverwaltung)
– spezialisiert sich dann auf Buchhaltung und arbeitet als angestellter Buchhalter in verschiedenen Unternehmen
ab 1945 selbstständiger Buchhalter und Buchprüfer

ab Dezember 1945 vereidigter Dolmetscher beim LG in Kapstadt
1955 unterhält eine Kanzlei mit drei Angestellten
November 1955 Antrag auf Zulassung als Anwalt in Berlin ohne Residenzpflicht
20. Januar 1956 in einer Stellungnahme äußert das Präsidium der RAK Bedenken gegen die Zulassung, da Michaelis erklärt, keinesfalls eine anwaltliche Tätigkeit in Berlin ausüben, sondern als Rechtsberater in Südafrika tätig sein zu wollen
Februar 1956 trotz der Bedenken Zulassung durch den KG-Präsidenten erteilt
Quellen:
LAB: B Rep. 068 Nr. 1929.
Senatsjustizverwaltung: Akte 3176/1 – I/B 1.
AoR, S. 227.

Miodowski, Martin
23.08.1889 Wreschen (Posen) – 16.02.1962 (Melbourne?)
Familienstand: verheiratet seit 1934 (AoR: nichtjüdische Ehefrau), keine Kinder
– besucht die Vorschule in Wreschen
ab 1900 am Johannes-Gymnasium in Breslau
1907 Abitur
– Studium in Greifswald und Berlin
Oktober 1911 erstes Staatsexamen beim OLG Stettin
– dann Beginn des Referendariats, zweimal unterbrochen:
Oktober 1912 – September 1913 Militärdienst als Einjährig-Freiwilliger
August 1914 – Dezember 1918 Kriegsdienst im Ersten Weltkrieg, als Soldat im Fronteinsatz
Juni 1920 zweites Staatsexamen
bis September 1921 als Gerichtsassessor mit Kommissorien in Berlin beauftragt
ab Oktober 1921 als Anwalt beim KG zugelassen
ab November 1927 Notar
– in Sozietät mit Rechtsanwalt und Notar Dr. Nübell (lebt 1950 in Werder/Havel)
1933 als „Frontkämpfer" wieder zugelassen; die Sozietät muss aufgelöst werden
Ende 1935 Entzug des Notariats
Ende 1938 Berufsverbot als Anwalt
April 1939 Emigration nach Melbourne, Australien
– verdient den Lebensunterhalt als Arbeiter und Angestellter in häufig wechselnden Stellen: Diener, Vertreter, Packer, Maschinenarbeiter in einer Metallwarenfabrik, dort später Lagerarbeiter, nach Erkrankung Büroarbeiter
1949/50 plant die Rückkehr nach Berlin und stellt einen Antrag auf Zulassung als Anwalt
– verfolgt diesen Plan aus unbekannten Gründen nicht weiter
Sommer 1957 Antrag auf Zulassung als Anwalt ohne Residenzpflicht
Februar 1958 Zulassung erteilt
Quellen:
LAB: B Rep. 068 Nr. 1909 (Name: Mischowski?).
Senatsjustizverwaltung: Akte 3176/1 – I/B 1.
AoR, S. 228.

Moral, Reinhard Dr.
05.07.1894 Berlin – 30.04.1958 Berlin
Familienstand: unverheiratet
bis 1905 Gymnasium in Neisse (Schlesien)
bis 1913 Realgymnasium in Berlin
– Studium in Berlin
– im Ersten Weltkrieg Soldat im Fronteinsatz

1920 erstes Staatsexamen in Berlin, Note „gut"
1920–1923 Referendariat
1921 Promotion an der Universität Göttingen
Februar 1924 zweites Staatsexamen
ab März 1924 als Rechtsanwalt zugelassen
ab Ende 1932 Notar
ab 1924 erteilt als Repetitor privaten Rechtsunterricht
1933 als „Frontkämpfer" wieder zugelassen
– gilt als „Mischling 1. Grades"
1935 Verbot des Repetitoriums, da er die Teilnehmer antinationalsozialistisch beeinflusst haben soll
bis 1945 formell als Rechtsanwalt und Notar zugelassen
1943 als Anwalt für den Arbeitsmarkt „freigegeben", widersprüchliche Aussagen:
a) LAB C Rep. 301 Nr. 1090, Personalfragebogen des Magistrats der Stadt Berlin, unterzeichnet 04.07.1945: *„... kam in eine Bürotätigkeit (eine Organisation des Versteigerergewerbes), in welcher ich mich bis zur Eroberung Berlins befand"*
b) LAB C Rep. 301 Nr. 1090, Fragebogen Military Government of Germany, unterzeichnet 30.12.1946: *„Ab 1943 setzten die Maßnahmen zur Entfernung aus dem Berufe ein, die auf Unterbringung in als Arbeitslager getarnten Konzentrationslagern gingen. Deswegen zahlreiche Vorladungen vor Arbeitsamt und Gestapo. Schließlich fiel ich bei der körperlichen Untersuchung für den*

Einsatz im Arbeitslager durch. Darauf Heranziehungsbescheid zwecks Einsatzes als Straßen- und Kanalisationsarbeiter."
Juni 1945 vorläufig als Rechtsanwalt und Notar zugelassen
Schreiben von Dr. R. Moral an das Stadtgericht Berlin vom 15.06.1945:
„Ich melde, dass ich beim Amtsgericht Friedenau als Anwalt zugelassen bin. Das Amtsgericht hat nach Zustimmung des Bürgermeisters meine Zulassung bei dem russischen Kommandanten Friedenau beantragt. Dieser hat die Zustimmung zur Zulassung dem Amtsgericht Friedenau gegenüber (Herrn Oberstaatsanwalt Melzheimer) ausgesprochen. Ich bitte mich in das Verzeichnis der zugelassenen Anwälte aufzunehmen." (LAB: B Rep. 068 Nr. 1622)
– daraufhin Zulassung als Anwalt an allen Berliner Gerichten und als Notar mit Amtssitz im AG-Bezirk Friedenau durch den Präsidenten des Stadtgerichts
ab 1946 Mitglied im Präsidium der RAK
Mai 1947 vorläufige Zulassung erneuert
– Mitglied im Prüfungsausschuss des Rechtsamtes der Stadt Berlin und mit der Überarbeitung der Rechtsvorschriften befasst, um diese von NS-spezifischen Bestimmungen zu befreien
– Mitglied des Präsidiums der RAK
Dezember 1949 endgültige Zulassung
Meldung im Tagesspiegel vom 03.05.1958, S. 10:
„Rechtsanwalt Dr. Moral gestorben
Rechtsanwalt und Notar Dr. Reinhard Moral, einer der angesehensten Berliner Juristen, ist am Mittwoch im Alter von 63 Jahren unerwartet an einem schweren Herzleiden gestorben. Dr. Moral gehörte dem Präsidium der Anwaltskammer seit 1945 an und war Mitbegründer sowie Vorstandsmitglied der Vereinigung Berliner Strafverteidiger."
Quellen:
LAB: B Rep. 068 Nr. 1622; C Rep. 301 Nr. 1090 (mit Foto).
KG Berlin, Liste über zugelassene Rechtsanwälte.
Dirks, Christian: Die Rechtsanwaltskammer Berlin in den Jahren 1945 bis 2004. In: Jungfer, Gerhard/ König, Stefan /Rechtsanwaltskammer Berlin (Hg.): 125 Jahre Rechtsanwaltskammer Berlin. Jubiläumsschrift. Stuttgart u.a. 2006, S. 293–363, hier: Dokumente S. 304 und 307.
AoR, S. 228.

Moser, Nathan
24.09.1907 Czernowitz (Bukowina, Österreich) – 06.03.1986 Berlin
Familienstand: geschieden
– besucht in Czernowitz Volksschule und Gymnasium
– Studium in Czernowitz
1930 Examen als Lizentiat der Rechte an der Universität Czernowitz
1935 Rechtsanwaltsdiplom

– dann Rechtsanwalt in Czernowitz
1940 aufgrund der antijüdischen Maßnahmen aus der Anwaltschaft verdrängt
– keine Informationen zum Überleben der Judenverfolgungen
1945–1958 Rechtsanwalt in Czernowitz und Bukarest
1958 Auswanderung in die Bundesrepublik Deutschland
1959–1970 Mitarbeiter der URO in Köln
1970–1973 Mitarbeiter der URO in Berlin
1973 wegen Abbau der Organisation gekündigt
Mai 1973 Antrag auf Zulassung zur Rechtsanwaltschaft
August 1973 Zulassung erteilt
Quellen:
LAB: B Rep. 068 Nr. 3644 (mit Foto).
N.B.: u.a. auf Aktendeckel und im Personalbogen abweichendes Geburtsjahr: 1911. Vermutlich fehlerhaft, da sonst mit 19 Jahren Lizentiat der Rechte (in dieser Urkunde Geburtsjahr 1907).

Moses, Wilhelm
01.03.1882 Kolberg (Pommern) – keine Angaben (nach Juni 1970)
Familienstand: verheiratet seit 1911, eine Tochter
– besucht Vorschule und Gymnasium in Kolberg
Frühjahr 1900 Abitur
1900–1903 Studium in München, Leipzig, Berlin und Marburg
Frühjahr 1903 erstes Staatsexamen beim OLG Kassel
– Referendariat im OLG-Bezirk Stettin, unterbrochen durch den einjährigen Militärdienst
Januar 1909 zweites Staatsexamen
ab März 1909 Rechtsanwalt in Berlin
1914–1918 Soldat im Ersten Weltkrieg
ab Juli 1920 Notar
1933 als Anwalt und Notar wieder zugelassen
Ende 1935 Entzug des Notariats

Anfang 1938 Emigration nach Holland
ab 1938 lebt in Amsterdam
– entgeht den Deportationen, da er in einer „Mischehe" lebt, muss aber den Judenstern tragen
– das Ehepaar bestreitet den Lebensunterhalt durch Untervermietung von einzelnen Zimmern ihrer Wohnung, die Ehefrau übernimmt zudem Näharbeiten
ab 1947 Adviseur in deutschen Rechtsangelegenheiten in Amsterdam
März 1953 Antrag auf Zulassung als Anwalt in Berlin ohne Residenzpflicht
Juni 1953 Zulassung erteilt
Juni 1970 auf Antrag wegen hohen Alters und Krankheit gelöscht
Quellen:
LAB: B Rep. 068 Nr. 1999.
Senatsjustizverwaltung: Akte 3176/1 – I/B 1.
AoR, S. 229.

Müller, Siegbert (später: Muller, Bert S.) Dr.
11.07.1895 Hirschberg i. R. (Schlesien) – 22.10.1975 (New York?)
Familienstand: verheiratet seit 1930, ein Sohn
– besucht das Gymnasium in Hirschberg
1914–1918 als Kriegsfreiwilliger Soldat im Ersten Weltkrieg, im Kampfeinsatz an der Ostfront, verwundet, ausgezeichnet mit dem EK I und II
1919–1921 Studium Jura und Nationalökonomie in Halle, Breslau und Berlin
1921 erstes Staatsexamen beim OLG Breslau
1921 Promotion an der Universität Breslau
1924 zweites Staatsexamen
ab 1925 Rechtsanwalt in Berlin, zugelassen beim KG
ab 1930 Notar
1933 als „Frontkämpfer" wieder als Anwalt und Notar zugelassen
Ende 1935 Entzug des Notariats
Ende 1938 Berufsverbot als Anwalt
– danach als „jüdischer Konsulent" zugelassen
November 1939 Emigration in die USA
– studiert erneut Jura an der University of Maryland, Baltimore
September 1943 LL.B.
1946 Annahme der US-Staatsbürgerschaft
– besteht das juristische Staatsexamen im Staat New York
ab März 1946 als Rechtsanwalt im Staat New York zugelassen
– lebt und praktiziert in New York
Februar 1954 Antrag auf Zulassung als Anwalt in Berlin ohne Residenzpflicht
Mai 1954 Zulassung erteilt
– lebt zuletzt in Queens, New York
Quellen:
LAB: B Rep. 068 Nr. 1982.
Senatsjustizverwaltung: Akte 3176/1 – I/B 1.
AoR, S. 229.

Münzer, Hans Dr.
10.05.1901 Königshütte (Oberschlesien) – 18.03.1967 Berlin
Familienstand: verheiratet
1907–1919 Volksschule und Gymnasium in Königshütte
1919 Abitur

1920–1923 Studium in München, Berlin und Frankfurt a. M.
1924 erstes Staatsexamen in Frankfurt a. M.
1925–1928 Referendariat
Mai 1929 zweites Staatsexamen
ab März 1930 als Rechtsanwalt zugelassen
– Sozietät mit Rechtsanwalt Dr. Siegfried Fränkel II (AoR, S. 153?)
1932 Promotion an der Universität Frankfurt a. M.
1933 Berufsverbot
1933–1934 arbeitslos
1935–1936 freier Mitarbeiter der Jüdischen Rundschau (Zeitung des C.V.)
bis 1937 als Anwalt im oberschlesischen Abstimmungsgebiet in Beuthen tätig (dort galt nach einer Vereinbarung mit dem Völkerbund bis zur vollständigen Rückgliederung ins Deutsche Reich 1937 Minderheitenschutz; da Münzer im Abstimmungsgebiet geboren war, konnte er diesen in Anspruch nehmen); dazu keine genaueren Informationen (Angabe im Personalfragebogen des Magistrats der Stadt Berlin, Frage: *„Waren Sie im Ausland, wann, wo, Art Ihrer Tätigkeit?"*, Antwort: *„Da auch in Beuthen O/S. als Anwalt tätig, im kleinen Grenzverkehr ständig im abgetretenen Gebiet Oberschlesien"* (LAB C Rep. 301 Nr. 415))
1937–1939 Angestellter bei Hausverwaltungen, die Tätigkeit wird ihm als Juden untersagt
1941–1943 als Gleisbauarbeiter zur Zwangsarbeit bei der Reichsbahn herangezogen
Januar 1943 – Mai 1945 untergetaucht
„In dieser Zeit habe ich mich ohne Geldmittel, ohne Lebensmittelkarten und ohne Wohnung verborgen gehalten. Wochenlang habe ich keine Möglichkeit eines Unterkommens gehabt und

unter Brücken, im Freien und auf Häusertreppen genächtigt. Von den Alliierten Truppen befreit, bin ich am 4.7.1945 als Rechtsanwalt und Notar zugelassen worden. Am 20.8.1945 erfolgte die Zulassung seitens der engl. Behörde.
Mein Vater starb in der Evakuierung; meine Mutter und meine Schwester sind vergast worden, so dass meine ganze Familie, außer mir, ausgerottet ist."
(LAB C Rep. 301 Nr. 415)
ab Juli 1945 vorläufig als Rechtsanwalt und Notar zugelassen
– Mitglied des Vorstandes der Jüdischen Gemeinde Berlin und Leiter des Bezirks der Jüdischen Gemeinde für den gesamten britischen Sektor
Mai 1947 vorläufige Zulassung erneuert
Januar 1948 endgültige Zulassung
Quellen:
LAB: B Rep. 068 Nr. 1984 (mit Foto); C Rep. 301 Nr. 415 (mit Foto).
KG Berlin, Liste über zugelassene Rechtsanwälte.
AoR, S. 230.

Nauenberg, Hans Wilhelm Dr.
27.01.1891 Berlin – 24.10.1962 (Buenos Aires?)
Familienstand: verheiratet seit 1934, keine Kinder (Stand: 1953)
– besucht das Dorotheenstädtische Realgymnasium in Berlin
Ostern 1910 Abitur
– Studium in Jena, Heidelberg und Berlin
August 1914 erstes Staatsexamen als „Notprüfung"
1914–1918 als Kriegsfreiwilliger Soldat im Ersten Weltkrieg, im Kampfeinsatz an der Front, zuletzt Leutnant der Reserve
Januar 1919 – Mai 1923 Referendar im KG-Bezirk
Mai 1923 zweites Staatsexamen
Mai 1923 – März 1924 als Gerichtsassessor mit verschiedenen Kommissorien betraut
ab März 1924 Rechtsanwalt in Berlin
ab März 1929 Notar
1933 als Anwalt und Notar wieder zugelassen
Ende 1935 Entzug des Notariats
Ende 1938 Berufsverbot als Anwalt
Oktober 1939 Emigration nach Argentinien, Buenos Aires
– bis 1945 ohne feste Anstellung; lebt von finanzieller Unterstützung durch Verwandte
1945–1949 Bibliothekar und Übersetzer
ab 1950 juristischer Berater, v.a. in Entschädigungsfragen
Juli 1953 Antrag auf Zulassung als Anwalt in Berlin ohne Residenzpflicht
November 1953 Zulassung erteilt
– ehrenamtlicher Präsident des Kirchenrates der deutsch-evangelischen lutherischen Gemeinde in Buenos Aires
Quellen:
LAB: B Rep. 068 Nr. 2040.
Senatsjustizverwaltung: Akte 3176/1 – I/B 1.
AoR, S. 230f. (hier: geb. 1894).

Nelson, Erich Dr.
26.03.1881 Berlin – 16.08.1961 Berlin
Familienstand: verheiratet, eine Tochter
1890–1896 Wilhelms-Gymnasium in Berlin
1896–1900 Friedrich-Wilhelms-Gymnasium in Königsberg (Neumark)
Frühjahr 1900 Abitur
1900–1904 Studium in Berlin
Januar 1904 erstes Staatsexamen in Berlin
1904–1910 Referendariat im KG-Bezirk
Juli 1905 Promotion an der Universität Jena
März 1911 zweites Staatsexamen
ab April 1911 als Rechtsanwalt zugelassen
1914–1918 Dienst als Kriegsgerichtsrat in Belgien und Rumänien
ab Juli 1921 Notar
1930–1933 Vorstandsmitglied des Berliner Anwaltsvereins und Vorsitzender des Schlichtungsausschusses
– Spezialist für Verkehrsrecht, insbesondere für

Haftpflichtfragen; hierzu diverse Veröffentlichungen
– verzeichnet Einnahmen von 30–40.000 RM p.a. aufgrund von Mandaten für die Reichskredit AG und andere Banken und Versicherungen
1933 als „Altanwalt" wieder zugelassen, aber Entzug des Notariats
1938 Berufsverbot als Rechtsanwalt, danach drei Monate als „jüdischer Konsulent" tätig
11. November 1938 nach der Pogromnacht bis zum 01.12. in das KZ Sachsenhausen verschleppt
Juli 1939 Emigration nach England
– lebt dort in London und Durham
– studiert englisches Zivilrecht an der Universität London als „External Student" und bereitet sich auf die Bachelor-Prüfung vor
Juni 1946 Rückkehr nach Berlin
– arbeitet als Legal Adviser/Rechtsberater für deutsches Recht bei der Legal Section, H.Q. Military Government British Troops in Berlin und Hamburg
August 1947 beantragt die Zulassung als Rechtsanwalt und Notar
April 1948 Zulassung erteilt
Oktober 1948 gibt nach Aufforderung durch den Vizepräsidenten des KG seine Zulassung zurück, da er sich schon seit geraumer Zeit nicht in Berlin aufhält
– Nelson hatte Berlin im Februar 1948 für eine Reise nach England wegen seiner Einbürgerung verlassen und konnte dann wegen der Blockade nicht nach Berlin zurückkehren
bis 1950 in Hamburg bei den britischen Militärbehörden tätig
Oktober 1950 erneuter Antrag auf Zulassung als Rechtsanwalt und Notar in Berlin, da seine Tätigkeit bei den britischen Militärbehörden zum 31. Dezember 1950 enden soll
Januar 1951 Zulassung erteilt
Oktober 1951 beantragt die Zulassung bei den amerikanischen Militärgerichten
– als Anwalt im Anwaltskartell der URO tätig, in vielen Fällen auch ohne Honorar
1956 kann sich erst ab jetzt eine ausreichende Lebensgrundlage durch die Anwaltstätigkeit schaffen
ab 1959 aus gesundheitlichen Gründen nur noch eingeschränkt erwerbsfähig
Quellen:
LAB: Rep. 068 (RAK Berlin) Nr. 3659; C Rep. 301 Nr. 335.
EAB: Nr. 26.009.
AoR, S. 231.

Neumann, Franz L. Dr. Ph.D
23.05.1900 Kattowitz (Schlesien) – 02.09.1954 Visp, Schweiz
Familienstand: verheiratet, zwei Söhne
1918–1919 als Student Teilnahme an der November-Revolution
– Eintritt in die SPD

1923 Promotion an der Universität Frankfurt a. M.
– Assistent von Hugo Sinzheimer
1925–1927 Lehrer an der Gewerkschaftshochschule Akademie der Arbeit
ab 1927 Rechtsanwalt in Berlin
– Sozietät mit Dr. Ernst Fraenkel (AoR, S. 152)
– SPD- und Gewerkschaftsanwalt
– zugleich Dozent an der Deutschen Hochschule für Politik
1933 Berufsverbot
Mai 1933 Emigration nach Großbritannien
– Studium Politische Wissenschaften und Soziologie
1936 Promotion an der London School of Economics
1936 Emigration in die USA
– Mitarbeiter des Internationalen Instituts für Sozialforschung
1942 Veröffentlichung seiner Studie „Behemoth", einer Strukturanalyse des NS-Regimes
1942–1945 Mitarbeiter des OSS (Vorläufer der CIA) in der Research & Analysis Branch
ab 1948 Lehrbeauftragter, ab 1950 Professor für Politische Wissenschaft an der Columbia University in New York
– am Aufbau der Freien Universität Berlin und der Etablierung der Politischen Wissenschaft als eigenständige Disziplin in Deutschland beteiligt
1954 stirbt bei einem Autounfall in der Schweiz
Quellen:
Wikipedia: Franz Neumann (Politikwissenschaftler). http://de.wikipedia.org/wiki/Franz_Neumann_%28Politikwissenschaftler%29, 07.08.2012.
AoR, S. 231f. (mit Foto).

Neumann, Hilde (geb. Rosenfeld, gesch. Kirchheimer)
13.04.1905 Berlin – 11.09.1959 Berlin
Familienstand: zweimal verheiratet, eine Tochter
– Tochter des Rechtsanwalts und linken SPD-Politikers Kurt Rosenfeld (AoR, S. 247f.)

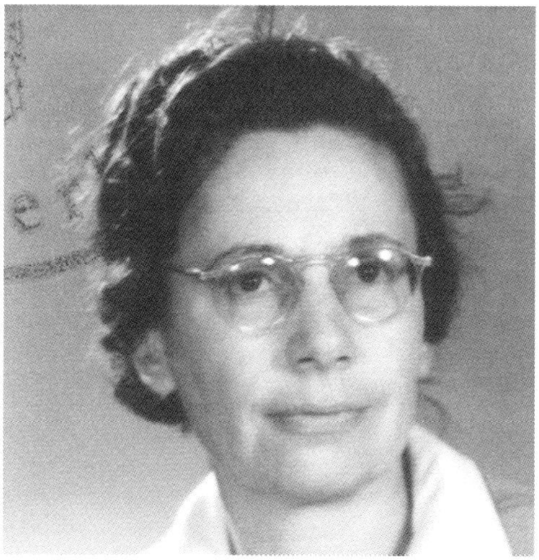

– besucht die Dorotheenschule in Berlin-Moabit und die Erste Städtische Studienanstalt
– Jurastudium in Berlin, Freiburg i. Br. und Bonn
– während des Studiums in Berlin und Bonn Mitglied in der Marxistischen Studentengruppe
ca. 1925 Eintritt in die SPD
– für die SPD in geringem Maße als Referentin für Frauen- und Rechtsfragen tätig
1928 Heirat mit Dr. Otto Kirchheimer (AoR, S. 195f.)
Winter 1931/32 zweites Staatsexamen
ab Juni 1932 Rechtsanwältin am KG
– tritt in die Praxis ihres Vaters ein
– tritt als Verteidigerin in einer größeren Zahl von politischen Prozessen auf, die der Kanzlei von der Roten Hilfe übertragen werden
1933 Berufsverbot
Frühjahr 1933 Emigration nach Paris
Aus einem Lebenslauf, ohne Datum [1947]:
„Als mein Vater kurz nach dem Reichstagsbrand emigrieren musste, führte ich die Praxis weiter, die damals fast nur noch aus der Verteidigung politisch Verfolgter bestand. Etwa Mitte April warnten mich einige Beamten aus dem Bureau Mittelsbach (Polizeipräsidium), daß meine Verhaftung bevorstünde, weil ich mich als Rechtsanwalt zu sehr für meine antifaschistischen Klienten einsetze. So fuhr ich Ostern 33, wie ich glaubte, für kurze Zeit, nach Frankreich. Doch erhielt ich bald meinen Ausschluss aus der Anwaltschaft aus politischen Gründen (wegen Verbindung mit der Roten Hilfe) und später einen nochmaligen Ausschluss aus Rassegründen. Die Haussuchungen in meiner Wohnung und im Anwaltsbureau gingen weiter, und ich musste einsehen, dass ich nicht zurückfahren konnte." (LAB C Rep. 301 Nr. 361)
1933–1939 Mitarbeiterin der Internationalen Roten Hilfe/MOPR in Paris (u.a. im Verteidigungskomitee für die Angeklagten des Reichstagsbrandprozesses und in der Internationalen Juristen-Vereinigung)
1935–1936 einjähriger Aufenthalt in der Sowjetunion zum Studium des sowjetischen Justizwesens
1936 Austritt aus der SPD und Eintritt in die KPD
Dezember 1938 vom Deutschen Reich ausgebürgert
1940 für einen Monat im Lager Rieucros in Südwestfrankreich interniert
1940 emigriert mit ihrem zukünftigen zweiten Ehemann, dem Arzt Rudolf Neumann, über die USA nach Mexiko
1941 Scheidung von Otto Kirchheimer und Heirat mit Rudolf Neumann
– in Mexiko in den Kreisen des politischen Exils aktiv
– Vorstandsmitglied des „Heinrich-Heine-Clubs" und Mitarbeiterin der Demokratischen Post
Frühjahr 1947 gemeinsam mit ihrem Mann Rückkehr nach Deutschland, nach Ost-Berlin
– Beitritt zur SED
ab 1947 verschiedene Aufgaben beim Aufbau des Justizwesens in der SBZ, dann in der DDR
1949–1950 Präsidentin des Ost-Berliner LG
1950–1953 Magistratsdirektorin für Justiz in Berlin
– zugleich stellvertretende Leiterin der Abteilung Justiz im Zentralvorstand der SED
– unterrichtet an der Parteihochschule „Karl Marx" beim Zentralkomitee der SED
– enge Zusammenarbeit mit Hilde Benjamin
1953–1959 Chefredakteurin der Zeitschrift Neue Justiz
1958–1959 hauptamtliche Sekretärin der Vereinigung Demokratischer Juristen Deutschlands
1959 geht aus gesundheitlichen Gründen in Rente und stirbt kurz darauf
– ausgezeichnet mit dem „Vaterländischen Verdienstorden" in Bronze (1958) und dem „Banner der Arbeit" (1959)
Quellen:
LAB: C Rep. 118-01 Nr. 13.284; C Rep. 301 Nr. 361 (mit Foto).
AoR, S. 195.

Neumann, Rudolf (später: Newman, Randolph Henry)
03.07.1904 Berlin – 09.10.1975 New York
Familienstand: verheiratet seit 1933, drei Söhne
1923–1926 Studium in Berlin
1927–1933 Assistent an der Berliner Universität
– Rechtsanwalt am KG
1933 Berufsverbot
1933 Emigration über die Schweiz in die Niederlande
1939 Emigration in die USA, New York
1939–1944 Wirtschaftsberater
– nach erneutem Jurastudium als Anwalt zugelassen
1946–1948 Ankläger für das US-Kriegsministerium beim Nürnberger Kriegsverbrecherprozess

1950–1953 beim US-Oberkommando in Deutschland, leitet das Kontrollbüro für die IG Farben
– nach der Rückkehr nach New York als Rechtsanwalt tätig, Schwerpunkt Wiedergutmachung
– Sammler von Nietzscheana
– Übersetzer klassischer Lyrik
Quellen:
Biographisches Handbuch der deutschsprachigen Emigration, Band 1. München 1980, S. 532.
AoR, S. 232.

Oettinger, Ernst
08.12.1881 Marienwerder (Westpreußen) – 03.12.1953 Berlin
Familienstand: verheiratet seit 1919, zwei Töchter
1888–1901 Gymnasium in Marienwerder
Frühjahr 1901 Abitur

1902–1905 Studium in Berlin
März 1906 erstes Staatsexamen in Berlin
Januar 1911 zweites Staatsexamen
1911 – März 1912 als Gerichtsassessor tätig als Richter in Cottbus
ab März 1912 Rechtsanwalt in Berlin
1915–1918 Soldat (Frontkämpfer) im Ersten Weltkrieg
ab Mai 1919 Notar
– Anhänger der DVP
1933 als „Frontkämpfer" wieder zugelassen
1935 Entzug des Notariats
– die jährlichen Einkünfte, die sich 1931 auf 22.400 RM belaufen, reduzieren sich ab 1933 kontinuierlich von 7.000 RM (1934) auf 2.500 RM (1938), dann auf rund 800 RM p.a.
Ende 1938 Berufsverbot
– erhält nach dem Berufsverbot 1938 eine Unterhaltsrente, vermutlich von der Reichsrechtsanwaltskammer, und kann Pflegschaften übernehmen
– lebt in einer „privilegierten Mischehe"
ab 1943 zur Zwangsarbeit herangezogen, zuerst zu Aufräumarbeiten in ausgebombten Häusern, dann als Metallarbeiter
– leidet an einem 1943 erstmals diagnostizierten Magengeschwür, dessen adäquate Behandlung während der NS-Diktatur wegen der Verweigerung von den dafür erforderlichen Lebensmitteln für Juden nicht möglich war
ab Juni 1945 vorläufig als Rechtsanwalt und Notar zugelassen
September 1946 Entzug des Notariats (keine Zustimmung zur endgültigen Zulassung) durch den Vize-Präsidenten des KG (wegen fehlerhafter Aufnahme einer Urkunde und Ausfertigung von Notariatsverhandlungen ohne die dazu erforderlichen Stempelmarken in jeweils einem Fall)
Juni 1947 endgültige Zulassung als Rechtsanwalt
November 1947 befristet bis zum 31. Dezember 1949 zum Notar ernannt
Januar 1950 unbefristet zum Notar ernannt (Befristung wird für unwirksam erklärt)
– erhält für Schaden im beruflichen Fortkommen eine Entschädigung in Höhe von 14.450 DM
Quellen:
LAB: B Rep. 068 Nr. 3648 (mit Foto).
EAB: Nr. 22.115.
KG Berlin, Liste über zugelassene Rechtsanwälte.
AoR, S. 233 (hier mit Doktortitel) (mit Foto).

Oppenheimer, Fritz E. Dr.
10.03.1898 Berlin – 06.02.1968 Nairobi, Kenia
Familienstand: verheiratet, zwei Kinder
– Sohn des Rechtsanwalts und Notars JR Dr. Ernst Oppenheimer (gest. 1929)
– besucht das Französische Gymnasium in Berlin
Anfang 1915 Abitur
1915–1918 als Kriegsfreiwilliger Soldat im Ersten Weltkrieg, im Kampfeinsatz an der West- und Ostfront, dreimal verwundet, ausgezeichnet mit dem EK und dem Verwundetenabzeichen, zuletzt Vizewachtmeister und Offiziersstellvertreter
– nach Kriegsende Studium in Berlin, Freiburg i. Br. und Breslau
1921 erstes Staatsexamen beim KG Berlin, Note „gut"
– Referendariat im KG-Bezirk
1922 Promotion an der Universität Breslau
1925 zweites Staatsexamen, Note „gut"
– Studienaufenthalte in Paris und London
ab Dezember 1925 Rechtsanwalt in Berlin
ab 1929 auch Notar
– spezialisiert auf internationales Recht
1933 als „Frontkämpfer" wieder zugelassen als Anwalt und Notar
Ende 1935 Entzug des Notariats
1936 Emigration nach London
1936–1940 erneutes Jurastudium mit Examen als Barrister, u.a. tätig als Rechtsberater des Kronanwalts und des Finanzministeriums
1940 Emigration in die USA

1940–1943 Mitarbeiter einer Anwaltskanzlei
1943 Annahme der US-Staatsbürgerschaft
1943–1946 Soldat in der US-Armee, zuletzt im Range eines Majors
1945–1946 Mitarbeiter der US-Militärverwaltung in Deutschland, zuständig für die Gesetz- und Gerichtsreform
Mai 1945 nimmt in der Nacht vom 8. auf den 9. Mai in Berlin-Karlshorst als Mitglied der US-Delegation an der Zeremonie zur Unterzeichnung der Kapitulationsurkunde teil
– verfasst 1946 das „Gesetz zur Befreiung von Nationalsozialismus und Militarismus", das vom Alliierten Kontrollrat als Direktive Nr. 38 unverändert übernommen wird und Rechtskraft in allen vier Besatzungszonen erlangt
1946–1948 Berater für mitteleuropäische Rechtsfragen des US-Außenministeriums; nimmt in dieser Funktion an allen entscheidenden Konferenzen zu den Nachkriegsregelungen teil
ab 1948 Anwaltskanzlei in New York
– weiterhin für US-Regierungsbehörden tätig, u.a. 1950 bei der Londoner Schuldenkonferenz
Februar 1953 Antrag auf Zulassung als Anwalt in Berlin ohne Residenzpflicht
Mai 1953 Zulassung erteilt
1957 Umzug nach Palo Alto, Kalifornien
06. Februar 1968 stirbt bei einem Unfall in Nairobi, Kenia

Quellen:
LAB: B Rep. 068 Nr. 2120 (hier: gest. 04.02. 1968).
Senatsjustizverwaltung: Akte 3176/1 – I/B 1.
Oppenheimer, Fritz E.: Bericht über die Reise des OKW Keitel nach Berlin zur Unterzeichnung der Kapitulationsurkunde am 8./9. Mai 1945. In: Overesch, Manfred: Deutschland 1945–1949. Vorgeschichte und Gründung der Bundesrepublik. Königstein/Taunus 1979, S. 177–181.
Menges, Franz: Oppenheimer, Fritz Ernst. In: Neue Deutsche Biographie, 19 (1998), S. 574f.
Nachlass in der Hoover Institution on War, Revolution and Peace in Stanford/California.
AoR, S. 234f.

Pechner, Hanns Günter
11.09.1905 Berlin – 27.06.1988
Familienstand: zweimal verheiratet (1934 geschieden, 1943 zweite Heirat), drei Kinder
– besucht das Prinz-Heinrichs-Gymnasium in Berlin-Schöneberg
Ostern 1924 Abitur

1924–1927 Studium in München und Berlin
Januar 1928 erstes Staatsexamen in Berlin
1928–1931 Referendariat im KG-Bezirk
September 1931 zweites Staatsexamen
ab Oktober 1931 als Rechtsanwalt zugelassen
– Sozietät mit Otto Hermann Joseph (AoR, S. 188) und Dr. Walter Abelsdorff
1933 Berufsverbot
– Widerstandsarbeit im Umfeld der sozialistischen Gruppe „Neu Beginnen"
Februar 1934 nach einer anonymen Anzeige verhaftet, er habe seinem Sozius Geld nach Paris gebracht
– bleibt bis zur Verhandlung in Untersuchungshaft
Sommer 1934 Scheidung: *„Die Scheidung selbst erfolgte in gütlichem Einvernehmen, mit dem Ziele, meiner damaligen Frau die Erhaltung ihrer und unseres Kindes Existenz zu ermöglichen. Diese Existenz war in Folge meiner Eigenschaft als Nichtarier und infolge meiner Verhaftung gefährdet. In Verfolg der ‚rassischen Aufklärungen' und Gesetze zerschlugen sich alsbald nach der Ehescheidung auch die Reste unserer menschlichen Beziehung."* (LAB B Rep. 068 Nr. 3222)
1935 Strafverfahren wegen „Devisenvergehens"
29. Juli 1935 zu 5 Jahren Zuchthaus verurteilt (Tilgung und Löschung des Urteils Ende 1952)
– das Strafverfahren ist Teil eines groß angelegten Prozesses (Leborius-Prozess), der als Schauprozess gegen emigrierte Juden und ihre Unterstützer in Deutschland angelegt war
bis März 1939 im Zuchthaus Luckau

– wenige Tage nach der Entlassung vor drohender Verhaftung durch die Gestapo Flucht in die Schweiz, dort als politischer Flüchtling anerkannt
Mitte April 1939 Weiterreise nach Frankreich, auch dort als politischer Flüchtling anerkannt
September 1939 – Mai 1940 als Deutscher interniert (im Lager St.-Jean-de-la-Ruelle), dann als Prestataire den englischen Truppen in der Nähe von Rennes überwiesen
– schlägt sich nach Abzug der Engländer Mitte Juni 1940 in die „freie Zone" durch
– wird erneut interniert (Journey [Vienne], St. Antoine bei Albi, Chanac [Lozère])
August 1942 vor den drohenden Deportationen Flucht aus dem Lager in die Schweiz, gemeinsam mit seiner zukünftigen zweiten Ehefrau
bis Oktober 1944 in verschiedenen Lagern interniert, dann als Zivilinternierter auf freiem Fuß
1944–1945 Studien an der juristischen Fakultät der Universität Genf und an der Genfer Hochschule für Politik
Dezember 1945 Rückkehr nach Frankreich
– plant die Rückkehr nach Deutschland, nimmt davon aber Abstand wegen der schlechten Versorgungslage dort und behält seinen Hauptwohnsitz in Frankreich
ab 1946 Besitzer einer kleinen Druckerei in Paris (aufgebaut mit geliehenem Geld)
1950 stellt einen Antrag auf Zulassung als Rechtsanwalt beim AG und LG Bad Kreuznach; das Gesuch wird von RAK Koblenz wegen angeblich fehlenden Bedarfs und des noch nicht aufgehobenen Gerichtsurteils von 1935 abgelehnt
Juli 1953 Antrag auf Zulassung als Rechtsanwalt in Berlin, lebt zu diesem Zeitpunkt noch in Paris: *„Die Liebe zu meinem wirklichen Beruf, dem des Anwalts, die Notwendigkeit für die Existenz meiner Familie zu arbeiten, und die fast unüberwindlichen Schwierigkeiten, denen der emigrierte und mittellose Anwalt im Ausland bei jedem Versuch einer beruflichen Umstellung ausgesetzt ist, bilden die Veranlassung zu meinem heutigen Gesuch."* (14.07.1953) (LAB B Rep. 068 Nr. 3222)
März 1954 als Mitarbeiter der URO Rückkehr nach Berlin
April 1954 Zulassung zur Anwaltschaft erteilt
ab 1958 Notar
Ende 1975 auf Antrag als Notar entlassen
ab 01. Januar 1976 Hauptwohnsitz in Frankreich, beantragt die Befreiung von der Residenzpflicht
– lässt von da an jährlich einen Stellvertreter bestellen
– Mitglied der FDP
Quellen:
LAB: B Rep. 068 Nr. 3220–3221 (mit Foto Nr. 3220).
AoR, S. 236.

Peisach, Lothar
06.06.1888 Glogau (Schlesien) – 11.12.1974 (Berlin?)
Familienstand: verheiratet seit 1933, keine Kinder
– besucht das humanistische Gymnasium in Glogau
Ostern 1908 Abitur
– Jurastudium in Freiburg i. Br., München, Berlin und Breslau
Juli 1911 erstes Staatsexamen beim OLG Breslau
– Referendariat im OLG-Bezirk Breslau und in Berlin
– Frontkämpfer im Ersten Weltkrieg, ausgezeichnet mit dem EK I
1916 zweites Staatsexamen
– gerät in Kriegsgefangenschaft
1919 Rückkehr aus der Kriegsgefangenschaft
ab ca. 1921 Rechtsanwalt in Berlin
– zugleich stellvertretendes Vorstandsmitglied der deutschen Textilvereinigung AG (Detag)
1933 als „Frontkämpfer" wieder zugelassen
1934 aus „rassischen" Gründen als Vorstandsmitglied entlassen, dann hauptberuflich als Anwalt tätig
Ende 1938 Berufsverbot
– als „jüdischer Konsulent" zugelassen
September 1941 Emigration über Spanien in die USA
März 1952 nach der Rückkehr nach Berlin Antrag auf Zulassung als Anwalt
April 1952 Zulassung erteilt
ab August 1953 Notar
Quellen:
LAB: B Rep. 068 Nr. 2143.
AoR, S. 236.

Peyser, Walther Dr.
29.12.1882 Schöneck (Kr. Ölsnitz, Sachsen) – 25.02.1953 (Berlin?)
Familienstand: verheiratet
1889–1902 Kaiserin-Augusta-Gymnasium in Berlin-Charlottenburg
August 1902 Abitur
1902–1905 Studium in Freiburg i. Br. und Berlin
April 1906 erstes Staatsexamen in Berlin, Note „gut"
1906–1910 Referendariat
November 1908 Promotion an der Universität Rostock, Prädikat „cum laude"
Oktober 1910 zweites Staatsexamen
Oktober 1910 – Dezember 1911 als Gerichtsassessor tätig
ab Dezember 1911 als Rechtsanwalt zugelassen
– zu Beginn des Ersten Weltkriegs als Richter an Kriegsgerichten in Königsberg und Flandern einberufen
ab November 1923 Notar
1933 als „Altanwalt" wieder als Anwalt zugelassen
1938 Berufsverbot als Rechtsanwalt
vor 1933 belaufen sich die Einkünfte auf durch

schnittlich 40.000 RM p.a., ab 1933 sinken sie auf 6. 000 RM (1933), 4.000 RM (1934), 2.000 RM (1935), schließlich auf 1.000 RM (1938)
10. November 1938 nach der Pogromnacht bis zum 16. Dezember im KZ Sachsenhausen
– lebt in einer „Mischehe"
ab September 1941 zur Zwangsarbeit herangezogen, zuerst bei Gleisbauarbeiten, dann in einer Rüstungsfabrik eingesetzt, zuletzt Nachtwächter
27. Februar – 16. März 1943 in der Rosenstraße inhaftiert im Rahmen der Aktion gegen jüdische Partner in „Mischehen"
1945 kurz nach der Befreiung vorläufig als Rechtsanwalt und Notar zugelassen
Juni 1947 endgültige Zulassung
– beabsichtigt, am 17./18. Juli 1949 an einer Konferenz der jüdischen Juristen Deutschlands in Düsseldorf teilzunehmen
Quellen:
LAB: B Rep. 068 Nr. 3678 (mit Foto).
EAB: Nr. 24.731.
KG Berlin, Liste über zugelassene Rechtsanwälte.
AoR, S. 236 (mit Foto).

Pfeiffer, Julius Dr.
22.03.1907 Essen – 28.08.1997 Montreal, Kanada
Familienstand: verheiratet, drei Söhne
1923–1925 Hohenzollern-Gymnasium (später umbenannt in Staatliches Gymnasium) in Düsseldorf
1925 Abitur
1925–1927 Jurastudium in Köln, Bonn und München
1927 erstes Staatsexamen
1927–1932 Referendariat im OLG-Bezirk Düsseldorf
November 1932 zweites Staatsexamen, Note „gut"
bis Mitte März 1933 Gerichtsassessor am AG Düsseldorf
Frühjahr 1933 auf einer Auslandsreise, kehrt nicht nach Deutschland zurück
1933–1940 in den Niederlanden
Mai 1940 nach dem Überfall der deutschen Wehrmacht Flucht nach Großbritannien
– dort interniert als „Prisoner of War" und nach Kanada verbracht
Oktober 1942 aus dem Internierungslager freigelassen
– seitdem in Montreal ansässig
– studiert „Accountancy"
– seine Eltern und viele Verwandte werden deportiert und ermordet
ab 1948 als „Chartered Accountant" in eigener Praxis tätig
– im Entschädigungsverfahren gemäß BWGöD zum OLG-Rat a. D. befördert
ab Herbst 1957 als Rechtsanwalt in Düsseldorf ohne Residenzpflicht zugelassen
Januar 1964 Antrag auf Zulassung als Anwalt in Berlin ohne Residenzpflicht
Juni 1964 Zulassung erteilt
Quellen:
LAB: B Rep. 068 Nr. 3652–53 (Nr. 3652 mit Artikel aus den Montrealer Nachrichten vom 14.04.1962 mit kleinem Foto).

Pick, Fritz
27.05.1887 Lissa (Posen) – keine Angaben (nach Juni 1967)
Familienstand: keine Angaben
vor 1933 Rechtsanwalt und Notar, daneben Justitiar der UFA
– spezialisiert auf Film- und Arbeitsrecht
– aktives Mitglied der zionistischen Bewegung und im Kartell Jüdischer Verbindungen (KJV)
– Veröffentlichung: Die Praxis des Arbeitsrechts (1925, 2. Aufl. 1928)
1933 Wiederzulassung als Rechtsanwalt
1935 Entzug des Notariats
1938 Berufsverbot als Rechtsanwalt
1939 Emigration in die Niederlande, Amsterdam
– nach der Besetzung festgenommen und in die KZs Westerbork und Bergen-Belsen verschleppt
April 1944 kann in einer einmaligen Austauschaktion mit über 200 anderen Gefangenen nach Palästina ausreisen
– dort führend in der Irgun Oley Merkaz Europa (Vereinigung der Einwanderer aus Mitteleuropa) tätig und bei den Gründungsvorbereitungen der URO beteiligt
1951 in München ansässig
ab 1954 Leiter des Büros der URO in München
1967 lebt in München
Quellen:
AJR Information. Hgg. von der Association of

Jewish Refugees in Great Britain, Band 12, 5/1957, S. 9 und Band 22, 6/1967, S. 9.
http://www.ajr.org.uk/journalpdf/1957_may.pdf und
http://www.ajr.org.uk/journalpdf/1967_june.pdf, 07.08.2012.
AoR, S. 237.

Pincus, Dagobert Dr.
18.06.1886 Lötzen (Ostpreußen) – 23.08.1958 Berlin
Familienstand: verheiratet seit 1927, keine Kinder
1893–1904 Friedrichs-Gymnasium in Berlin
1904 Abitur
1904–1907 Studium in Berlin und Genf
Juni 1908 erstes Staatsexamen beim KG
Juli 1908 Promotion an der Universität Heidelberg

1908–1913 Referendariat im KG-Bezirk in Luckenwalde und Berlin
März 1913 zweites Staatsexamen
ab April 1913 als Anwalt in Berlin zugelassen
1916–1918 Bataillonsgerichtsschreiber beim Heer in Rumänien
ab April 1924 Notar
1933 als „Altanwalt" wieder zugelassen, aber Entzug des Notariats
1938 Berufsverbot als Anwalt
10. November 1938 nach der Pogromnacht bis zum 07. Dezember 1938 ins KZ Sachsenhausen verschleppt, mit der Auflage Deutschland zu verlassen, aus der Haft entlassen
Juni 1939 – Oktober 1948 im Exil in Frankreich
1939 und 1940 im Camp de la Braconne interniert
1940 bis zur Befreiung in „Résidence forcée" in dem Dorf Masseret, Corrèze
nach 1945 lebt weiter in Masseret und arbeitet in der Union des Immigrés Allemands Antinazis mit
August 1947 Umzug nach Paris, um die Rückkehr nach Berlin vorzubereiten

April 1947 Bewerbung um eine Richterstelle in Berlin; die Entscheidung durch den KG-Präsidenten und die Bestätigung durch das Rechtskomitee der Alliierten Kommandantur ziehen sich über ein Jahr hin; maßgeblich hierfür sind u.a. die schwierigen Unterbringungsmöglichkeiten; damit kann auch keine Rückreiseerlaubnis ausgestellt werden
Oktober 1948 Rückkehr nach Berlin und Antrag auf Zulassung zur Anwaltschaft
Dezember 1948 Zulassung erteilt
– Brief vom 20. Dezember 1948 von Pincus an den Vorstand der RAK: teilt mit, dass er seine Notariats- und Anwaltspraxis aufgenommen habe
ab Januar 1949 praktiziert in Berlin Köpenick, Seelenbinderstr. 35
– Brief vom 17. Februar 1950 von Pincus an den KG-Präsidenten: teilt mit, dass er seine Praxis in Berlin-Köpenick aufgegeben habe, da er 70%ig schwerbeschädigt sei und selbst nur noch Notariatssachen wahrnehmen wolle
Quellen:
LAB: B Rep. 068 Nr. 2194 (mit Foto); C Rep. 301 Nr. 1804.
KG Berlin, Liste über zugelassene Rechtsanwälte.
AoR, S. 237f. (mit Foto).

Pincus, Harry Dr.
03.07.1883 Königsberg (Ostpreußen) – 02.04.1950 Berlin
Familienstand: verheiratet
1889–1901 Altstädtisches Gymnasium in Königsberg
1901 Abitur
1901–1904 Studium in Königsberg und Berlin
Juni 1904 erstes Staatsexamen in Königsberg
1904–1910 Referendariat im OLG-Bezirk Königsberg
1908 Promotion an der Universität Leipzig
Oktober 1910 zweites Staatsexamen

1910–1911 als Gerichtsassessor Prozessrichter in Lyck und Anwalts- und Notarvertreter in Lyck und Berlin
ab August 1911 Rechtsanwalt in Berlin
ab September 1926 Notar
– spezialisiert auf Rundfunkrecht, dazu zahlreiche Veröffentlichungen, Berater der Reichsrundfunkgesellschaft
– Mitglied der Zentrumspartei
1933 als „Altanwalt" wieder zugelassen, aber Entzug des Notariats
– Einnahmen reduzierten sich drastisch von durchschnittlich 18.000 RM p.a. (1931, 1932) auf 550
RM (1935), 250 RM (1936), 150 RM (1937) und 280 RM (1938)
– Mitglied im Reichsverband nichtarischer Christen
1938 Berufsverbot als Rechtsanwalt
– lebt in einer „Mischehe"
ab 1943 zur Zwangsarbeit herangezogen, als Lagerarbeiter und Hilfsarbeiter in einer Fabrik
ab Juni 1945 Abteilungsleiter beim Berliner Rundfunk
1945 kurz nach der Befreiung als Rechtsanwalt und Notar wieder zugelassen
April 1948 endgültige Zulassung
Quellen:
LAB: B Rep. 068 Nr. 3683 (mit Foto).
EAB: Nr. 23.493 (Datenschutz nicht abgelaufen).
KG Berlin, Liste über zugelassene Rechtsanwälte.
AoR, S. 238 (mit Foto).

Pindar, Kurt Fritz (später: Henry Frederick) Dr.
02.02.1885 Königsberg (Ostpreußen) – keine Angaben (nach August 1958)
Familienstand: geschieden
– besucht das Kneiphöfische Gymnasium in Königsberg
1903–1906 Studium in Berlin und Königsberg i. Pr.

September 1906 erstes Staatsexamen beim OLG Königsberg
– Promotion an der Universität Leipzig
Oktober 1909 – September 1910 Militärdienst in Königsberg
Februar 1913 zweites Staatsexamen
ab März 1913 Rechtsanwalt in Berlin
ab Dezember 1929 Notar
– Anwalt der Preußischen Staatsregierung; führt in dieser Eigenschaft auch Prozesse gegen führende Nationalsozialisten
– zugleich juristischer Berater der Deutschen Hypothekenbank
1933 als „Altanwalt" wieder zugelassen, aber Entzug des Notariats
Anfang 1938 Flucht in die Schweiz; lässt die gesamte persönliche Habe zurück
Juni 1938 als Anwalt gelöscht
1941 erreicht nach Stationen in Frankreich, Spanien und Kuba New York
– beschäftigt sich mit literarischen Studien sowie mit Fragen amerikanischen und internationalen Rechts
– bestreitet den Lebensunterhalt mit Geldern von Verwandten
1946 Annahme der US-Staatsbürgerschaft
August 1952 Antrag auf Zulassung als Anwalt in Berlin ohne Residenzpflicht
August 1952 Zulassung erteilt
Juli 1958 auf Antrag aus Alters- und Gesundheitsgründen gelöscht
Quellen:
LAB: B Rep. 068 Nr. 2198 (mit Foto).
Senatsjustizverwaltung: Akte 3176/1 – I/B 1.
AoR, S. 238.

Pinner, Heinz Dr.
20.02.1893 Berlin – September 1986
Familienstand: verheiratet, Kinder
1914–1918 als Soldat im Ersten Weltkrieg im Fronteinsatz
1919 Promotion an der Universität Greifswald
– Rechtsanwalt und Notar in Berlin
– die Ehefrau stammt aus der Ullstein-Familie
bis 1933 Aufsichtsratmitglied der Ullstein AG
1933 wieder zugelassen als Anwalt und Notar
1935 Entzug des Notariats
Ende 1938 Berufsverbot als Anwalt
Juni 1939 Emigration mit der Familie in die Schweiz
Dezember 1941 Emigration in die USA
– absolviert ein Studium für Buchprüfung und wird als Fachmann in Steuerfragen Teilhaber eines Wirtschaftsprüfungsunternehmens
ab 1947 als Anwalt ohne Residenzpflicht beim OLG Düsseldorf zugelassen
1978 lebt in Los Angeles
1979 Ehrenmitglied des Deutschen Anwaltvereins
Quellen:
AoR, S. 239.

Platz, Alfred Dr.
26.06.1890 Köln – 08.06.1973 Zollikerberg (Schweiz)
Familienstand: verheiratet, zwei Kinder
1916–1917 nach dem zweiten Staatsexamen Studium des holländischen Rechts in Amsterdam
1918 Niederlassung als Anwalt, Spezialist für holländisches und internationales Privatrecht
– Sozietät mit Dr. Rudolf Dix (ab 1920), Dr. Hellmuth Dix (ab 1926) und Dr. Karl Selowsky (ab 1928)
ab ca. 1920 zudem Bürogemeinschaft mit Dr. Arhtur Stein (der ihn später im Entschädigungsverfahren vertritt)
April 1933 Flucht nach Holland (nach zweimaliger Hausdurchsuchung durch die SA)
1933–1940 in Amsterdam, dort gelegentlich als juristischer Hilfsarbeiter und als Makler tätig, mit geringen Einkünften
Mai 1940 Flucht nach Belgien vor der drohenden Besetzung Hollands durch die deutsche Wehrmacht
11. Mai 1940 in Brüssel von der belgischen Polizei festgenommen und nach Frankreich verbracht
Mai – September 1940 im Lager St. Cyprien in Südwestfrankreich interniert
September 1940 – Juni 1943 auf der Flucht, zuerst in Toulouse, dann in Lissabon, schließlich auf Jamaika, lebt von Unterstützungszahlungen durch den Joint
ab Juni 1943 in New York
ab 1943 als Grundstücksmakler tätig
1951 Heirat in New Jersey
ab 1953 bemüht sich um die Niederlassung als Anwalt in Europa
Januar 1955 als Rechtsanwalt beim LG Frankfurt a. M. zugelassen
– kann die Arbeit nicht aufnehmen, da er schwer erkrankt
ab 1955 lebt überwiegend in Zürich, Schweiz
Quellen:
EAB: Nr. 274.133.
AoR, S. 239.

Pleuss, Wilhelm Dr.
25.11.1905 Lüneburg – keine Angaben (nach 1951)
Familienstand: keine Angaben
– Rechtsanwalt und Notar am KG
1933 keine Hinweise auf eine Überprüfung wegen jüdischer Herkunft
1936 in der Liste der „Mischlinge" verzeichnet
14. November 1938 erwirbt ein Grundstück in Berlin-Schöneberg von jüdischen Besitzern; der Verkauf war mutmaßlich erzwungen
bis mindestens 1941 als Rechtsanwalt tätig
1951 in Lüdenscheid ansässig
1964 das Ausgleichsamt in Düsseldorf bittet um Zusendung der Akten vom Wiedergutmachungsamt Berlin, um Ansprüche der Erben von Dr. W. Pleuss nach dem Lastenausgleichsgesetz zu prüfen
Quellen:
LAB: B Rep. 025 82 WGA 1298/51, 82 WGA 4299/51.
AoR, S. 240.

Pollack, Erich Dr.
27.10.1882 Köslin (Pommern) – 11.10.1956 Berlin
Familienstand: verheiratet
1889–1890 Wilhelms-Gymnasium in Berlin
1890–1901 Prinz Heinrichs-Gymnasium in Berlin
1901 Abitur
1901–1904 Studium in Berlin

Juli 1905 erstes Staatsexamen beim KG Berlin
1905–1911 Referendariat
Juni 1908 Promotion an der Universität Leipzig
Sommer 1911 zweites Staatsexamen
Juni 1906 – Ende 1911 als Gerichtsassessor tätig
ab Ende 1911 Anwalt in Berlin
– richtet zugleich ein Repetitorium ein und hält selbst Unterrichtskurse
1933 als „Altanwalt" wieder zugelassen
Juli 1933 verhaftet und für zweieinhalb Monate festgehalten, zunächst im Polizeigefängnis am Alexanderplatz und im Militärgefängnis Spandau, dann im Zuchthaus Brandenburg
– kommt nach vielen Bemühungen seiner nichtjüdischen Ehefrau Hildegard – als Opernsängerin unter dem Künstlernamen Ingrid Lindstroem bekannt – wieder frei
1936 wegen politischer Unzuverlässigkeit und staatsfeindlicher Haltung aus der Anwaltschaft ausgeschlossen
– verdient den Lebensunterhalt mit dem Repetitorium, nach dem Verbot durch die Gestapo mit juristischem Privatunterricht
– die Ehefrau wird wegen ihrer Unterstützung für den Ehemann aus der Reichskulturkammer ausgeschlossen und hat damit faktisch ein Auftrittsverbot

April 1942 wegen eines „Sternvergehens" verhaftet und im Polizeigefängnis am Alexanderplatz in einem lichtlosen, feuchten Kellerraum mit zahlreichen anderen Gefangenen unter unwürdigen Umständen festgehalten
1943 – Mai 1945 zur Zwangsarbeit als (Bau-) Hilfsarbeiter herangezogen
September 1943 auf Betreiben von Frau von Bonin, aktives NSDAP-Mitglied in der Ortsgruppe des Wohnviertels, aus *„persönlichem Judenhass"* (LAB B Rep. 068 Nr. 3682) erneut verhaftet
ab August 1945 als Anwalt und Notar vorläufig zugelassen
Mai 1947 vorläufige Zulassung erneuert
Januar 1950 endgültige Zulassung (das Verfahren zur endgültigen Zulassung hatte sich über zweieinhalb Jahre hingezogen, u.a. weil die Hintergründe für den Ausschluss aus der Anwaltschaft 1936 geklärt werden mussten)
Quellen:
LAB: B Rep. 068 Nr. 3682 (mit Foto); C Rep. 301 Nr. 1728.
AoR, S. 240 (mit Foto).

Pollak, Paul Dr.
21.05.1904 Pilgram (Böhmen) – 17.01.1985 (London?)
Familienstand: verheiratet seit 1933, keine Kinder
– Beginn der schulischen Ausbildung in Pilgram
1915 Umzug der Familie nach Prag
1922 Abitur
1922–1926 Studium in Prag
Juli 1927 Promotion zum Dr. jur. nach Ablegung der vorgeschriebenen drei Staatsprüfungen
– Militärdienst
ab April 1929 juristischer Mitarbeiter in einer Prager Anwaltskanzlei
Sommer 1932 Rechtsanwaltsprüfung vor dem OLG Prag

1934 – März 1939 Rechtsanwalt in Prag
1939 nach der deutschen Besetzung der Tschechoslowakei Berufsverbot als „Nichtarier"
1939 Flucht nach Frankreich
1940 Emigration nach Großbritannien, London
– arbeitet als Rechtsberater in der Exportabteilung einer Textilfirma
Januar 1971 Antrag auf Zulassung als Anwalt in Berlin ohne Residenzpflicht
April 1971 Zulassung erteilt (Nr. 124 in Liste)
Quellen:
LAB: B Rep. 068 Nr. 3157 (mit Foto).

Posener, Paul Dr.
11.10.1875 Rawitsch (Posen) – 22.05.1958 Berlin
Familienstand: 1900 Heirat, zwei Kinder, 1939 verwitwet, 1955 zweite Heirat
– besucht das Realgymnasium in Rawitsch und das humanistische Gymnasium in Lissa

– Studium in Breslau und Berlin
Anfang 1899 erstes Staatsexamen
1899–1902 Referendariat
1900 Promotion an der Universität Breslau
1900–1901 Militärdienst in Breslau
1904–1906 Fortsetzung des Referendariats im OLG Bezirk Stettin, dann in Berlin
Anfang 1906 zweites Staatsexamen
bis 1908 als Gerichtsassessor tätig, scheidet dann aus dem Justizdienst aus
ab 1910 Anwalt in Berlin, zugelassen zuletzt beim LG
1911 Gründungsmitglied der Schopenhauer-Gesellschaft
1914–1916 Heeresdienst in der Militärverwaltung als Intendanturrat
1916 fristlos entlassen, nachdem er in einer Veröffentlichung eine Reform in der Versorgung der Militärangehörigen gefordert hatte
ab Anfang der 1920er Jahre Notar

– vor 1933 Vorsitzender des Republikanischen Anwaltbundes und politischer Gegner der Nazis
– zahlreiche rechtswissenschaftliche Buchveröffentlichungen (teilweise in mehreren Auflagen)
23. Juni 1933 flieht über Prag nach Wien, da er Verfolgung durch die Nazis befürchten muss
1933 Entzug des Notariats; als Anwalt gelöscht
bis 1936 (1938?) Aufenthalt in Wien, dort ab 1934 als Rechtsanwalt tätig
1936 (1938?) Emigration nach Großbritannien, London
Dezember 1936 der Sohn Eberhard wird verhaftet, später in das KZ Dachau, ab 1938 in das KZ Buchenwald verschleppt
8. Dezember 1939 der Sohn Eberhard kommt im KZ Buchenwald ums Leben
Juni 1940 – Anfang 1944 (?) als „feindlicher Ausländer" zuerst in Australien, ab Herbst 1942 auf der Isle of Man interniert
– lebt dann wieder in London, bestreitet den Lebensunterhalt mit Sprachunterricht, hält Vorträge, oft gegen Honorar, und schreibt Beiträge für die amerikanische und englische Presse
ab August 1945 Consultant for International and Continental Law
ab März 1948 britischer Staatsbürger
1948 Gründungsmitglied und erster Vorsitzender der Schopenhauer Society in London
1952 Rückkehr nach Berlin
Februar 1953 Antrag auf Zulassung als Anwalt in Berlin
ab September 1953 als Anwalt und zugleich Steuerberater in Berlin zugelassen
1958 die Trauerfeier findet im Krematorium Wilmersdorf statt
Quellen:
LAB: B Rep. 068 Nr. 2216.
Auskunft Patrick Vaughan (Sheffield, Großbritannien) (nach Angaben von Angehörigen).
AoR, S. 240.

Preuss, Julius
24.06.1887 Deutsch-Krone (Westpreußen) – 12.01.1983 (Buenos Aires?)
Familienstand: verheiratet
Oktober 1909 erstes Staatsexamen
November 1914 zweites Staatsexamen
Ende 1914 – Ende 1918 Heeresdienst
ab 1919 Anwalt in Schneidemühl
ab 1920 Anwalt in Berlin
ab September 1926 Notar
1933 Berufsverbot als Anwalt und Notar
– anschließend als Verwalter des Grundbesitzes der Familie tätig
November 1938 in der Pogromnacht in das KZ Sachsenhausen verschleppt, bis Mitte Dezember in Haft
– bemüht sich um die Emigration nach Paraguay
April 1940 Ausreise aus Deutschland nach Genua, um dort auf die Weiterreise zu warten
– nach dem Kriegseintritt Italiens bis Dezember 1940 in einem italienischen Lager interniert
– kann nach Lissabon ausreisen (mit Flugzeug) und von dort einige Monate später nach Südamerika
Ende Mai 1941 Ankunft in Paraguay
– lebt zuerst auf dem Lande
ab 1943 in Asunción
– journalistisch und als Sprachlehrer für alte und neue Sprachen tätig
ab 1946 Leiter eines Büros des American Joint Distribution Comittee (Joint), das Emigranten aus Europa unterstützt
1949 Auflösung des Büros und Umzug nach Buenos Aires
– dort als Lehrkraft und Rechtsberater tätig, v.a. in Wiedergutmachungsangelegenheiten
Oktober 1953 Antrag auf Zulassung als Anwalt in Berlin ohne Residenzpflicht
Februar 1954 Zulassung erteilt
Quellen:
LAB: B Rep. 068 Nr. 2205.
Senatsjustizverwaltung: Akte 3176/1 – I/B 1.
AoR, S. 241.

Pringsheim, Ernst Dr.
20.11.1901 Oppeln (Oberschlesien) – 03.04.1987 Kassel
Familienstand: zweimal verheiratet (Scheidung 1935, zweite Heirat 1941), eine Tochter aus erster und zwei Söhne aus zweiter Ehe
– Rechtsanwalt in Berlin
1933 Berufsverbot
1933 nach dem Berufsverbot zunächst ohne Erwerbsarbeit
– arbeitet dann ca. zwei Jahre in einem Fotolabor; wird dort wegen seiner jüdischen Herkunft entlassen
– dann in untergeordneter kaufmännischer Stellung
März 1938 Emigration nach Argentinien, Buenos Aires, zusammen mit der Tochter aus erster Ehe
– arbeitet als Angestellter in einer fotografischen Werkstatt und macht sich dann selbstständig mit einer solchen (Fotografien, Fotokopien)
1955 legt ein Ergänzungsexamen zur argentinischen Reifeprüfung ab
– studiert dann an der Universität Buenos Aires und wird vereidigter Übersetzer für die deutsche Sprache
November 1955 Antrag auf Zulassung als Anwalt in Berlin ohne Residenzpflicht
Februar 1956 Zulassung erteilt
Mai 1970 Rückkehr nach Deutschland, Marburg
September 1970–1974 als Anwalt in Marburg zugelassen
Quellen:
LAB: B Rep. 068 Nr. 2232.
Auskunft RAK Kassel.
Engel, Michael: Die Pringsheims. Zur Geschichte

einer schlesischen Familie. In: Kant, Horst/Vogt, Annette (Hg.): Aus Wissenschaftsgeschichte und -theorie. Hubert Laitko zum 70. Geburtstag überreicht von Freunden, Kollegen und Schülern. Berlin 2005, S. 198–219, hier S. 208 (Sterbedatum).
AoR, S. 241.

Prinz, Arthur
18.11.1886 Berlin – 20.03.1974 (Berlin?)
Familienstand: verheiratet, zwei Kinder
1893–1905 Friedrichs-Gymnasium in Berlin
Februar 1905 Abitur

1905–1907 Studium in Berlin
September 1908 erstes Staatsexamen beim KG Berlin
1908–1913 Referendariat in Berlin
Mai 1913 zweites Staatsexamen
ab September 1913 Anwalt in Berlin, zuletzt ab 1931 beim KG
März 1915 – Juli 1919 Soldat im Ersten Weltkrieg, im Fronteinsatz, ausgezeichnet mit dem EK II
ab Oktober 1923 Notar
1933 als „Altanwalt" und „Frontkämpfer" wieder zugelassen
1935 Entzug des Notariats
1938 Berufsverbot als Anwalt
1938 nach dem Berufsverbot ohne berufliche Beschäftigung
– lebt in einer „Mischehe"
ab 1939 Unterstützungszahlungen von Staat und Reichsrechtsanwaltskammer, ca. 2.000 bis 2.500 RM jährlich
– die Emigrationsbemühungen scheitern (falsche Zusage eines peruanischen Konsuls)
– hatte im Hinblick auf die sicher scheinende Emigration die Wohnung aufgegeben und Möbel und Hausrat verkauft
bis Sommer 1941 wohnt in verschiedenen Wohnungen, ab Sommer 1941 in Blankenfelde (Kr. Teltow), wo die Schwiegermutter ein Häuschen besitzt
– wird dort als Jude mit seiner Familie stark angefeindet (insbesondere durch eine Familie Linke)
Mai – August 1943 nach abfälligen Äußerungen über Hitler und wegen Verstoßes gegen die antijüdischen Bestimmungen in Gestapo-Haft: ihm wird vorgeworfen, mit seiner Ehefrau eine Bibelstunde, an der auch nichtjüdische Personen teilnahmen, besucht und damit das Ausgehverbot überschritten zu haben
– erkrankt in der Haft schwer und wird daher als Polizeigefangener in das Jüdische Krankenhaus verlegt, von dort am 16. August nach Hause entlassen
ab September 1943 Zwangsarbeit, zuerst als Bauhilfsarbeiter in einem Arbeitskommando bei der Gestapo in der Kurfürstenstr., dann nach arbeitsbedingter Erkrankung Hilfsarbeiter, zuletzt in einer Metallwarenfabrik
April 1945 Krankschreibung wegen einer Herzerkrankung
Juni 1945 vorläufig als Anwalt und Notar zugelassen
– die Frau und die Kinder bleiben nach 1945 in Blankenfelde, da sie keine Zuzugsgenehmigung erhalten
Januar 1948 endgültige Zulassung
1953 die eheliche Gemeinschaft wird aufgehoben
Juni 1955 (nach mehrfacher Aufforderung) Vorschuss über 10.000 DM auf den Schaden im beruflichen Fortkommen, endgültiger Bescheid über 40.000 DM im März 1959
Quellen:
LAB: B Rep. 068 Nr. 2231 (mit Foto).
EAB: Nr. 26.898 (mit Judenkennkarte mit Passfoto, April 1939).
KG Berlin, Liste über zugelassene Rechtsanwälte.
AoR, S. 241.

Proskauer, Erna (geb. Aronsohn)
05.08.1903 Bromberg (Posen) – 18.01.2001 Berlin
Familienstand: verheiratet (1960 Scheidung)
– Tochter des Rechtsanwalts und Notars JR Georg Aronsohn (siehe AoR, S. 111)
– besucht die Städtische Höhere Mädchenschule in Bromberg und bereitet sich dann als Externe auf die Abiturprüfung vor
1920 nach Abtretung von Bromberg an Polen Umzug der Familie nach Berlin
– besucht zuerst das Mädchengymnasium in der Nürnberger Straße, dann die realgymnasiale Studienanstalt Fürstin-Bismarck-Schule
September 1922 Abitur
– Studium in Berlin und Freiburg i. Br.
1926 erstes Staatsexamen in Berlin
1930 Heirat mit dem Rechtsanwalt Dr. Max Proskauer

Februar 1932 zweites Staatsexamen (nach Wiederholung)
– danach als Hilfsarbeiterin in der Kanzlei des Vaters und als Gerichtsassessorin an Berliner Gerichten tätig
Mai 1933 vom Dienst „beurlaubt“
Juli 1933 Berufsverbot
20. März 1933 ihr Antrag auf Zulassung als Rechtsanwältin wird abgelehnt
1933 auch ihr Ehemann, Rechtsanwalt Dr. Max Proskauer, bekommt Berufsverbot
Sommer 1933 Emigration des Ehepaars nach Frankreich, zuerst Grenoble, dann Paris
– beginnt dort erneut ein Jurastudium, das sie abbricht
1934 Emigration nach Palästina, Haifa
– kann sich dort aus sprachlichen und wirtschaftlichen Gründen nicht juristisch betätigen
– verdient den Lebensunterhalt in verschiedenen, wenig qualifizierten Tätigkeiten (Näherin, Fleckenreinigung für Textilien, Wäscheplätterei mit Heißmangel; dann für zehn Jahre Expedientin in einer Großwäscherei)
Mai 1951 stellt einen Antrag auf Wiedereinstellung in den Justizdienst gemäß dem BWGöD
Februar 1953 Rückkehr nach Berlin
– arbeitet zuerst in der Anwaltskanzlei des Ehemannes mit, der bereits zuvor zurückgekehrt war
– dann als juristische Mitarbeiterin in einem Büro für Entschädigungsangelegenheiten tätig (der Leiter des Büros war kein Jurist, sondern Kaufmann)
– die juristischen Auseinandersetzungen um den Wiedereinstellungsantrag ziehen sich bis November 1956; ihr Antrag wird letztinstanzlich vom Bundesverwaltungsgericht abgelehnt (Urteil vom 02. November 1956), u. a. mit dem Verweis darauf, dass sie als verheiratete Frau nach der Rechtslage für weibliche Beamte Mitte 1933 aus dem Justizdienst hätte ausscheiden müssen
Februar 1957 Antrag auf Zulassung zur Anwaltschaft
April 1957 Zulassung erteilt; Niederlassung als Rechtsanwältin mit Schwerpunkt Entschädigungsrecht
ab Mai 1962 zugleich Notarin
– zeitweise Bürogemeinschaft mit Rechtsanwalt Dr. Alfons Yersin
1968 übernimmt nach dem Tod ihres Ex-Mannes dessen Kanzlei in Berlin-Wedding
– dort in Sozietät mit Rechtsanwalt Christian Landgraf
Anfang 1988 auf eigenen Antrag aus dem Amt der Notarin entlassen
1995 mit dem Bundesverdienstkreuz ausgezeichnet
Januar 1996 auf eigenen Antrag mit Verweis auf das hohe Alter als Anwältin gelöscht

Quellen:
RAK Berlin: Personalakte (mit Foto).
Proskauer, Erna: Wege und Umwege. Erinnerungen einer Rechtsanwältin. 2. Aufl. Frankfurt a. M. 1996 (mit Fotos).
Röwekamp, Marion: Juristinnen. Lexikon zu Leben und Werk. Hg. vom Deutschen Juristinnenbund. Baden-Baden 2005, S. 310–314 (mit Foto).
Auskunft Joel Levi, Tel Aviv; Simone Ladwig-Winters, Berlin.
Teilnachlass im Jüdischen Museum Berlin und im Leo Baeck Institute.

Proskauer, Max E. Dr.
19.12.1902 Berlinchen (Kr. Soldin, Neumark) – 16.06.1968 Berlin
Familienstand: zweimal verheiratet, keine Kinder
– besucht Gymnasien in Spandau und Berlin, zuletzt das Prinz Heinrich-Gymnasium in Berlin
Februar 1921 Abitur
– studiert zunächst Technik, dann Jura in München, Berlin und Breslau
Dezember 1925 erstes Staatsexamen beim OLG Breslau
– Referendariat im KG-Bezirk
September 1929 zweites Staatsexamen
ab 1929 Anwalt in Berlin, zugelassen zuerst beim LG, dann beim KG
1930 Heirat mit der Referendarin Erna Aronsohn
1933 Vertretungs- und Berufsverbot
1933 auch seine Ehefrau Erna Proskauer erhält als Gerichtsassessorin ein Berufsverbot
Sommer 1933 Emigration mit der Ehefrau nach Frankreich, zuerst Grenoble, dann Paris
– beginnt dort erneut ein Jurastudium, das er abbricht
November 1934 Emigration nach Palästina
– dort kaufmännisch im eigenen Betrieb, Import und Export, tätig
ab November 1942 (1943?) Vorbereitung auf die Anwaltsprüfung in Palästina
Juni 1945 Anwaltsexamen für Palästina
ab November 1945 als Anwalt in Haifa niedergelassen
1947 erkundigt sich über die Möglichkeiten, wieder

als Jurist in Berlin zu arbeiten
Oktober 1951 Aufenthalt in Berlin zur Regelung des Entschädigungsantrags
Mai 1952 Antrag auf Zulassung zur Anwaltschaft in Berlin, jetzt mit Wohnsitz in Berlin
Juli 1952 Zulassung erteilt
ab August 1953 Notar
Quellen:
LAB: B Rep. 068 Nr. 1620.
EAB: Nr. 71.336 (Datenschutz nicht abgelaufen).
AoR, S. 102 (mit Foto) und S. 242 (mit Foto).

Quaatz, Reinhold Georg Dr.
08.05.1876 Berlin – 15.08.1953 Berlin
Familienstand: keine Angaben
1894 Abitur in Berlin
– Jura- und Volkswirtschaftsstudium in Jena und Berlin
1904–1913 Beamter bei den preußischen Staatseisenbahnen
– im Ersten Weltkrieg für die Organisation von Militärtransporten verantwortlich, Koordinator des kriegswichtigen Ruhr-Mosel-Verkehrs und für die Kohleversorgung im Westen des Deutschen Reichs zuständig
– hatte Kontakte in wichtige Banken- und Industriekreise, u.a. zu Hugo Stinnes, Emil Kirdorf, Albert Vögler und Alfred Hugenberg
1919 Geheimer Regierungsrat und Vortragender Rat im Preußischen Ministerium der Öffentlichen Arbeiten
1920 Promotion an der Universität Köln
1920–1923 Erster Syndikus der Handelskammer Essen und Leiter mehrerer wirtschaftlicher Verbände
1920–1933 Mitglied des Reichstages, 1920–1924 für die DVP, dann aus Ablehnung der Stresemann'schen Verständigungspolitik für die DNVP
– unterstützte in der DNVP den Flügel um Alfred Hugenberg, der 1928 zum Parteivorsitzenden gewählt wurde (und 1933 mit Hitler koalierte)
– war als scharfer, kompromissloser Debattenredner und Verfasser von Zeitungsartikeln bekannt, der sich auch rassistisch-antisemitischer, völkischer Schlagworte bediente
ab 1924 Rechtsanwalt in Berlin, später auch Notar
ab 1931 im Vorstand der Dresdner Bank als Vertreter des Reichs
September 1933 muss aus dem Vorstand der Dresdner Bank ausscheiden
„Ich wurde gleichzeitig aus meinem Amt als Notar und Rechtsanwalt entfernt. Erst nach mehr als einem Jahr erhielt ich wieder die Zulassung als Rechtsanwalt, nicht aber als Notar. Jede Berufsausübung wurde mir aber praktisch unmöglich gemacht." (B Rep 025–02, Nr. 3697/50)
– gilt als „Mischling"
1939 letztmalig im Branchenbuch als Rechtsanwalt verzeichnet
Oktober 1944 von der Gestapo verhört
Mai – Juni 1945 vom Ortskommandanten der Roten Armee zum Bürgermeister in Lichtenrade ernannt
Mitte Juni 1945 aus politischen Gründen entlassen
– engagiert sich von nun an ausschließlich im kirchlichen Bereich
– wird zum Vorsitzenden des Evangelischen Bruderrats in Lichtenrade gewählt und gehört der Provinzialsynode Berlin-Brandenburg der Evangelischen Kirche an; war maßgeblich am Wiederaufbau der Kirchlichen Hochschule Berlin beteiligt, hielt dort auch Vorlesungen über Weltanschauungsfragen und soziologische Tagesprobleme und war Mitglied des Hochschulkuratoriums
ab ca. 1948 Kurator
– gehört zu den Mitbegründern der CDU in Berlin, wenn auch parteipolitisch nicht aktiv
ab 1950 strengt Wiedergutmachungsverfahren an (Entschädigung für entzogenes Gehalt für viereinhalb Jahre sowie für den entgangenen Gewinn als Vorstandsmitglied der Dresdner Bank, für die Entfernung aus der Stellung als Vorstandsmitglied der Dresdner Bank, für den Verlust des Notariats, für Behinderung der Anwaltspraxis); sämtliche Anträge werden zurückgewiesen, da sie nicht unter die Regelungen der Rückerstattungsanordnung fallen
Quellen:
LAB: B Rep. 025-02 Nr. 3697–3701/50.
AoR, S. 242.

Rabe, Karl Dr.
18.09.1902 Duisburg – keine Angaben (nach März 1967)
Familienstand: unverheiratet (Stand: 1950)
1909–1912 Bürgerschule in Dresden
1913–1921 Gymnasium in Leipzig und Breslau
April 1922 Abitur

1922–1926 Studium in Tübingen und Breslau
1927 erstes Staatsexamen
1927–1930 Referendariat im OLG-Bezirk Breslau
April 1931 zweites Staatsexamen
Oktober 1931 Promotion an der Universität Breslau
ab 1931 Gerichtsassessor mit verschiedenen Kommissorien im OLG-Bezirk Breslau
Juni 1933 als „Halbjude" aus dem Justizdienst entlassen
– versucht sich ohne Erfolg als Rechts- und Wirtschaftsberater eine selbstständige Existenz aufzubauen
ab 1934 bei verschiedenen Firmen in Stuttgart, Meiningen und Wilhelmshaven beschäftigt
ab November 1939 in Berlin als Buchhalter, Rechtsberater und Vertreter tätig
Juni 1945 – Dezember 1945 Dezernent und Leiter der Rechtsabteilung im Bezirksamt Berlin-Tiergarten
Dezember 1945 – Februar 1949 Hauptdezernent bei der Rechtsabteilung des Magistrats
Mai 1946 Antrag auf Zulassung als Anwalt; lässt den Antrag zurückstellen, da er beim Magistrat arbeitet
Februar 1949 – August 1950 als AG-Direktor Leiter des AG Berlin-Mitte (Kündigungsschreiben vom 30. März 1950 ohne Angabe von Gründen)
August 1950 erneuter Antrag auf Zulassung als Anwalt und Notar
Oktober 1950 durch die Abteilung Justiz des Ost-Berliner Magistrats als Anwalt und Notar bei den Ost-Berliner Gerichten zugelassen
– das Zulassungsverfahren in West-Berlin zieht sich in die Länge: die RAK befürwortet die Zulassung als Anwalt und lehnt die Bestellung zum Notar ab; der KG-Präsident lehnt den Antrag wegen der Tätigkeit als Leiter des AG Berlin-Mitte nach der Spaltung der Stadt und wegen einer positiven Stellungnahme zur Justizentwicklung in der SBZ/DDR ab
Oktober 1951 Rabe reicht gegen den ablehnenden Bescheid Klage beim Verwaltungsgericht ein – in den Akten kein Hinweis auf eine Gerichtsverhandlung
Juli 1952 nach erhobener Klage Zulassung als Rechtsanwalt durch den KG-Präsidenten in West-Berlin
April 1953 verzieht von Ost- nach West-Berlin und legt sein Amt als Notar für Ost-Berlin nieder – die Einrichtung des Ost-Berliner Büros wird beschlagnahmt und die Befugnis zum Auftreten an den Ost-Berliner Gerichten widerrufen
Dezember 1966 auf Antrag aus Gesundheitsgründen gelöscht
Januar 1967 beantragt, sich gemäß Paragraph 17 Abs. 2 BRAO weiterhin Rechtsanwalt nennen zu dürfen
März 1967 Genehmigung erteilt
Quellen:
LAB: B Rep. 068 Nr. 2260, C Rep. 301 Nr. 1711–14 (Nr. 1713 mit Foto).

Rathe, Kurt
06.10.1892 – keine Angaben
Familienstand: keine Angaben
vor 1933 Rechtsanwalt
– wichtigster Mandant ist die Berliner Commerzbank
– ist Sozialdemokrat
April 1933 Berufsverbot
– als politischer Gegner der Nationalsozialisten Emigration nach Paris
nach 1945 in Frankfurt a. M. ansässig
Quellen:
AoR, S. 243.

Rehfisch, Hans José Dr.
10.04.1891 Berlin – 09.06.1960 Schuls (Schweiz)
Familienstand: keine Angaben
– Abitur am Leibniz-Gymnasium in Berlin
1909–1912 Studium Jura, Philosophie und Nationalökonomie in Berlin und Grenoble
ab 1913 Veröffentlichung von Theaterstücken
1914–1918 Militärdienst im Ersten Weltkrieg
1916 Promotion an der Universität Würzburg
ab 1921 Rechtsanwalt in Berlin
ab 1923 zugleich Syndikus einer Filmgesellschaft
– übernimmt mit Erwin Piscator die Leitung des Central-Theaters in Berlin
1925 mit Erfolg wird seine Komödie „Wer weint um Juckenack?" an der Berliner Volksbühne mit Heinrich George unter der Regie von Erwin Piscator uraufgeführt

– widmet sich von nun an vor allem der Schriftstellerei
bis 1933 einer der meistgespielten deutschen Dramatiker
1933 Berufsverbot als Anwalt
1933 kurze Zeit verhaftet, weil die SA-Männer ihn mit Erwin Piscator verwechseln
1933 Emigration nach Österreich
– weiter als Theaterschriftsteller tätig
1936 Emigration nach London
– schreibt weiter Theaterstücke und arbeitet für die BBC
– betätigt sich außerdem in Exilorganisationen (u.a. Free German League of Culture)
1944 gibt die Anthologie In Tyrannos. Four Centuries of Struggle Against Tyranny in Germany heraus
1946 Übersiedelung nach New York
– lehrt dort in Piscators „Dramatic Workshop"
1950 Rückkehr nach Deutschland; lebt in Hamburg, Berlin und München
– schreibt Hörspiele, Drehbücher, Romane und zeitkritische Dramatik; sein größter Erfolg ist das antimilitaristische Heimkehrerstück Oberst Chabert (1955) mit Aufführungen in der Bundesrepublik und der DDR
1956 Bundesverdienstkreuz Erster Klasse
– zeitweise Vorsitzender der Gesellschaft zur Verwertung literarischer Urheberrechte (GELU) in München (später VG Wort)
– beigesetzt auf dem Dorotheenstädtischen Friedhof in Berlin

Quellen:
Wikipedia: Hans José Rehfisch. http://de.wikipedia.org/wiki/Rehfisch, 07.08.2012.
Fulda, Daniel: Hans-José Rehfisch. In: Neue Deutsche Biographie (NDB), Bd. 21. Berlin 2003, S. 280f.
Nachlass im Literaturarchiv der Akademie der Künste Berlin.
AoR, S. 243f. (mit Foto).

Reimer, Eduard Dr.
08.12.1896 Berlin – 05.06.1957 Nizza
Familienstand: verheiratet, drei Söhne
– Urenkel des Reichsgerichtspräsidenten Eduard von Simson und mutmaßlich Bruder von Ernst Reimer (AoR, S. 244)
1905–1909 Mommsen-Gymnasium in Berlin
1909–1914 Gymnasium in Berlin-Zehlendorf
August 1914 Abitur
1915–1918 als Soldat im Ersten Weltkrieg, an der Westfront, ausgezeichnet mit dem EK I und II
1919–1921 Studium in Berlin
Juli 1921 erstes Staatsexamen in Berlin
September 1924 zweites Staatsexamen
ab Oktober 1924 Anwalt in Berlin, zuerst beim LG (1924–1927), dann beim KG (ab 1928)
– Sozietät mit Prof. Dr. Hermann Isay (1873–1938, siehe AoR, S. 182) bis zu dessen Tod und mit Dr. Rudolf Isay (1886– 956) bis zu dessen Emigration 1935
– spezialisiert auf Patent-, Warenzeichen- und Wettbewerbsrecht
1933 als „Frontkämpfer" wieder zugelassen
– gilt als „Mischling 2. Grades" (Großmutter mütterlicherseits war Tochter von Eduard von Simson)
1933–1934 veröffentlicht einen zweibändigen Kommentar zum Wettbewerbs- und Warenzeichenrecht, den er seinem Sozius Hermann Isay widmet
1936 das Buch wird auf Veranlassung der Gestapo beschlagnahmt und eingestampft
bis 1945 als Anwalt tätig
September 1945 – August 1946 Oberamtsrichter beim AG Blankenburg/Oberharz
Ende September 1946 beantragt die Zulassung als Anwalt und Notar in Berlin
Juni 1947 vorläufige Zulassung erteilt
– Herausgeber der Zeitschrift Gewerblicher Rechtsschutz und Urheberrecht und Redakteur der Juristischen Rundschau
– Lehrbeauftragter an der Humboldt-Universität, später an der Freien Universität für Urheber-, Wettbewerbs- und Erfinderrecht
– leitet die Berliner Vereinigung für gewerblichen Rechtsschutz und Urheberrecht
– arbeitet an mehreren Gesetzeskommentaren
März 1948 endgültige Zulassung
Mai 1948 – Februar 1949 Pflichtdienst als Richter beim LG Berlin
ab Oktober 1949 Präsident des Deutschen Patentamtes in München, daher als Anwalt und Notar gelöscht
ab 1952 Leiter des „Instituts für ausländisches und internationales Patent-, Marken- und Urheberrecht" an der Universität München (heute: Max-Planck-Institut für Geistiges Eigentum, Wettbewerbs- und Steuerrecht)

Quellen:
LAB: B Rep. 068 Nr. 2266; C Rep. 301 Nr. 2531.
KG Berlin, Liste über zugelassene Rechtsanwälte.
Wikipedia: Eduard Reimer.
http://de.wikipedia.org/wiki/Eduard_Reimer, 07.08.2012.
Nachruf: In Memoriam Prof. Dr. Eduard Reimer. In: Juristische Rundschau, Jg. 1957, H. 7.
AoR, S. 244.

Reimer, Ernst Dr.
05.12.1897 Berlin – 27.12.1984 Berlin
Familienstand: verheiratet, zwei Töchter
– Urenkel des Reichsgerichtspräsidenten Eduard von Simson und mutmaßlich Bruder von Eduard Reimer (AoR, S. 244)
1906–1909 Mommsen-Gymnasium in Berlin
1909–1915 Gymnasium in Zehlendorf
Juni 1915 Abitur

1915–1918 Frontsoldat in Russland und Frankreich, ab 1917 Leutnant der Reserve, ausgezeichnet mit dem EK II
1919–1921 Studium in Berlin und Freiburg
1921 erstes Staatsexamen
1921–1925 Referendariat im KG-Bezirk
1922 Promotion in Breslau
1925 zweites Staatsexamen, Note „gut"
ab 1925 Syndikus der Treuhandverwaltung für das deutsch-niederländische Finanzabkommen GmbH (zuständig für die Verwaltung eines 1921 ausgegebenen Kredits der niederländischen Regierung über 140 Millionen Gulden)
ab 1929 Rechtsanwalt
1933 als „Frontkämpfer" wieder zugelassen
– gilt als „Mischling 2. Grades" (Großmutter mütterlicherseits war Tochter von Eduard von Simson)
– wird wegen seiner jüdischen Herkunft nicht als Notar bestellt und kann keine juristischen Aufsätze mehr veröffentlichen
bis 1945 als Anwalt tätig
August 1945 vorläufige Zulassung als Rechtsanwalt und Notar
März – Oktober 1946 von der Zulassung als Rechtsanwalt im amerikanischen Sektor suspendiert wegen der Tätigkeit als Syndikus der Treuhandverwaltung für das deutsch-niederländische Finanzabkommen GmbH
– wird lediglich zu einem sehr stark verkürzten Dienst bei den Berliner Gerichten herangezogen; Hintergründe unklar
Januar 1948 endgültige Zulassung als Rechtsanwalt und Bestellung zum Notar
1984 gibt das Amt des Notars auf eigenen Antrag auf
Quellen:
LAB: B Rep. 068 Nr. 3204–3205 (mit Foto Nr. 3205); C Rep. 301 Nr. 2567.
KG Berlin, Liste über zugelassene Rechtsanwälte.
AoR, S. 244.

Reis, Theodor Dr.
31.12.1884 Karlsruhe – 11.06.1950 Berlin
Familienstand: verheiratet, zwei Kinder
Ostern 1894 – Ostern 1903 Gymnasium Bernhardinum in Meiningen
1903–1906 Studium in Genf, München, Berlin

und Jena
Oktober 1906 erstes Staatsexamen beim OLG Jena, mit Auszeichnung
1906–1911 Referendariat in Meiningen, Berlin und Jena
Dezember 1906 Promotion an der Universität Jena
Juli 1911 zweites Staatsexamen beim OLG Jena, mit Auszeichnung
1911–1917 im Justiz- und Verwaltungsdienst des Herzogtums Meiningen
1917–1919 bei der Reichsfuttermittelstelle Berlin
1919–1923 Regierungsrat, dann Oberregierungsrat im Reichsschatzministerium Berlin

ab 1924 Anwalt in Berlin, zugelassen beim KG
– Sozietät mit JR Georg Mankiewicz, Rechtsanwalt Bruno Kaufmann (AoR, S. 194) und Rechtsanwalt Adolf Kottmeier
– wichtige Mandanten sind die Preußische Staatsbank, der Petschek-Konzern, die Joh. Jeserich AG, öffentliche Verbände, Privatbanken und Industrieunternehmen
– zugleich Aufsichtsratsmitglied in mehreren Aktiengesellschaften
1933 Berufsverbot als Rechtsanwalt, als Oberregierungsrat im Wartestand zwangsweise in den Ruhestand versetzt, mit Ruhegehalt
– bestreitet den Lebensunterhalt aus Honoraren als Testamentsvollstrecker, dem Ruhegehalt und Einkünften aus Kapitalvermögen
– lebt in einer „Mischehe"
1938 sieben Wochen im KZ Oranienburg (Sachsenhausen?) inhaftiert
1942 eine Woche in Gestapo-Haft
1945 vorläufig als Anwalt und Notar zugelassen
Anfang 1950 endgültige Zulassung
Quellen:
LAB: B Rep. 068 Nr. 3696 (mit Foto).
EAB: Nr. 26.232 (Datenschutz nicht abgelaufen).
KG Berlin, Liste über zugelassene Rechtsanwälte.
AoR, S. 244f. (mit Foto).

Richter, Hans Dr.
10.08.1876 Berlin – 13.11.1955 Berlin
Familienstand: zweimal verheiratet (1915 verwitwet, 1945 zweite Heirat), drei Töchter aus erster Ehe
– Sohn des Malers Gustav Richter, Akademiemitglied, und von Cornelie geb. Meyerbeer, einer Tochter des Komponisten Giacomo Meyerbeer
– erhält Privatunterricht, besucht dann das Wilhelms-Gymnasium in Berlin und das Gymnasium Steglitz bei Berlin

1897 Abitur
– anschließend Militärdienst
1898–1902 Studium in Leipzig, Straßburg i. E. und Heidelberg
Anfang 1902 Promotion an der Universität Heidelberg
April 1902 erstes Staatsexamen beim OLG Straßburg i. E.
1902–1908 Referendariat in Frankfurt a. M. und Berlin
1908 zweites Staatsexamen
1908–1911 als Gerichtsassessor mit Beschäftigungsaufträgen in Berlin und Frankfurt/Oder tätig
ab 1911 als Anwalt in Berlin zugelassen
1914–1918 Soldat im Ersten Weltkrieg, in Russland und Frankreich, ausgezeichnet mit dem EK I und II und dem Verwundetenabzeichen
ab 1920 Notar
1920–1925 zugleich Referent im Reichsausgleichsamt Berlin
1926–1927 zugleich Referent beim Reichskommissar für die Ablösung der Markanleihen
1933 als „Altanwalt" und „Frontkämpfer" wieder zugelassen
– gilt als „Mischling 1. Grades"
bleibt bis 1945 zugelassen, erzielt aber wegen des Boykotts seiner Praxis nur geringe Einnahmen
– bestreitet den Lebensunterhalt überwiegend aus Vermögenserträgen
Frühjahr 1945 wird nach eigenen Angaben zwangsweise als Anwalt und Notar in den Ruhestand versetzt
Ende Juni 1945 vorläufig wieder als Anwalt und Notar zugelassen
Mai 1947 vorläufige Zulassung erneuert
Juni 1947 endgültige Zulassung
– wird aus Altersgründen vom Richterdienst in der Berliner Justiz ausgenommen
Quellen:
LAB: B Rep. 068 Nr. 3695 (mit Foto); C Rep. 301 Nr. 2259–60 (mit Foto).
EAB: Nr. 364.721 (Antrag der Witwe).
KG Berlin, Liste über zugelassene Rechtsanwälte.
AoR, S. 245 (mit Foto).

Riegelhaupt, Manek Dr.
02.01.1899 Przemysl (Galizien) – 10.12.1978 (Berlin?)
Familienstand: verheiratet seit 1949
– kommt als dreijähriges Kind nach Berlin
– besucht die Kaiser-Friedrich-Schule
Frühjahr 1917 – November 1918 Soldat in der k.u.k. Armee
Anfang 1919 Abitur
– Studium in Berlin
1920 in Deutschland eingebürgert
Anfang 1923 erstes Staatsexamen
1925 Promotion an der Universität Freiburg i. Br.
Februar 1928 zweites Staatsexamen
ab 1928 als Anwalt in Berlin zugelassen

– für die Rote Hilfe tätig
1933 Berufsverbot
1933 Emigration nach Prag
– findet keine nachhaltigen Erwerbsmöglichkeiten, lebt von Ersparnissen und durch Unterstützung von Freunden
Herbst 1938 nach Paris und Zürich
März 1939 nach New York
– arbeitet dort als Diamantschleifer
– wird vom Deutschen Reich ausgebürgert; nimmt die US-Staatsbürgerschaft an
1949 Heirat in New York
April 1950 Rückkehr nach Berlin
Juli 1950 Antrag auf Zulassung als Anwalt; wegen seiner US-Staatsbürgerschaft gibt es Probleme
Oktober 1950 Zulassung erteilt
Quellen:
LAB: B Rep. 068 Nr. 3862–63 (Nr. 3863 mit Foto).
AoR, S. 245.

Ritter, Ernst Dr.
12.06.1903 Breslau – 27.08.1976 (München?)
Familienstand: keine Angaben
– Rechtsanwalt in Berlin
Juni 1933 Berufsverbot
1936 Emigration nach Haifa, Palästina
nach 1945 als Anwalt wieder in Berlin zugelassen (Jahr der Zulassung nicht bekannt)
November 1962 als Anwalt in Berlin gelöscht wegen anderweitiger Zulassung beim AG und den LG München
1962–1976 Rechtsanwalt in München
Quellen:
LAB: B Rep. 068 Nr. 2347.
Auskunft Joel Levi, Tel Aviv; RAK München.
AoR, S. 246.

Rosenbaum, Fritz
25.08.1897 Berlin – 21.09.1973 Berlin
Familienstand: verheiratet, ein Sohn
– besucht das Luisen-Gymnasium in Berlin
März 1916 Abitur

März 1916 – Dezember 1918 Kriegsdienst, ausgezeichnet mit dem EK, scheidet als Vizefeldwebel und Offiziersaspirant aus dem Heeresdienst aus
1922 erstes Staatsexamen
1925 zweites Staatsexamen
1925–1927 als Gerichtsassessor mit Beschäftigungsauftrag am AG Senftenberg (Juni – September 1925) und am AG Berlin-Spandau (September 1925 – Juli 1927)
ab Juli 1927 Rechtsanwalt in Berlin
– Sozietät mit Maurice Hirschfeld (AoR, S. 177)
1933 als „Frontkämpfer" wieder zugelassen
Februar 1935 Emigration nach Palästina
– dort Mitinhaber eines kleinen Restaurants
ab Oktober 1939 Sekretär des Hotel- und Gaststättenverbandes in Haifa
ab Juni 1952 als Rechtsanwalt in Berlin ohne Residenzpflicht zugelassen
ab Oktober 1957 oder 1958 juristischer Mitarbeiter bei der URO in Berlin
Oktober 1957 – Frühjahr 1971 wohnt in Berlin und übt hier seine Anwaltstätigkeit aus
Frühjahr 1971 Rückkehr nach Israel aus familiären Gründen
23. September 1973 stirbt während einer Besuchsreise in Berlin
Quellen:
LAB: B Rep. 068 Nr. 2364 (mit Foto).
EAB: Nr. 74.156.
Senatsjustizverwaltung: Akte 3176/1 – I/B 1.
Auskunft Joel Levi, Tel Aviv.
AoR, S. 246.

Rosenthal, Felix
23.06.1879 Königsberg (Ostpreußen) – 27.10.1964 Berlin
Familienstand: verheiratet seit 1910, verwitwet seit 1940, drei Kinder
1886–1899 Kneiphöfisches Gymnasium in Königsberg i. Pr.
1899 Abitur

1899–1902 Studium in Freiburg i. Br. und Königsberg i. Pr.
1902 erstes Staatsexamen beim OLG Königsberg
1902–1907 Referendariat im OLG-Bezirk Königsberg
1907 zweites Staatsexamen
ab November 1907 als Anwalt zugelassen
1915–1918 als Kriegsfreiwilliger Soldat im Ersten Weltkrieg, mehrfach ausgezeichnet
ab 1922 Notar
– Mitglied der DDP
1933 als „Altanwalt" und „Frontkämpfer" wieder zugelassen
1935 Entzug des Notariats
1938 Berufsverbot als Anwalt
1939–1941 als Vermögensverwalter tätig
1940 Tod der nicht-jüdischen Ehefrau
1942 juristischer Hilfsarbeiter bei einem „jüdischen Konsulenten"
1943 – Januar 1944 zur Zwangsarbeit herangezogen, als Bauarbeiter im Bezirksamt Schöneberg
Januar 1944 nach Theresienstadt deportiert
Ende Juli 1945 Rückkehr nach Berlin
August 1945 vorläufig wieder als Anwalt und Notar zugelassen
April 1947 endgültige Zulassung
In der Entschädigungsakte findet sich in einem Vermerk vom 28. Juni 1957 die Berechnungsformel für den Goodwill der Anwaltspraxis:
„Die Berechnung des Goodwills ist folgendermaßen:
versteuertes Einkommen 1930 ca. 15.000 RM
1931 ca. 16.000 RM
1932 ca. 8.300 RM
insgesamt 39.300 : 3 =
Jahresdurchschnitt 13.100 RM x 2,5 =
32.750 RM = 6.550 DM." (EAB: Nr. 23.834)
– für den „Schaden an Freiheit" erhält Rosenthal für jeden Hafttag eine Entschädigung von 5 DM (Einlieferungs- und Entlassungstag = 1 Tag Haft)
Quellen:
LAB: B Rep. 068 Nr. 3697 (mit Foto); C Rep. 301 Nr. 1695 (mit Foto).
EAB: Nr. 23.834.
KG Berlin, Liste über zugelassene Rechtsanwälte.
AoR, S. 249 (mit Foto).

Rosenthal, Fritz
30.08.1884 Beuthen (Schlesien) – 29.10.1968 Berlin
Familienstand: unverheiratet
1893–1896 Gymnasium in Mainz
1896–1897 Gymnasium in Diez
1898–1903 Gymnasium in Hanau
1903 Abitur

1903–1908 Studium in Freiburg i. Br., München, Marburg und Berlin
1908 erstes Staatsexamen beim OLG Kassel
1909–1914 Referendariat in Berlin
Juli 1914 zweites Staatsexamen
1914–1918 Soldat im Ersten Weltkrieg, Frontkämpfer, ausgezeichnet mit dem EK I und II sowie dem Lippeschen, Mecklenburgischen und Hamburger Verdienstkreuz
1919–1921 als Gerichtsassessor tätig, u.a. bei einem Anwalt
1922–1924 nach Entlassung aus dem Justizdienst juristischer Hilfsarbeiter beim Magistrat/Bezirksamt Charlottenburg und in einem Privatunternehmen
ab 1924 als Anwalt in Berlin zugelassen

ab 1929 Notar
1933 als „Frontkämpfer" wieder zugelassen
1935 Entzug des Notariats
1938 Berufsverbot als Anwalt
1943–1945 untergetaucht, kann sich in der Wexstr. 49 verborgen halten, unterstützt von Emma Weinwurm und deren Pflegesohn, nach Zerstörung des Hauses bei einem Fliegerangriff wohnen alle drei im intakt gebliebenen Luftschutzkeller
Juni/Juli 1945 wieder als Anwalt und Notar zugelassen
Mai 1947 vorläufige Zulassung erneuert
April 1948 endgültige Zulassung
– erhält Entschädigung für Schaden an Freiheit für 792 Tage à 5 DM = 3.960 DM, erhält für den Schaden im beruflichen Fortkommen dreimal einen Vorschuss und nimmt später das Rentenwahlrecht in Anspruch (da er durch seine Anwaltstätigkeit keine nachhaltige Sicherung seines Lebensunterhalts erlangt)
Quellen:
LAB: B Rep. 068 Nr. 3698 (mit Foto); C Rep. 301 Nr. 1703 (mit Foto, Bl. 29).
EAB: Nr. 23.779 (mit Judenkennkarte, mit Passfoto, vom Juli 1939, Bl. C 8).
KG Berlin, Liste über zugelassene Rechtsanwälte.
AoR, S. 249.

Rosenthal, Hans Dr.
02.03.1887 Seelow (Kr. Lebus, Brandenburg) – 22.03.1967 (Berlin?)
Familienstand: verheiratet, zwei Kinder
– Sohn des Amtsrichters Dr. Paul Rosenthal
1894–1906 humanistisches Gymnasium in Landsberg/Warthe
1906 Abitur
1906–1909 Studium in Freiburg i. Br. und Berlin
1909 erstes Staatsexamen beim KG
1909–1914 Referendariat im KG-Bezirk (Berlin und Brüssow bei Prenzlau)

1910 Promotion an der Universität Heidelberg
1910–1911 Militärdienst als Einjährig-Freiwilliger beim Fußartillerieregiment Nr. 2 in Swinemünde
1914 zweites Staatsexamen
1914–1918 Soldat im Ersten Weltkrieg, Frontkämpfer an Ost- und Westfront, ausgezeichnet mit dem EK II
ab März 1919 als Anwalt in Berlin zugelassen
ab 1924 Notar
1930–1933 Bezirksvorsteher beim Bezirksamt Kreuzberg; prüft in dieser Funktion die Armenrechtsanträge
1933 als „Frontkämpfer" wieder zugelassen
1935 Entzug des Notariats
1938 Berufsverbot als Anwalt
– lebt in einer „privilegierten Mischehe"
1939–1945 erhält nach eigenen Angaben eine „Rentenentschädigung für Verlust von Rechtsanwaltschaft und Notariat" (LAB B Rep. 068 Nr. 2368) (vermutlich eine Unterstützungszahlung der Reichsrechtsanwaltskammer)
1939–1942 Vermögensverwalter für Juden
1943–1945 zur Zwangsarbeit als Bauarbeiter herangezogen
– die Ehefrau wird wegen des Verfolgungsdrucks seelisch krank
Ende Juni 1945 vorläufig als Anwalt und Notar zugelassen
Mai 1947 vorläufige Zulassung erneuert
April 1948 endgültige Zulassung
Quellen:
LAB: B Rep. 068 Nr. 2368 (mit Foto); C Rep. 301 Nr. 1704.
EAB: Nr. 23.731 (Datenschutz nicht abgelaufen).
KG Berlin, Liste über zugelassene Rechtsanwälte.
AoR, S. 249 (mit Foto).

Rosenthal, Harry Dr.
21.03.1882 Berlin – 18.02.1972 (Berlin?)
Familienstand: zweimal verheiratet, zwei Kinder
1894–1906 Sophien-Gymnasium in Berlin

Oktober 1906 Abitur
1906–1909 Jurastudium in Genf und Berlin
März 1910 erstes Staatsexamen beim KG
– Referendariat im KG-Bezirk
1911–1912 Militärdienst als Einjährig-Freiwilliger beim Telegraphen-Bataillon Treptow
1914–1918 als Kriegsfreiwilliger Soldat im Ersten Weltkrieg, Frontkämpfer
März 1919 zweites Staatsexamen
ab April 1919 Anwalt in Berlin
ab Juli 1924 Notar
1933 als „Frontkämpfer" wieder zur Anwaltschaft zugelassen
Ende 1935 Entzug des Notariats
Ende 1938 Berufsverbot als Anwalt
November 1938 – März 1939 als „jüdischer Konsulent" zugelassen
April 1939 Emigration nach New York
– unterstützt seine Frau beim Aufbau eines Damenhutgeschäftes
1943–1945 Studium an der New York University, „Accountancy, Bank & Finance" mit Staatsprüfung als Certified Public Accountant
1945 Annahme der US-Staatsbürgerschaft
1945–1946 als angestellter Wirtschaftsprüfer tätig
ab 1946 selbständig als Wirtschaftsprüfer, mit nur geringen Umsätzen
– bearbeitet zugleich Entschädigungsangelegenheiten
Juli 1957 Antrag auf Zulassung als Anwalt in Berlin ohne Residenzpflicht
Dezember 1957 Zulassung erteilt
September 1960 Rückkehr nach Berlin und Niederlassung als Anwalt, in Sozietät mit dem bisherigen Zustellungsbevollmächtigten (der Sohn war bereits 1957 aus Israel nach Berlin zurückgekehrt)
Quellen:
LAB: B Rep. 068 Nr. 2357 (mit Foto).
Senatsjustizverwaltung: Akte 3176/1 – I/B 1.
AoR, S. 249 (mit Foto).

Rosenzweig, Max Dr.
09.07.1888 Zielenzig (Kr. Ost-Sternberg, Brandenburg) – 09.04.1967 (Berlin?)
Familienstand: verheiratet, ein Sohn
Ostern 1895 – Ostern 1896 Bürgerschule in Zielenzig
Ostern 1896 – Ostern 1898 private Knabenschule in Seelow
Ostern 1898 – Ostern 1905 Luisen–Gymnasium Berlin
Ostern 1905 Abitur als „primus omnium"
1905–1908 Studium Jura und Nationalökonomie in Berlin
Herbst 1908 erstes Staatsexamen
Referendariat im KG-Bezirk (Berlin und Wriezen)
Oktober 1909 – September 1910 Einjährig-Freiwilliger beim 1. Bayerischen Infanterieregiment, als Unteroffizier der Reserve entlassen
Frühjahr 1914 zweites Staatsexamen
ab Sommer 1914 als Anwalt in Berlin zugelassen
August 1914 – Januar 1919 Soldat im Ersten Weltkrieg, an Ost- und Westfront im Kampfeinsatz
1921 Promotion
ab 1921 Notar
1933 als „Altanwalt" und „Frontkämpfer" wieder als Anwalt und Notar zugelassen
Juni 1935 Emigration mit der Familie nach Palästina, Tel Aviv
1938 Anwaltsexamen in Palästina
1939 als Anwalt in Palästina zugelassen
1942–1945 in der palästinensischen Mandatsregierung tätig
1948–1951 in der israelischen Regierung tätig
ab 1950 zugleich Notar
März 1954 stellt Antrag auf Wiederzulassung als Anwalt in Berlin ohne Residenzpflicht
Mai 1954 Zulassung erteilt
Anfang der 1960er Jahre nimmt seinen Wohnsitz in Berlin, behält aber seine Zulassung ohne Residenzpflicht
Quellen:
LAB: B Rep. 068 Nr. 3700.
EAB: Nr. 75.668.
Senatsjustizverwaltung: Akte 3176/1 – I/B 1.
Auskunft Joel Levi, Tel Aviv.
AoR, S. 250.

Rothe, Friedrich Dr.
18.10.1873 Guben – 27.11.1956 (Berlin?)
Familienstand: verheiratet seit 1901 (1934 verwitwet), drei Kinder
1880 Vorschule in Guben
1880–1892 Vorschule und Gymnasium in Frankfurt/Oder
März 1892 Abitur
1892–1895 Studium in Genf, Leipzig, Freiburg

i. Br. und Berlin
Juni 1895 erstes Staatsexamen beim KG, Note „gut"

Oktober 1895 Promotion an der Universität Erlangen
April 1901 zweites Staatsexamen, Note „gut"
ab August 1901 als Anwalt zugelassen, bis 1903 in Oppeln, ab 1903 in Berlin
– Sozietät mit Geheimer JR Richard Irmler (bis zu dessen Ausscheiden aus der Anwaltschaft 1937), zeitweise mit Dr. Georg Ebers und später mit Rechtsanwalt und Notar Dr. Kurt Lindemann
ab April 1912 Notar
Februar 1915 – November 1918 Heeresdienst, ohne Kampfeinsatz
ab 1927 im Vorstand der RAK Berlin
1929–1933 stellvertretender Vorsitzender der RAK Berlin
1933 Wiederzulassung als Anwalt und Notar
– galt als „Mischling"
bis 1945 als Anwalt und Notar tätig
– erzielte, nach eigenen Angaben, hohe Einnahmen, v.a. wegen der Mandate für die Knorr-Bremse AG, die Nederlandse Bankinstelling und für zwei Immobiliengesellschaften
August 1945 vorläufig als Anwalt und Notar zugelassen
Januar 1948 endgültige Zulassung
– stellvertretender Aufsichtsratsvorsitzender der Knorr-Bremse AG, und Aufsichtsratsmitglied bei der Motorenwerke Mannheim AG und anderen Unternehmen
Quellen:
LAB: B Rep. 068 Nr. 3699 (mit Foto).
KG Berlin, Liste über zugelassene Rechtsanwälte.
AoR, S. 250 (mit Foto).

Rothe, Gerhart Dr.
26.11.1903 Berlin-Schöneberg – 25.05.1995 (München?)
Familienstand: verheiratet
– Sohn von Friedrich Rothe (AoR, S. 250)
vor 1933 Rechtsanwalt
1933 als Rechtsanwalt wieder zugelassen
– gilt als „Mischling 2. Grades", die Ehefrau als nicht-jüdisch
– durch Mischlingsstatus vom allgemeinen Berufsverbot 1938 ausgenommen
1949–1995 als Rechtsanwalt in München zugelassen
– Teilhaber der renommierten Sozietät Rothe, Senninger & Kollmar
Quellen:
Auskunft RAK München.
AoR, S. 250.

Ruge, Helmut Dr.
24.06.1905 Magdeburg – keine Angaben (nach April 1983)
Familienstand: keine Angaben
1911–1914 private Vorschule in Danzig, Schiller-Gymnasium in Berlin Lichterfelde-Ost
1923 Abitur

1923–1927 Jurastudium in Freiburg und Berlin
1927 erstes Staatsexamen
– anschließend Referendariat im KG-Bezirk
1928 Promotion Universität Greifswald
1931 zweites Staatsexamen
ab Januar 1932 Rechtsanwalt bei den Berliner LG
1933 keine Informationen über die Überprüfung nach dem Anwaltsgesetz vom 7. April
– gilt als „Mischling", daher in der Berufsausübung behindert
– Mitglied in der NSV und im Reichskriegerbund
1939–1945 Soldat im Zweiten Weltkrieg, zuletzt Oberleutnant/Batterieführer
ab September 1945 vorläufige Zulassung als Rechtsanwalt und Notar in Berlin
ab 1946 Mitglied im Präsidium der RAK
Oktober 1947 zum Justizdienst als Richter ans AG Neukölln herangezogen
1947/48 arbeitet an einer Gesetzsammlung über das Reichsrecht und das Recht der Besatzungszonen seit Mai 1945
Februar 1950 endgültige Zulassung
Ende 1980 auf eigenen Antrag als Notar gelöscht
Februar 1983 auf eigenen Antrag als Rechtsanwalt gelöscht
– lebt 1983 in Badenweiler in Baden-Württemberg
Quellen:
LAB: B Rep. 068 Nr. 3899 (mit Foto).
KG Berlin, Liste über zugelassene Rechtsanwälte.
AoR, S. 251.

Sachs, Ernst
31.08.1888 Berlin – 13.05.1970 (Berlin?)
Familienstand: verheiratet seit 1925, ein Stiefsohn
1898–1907 Französisches Gymnasium
Oktober 1907 Abitur

1908–1910 Studium in Berlin
Oktober 1910 erstes Staatsexamen
April 1911 – Januar 1915 und Anfang 1919 – März 1920 Referendariat
1915–1919 im Ersten Weltkrieg Soldat, im Fronteinsatz, dreimal verwundet, EK I und II, silbernes Verwundetenabzeichen
zuletzt bis Januar 1919 nach dritter Verwundung beim Fliegerregiment in Adlershof, Leutnant der Reserve
April 1920 zweites Staatsexamen, Note „gut"
ab Mai 1920 Rechtsanwalt in Berlin
– Sozietät mit Dr. Kurt Alexander (AoR, S. 106)
ab April 1925 Notar
vor 1933 Mitglied in der Gesellschaft zur Rettung Schiffbrüchiger
1933 als „Frontkämpfer" weiterhin zugelassen
– gilt als „Mischling"
– die Ehefrau flüchtet 1935 nach „parteifeindlichen Äußerungen" vorübergehend nach Schweden, um einer Strafverfolgung zu entgehen; es gelingt nur mit viel Mühe, ein Strafverfahren abzuwenden
Mai 1942 für sieben Wochen im Polizeigefängnis Berlin festgesetzt; Grund der Verhaftung: hatte sich bei der Gestapo für staatenlose sog. jüdische Mischlinge 1. Grades eingesetzt; diese sollten auch bei Verheiratung mit einem sog. Volljuden oder Annahme des jüdischen Glaubens nicht als Juden gelten
– verlebt die Zeit unter großer Anspannung, da ungewiss bleibt, ob er in ein KZ verschleppt werden soll; zieht sich durch die schlechten Haftbedingungen bleibende Gesundheitsschäden zu und durch den allgemeinen Druck und die Sorgen wegen der Verschleppung vieler Angehöriger in die Vernichtungslager ein Herzleiden
1943–1945 dreimal ausgebombt, verliert fast die gesamte Habe
1945 bereits kurz nach der Befreiung wieder als Rechtsanwalt tätig
März 1948 endgültige Zulassung als Rechtsanwalt und Notar
ab März 1948 zum Justizdienst herangezogen
Quellen:
LAB: B Rep. 068 Nr. 2412 (mit Foto); C Rep. 118-01 Nr. 7910 (mit Foto).
EAB: Nr. 25.365.
KG Berlin, Liste über zugelassene Rechtsanwälte.

Salomon, Hans-Günther
20.05.1905 Oppeln (Schlesien) – keine Angaben
Familienstand: keine Angaben
– Sohn eines Richters
1911–1916 Vorschule in Oppeln
1916–1923 Elisabethgymnasium in Breslau
Februar 1923 Abitur
1923–1927 Studium in Breslau und Berlin
Dezember 1927 erstes Staatsexamen in Breslau
Mai 1933 zweites Staatsexamen
– gilt als „Mischling 1. Grades" (Vater war jüdischer Herkunft)
1933–1934 als selbständiger Rechtsberater und in der Prüfungsvorbereitung von Jurastudenten tätig
1934–1938 erwerbslos
1939–1944 als Arbeiter und Büroangestellter in verschiedenen Unternehmen tätig
August 1944 zwangsverpflichtet zum Bau von Panzergräben bei Elbing und Thorn
1944 kehrt vom Weihnachtsurlaub nicht mehr in das Arbeitslager zurück
bis Herbst 1945 wegen Erschöpfung krankgeschrieben
Oktober 1945 vorläufig als Anwalt und Notar zugelassen
April 1948 endgültige Zulassung; vom Pflichtdienst als Richter oder Staatsanwalt an Berliner Gerichten befreit
30. Juni 1950 gibt die Zulassung als Anwalt und Notar auf
ab Juli 1950 Richter am LG Berlin-Zehlendorf
Quellen:
LAB: B Rep. 068 Nr. 2403.

Salomon, Hermann
20.10.1881 Posen – 24.12.1957 Los Angeles (USA)
Familienstand: verheiratet seit 1917, zwei Töchter (eine lebt ab 1938 in den USA)
– Sohn eines Rechtsanwalts und Notars
1888–1899 Gymnasium in Posen
1899 Abitur
1899–1902 Studium in Heidelberg, Berlin und Breslau
1902 erstes Staatsexamen in Breslau

1902–1907 Referendariat im OLG-Bezirk Posen
1907 zweites Staatsexamen
ab 1907 Rechtsanwalt beim AG und LG Posen
ab 1916 im Ersten Weltkrieg zum Militärdienst in der Heeresverwaltung in Posen herangezogen
1920 Umzug nach Berlin
1933 als „Altanwalt" wieder zugelassen, Entzug des Notariats
1938 Berufsverbot als Anwalt
Anfang 1943 geht mit seiner Familie in die „Illegalität":
„Ich war seit 1933 als Jude der Verfolgung durch das Naziregime ausgesetzt. Ich verlor zunächst mein Einkommen und wurde später auch meines ganzen Vermögens beraubt. Ich habe mein Leben dadurch gerettet, dass ich zusammen mit meiner Familie Anfang 1943 meine Wohnung heimlich verließ und seitdem bis zum Ende des Krieges illegal lebte." (LAB B Rep. 068 Nr. 2402)
– die Familie überlebt mit der Unterstützung von vielen Helfern; im Entschädigungsantrag werden namentlich genannt: Charlotte Heppner geb. Schönefeld, Familie Kuhlbach, Schauspielerin Carlotta del Monte, Anna Schneider geb. Machanek, Theaterdirektor Gustav Heppner, August Teuber, Familie Reichel
August 1945 wieder als Rechtsanwalt und Notar zugelassen
28. April 1946 Abreise nach den USA
– beantragt Urlaub für ein Jahr
26. Februar 1947 gelöscht wegen erfolgter Emigration in die USA
Quellen:
LAB: B Rep. 068 Nr. 2402.
EAB: Nr. 70.337.
AoR, S. 253.

Samter, Gottfried Dr.
22.10.1884 Liegnitz (Schlesien) – 07.02.1959 Berlin
Familienstand: verheiratet, zwei Kinder
– besucht das Gymnasium in Liegnitz
1906–1909 Studium in München, Berlin und Breslau
Oktober 1906 – September 1907 Militärdienst beim 1. Bayerischen Fußartillerie-Regiment
Dezember 1909 erstes Staatsexamen beim OLG Breslau
April 1914 zweites Staatsexamen
ab Juni 1914 als Anwalt in Berlin zugelassen
August 1914–1918 Soldat im Ersten Weltkrieg, ausgezeichnet mit dem EK I
ab 1925 Notar
1933 als „Altanwalt" und „Frontkämpfer" wieder zugelassen
Ende 1935 Entzug des Notariats
Ende 1938 Berufsverbot als Anwalt
– wird als „jüdischer Konsulent" zugelassen
Januar 1939 Emigration nach Palästina, Jerusalem
– arbeitet dort als selbständiger Taxifahrer
1954 Rückkehr nach Berlin
Juli 1954 Antrag auf Wiederzulassung als Anwalt in Berlin
Dezember 1954 Zulassung erteilt
Januar 1955 zum Notar ernannt
– bis zu seinem Tod als Anwalt zugelassen
– auf dem Jüdischen Friedhof Heerstr. beigesetzt
Quellen:
LAB: B Rep. 068 Nr. 3704.
Auskunft Joel Levi, Tel Aviv.
AoR, S. 254.

Sandelowsky, Selmar
16.03.1888 Nordenburg (Ostpreußen) – 19.07.1968 (Kanada?)
Familienstand: verheiratet, zwei Kinder
– besucht die Volksschule in Nordenburg und erhält Privatunterricht zur Vorbereitung auf das Gymnasium
1900–1908 Altstädtisches Gymnasium in Königsberg i. Pr.
1908 Abitur

– Studium in Freiburg i. Br., Berlin, München und Königsberg i. Pr.
1911 erstes Staatsexamen
August – September 1911 Beginn des Referendariats im OLG-Bezirk Königsberg
Oktober 1911 – September 1912 Militärdienst in Königsberg i. Pr.
Oktober 1912 – August 1914 Fortsetzung des Referendariats im OLG-Bezirk Königsberg und in Berlin
August 1914 – Mai 1917 Soldat im Ersten Weltkrieg, im Fronteinsatz, nach schwerer Verwundung und langem Lazarettaufenthalt nicht mehr „felddienstfähig"
Mai 1917 – Oktober 1918 Fortsetzung des Referendariats
Oktober 1918 – Januar 1919 erneut zum Heeresdienst herangezogen, als juristischer Sachbearbeiter bei der Militärintendantur in Königsberg
August 1919 zweites Staatsexamen

ab November 1919 Rechtsanwalt in Berlin
ab November 1927 Notar
1933 als „Frontkämpfer" wieder als Anwalt und Notar zugelassen
Ende 1934 überlässt seine Praxis seinem Vertreter Rechtsanwalt Dr. Alfred Karpen (siehe AoR, S. 191)
– emigriert mit seiner Frau und zwei Kindern nach Italien, dann nach Deutsch-Südwestafrika (wo ein Bruder ab Ende der 1920er Jahre lebt)
– arbeitet dort als Farmer (Großvieh und Karakul-Schafe [Persianer]):
„Der wirtschaftliche Erfolg war einigermaßen befriedigend, es hätte weit besser sein können, wenn ich nicht durch seelisches Leid und Sehnsucht nach der Heimat und Krankheit zeitweise sehr gehemmt gewesen wäre." (LAB: B Rep. 068 Nr. 2399)
– wird von den Gerichten in Südwestafrika auch als juristischer Gutachter und Berater herangezogen, u.a. in Erbschaftsangelegenheiten
Ende 1935 Entzug des Notariats
Oktober 1936 in den Anwaltslisten wegen Aufgabe des Wohnsitzes und der Kanzlei gelöscht
ab 1952 im Ruhestand
Dezember 1962 Antrag auf Zulassung als Anwalt in Berlin ohne Residenzpflicht
– lebt zu diesem Zeitpunkt in Kanada, Beaconsfield, Provinz Québec
Februar 1963 Zulassung erteilt (Nr. 105 in der Liste)
Quellen:
LAB: B Rep. 068 Nr. 2399 (mit Foto).
Senatsjustizverwaltung: Akte 3176/1 – I/B 1.
AoR, S. 255.

Schaul, Hans Dr.
13.12.1905 Hohensalza (Posen) – 10.05.1988 Berlin
Familienstand: zweimal verheiratet, drei Kinder
– Vorschule und Gymnasium in Hohensalza
ab 1919 am Gymnasium in Frankfurt/Oder
1925 Abitur
1925–1928 Studium Rechts- und Wirtschaftswissenschaften in Berlin, Heidelberg und Freiburg i. Br.
– in Heidelberg Mitglied im Sozialistischen Studentenbund
1928–1932 Referendar im KG-Bezirk
ab 1932 Rechtsanwalt in Berlin
1933 Berufsverbot als Anwalt
1933 Emigration nach Frankreich
– verdient den Lebensunterhalt mit allen möglichen Arbeiten
– kommt in Verbindung mit kommunistischen Emigranten
Oktober 1936 geht nach Spanien zu den Internationalen Brigaden, zuerst Soldat, dann Offizier, nimmt an vielen Schlachten teil (Madrid, Südfront, Aragon, Teruel)

Februar 1937 Eintritt in die Kommunistische Partei Spaniens (im Februar 1939 in die KPD überführt)
September 1938 Rückkehr nach Paris
– dort Sekretär des Hilfskomitees für die ehemaligen Spanienkämpfer
1939 mit Beginn des Zweiten Weltkriegs verhaftet und in Frankreich interniert, zuletzt in Le Vernet
ab April 1941 im nordafrikanischen Lager Djelfa
April 1943 aus dem Internierungslager von den Engländern befreit, unter der Bedingung, in eine englische Arbeitskompanie einzutreten
bis August 1944 in der Arbeitskompanie, erhält dann ein Einreisevisum in die UdSSR
November 1944 Ankunft in der UdSSR
– arbeitet zunächst als Politinstrukteur für französische Kriegsgefangene
– die Ehefrau Ruth Rewald, Kinderbuchautorin, wird 1942 aus Frankreich deportiert und ermordet, die Tochter Anja 1944
1945–1948 Lehrer an einer Antifa-Schule für deutsche Kriegsgefangene
April 1948 Rückkehr nach Deutschland
1948–1951 in der staatlichen Wirtschaftsverwaltung tätig
1951–1956 Professor an der Staatlichen Hochschule für Ökonomie
1956–1972 SED-Funktionär, Chefredakteur des theoretischen Organs der SED, Einheit
– mehrfach ausgezeichnet: Vaterländischer Verdienstorden (1955), Karl-Marx-Orden (1965), Vaterländischer Verdienstorden in Gold (1971), Ehrenspange zum Vaterländischen Verdienstorden in Gold (1975)
– Mitglied im FDGB und im Konsum, in der Gesellschaft für Deutsch-Sowjetische Freundschaft (DSF) und in der Betriebskampfgruppe
– in zweiter Ehe mit Dora geb. Davidsohn verheiratet, die sich im französischen Exil der Résistance anschloss

Quellen:
LAB: C Rep. 118-01 Nr. 16.346 (mit Foto).
EAB: Nr. 266.438 (Ansprüche als Erbe).
Wikipedia: Hans Schaul.
http://de.wikipedia.org/wiki/Hans_Schaul, 07.08.2012.
AoR, S. 256.

Scheer, Hermann Gustav
11.06.1886 Oldenburg – 15.11.1947 Berlin
Familienstand: verheiratet (seit September 1924), keine Kinder
1893–1896 Bürgerschule in Brake und Varel
1896–1905 Gymnasium in Oldenburg
Ostern 1905 Abitur
Studium in Göttingen, Marburg und Berlin
September 1908 erstes Staatsexamen in Oldenburg
Oktober 1908 – September 1909 Militärdienst beim Feldartillerie-Regiment Nr. 62
1909–1913 Referendariat in Oldenburg
Januar 1914 zweites Staatsexamen in Oldenburg
August 1914 – Anfang 1918 Soldat im Ersten Weltkrieg, in Frankreich, Polen, Russland, Rumänien und Ungarn, mehrfach ausgezeichnet, u.a. mit dem EK I und II
Mai 1918 – Juni 1924 im Reichsinnenministerium, zuerst als Hilfsarbeiter, dann Regierungsrat (ab Oktober 1919), später Oberregierungsrat (ab Mai 1921)
1924 aufgrund einer Personalabbau-Verordnung als jüngster und (noch) unverheirateter Beamter seiner Gruppe in den einstweiligen Ruhestand versetzt
ab Oktober 1924 Geschäftsführer der Verbände der deutschen Verbrauchszuckerindustrie in Berlin
ab Juli 1927 als Anwalt in Berlin zugelassen
1933 als „Frontkämpfer" wieder zugelassen
– gilt als „Mischling 2. Grades"
Mai 1935 scheidet als Geschäftsführer der Verbände der deutschen Verbrauchszuckerindustrie aus, nach eigenen Angaben da er nicht Mitglied der NSDAP ist
1935–1945 weiter als Anwalt tätig
– Mitglied in der NSV und im NS-Reichskriegerbund
bis Mitte 1943 als Anwalt tätig, dann zum Arbeitseinsatz dienstverpflichtet, da der KG-Präsident seine Kanzlei als nicht kriegswichtig einstuft
– wird der Firma Gebr. Hertling in Berlin-Charlottenburg zugewiesen; arbeitet dort als Syndikus
Juli 1945 vorläufig als Anwalt zugelassen
April 1947 endgültige Zulassung als Rechtsanwalt, zugleich Ernennung zum Notar
Quellen:
LAB: B Rep. 068 Nr. 3752; C Rep. 301 Nr. 2263.
AoR, S. 256.

Scheftelowitz, Erwin Dr.
keine Angaben zu Lebensdaten, Lebensweg und juristischem Werdegang
– 1933 nicht als Anwalt in Berlin zugelassen (nach AoR)
1954 als Anwalt in Tel Aviv, 40 Lilienblum St., niedergelassen (Anschrift des Bruders: 56 Rothschild-Boulevard, Tel Aviv)
– verfolgt gemeinsam mit seinem Bruder ein Wiedergutmachungsverfahren für den väterlichen Großhandel mit Papierwaren und Bedarfsartikeln (Papiervertrieb Askania, Sitz: Kleiststr. 5, W 62), den dieser 1937 veräußern musste
– das Verfahren endet mit einem Vergleich mit der Witwe des Käufers, die ihre Kriegssachschädenansprüche wegen der Zerstörung des Firmensitzes an die Brüder abtritt
ab September 1959 als Anwalt in Berlin ohne Residenzpflicht zugelassen
Quellen:
LAB: B Rep. 025 34 WGA 142/54.
Senatsjustizverwaltung: Akte 3176/1 – I/B 1.
N.B.: Es ist keine Personalakte der RAK überliefert.

Scherman, Georg Dr.
18.09.1881 Potsdam-Nowawes – 01.11.1952 Berlin
Familienstand: verheiratet seit 1908, keine Kinder
1889–1895 Kaiserin-Augusta-Gymnasium Berlin-Charlottenburg
1895–1901 humanistisches Gymnasium in Aschersleben
Ostern 1901 Abitur

1901–1905 Studium in Bonn und Berlin
1905 erstes Staatsexamen beim KG
1905–1911 Referendariat in den KG-Bezirken Nauen und Berlin
1908 Promotion an der Universität Heidelberg
1911 zweites Staatsexamen
ab Oktober 1911 Anwalt in Berlin

ab 1924 Notar
1925–1943 Sozietät mit Rechtsanwalt und Notar Dr. Ferdinand Boelling
1933 als „Altanwalt" wieder zugelassen, Entzug des Notariats
– gilt als „Mischling 1. Grades"
bis 1945 als Anwalt tätig
1944 wird für die „Aktion Mitte" zur Zwangsarbeit erfasst, aus gesundheitlichen Gründen jedoch zurückgestellt
1943 und 1944 „total ausgebombt", verliert die gesamte Wohnungs- und Büroeinrichtung
August 1945 wieder als Anwalt und Notar vorläufig zugelassen
April 1947 endgültige Zulassung
Quellen:
LAB: B Rep. 068 Nr. 3756 (mit Foto).
KG Berlin, Liste über zugelassene Rechtsanwälte.
AoR, S. 256 (mit Foto).

Scheuer, Otto
23.12.1888 Mainz – 31.08.1951 Berlin
Familienstand: keine Angaben
1898–1907 Gymnasium in Mainz
1907 Abitur

1907–1910 Studium in Heidelberg, Leipzig, Berlin und Gießen
Herbst 1910 erstes Staatsexamen in Gießen
1910–1914 Referendariat in Mainz
1913 Militärdienst
1914–1918 Frontsoldat im Ersten Weltkrieg bei den Kämpfen in Flandern und vor Verdun, ausgezeichnet u.a. mit dem EK II
Oktober 1916 zweites Staatsexamen in Darmstadt
– nach der Rückkehr aus dem Krieg für kurze Zeit als Richter am AG Mainz tätig
1919–1933 Syndikus und Leiter der juristischen Abteilung und anderer Verwaltungsabteilungen im Verlag August Scherl in Berlin
– veröffentlicht zahlreiche Aufsätze, vor allem in der Deutschen Juristenzeitung und der Juristischen Wochenschrift, auf den Gebieten des Arbeits-, Urheber- und Presserechts
– Mitglied im Verein Deutscher Zeitungsverleger und im Deutschen Buchdruckerverein
1927–1933 Reichsarbeitsrichter
1933 wegen jüdischer Herkunft entlassen; ein Antrag auf Zulassung zur Anwaltschaft wird abgelehnt
1933 bis 1945 ohne Einkommen aus Erwerbsarbeit
– plant Emigration in die USA, aber der Reisepass wird 1939 durch die Gestapo verweigert
1940 verhaftet, wegen Unterstützung jüdischer Freunde in den USA und wegen eines „Devisenvergehens" zu einer Geldstrafe von 6.000 RM verurteilt
1943 Wohnung wird bei einem Luftangriff zerstört; Scheuer wird von der Gestapo vorgeladen, fürchtet die Festnahme und Deportation und taucht daher unter
ab 1943 lebt ohne Lebensmittelkarten versteckt im Harz
September 1945 vorläufige Zulassung als Anwalt
Oktober 1945 vorläufige Zulassung als Notar
Januar 1948 endgültige Zulassung als Rechtsanwalt und Notar
– wird aus gesundheitlichen Gründen nicht zum Justizdienst herangezogen
Quellen:
LAB: B Rep. 068 Nr. 2467 (mit Foto).

Schindler, Ernst Dr.
26.03.1875 Brieg (Schlesien) – 12.06.1950 (Berlin?)
Familienstand: verheiratet seit 1917, keine Kinder
Ostern 1881 – Ostern 1889 Friedrichs-Gymnasium in Breslau
Ostern 1889 – September 1894 Humboldt-Gymnasium in Berlin

Oktober 1894 – Ostern 1898 Studium in Berlin
Frühjahr 1899 erstes Staatsexamen beim KG Berlin
1899–1903 Referendariat im KG-Bezirk (Mittenwalde, Berlin)
1903 Promotion an der Universität Erlangen
Februar 1904 zweites Staatsexamen
ab Oktober 1904 Anwalt in Berlin
– im Ersten Weltkrieg zum Heeresdienst in der Heimat eingezogen, mit dem Ehrenkreuz für Nicht-Kombattanten ausgezeichnet
ab 1919 Notar
– wählt SPD
1931 und 1932 erzielt ein Jahreseinkommen von ca. 20.000 RM
1933 als „Altanwalt" wieder zugelassen, Entzug des Notariats
Sommer 1933 reist nach Venezuela, um die Emigrationsmöglichkeiten zu sondieren, mit negativem Ergebnis
– das Einkommen sinkt im Jahresdurchschnitt auf wenige tausend Mark
Ende 1938 Berufsverbot als Anwalt
– lebt in einer „Mischehe"
Juli 1940 – März 1945 bezieht eine jährliche Rente von 2.505 RM vom Anwalts-Ruheverein in Halle
– vom Hauptplanungsamt der Stadt Berlin zum Auszug aus der Wohnung gezwungen und in eine Ladenwohnung Wedding eingewiesen
– für die Jüdische Gemeinde als Rechtsberater, Schlichter und Vorsitzender der Wohlfahrts- und Jugendpflegestelle unbesoldet tätig
November 1943 von der Gestapo verhaftet, im Polizeigefängnis am Alexanderplatz festgehalten
ab Februar 1944 auf der Polizeistation im Jüdischen Krankenhaus
bis Ende April 1945 dort in Haft und noch bis September 1945 in stationärer Behandlung
Ende Juni 1945 vorläufig wieder als Anwalt und Notar zugelassen
– Sozietät mit Dr. Georg Jaretzki
Februar 1948 endgültige Zulassung
Quellen:
LAB: B Rep. 068 Nr. 3757 (mit Foto).
EAB: Nr. 23.056.
KG Berlin, Liste über zugelassene Rechtsanwälte.
AoR, S. 257 (mit Foto).

Schindler, Paul
23.01.1887 Beuthen (Oberschlesien) – 18.09.1959 (Berlin?)
Familienstand: keine Angaben
1893–1896 Städtische Volkschule in Beuthen
1897–1906 staatliches Gymnasium in Beuthen
1907–1909 Studium in München und Breslau
Oktober 1910 erstes Staatsexamen beim OLG Breslau
Ende 1910 – Ende 1914 Referendariat im OLG-Bezirk Breslau und Berlin

April 1915 zweites Staatsexamen, Note „gut"
ab 1915 Anwalt am AG und LG in Beuthen
ab 1925 Notar
August 1937 mit Auslaufen des Minderheitenschutzes im oberschlesischen Abstimmungsgebiet Berufsverbot als Anwalt und Notar
Ende 1937 Umzug nach Berlin
1939 Emigration über Sibirien nach Shanghai
Juni 1940 Ankunft in Shanghai
1947 Rückkehr nach Deutschland mit dem von der United Nations Relief and Rehabilitation Administration (UNRRA) organisierten Transport
Mitte August 1947 Ankunft in Berlin
– stellt sofort einen Antrag auf Zulassung
ab April 1948 als Anwalt und Notar in Berlin zugelassen
Quellen:
LAB: B Rep. 068 Nr. 2489 (mit Foto).

Schindler, Walter Dr.
01.02.1897 Rybnik (Oberschlesien) – 12.08.1953 Berlin
Familienstand: unverheiratet
1904–1915 König-Wilhelms-Gymnasium in Breslau
März 1915 Abitur
1915–1916 Studium in Breslau
1916–1918 Soldat im Ersten Weltkrieg
1918–1920 Fortsetzung des Studiums in Berlin
August 1920 erstes Staatsexamen beim KG Berlin
1921 Promotion an der Universität Breslau
November 1923 zweites Staatsexamen
ab Frühjahr 1924 Rechtsanwalt in Berlin
1924–1932 zugleich Justitiar der Bank für Textilindustrie in Berlin
1933 als „Frontkämpfer" wieder als Anwalt zugelassen
1938 Berufsverbot als Anwalt
10. November 1938 nach der Pogromnacht bis zum 21. Dezember in das KZ Sachsenhausen verschleppt

Sommer 1939 – September 1942 „jüdischer Konsulent":
„Diese Tätigkeit übte ich bis zum 30. September 1942 aus. An diesem Tage entzog ich mich der drohenden Verschickung und Verhaftung durch die Gestapo durch die Flucht. Ich lebte illegal bis zum Zusammenbruch im Mai 1945 (...)." (LAB B Rep. 068 Nr. 3755)
– lebt unter falschem Namen und arbeitet als Angestellter bei der Flettnerlüfter-GmbH in Berlin-Mariendorf
August 1945 vorläufige Zulassung als Anwalt und Notar
– in die Liste der Dolmetscher für die russische Sprache eingetragen
Mai 1947 vorläufige Zulassung erneuert
– wehrt sich mit Erfolg gegen die Heranziehung als Staatsanwalt zum Pflichtdienst an Berliner Gerichten
September 1949 als Anwalt bei US-Militärgerichten zugelassen
März 1950 endgültige Zulassung
Quellen:
LAB: B Rep. 068 Nr. 3755; C Rep. 301 Nr. 2240–41 (Nr. 2241 mit Foto).
EAB: Nr. 25.209.
KG Berlin, Liste über zugelassene Rechtsanwälte.
AoR, S. 258.

Schlesinger, Ernst
23.12.1908 Berlin – 11.12.1981 (Berlin?)
Familienstand: verheiratet seit Juli 1945, keine Kinder (Stand: 1950)
– besucht das Fichte-Gymnasium in Berlin-Wilmersdorf
1927 Abitur
– Studium in Freiburg i. Br. und Berlin
Anfang 1933 als Student im ersten Staatsexamen, der Abschluss der Prüfung wird untersagt
– lebt weiter in Berlin, zumeist erwerbslos, gelegentlich im kaufmännischen Bereich tätig
ab 1940 zur Zwangsarbeit herangezogen
Oktober 1942 die Eltern werden deportiert
– taucht unter und schafft es unter größten Schwierigkeiten und Entbehrungen bis März 1945 unentdeckt zu bleiben
März 1945 verhaftet und nach Theresienstadt verschleppt
Mai 1945 in Theresienstadt befreit
Ende Juni 1945 Rückkehr nach Berlin
Oktober 1945 – Mai 1946 Angestellter beim Magistrat
ab Dezember 1946 in Anknüpfung an sein Jurastudium in der informatorischen juristischen Ausbildung
April 1948 erstes Staatsexamen
1948–1950 Referendariat in Berlin
August 1950 zweites Staatsexamen
ab November 1950 als Anwalt in Berlin zugelassen
Quellen:
LAB: B Rep. 068 Nr. 2480.

Schlesinger, Heinz (später: Lynn, Harry)
07.01.1904 Berlin – 01.02.1983 (San Francisco, USA?)
Familienstand: unverheiratet (Stand: 1959)

– Studium in Berlin und Freiburg i. Br.
Oktober 1927 erstes Staatsexamen beim KG
August 1931 zweites Staatsexamen
ab Ende 1931 Rechtsanwalt am KG
1933 Berufsverbot
– studiert dann Musik am Stern'schen Konservatorium in Berlin
1937 Mitglied im Orchester des Jüdischen Kulturbunds
1938 Emigration nach Shanghai
– arbeitet dort als Musiker in Restaurants und Nachtlokalen
April 1948 Emigration in die USA
1954 Annahme der US-Staatsbürgerschaft

– arbeitet zuletzt im Staatsdienst beim Postamt in San Francisco
Juni 1959 Rückkehr nach Berlin
August 1959 Antrag auf Zulassung als Anwalt in Berlin
November 1959 Zulassung beim LG und AG Charlottenburg erteilt; die gleichzeitig beantragte Zulassung beim KG wird nach ablehnender Stellungnahme der RAK (nicht erfüllte Frist von fünf Jahren) nicht erteilt
Oktober 1961 auf Antrag gleichzeitige Zulassung beim KG
Mai 1974 Antrag auf Löschung nach Rückkehr in die USA, San Francisco
Juni 1974 Löschung erfolgt
Quellen:
LAB: B Rep. 068 Nr. 1754 (mit Foto).
http://www.faqs.org/people-search/harry-lynn/ (Sterbedatum), 07.08.2012.
AoR, S. 259 (Identität unklar wegen fehlender Lebensdaten).

Schmidt, Georg Dr.
09.12.1901 Königshütte (Oberschlesien) – keine Angaben (nach 1972)
Familienverhältnisse: geschieden
Juli 1925 erstes Staatsexamen beim OLG Kassel
Januar 1929 zweites Staatsexamen
ab September 1931 Staatsanwaltschaftsrat in Neisse (Schlesien)
Juli 1933 Berufsverbot gemäß Paragraph 3 BBG zum 01. November 1933
– gilt als „Mischling 1. Grades"
September 1933 nachgesuchte Dienstentlassung erteilt
– bemüht sich nach dem Berufsverbot um die Zulassung zur Rechtsanwaltschaft, zuerst in Breslau, dann in Gleiwitz, wo er die Ausnahmeregelungen (Minderheitenschutz) für das oberschlesische Abstammungsgebiet in Anspruch nehmen will
Herbst 1934 Zulassung zur Anwaltschaft in Gleiwitz
– maßgeblich hierfür war die Haltung des Präsidenten der Gemischten Kommission aus der Schweiz, Calonder, der den Minderheitenschutz für alle „nichtarischen" Personen gelten lässt, egal wann sie ihren Wohnsitz im Abstammungsgebiet genommen haben
September 1937 Berufsverbot als Rechtsanwalt (die Zulassung wird mit Ablauf des Minderheitenschutzes im August 1937 zurückgenommen; das entsprechende Gesetz ermöglicht auch Berufsverbote für „jüdische Mischlinge")
1939 lebt in Beuthen
– wegen drohender Verfolgung durch die Gestapo Flucht ins Ausland; nach Kriegsbeginn Rückkehr nach Deutschland; Niederlassung in Berlin; dort inoffiziell in Anwaltsbüros tätig
1944 droht ein Verfahren wegen Verstoß gegen das „Heimtückegesetz", Schmidt taucht bis zum Kriegsende unter
Mai 1945 – April 1948 Oberstaatsanwalt in Berlin
– dann Niederlassung als Rechtsanwalt und Notar
April 1972 als Anwalt in Berlin gelöscht
Juni 1972 beantragt die Zulassung als Rechtsanwalt in Wiesbaden
Quellen:
LAB: B Rep. 068 Nr. 2510, 2512.
Bergemann, Hans/Ladwig-Winters, Simone: Richter und Staatsanwälte jüdischer Herkunft in Preußen im Nationalsozialismus. Köln 2004, S. 302.

Schönberg, Curt
20.01.1894 Kreuz/Ostbahn (Pommern) – 10.11.1948 (Berlin?)
Familienstand: verheiratet, verwitwet, erneut verheiratet, eine Tochter
April 1899 – April 1903 Volksschule in Kreuz/Ostbahn
1903–1912 Friedrich-Wilhelm-Gymnasium in Posen
April 1912 Abitur
1912–1915 Studium in Heidelberg und Berlin
Herbst 1915 erstes Staatsexamen beim KG Berlin, Note „fast gut"
Herbst 1915 Beginn des Referendariats, wegen Militärdienst unterbrochen
1916 – November 1918 Soldat im Ersten Weltkrieg
Ende 1918–1921 Fortsetzung des Referendariats in Schönlanke/Ostbahn, Bromberg und Berlin
Januar 1922 zweites Staatsexamen
ab März 1922 Anwalt in Berlin
– Sozietät mit Dr. Hans Wiener (AoR, S. 282)
1933 als „Frontkämpfer" wieder zugelassen
1935 Entzug des Notariats
Ende 1938 Berufsverbot als Anwalt
Dezember 1938 – März 1939 als „jüdischer Konsulent" zugelassen
– lebt in einer „privilegierten Mischehe"
April 1939 – April 1945 als Verwalter jüdischer Vermögen, Testamentsvollstrecker und „Hilfskonsulent" tätig
ab 1945 vorläufig wieder als Anwalt und Notar zugelassen
Februar 1948 endgültige Zulassung
– Sozietät mit Dr. Paul Chone
Quellen:
LAB: B Rep. 068 Nr. 3753.
EAB: Nr. 24.379 (Datenschutz nicht abgelaufen).
AoR, S.261.

Schoenfeldt, Herbert Siegfried Dr.
26.05.1895 Landeck (Kr. Schlochau, Pommern) – 29.06.1956 Bad Godesberg
Familienstand: unverheiratet
– im Ersten Weltkrieg als Kriegsfreiwilliger, an der Westfront in Frankreich, verwundet
– Rechtsanwalt und Notar
– Syndikus des Bankhauses Mendelssohn & Co.

1933 als „Frontkämpfer" wieder zugelassen
1935 Entzug des Notariats
bis mindestens 1936 als Anwalt zugelassen
1938 Emigration über die Schweiz nach Frankreich
1940 Emigration über Spanien und Portugal in die USA, *„carrying his aged mother on his back as they escaped over the Pyrenees Mountains"* (Erinnerung von Benjamin B. Ferencz)
– lebt in New York und arbeitet als Schuhverkäufer (Erinnerung von Benjamin B. Ferencz)
1946–1948 juristischer Mitarbeiter bei der Vorbereitung und Durchführung der Kriegsverbrecherprozesse
1948–1956 Rechtsberater der JRSO im Regionalbüro Stuttgart
1956 Deutschland-Direktor der Conference on Jewish Material Claims against Germany (Claims) in Bonn
– an den Beratungen zum Bundesentschädigunsgesetz beteiligt
Quellen:
Schoenfeldt, Herbert: In Frankreich interniert – aus Frankreich entwichen. Manuskript im Leo Baeck Institute New York. http://access.cjh.org/home.php?type=extid&term=1049762#1, 07.08.2012.
Küster, Otto/Arnold, Fritz W.: In Memoriam Dr. Herbert Schoenfeldt. In: Freiburger Rundbrief. Zeitschrift für christlich-jüdische Begegnung. 9. Folge/1956–1957, Nr. 33–36, S. 72f. http://www.freidok.uni-freiburg.de/volltexte/7032/pdf/Freiburger_Rundbrief_1956_33_36.pdf, 07.08.2012.
Ferencz, Benjamin B.: Some Key Players Who Ran the Show. http://www.benferencz.org/index.php?id=8&section=4, 07.08.2012.
AoR, S. 260.

Scholle, Sigurd
09.03.1893 Danzig – 01.05.1971 (New York?)
Familienstand: unverheiratet (Stand: 1965)
– besucht das St. Johann-Gymnasium in Danzig
1911 Abitur
– Studium in Grenoble, München und Halle/Saale
Juli 1914 erstes Staatsexamen beim OLG Naumburg
– Referendariat im OLG–Bezirk Marienwerder
– zeitweise zum Heeresdienst in Danzig einberufen, aus Gesundheitsgründen nur zum Garnisonsdienst (Sanitätssoldat) eingesetzt
September 1919 zweites Staatsexamen
1919–1928 Rechtsanwalt in Danzig
ab 1928 Rechtsanwalt in Berlin
ab August 1931 Notar
1933 Berufsverbot
1933 nach dem Berufsverbot Emigration nach Paris
– dort Gesellschafter einer Bankfirma
September 1939 – Juli 1940 als deutscher Emigrant interniert

Juli – Oktober 1940 in Marseille
November 1940 Emigration in die USA
Januar 1941 Ankunft in New York
ab 1943 Angestellter, später in leitender Position bei einer Ölfirma
ab 1958 im Ruhestand
Juli 1965 Antrag auf Zulassung als Anwalt in Berlin ohne Residenzpflicht
September 1965 Zulassung erteilt
Quellen:
LAB: B Rep. 068 Nr. 2575 (mit Foto).
AoR, S. 260.

Schwabe, Walter Dr.
09.07.1882 Göttingen – 25.08.1962 (London?)
Familienstand: verheiratet, zwei Kinder
– besucht das humanistische Gymnasium in Göttingen
– Studium in Göttingen, Leipzig und Berlin
1903 erstes Staatsexamen, Note „gut"
1904 Promotion an der Universität Göttingen
1907 zweites Staatsexamen, Note „gut"
1907–1911 Gerichtsassessor in Berlin, Göttingen und Hannover
1911–1913 Rechtsanwalt in Göttingen
ab 1913 Rechtsanwalt in Berlin
– gleichzeitig Hauptgesellschafter des Bankhauses Schwabe & Co
1933 als „Altanwalt" wieder zugelassen
– aktives Mitglied der Bekennenden Kirche
Ende 1938 Berufsverbot als Rechtsanwalt
Dezember 1938 Emigration über Holland nach Großbritannien
ab Februar 1939 in London
– studiert englisches Recht
September 1939 – Juli 1940 als deutscher Emigrant interniert
1943 Abschluss des Studiums mit dem LL.B.
– betätigt sich schriftstellerisch mit philosophischen Fragen

1947 britische Staatsbürgerschaft
Oktober 1949 Antrag auf Zulassung als Anwalt in Berlin ohne Residenzpflicht
– das Verfahren zieht sich in die Länge
Februar 1951 RAK und KG-Präsident lehnen die Zulassung wegen des Wohnsitzes im Ausland ab; diese widerspreche der RAO
Juni 1951 der Antrag wird seitens der RAK nach nochmaliger eingehender Beratung doch befürwortet
Juni 1952 Zulassung durch den KG-Präsidenten erteilt
Quellen:
LAB: B Rep. 068 Nr. 2648.
Senatsjustizverwaltung: Akte 3176/1 – I/B 1.
AoR, S. 261.

Schwarz, Walter C. Dr.
11.02.1906 Berlin-Charlottenburg – 17.08.1988 Zürich
Familienstand: verheiratet seit 1937 (1939?), ein Stiefsohn
1912–1924 Mommsen-Gymnasium in Berlin-Charlottenburg
1924 Abitur

1924–1927 Studium Jura und Volkswirtschaft in Freiburg i. Br. und Berlin
1928 erstes Staatsexamen beim KG Berlin, Note „gut“
1932 zweites Staatsexamen
ab Mai 1932 als Anwalt in Berlin beim KG zugelassen
– Mitglied im Kartell Jüdischer Verbindungen, dem Dachverband jüdischer Studentenverbindungen
Frühjahr 1933 Berufsverbot
Mai 1933 Emigration nach Frankreich
– schlägt sich mit Gelegenheitsarbeiten durch, zwischenzeitlich Ausbildung im Gartenbau und in der Landwirtschaft
Ende 1934 Rückkehr nach Berlin, juristischer Berater des Palästina-Amtes der Jewish Agency
– unterhält gute Kontakte zum britischen Konsulat und kann damit vielen Menschen bei der Visaerteilung für Palästina helfen
Sommer 1936 Palästina-Reise als Begleiter eines Jugendtransports
August 1936 – Oktober 1938 juristischer Mitarbeiter in der Sozietät von Dr. Siegfried Moses (AoR, S. 228), befasst mit Kapitaltransfer nach Palästina
Oktober 1938 Emigration nach Palästina
April 1939 Anwaltsprüfung in Jerusalem, dann im praktischen Vorbereitungsdienst bei einem Anwalt und gelegentliche Mandate
Oktober 1940 – Februar 1944 als Freiwilliger bei der Royal Air Force, in Nordafrika im Einsatz zum Abhören von Funkberichten der deutschen Luftwaffe
April 1944 Niederlassung als Anwalt in Haifa
1950 Rückkehr nach Deutschland
Mai 1950 – Februar 1952 Rechtsberater der Jewish Agency in ihrem Büro in München
Juli 1951 Antrag auf Zulassung zur Anwaltschaft in Berlin
1952 Promotion an der Universität Heidelberg
April 1952 zieht den Antrag auf Zulassung in Berlin zurück, da er als Sozius in eine Düsseldorfer Kanzlei eintreten will
Mai 1952 nach Scheitern der Düsseldorfer Pläne erneuter Antrag auf Zulassung als Anwalt in Berlin
September 1952 Zulassung erteilt
1963–1981 Mitherausgeber der Zeitschrift Rechtsprechung zum Wiedergutmachungsrecht
– gilt als einer der führenden Rechtsanwälte in Entschädigungs- und Wiedergutmachungsfragen
Februar 1968 beantragt wegen der bevorstehenden Übersiedelung in die Schweiz aus gesundheitlichen und privaten Gründen die Anwaltszulassung ohne Residenzpflicht
Die RAK lehnt in ihrer Stellungnahme an den Justizsenator diesen Antrag mit Verweis auf die BRAO ab; sie führt u.a. aus:
„Aus der bisherigen Führung der Praxis dürfte Herr Rechtsanwalt Dr. Schwarz erhebliche Vermögenswerte sich geschaffen haben. Genau so, wie man aber von jedem zugelassenen Anwalt verlangt, dass er seine Kanzlei weiter unterhält ohne Rücksicht auf den damit verbundenen geschäftlichen Erfolg, müsste es Herrn Rechtsanwalt Dr. Schwarz zugemutet werden, weiterhin eine Kanzlei zu unterhalten, wenn er noch Angelegenheiten bearbeiten will. Er mag sich dann beurlauben und die Tätigkeit durch einen Vertreter ausüben lassen.“ (LAB B Rep. 068 Nr. 2639)
– Sch. zieht daraufhin seinen Antrag zurück und schreibt u.a.:
„Ich habe aber mit Interesse aus dem ersten Satz des vorletzten Absatzes Ihres obigen Schreibens

[siehe vorstehendes Zitat] zur Kenntnis genommen, welche Motive bei Ihrer Entscheidung mitgewirkt haben. Ich bin Ihnen für diese offene Sprache außerordentlich dankbar." (LAB B Rep. 068 Nr. 2639)
– er lässt nunmehr jährlich einen ständigen Rechtsanwaltsvertreter bestellen
Mai 1975 auf Antrag als Anwalt gelöscht
– lebt zu diesem Zeitpunkt in Wettswil in Schweiz
– publiziert in Zusammenarbeit mit dem Bundesminister der Finanzen das Übersichtswerk: Die Wiedergutmachung nationalsozialistischen Unrechts durch die Bundesrepublik Deutschland (6 Bde., München 1974–1987)
– Veröffentlichungen: Zur Frage der rückerstattungsrechtlichen Geldverbindlichkeiten des Deutschen Reiches (Koblenz 1951); Rückerstattung und Entschädigung – eine Abgrenzung der Wiedergutmachungsformen (München 1952)
Quellen:
LAB: B Rep. 068 Nr. 2639.
Schwarz, Walter: Späte Frucht. Bericht aus unsteten Jahren. Hamburg 1981.
Auskunft Joel Levi, Tel Aviv.
AoR, S. 262.

Schwerin, Hermann Dr.
19.09.1902 Berlin – 02.10.1970 Berlin
Familienstand: verheiratet (mit der Schauspielerin Grete Weiser)
1909–1920 Bismarck-Gymnasium in Berlin-Wilmersdorf
März 1920 Abitur
1921–1923 Studium in Marburg und Berlin
Januar 1924 erstes Staatsexamen in Berlin
1924–1927 Referendariat in Berlin, dann im OLG-Bezirk Kassel
1925 Promotion an der Universität Marburg
Dezember 1927 zweites Staatsexamen
ab Januar 1928 in der Rechtsabteilung des Filmunternehmens UFA tätig
ab Mai 1929 als Anwalt in Berlin zugelassen
bis 1931 Sozietät mit Rechtsanwalt Dr. Fritz Selten (AoR, S. 264), dann mit Rechtsanwalt Dr. Alfred Glücksmann (AoR, S. 160)
1933 keine Informationen über eine Überprüfung wegen der jüdischen Herkunft
– gilt nach den Kriterien der Nazis als „Mischling 2. Grades"
bis 1935 als Anwalt tätig
1935–1937 Vorstandsmitglied der Tobis-Rota-Film AG, später Tobis Tonbildsyndikat
1937–1942 wieder als Anwalt tätig; wird wegen seiner jüdischen Abstammung nicht zum Notar ernannt
– kann seine Frau Grete Weiser wegen seiner jüdischen Abstammung nicht heiraten
1942–1945 Referent im Reichsjustizministerium, beim Reichskommissar für die Behandlung feindlichen Vermögens
1945 – Ende 1946 von der Britischen Militärbehörde zum Direktor der UFA-Film GmbH bestellt
1945 Eheschließung mit der Schauspielerin Grete Weiser
April 1946 Antrag auf Zulassung als Anwalt in Berlin (der nicht abschließend bearbeitet wird)
Ende 1946 – Ende 1949 Syndikus des Verbands der Filmproduzenten
ab 1950 juristischer und wirtschaftlicher Berater in der Filmwirtschaft
Juli 1950 neuer Antrag auf Zulassung als Anwalt in Berlin
– zieht seinen Antrag dann zurück, da er sich um die Zulassung in Hamburg bemüht
ab Februar 1951 als Anwalt in Hamburg zugelassen
April 1954 wegen Umzugs nach Berlin erneuter Antrag auf Zulassung als Anwalt in Berlin
Mai 1954 Zulassung erteilt
– stirbt am 2. Oktober 1970 zusammen mit seiner Ehefrau Grete Weiser und weiteren Menschen bei einem Autounfall
Quellen:
LAB: B Rep. 068 Nr. 2489 (mit Foto).

Seligsohn, Franz Dr.
15.09.1880 Berlin – 09.10.1964 (London?)
Familienstand: verheiratet, zwei Kinder
Ostern 1887 – Ostern 1899 Askanisches Gymnasium in Berlin
Ostern 1899 Abitur
– Jurastudium in Genf, Freiburg i. Br. und Berlin
Ende 1902 erstes Staatsexamen
März 1903 Promotion an der Universität Rostock
1903–1904 Militärdienst beim 13. Husarenregiment in Mainz
Ende 1907 zweites Staatsexamen, Note „gut"
1908–1909 als Gerichtsassessor mit Kommissorien am AG Oranienburg und am LG II in Berlin betraut
ab September 1909 Rechtsanwalt in Berlin
August 1914 – Ende 1918 als Soldat im Ersten Weltkrieg, im Kampfeinsatz an der Front in Frankreich, Russland und Finnland, zuletzt Leutnant der Landwehr, ausgezeichnet mit dem EK II und dem Finnischen Offizierkreuz
ab Juli 1920 Notar
– Veröffentlichungen auf dem Gebiet des Haftpflicht- und Eisenbahnrechts
1933 als „Altanwalt" und „Frontkämpfer" wieder zugelassen
1934 tritt mit anderen jüdischen Anwälten in eine Sozietät ein
1935 Entzug des Notariats
Ende 1938 Berufsverbot als Anwalt
– als „jüdischer Konsulent" zugelassen
Februar 1939 Emigration nach Chile
ab November 1947 nach vorübergehendem Auf

enthalt in den USA in Großbritannien, London ansässig
ab April 1950 bei der URO als Rechtsberater tätig
April 1953 Antrag auf Zulassung als Anwalt in Berlin ohne Residenzpflicht
Juli 1953 Zulassung erteilt
Quellen:
LAB: B Rep. 068 Nr. 2660 (mit Foto).
Senatsjustizverwaltung: Akte 3176/1 – I/B 1.
AoR, S. 263.

Selowsky, Karl Dr.
16.02.1889 Dresden – keine Angaben (nach August 1962)
Familienstand: keine Angaben
vor 1933 Rechtsanwalt und Notar
1933 wieder zugelassen
1935 Entzug des Notariats
1938 Berufsverbot als Anwalt
– dann als „jüdischer Konsulent" tätig
Mai 1939 Emigration nach Frankreich, Paris
1945 Rückkehr nach Deutschland
1952 Regierungsdirektor in Karlsruhe
– später Richter am Bundesgerichtshof
1957 in Pension, mit dem Großen Bundesverdienstkreuz geehrt
August 1962 lebt in Freiburg i. Br.
Quellen:
EAB: Nr. 5.101 (Antrag nach der verstorbenen Tante).
AJR Information. Hgg. von der Association of German Refugees in Great Britain, Band 12, 5/1957, S. 2. http://www.ajr.org.uk/journalpdf/1957_may.pdf, 07.12.2012.
Handbuch der Justiz. Die Träger und Organe der rechtsprechenden Gewalt in der Bundesrepublik Deutschland. Hgg. vom Deutschen Richterbund, Heidelberg 1956.
AoR, S. 264.

Semon, Hans Martin (später: Juan) Dr.
22.07.1900 Danzig – (nach November 1978)
Familienstand: keine Angabe
– besucht die Oberrealschule in Danzig und ein humanistisches Gymnasium in Königsberg i. Pr.
März 1918 Abitur
ab Juni 1918 zum Kriegsdienst eingezogen
– kämpft nach Ende des Ersten Weltkriegs beim „Grenzschutz" in Ostpreußen
ab WiSe 1918/19 Studium in Königsberg, Heidelberg und Marburg
November 1921 erstes Staatsexamen beim OLG Kassel
Dezember 1921 Beginn des Referendariats im OLG-Bezirk Breslau
Januar 1924 Promotion an der Universität Marburg
Juni 1925 zweites Staatsexamen
ab 1925 Anwalt in Berlin, zugelassen zuerst beim KG, dann bei den LG I–III und beim AG Berlin-Neukölln
1933 wird zuerst wegen seines Einsatzes beim Grenzschutz in Ostpreußen wieder als Anwalt zugelassen, erhält dann im September 1933 Berufsverbot

Ende 1933 Emigration nach Großbritannien, Bradford
März 1934 Emigration nach Argentinien, Buenos Aires
– dort anfänglich in verschiedenen Berufen tätig (Lagerarbeiter, Sprachlehrer)
– beginnt dann erneut ein Jurastudium, in dessen Verlauf 15 Prüfungen abgelegt werden müssen
1937 argentinische Staatsbürgerschaft
August 1937 erhält den Anwaltstitel der Universität La Plata
– belegt dann an der Fakultät für Nationalökonomie einen Studiengang als „Traductor Público" (amtlicher Dolmetscher und Übersetzer)

1939 Übersetzerdiplom für Deutsch
1941 Übersetzerdiplom für Englisch
– arbeitet als Anwalt und Übersetzer
– zugleich ehrenamtlich an der Juristischen Fakultät der Universität Buenos Aires und in verschiedenen gesetzgeberischen und wissenschaftlichen Kommissionen tätig
Juni 1955 – März 1956 in Berlin
Juni 1955 – Juni 1957 als Anwalt in Berlin ohne Residenzpflicht zugelassen, auf Antrag gelöscht
1961 erneut als Anwalt in Berlin ohne Residenzpflicht zugelassen
– ist bei der URO in Berlin tätig
Oktober 1961 Antrag auf Zulassung als Anwalt in Berlin
November 1961 Zulassung erteilt
September 1966 wegen Rückkehr nach Argentinien auf Antrag gelöscht
1975 seine Übersetzung der Musterstrafprozessordnung für Argentinien erscheint im Verlag de Gruyter
1978 lebt in Freiburg i. Br., Schwarzwaldstr. 95
– lässt sich in Deutschland wiedereinbürgern
1983 seine Übersetzungen der kubanischen Strafprozessordnung von 1977 und des kubanischen Strafgesetzbuches von 1979 erscheinen im Verlag de Gruyter
Quellen:
LAB: B Rep. 068 Nr. 2704 (mit Foto).
Senatsjustizverwaltung: Akte 3176/1 – I/B 1.
Staatsbibliothek Berlin, Katalog. http://stabikat.de/DB=1/LNG=DU/SID=a98dcc50-0/CMD?ACT=SRCHA&IKT=1&SRT=YOP&TRM=semon%2C+hans+m, 07.08.2012.
AoR, S. 264 (hier: geb. 23.05.1890).

Simoni, Erich Dr.
30.03.1896 Berlin – 18.12.1976 Berlin
Familienstand: verheiratet seit 1945 (Heirat wegen der NS-Gesetze vorher nicht möglich), keine Kinder
– stammt aus einer „Mischehe", Vater jüdisch, Mutter nicht-jüdisch
1902–1914 Hohenzollern-Oberschule in Berlin-Schöneberg
1914 Abitur
August 1914 – November 1916 als Soldat (Gefreiter) im Ersten Weltkrieg, Geschützführer im Fronteinsatz
Anfang 1917 – 1918 nach Erkrankung bis zur Demobilisierung im Range eines Unteroffiziers bei der Artillerie-Prüfungskommission in Berlin tätig
zugleich 1916–1919 Studium Jura und Volkswirtschaft in Berlin
Frühjahr 1920 erstes Staatsexamen
1920–1923 Referendariat
Frühjahr 1923 zweites Staatsexamen
bis Ende 1923 als Assessor mit Beschäftigungsaufträgen als Richter tätig

ab Frühjahr 1924 als Anwalt in Berlin zugelassen
– zugleich Syndikus bei diversen Firmen in der Bekleidungsindustrie
– spezialisiert auf dem Gebiet des gewerblichen Rechtsschutzes, auch mit zahlreichen Klienten im Ausland
ab Sommer 1932 Notar
– Mitglied der SPD
1933 als „Frontkämpfer" wieder zugelassen
– gilt als „Mischling 1. Grades"
bis 1945 als Anwalt zugelassen, mit hohem Einkommen (36.000 RM (1931–1937), ca. 45.000 RM (1938–1939), ca. 50.000 RM (1940–1943), ca. 60.000 RM (1944–1945))
ab Anfang 1944 tritt als Angestellter in die Firma eines Klienten ein, um dem Einsatz zur Zwangsarbeit zu entgehen
November 1944 im Rahmen der „Aktion Mitte" dennoch zur Zwangsarbeit bei der Organisation Todt herangezogen und als Bauarbeiter im Arbeitslager Sitzendorf in Thüringen eingesetzt, dort schwer erkrankt
am 03. Februar 1945 werden Büro und Wohnung bei einem Luftangriff völlig zerstört
17. April – 24. Mai 1945 zur Krankenbehandlung wieder in Berlin, in der Charité
Ende Juni 1945 vorläufige Zulassung als Anwalt und Notar
Mai 1947 vorläufige Zulassung erneuert gemäß Anordnung des Rechtskomitees Leg/I (47) 81
April 1948 endgültige Zulassung als Anwalt und Notar
ab 1948 im Präsidium der RAK
April bis Ende 1948 als Richter beim KG zum Pflichtdienst bei Berliner Gerichten herangezogen
1948 behält nach Spaltung der Berliner Justiz seine Kanzlei in Berlin-Köpenick
1950 Simoni wird vorgehalten, er vertrete Nazi-Aktivisten, die enteignet werden sollen, gegen den Magistrat (der die Enteignungen anordnet); er

rechtfertigt sein Handeln mit dem Hinweis, dass das Gesetz diese Widerspruchsmöglichkeiten ausdrücklich vorsehe und es eine Grundlage des Rechtsstaats sei, dass Angeklagte ihr Recht auf Verteidigung haben; dies wird ihm als „formaler Rechtsstandpunkt" ausgelegt (und die „formale Rechtsfindung" habe vor 1933 zu 1933 geführt), was seine Missachtung der gesellschaftlichen Veränderungen ausdrücke, die seit 1945 statt gefunden und 1949 zur Gründung der DDR geführt haben; es wird erwogen, ihm die Anerkennung als OdF zu entziehen; nach einer Stellungnahme des Beschwerdeausschusses beim Hauptamt OdF, die einem Aberkennungsverfahren keinerlei Aussicht auf Erfolg gibt, wird die ganze Angelegenheit „als erledigt" betrachtet (C Rep. 118-01 Nr. 23.414)
1951 Mitglied im Grosscurth-Ausschuss (zur Untersuchung eines gewalttätigen Einsatzes der West-Berliner Polizei gegen Teilnehmer der III. Weltjugendfestspiele in Ost-Berlin 1951)
1953 OdF-Status wird aberkannt: Haftzeit von 6 Monaten sei nicht ausreichend, gesundheitliche Schäden seien nicht nachweisbar
– Simoni legt dagegen Widerspruch ein, dessen Behandlung hinausgezögert wird (und nach dem Umzug nach West-Berlin als „erledigt" gilt)
Herbst 1953 Umzug nach West-Berlin, da ihm die Aufnahme in das Anwaltskollegium verwehrt wird
– behält die Anwaltszulassung für die Ost-Berliner Gerichte, die Notarzulassung ausschließlich für West-Berlin
– tritt als Anwalt bis zum Mauerbau auch bei Ost-Berliner Gerichten auf
April 1975 auf Antrag aus dem Amt des Notars entlassen
Quellen:
LAB: B Rep. 068 Nr. 3705 (mit Foto); C Rep. 118-01 Nr. 23.414 (mit Foto); C Rep. 301 Nr. 2228–30 (mit Foto Nr. 2229 [Anwaltsausweis der DDR von 1960]).
EAB: Nr. 600.975 (mit Foto).
KG Berlin, Liste über zugelassene Rechtsanwälte.
AoR, 267 (mit Foto).

Simson, Werner von Dr.
21.02.1908 Kiel – 20.09.1996 Freiburg i. Br.
Familienstand: verheiratet
– Neffe von Robert von Simson (AoR, S. 268)
1933 zweites Staatsexamen
– gilt als „Mischling", kann aber im Justizdienst verbleiben
1935 noch Gerichtsassessor (Nr. 2628 im Kalender für Reichsjustizbeamte, Stand 01. September 1935)
1935 Promotion an der Universität Freiburg i. Br.
ab 1936 als Rechtsanwalt im Berliner Adressbuch verzeichnet
– Sozietät mit JR Dr. Robert und Dr. Walther von Simson (AoR, S. 268), Bernhard und Dr. Ernst Wolff (AoR, S. 284), Dr. Fritz von Werner (alle 1936–1937) und Albrecht Wehl (1936, ab 1938)
1939 Emigration nach Großbritannien

1940 als „feindlicher Ausländer" auf der Isle of Man interniert, zwei Jahre später freigelassen
– lässt sich in Birmingham als Rechtsberater einer Maschinenbaufirma nieder
1946–1948 Mitglied einer Entnazifizierungskommission
1953 zwecks Wiederaufnahme juristischer Tätigkeiten am Gerichtshof der Europäischen Gemeinschaft in Luxemburg niedergelassen
– befasst sich vorrangig mit rechtlichen Fragen der Montanunion in der Kohle- und Stahlproduktion, später mit Menschenrechtsfragen
1965 Habilitation
ab 1967 außerordentlicher Professor an der Universität Freiburg
ab 1968 ordentlicher Professor für Öffentliches Recht an der Universität Freiburg
1980 mit dem Bundesverdienstkreuz ausgezeichnet
– zahlreiche Veröffentlichungen, u.a. zur Staatslehre und zum Staats- und Völkerrecht
Quellen:
Berliner Adressbücher 1935–1938.
Kürschners Deutscher Gelehrtenkalender 1987 (mit ausgewählten Veröffentlichungen).
AoR, S. 268 (mit Foto).

Spindel, Hermann
21.10.1902 Hannover – 10.09.1981 (Jerusalem?)
Familienstand: verheiratet seit 1932, keine Kinder
– Schulbesuch in Halberstadt, dort Abitur am humanistischen Gymnasium
1921–1924 Studium in Leipzig, Berlin und Bonn
Februar 1926 erstes Staatsexamen beim OLG Köln

Referendariat in Halberstadt und beim KG Berlin
März 1930 zweites Staatsexamen
– arbeitet dann für ca. 6 Monate als juristischer Hilfsarbeiter in einer Anwaltskanzlei in Celle
November 1930 Zulassung als Anwalt in Berlin
1933 Berufsverbot, dann Emigration nach Palästina
bis 1940 bei der Schifffahrtsgesellschaft Lloyd Triestino tätig (bis zur kriegsbedingten Schließung des Büros)

– dann Filialleiter in Jerusalem bei der Firma für Edelmetalle „Holland – Israel" (Hauptsitz Tel Aviv)
– wird in dieser Funktion beurlaubt und arbeitet beim Jüdischen Nationalfonds (Keren Kajemeth Leisrael)
– lebt in Jerusalem
Dezember 1957 Antrag auf Zulassung als Anwalt in Berlin ohne Residenzpflicht
Februar 1958 Zulassung erteilt
Quellen:
LAB: B Rep. 068 Nr. 2708 (mit Foto).
Senatsjustizverwaltung: Akte 3176/1 – I/B 1.
AoR, S. 269.

Stein, Arthur Dr.
24.09.1890 Berlin – 02.07.1972 (Berlin?)
Familienstand: keine Angaben
– besucht zunächst das Friedrichs-Gymnasium in Berlin
– nach dem frühen Tod der Eltern am Altstädtischen Gymnasium in Königsberg (wo eine ältere Schwester lebt)
Ostern 1909 dort Abitur
– Jurastudium in Königsberg, Berlin, München und Straßburg
Juli 1913 erstes Staatsexamen in Straßburg
– Referendariat im KG-Bezirk
November 1914 – Juni 1917 Soldat im Ersten Weltkrieg, im Fronteinsatz verwundet, ausgezeichnet mit dem EK II
1919 Promotion an der Universität Greifswald
Dezember 1919 zweites Staatsexamen
ab Januar 1920 Anwalt in Berlin

– Sozietät mit Dr. Dix (im Vorstand der RAK, ab 1932 Präsident des Deutschen Anwaltvereins) und Dr. Alfred Platz (AoR, S. 239)
ab 1929 Notar
1933 erzwungene Auflösung der Sozietät; schließt sich mit Rechtsanwalt Koch-Weser (AoR, S. 198), Dr. Alfred Carlebach (AoR, S. 133) und Dr. Heymann zusammen (Kanzleianschrift zuletzt: Kurfürstendamm 38/39, W 15)
1935 Entzug des Notariats
1938 Berufsverbot als Anwalt
– entgeht Verhaftung und Verschleppung ins KZ durch Flucht nach Frankreich, dann nach Großbritannien
März 1939 Emigration nach Palästina
– lebt in einem kleinen Dorf und kann beruflich nicht wieder Fuß fassen
Juni 1953 stellt Antrag auf Zulassung als Anwalt in Berlin; zu diesem Zeitpunkt bereits in Berlin
Juli 1953 Zulassung erteilt
ab November 1953 Notar
April 1965 auf Antrag als Notar entlassen
Quellen:
LAB: B Rep. 068 Nr. 2776 (mit Foto).
Auskunft Joel Levi.
AoR, S. 270.

Stein, Hans Dr.
18.09.1895 Allenstein (Ostpreußen) – 26.07.1980 Zwolle, Niederlande
Familienstand: verheiratet seit 1924, drei Kinder
1914 als Kriegsfreiwilliger Soldat im Ersten Weltkrieg, Frontkämpfer, schwer verwundet, ausge-

zeichnet mit dem EK II und dem Verwundetenabzeichen
November 1916 mit 70% Kriegsbeschädigung aus dem Heer entlassen
November 1917 erstes Staatsexamen, Note „gut"
April 1921 zweites Staatsexamen, Note „gut"
ab 1921 Rechtsanwalt in Berlin
ab November 1930 Notar
– Sozietät mit den Rechtsanwälten und Notaren Karl Siebert sowie Dr. Erwin und Dr. Günther Loewenfeld (AoR, S. 216) und mit Rechtsanwalt Dr. Heinz Anders
– Mitglied im Yachtclub von Deutschland, Zweigabteilung Wannsee
1933 als „Frontkämpfer" wieder zugelassen
– gilt als „Mischling 1. Grades"
– die Sozietät von jüdischen und nicht-jüdischen Anwälten wird aufgelöst
Juli 1939 Eröffnung einer Kanzlei in Den Haag, Wohnsitz in Ginneken bei Breda (Stein ist seit vielen Jahren Rechtsberater der Familie des Prinzen von Lippe-Biesterfeld, insbesondere von Prinz Bernhard der Niederlande, Gemahl der Prinzessin Juliane; dieser hat Stein den Vorschlag unterbreitet, seinen ständigen Wohnsitz in die Niederlande zu verlegen, um als Rechtsberater zur Verfügung zu stehen; die Abwesenheit Steins wird ohne formelle Erlaubnis seitens der Behörden geduldet, da er eine große Erbschaftssache bearbeitet, die wegen der zu erwartenden Devisen im Interesse des Reiches liege [Nachlasssache von Klitzing-Baud] (vgl. LAB: C Rep. 301 Nr. 2846)
1941 ultimative Aufforderung bis spätestens 31. Juli den Wohnsitz nach Berlin zurückzuverlegen, andernfalls werde ihm die Zulassung als Rechtsanwalt und Notar entzogen
Juli 1941 Rückkehr nach Berlin
– wieder als Anwalt und Notar tätig
Oktober 1944 mutmaßlich zum Arbeitseinsatz in der Land- und Forstwirtschaft dienstverpflichtet
Anfang 1945 in Berlin-Hermsdorf ansässig
– Mitglied im Reichsluftschutzbund (ab 1933), in der DAF (ab 1940) und in der NSV (ab 1942)
September 1946 in Bad Driburg, zugelassen als Rechtsanwalt beim Amts- und LG Paderborn
Dezember 1946 bemüht sich um Zulassung als Rechtsanwalt im OLG-Bezirk Köln
– später wieder in Berlin, als Richter bei den Wiedergutmachungskammern tätig
Quellen:
LAB: C Rep. 301 Nr. 2846–47 (mit Foto).
http://gw1.geneanet.org/hastein?lang=fr;pz=hans+antoon;nz=stein;ocz=0;p=hans+william;n=stein, 07.08.2012 (Sterbedatum, abweichender Geburtsort: Berlin).
AoR, S. 270 (mit Foto).

Steinhagen, Erich (später: Erico) Dr.
17.04.1902 Berlin – 23.08.1973 (Berlin?)
Familienstand: verheiratet, ein Sohn
1908–1910 Sophiengymnasium in Berlin-Mitte
1910–1920 Friedrichswerdersches Gymnasium in Berlin-Moabit
1920 dort Abitur

– Jurastudium in Berlin und Breslau
September 1924 erstes Staatsexamen beim KG
Juli 1926 Promotion an der Universität Breslau
September 1928 zweites Staatsexamen
September 1928 – Juli 1929 als Gerichtsassessor mit Beschäftigungsaufträgen am AG Berlin-Wedding und am LG II in Berlin tätig
ab Juli 1929 Anwalt in Berlin, zugelassen beim LG I–III und beim AG Berlin-Mitte
– Sozietät mit Ernst Lewinnek (siehe AoR, S. 210)
1933 Berufsverbot als Anwalt
– arbeitet dann im Geschäft des Vaters
1938 Emigration nach Paris
1940 Emigration nach Brasilien, lebt in Rio de Janeiro und Bahia
– dort wegen fehlender Sprachkenntnisse und der klimatischen Bedingungen große Probleme
– kann als kaufmännischer Angestellter nur notdürftig den Lebensunterhalt verdienen
– die Mutter und zwei Brüder werden von den Nazis deportiert und ermordet
1953 brasilianische Staatsbürgerschaft
Dezember 1966 Rückkehr nach Berlin zusammen mit der Ehefrau, der Sohn bleibt in Brasilien
Dezember 1966 Antrag auf Zulassung als Anwalt in Berlin
Februar 1967 Zulassung erteilt
Quellen:
LAB: B Rep. 068 Nr. 2773 (mit Foto).
AoR, S. 271.

Steinthal, Ludwig Dr.
16.12.1895 Berlin-Charlottenburg – 02.02.1948 (Berlin?)
Familienstand: keine Angaben
1902–1914 Vorschule und Bismarck-Gymnasium in Berlin-Wilmersdorf
Ostern 1914 Abitur
1914–1918 Studium in Berlin und Heidelberg
1919 erstes Staatsexamen
1919–1923 Referendariat im KG-Bezirk und Heidelberg

1920 Promotion an der Universität Heidelberg
August 1923 zweites Staatsexamen
ab 1924 Anwalt, später auch Notar in Alt-Landsberg bei Berlin
1933 Berufsverbot als Anwalt und Notar
– gilt als „Mischling 1. Grades"
1933–1934 erwerbslos
1934–1945 Mitinhaber der „Armblätterfabrik" Werner Schmidt & Co, Berlin, NO 18, Palisadenstr. 104a
ab Juli 1945 vorläufige Zulassung als Anwalt und Notar in Berlin
1946 schwer lungenkrank
Juni 1947 endgültige Zulassung als Anwalt und Notar
Quellen:
LAB: B Rep. 068 Nr. 3720 (mit Foto).

Sternberg Fritz
23.11.1907 Berlin – 30.11.1981 (Buenos Aires?)
Familienstand: verheiratet seit 1931, keine Kinder
1925 Abitur am Leibniz-Gymnasium in Berlin
– Studium in Berlin, für ein Semester Germanistik und Philosophie, dann Jura
Februar 1930 erstes Staatsexamen beim KG
1931 Heirat mit Marga geb. Meyer, Tochter von JR Dr. Max Meyer (AoR, S. 226) und Schwester von Dr. Manfred Meyer (AoR, S. 226)
1930–1933 Referendariat im KG-Bezirk
März – April 1933 verlässt Deutschland, Aufenthalt in Paris
November 1933 nach dem zweiten Staatsexamen aus dem Justizdienst entlassen
– der geplante Eintritt in die Praxis von Schwiegervater und Schwager kann nicht realisiert werden, da die Anwaltszulassung nicht mehr möglich ist
November 1933 Emigration mit der Ehefrau nach Spanien, Niederlassung in der Nähe von Barcelona
– dort als Verwalter der Besitztümer eines Onkels und als dessen juristischer Berater tätig; die Ehefrau betreibt eine Farm
Oktober 1936 nach Beginn des Spanischen Bürgerkriegs Weiterreise nach Holland
1936–1938 juristischer und kaufmännischer Mitarbeiter in einem Finanzunternehmen
Juni 1938 Emigration nach Argentinien, Buenos Aires
1938–1940 weiterhin für das holländische Finanzunternehmen tätig, das die Geschäfte in Argentinien nach Beginn des Zweiten Weltkriegs einstellt

1940–1941 als Übersetzer tätig
ab 1941 Angestellter, später Personal- und Abteilungsleiter in einer Importfirma
Dezember 1952 Antrag auf Zulassung als Anwalt in Berlin ohne Residenzpflicht:
„Abschließend darf ich ergebenst bemerken, dass es mir eine besondere Freude und Genugtuung wäre, wenn sich jetzt mein seinerzeitiger Wunsch der Ausübung des Anwaltsberufs und einer Zusammenarbeit mit meinem Schwager Herrn Dr. Manfred Meyer erfüllen würde." (LAB B Rep. 068 Nr. 2760)
Februar 1953 Zulassung erteilt
– benennt als ersten Zustellungsbevollmächtigten seinen Schwager Dr. Manfred Meyer (gest. 1958)
Quellen:
LAB: B Rep. 068 Nr. 2760 (mit Foto).
Senatsjustizverwaltung: Akte 3176/1 – I/B 1.

Tasse, Julius
06.06.1872 Calbe a. d. Saale (Preußen, Provinz Sachsen) – 13.01.1948 Berlin
Familienstand: verheiratet seit 1905, keine Kinder
1878–1883 Dorfschule in Groß Rosenburg bei Calbe an der Saale
1883–1886 Gymnasium in Meiningen
1886–1893 Gymnasium in Zerbst
September 1893 Abitur
1893–1897 Studium in München und Berlin
Oktober 1893 – September 1894 neben dem Militärdienst als Einjährig-Freiwilliger
1897 erstes Staatsexamen
– Referendariat im OLG-Bezirk Naumburg
Mai 1902 zweites Staatsexamen
ab Juli 1902 Rechtsanwalt in Berlin
ab 1912 Notar
März 1915 bis Ende 1917 als Soldat im Ersten Weltkrieg an der Ostfront in Russland, zuletzt Offizier, ausgezeichnet mit dem EK II
1933 als „Frontkämpfer" wieder zugelassen
1935 Entzug des Notariats
1938 Berufsverbot
ab 1939 ohne Einkommen
– lebt in einer „nicht-privilegierten Mischehe"
27. Februar – 07. März 1943 in der Rosenstraße inhaftiert im Zuge der Aktion gegen jüdische Partner in „Mischehen"
– zieht sich durch die Entbehrungen, Diffamierungen und seelischen Belastungen bleibende Gesundheitsschäden zu
Anfang August 1945 vorläufig als Rechtsanwalt und Notar zugelassen
Ab Mai 1947 schwer erkrankt und arbeitsunfähig
Dezember 1947 Bestellung eines Generalsubstituten
Quellen:
LAB: B Rep. Nr. 068 (RAK Berlin) Nr. 3763.
EAB: Nr. 23.031 (Antrag der Witwe).
AoR, S. 275.

Tietz, Hugo Dr.
13.10.1889 Breslau – keine Angaben (nach April 1962)
Familienstand: keine Angaben
– Sohn eines Schornsteinfegermeisters
1902–1908 Gymnasium in Königshütte
1908–1911 Gymnasium in Kattowitz
1911–1914 Studium in Bonn, Breslau und Freiburg i. Br.
Juli 1915 erstes Staatsexamen in Breslau
August 1915 Promotion
– anschließend Referendariat
Oktober 1915 – März 1919 Heeresdienst
– nach Entlassung aus dem Heer Fortsetzung des Referendariats
1920 unterbricht nach dem Tod des Vaters das Referendariat
Mai 1920 – März 1925 Mitarbeiter in einer Bank
Januar 1926 Wiederaufnahme des Referendariats
Juli 1928 zweites Staatsexamen
ab Oktober 1928 Rechtsanwalt in Berlin
1933 Berufsverbot
– gilt als „Mischling 1. Grades"
1933 – Ende 1935 erwerbslos
1936 – Mitte 1945 als Wirtschaftsberater tätig
26. Februar – 15. März 1945 zum Volkssturm herangezogen

Mitte August 1945 vorläufig wieder als Rechtsanwalt zugelassen, zugleich Notar
– praktiziert in Ost-Berlin, Bezirk Mitte, Brunnenstr. 144
Juni 1947 endgültige Zulassung
– behält nach der Spaltung der Justiz seine Kanzlei in Ost-Berlin
29. April 1953 beantragt nach § 2 der Verordnung vom 17. April 1953 die Zulassung zur Anwaltschaft und die Bestellung zum Notar in Ost-Berlin
Juli 1953 Zulassung erteilt, zugleich weiterhin an den West-Berliner Gerichten zugelassen
Mai 1958 aus dem Bericht über die Prüfung der Notarstätigkeit: *„durch die Lage, nahe der Sektorengrenze, treten viele Geschäfte mit Westsektorenbewohnern auf"* (LAB C Rep. 301 Nr. 2860)
– beantragt ab 1958 jährlich wegen seiner gleichzeitigen Zulassung als Rechtsanwalt und Notar in West-Berlin eine Fahrerlaubnis für Fahrten mit seinem Pkw in den Westteil der Stadt
1961 flüchtet wenige Tage nach dem Mauerbau aus Ost-Berlin
24. August 1961 aus der Anwaltsliste in Ost-Berlin gelöscht
September 1961 hält sich Waldbröl (Oberbergischer Kreis) auf
Ende 1961 gibt die Tätigkeit als Anwalt und Notar in Berlin auf (am 27. April 1962 beim KG gelöscht)

Quellen:
LAB: B Rep. 068 Nr. 2830 (mit Foto); C Rep. 301 Nr. 2858–60.
KG Berlin, Liste über zugelassene Rechtsanwälte.
AoR, S. 276.

Tiktin, Peter Paul Dr.
10.02.1902 Berlin – (nach Februar 1955)
Familienstand: verheiratet seit 1929, keine Kinder
– Sohn des Rechtsanwalts und Notars JR Dr. Paul Tiktin
– besucht das Bismarck-Gymnasium in Berlin-Wilmersdorf
Ostern 1920 Abitur
1920–1923 Studium in Heidelberg, München und Berlin
1923 erstes Staatsexamen beim KG
1923 Promotion
November 1926 zweites Staatsexamen
ab Februar 1927 Rechtsanwalt in Berlin
1933 Berufsverbot
1933 nach dem Berufsverbot Syndikus im Bankhaus Gebr. Arnhold und S. Bleichröder
Anfang 1938 „Arisierung" des Bankhauses
1938 Emigration über Italien nach Uruguay, Montevideo
ab 1939 in Montevideo kaufmännisch und juristisch tätig
Mai 1954 Antrag auf Zulassung als Anwalt in Berlin ohne Residenzpflicht
– hält sich zu diesem Zeitpunkt in Berlin auf und hofft, mit früheren Mandanten wieder in Geschäftsbeziehungen treten zu können
Mai 1954 Zulassung durch Kammerpräsident erteilt
Februar 1955 auf Antrag gelöscht, da sich keine Geschäftsbeziehungen auftun
Quellen:
LAB: B Rep. 068 Nr. 2828.
Senatsjustizverwaltung: Akte 3176/1 – I/B 1.
AoR, S. 276.

Tovote, Hans-Georg Dr.
12.09.1900 Berlin-Schöneberg – 17.04.1971 (Berlin?)
Familienstand: verheiratet, geschieden, wiederverheiratet
1906–1917 Kgl. Prinz Heinrichs-Gymnasium in Berlin Schöneberg
Herbst 1917 Abitur
1918–1922 Studium in Berlin und Freiburg i. Br.
1918–1919 im Kriegshilfsdienst
Sommer 1922 erstes Staatsexamen beim KG Berlin
November 1922 Promotion an der Universität Freiburg i. Br.
Februar 1926 zweites Staatsexamen
1926 Zulassung als Anwalt
– Spezialkenntnisse im Verlags- und Urheberrecht, Theater-, Film- und Wettbewerbsrecht
– veröffentlicht Artikel in Fachzeitschriften (Deutsche Bühne, Urheber-Archiv)
– Hauptklienten sind Theater und Varietés, Verlage, Autoren, Autorenverbände, Filmfirmen und Schauspieler

– Mitglied und Syndikus des Schutzverbands Deutscher Schriftsteller und des Verbands Deutscher Erzähler, Empfehlungsanwalt des Deutschen Bühnenvereins
Frühjahr 1933 nach Vertretungsverbot wieder zugelassen
1933 vom Schutzverband Deutscher Schriftsteller und vom Verbands Deutscher Erzähler ausgeschlossen, als Empfehlungsanwalt vom Deutschen Bühnenverein gestrichen
– gilt als „Mischling 1. Grades"
1936 Ernennung zum Notar wird verweigert
bis 1945 als Anwalt zugelassen, vom NS-Rechtswahrerbund und der Gestapo immer wieder unter Druck gesetzt
Mai 1943 – April 1945 zum Arbeitseinsatz bei der Firma Minimax AG in Berlin-Hermsdorf zwangsverpflichtet; mit Sachbearbeitertätigkeiten befasst
– betreibt nebenher in den Abendstunden in geringem Umfang weiter die Anwaltspraxis
1940–1945 Mitglied in der NSV, ohne Funktionen
14. Mai bis Anfang Juli 1945 Amtsrichter beim AG Tiergarten
Anfang Juli 1945 vorläufige Zulassung als Anwalt, zugleich Ernennung zum Notar
– wird von der Britischen Militärregierung als Treuhänder für frühere reichseigene Firmen des Propagandaministeriums eingesetzt (unter anderem für die UFA-Film GmbH)
– unterhält Anfang 1947 eine große Praxis mit neun Angestellten
– soll 1947 auf Vorschlag der Anwaltskammer als Nachfolger von Dr. Walther Goetzel zum Vorsitzenden der Entnazifizierungskommission für Juristen beim Berliner Magistrat ernannt werden (ob

die Ernennung erfolgt, geht aus der Akte nicht hervor)
Januar 1948 endgültige Zulassung als Anwalt und Notar
1948 zumindest kurzzeitig zum Richterdienst in der Berliner Justiz herangezogen
– zeitweise Vorstandsmitglied der Anwaltskammer
– engagiert sich in vielen kulturellen Einrichtungen: Mitbegründer beziehungsweise Mitglied der Notgemeinschaft der Deutschen Kunst, des Tages der offenen Tür, der Käthe-Dorsch-Stiftung, des Internationalen Theaterinstituts (Sektion Berlin), des Kulturkreises Berlin, der Dramaturgischen Gesellschaft, der Gesellschaft für Theatergeschichte und des Deutschen Bühnenklubs
Quellen:
LAB: B Rep. 068 Nr. 3764 (mit Foto).
EAB: Nr. 26.026.
KG Berlin, Liste über zugelassene Rechtsanwälte.
Tagesspiegel vom 11.09.1960: Dr. Hans Georg Tovote 60 Jahre alt.
AoR, S. 276 (mit Foto).

Treitel, Richard Dr.
27.10.1879 Betsche (Kr. Meseritz, Brandenburg) – 13.02.1947 Deggendorf (Bayern)
Familienstand: keine Angaben
– Rechtsanwalt am LG I–III, am AG Berlin-Mitte
1920 Mitglied der Bezirksverordnetenversammlung Kreuzberg
1921–1930 unbesoldeter Stadtrat im Berliner Magistrat für die SPD
ab 1924 Notar
– Sozietät mit seinem Bruder Dr. Theodor Treitel (AoR, S. 277)
– Syndikus der Internationalen Artistenloge
– Mitglied der SPD
– Veröffentlichungen zu Film- und Bühnenrecht, auch in der Weltbühne
1933 als Anwalt wieder zugelassen, Entzug des Notariats
1938 Berufsverbot als Anwalt
– ehrenamtlicher Mitarbeiter der Reichsvereinigung der Juden in Deutschland, Bezirksstelle Berlin
03. Juni 1943 Verhaftung
29. Juni 1943 Deportation nach Theresienstadt
Mai 1945 in Theresienstadt befreit
Februar 1947 stirbt in einem Lager für „Displaced Persons" in Deggendorf im Bayerischen Wald
Quellen:
EAB: Nr. 79.893 (Antrag der Erben).
Verein Aktives Museum (Hg.): Vor die Tür gesetzt. Im Nationalsozialismus verfolgte Berliner Stadtverordnete und Magistratsmitglieder 1933–1945. Berlin 2006, S. 362.
AoR, S. 276.

Wachsmann, Oskar Dr.
29.12.1878 Breslau – 11.01.1965 (Brüssel?)
Familienstand: verheiratet seit 1912, keine Kinder
– besucht das König-Wilhelm-Gymnasium in Breslau

– Studium in Freiburg i. Br., Breslau und Berlin
Oktober 1900 erstes Staatsexamen beim OLG Breslau, Note „gut"
September 1905 zweites Staatsexamen
ab Dezember 1905 Rechtsanwalt in Berlin
ab 1921 Notar
– Sozietät mit Dr. Ferdinand Bang (siehe AoR, S. 115)
1933 als „Altanwalt" wieder zugelassen, aber Entzug des Notariats
1937 Auflösung der Sozietät
Ende 1938 Berufsverbot als Anwalt
1939 Emigration nach Belgien, Brüssel, gemeinsam mit der Ehefrau
– dort ohne Beruf
– überlebt die deutsche Besetzung unter unbekannten Umständen
ab 1947 mit Entschädigungs- und Wiedergutmachungsangelegenheiten befasst und gelegentlich als Rechtsgutachter tätig
April 1953 Antrag auf Zulassung als Anwalt in Berlin ohne Residenzpflicht
Juli 1953 Zulassung erteilt
– benennt als seinen ersten Zustellungsbevollmächtigten seinen früheren Sozius Dr. Ferdinand Bang (gest. 1955)
Quellen:
LAB: B Rep. 068 Nr. 2938 (mit Foto).
Senatsjustizverwaltung: Akte 3176/1 – I/B 1.
AoR, S. 278.

Waldeck, Hugo Dr.
21.03.1876 Berlin – 28.08.1959 (Berlin?)
Familienstand: zweimal verheiratet, ein Kind aus erster Ehe

Abitur am Französischen Gymnasium in Berlin
– Jurastudium in Berlin, Freiburg i. Br. und Rom
1899 erstes Staatsexamen beim KG
1900 Promotion an der Universität Marburg
September 1904 zweites Staatsexamen
– Aufenthalt in London bei einer Anwaltskanzlei, um das britische Recht kennen zu lernen
ab 1905 Rechtsanwalt in Berlin
ab 1920 Notar
– Verfasser von juristischen Fachbüchern: Deutsches und internationales Kartellrecht, Kommentar zum Kfz-Gesetz
1933 als „Altanwalt" wieder zugelassen, aber Entzug des Notariats
Ende 1938 Berufsverbot als Anwalt
1939 Emigration nach Frankreich
1941 Flucht in die Schweiz
1946 erstmals wieder in Deutschland
Oktober 1949 Antrag auf Zulassung als Anwalt in Berlin
– hält sich zu diesem Zeitpunkt in Baden-Baden auf
März 1950 Zulassung erteilt
ab September 1951 Notar
Quellen:
LAB: B Rep. 068 Nr. 2946 (mit Foto).
AoR, S. 278.

Weber, Heinz Dr.
26.06.1903 Bielschowitz (Oberschlesien) – 17.01.1979 Berlin
Familienstand: keine Angaben
1910–1916 Königin-Luise-Gymnasium in Zabrze (ab 1915: Hindenburg)
1916–1919 im Kadettenkorps, zuerst in Wahlstatt (Schlesien), dann in der Kadettenanstalt in Berlin-Lichterfelde
1919–1922 Realgymnasium in Lüben (Schlesien)
Frühjahr 1922 Abitur
1923–1927 Studium in Breslau
1927 erstes Staatsexamen
1927–1930 Referendariat im OLG-Bezirk Breslau
1928 Promotion an der Universität Breslau
1931 zweites Staatsexamen
1931–1932 als Gerichtsassessor mit Anwaltsvertretung in Gleiwitz betraut
ab 1932 als Anwalt in Gleiwitz zugelassen
1933 lebt im oberschlesischen Abstimmungsgebiet mit besonderem Minderheitenschutz, daher keine Überprüfung nach dem Anwaltsgesetz
1934 noch im Preußischen Terminkalender als Anwalt in Gleiwitz verzeichnet
1937 (?) muss wahrscheinlich mit Ablauf des Minderheitenschutzes im oberschlesischen Abstimmungsgebiet die Anwaltschaft wegen seiner jüdischen Abstammung aufgeben; gilt als „Mischling"

1939–1943 juristischer Sachbearbeiter bei der Agrippina Lebensversicherung Berlin
– dann Ausbildung zum Funker
August 1943 – Kriegsende 1945 Funker, später Oberfunker, in Berlin und Frankfurt/Oder im Einsatz
August 1945 vorläufige Zulassung als Anwalt in Berlin
Januar 1947 endgültige Zulassung und Ernennung zum Notar
Februar 1948 zum Pflichtdienst im Berliner Gerichtswesen als Richter herangezogen
März 1978 gibt die Zulassung aus Gesundheitsgründen auf
Quellen:
LAB: B Rep. 068 Nr. 2944 (mit Foto).

Weigert, Hans Werner Dr.
28.04.1902 – 18.10.1983 (München?)
Familienstand: zweimal verheiratet, zwei Kinder und zwei Stiefsöhne
– Studium in Berlin und Freiburg i. Br.

– Rechtsanwalt an den Berliner LG und am AG Berlin-Mitte
1933 Berufsverbot
1938 Emigration in die USA
ab 1939 Dozent an verschiedenen Colleges, an der Carleton University in Ottawa (Kanada) und der Universität Chicago
1946–1951 als „Legal Officer" bei der US-Militärregierung in Deutschland
– später Professor für Politische Wissenschaften an der Georgetown University in Washington, D.C.
– Veröffentlichungen zur Geopolitik und politischen Geographie
– mit dem Großen Bundesverdienstkreuz ausgezeichnet
Quellen:
Leo Baeck Institute New York: Bernhard Witkop Papers 1859–2004, Research File 42.
http://www.archive.org/stream/bernhardwitkop-co03witk#page/n400/mode/1up/search/weigert, 07.08.2012 (Nachruf aus der Washington Post vom 28.10.1983, Sterbeort hier: Berg (bei Starnberg, Bayern?)).
AoR, S. 279 (Sterbeort hier: München).

Weigert, Julius B. Dr.
01.03.1885 Berlin – 13.08.1961 (New York?)
Familienstand: geschieden, keine Kinder
1899–1903 Wilhelms-Gymnasium in Berlin
Februar 1903 Abitur
– Studium in Freiburg i. Br., München und Berlin
Oktober 1906 erstes Staatsexamen, Note „gut"
1909 Promotion an der Universität Heidelberg
Juni 1911 zweites Staatsexamen, Note „gut"
ab 1911 Rechtsanwalt in Berlin
ab 1924 Notar
Oktober 1929 – Januar 1933 vom KG-Präsidenten mehrfach mit der Leitung von Übungskursen für Referendare betraut
– zahlreiche Veröffentlichungen auf verschiedenen Rechtsgebieten
1933 als „Altanwalt" wieder zugelassen, aber Entzug des Notariats
August 1933 Emigration nach Paris
1933–1939 lebt in Paris und Rom
– befasst sich mit dem französischen und italienischen Recht und ist gelegentlich als internationaler Anwalt tätig
Mai 1939 Emigration in die USA
September 1942 – Juni 1944 Jurastudium in New York, Abschluss LL.B. und Bar Examen
Januar 1945 US-Staatsbürgerschaft
ab März 1945 als Anwalt im Staat New York zugelassen
1945–1947 als assoziierter Anwalt in einer New Yorker Kanzlei tätig
ab 1947 als Anwalt mit eigener Kanzlei niedergelassen
1950 erstellt für die deutsche Bundesregierung ein Rechtsgutachten
Juni 1951 Antrag auf Zulassung als Anwalt in Berlin ohne Residenzpflicht:
„Meine Wiederzulassung an einem Gericht, an dem ich 22 Jahre tätig war, würde mir eine innere Genugtuung verschaffen." (LAB B Rep. 068 Nr. 2957)
Oktober 1951 befürwortende Stellungnahme der RAK, mit dem einschränkenden Hinweis dass § 18 RAO die Residenzpflicht vorschreibe
Juni 1952 Zulassung erteilt (Nr. 6 in der Liste der emigrierten Anwälte ohne Residenzpflicht)
Quellen:
LAB: B Rep. 068 Nr. 2957.
Senatsjustizverwaltung: Akte 3176/1 – I/B 1.
AoR, S. 279.

Weiskam, Godehard Gerhard Dr.
12.12.1879 Berlin – 05.07.1965 (Berlin?)
Familienstand: verheiratet
1887 (?) – 1890 (?) Gemeindeschule in Berlin
[N.B.: Fragezeichen von Weiskam, da sämtliche Unterlagen im Krieg vernichtet worden sind]
1890 (?) – 1899 (?) Berlinisches Gymnasium zum Grauen Kloster
1899 (?) – 1901 (?) Kaiserin-Augusta-Gymnasium, Berlin-Charlottenburg

1901 (?) – 1904 (?) und 1907 (?) – 1909 (?) Studium in Berlin
1909 (?) erstes Staatsexamen beim KG Berlin
1909 (?) – 1913 (?) Referendariat
1909 (?) Promotion an der Universität Würzburg
1913 (?) zweites Staatsexamen
ab 1915 (?) Anwalt in Berlin
ab 1922 (?) Notar
1929–1932 Aufsichtsratsmitglied bei der Heyne-Textilwerke AG
1933 wieder zugelassen (mutmaßlich als „Altanwalt", Angabe oben aus dem Gedächtnis dann falsch)
– gilt nach NS-Kriterien als „Mischling 1. Grades"

ab 1935 in der Bekennenden Kirche
– engagiert sich in kirchlichen Gremien (Vorsitzender des Kirchlichen Ausschusses von Charlottenburg; stellvertretendes Mitglied des Stadtsynodalausschusses)
bis 1945 als Anwalt und Notar zugelassen
1943 vom KG-Präsidenten dem Arbeitsamt überwiesen, da seine Anwaltstätigkeit als nicht kriegswichtig gilt
1943 – Mai 1945 Angestellter bei der Teco GmbH, Warschauer Str.
– daneben soweit wie möglich als Anwalt und Notar tätig
1945 vorläufig als Anwalt und Notar zugelassen
November 1947 endgültig zugelassen
Mai 1948 – Februar 1949 zum Pflichtdienst als Richter am AG Charlottenburg einberufen
Quellen:
LAB: B Rep. 068 Nr. 3802 (mit Foto).
KG Berlin, Liste über zugelassene Rechtsanwälte.
AoR, S. 280.

Weltzien, Julius von Dr.
10.08.1881 Berlin – 03.11.1955 Berlin
Familienstand: verheiratet, keine Kinder
1888–1900 Vorschule und Ludwig-Georgs-Gymnasium in Darmstadt
September 1900 Abitur

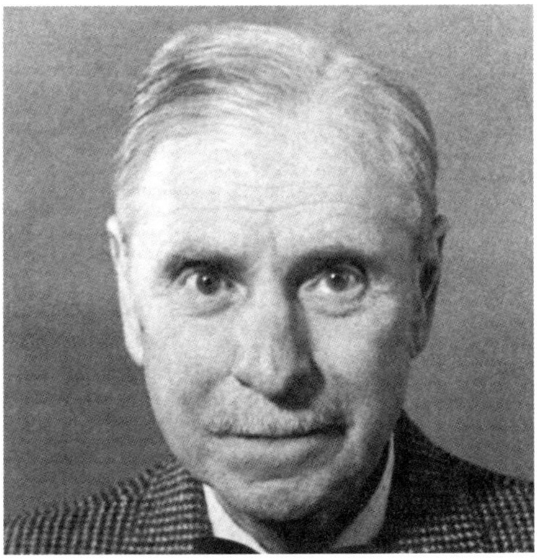

Herbst 1900 – Frühjahr 1904 Jurastudium in Genf, Göttingen und Marburg
Mai 1904 erstes Staatsexamen in Kassel
September 1909 zweites Staatsexamen
– als Gerichtsassessor beim AG Frankfurt a. M. tätig
Anfang 1910 zur Beschäftigung als Syndikus bei der Metallgesellschaft AG in Frankfurt a. M. aus dem Justizdienst beurlaubt
Mai 1912 – Mai 1913 zugleich Syndikus der Compagnie des Minerais, Lüttich
Januar 1914 Zulassung als Rechtsanwalt in Frankfurt a. M.
1914 – 1918 als Kriegsfreiwilliger Soldat im Ersten Weltkrieg, mehrfach ausgezeichnet, u.a. mit dem EK I und II
November 1918 – Oktober 1920 Syndikus der Metallbank und Metallurgischen Gesellschaft Frankfurt a. M.
Oktober 1920 – April 1923 Generalreferent bei dem Reichsbeauftragten für die Überwachung der Ein- und Ausfuhr (Hauptfahndungsstelle der Reichszollverwaltung), in dieser Eigenschaft als Regierungsrat in den Reichsdienst übernommen
1924–1933 Vorstandsmitglied für Personal- und Rechtsangelegenheiten bei der Getreide-Handels-AG Berlin
– Mitglied des Stahlhelms
1933 Kündigung wegen der jüdischen Herkunft
– galt als „Mischling 2. Grades"
ab Januar 1934 Vertrauensmann des Gläubiger-Ausschusses der Allendorf'schen Firmen in Schönebeck/Elbe
1934–1936 als Anwalt beim Berliner LG zugelassen
1936–1945 Angestellter und Syndikus in verschieden Verbänden, u.a. bei der Vereinigung Deutscher Eisenofenfabrikanten in Kassel, ab 1943 in Berlin
1939–1943 als Anwalt beim LG Kassel zugelassen
ab 1943 wieder in Berlin
– Mitglied der DAF und des NS-Rechtswahrerbundes
Juni 1945 als Anwalt und Notar in Berlin zugelassen
– wird vom Pflichtdienst an Berliner Gerichten aus Altersgründen befreit
Mai 1947 vorläufige Zulassung erneuert
April 1948 endgültige Zulassung
Quellen:
Landearchiv Berlin: B Rep. 068 Nr. 3800 (mit Foto); C Rep. 301 Nr. 1428 (mit Foto).
EAB: Nr. 28.341.
KG Berlin, Liste über zugelassene Rechtsanwälte.
AoR, S. 280f.

Werthauer, Heinrich Dr.
20.04.1894 Berlin – 20.12.1983 (München?)
Familienstand: keine Angaben
– Sohn von JR Dr. Johannes Werthauer (AoR, S. 281)
ab 1924 Anwalt in Berlin, (zeitweise?) in Sozietät mit seinem Vater
1933 Berufsverbot
Ende April 1933 Emigration (nach der Emigration des Vaters in der Nacht des Reichtagsbrandes wegen drohender Verhaftung)
1950 stellt im Rahmen der Wiedergutmachungsverordnungen (Rückerstattungsgesetz vom 26. Juli 1949) einen Antrag auf Auszahlung von beschlagnahmten Geldern (rund 4.700 RM, die im Oktober 1933 von der Polizeihauptkasse beschlagnahmt und auf ein Konto mit dem Namen

„Vermögen staatsfeindlicher Verbände und Personen" eingezahlt wurden); der Antrag wird abgelehnt, da der Anspruch nicht unter die Bestimmungen des Gesetzes falle; lebt in Quito, Ecuador
September 1955 laut Liste der von der Residenzpflicht befreiten Rechtsanwälte mit Wohnsitz in Quito als Anwalt in Berlin ohne Residenzpflicht zugelassen
1959 stellt im Rahmen des Bundesrückerstattungsgesetzes vom 19. Juli 1957 (BGBl. I, S. 734) Ansprüche auf Wiedergutmachung für die kostbare Wohnungseinrichtung und den Hausrat seines Vaters (1938 im Exil in Paris gestorben)
Mai 1962 Abschluss des Wiedergutmachungsverfahren; lebt zu diesem Zeitpunkt noch in Quito
Oktober 1976 Antrag auf anderweitige Zulassung in München (OLG, LG I und II), daher als Anwalt in Berlin gelöscht
1976–1983 Rechtsanwalt in München
Quellen:
LAB: B Rep. 025 6 WGA 352/51, 81 WGA 63–64/60; B Rep. 068 Nr. 3821 (Kurt Werthauer).
Senatsjustizverwaltung: Akte 3176/1 – I/B 1.
Auskunft RAK München.
AoR, S. 281.

Werthauer, Kurt Dr.
13.11.1890 Berlin – 24.08.1965 (Karlsruhe?)
Familienstand: verheiratet seit 1930, keine Kinder
Oktober 1896 – Ostern 1909
Friedrichwerdersches Gymnasium Berlin
Ostern 1909 Abitur

Ostern 1909 – Ostern 1913 Studium der Rechtswissenschaften, Volkswirtschaft und Geschichte in Freiburg i. Br. und Berlin
Oktober 1910 – September 1911 Militärdienst
Juni 1913 erstes Staatsexamen
August 1914 – Dezember 1918 Soldat im Ersten Weltkrieg, Fronteinsatz in Belgien, Polen und Frankreich, zweimal verwundet, ausgezeichnet mit dem EK II und dem Lippischen Kriegsverdienstkreuz
Dezember 1916 Promotion an der Universität Greifswald (während eines Lazarettsaufenthalts)
1920 als Mitglied des Republikanischen Führerbunds an der Niederschlagung des Kapp-Putsches beteiligt
Oktober 1920 zweites Staatsexamen
Ende 1920/Anfang 1921 kurzzeitig Hilfsrichter am LG I Berlin
ab Februar 1921 Anwalt in Berlin
ab Dezember 1922 Notar (vorzeitige Ernennung wegen Kriegsbeschädigung)
1926 – ca. Ende 1934 Herausgeber der Rechtsbeilage der Deutschen Getreide-Zeitung in Berlin, veröffentlicht darin zahlreiche Aufsätze zu juristischen, vor allem wirtschaftsrechtlichen Fragen
1931–1936 Mitarbeiter beim Ratgeber für den Kapitalmarkt (erscheint im selben Verlag wie die Deutsche Getreide-Zeitung)
1918–1938 Mitglied im Reichsbund jüdischer Frontsoldaten
vor 1933 Mitglied der DDP
1933 als „Frontkämpfer" wieder zugelassen
1935 Entzug des Notariats
1938 Berufsverbot als Anwalt
– lebte in einer „Mischehe"
1938–1945 als „jüdischer Konsulent" zugelassen, bis 1945 tätig
21. August – 14. September 1942 in Gestapo-Haft
Anfang Juni 1945 als Anwalt beim neu errichteten AG Wilmersdorf (Sitz Kaiserallee 35) vorläufig zugelassen
Ende Juni 1945 vorläufige Zulassung durch den Präsidenten des Stadtgerichts bestätigt, zugleich Wiederernennung zum Notar
ab spätestens 1946 auch Steuerberater
1947 auf Einladung der US-amerikanischen Militärregierung Besuch der Nürnberger Kriegverbrecherprozesse
Mai 1947 erneute vorläufige Zulassung
– Mitglied im Präsidium der Anwaltskammer (bis 1952)
Februar 1950 endgültige Zulassung
1950 beantragt die Rückerstattung der an die Reichsrechtsanwaltskammer entrichteten „Konsulentenabgabe" in Höhe von insgesamt ca. 63.000 RM für die Jahre 1939 bis 1945; der Antrag wird abgelehnt, da dieser Anspruch nicht unter die Bestimmungen der Rückerstattungsanordnung fällt (die Ansprüche werden 1957 im Entschädigungsverfahren beim Entschädigungsamt Berlin entschädigt)
Frühjahr 1952 auf eigenen Antrag gelöscht wegen Zulassung als Anwalt beim Bundesgerichtshof in Karlsruhe und Umzugs dorthin
– Vorstandsmitglied in der Kammer der Rechtsanwälte beim Bundesgerichtshof
– mit dem Großen Bundesverdienstkreuz ausgezeichnet

Quellen:
LAB: B Rep. 025 6 WGA 4643 (Konsulentenabgabe); B Rep. 068 Nr. 3821 (mit Foto); C Rep. 301 Nr. 802–03 (mit Foto).
KG Berlin, Liste über zugelassene Rechtsanwälte.
Dirks, Christian: Die Rechtsanwaltskammer Berlin in den Jahren 1945 bis 2004. In: Jungfer, Gerhard/ König, Stefan /Rechtsanwaltskammer Berlin (Hg.): 125 Jahre Rechtsanwaltskammer Berlin. Jubiläumsschrift. Stuttgart u.a. 2006, S. 293–363, hier: Dokument S. 327.
AoR, S. 281 (mit Foto).

Wertheim, Bruno
25.10.1883 Berlin – 31.01.1947 Berlin
Familienstand: verheiratet
1890–1903 Friedrichs-Gymnasium in Berlin
1903 Abitur
1903–1908 Studium in Berlin
Juli 1908 erstes Staatsexamen in Berlin, Note „gut"
1908–1912 Referendariat
April 1913 zweites Staatsexamen, Note „ausreichend"
ab Oktober 1913 Rechtsanwalt in Berlin
– Frontkämpfer im Ersten Weltkrieg
ab April 1924 Notar
1933 als „Altanwalt" und „Frontkämpfer" wieder zugelassen
– gilt als „Mischling 1. Grades"
bis 1945 als Rechtsanwalt und Notar tätig (Einkommen ca. 3.000 RM jährlich)
1945 vorläufig zugelassen als Rechtsanwalt und Notar
Quellen:
LAB: B Rep. 068 Nr. 2992.
EAB: Nr. 401.791 (Antrag der Witwe).
AoR, S. 281.

Wilk, Gerhard (später: Gerard) Dr.
01.09.1902 Berlin – 31.08.1990 Forest Hills, New York
Familienstand: verheiratet seit 1949, eine Tochter
ab 1908 Kaiser-Friedrich-Realgymnasium in Berlin-Neukölln
1919 Abitur am Falk-Realgymnasium
– Studium Jura, Volkswirtschaft, vergleichende Religionswissenschaft und Literaturgeschichte in Freiburg i. Br. und Berlin
Juli 1925 erstes Staatsexamen beim KG
1925–1928 Referendariat im KG-Bezirk
Sommer 1928 Promotion an der Universität Göttingen
Januar 1929 zweites Staatsexamen
ab Februar 1929 Rechtsanwalt in Berlin
– Sozietät mit Paul Levi bis zu dessen Tod (Freund von Rosa Luxemburg?)
Mai 1933 Berufsverbot
Juli 1933 Emigration nach Jugoslawien (da zuvor juristisch für die jugoslawische Botschaft in Berlin tätig)

– schlägt sich mit verschiedenen, vor allem kaufmännischen Beschäftigungen durch
1941 von italienischen Besatzungsbehörden auf der Insel Korcula (Dalmatien) interniert, bis zum italienischen Waffenstillstand
Anfang 1944 nach Bari
– verbreitet für die Alliierten Rundfunksendungen in deutscher Sprache
– kommt mit den alliierten Truppen nach Rom, 1945 nach Österreich
September 1946 Emigration in die USA, New York
– arbeitet als Schriftsteller, insbesondere zur Geschichte der Deutschen in den USA
– betätigt sich vor allem im amerikanisch-deutschen Kulturaustausch
– Mitarbeiter beim Berliner Tagesspiegel, bei Der Monat und beim New Yorker Herald Tribune, beim Rundfunk im amerikanischen Sektor und beim Sender Freies Berlin
April 1968 Antrag auf Zulassung als Anwalt in Berlin ohne Residenzpflicht (gerichtet an den Senator für Justiz):
„Von der Erhebung einer Verwaltungsgebühr bitte ich abzusehen, weil es sich um eine Wiedergutmachung eines Unrechts handelt." (LAB B Rep. 068 Nr. 3262)
Juni 1968 Zulassung erteilt für das LG und das AG Charlottenburg
April 1970 zugleich beim KG zugelassen
– ausgezeichnet mit dem Bundesverdienstkreuz Erster Klasse und dem Großen Bundesverdienstkreuz für seinen Bemühungen im deutsch-amerikanischen Kulturaustausch
– veröffentlicht einen Roman mit autobiographischem Hintergrund, Titel: Mulleken
Quellen:
LAB: B Rep. 068 Nr. 3262 (mit Foto).
Nachruf von Rechtsanwalt Dr. Hummel im Berliner Anwaltsblatt, H. 10/1990.
AoR, S. 282 (mit Foto).

Windscheid, Werner Dr.
21.02.1903 Essen – 16.01.1976 Berlin
Familienstand: zweimal verheiratet (1935 Scheidung, 1945 zweite Heirat), ein Sohn
– besucht die Vorschule in Groß-Flottbeck bei Altona, das Wilhelms-Gymnasium in Hamburg, das Gymnasium Steglitz in Berlin und zuletzt wieder das Wilhelms-Gymnasium in Hamburg
Ostern 1921 Abitur

1921–1924 Jurastudium in Freiburg i. Br., Tübingen, Hamburg und Kiel
– Referendariat in Altona, Frankfurt a. M. und Berlin
1924 erstes Staatsexamen beim OLG Kiel
1927 Promotion an der Universität Hamburg
1928 zweites Staatsexamen
ab Juli 1928 Rechtsanwalt in Berlin
– Schwerpunkt: wirtschaftliche Beratungen, mit großen Mandaten (Reichsbahn, Hoffmann La Roche, Wittkowitzer Eisenwerke)
1933 behält dank einer Intervention von Reichspräsident von Hindenburg beim Justizminister seine Anwaltszulassung, obwohl er keine der Ausnahmeregelungen beanspruchen kann
– gilt als „Mischling 1. Grades"
1934 Urteil des Ehrengerichts der RAK Berlin: Ausschluss aus der Anwaltschaft, weil der Vater mit Wissen Windscheids eine falsche Erklärung über die „arische Herkunft" abgegeben haben soll; in der Berufung wird vom Ehrengerichtshof bei der Reichsrechtsanwaltskammer ein Verweis ausgesprochen
– baut seine Kanzlei wieder auf und gewinnt wieder gut dotierte Mandate von Industrieunternehmen
bis 1945 als Anwalt zugelassen
01. August 1944 Verhaftung in Berlin wegen des Verdachts der „Wehrkraftzersetzung" und „Feindbegünstigung"
02. Februar 1945 Anklageerhebung
Aus dem Fragebogen zur Anerkennung als Opfer des Faschismus (22.07.1945):
„Zu einer Verurteilung kam es nicht, da die zu vernehmenden Zeugen sich im Protektorat [Böhmen und Mähren] befanden und das Verfahren sich dadurch solange hinzögerte." (LAB C Rep. 118-01 Nr. 11.104)
August 1944 – Mai 1945 in Untersuchungshaft in Berlin-Moabit, ab April 1945 im Zuchthaus Dreibergen in Mecklenburg; die Ernährung ist katastrophal, er muss hungern und ist zunehmend entkräftet; erleidet durch die Haft schwere Gesundheitsschäden
03. Mai 1945 im Zuchthaus Dreibergen von der Roten Armee befreit
12. Juli 1945 Rückkehr nach Berlin
ab August 1945 vorläufig wieder zugelassen als Rechtsanwalt und Notar
ab August 1946 als Steuerberater zugelassen
Juni 1948 – Mai 1949 zum Justizdienst als Richter beim KG einberufen
Juni 1950 endgültige Zulassung
Quellen:
LAB: B Rep. 068 Nr. 3836 (mit Foto); C Rep. 118-01 Nr. 11.104.
KG Berlin, Liste über zugelassene Rechtsanwälte.
AoR, S. 282.

Wittkowski, Richard Dr.
27.07.1877 Berlin – 19.05.1954 Berlin
Familienstand: verheiratet, zwei Kinder
1883–1896 Vorschule und Wilhelms-Gymnasium in Berlin
Herbst 1896 Abitur
1896–1899 Jurastudium in Berlin

1900 erstes Staatsexamen
1900 Militärdienst im Kaiser-Alexander-Garde-Grenadier-Regiment
1900–1904 Referendariat in Berlin

1901 Promotion an der Universität Rostock
1904 zweites Staatsexamen
ab 1905 Rechtsanwalt in Berlin
– im Ersten Weltkrieg zum Heeresdienst eingezogen, zu Kriegsende Abteilungsleiter in der Vermisstenabteilung des Kriegsministeriums
ab 1918 Notar
– Sozietät mit JR Heinrich Sluzewski (gest. 1923) und Dr. Curt Sluzewski (AoR, S. 268)
1933 als „Altanwalt" wieder zugelassen, Entzug des Notariats
1938 Berufsverbot als Anwalt
– lebt in einer „privilegierten Mischehe"
1938–1944 „jüdischer Hilfskonsulent" bei „jüdischen Konsulenten" (Kurt Messow (AoR, S. 224), Curt Schönberg (AoR, S. 261), Dr. Kurt Sachs (AoR, S. 252)
August 1944 – April 1945 untergetaucht in Spreenhagen bei Berlin
Oktober 1945 vorläufige Zulassung als Rechtsanwalt und Notar
– wird aus Altersgründen vom Pflichtdienst bei den Berliner Gerichten befreit
April 1947 endgültige Zulassung als Rechtsanwalt und Notar
– nur eingeschränkt arbeitsfähig durch angegriffenen Gesundheitszustand
Quellen:
LAB: B Rep. 068 Nr. 3057 (mit Foto); C Rep. 301 Nr. 1415.
EAB: Nr. 21.400.
KG Berlin, Liste über zugelassene Rechtsanwälte.
AoR, S. 283.

Wolff, Bernhard
01.09.1886 Berlin –25.09.1966 Karlsruhe
Familienstand: verheiratet, wenigstens ein Kind (Tochter)
– Enkel von Eduard von Simson, erster Präsident des Reichsgerichts in Leipzig, Bruder von Ernst Wolff
– Schulausbildung, Abitur, Studium und Referendariat in Berlin
1913–1914 Justitiar des Fürsten Donnersmarck
1914–1918 Soldat im Ersten Weltkrieg, im Fronteinsatz
1920–1932 Syndikus der Darmstädter Bank, ab 1922 Chefsyndikus der DANAT-Bank in Berlin (1931 in der Weltwirtschaftskrise zahlungsunfähig, mit der Dresdner Bank fusioniert)
ab Mai 1932 Rechtsanwalt in Berlin
– Sozietät mit JR Dr. Robert und Dr. Walther von Simson (AoR, S. 268), seinem Bruder Dr. Ernst Wolff (AoR, S. 284), Dr. Fritz von Werner, Albrecht Wehl (bis 1936) und Dr. Werner von Simson (1936–1937)
1933 als „Frontkämpfer" wieder zugelassen
1935 Entzug des Notariats
– die Sozietät von als jüdisch und als nichtjüdisch geltenden Rechtsanwälten besteht laut Eintrag im Adressbuch fort bis 1938 (mit Albrecht Wehl bis 1936, mit Dr. Werner von Simson 1936–1937)
1938 Berufsverbot als Anwalt
Dezember 1938 Emigration nach Großbritannien
– verdient seinen Lebensunterhalt durch Gelegenheitsarbeiten, u.a. in Oxford für das Royal Institute for International Affairs und als Lehrer an einer kleinen Privatschule
Mai 1940 – März 1941 in den Lagern Banff (Schottland), Huyton bei Liverpool und in zwei Lagern auf der Isle of Man interniert
ab Januar 1942 Lehrkraft am Epsom College in Surrey, England
Mai 1946 Rückkehr nach Deutschland
Mai 1946 – Anfang 1948 Leiter der Rechtsabteilung des Zentralamtes für Wirtschaft in der britischen Zone, dann im Verwaltungsamt für Wirtschaft des Vereinigten Wirtschaftsgebiets (Bizone)
Februar 1948 – Oktober 1950 bei der Rechtsabteilung der Britischen Kontrollkommission in Frankfurt a. M.
Oktober 1950 – September 1950 Richter am Bundesfinanzhof in München
September 1951 – August 1956 Bundesverfassungsrichter (Mitglied des Zweiten Senats)
Quellen:
EAB: Nr. 25.368.
AoR, S. 284.

Wolff, Ernst Dr.
20.11.1877 Berlin – 11.01.1959 Tübingen
Familienstand: verheiratet
– Enkel von Eduard von Simson, erster Präsident des Reichsgerichts in Leipzig, Bruder von Bernhard Wolff
– Abitur am Wilhelms-Gymnasium in Berlin

– Studium in Berlin und Lausanne
November 1891 erstes Staatsexamen
1892 Promotion an der Universität in Berlin

– Militärdienst als Einjährig-Freiwilliger
Juli 1904 zweites Staatsexamen
ab Oktober 1904 Rechtsanwalt in Berlin
1914–1919 Soldat im Ersten Weltkrieg; wird in der Marneschlacht schwer verwundet und gerät in französische Kriegsgefangenschaft; im Zuge eines Austauschs als Internierter der deutschen Botschaft in Bern zugeteilt und dort bis Ende des Krieges tätig; ausgezeichnet mit dem EK II
1919 Rückkehr nach Berlin und Fortführung der Anwaltstätigkeit
ab 1919 Notar
– vor allem als Wirtschaftsanwalt und in deutsch-belgischen sowie deutsch-französischen Schiedsverfahren tätig
1929–1933 Vorsitzender der RAK Berlin und Vorsitzender der Vereinigung der Deutschen Anwaltskammern
– Mitglied der Ständigen Deputation des Deutschen Juristentages
– im Nebenamt Mitglied des Juristischen Landesprüfungsamtes
– Sozietät mit JR Dr. Robert und Dr. Walther von Simson (AoR, S. 268), seinem Bruder Bernhard Wolff (AoR, S. 284), Dr. Fritz von Werner und Albrecht Wehl (bis 1936) und Dr. Werner von Simson (1936–1937)
1933 als Vorsitzender der RAK und als Mitglied des Juristischen Landesprüfungsamtes entlassen
1933 als „Altanwalt" und „Frontkämpfer" wieder zur Anwaltschaft und als Notar zugelassen
1935 Entzug des Notariats
– die Sozietät von als jüdisch und als nicht-jüdisch geltenden Rechtsanwälten besteht laut Eintrag im Adressbuch bis 1938 fort (mit Albrecht Wehl bis 1936, mit Dr. Werner von Simson 1936–1937)
1938 Berufsverbot
1938 während der Novemberpogrome vor einer Verhaftung gewarnt, hält sich versteckt
Februar 1939 Emigration nach Großbritannien, London, mit seiner Frau Richardis
– arbeitet in London in geringem Umfang als konsultierender Anwalt
– Vorsitzender einer Kommission zur Reform des deutschen Rechts
– die Ehefrau kommt bei einem deutschen Bombenangriff auf London ums Leben
1947 Rückkehr nach Deutschland
ab Dezember 1947 Vizepräsident, ab März 1949 – September 1950 Präsident des Obersten Gerichtshofes für die Britische Zone in Köln
1949–1951 Leiter der Deutschen Juristentage
ab 1950 Honorarprofessor an der Universität Köln
1952 mit dem Großen Bundesverdienstkreuz ausgezeichnet
– zahlreiche Veröffentlichungen
Quellen:
EAB: Nr. 120.088.
Wikipedia: Ernst Wolff (Jurist). http://de.wikipedia.org/wiki/Ernst_Wolff_%28Jurist%29, 07.08.2012.
AoR, S. 284.

Wolff, Fritz
06.04.1896 Berlin – 27.12.1969 (Berlin?)
Familienstand: verheiratet seit 1934, zwei Kinder (geb. 1935 und 1936)
Frühjahr 1914 Abitur

SoSe 1914 Beginn des Studiums an der Universität Freiburg i. Br.
1914–1919 als Kriegsfreiwilliger Soldat im Ersten Weltkrieg, *„mit den üblichen Beförderungen und Auszeichnungen und Beschädigungen"* (LAB B Rep. 068 Nr. 3050)
1919–1925 landwirtschaftlich und kaufmännisch tätig, dann Wiederaufnahme des Studiums (nach der Währungsreform)
Juli 1929 erstes Staatsexamen
30. Januar 1933 am Tag der Ernennung Hitlers zum Reichskanzler zweites Staatsexamen: *„Die braunen Horden zogen bereits vor dem Fenster des Prüfungsraumes in der Wilhelmstr. vorbei."* (LAB: B Rep. 068 Nr. 3050)
– flüchtet nach der Machtübernahme der Nationalsozialisten aus politischen Gründen aus Deutschland
1933 – Anfang 1934 in Belgien, Holland, Frankreich und Spanien; in keinem der Länder erhält er eine Arbeitserlaubnis
Anfang 1934 Emigration nach Palästina
– betreibt dort eine größere Farm, *„solange meine Gesundheit mir schwere Landarbeit erlaubte"* (LAB: B Rep. 068 Nr. 3050)
1954 Rückkehr nach Berlin
April 1954 – April 1961 (bis zum Rentenalter) als juristischer Referent tätig, zuerst beim Senator für Inneres, zuständig für Wiedergutmachung für Angehörige des öffentlichen Dienstes, ab März 1960 im Rechtsamt des Bezirks Tiergarten
– muss wegen der eigenen Wiedergutmachungs-

und Entschädigungsansprüche diverse Rechtsstreitigkeiten führen
Juni 1962 Antrag auf Zulassung als Anwalt in Berlin
August 1962 Zulassung erteilt
Quellen:
LAB: B Rep. 068 Nr. 3050 (mit Foto).

Wolff, Hans Erich Dr.
02.01.1903 Bromberg (Posen) – 26.02.1996 (New York?)
Familienstand: unverheiratet (Stand: 1953)
– im dritten Lebensjahr Umzug der Familie nach Berlin
– besucht die Leibniz–Oberrealschule in Berlin-Charlottenburg
1922 Abitur
1922–1924 praktische Lehrzeit in einer Bank und im Exportgeschäft für Eisen und Stahl, nebenher nationalökonomische Studien
1924–1927 Jurastudium in Berlin
März 1927 Promotion an der Universität Leipzig
Dezember 1927 erstes Staatsexamen beim KG
September 1931 zweites Staatsexamen
ab Oktober 1931 Anwalt in Berlin, zugelassen beim LG I–III und beim AG Charlottenburg
1933 Berufsverbot
1933 zweimonatige Reise nach Palästina
1933–1934 kaufmännisch und als Rechtsberater für kleinere Unternehmen tätig
1934–1938 Geschäftsführer einer Herrenkleiderfabrik und eines Bekleidungshauses
Mai 1938 nach der „Arisierung" der Unternehmen Emigration in die USA, New York
– kann wegen fehlender finanzieller Mittel kein erneutes Jurastudium beginnen
– arbeitet zuerst als Verkäufer in einem Warenhaus, dann bei einer Textilfirma (Lagerist, später Leiter der Orderabteilung, dann Bearbeiter der Versicherungs- und Schadenersatzfälle)
1944 Annahme der US-Staatsbürgerschaft
Juni 1953 Antrag auf Zulassung als Anwalt in Berlin ohne Residenzpflicht
November 1953 Zulassung erteilt
November 1954 auf Antrag wieder gelöscht
Quellen:
LAB: B Rep. 068 Nr. 3048.
Senatsjustizverwaltung: Akte 3176/1 – I/B 1.
AoR, S. 284 (Wolff, Erich Dr.).

Wolff, Werner
02.03.1905 Danzig – 05.09.2002 Frankfurt a. M.
Familienstand: verheiratet seit 1941, keine Kinder
1905 Umzug der Familie nach Bamberg, 1913 nach Berlin
– besucht das Friedrichs-Realgymnasium, dann das Königstädtische Realgymnasium
1924 Abitur
– Jurastudium in Freiburg i. Br. und Berlin
Anfang 1928 erstes Staatsexamen in Berlin

Dezember 1931 zweites Staatsexamen
Januar 1932 Zulassung als Rechtsanwalt in Berlin
– Sozietät mit Kurt Rathe (AoR, S. 243)
1933–1934 im Umschulungsbetrieb für Landwirtschaft, Landwerk Neuendorf
September 1934 Emigration nach Palästina
– arbeitet dort als Landarbeiter, Fabrik- und Bauarbeiter, Handwerker und Verlagsvertreter
Anfang 1937 – Anfang 1943 Angestellter eines kleinen Zeitungsverlags
1943–1950 Angestellter in einer Versicherungsagentur, vor allem als Buchhalter
1950–1956 Bankangestellter
Juni 1956 Rückkehr nach Deutschland
ab August 1956 bei der URO in Berlin als juristischer Sachbearbeiter tätig
Oktober 1957 beantragt die Zulassung als Rechtsanwalt
– der Antrag wird grundsätzlich befürwortet, aber Wolff bittet aus persönlichen Gründen mehrfach um Zurückstellung seines Antrags bis zum August 1959
August 1959 Zulassung erteilt
Juni 1963 auf Antrag gelöscht nach Zulassung als Rechtsanwalt beim LG Köln
– später als Rechtsanwalt in Frankfurt a. M. zugelassen und bis ca. 1999 als Anwalt tätig
2009 als Vermächtnisgeber für Keren Hayesod in der Zeitschrift der Stiftung genannt
Quellen:
LAB: B Rep. 068 Nr. 3046 (mit Foto).
EAB: Nr. 74.025.
Auskunft Eric Gerzon, Amsterdam.
AoR, S. 285.

Wolfsohn, Martin
14.11.1890 Berlin – 19.09.1970 (Haifa, Israel?)
Familienstand: verheiratet seit 1926, eine Tochter
ab 1897 besucht die Vorschule des Sophiengymnasiums, dann das Sophiengymnasium

Ostern 1909 Abitur
1909–1912 Studium in Berlin
Oktober 1912 erstes Staatsexamen, Note „gut"
– Referendariat im KG-Bezirk
Juni 1915 – Anfang 1918 Heeresdienst im Armierungsbataillon 117 an der Westfront, ausgezeichnet mit dem EK II, zuletzt Unteroffizier
März 1919 zweites Staatsexamen
ab Juli/August 1919 Anwalt in Berlin
– Sozietät mit Dr. Alfred Sachs, ein Jugendfreund (siehe AoR, S. 252)
ab August 1925 Notar
Juli 1933 Emigration nach Holland
September 1933 Emigration nach Palästina, Jerusalem
bis 1936 erlernt die hebräische Sprache und bereitet sich auf das Anwaltsexamen vor, daneben kaufmännisch tätig
März 1936 Anwaltsexamen; besteht eine Teilprüfung nicht (Handelsrecht)
Frühjahr 1937 Wiederholung der Teilprüfung, mit Erfolg
– anschließend sechs Monate Vorbereitungsdienst bei einem Rechtsanwalt
Januar 1938 Zulassung als Anwalt, seitdem als Anwalt in Jerusalem tätig
ab 1950 Notar
Juni 1954 Antrag auf Zulassung als Anwalt in Berlin ohne Residenzpflicht, da anwaltlich in Wiedergutmachungsangelegenheiten tätig
Juli 1954 Zulassung erteilt
Mai 1956 bemüht sich um einen längeren Aufenthalt in Berlin (über die Besuchsfrist von drei Monaten hinaus), aber die dafür erforderliche Aufenthaltserlaubnis wird ihm vom Berliner Polizeipräsidenten nicht erteilt
– lebt zuletzt in Haifa
Quellen:
LAB: B Rep. 068 Nr. 3045.
Senatsjustizverwaltung: Akte 3176/1 – I/B 1.
AoR, S. 286.

Wollmann, Ernst Dr.
08.10.1891 Berlin – 11.02.1967 Berlin
Familienstand: verheiratet, drei Kinder
1897–1909 Vorschule und Gymnasium
1909–1913 Studium in Berlin und Freiburg i. Br.
Juli 1913 erstes Staatsexamen in Berlin
August 1913 – Juli 1914 Referendariat im KG-Bezirk
Frühjahr 1914 Promotion an der Universität Breslau
August 1914 – Dezember 1918 Soldat im Ersten Weltkrieg, Frontkämpfer, schwer verwundet, ausgezeichnet mit dem EK I und II und dem Verwundetenabzeichen schwarz
Dezember 1918 – Juli 1920 Fortsetzung des Referendariats
November 1920 zweites Staatsexamen
Dezember 1920 Zulassung als Rechtsanwalt

Juni 1926 Notar
1933 als „Frontkämpfer" wieder zugelassen
– gilt als „Mischling 1. Grades"
bis 1945 als Anwalt zugelassen
– die Sozietät mit als „arisch" geltenden Kollegen besteht fort
April 1944 Ehefrau und Tochter kommen bei einem Luftangriff ums Leben
– kann sich der „Freistellung zum Arbeitseinsatz" und der Zwangsarbeit entziehen
– mehrfach zur Gestapo bestellt
Anfang Juli 1945 wieder als Rechtsanwalt zugelassen
nach Juni 1947 endgültige Zulassung
ab Dezember 1948 von der amerikanischen Militärregierung zum Bezirks-Custodian für den Verwaltungsbezirk Steglitz bestellt; überwacht als solcher ca. 150 Firmen bzw. deren Treuhänder
– wird im Hinblick auf diese Tätigkeit und aus gesundheitlichen Gründen vom Pflichtdienst bei Berliner Gerichten befreit
Quellen:
LAB: B Rep. 068 Nr. 3819–20 (mit Foto Nr. 3819); C Rep. 301 Nr. 777–78.
KG Berlin, Liste über zugelassene Rechtsanwälte.
AoR, S. 286f. (mit Foto).

Wronker, Werner Kurt Dr.
24.05.1893 Berlin – (nach März 1955)
Familienstand: verheiratet, eine Tochter
– Sohn des Rechtsanwalts und Notars JR Max Wronker (AoR, S. 287)
– Abitur am Friedrichswerderschen Gymnasium in Berlin
– Studium in Freiburg i. Br. und Berlin
1914 erstes Staatsexamen
– im Ersten Weltkrieg dreijähriger Militärdienst
Ende 1920 zweites Staatsexamen
1920–1921 als Gerichtsassessor als Hilfsrichter beim LG Frankfurt/Oder

1921–1926 Syndikus bei der Deutschen Bank
1924–1926 zugleich Rechtsanwalt in Frankfurt a. M.
ab 1926 Rechtsanwalt in Berlin
ab 1932 Notar
1933 Berufsverbot
Herbst 1933 Emigration nach Großbritannien
– dort anfänglich ohne Arbeitserlaubnis
– studiert englisches und internationales Recht in London, Abschluss LL.B.
ab 1938 Rechtsberater in London
ab 1942 zugleich angestellter Buchprüfer („Audit Clerk") in einem Buchprüfungsunternehmen
ab Februar 1951 Rechtsberater bei der JRSO in Nürnberg und Berlin
spätestens ab Ende 1951 im Regionalbüro Berlin tätig
März 1955 Antrag auf Zulassung als Anwalt in Berlin ohne Residenzpflicht
– hält sich zu diesem Zeitpunkt für die JRSO in Berlin auf
Juni 1955 die RAK befürwortet den Antrag; damit bricht die Akte ab
Juli 1955 Zulassung erteilt (Eintrag in die Liste bei der Senatsjustizverwaltung)
Quellen:
LAB: B Rep. 068 Nr. 3077.
Senatsjustizverwaltung: Akte 3176/1 – I/B 1.
AoR, S. 287 (Vornamen: Kurt Werner).

Zander, Walter Dr.
08.06.1898 Erfurt – 07.04.1993 (South Croydon, Surrey?)
Familienstand: verheiratet seit 1931, vier Kinder
– Sohn des Rechtsanwalts und Notars JR Wilhelm Zander
– besucht ein humanistisches Gymnasium in Erfurt
1916 Abitur
1916–1918 Soldat im Ersten Weltkrieg, im Kampfeinsatz an der Ost- und Westfront
– Jurastudium in Berlin und Jena
1920 Umzug nach Berlin
1922 erstes Staatsexamen
– Referendariat im KG-Bezirk
Februar 1925 zweites Staatsexamen
ab 1925 Anwalt in Berlin, später auch Notar
1933 Entzug des Notariats
Juni 1937 Emigration nach Großbritannien, London
– zunächst kaufmännischer Direktor in einer Firma für Tiefdruck, die zu Beginn des Zweiten Weltkriegs den Betrieb einstellt
Juni 1940 – April 1941 als deutscher Emigrant interniert
April 1941 – Juli 1944 bestreitet den Lebensunterhalt durch schriftstellerische Arbeiten und Vorträge
ab 1944 Vorstand der Friends of the Hebrew University of Jerusalem in London
1946 britischer Staatsbürger
November 1956 Antrag auf Zulassung als Anwalt in Berlin ohne Residenzpflicht
Januar 1957 Zulassung erteilt
1968 Dank- und Glückwunschschreiben des Senators für Justiz aus Anlass des 70. Geburtstages
1991 lebt in South Croydon, Surrey
Quellen:
LAB: B Rep. 068 Nr. 3842.
Senatsjustizverwaltung: Akte 3176/1 – I/B 1.
AoR, S. 288.

Zellner, Martin Dr.
13.12.1893 Berlin – 12. (13.?) 01.1951 Berlin
Familienstand: verheiratet, zwei Söhne
1900–1912 Luisenstädtisches Gymnasium in Berlin
März 1912 Abitur
1912–1915 Studium in Berlin
August 1914 als Kriegsfreiwilliger Soldat im Ersten Weltkrieg
21. Oktober 1914 schwer verwundet und schwer kriegsbeschädigt aus dem Heeresdienst entlassen
1916 erstes Staatsexamen
1916 Promotion
1916–1919 Referendariat im KG-Bezirk
ab 1918 oder 1919 Mitglied der SPD
Dezember 1919 zweites Staatsexamen
ab Januar 1920 Rechtsanwalt in Berlin
ab Januar 1930 Notar
– Sozietät mit Rechtsanwalt und Notar Wilhelm Walther (bis 1931) und mit Rechtsanwalt Kurt Brekow

1933 als „Frontkämpfer" wieder zugelassen
1935 Entzug des Notariats
1938 Berufsverbot als Anwalt
11. November 1938 nach der Pogromnacht bis zum 16.12. in das KZ Sachsenhausen verschleppt

– trägt durch die KZ-Haft schwere Erfrierungen an den Händen mit bleibenden Schäden davon
– lebt in einer „privilegierten Mischehe"
ab März 1943 zur Zwangsarbeit als Bauhilfsarbeiter herangezogen
– ein Sohn emigriert 1938 in die USA
– die Mutter wird nach Theresienstadt verschleppt und ermordet
Juni 1945 vorläufig als Rechtsanwalt und Notar zugelassen
Mai 1947 erneute vorläufige Zulassung
Juni 1947 endgültige Zulassung
Dezember 1948 soll zum Richterdienst herangezogen werden
– wird wegen seiner angeschlagenen Gesundheit an die medizinische Kommission überwiesen
März 1949 Bestellung zum Richter wird widerrufen
Quellen:
LAB: B Rep. 068 Nr. 3845 (mit Foto); C Rep. 301 Nr. 2797–800.
EAB: Nr. 4.208 (Datenschutz nicht abgelaufen).
KG Berlin, Liste über zugelassene Rechtsanwälte.
AoR, S. 288.

Ziffer, Konrad Dr.
15.11.1897 Berlin – 07.04.1972 (Buenos Aires?)
Familienstand: verheiratet seit August 1927, zwei Söhne
Ostern 1916 Abitur am Askanischen Gymnasium in Berlin
1916–1918 als Kriegsfreiwilliger Soldat im Ersten Weltkrieg, im Kampfeinsatz an der Westfront, ausgezeichnet mit dem EK II
– Studium in Berlin

Dezember 1920 erstes Staatsexamen, Note „gut"
September 1921 Promotion an der Universität Breslau
Anfang 1924 zweites Staatsexamen, Note „gut"
Frühjahr – Herbst 1924 Gerichtsassessor beim AG Berlin-Schöneberg
ab November 1924 Rechtsanwalt in Berlin
ab Mai 1932 Notar
1933 als „Frontkämpfer" wieder zugelassen als Anwalt und Notar
1935 Entzug des Notariats
Ende 1938 Berufsverbot als Anwalt
Ende 1939 Emigration nach Bolivien
– hat Schwierigkeiten, seinen Lebensunterhalt zu verdienen
1941 Umzug nach Buenos Aires
– dort Teilhaber an einem Betrieb für Spiel- und Wirtschaftswaren, zuständig für den Verkehr mit den Behörden und Banken
März 1957 Antrag auf Zulassung als Anwalt in Berlin ohne Residenzpflicht, insbesondere um seine eigenen Entschädigungsansprüche besser vertreten zu können
„Andererseits ist die Wiederzulassung zur Anwaltschaft für den Antragsteller eine moralische Genugtuung von um so größerer Bedeutung, weil er sehr an diesem Berufe gehangen hat, der für ihn eine Berufung war." (LAB B Rep. 068 Nr. 3120)
Juni 1957 Zulassung erteilt
Quellen:
LAB: B Rep. 068 Nr. 3120 (mit Foto).
Senatsjustizverwaltung: Akte 3176/1 – I/B 1.
AoR, S. 289.

Zuckermann, Erich Dr.
07.01.1894 Forst (Lausitz) – (nach Januar 1962)
Familienstand: verheiratet, eine Tochter
– besucht das Gymnasium in Forst und Cottbus
1912 Abitur in Cottbus
– Jurastudium in Lausanne, München und Berlin
August 1914 unterbricht das Studium, um als Kriegsfreiwilliger im Ersten Weltkrieg zu kämpfen
Mai 1917 nach schwerer Verwundung mit bleibenden Schäden aus dem Heeresdienst entlassen
– Fortsetzung des Studiums
Frühjahr 1918 erstes Staatsexamen
– Referendariat im KG-Bezirk
1919 Promotion an der Universität Greifswald
Mai 1921 zweites Staatsexamen, Note „gut"
ab Juni 1921 Anwalt in Berlin, zugelassen beim LG I–III
ab Juni 1928 Notar
– Sozietät mit Dr. Georg Schatzky (siehe AoR, S. 255)
– Mitglied im Republikanischen Richterbund
1933 wieder zugelassen
1934 Auflösung der Sozietät mit Dr. Georg Schatzky
1935 Entzug des Notariats
Juli 1938 Emigration nach Kolumbien
– dort als Importkaufmann tätig
1940 Emigration nach Brasilien
Ende 1956 nach der Insolvenz des Unternehmens und wegen gesundheitlicher Probleme der Ehefrau Rückkehr nach Deutschland
ab August 1958 mit festem Wohnsitz in Berlin
Januar 1959 Antrag auf Zulassung als Anwalt in Berlin
– stellt auch einen Antrag auf Zulassung als Notar; da hierfür eine Wartezeit von einem Jahr nach der Zulassung als Anwalt vorgesehen ist, lehnt die RAK den Antrag ab, die Senatsverwaltung für Justiz stimmt hingegen zu und ernennt Zuckermann im Dezember 1959 zum Notar
1961 Umzug nach Wuppertal (Anschrift 1962: Wuppertal-Elberfeld, Am Buschhäuschen 70)
ab Dezember 1961 als Anwalt in Wuppertal zugelassen
Januar 1962 als Anwalt in Berlin gelöscht
Quellen:
LAB: B Rep. 068 Nr. 3140.
AoR, S. 289.

VIII. Quellen- und Literaturverzeichnis

Quellenverzeichnis

Archivmaterialien

Hinweis: Einzelnachweise der Akten finden sich im Quellennachweis bei den Kurzbiographien.

Landesarchiv Berlin (LAB)
B Rep. 025 Wiedergutmachungsämter von Berlin, Akten zu Wiedergutmachungsverfahren.
B Rep. 036-01 Nr. 4 39-1 2 Office of Military Government Berlin Sector (OMGBS) (mit Verzeichnissen von Anwälten und Justizbeamten 1947 und 1948).
B Rep. 068 Rechtsanwaltskammer Berlin, Personalakten.
B Rep. 231-11 Nr. 1-5 United Restitution Organization (URO) Berlin.
C Rep. 118-01 Hauptamt „Opfer des Faschismus".
C Rep. 301 Stadtgericht Berlin, Personalakten.
F Rep. 280 LAZ-Sammlung Nr. 5310, Liste der vorläufig zugelassenen Rechtsanwälte und Notare in Berlin vom 10.12.1945.

Entschädigungsamt Berlin (EAB)
Entschädigungsakten

Kammergericht Berlin (KaGB)
Liste über zugelassene Rechtsanwälte nach dem Stande vom 5.2.1949 (Spaltung der Berliner Justiz).
Verzeichnis der nach dem 5.2.1949 bis einschließlich 30.9.1959 zugelassenen Rechtsanwälte.

Senatsjustizverwaltung
Nr. 3176/1 – I/B 1 Residenzpflicht der Anwälte (mit Liste der von der Residenzpflicht befreiten Rechtsanwälte).

Gedruckte Quellen

Alliierte Kommandantur Berlin, Anordnung BK/O (46) 101a vom 26. Februar 1946, Entnazifizierung. In: Verordnungsblatt der Stadt Berlin, 1946, Nr. 11, S. 71ff.
Alliierte Kommandantur Berlin, Anordnung Leg/I (46) 125 vom 30. Dezember 1946, Zulassung von Rechtsanwälten zur Praxis. In: Verordnungsblatt für Groß-Berlin, 1947, Nr. 1, S. 6.
Alliierte Kommandantur Berlin, Anordnung Leg/I (47) 81 vom 16. April 1947, Rechtsanwälte, die in Berlin ohne Zulassung praktizieren. In: Verordnungsblatt für Groß-Berlin, 1947, Nr. 8, S. 117.
Alliierte Kommandantur Berlin, Anordnung Praw/I/46/58 § 4 vom 17. Juli 1947, Verbot der Ausübung der Tätigkeit für einige Juristen. In: Verordnungsblatt für Groß-Berlin, 1947, Nr. 31, S. 261.
Alliierte Kommandantur Berlin, Anordnung BK/O (49) 180, Rückerstattung feststellbarer Vermögensgegenstände an Opfer der nationalsozialistischen Unterdrückungsmaßnahmen vom 26.7. 1949. In: Verordnungsblatt für Groß-Berlin, 1949, Teil I, S. 221.
Alliierte Kommandantur Berlin, Anordnung BK/O (49) 26, Rückerstattung von Vermögen an Opfer der nationalsozialistischen Unterdrückung: Niederlegung von Ansprüchen vom 16.2.1949. In: Verordnungsblatt für Groß-Berlin, 1949, Teil I, S. 73.
Berlin. Quellen und Dokumente 1945–1951. 1. Halbband, Berlin 1964, S. 311–343.
Bundesergänzungsgesetz zur Entschädigung der Opfer nationalsozialistischer Verfolgung (BEG) vom 21.9.1953. In: Bundesgesetzblatt, 1953, Teil I, S. 1387.
Bundesrechtsanwaltsordnung vom 1. August 1959. In: Bundesgesetzblatt, 1959, Teil I, S. 565–609.
Drittes Gesetz zur Änderung des Bundesergänzungsgesetzes zur Entschädigung der Opfer nationalsozialistischer Verfolgung (BEG) vom 29.6.1956. In: Bundesgesetzblatt, 1956, Teil I, S. 559.
Gesetz über die Entschädigung der Opfer des Nationalsozialismus vom 10.1.1951. In: Verordnungsblatt für Berlin, 1951, Teil I, S. 85.
Gesetz über vorläufige Maßnahmen auf dem Gebiete des Anwaltrechts vom 6. Mai 1952 (mit Anlage Rechtsanwaltsordnung). In: Gesetz- und Verordnungsblatt für Berlin, 1952, Nr. 34, S. 311ff.
Gesetz zur Regelung der Wiedergutmachung nationalsozialistischen Unrechts für Angehörige des öffentlichen Dienstes (BWGöD) vom 11.5.1951. In: Bundesgesetzblatt, 1951, Teil I, S. 291.
Gesetz zur Regelung der Wiedergutmachung nationalsozialistischen Unrechts für die im Ausland lebenden Angehörigen des öffentlichen Dienstes (BWGöD-Ausland) vom 18.3.1952. In: Bundesgesetzblatt, 1952, Teil I, S. 137.
Handbuch der Justiz (Hg.): Deutscher Richterbund, diverse Jahrgänge.
Kürschners Deutscher Gelehrtenkalender, diverse Jahrgänge.
Zweites Gesetz zur Änderung des Bundesentschädigungsgesetzes (BEG-Schlussgesetz) vom 14.9. 1965. In: Bundesgesetzblatt, 1965, Teil I, S. 1315.

Literaturverzeichnis

Hinweis: Weitere Literaturhinweise zu einzelnen Personen finden sich bei den Kurzbiographien.

Blessin, Georg/Ehrig, Hans-Georg/Wilden, Hans: Bundesentschädigungsgesetz. Kommentar. 3. vermehrte Aufl. München/Berlin 1960.

Dirks, Christian: Die Rechtsanwaltskammer Berlin in den Jahren 1945 bis 2004. In: Jungfer, Gerhard/König, Stefan/Rechtsanwaltskammer Berlin (Hg.): 125 Jahre Rechtsanwaltskammer Berlin. Jubiläumsschrift, S. 293–363 (mit Dokumenten).

Frei, Norbert/Brunner, José/Goschler, Constantin (Hg.): Die Praxis der Wiedergutmachung. Geschichte, Erfahrung und Wirkung in Deutschland und Israel. Göttingen 2009.

Gensch, Brigitte/Grabowsky, Sonja (Hg.): Der halbe Stern. Verfolgungsgeschichte und Identitätsproblematik von Personen und Familien teiljüdischer Herkunft. Gießen 2010.

Goschler, Constantin: Wiedergutmachung. Westdeutschland und die Verfolgten des Nationalsozialismus (1945–1954). München 1992.

Goschler, Constantin: Schuld und Schulden. Die Politik der Wiedergutmachung für NS-Verfolgte seit 1945. Göttingen 2005.

Grossmann, Kurt R.: Die Ehrenschuld. Kurzgeschichte der Wiedergutmachung. Frankfurt a. M./Berlin 1967.

Gruner, Wolf: Die NS-Führung und die Zwangsarbeit für sogenannte jüdische Mischlinge. Ein Einblick in die Planung und Praxis antijüdischer Politik in den Jahren 1942 bis 1944. In: Weißbecker, Manfred/Kühnl, Reinhard (Hg.): Rassismus, Faschismus, Antifaschismus. Forschungen und Betrachtungen. Köln 2000, S. 63–79.

Gruner, Wolf: Der Geschlossene Arbeitseinsatz deutscher Juden. Zur Zwangsarbeit als Element der Verfolgung 1938–1943. Berlin 1997.

Handbuch der deutschsprachigen Emigration. Darmstadt 1998.

Hartewig, Karin: Zurückgekehrt. Die Geschichte der jüdischen Kommunisten in der DDR. Köln/Weimar/Wien 2000.

Hockerts, Hans Günter: Anwälte der Verfolgten. Die United Restitution Organization. In: Herbst, Ludolf/Goschler, Constantin (Hg.): Wiedergutmachung in der Bundesrepublik Deutschland. München 1989, S. 249–271.

Hockerts, Hans Günter/Kuller, Christiane: Nach der Verfolgung. Wiedergutmachung nationalsozialistischen Unrechts in Deutschland?. Göttingen 2003.

Höhn, Lina: Chronologisches Register zum Recht der Alliierten Kommandantur, Stand 30.6.1988. Berlin 1988 (= Occasional Papers des Fachbereichs Politische Wissenschaft der FU Berlin, Nr. 23).

Hodos, Georg Hermann: Schauprozesse. Stalinistische Säuberungen in Osteuropa 1948–1954. Berlin 1990.

„Ich habe gesehen, dass es auch ein ‚anderes Deutschland' gibt." Der NS-Verfolgte und spätere Wiedergutmachungs-Anwalt Dr. Edward Kossoy über seine Beschäftigung mit Rückerstattung und Entschädigung. Interview im August 2002 in Genf. In: zeitenblicke 3 2/2004. http://www.zeitenblicke.de/2004/02/interview/index.htm, [05.05.2012].

Jungfer, Gerhard/König, Stefan, Rechtsanwaltskammer Berlin (Hg.): 125 Jahre Rechtsanwaltskammer Berlin. Stuttgart u.a. 2006.

Kipp, Jürgen: Kammergerichtspräsident Dr. Georg Strucksberg. Vortrag gehalten am 27. Februar 2008 vor dem „Forum Recht und Kultur im Kammergericht". Berlin 2008.

Königseder, Angelika: Recht und nationalsozialistische Herrschaft. Berliner Anwälte 1933–1945. Bonn 2001.

Krauss, Marita: Heimkehr in ein fremdes Land. Geschichte der Remigration nach 1945. München 2001.

Ladwig-Winters, Simone: Anwalt ohne Recht. Das Schicksal jüdischer Rechtsanwälte in Berlin nach 1933. Hgg. von der Rechtsanwaltskammer Berlin. 2. ergänzte und erweiterte Auflage Berlin 2007.

Lillteicher, Jürgen: Raub, Recht und Restitution. Die Rückerstattung jüdischen Eigentums in der frühen Bundesrepublik. Göttingen 2007.

Lissner, Cordula: „In der Justiz lebe ich wie im Exil“. Zur Rückkehr jüdischer Juristen und Juristinnen. In: Klein, Anne/Wilhelm, Jürgen (Hg.): NS-Unrecht vor Kölner Gerichten nach 1945. Köln 2003, S. 75–84.

Lorenz, Thomas: Die Rechtsanwaltschaft in der DDR. Berlin 1998.

Mollnau, Marcus: Ein Anwalt von Rang: Dr. Kurt Wergin. In: Berliner Anwaltsblatt, 11/2009, S. 418–419, 12/2009, S. 461–463, 01-02/2010, S. 23–24.

Morré, Jörg: Speziallager des NKWD. Sowjetische Internierungslager in Brandenburg 1945–1950. Hgg. von der Brandenburgischen Landeszentrale für politische Bildung und der Stiftung Brandenburgische Gedenkstätten/Gedenkstätte und Museum Sachsenhausen. Potsdam 1997.

Nachama, Andreas/Schoeps, Julius H./Simon, Hermann (Hg.): Juden in Berlin. Berlin 2001.

Offenberg, Ulrike: „Seid vorsichtig gegen die Machthaber“. Die jüdischen Gemeinden in der SBZ und der DDR 1945 bis 1990. Berlin 1998.

Proskauer, Erna: Wege und Umwege. Erinnerungen einer Rechtsanwältin. Berlin 1989.

Remember Berlin. In: Justice. Hgg. von der International Association of Jewish Lawyers and Jurists, 22/1999, S. 3ff.

Reuß, Ernst: Berliner Justizgeschichte. Eine rechtstatsächliche Untersuchung zum strafrechtlichen Justizalltag in Berlin von 1945–1952, dargestellt anhand der Strafgerichtsbarkeit des Amtsgerichts Berlin-Mitte. Berlin 2000.

Reuter, Elke/Hansel, Detlef: Das kurze Leben der VVN von 1947 bis 1953. Berlin 1997.

Rosskopf, Annette: Friedrich Karl Kaul. Anwalt im geteilten Deutschland (1906–1981). Berlin 2002.

Schroll, Heike: Wiedergutmachung für die Opfer des Nationalsozialismus. Der Hauptausschuss „Opfer des Faschismus“ (OdF) und das Referat „Verfolgte des Naziregimes“ (VdN). Archivalische Überlieferung im Landesarchiv Berlin. In: Berlin in Geschichte und Gegenwart. Jahrbuch des Landesarchivs Berlin 2007. Berlin 2007, S. 229–250.

Scholz, Friedrich: Berlin und seine Justiz. Die Geschichte des Kammergerichtsbezirks 1945 bis 1980. Berlin 1982.

Schoppmann, Claudia: Flucht in den Untergrund. Juden in Deutschland 1941–1945. In: Sibylle Quack (Hg.): Dimensionen der Verfolgung. Opfer und Opfergruppen im Nationalsozialismus. München 2003, S. 49–80.

Schwarz, Walter: Späte Frucht. Bericht aus unsteten Jahren. Hamburg 1981.

Sind die vor dem Zusammenbruch erteilten Zulassungen zur Rechtsanwaltschaft in Berlin erloschen? Mitgeteilt vom Präsidium der Rechtsanwaltskammer Berlin. In: Juristische Rundschau, 1959, S. 290–292.

Winstel, Tobias: Die Testamentsvollstrecker. Zur Rolle von Anwälten und Rechtshilfeorganisationen. In: Frei, Norbert/Brunner, José/Goschler, Constantin (Hg.): Die Praxis der Wiedergutmachung. Geschichte, Erfahrung und Wirkung in Deutschland und Israel. Göttingen 2009, S. 533–553.

Zur Nieden, Susanne: Unwürdige Opfer. Die Aberkennung von NS-Verfolgten in Berlin 1945 bis 1949. Berlin 2003.

IX. Anhang

Berliner jüdische Anwälte in Palästina und Israel.

Ausgewählte Kurzbiographien

Über 130 jüdische Anwälte aus Berlin fanden in Palästina Zuflucht vor der Verfolgung unter dem NS-Regime. Bei Besuchen in Israel hatten Mitglieder des Präsidiums der Rechtsanwaltskammer Berlin Gelegenheit, mit Angehörigen früherer Berliner Anwälte zusammenzutreffen. Diese Begegnungen veranlassten die Rechtsanwaltskammer, Informationen über die Lebenswege dieser aus Berlin vertriebenen Kollegen zu sammeln. Rechtsanwalt Joel Levi aus Tel Aviv und Rechtsanwältin Naomi Livne aus Jerusalem führten dazu Recherchen in Israel durch und konnten bei Angehörigen und in Archiven viele neue Informationen zusammentragen. Die Ergebnisse ihrer Recherchen werden in den nachstehenden Kurzbiographien vorgestellt. Soweit diese Juristen nach 1945 nicht mehr in Berlin oder Deutschland anwaltlich tätig wurden, werden sie hier in einem gesonderten Kapitel gewürdigt.

Altmann, Paul Dr.
26.05.1900 Breslau – 1954 Kfar Witkin, Israel
Familienstand: verheiratet, Töchter
– seit den Jugendjahren aktiver Zionist

Juli 1928 zweites Staatsexamen
ab August 1928 Rechtsanwalt am AG Köpenick und den Berliner LG
Mai 1933 Vertretungsverbot
Juni 1933 Berufsverbot
1937–1939 im Palästina-Amt in Berlin tätig
1939 Emigration nach Palästina
– gehört zu den Gründern der Siedlung Kfar Witkin
nach 1945 in Deutschland an der Ausarbeitung der Wiedergutmachungs- und Entschädigungsgesetze beteiligt
– nach der Rückkehr nach Israel wieder beim Aufbau der Siedlung Kfar Witkim tätig, später bei der United Restitution Organization und dem israelischen Büro für Forderungen gegenüber Deutschland (Miltam)

Quellen:
Auskunft Joel Levi, Tel Aviv (nach Angaben der Töchter).
AoR, S. 108.

Auerbach, Gerhard
19.02.1902 Berlin – 27.05.1979 (Haifa, Israel?)
Familienstand: verheiratet, eine Tochter

ab 1929 Rechtsanwalt in Berlin, zuletzt zugelassen am KG
Juni 1933 Berufsverbot
November 1934 Emigration nach Palästina
– arbeitet zuerst als Kellner und verpflichtet sich dann bis 1945 bei der britischen Armee
nach 1945 bis zur Pensionierung als Lebensmitteleinkäufer bei den staatlichen Raffinerien tätig
Quellen:
Auskunft Joel Levi, Tel Aviv (nach Angaben der Tochter).
AoR, S. 113.

Ball, Kurt (später: Ball-Kaduri, Kurt-Jacob) Dr.
20.01.1891 Berlin – 29.05.1976 Tel Aviv, Israel
Familienstand: verheiratet, zwei Söhne
1920–1926 im Reichsfinanzministerium tätig
ab 1926 Rechtsanwalt (in Sozietät mit seinem Bruder Dr. Fritz Ball und einem weiteren Verwandten)
– zugleich Privatdozent an der Berliner Handelshochschule
Anfang 1933 in den Vorstand der RAK gewählt
März 1933 Ausschluss aus dem Vorstand der RAK
Juni 1933 Berufsverbot
1933–1938 Steuerberater für jüdische Emigranten
1934–1937 im Vorstand der Berliner Ortsgruppe der Zionistischen Vereinigung für Deutschland (ZVfD)
November 1938: nach der Pogromnacht vom 11.11. bis 16.12. in das KZ Sachsenhausen verschleppt

Ende 1938 Emigration nach Palästina
– hebräisiert seinen Namen in Ball und nimmt den Vornamen Jacob an
– fällt wegen unzureichender Englischkenntnisse durch die Anwaltsprüfung für Palästina
– arbeitet als Agent im Zeitungsvertrieb, dann als Buchhalter
– Mitglied der landesweiten Vertretung der Juden aus Deutschland
1943–1944 Beginn der Sammlung von Zeugenaussagen zum Holocaust
– seine Sammlung wird 1953 von der Gedenkstätte Yad Vashem übernommen
– zahlreiche Veröffentlichungen zur jüdischen Geschichte, insbesondere zur Judenverfolgung unter dem NS-Regime
Quellen:
Auskunft Joel Levi, Tel Aviv.
AoR, S. 115.

Behr, Stefan Dr.
05.09.1904 Fürth (Bayern) – keine Angaben
Familienstand: verheiratet
1923 Abitur am Neuen Gymnasium in Nürnberg
1927 erstes Staatsexamen
April 1927 Promotion an der Universität Erlangen
1930 zweites Staatsexamen
seit 1930 als Rechtsanwalt in Nürnberg zugelassen
– veröffentlicht Beiträge in der Deutschen Juristenzeitung, im Anwaltsblatt, Abendblatt und in der Frankfurter Zeitung (Nachweise für einige Veröffentlichungen bei: Walter-Joachim Friedländer, Gebührenordnung für Rechtsanwälte, 9. Aufl. München/Berlin 1932, S. 623, Anm. 27) und 1933 einen Beitrag in Wirtschaft und Statistik, Nr. 4/1933, hg. vom Statistischen Reichsamt
1933 Berufsverbot als Anwalt
1935 Emigration nach Palästina, Haifa
1936–1943 bei der „S.P. (Special Police) for the British Police" in Haifa
1943–1946 Soldat der britischen Armee, nach ehrenvoller Entlassung Militärberater
Mai 1948 Beantragung der Zulassung als Anwalt in Berlin; die Hintergründe des Antrags sind in der Akte nicht ersichtlich; der Antrag wird nach den Schriftstücken in der Akte nicht abschließend beschieden; auch hierfür bleiben die Gründe unklar
seit Mitte 1948 Arbeit für den Staat Israel
Quellen:
LAB: B Rep. 068 Nr. 232.
Auskunft Joel Levi, Tel Aviv.

Bendix, Ludwig Dr.
26.06.1877 Dorstfeld (Westfalen) – 03.01.1954 Oakland, Kalifornien, USA

Familienstand: verheiratet, zwei Kinder
ab 1907 als Rechtsanwalt zugelassen, später auch Notar
– spezialisiert auf Arbeitsrecht
Mai 1933 Berufsverbot wegen „kommunistischer Betätigung" (Bendix hatte auch Kommunisten und andere Gegner der Nazis verteidigt)
ab 2. Juni 1933 für vier Monate in „Schutzhaft" genommen, zuerst im Gefängnis Spandau, dann in einem KZ in der Stadt Brandenburg
– versucht sich nach der Entlassung als Rechtsberater zu betätigen; die RAK Berlin strengt gegen ihn ein Verfahren wegen unlauteren Wettbewerbs an; Bendix gewinnt den Prozess, fühlt sich durch Diffamierungen und Hetze aber *„ganz elend"* (Ludwig Bendix, zitiert bei Reinhard Bendix, S. 204)
Ende Juli 1935 erneute Verhaftung, nachdem er in einem Brief an das Polizeirevier seines Wohnviertels die Entfernung eines Transparents mit der Aufschrift „Wir wollen die Juden nicht mehr" gefordert hatte
Ende Juli 1935 – Mai 1937 im KZ Lichtenburg und im KZ Dachau festgehalten und zur Zwangsarbeit herangezogen; wird unter der Bedingung entlassen, Deutschland binnen zwei Wochen zu verlassen und ins außereuropäische Ausland zu gehen; bei der Entlassung völlig abgemagert und körperlich schwer gezeichnet
Juni 1937 Emigration mit der Ehefrau über die Schweiz nach Palästina (die Kinder emigrieren später in die USA)

– kann den Lebensunterhalt wegen mangelnder Sprachkenntnisse nur mit Mühen verdienen (u.a. durch ein Stipendium der Jewish Agency für die Abfassung eines Arbeitsrechts für Palästina); verfasst zahlreiche Artikel (von denen nur wenige veröffentlicht werden) und einen Erinnerungsbericht „Ich war in Dachau"; bemüht sich trotz aller Schwierigkeiten um die Integration in die zionistische Gemeinschaft
Oktober 1938 Ausbürgerung aus Deutschem Reich
– nach der Ausbürgerung Aberkennung des Doktortitels durch die Universität Göttingen
März 1947 Emigration des Ehepaars in die USA (die dort lebenden Kinder hatten die Einreisevisa besorgt) und Niederlassung in Kalifornien, wo der Sohn als Dozent für Soziologie in Berkeley arbeitet
November 1952 Annahme der US-Staatsbürgerschaft
Quellen:
Bendix, Reinhard: Von Berlin nach Berkeley. Deutsch-jüdische Identitäten. Frankfurt a. M. 1990 (Reinhard Bendix ist der Sohn von Ludwig Bendix).
Auskunft Joel Levi, Tel Aviv.
AoR, S. 118.

Berger, Fritz Dr.
28.02.1902 Chemnitz (Sachsen) – 14.02.1988 Netaniya, Israel
Familienstand: verheiratet

– engagiert sich in der zionistischen Bewegung, u.a. Vorsitzender der Ortsgruppe Wilmersdorf der Zionistischen Vereinigung für Deutschland (ZVfD)
ab 1932 Rechtsanwalt in Berlin beim AG Mitte und den Berliner LG
– enge Freundschaft mit Rechtsanwalt Dr. Michael Meyer
Frühjahr 1933 Berufsverbot
1936–1939 Leiter des Palästina-Amtes in Berlin
1939 Delegierter des Zionistischen Weltkongresses
Januar 1940 Emigration nach Palästina, Tel Aviv, später Netaniya
– betreibt dort eine Leihbücherei und arbeitet als Sachverständiger für Briefmarkensammler
– Studium der Archäologie
1948–1967 in der Altertumsforschung und Verwaltung von antiken Ausgrabungsstätten tätig
Quellen:
Auskunft Joel Levi, Tel Aviv.
AoR, S. 121.

Blumberg, Walter Dr.
16.12.1899 Lyck (Ostpreußen) – keine Angaben
Familienstand: keine Angaben
1927–1933 Rechtsanwalt in Lyck (Ostpreußen)
1933 Berufsverbot als Jude
1935 Emigration nach Palästina (Datum unbekannt)
1948 Überlegung nach Deutschland zurückzukehren und sich als Anwalt in Berlin niederzulassen
– mutmaßlich später Leiter des Büros der URO in Hannover
Quellen:
LAB: B Rep. 068 Nr. 310.
Bentwich, Norman: The United Restitution Organisation 1948–1968, London [1968], S. 38 (dort erwähnt: „Dr. W. Blumberg in Hanover").
Nachlass von Benjamin B. Ferencz. Inhaltsübersicht unter: http://resources.ushmm.org/inquery/uia_doc.php/archives/xRG12000M, 09.08.2012 (dort im Zusammenhang mit der URO erwähnt).
Auskunft Joel Levi, Tel Aviv.

Brün (später: Brin), Paul Dr.
28.04.1889 Berlin – 1970 (1971?) Haifa, Israel
Familienstand: verheiratet, zwei Söhne
– Jurastudium in Berlin
Mai 1913 Promotion an der Universität Heidelberg
– im Ersten Weltkrieg als Soldat im Fronteinsatz
– Rechtsanwalt beim AG Berlin-Charlottenburg und bei den Berliner LG, zugleich Notar
– Musikliebhaber und guter Cellospieler; gründet auch ein Streichquartett
1933 Erhalt der Anwalts- und Notarszulassung als „Frontkämpfer"
1935 Besuch in Palästina
Ende 1935 Berufsverbot als Notar mit dem allgemeinen Berufsverbot gegen jüdische Beamte
1937 Emigration der Söhne nach Palästina
November 1938 Berufsverbot als Anwalt mit dem allgemeinen Berufsverbots gegen jüdische Anwälte
November 1938 Verschleppung in das KZ Sachsenhausen nach der Pogromnacht, freigelassen unter der Bedingung auszuwandern

1939 Emigration mit der Ehefrau nach Großbritannien
– verdient den Lebensunterhalt u.a. mit Cello- und Musikunterricht
– während des Zweiten Weltkriegs lebt das Ehepaar getrennt, Paul Brün in der Nähe von Liverpool (dort u.a. beim Bau von Flugzeugattrappen zur Täuschung der deutschen Luftwaffe tätig), Käthe Brün bei Brighton (dort als Haushaltshilfe tätig)
April 1946 Emigration nach Palästina, Haifa
– muss zur Sicherung des Lebensunterhalts anfänglich einfachen Erwerbsarbeiten nachgehen, arbeitet später bei einer Bank (in der Abteilung für Zahlungen an Überlebende des Holocaust) und bis ins hohe Alter bei der URO
Quellen:
Auskunft Joel Levi, Tel Aviv (nach Angaben der Enkelin).
AoR, S. 131 (mit Foto).

Cohn (später: Cohen), Benno Dr.
30.09.1894 Lobsens (Posen) – 24.11.1975 Tel Aviv
Familienstand: verheiratet, eine Tochter

– Jurastudium in Breslau
– aktives Mitglied in dem zionistisch orientierten Kartell jüdischer Verbindungen
– im Ersten Weltkrieg Kampfeinsatz als Soldat
1920 erste Reise nach Palästina; unterstützt Pläne für landwirtschaftliche Siedlungen
ab 1925 Rechtsanwalt in Berlin
1933 als „Frontkämpfer" weiter zugelassen, aber nur noch gelegentlich als Anwalt tätig
1933–1937 Vorsitzender der Berliner Zionistischen Vereinigung
1937–1939 Vorsitzender der Zionistischen Vereinigung für Deutschland
November 1938 Berufsverbot als Anwalt
1939 Emigration nach Palästina
1939–1947 Sekretär, Direktor und Vorstandsmitglied der Organisation der Einwanderer aus Mitteleuropa
– engagiert sich politisch, in Zusammenarbeit mit Felix Rosenblüth (ab 1948 erster Justizminister in Israel)
1942 Mitgründer der Partei New Immigration/ Aliyah Hadasha (ab 1948 Progressive Party/ Miflaga Progresivit)
1951–1959 Präsident des israelischen Beamtendisziplinargerichts
– auch Hochschuldozent an der School for Jurisprudence and Economics in Tel Aviv
1961 Zeuge im Eichmann-Prozess
1961–1965 Mitglied der Knesset für die liberale Partei
Quellen:
Auskunft Joel Levi, Tel Aviv.
Wikipedia: Benno Cohen. http://en.wikipedia.org/wiki/Benno_Cohen, 24.08.2012
AoR, S. 135 (mit Foto).

Cohn, Reinhold Dr.
24.10.1899 Berlin – 05.12.1973 Tel Aviv
Familienstand: verheiratet, ein Sohn
– Sohn des Rechtsanwalts Dr. Oskar Cohn (AoR, S. 137)
– zum Ende des Ersten Weltkriegs beim Nachrichtendienst des Heeres (wegen seiner guten Französischkenntnisse)

– nach Entlassung aus dem Heer Studium der Chemie (Schwerpunkt Biochemie) in Berlin
– im Kartell jüdischer Verbindungen tätig
1923 Promotion an der Berliner Universität
1925 erste Reise nach Palästina
– studiert später Jura
1932 Prüfung als Patentanwalt
Frühjahr 1933 Emigration mit der Familie nach Paris (der Vater war als politischer Gegner der Nationalsozialisten vor der drohenden Verhaftung gleich nach dem Reichstagsbrand geflüchtet)

– arbeitet dort als Patentanwalt
Ende 1933 Emigration nach Palästina
Mai 1934 Eröffnung einer Kanzlei als Patentanwalt (die heute in dritter Generation von dem Enkel geleitet wird)
– Mitgründer der von deutschstämmigen Einwanderern gegründeten Partei „Aliya Chadascha" (Neue Einwanderung)
Quellen:
Auskunft Joel Levi, Tel Aviv (nach Angaben des Enkels).

Cohn-Biedermann, Leo Dr. JR
17.10.1870 Konitz (Westpreußen) – keine Angaben
Familienstand: verheiratet, ein Sohn
– Rechtsanwalt am AG Berlin-Mitte und den Berliner LG, zugleich Notar
1933 Entzug des Notariats
April 1936 Emigration mit der Familie nach Palästina
31. Juli 1936 Löschung der Anwaltszulassung
10. Mai 1939 der Sohn wird bei einem Einsatz für die jüdische Untergrundorganisation Hagana gemeinsam mit weiteren Kameraden von Arabern erschossen
– keine weiteren Informationen
Quellen:
Auskunft Joel Levi, Tel Aviv.
AoR, S. 138.

Danziger, Ernst (später: Ernest) Dr.
07.06.1904 Berlin – 01.08.1970 Jerusalem
Familienstand: verheiratet, ein Sohn
– Sohn des Rechtsanwalts Justizrat Max Danziger
– Jurastudium an der Berliner Universität
März 1931 zweites Staatsexamen
ab August 1931 Rechtsanwalt in Berlin beim AG Berlin-Mitte und den Berliner LG, in gemeinsamer Kanzlei mit dem Vater

1932 Promotion an der Universität Halle
– Mitglied im Kartell Jüdischer Verbindungen (KJV)
– aktiver Rudersportler
Mai 1933 Berufsverbot
September 1933 Emigration nach Palästina, gemeinsam mit der Mutter
– lebt dort im Kibbuz Chefziba (wo er heiratet und sein Sohn zur Welt kommt)
1937 Bestehen der Prüfung beim „Legal Board at the Foreign Advocates"
– Niederlassung als Anwalt in Tel Aviv, Schwerpunkt Gesellschaftsrecht
ab Juni 1948 Direktor des Handelsregisters kurz nach der Staatsgründung Israels, dafür Umzug nach Jerusalem
ab 1968 im Ruhestand
– reist zweimal nach Deutschland und Berlin; wohnt dort in dem Hotel in seinem alten Wohnhaus
Quellen:
Auskunft Joel Levi, Tel Aviv.
AoR, S. 141 (ohne Doktortitel).

Deutsch, Hans Dr.
17.04.1906 Wien – 13.05.2002 Lausanne, Schweiz
Familienstand: keine Angaben
– Rechtsanwalt in Wien
1938 Berufsverbot nach dem Anschluss Österreichs an das Deutsche Reich
– Flucht nach Palästina
1938–1948 Arbeit als Schuster
1949 Zulassung als Anwalt in Israel
1953 Rückkehr nach Wien, auch dort als Anwalt tätig
– als Anwalt von jüdischen Verfolgten des NS-Regimes in Entschädigungs- und Wiedergutmachungsverfahren tätig, insbesondere in Fällen von Kunstraub
– betreibt zugleich den Hans-Deutsch-Verlag, in dem auch Bücher zu dieser Thematik erscheinen
1964 in Bonn wegen der (falschen) Anschuldigung auf Betrug und Anstiftung zum Meineid im Zusammenhang mit dem Wiedergutmachungsverfahren der Kunstsammlung Hatvany verhaftet und 18 Monate in Untersuchungshaft festgehalten
April 1973 nach jahrelangem Rechtsstreit freigesprochen
– nach heutigem Kenntnisstand wurde Deutsch Opfer einer Kampagne, die von ehemaligen Mitgliedern der SS und des SD, die auch in der Bonner Ministerialbürokratie z.T. hohe Funktionen ausübten, angezettelt wurde; diese waren vermutlich in den Kunstraub verstrickt
– Deutsch bemüht sich bis zu seinem Lebensende vergeblich um eine Rehabilitation
Quellen:
Auskunft Joel Levi, Tel Aviv.
Wikipedia: Hans Deutsch.
http://de.wikipedia.org/wiki/Hans_Deutsch, 09.08.2012.

Elden, Walter Dr.
10.08.1905 Berlin – 04.10.1947 bei Kfar Sirkin, Palästina
Familienstand: verheiratet, zwei Söhne

ab Ende 1932 Rechtsanwalt beim AG Berlin-Mitte und den Berliner LG
Juni 1933 Berufsverbot
– Emigration nach Palästina
1936 Mitgründer der jüdischen Siedlung Kfar Sirkin
– arbeitet bis 1943 in der Landwirtschaft, dann bei der britischen Armee als „storekeeper"
4. Oktober 1947 ermordet von Arabern, zusammen mit einem Freund auf dem Weg zur Arbeit
Quellen:
Auskunft Joel Levi, Tel Aviv.
AoR, S. 141.

Foerder, Herbert (später: Yeshayahu) Dr.
25.03.1901 Berlin-Charlottenburg – 01. (10.?) 06.1970 Tel Aviv
Familienstand: verheiratet, eine Tochter
– Studium in Freiburg i. Br., Heidelberg und Königsberg
ab 1926 Rechtsanwalt am AG Berlin-Mitte und an den Berliner LG
– engagiert sich in der zionistischen Bewegung, insbesondere in der Öffentlichkeitsarbeit
Frühjahr 1933 Berufsverbot
1933 Emigration nach Palästina
– dort Mitbegründer und bis 1957 Direktor einer Siedlungsgesellschaft
1933–1935 Mitglied im Vorstand der Vereinigung deutscher Einwanderer
– hilft vielen emigrierten deutschen Juden beim Transfer von Vermögenswerten
1948–1950 Inspektor für Lebensmittel in der Übergangsregierung (u.a. für Finanzierung der Lebensmitteleinfuhren zuständig)
1949–1957 Mitglied der Knesset (mit Unterbrechung); Mitglied im Finanz- und Wirtschaftsausschuss
1957–1970 Vorstandsvorsitzender bei der Leumi-Bank (Nationalbank)
– zugleich in zahlreichen wirtschaftlichen und politischen Gremien tätig
Quellen:
Auskunft Joel Levi, Tel Aviv.
AoR, S. 151.

Freudenheim, Martin Dr.
1875 – 09.09.1940 Tel Aviv
Familienstand: verheiratet
– Studium in Berlin und Heidelberg
– Mitglied einer jüdischen Verbindung
1898 erstes Staatsexamen
1898–1904 Referendariat im Bezirk des KG
1899–1900 Militärdienst als Einjährig-Freiwilliger beim Garde-Train-Bataillon in Berlin
1904 zweites Staatsexamen
– geht auf eine mehrmonatige Auslandsreise
– lässt sich nach der Rückkehr als Anwalt in Berlin nieder, zugelassen beim LG I
1906/07 Tod der Eltern; Freudenheim begibt sich auf eine mehrjährige Reise durch die Welt
– Eintritt in die SPD
1911/12 Bekanntschaft mit der späteren Ehefrau; die spätere Ehe bleibt kinderlos
1915–1918 Kriegsdienst im Ersten Weltkrieg, zuerst an der Ostfront in Russland, nach schwerer Erkrankung und Lazarettaufenthalt ab Januar 1917 an der Westfront in Frankreich; nach erneuter Erkrankung verwendungsunfähig für den Fronteinsatz; bis Kriegsende beim Kommandanturgericht in Berlin
– nach Kriegsende wieder als Anwalt tätig
seit 1920 Notar
1933 bleibt als „Frontkämpfer" und „Altanwalt" als Anwalt und Notar zugelassen, muss sich aber von seinem Sozius trennen, da die Kosten für die großen Büroräume nicht mehr aufzubringen sind
1935 Entzug des Notariats
– entgeht 1938 den Verhaftungen in der Pogromnacht
März 1939 Emigration mit der zionistisch eingestellten Ehefrau nach Palästina (wo eine Nichte und ein Neffe leben)
9. September 1940 kommt bei einem italienischen Bombenangriff auf Tel Aviv ums Leben
– bei dem Luftangriff werden 130 Menschen getötet, zu deren Gedenken in Tel Aviv ein Denkmal errichtet wurde
Quellen:
http://oops.uni-oldenburg.de/volltexte/2000/618/pdf/kurzbio.pdf, 09.08.2012. (Kurzbiographie auf Seite 270).
Sinn und Form 61. Jg., 2009, H. 4, S. 463–464 (Erinnerungsbericht zur Pogromnacht).
Auskunft Joel Levi, Tel Aviv.
AoR, S. 154 (mit falschem Geburtsdatum und teilweise falschen Angaben).

Glaser (später: Glaser Dar), Kurt
18.04.1885 Brieg (Schlesien) – 01.12.1952 (Tel Aviv?)
Familienstand: keine Angaben
– Rechtsanwalt und Notar in Berlin
1933 weitere Zulassung als Anwalt und Notar
1935 Entzug des Notariats
1938 Entzug der Anwaltszulassung zum 30.11. mit dem allgemeinen Berufsverbot gegen jüdische Rechtsanwälte
November 1939 Emigration nach Palästina
Quellen:
Auskunft Joel Levi, Tel Aviv.
AoR, S. 160.

Gluecksmann, Heinrich Dr.
13.10.1886 Königshütte (Schlesien) – 01.07.1952 Israel
Familienstand: verheiratet
– Rechtsanwalt und Notar in Berlin
1933 Entzug des Notariats
November 1935 Löschung als Anwalt
– Emigration nach Palästina
Quellen:
Auskunft Joel Levi, Tel Aviv.
AoR, S. 160.

Goldschmidt, Kurt
21.8.1889 Berlin – 03.01.1958 Interlaken (Schweiz)
Familienstand: verheiratet, zwei Kinder

– Jurastudium in Berlin
– Heeresdienst im Ersten Weltkrieg als Übersetzer für Türkisch und Rumänisch, stationiert auf dem Balkan in der Region Dobruja
– Rechtsanwalt mit Zulassung für die Berliner Landgerichte und das Amtsgericht Berlin-Mitte
1933 Berufsverbot (auch für die Ehefrau als Ärztin) und Emigration mit der Familie nach Holland
– dort Ausbildung zum Tischler in einem Werkdorf
1935 Emigration nach Palästina, die Ehefrau und die Kinder kehren zu ihren Großeltern nach Berlin zurück
– kann dort wegen des anderen Rechtssystems nicht als Jurist arbeiten und bleibt bis 1940 erwerbslos
1939 im April Emigration des Sohnes und im November der Ehefrau und der Tochter nach Palästina
ab 1940 Lagerverwalter (storekeeper) in einem britischen Militärcamp
1948–1957 Beamter in der Israel Land Administration
Quellen:
Auskunft des Sohnes Joseph Goldschmidt, Kfar Saba (Israel).
AoR, S. 163.

Henschel, Moritz
17.02.1879 Breslau – 01.07.1947 Tel Aviv
Familienstand: verheiratet
– im Ersten Weltkrieg als Soldat im Fronteinsatz, ausgezeichnet mit dem EK II

– Rechtsanwalt am KG und Notar
– Mitglied im Vorstand der Anwaltskammer Berlin
1933 Wiederzulassung als Anwalt und Notar
1935 Entzug des Notariats
Ende 1938 Berufsverbot als Anwalt
– letzter Vorsitzender der Jüdischen Gemeinde Berlin vor der Zwangsauflösung durch die Nationalsozialisten am 10.06.1943; muss in dieser Funktion nach Vorgaben der Nationalsozialisten auch Deportationslisten zusammenstellen
16.06.1943 Deportation nach Theresienstadt
1945 Emigration nach Palästina nach der Befreiung in Theresienstadt
13. September 1946 Vortrag in Tel Aviv über die Details seiner unmenschlichen Arbeit als Vorsitzender der Jüdischen Gemeinde
– die Ehefrau sagt 1961 als Zeugin im Eichmann-Prozess aus und verliest dabei auch den Vortrag ihres Mannes von 1946
Quellen:
In memoriam: Moritz Henschel. In: Berliner Anwaltsblatt, 03/2012, S. 78.
Auskunft Joel Levi, Tel Aviv.
AoR, S. 173.

Hilb, Karl Dr.
23.12.1894 Mannheim – 01.04.1973 (Haifa, Israel?)
Familienstand: verheiratet, drei Kinder

– Studium in Heidelberg
1915–1918 Soldat im Ersten Weltkrieg, für den Kampfeinsatz u.a. mit dem EK II ausgezeichnet
ab 1924 Anwalt in Mannheim
1926 als Zionist Auswanderung mit der Familie nach Palästina, Haifa
1930 wegen Integrationsproblemen Rückkehr nach Berlin und Niederlassung als Anwalt
1933 anfängliche Bemühung um die Wiederzulassung mit Verweis auf seinen Frontkämpferstatus, verlässt dann aber Deutschland und lässt sich erneut in Haifa nieder
Quellen:
Auskunft Joel Levi, Tel Aviv.
AoR, S. 175.

Hirsch, Salli Dr.
27.061885 Heinrichswalde (Ostpreußen) – 21.11.1950 Jerusalem

Familienstand: keine Angaben
1914–1918 Soldat im Ersten Weltkrieg, ausgezeichnet mit dem EK II
– Rechtsanwalt und Notar in Berlin
– Mitglied im Vorstand der Jüdischen Gemeinde und Funktionär in zionistischen und jüdischen Organisationen, u.a. Delegierter bei zionistischen Kongressen
– besucht mehrfach Palästina
1933 Wiederzulassung als Anwalt und Notar
1935 Entzug des Notariats
1935 Emigration nach Palästina, zuvor am 04.11. als Anwalt auf Antrag gelöscht
– scheitert an der Anwaltsprüfung für Palästina, da ihm das englische Rechtssystem fremd bleibt
– als Direktor eines Unternehmens zur Landentwicklung tätig, dann Rechts- und Steuerberater in einer Anwaltskanzlei in Jerusalem
– weiterhin in zionistischen Organisationen sehr engagiert (u.a. Mitglied im Aktionsausschuss von HaHisdadrut HaZionit und im Vorstand der Vereinigung der Einwanderer aus Zentraleuropa)
– politisch in der Partei Aliya Chadasda beheimatet; bis 1949 Vertreter der Partei im Jerusalemer Stadtrat
1949 Beauftragter für feindliches Eigentum in Israel
Quellen:
In memoriam: Dr. Salli Hirsch. In: Berliner Anwaltsblatt, 09/2011, S. 320.
Auskunft Joel Levi, Tel Aviv.
AoR, S. 177.

Hohenstein, Werner Dr.
26.05.1892 Stettin – 26.09.1972 in der Schweiz
Familienstand: verheiratet
– als Kind Umzug mit der Familie nach Berlin
1911 Abitur in Berlin
1911–1914 Studium in Freiburg i. Br., München und Berlin

1915 erstes Staatsexamen
– im Ersten Weltkrieg als Soldat schwer verwundet
1922 zweites Staatsexamen
– danach als Assessor im Justizdienst, dann Syndikus einer Bank in Danzig
ab 1925 Rechtsanwalt in Berlin
ab 1932 Notar
1933 Wiederzulassung als „Frontkämpfer"
1935 Entzug des Notariats
November bis Anfang Dezember 1938 Verschleppung in das KZ Sachsenhausen nach der Pogromnacht
Ende 1938 Berufsverbot als Anwalt
– wird noch als „Konsulent" zugelassen
März 1939 Emigration mit der Ehefrau nach Palästina, Tel Aviv (muss sich bis dahin täglich auf dem Polizeirevier melden)
– versucht sich ohne Erfolg in Handelsgeschäften; das Ehepaar lebt notdürftig von Ersparnissen und dem Verkauf von Hausrat und Möbeln
ab 1945 Anstellung bei einem US-amerikanischen Unternehmen (American Porcellain Tooth Company)
– arbeitet später bei der URO
26. September 1972 stirbt auf einer Urlaubsreise in der Schweiz und wird auf dem Holon Cemetery in Israel beigesetzt
Quellen:
Auskunft Joel Levi, Tel Aviv; Gabi Eger, Tel Aviv.
AoR, S. 178.

Igel, Karl
25.05.1900 Kattowitz (Schlesien) – 01.09.1966 Israel
Familienstand: verheiratet
– Rechtsanwalt in Berlin mit Kanzlei im Bezirk Prenzlauer Berg
Juni 1933 Berufsverbot
Oktober 1933 Emigration nach Palästina
Quellen:
Auskunft Joel Levi, Tel Aviv.
AoR, S. 181.

Jaffé, Max Dr.
15.07.1883 Wreschen (Posen) – 01.09.1955 (Tel Aviv?)
Familienstand: verheiratet
– Rechtsanwalt und Notar in Berlin
1933 Wiederzulassung als Anwalt und Notar
1935 Entzug des Notariats
31. März 1936 Löschung aus der Anwaltsliste
November 1936 Emigration nach Palästina, Tel Aviv
Quellen:
Auskunft Joel Levi, Tel Aviv.
AoR, S. 186.

Katz, Arthur Dr.
06.09.1902 – 22.10.1978 Israel
Familienstand: verheiratet
– Rechtsanwalt in Berlin am KG
Frühjahr 1933 Berufsverbot
1933 Emigration nach Palästina
Quellen:
Auskunft Joel Levi, Tel Aviv.
AoR, S. 192.

Katzenstein, Max Dr.
06.03.1890 Frankfurt a. M. – keine Angaben
Familienstand: unverheiratet
– Rechtsanwalt in Berlin
Frühjahr 1933 Berufsverbot
September 1934 Emigration nach Palästina, Jerusalem
Quellen:
Auskunft Joel Levi, Tel Aviv.
AoR, S. 192.

Knopf, Harry Dr.
14.01.1887 Berlin – 19.03.1976 Israel
Familienstand: verheiratet, eine Tochter
– Teilnahme am Ersten Weltkrieg

– Rechtsanwalt und Notar in Berlin, Sozietät mit Dr. Hans Liebrecht (AoR, S. 212) und Dr. Ernst Asch (AoR, S. 111)
– zugleich Justitiar von ausländischen Gesandtschaften
1933 Entzug des Notariats
Ende 1938 Berufsverbot als Anwalt
September 1939 Emigration nach Palästina
– bestreitet den Lebensunterhalt zuerst als Geiger, dann mit der Herstellung von Strickwaren
– veröffentlicht Anfang der 1940er Jahre gemeinsam mit einem Kollegen Gedanken und Forderungen zur Wiedergutmachung des NS-Unrechts
– die Mutter, zwei Schwestern und weitere Verwandte werden deportiert und ermordet
1948 Juristischer Leiter der URO nach deren Gründung in Israel
– gilt als einer der Experten im Wiedergutmachungsrecht und publiziert für die breite Öffentlichkeit Beiträge und Broschüren zu Wiedergutmachungsfragen
– arbeitet bis zu seinem 85. Geburtstag als Jurist

Quellen:
Dr. Harry Knopf – 80 Jahre. In: MB. Mitteilungsblatt der Vereinigung der Israelis mitteleuropäischer Herkunft vom 13.01.1967, S. 4.
Auskunft Joel Levi, Tel Aviv; Tochter Miriam Shay, Israel.
AoR, S. 197.

Kollenscher, Max Dr.
27.09.1875 Posen – 1937 (Haifa?)
Familienstand: verheiratet, vier Kinder
– Rechtsanwalt und Notar in Berlin
– aktiver Anhänger der zionistischen Bewegung, u.a. Mitgründer der zionistischen Jüdischen Volkspartei (die auch bei Wahlen in jüdischen Gemeinden und anderen Institutionen antrat)
– Mitglied im Vorstand der Jüdischen Gemeinde Berlin; dort in der Erziehungsabteilung für die Gründung von jüdischen Kindergärten und Schulen zuständig
1928 Reise nach Palästina und Kauf von Ackerland und einem Baugrundstück in Haifa
– publiziert zugleich wissenschaftliche Werke und Beiträge in Zeitungen (Vossische Zeitung)
1933 Wiederzulassung als „Altanwalt" (erst 1935 gelöscht)
Juli 1933 Emigration mit der Familie nach Palästina
– lebt zuerst in Tel Aviv, später in Haifa
– baut in Tel Aviv das Gemeindezentrum Ichut Shivat Zion mit auf
1934 Mitgründer der Privatbank Kollenscher, Löwenberg & Co., die Kredite für Unternehmensgründungen vergibt
Quellen:
Auskunft Joel Levi, Tel Aviv.
AoR, S. 199.

Krojanker, Edith Dr. (geb. Epstein)
05.04.1905 Eydtkuhnen (Ostpreußen) – 15.10.1995 Jerusalem
Familienstand: verheiratet, zwei Kinder
März 1924 Abitur an der Königin-Luise-Schule in Königsberg
1924–1927 Jurastudium in Königsberg und Berlin
Juli 1927 erstes Staatsexamen am OLG Königsberg, Note „gut"
– Referendariat im OLG-Bezirk Königsberg, am AG Berlin-Schöneberg und dem KG
1929 Promotion an der Universität Königsberg
Januar 1932 zweites Staatsexamen, Note „gut"
– dann als Gerichtsassessorin mit Beschäftigungsaufträgen an Berliner Gerichten tätig
ab April 1933 Zwangsbeurlaubung als Beamtin
Juli 1933 Berufsverbot (zum 1. November 1933 in den Ruhestand versetzt)
Oktober 1933 Emigration nach England
– arbeitet als Lehrerin für Iwrith und Französisch an einer jüdischen Internatsschule
August 1935 Weiterreise nach Palästina

– verdient ihren Lebensunterhalt mit Sekretariatsarbeiten
1938 Heirat mit Gerichtsassessor Dr. Gustav Krojanker (1933 Berufsverbot)
1945 Vorbereitung auf die Anwaltsprüfung für Palästina, nach dem Tod des Ehemanns (Juni 1945)
April 1948 Anwaltsprüfung, daran anschließend eine weitere praktische Ausbildung
Dezember 1949 Zulassung zur Anwaltschaft in Israel
– arbeitet zuerst als angestellte Rechtsanwältin, ab Oktober 1952 in eigener Kanzlei
1953–1955 Tätigkeit für die Jewish Trust Corporation in Deutschland, um die Restitution von jüdischem Eigentum durchzusetzen
1955–1971 Rechtsanwältin im Regierungsdienst, staatliche Leiterin des Finanzwesens
1971 Ruhestand
Quellen:
Röwekamp, Marion: Juristinnen. Lexikon zu Leben und Werk, Baden-Baden 2005, S. 209–210.
Auskunft Joel Levi, Tel Aviv (nach Informationen des Sohnes); Simone Ladwig-Winters, Berlin.

Landshut, Arnold Dr.
30.05.1900 Neumark – 05.09.1955 Jerusalem
Familienstand: verheiratet, eine Tochter
– Studium in Berlin, Würzburg und Königsberg
ab 1925 Rechtsanwalt
– zugleich Rechtsberater der Fürsten zu Hohenlohe-Öhringen
Juni 1933 Berufsverbot
August 1933 Emigration nach Palästina, Haifa
1934 Umzug der Familie nach Jerusalem
– als Kaufmann mit verschiedenen Geschäften tätig; bereitet sich auf die Anwaltsprüfung vor
1941–1943 Niederlassung als Rechtsanwalt nach bestandener Anwaltsprüfung

1943 Veröffentlichung des Buchs „The Fundamental Law in Respect of War-Time Control of Goods in Palestine"
1943–1948 Tätigkeit bei der britischen Mandatsregierung im Amt für Preiskontrolle
– Mitglied der Hagana (jüdische Untergrundorganisation)
1948–1949 Mitarbeiter bei der staatlichen Preiskontrolle
ab 1949 bei der israelischen Regierung im Department of Services and Establishments
Quellen:
Who's Who in Israel, 1952 (Hinweis der Tochter, dort mit Doktortitel).
Auskunft Joel Levi, Tel Aviv (nach Informationen der Tochter).
AoR, S. 205.

Lehmann, Manfred (später: Meiri J.) Dr.
23.09.1897 – März 1967
Familienstand: keine Angaben
– Rechtsanwalt in Berlin
1933 Wiederzulassung
Oktober 1937 Löschung als Anwalt
1937 Emigration nach Palästina
Quellen:
Auskunft Joel Levi, Tel Aviv.
AoR, S. 210.

Levy, Friedrich Franz
20.10.1888 Berlin – April 1952 Israel
Familienstand: keine Angaben
ab 1919 Rechtsanwalt in Berlin
ab 1929 Notar
Frühjahr 1933 Berufsverbot
Dezember 1933 Emigration nach Palästina
Quellen:
Auskunft Joel Levi, Tel Aviv.
AoR, S. 208f.

Lewinson, Alfred
28.08.1885 – 13.07.1957 Israel
Familienstand: unverheiratet
– Rechtsanwalt und Notar in Berlin
1933 Wiederzulassung als Anwalt, aber Entzug des Notariats
Dezember 1935 Emigration nach Palästina
(Löschung als Anwalt erfolgt erst im August 1936)
Quellen:
Auskunft Joel Levi, Tel Aviv.
AoR, S. 210.

Lindenstrauß, Erich (später: Arieh)
30.08.1899 – 15.06.1966 Jerusalem
Familienstand: verheiratet, eine Tochter

ab 1926 Rechtsanwalt in Berlin, später auch Notar
Juni 1933 Berufsverbot
1933 (1934?) Emigration nach Palästina
– im Haavara-Büro (zuständig für den Transfer des Vermögens jüdischer Emigranten aus Deutschland nach Palästina) tätig
– dann Angestellter im Industrie- und Handelsministerium der britischen Mandatsregierung und nach der Staatsgründung in Israel
Quellen:
Auskunft Joel Levi, Tel Aviv.
Rosen-Lindenstrauss, Arisa: The Lindenstrauss Family. In: Justice, (Hg.) International Association of Jewish Lawyers and Jurists, Nr. 22, Winter 1999, S. 25–26.
AoR, S. 212.

Littmann, Herbert
02.05.1903 Berlin – 17.12.1985 Israel
Familienstand: keine Angaben
– Rechtsanwalt in Berlin
Juni 1933 Berufsverbot
Juni 1935 Emigration nach Palästina
Quellen:
Auskunft Joel Levi, Tel Aviv.
AoR, S. 214.

Loewenberg, Kurt
14.04.1907 – 20.07.1988 Israel
Familienstand: verheiratet
– Rechtsanwalt in Berlin
Juni 1933 Berufsverbot
September 1933 Emigration nach Palästina, Tel Aviv
– dort in der zweiten Hälfte der 1930er Jahre leitender Angestellter in einer Speditionsfirma
Quellen:
Auskunft Joel Levi, Tel Aviv; Shlomo Krebs, Israel.
AoR, S. 216.

Lubinski, Georg (später: Lotan, Giora) Dr.
22.03.1902 Berlin – 01.01.1974 Jerusalem
Familienstand: verheiratet, zwei Söhne

1921–1923 Praktikant in der Jugendfürsorge im Berliner Bezirk Friedrichshain und Abschluss mit Note „gut" am Seminar für Jugendarbeit
– Jurastudium in Berlin und Frankfurt a. M.
1927 Promotion an der Universität Frankfurt a. M.
ab 1931 Rechtsanwalt am AG Berlin-Mitte und den Berliner LG
– in der zionistischen Jugendbewegung in Deutschland aktiv, u.a. Vorsitzender der Hechaluz und Generalsekretär des Reichsausschusses der jüdischen Jugendverbände in Deutschland
– zugleich weiter in der Sozialfürsorge engagiert
Frühjahr 1933 Berufsverbot
1933–1938 Leiter der Abteilung für Berufsausbildung bei der Reichsvertretung der deutschen Juden und in dieser Funktion auch für die Auswandererhilfe zuständig
Juni 1935 – Oktober 1935 von der Gestapo mit einem Rede- und Publikationsverbot belegt
1938 Emigration nach Palästina
– engagiert sich bei der Hitachdut Olej Germania (Vereinigung der Einwanderer aus Deutschland), die Unterstützung und Sozialarbeit für Emigranten aus Deutschland leistet
– ändert seinen Namen in Giora Lotan
ab 1939 Direktor für Sozialarbeit im Nationalkomitee
– organisiert während des Zweiten Weltkriegs Unterstützung für die Familien von Soldaten, die in der britischen Armee kämpfen und wird dafür vom britischen König ausgezeichnet
ab 1948 Vertreter Israels im Sozialrat der UNO und in der Weltgesundheitsorganisation
ab 1951 maßgeblich am Aufbau der Sozialversicherung in Israel beteiligt
1954–1969 Direktor der israelischen Sozialversicherung (bis zur Pensionierung)
– zugleich zeitweise Generaldirektor der Ministerien für Soziales und Arbeit
Quellen:
In memoriam: Dr. Georg Lubinski. In: Berliner Anwaltsblatt, 11/2011, S. 408.
Auskunft Joel Levi, Tel Aviv (nach Angaben eines Sohnes).
AoR, S. 218.

Marcus, John (später: Haim J.) Dr.
26.12.1896 – März 1953
Familienstand: keine Angaben
ab 1929 Rechtsanwalt in Berlin
1933 Berufsverbot (der Militärdienst im Ersten Weltkrieg wurde nicht als Fronteinsatz anerkannt)
September 1933 Emigration nach Palästina
Quellen:
Auskunft Joel Levi, Tel Aviv.
AoR, S. 220.

Meseritz, Johannes Dr.
31.03.1884 Berlin – August 1952
Familienstand: keine Angaben
– Rechtsanwalt und Notar in Berlin
um 1930 auch als Rechtsberater und Verteidiger im Auftrag der Roten Hilfe tätig
1933 Berufsverbot
November 1935 Emigration nach Palästina
Quellen:
Auskunft Joel Levi, Tel Aviv.
AoR, S. 224.

Mittwoch, Felix (später: Uri) Dr.
01.04.1887 Schrimm (Posen) – 03.11.1959 Haifa
Familienstand: verheiratet, ein Sohn, eine Tochter
– Rechtsanwalt und Notar in Berlin
– aktiver Zionist
Frühjahr 1933 Berufsverbot
– dann als Berater beim „Hilfsverein der Juden in Deutschland" in Auswanderungsfragen tätig
1938 Emigration nach Holland
– dort wieder in der Auswandererhilfe tätig
– der Sohn wird zur Ausbildung in ein Internat nach England geschickt
1940 Internierung im Lager Westerbork durch die deutsche Wehrmacht nach der Besetzung Hollands, später nach Bergen-Belsen verschleppt

– die Familie bleibt von den Deportationen ausgenommen, da sie über US-amerikanische Papiere verfügt (die ihnen Verwandte in den USA beschafft hatten)
Juli 1944 Übersiedelung nach Palästina, Jerusalem im Zuge eines Gefangenenaustausches der britischen Armee und der deutschen Wehrmacht (in Palästina gefangengenommene deutsche Mitglieder des Templer-Ordens gegen jüdische Gefangene)
– nach der jahrelangen Haft sind M,, seine Frau und die Tochter in schlechtem Gesundheitszustand
– die Tochter findet Arbeit als Laborantin im Jerusalemer Hadassa-Krankenhaus, die Ehefrau als Sozialarbeiterin
nach 1945 der Sohn, dem von der britischen Mandatsregierung kein Einreisevisum für Palästina erteilt wird, reist dennoch nach Palästina (zuletzt auf einem Segelboot), wird aber nach der Landung von der britischen Militärpolizei verhaftet und in einem Lager auf Zypern festgesetzt
am 13. April 1948 kommt die Tochter bei einem Überfall von Arabern auf einen Konvoi zum Transport von medizinischen Gerätschaften ums Leben (der Überfall fordert 78 Todesopfer)
14. Mai 1948 nach der Staatsgründung kann der Sohn nach Israel einreisen und lässt sich in einem Kibbuz nieder
1948 Umzug der Eheleute nach Haifa, um näher beim Sohn zu leben
– Mittwoch arbeitet im israelischen Wohlfahrtsministerium
Quellen:
Auskunft Joel Levi, Tel Aviv (nach Angaben des Sohnes).
AoR, S. 228.

Moses, Siegfried Dr.
03.05.1887 Lautenburg (Ostpreußen) – 14.01.1974 Tel Aviv
Familienstand: verheiratet, zwei Söhne
– seit Jugendtagen aktiver Anhänger der zionistischen Bewegung

1904 Abitur am Sophiengymnasium in Berlin
– Jurastudium in Berlin
1908 Promotion in Heidelberg
ab 1912 Rechtsanwalt in Berlin (zuletzt am KG), später auch Notar
– während des Ersten Weltkriegs Leiter des Kriegsernährungsamtes (da für den Militärdienst nicht tauglich)
ab 1929 Sozietät mit Sammy Gronemann (AoR, S. 166) und Salli Hirsch (s.o.), zugleich als Wirtschaftsprüfer tätig
1931–1936 Mitglied der Repräsentantenversammlung der Jüdischen Gemeinde Berlin
1933 Entzug des Notariats
1933–1937 Vorsitzender der Zionistischen Vereinigung für Deutschland, zugleich Vizepräsident der Reichsvertretung der deutschen Juden
– maßgeblich an den Verhandlungen zum Haavara-Abkommen beteiligt
1936 Aufgabe der Anwaltszulassung wegen der drastischen Einnahmerückgänge
1937 Emigration nach Palästina, Tel Aviv
1937–1938 Leiter des Haavara-Büros, zugleich als Buchprüfer und Steuerberater tätig
1939–1949 hauptberuflich Buchprüfer und Steuerberater
– engagiert sich in Organisationen deutscher Einwanderer (Hitachdut Olej Germania, später Council of Jews from Germany)
1944 Veröffentlichung der Schrift „Die jüdischen Nachkriegsforderungen" zum Anspruch auf Entschädigung und Wiedergutmachung
1949–1961 Leiter des israelischen Rechnungshofes; dabei maßgeblich am Aufbau einer effizienten und rechtsstaatlichen Verwaltung beteiligt
1956–1974 als Nachfolger Leo Baecks Präsident des Leo Baeck Instituts
Quellen:
Auskunft Joel Levi, Tel Aviv.
AoR, S. 228f.

Münz, Josef Dr.
19.12.1876 Kempen (Kempten?) – 17.06.1951 Israel
Familienstand: keine Angaben
– Rechtsanwalt und Notar in Berlin
1933 Entzug des Notariats
Ende 1938 Berufsverbot als Anwalt
– keine Informationen über die folgenden Jahre
Januar 1944 (nach anderer Angabe: Dezember 1938) Emigration nach Palästina
Quellen:
Auskunft Joel Levi, Tel Aviv.
AoR, S. 230.

Nagel, Karl Heinz Dr.
17.10.1904 Berlin – keine Angaben
Familienstand: verheiratet, zwei Kinder
– Rechtsanwalt in Berlin
Frühjahr 1933 Berufsverbot

März 1934 Emigration nach Palästina
– lebt zuletzt in Haifa
Quellen:
Auskunft Joel Levi, Tel Aviv.
AoR, S. 230.

Netter, Oscar Dr.
11.05.1878 – 07.08.1937 Jerusalem
Familienstand: verheiratet, ein Sohn

– Rechtsanwalt und Notar in Berlin, mit dem Schwerpunkt Handels- und Kartellrecht
1933 Entzug des Notariats
22. April 1936 Löschung als Anwalt
1936 Emigration nach Palästina, Jerusalem
Quellen:
Auskunft Joel Levi, Tel Aviv.
AoR, S. 231.

Pfeffermann, Bruno Dr.
10.01.1881 Görlitz (Schlesien) – 23.10.1939 Palästina
Familienstand: zweimal verheiratet
– Rechtsanwalt und Notar in Berlin
1933 Entzug des Notariats
Ende 1938 Berufsverbot
November 1938 Emigration nach Palästina
Quellen:
Auskunft Joel Levi, Tel Aviv.
AoR, S. 236.

Pick, Ernst
07.11.1884 Cosel (Schlesien) – 27.06.1950 Tel Aviv
Familienstand: unverheiratet
ab 1912 Rechtsanwalt in Berlin
– im Ersten Weltkrieg Offizier in der deutschen Marine
ab 1927 Notar
– Sozietät mit Dagobert Auerbach (AoR, S. 112)
1933 Entzug des Notariats

Ende 1938 Berufsverbot als Anwalt
– Emigration nach Palästina, Tel Aviv
– nach der Erinnerung von Angehörigen musste er Hals über Kopf, ohne einen Pfennig fliehen, da seinem Büro in einem Schriftwechsel mit der Gestapo ein Tippfehler unterlaufen war: „Gemien Staatspolizei"
– lebt in Tel Aviv bei seinem Bruder und der Schwägerin
– kommt nur sehr schwer mit dem Leben in der Emigration zurecht
Quellen:
Auskunft Joel Levi, Tel Aviv.
AoR, S. 237.

Pinner, Ernst
24.07.1889 Kosten (Posen?) – 20.08.1947 Beith Jichzak, Palästina
Familienstand: zweimal verheiratet, zwei (?) Kinder
– Rechtsanwalt und Notar in Berlin
1933 Wiederzulassung als Anwalt und Notar
1935 Entzug des Notariats
Ende 1938 Berufsverbot als Anwalt
– für kurze Zeit noch als „Konsulent" zugelassen
August 1939 Emigration nach Palästina
– lässt sich mit der Familie in der Siedlung Beith Jizchak nieder (wo viele deutschstämmige Einwanderer leben) und betreibt dort später eine Hühnerfarm
Quellen:
Auskunft Joel Levi, Tel Aviv.
AoR, S. 239.

Pulvermacher, Ralph Dr.
18.04.1890 Kempen – Dezember 1955 (Tel Aviv?)
Familienstand: keine Angaben
– Rechtsanwalt am KG und Notar
Frühjahr 1933 Berufsverbot
April 1933 Emigration nach Palästina, Tel Aviv
Quellen:
Auskunft Joel Levi, Tel Aviv.
AoR, S. 242.

Rabau, Alfred Dr.
17.06.1896 Berlin – 1958 Tel Aviv
Familienstand: verheiratet, ein Sohn

– Rechtsanwalt am KG und Notar
– in der zionistischen Bewegung aktiv
– Vorstandsmitglied der Jüdischen Gemeinde Berlin
1933 Wiederzulassung als Anwalt und Notar
1935 Entzug des Notariats
Ende 1938 Berufsverbot als Anwalt
– Emigration nach Holland
März 1939 Emigration nach Palästina
– während des Zweiten Weltkriegs in Europa für jüdische Gefangene der KZs Westerbork und Bergen-Belsen tätig
1945 Rückkehr nach Palästina
– Prüfung als Rechtsanwalt, Zulassung als Anwalt und Notar
– leitet die United Restitution Organisation (URO) in Israel
Quellen:
Auskunft Joel Levi, Tel Aviv; Sohn Jacov Peter Rabau, Berlin.
AoR, S. 243.

Ritter, Hans
12.05.1901 Orzegow (Schlesien) – 01.04.1966 Israel
Familienstand: verheiratet, ein Kind
ab 1928 Rechtsanwalt in Berlin
Juli1933 Berufsverbot
Februar 1935 Emigration nach Palästina
Quellen:
Auskunft Joel Levi, Tel Aviv.
AoR, S. 243.

Rosenthal, James Yaakov
20.05.1905 Berlin – 11.09.1997 Jerusalem
Familienstand: verheiratet

– Jurastudium in Berlin und Freiburg i. Br.
– Referendariat im Bezirk des KG
– zugleich als Reporter für die Jewish Telegraph Agency tätig; berichtet v.a. über die Debatten im Reichstag
ab Ende 1932 (Anfang 1931?) Rechtsanwalt in Berlin, zugelassen am LG II
– in der Jugendfürsorge der Jüdischen Gemeinde engagiert
Frühjahr 1933 Berufsverbot
1933 (1935?) Emigration nach Palästina, Jerusalem
– gründet eine Zeitung, bis 1948 als deren Herausgeber und Redakteur tätig
ab 1948 Redakteur bei der (deutschsprachigen) Zeitung Yediot Hadashot und Mitarbeiter bei weiteren Zeitungen und Zeitschriften
ab 1949 Redakteur bei Haaretz, Parlamentskorrespondent (bis 1970) und Redakteur für juristische Fragen
– verfügt durch seine Arbeit als Parlamentskorrespondent über vielfältige politische Kontakte und nimmt als Sprachrohr für Gerechtigkeit, Gleichheit und Pressefreiheit eine wichtige Rolle in der israelischen Öffentlichkeit ein
Quellen:
Auskunft Joel Levi, Tel Aviv.
AoR, S. 249.

Salomon, Kurt
25.01.1907 Berlin – keine Angaben
Familienstand: verheiratet, zwei Kinder
– Rechtsanwalt in Berlin
Sommer 1933 Berufsverbot
März 1936 Emigration nach Palästina
– lebt in Tel Aviv
Quellen:
Auskunft Joel Levi, Tel Aviv.
AoR, S. 253.

Salomonski, Georg Dr.
12.04.1895 Berlin – März 1973
Familienstand: verheiratet, ein Sohn
– Rechtsanwalt am KG und Notar
Juni 1933 Berufsverbot
1933 Emigration nach Palästina
– betreibt ein Café in Haifa, später Jurist bei der israelischen Einkommenssteuerbehörde
Quellen:
Auskunft Joel Levi, Tel Aviv.
AoR, S. 253.

Samolewitz, Leopold Dr.
23.11.1883 Berlin – 06.06.1959 Jerusalem
Familienstand: verheiratet, wenigstens ein Kind
– Rechtsanwalt am KG und Notar
1933 Wiederzulassung als Anwalt und Notar
1935 Entzug des Notariats
Ende 1938 Berufsverbot als Anwalt
– noch als „Konsulent" zugelassen
März 1939 Emigration nach Palästina, Tel Aviv, später Jerusalem
– absolviert ein erneutes Jurastudium und besteht das Anwaltsexamen
1957 als Notar zugelassen
Quellen:
Auskunft Joel Levi, Tel Aviv; Eva Samo, New Jersey (USA).
AoR, S. 254.

Saul, Günther
15.12.1908 Duisburg – 29.03.1953 Flint (Michigan, USA)
Familienstand: verheiratet, zwei Kinder

– spielt sehr gut Klavier und beherrscht sieben Sprachen
1933 Entlassung als Assessor aus dem Justizdienst
1934 Emigration mit der Ehefrau nach Palästina, Haifa
– arbeitet zunächst als Hausierer, die Ehefrau als Haushälterin
– später Aufbau einer Hühnerzucht in Ramat Hashavim
1940–1945 Soldat beim englischen Militär im Zweiten Weltkrieg
ab 1945 arbeitet in einem Kleidungsgeschäft
1947 Emigration in die USA, Michigan
Quellen:
Auskunft Joel Levi, Tel Aviv.

Schachtel, Jacob JR
03.10.1867 Schmierzycze – 01.08.1959 (Haifa?)
Familienstand: verheiratet
– Rechtsanwalt am KG und Notar
1933 Wiederzulassung als Anwalt und Notar
1934 Emigration nach Palästina
Quellen:
Auskunft Joel Levi, Tel Aviv.
AoR, S. 255.

Scherek, Leo Dr.
1893 Posen – 1962 Israel
Familienstand: keine Angaben

ab 1920 Rechtsanwalt in Berlin
– in der zionistischen Bewegung aktiv, u.a. im Vorstand der Zionistischen Vereinigung für Deutschland (ZVfD)
Sommer 1933 Berufsverbot
1937–1939 Mitglied der Repräsentanten-versammlung der Jüdischen Gemeinde Berlin
November 1938 Verschleppung in das KZ Sachsenhausen nach der Pogromnacht
– Emigration nach Palästina
– engagiert sich u.a. bei der Irgun Olej Merkas Europa (Organisation der Einwanderer aus Mitteleuropa)
Quellen:
Auskunft Joel Levi, Tel Aviv.
AoR, S. 256.

Stein, Siegbert (später: Shmuel) Dr.
03.09.1892 Berlin – 06.03.1973 Jerusalem
Familienstand: verheiratet
August 1914 erstes Staatsexamen
1914–1918 als Soldat im Ersten Weltkrieg im Fronteinsatz, schwer verwundet, mit dem EK II

und dem Verwundetenabzeichen ausgezeichnet
ab 1920 Referendariat
1921 Promotion in Würzburg
1922 zweites Staatsexamen
– arbeitet als Gerichtsassessor mit Beschäftigungsaufträgen
ab 1926 ständiger Hilfsarbeiter (Amtsrichter) in Berlin
ab 1927 Rechtsanwalt in Berlin am AG Berlin-Mitte und den Berliner LG
1933 Wiederzulassung als „Frontkämpfer"
Juli 1937 Emigration nach Palästina, Haifa
– arbeitet als Buchhalter, da ihm zu seinem großen Bedauern wegen der unzureichenden Hebräischkenntnisse und dem anderen Rechtssystem eine Tätigkeit als Anwalt nicht möglich ist
1960 Ruhestand und Umzug nach Jerusalem
Quellen:
Auskunft Joel Levi, Tel Aviv.
Wanderausstellung „Anwalt ohne Recht", englische Fassung: http://www.anwalt-ohne-recht.de/Panel_LA_Stein_u_Cohn.pdf, 09.08.2012.
AoR, S. 271 (mit Foto).

Süßmann, Georg Dr.
14.10.1887 Liegnitz (Schlesien) – 14.04.1959 Jerusalem
Familienstand: verheiratet
– Rechtsanwalt an den Berliner LG und Notar
1933 Wiederzulassung als Anwalt und Notar
vor Herbst 1935 Löschung aus den Anwaltslisten
Februar 1937 Emigration nach Palästina, Jerusalem
Quellen:
Auskunft Joel Levi, Tel Aviv.
AoR, S. 274.

Sulzberger, Paul (später: Paltiel) Dr.
18.10.1891 Wiesbaden – 07.06.1945 Jerusalem
Familienstand: keine Angaben
– Jurastudium in Marburg, München und Berlin
1914–1919 Soldat im Ersten Weltkrieg im Fronteinsatz
1919–1924 Rechtsanwalt in Wiesbaden
ab 1924 Rechtsanwalt in Berlin, später auch Notar
– seit seiner Jugend überzeugter Zionist und in zionistischen und anderen jüdischen Organisationen tätig
1933 Wiederzulassung als Anwalt und Notar
Ende 1935 Entzug des Notariats
Mitte 1938 Verhaftung und Verschleppung in das KZ Dachau, nach neun Monaten freigelassen unter der Bedingung auszureisen
März 1939 Emigration nach Palästina, Jerusalem
– kann dort nicht mehr richtig Fuß fassen und bestreitet den Lebensunterhalt als Bürokraft
Quellen:
Auskunft Joel Levi, Tel Aviv.
AoR, S. 274.

Wilinski, Erich Dr.
02.05.1894 Berlin-Pankow – 17.11.1978 Israel
Familienstand: verheiratet, zwei Söhne
Herbst 1912 Abitur am Realgymnasium in Berlin-Pankow

1913–1914 Jurastudium in Berlin
August 1914 – Juni 1917 Soldat im Ersten Weltkrieg im Fronteinsatz an West- und Ostfront, ab März 1916 schwer erkrankt mit langer Rekonvaleszenz
ab Juni 1917 Beurlaubung vom Heeresdienst zur Fortsetzung des Studiums
September 1917 Entlassung aus dem Heeresdienst aus gesundheitlichen Gründen
1918 Promotion an der Universität Greifswald
– keine Angaben zu Staatsexamina und Referendariat

– tritt in die Firmengruppe des Bauunternehmers Adolf Sommerfeld ein (den er seit seiner Kindheit kannte) und übernimmt dort leitende Funktionen
– das Unternehmen spielt eine wichtige Rolle bei der baulichen Entwicklung Berlins in der Weimarer Republik und arbeitet mit namhaften Architekten (Gropius, Mendelsohn, Neutra, Taut) zusammen
– zugleich zeitweise als Handels- und Arbeitsrichter tätig
– im Kuratorium des Jüdischen Lehrlingsheims in Pankow (sein Vater war Mitgründer und erster Leiter der Einrichtung)
ab Ende 1932 angesichts der politischen Entwicklung in Deutschland Vorbereitungen zur Emigration
– scheidet aus dem Sommerfeld-Konzern aus und arbeitet freiberuflich als Berater und Gutachter
Ende 1934 Emigration mit der Familie nach Palästina
– arbeitet bei der Josef Loewi Firmengruppe (Erwerb von Grund und Boden für Siedlungsgründungen)
– während des Zweiten Weltkriegs im Dienst der britische Mandatsregierung
nach 1945 Rechts- und Finanzberater für Baufirmen
1953–1960 Rückkehr nach Berlin; wirkt an den Entschädigungs- und Wiedergutmachungsverfahren für Andrew Sommerfield (Adolf Sommerfeld) mit
1960–1966 lebt mit der Ehefrau in Baden (Schweiz)
1966 Rückkehr nach Israel
Quellen:
Kress, Celina: Adolf Sommerfeld/Andrew Sommerfield. Bauen für Berlin 1910–1970. Berlin 2011.
Auskunft Joel Levi, Tel Aviv.

Wittenberg, Moritz Dr.
16.08.1890 Rawitsch (Posen) – 01.06.1961 (Tel Aviv?)
Familienstand: geschieden
– Rechtsanwalt und Notar in Berlin
1933 Wiederzulassung als Anwalt und Notar
Ende 1935 Entzug des Notariats
Ende 1938 Berufsverbot als Anwalt
– noch als „Konsulent" zugelassen
März 1939 Emigration nach Palästina, Jerusalem
Quellen:
Auskunft Joel Levi, Tel Aviv.
AoR, S. 283.

Wulff, Ernst Dr.
04.02.1897 Görlitz (Schlesien) – 01.08.1957 Israel
Familienstand: verheiratet
– Rechtsanwalt und Notar in Berlin
1933 Wiederzulassung als Anwalt und Notar
Ende 1935 Entzug des Notariats
September 1938 Emigration nach Palästina
Quellen:
Auskunft Joel Levi, Tel Aviv.
AoR, S. 287.

Zucker, Ludwig Dr.
02.01.1882 – 01.02.1955 (Jerusalem?)
Familienstand: verheiratet, ein Sohn
– Rechtsanwalt in Berlin
– im Vorstand eines jüdisch-orthodoxen Religionsvereins
1933 Wiederzulassung als Anwalt
– Emigration nach Palästina (Datum unbekannt, vor 1936)
– stirbt 1955 in Israel
Quellen:
Auskunft Joel Levi, Tel Aviv; Josef Smilg, Israel.
AoR, S. 289.

X. Namensregister

XI. Bildnachweis

Für einige, wenige Fotos konnten wir die aktuellen Inhaber der Bildrechte trotz aller Bemühungen leider nicht ermitteln. Falls jemand seine Bildrechte verletzt sieht, bitten wir ihn, sich bei der Rechtsanwaltskammer Berlin zu melden. Selbstverständlich ist die Rechtsanwaltskammer Berlin bereit, rechtmäßigen Inhabern der Bildrechte die üblichen Nutzungsgebühren zu zahlen.

Umschlag (jeweils von links nach rechts):
Reihe 1: LAB B Rep. 068 Nr. 141 Richard Auerbach, Nr. 90 Waldemar Adler, Nr. 173 Curt Bergmann, Nr. 628 Anita Eisner, Nr. 698 Karl Friedrich Fromm
Reihe 2: LAB B Rep. 068 Nr. 633 Heinz Elb, Nr. 749 Walter Fabian, Nr. 3696 Theodor Reis; LAB C Rep. 301 Nr. 2241 Walter Schindler, Nr. 1555 David Feilchenfeld
Reihe 3: LAB B Rep. 068 Nr. 3862 Manek Riegelhaupt, Nr. 3836 Werner Windscheid, Nr. 705 Herbert Fiegel
Reihe 4: LAB C Rep. 301 Nr. 1433 Walther Bernhard; LAB B Rep. 068 Nr. 3845 Martin Zellner, Nr. 3695 Hans Richter
Reihe 5: LAB B Rep. 068 Nr. 3800 Julius von Weltzien, Nr. 3359 Arthur Bergmann, Nr. 1367 Hanna Katz
Reihe 6: LAB C Rep. 301 Nr. 361 Hilde Neumann; LAB B Rep. 068 Nr. 742 Erich Frey, Nr. 822 Herbert Glücksmann, Nr. 1068 Franz Henschel; RAK Berlin Personalakte Erna Proskauer

Kurzbiographien:
Akademie der Künste Berlin: Hans José Rehfisch
Bundesarchiv: Günther Joel, Friedrich Karl Kaul, William Meinhardt
Bundesbildstelle: Adolf Arndt
Haus der Geschichte, Bonn: Fritz Löwenthal
Ilka and William Dickman, The long, long Trail with You (1984): Wilhelm Dickmann
Jüdisches Museum Frankfurt a.M.: Alexander Besser

Landesarchiv Berlin
B Rep. 068: Nr. 90 Waldemar Alexander, Nr. 3318 Theodor Alexander, Nr. 135 Ludwig Aschkenasi, Nr. 140 Leonhard Auerbach, Nr. 141 Richard Auerbach, Nr. 3328 Hans Bab, Nr. 3347 Ferdinand Bang, Nr. 233 Georg Beer, Nr. 241 Alfred Behrendt, Nr. 246 Heinrich Benda, Nr. 3359 Arthur Bergmann, Nr. 173 Curt Bergmann, Nr. 3346 Walter Bernhardt, Nr. 3356 Joachim Beutner, Nr. 354 Bernhard Blau, Nr. 311 Rudolf Blumenheim, Nr. 3362 Arthur Brandt, Nr. 3327 Kurt Braun, Nr. 3344 Hans Brée, Nr. 3357 Walter Brock, Nr. 3345 Rudolf von Broecker, Nr. 483 Paul Chone, Nr. 494 Georg Cohn-Lempert, Nr. 504 Alexander Coper, Nr. 502 Dagobert Corny, Nr. 557 Fritz Dittmann, Nr. 582 Erich Drucker, Nr. 607 Ludwig Eckstein, Nr. 629 James Hugo Ehrlich, Nr. 628 Anita Eisner, Nr. 1621 Hermann Eisner, Nr. 633 Heinz Elb, Nr. 622 Rolf Elb, Nr. 3396 Sally Engelbert, Nr. 763 Hans-Erich Fabian, Nr. 3434 Heinz Kurt Fabian, Nr. 749 Walter Fabian, Nr. 754 Erich Faerber, Nr. 3405 Josef Falkenberg, Nr. 761 Eberhard Falkenstein, Nr. 768 Heinrich Fechner, Nr. 705 Herbert Fiegel, Nr. 680 Julius Fliess, Nr. 737 Edgar von Fragstein, Nr. 3426 Günter Curt Franz, Nr. 356 Hans Freund, Nr. 742 Erich Frey, Nr. 3412 Hans Friedeberg, Nr. 698 Friedrich Karl Fromm, Nr. 3340 Werner Galleski, Nr. 3341 Ernst Gans, Nr. 822 Herbert Glücksmann, Nr. 3446 Walther Goetzel, Nr. 3457 Egon Gold, Nr. 863 Bruno Goldberg, Nr. 856 Fritz Goldschmidt, Nr. 3439 Hans Goldschmidt, Nr. 3455 Rudolf Goldstein, Nr. 882 Martin Gotthilf, Nr. 881 Fritz Gottlieb, Nr. 936 Richard Grau, Nr. 972 Jakob Groß, Nr. 896 Hans Gumpert, Nr. 1011 Adolf Hamburger, Nr. 1054 Willy Hartstein, Nr. 1084 Eduard Heims, Nr. 1068 Franz Henschel, Nr. 1158 Hans Herzberg, Nr. 1157 Manfred Herzfeld, Nr. 1142 Walter Heydemann, Nr. 3517 Erich Hirschberg, Nr. 1171 Franz Hirschwald, Nr. 1207 Bruno Hoffmann, Nr. 1213 Simon Horowitz, Nr. 1248 Carl Wilhelm Hünnebeck, Nr. 1270 Martin Isaac, Nr. 3351 Georg Israel, Nr. 1288 Alfred Jackier, Nr. 3539 Siegfried Kurt Jakob, Nr. 3538 Leo Jaffé, Nr. 1286 Alfred Jankuhn, Nr. 1315 Georg Jaretzki, Nr. 1312 Herbert Jessel, Nr. 1358 Fritz Kalischer, Nr. 1352 Fritz Kantorowicz, Nr. 1334 Alfred Karpen, Nr. 3572 Joseph Kaskel, Nr. 1360 Walter Katschke, Nr. 1367 Hanna Katz, Nr. 1409 Werner A. Katzenstein, Nr. 3580 Werner Kauffmann, Nr. 1408 Friedrich Kempner, Nr. 1390 Leonhard Kirsch, Nr. 1490 Else Koffka, Nr. 3575 Alfred Köhler, Nr. 3574 Julius Kollenscher, Nr. 1423 Ludwig Königsberger, Nr. 1523 Siegfried Kroll, Nr. 3576 Erich Kuttner, Nr. 1627 Hermann Kuttner, Nr. 3599 Hans Julius Landsberger, Nr. 1623 Kurt Landsberger, Nr. 1816 Ernst Leffmann, Nr. 1808 Heinrich Leidert, Nr. 1780 Hans Levot, Nr. 1779 Hans Levy, Nr. 1775 Fritz Lewy, Nr. 1704 Georg Löwenthal, Nr. 3594 Max Lustig, Nr. 3624 Ernst Maas, Nr. 1739 Fritz Mann, Nr. 1857 Ernst Maretzki, Nr. 1854 Hans Markson, Nr. 3619 Erich Meyer, Nr. 1941 Hermann Meyer, Nr. 1938 Lyonel Julius Meyer, Nr. 1928 Alfred Michaelis, Nr. 3644 Nathan Moser, Nr. 1984 Hans Münzer, Nr. 3648 Ernst Oettinger, Nr. 3220 Hanns Günther Pechner, Nr. 3678 Walther Peyser, Nr. 2194 Dagobert Pincus, Nr. 3683 Harry Pincus, Nr. 2198 Kurt Fritz Pindar, Nr. 3682 Erich Pollack, Nr. 3157

Paul Pollak, Nr. 2231 Arthur Prinz, Nr. 1713 Karl Rabe, Nr. 3205 Ernst Reimer, Nr. 3696 Theodor Reis, Nr. 3695 Hans Richter, Nr. 3862 Manek Riegelhaupt, Nr. 3697 Felix Rosenthal, Nr. 3698 Fritz Rosenthal, Nr. 2368 Hans Rosenthal, Nr. 2357 Harry Rosenthal, Nr. 3699 Friedrich Rothe, Nr. 3899 Helmut Ruge, Nr. 2412 Ernst Sachs, Nr. 2399 Selmar Sandelowsky, Nr. 3756 Georg Scherman, Nr. 2467 Otto Scheuer, Nr. 3757 Ernst Schindler, Nr. 2489 Paul Schindler, Nr. 1754 Heinz Schlesinger, Nr. 2575 Sigurd Scholle, Nr. 2660 Franz Seligsohn, Nr. 2704 Hans Semon, Nr. 3705 Erich Simoni, Nr. 2708 Hermann Spindel, Nr. 2776 Arthur Stein, Nr. 2773 Erich Steinhagen, Nr. 3760 Ludwig Steinthal, Nr. 2760 Fritz Sternberg, Nr. 2830 Hugo Tietz, Nr. 3764 Hans-Georg Tovote, Nr. 2938 Oskar Wachsmann, Nr. 2946 Hugo Waldeck, Nr. 2944 Heinz Weber, Nr. 3802 Godehard G. Weiskam, Nr. 3800 Julius von Weltzien, Nr. 3821 Kurt Werthauer, Nr. 3262, Gerhard Wilk, Nr. 3836, Werner Windscheid, Nr. 3057 Richard Wittkowski, Nr. 3050 Fritz Wolff, Nr. 3046 Werner Wolff, Nr. 3819 Ernst Wollmann, Nr. 3845 Martin Zellner, Nr. 3120 Konrad Ziffer
C Rep. 118-01: Nr. 2481 (Karte) Reinhard von Godin, Nr. 38116–17 Kurt Messow, Nr. 16346, Hans Schaul
C Rep. 301: Nr. 1910 Bernhard Baruch, Nr. 1433 Walther Bernhard, Nr. 349 Jakob Blasse, Nr. 1555 David Feilchenfeld, Nr. 2093 Günter Franz, Nr. 1542, Georg Graul, Nr. 2403 Fritz Kantorowicz, Nr. 1016, Oskar Kempner, Nr. 2866, Hellmuth Louis, Nr. 1090 Reinhard Moral, Nr. 361 Hilde Neumann, Nr. 2241 Walter Schindler
F Rep. 290: Nr. 285341 Ulrich Biel, Nr. 178803 Ernst Fraenkel

Privatbesitz: Felix Bibro, Siegfried Blumenthal, Martin Exiner, Alfred Glücksmann, Hans Grünbaum, Kurt Landsberg, Paul Posener, Walter C. Schwarz
Privatbesitz Edith Barbasch, Hamm: Ludwig Barbasch
Privatbesitz Fritz Manasse (verstorben): Käthe Loewy
Privatbesitz Michael Neumann, Peterborough (Kanada): Franz L. Neumann
Privatbesitz Konrad Schiemann, London: Werner von Simson
Rechtsanwaltskammer Berlin: Anselm Glücksmann, Erna Proskauer
Stadtmuseum Weimar: Ernst Feder
Ullstein Bilderdienst: Ernst Wolf
Unbekannt: Otto Kirchheimer

Anhang Palästina / Israel:
Privatbesitz: Paul Altmann, Gerhard Auerbach, Kurt Ball-Kaduri, Fritz Berger, Benno Cohn Reinhold Cohn, Ernst Danziger, Walter Elden, Moritz Henschel, Karl Hilb, Salli Hirsch, Edith Krojanker, Arnold Landshut, Erich Lindenstrauß, Georg Lubinski, Siegfried Moses, Oscar Netter, Ernst Pick, Alfred Rabau, James Y. Rosenthal, Günther Saul, Leo Scherek, Erich Wilinski
Privatbesitz John Bendix: Ludwig Bendix
Privatbesitz Gabi Eger, Israel: Werner Hohenstein
Privatbesitz Joseph Goldschmidt, Israel: Kurt Goldschmidt
Privatbesitz Grunfeld: Siegbert Stein

Über den Autor

geboren 1962, studierte Geschichte an der FU Berlin und in Aix-en-Provence, arbeitet freiberuflich als Historiker und wissenschaftlicher Publizist in Berlin. Über das Schicksal von Juristen jüdischer Herkunft unter dem NS-Regime hat er bereits mehrere Bücher (gemeinsam mit Simone Ladwig-Winters) und Aufsätze veröffentlicht.